ŒUVRES PHILOSOPHIQUES DE LEIBNIZ

AVEC UNE INTRODUCTION ET DES NOTES

PAR

PAUL JANET

Membre de l'Institut

Professeur à la Faculté des lettres de l'Université de Paris

DEUXIÈME ÉDITION REVUE ET AUGMENTÉE

TOME SECOND

PARIS

ANCIENNE LIBRAIRIE GERMER BAILLIÈRE ET Cie

FÉLIX ALCAN, ÉDITEUR

108, BOULEVARD SAINT-GERMAIN, 108

1900

Tous droits réservés

ŒUVRES
PHILOSOPHIQUES
DE LEIBNIZ

TOME SECOND

ESSAIS DE THÉODICÉE

SUR

LA BONTÉ DE DIEU, LA LIBERTÉ DE L'HOMME

ET L'ORIGINE DU MAL

> ... Quid mirum nòscere mundum,
> Si possunt homines; quibus est et mundus
>   in ipsis,
> Exemplumque Dei quisque est sub imagine
>   parva.

PRÉFACE

On a vu de tout temps que le commun des hommes a mis la dévotion dans les formalités : la solide piété, c'est-à-dire la lumière et la vertu, n'a jamais été le partage du grand nombre. Il ne faut point s'en étonner, rien n'est si conforme à la faiblesse humaine; nous sommes frappés par l'extérieur, et l'interne demande une discussion dont peu de gens se rendent capables. Comme la véritable piété consiste dans les sentiments et dans la pratique, les formalités de dévotion l'imitent, et sont de deux sortes : les unes reviennent aux cérémonies de la pratique, et les autres aux formulaires de la croyance. Les cérémonies ressemblent aux actions vertueuses, et les formulaires sont comme les ombres de la vérité et approchent plus ou moins de la pure lumière. Toutes ces formalités seraient louables, si ceux qui les ont inventées les avaient rendues propres à maintenir et à exprimer ce qu'elles imitent ; si les cérémonies religieuses, la discipline ecclésiastique, les règles des communautés, les lois humaines, étaient toujours comme une haie à la loi divine, pour nous éloigner des approches du vice, nous accoutumer au bien, et pour nous rendre la vertu familière. C'était le but de Moïse, et d'autres bons législateurs, des sages fondateurs des ordres religieux, et surtout de Jésus-Christ, divin fondateur de la religion la plus pure et la plus éclairée. Il en est autant des formulaires de créance ; ils seraient passables, s'il n'y avait rien qui ne fût conforme à la vérité salutaire, quand même toute la vérité dont il s'agit n'y serait pas. Mais il n'arrive que trop souvent que la dévotion est étouffée par des façons, et que la lumière divine est obscurcie par les opinions des hommes.

Les païens, qui remplissaient la terre avant l'établissement du christianisme, n'avaient qu'une seule espèce de formalités : ils avaient des cérémonies dans leur culte, mais ils ne connaissaient point d'articles de foi, et n'avaient jamais songé à dresser des formulaires de leur théologie dogmatique. Ils ne savaient point si leurs dieux étaient de vrais personnages ou des symboles des puissances naturelles, comme du soleil, des planètes, des éléments. Leurs mystères ne consistaient point dans des dogmes difficiles, mais dans certaines pratiques secrètes où les profanes, c'est-à-dire ceux qui n'étaient point initiés, ne devaient jamais assister. Ces pratiques étaient bien souvent ridicules et absurdes, et il fallait les cacher pour les garantir du mépris. Les païens avaient leurs superstitions, ils se vantaient de miracles ; tout était plein chez eux d'oracles, d'augures, de présages, de divinations ; les prêtres inventaient des marques de la colère ou de la bonté des dieux, dont ils prétendaient être les interprètes. Cela tendait à gouverner les esprits par la crainte et par l'espérance des événements humains ; mais le grand avenir d'une autre vie n'était guère envisagé, on ne se mettait point en peine de donner aux hommes de véritables sentiments de Dieu et de l'âme.

De tous les anciens peuples, on ne connaît que les Hébreux qui aient eu des dogmes publics de leur religion. Abraham et Moïse ont établi la croyance d'un seul Dieu, source de tout bien, auteur de toutes choses. Les Hébreux en parlent d'une manière très digne de la souveraine substance, et on est surpris de voir des habitants d'un petit canton de la terre plus éclairés que le reste du genre humain.

Les sages d'autres nations en ont peut-être dit autant quelquefois, mais ils n'ont pas eu le bonheur de se faire suivre assez, et de faire passer le dogme en loi. Cependant Moïse n'avait point fait entrer dans ses lois la doctrine de l'immortalité des âmes : elle était conforme à ses sentiments, elle s'enseignait de main en main, mais elle n'était point autorisée d'une manière populaire, jusqu'à ce que Jésus-Christ leva le voile, et, sans avoir la force en main, enseigna avec toute la force d'un législateur, que les âmes immortelles passent dans une autre vie, où elles doivent recevoir le salaire de leurs actions. Moïse avait déjà donné les belles idées de la grandeur et de la bonté de Dieu, dont beaucoup de nations civilisées conviennent aujourd'hui ; mais Jésus-Christ en établissait toutes les conséquences, et il faisait voir que la bonté et la justice divine éclatent parfaitement dans ce que Dieu prépare aux âmes. Je n'entre point ici dans les autres points de la doctrine chrétienne, et je fais seulement voir comment Jésus-Christ acheva de faire passer la religion naturelle en loi, et de lui donner l'autorité d'un dogme public. Il fit lui seul ce que tant de philosophes avaient en vain tâché de faire : et les chrétiens ayant enfin eu le dessus dans l'Empire romain, maître de la meilleure partie de la terre connue, la religion des sages devint celle des peuples. Mahomet depuis ne s'écarta point de ces grands dogmes de la théologie naturelle : ses sectateurs les répandirent même parmi les nations les plus reculées de l'Asie et de l'Afrique, où le christianisme n'avait point été porté ; et ils abolirent en bien des pays les superstitions païennes, contraires à la véritable doctrine de l'unité de Dieu et de l'immortalité des âmes.

L'on voit que Jésus-Christ, achevant ce que Moïse avait commencé, a voulu que la divinité fût l'objet, non seulement de notre crainte et de notre vénération, mais encore de notre amour et de notre tendresse. C'était rendre les hommes bien heureux par avance, et leur donner ici-bas un avant-goût de la félicité future. Car il n'y a rien de si agréable que d'aimer ce qui est digne d'amour. L'amour est cette affection qui nous fait trouver du plaisir dans les perfections de ce qu'on aime, et il n'y a rien de plus parfait que Dieu ni rien de plus charmant. Pour l'aimer, il suffit d'en envisager les perfections ; ce qui est aisé, parce que nous trouvons en nous leurs idées. Les perfections de Dieu sont celles de nos âmes, mais il les possède sans bornes : il est un océan, dont nous n'avons reçu que des gouttes : il y a en nous quelque puissance, quelque connaissance, quelque bonté; mais elles sont toutes entières en Dieu. L'ordre, les proportions, l'harmonie nous enchantent, la peinture et la musique en sont des échantillons; Dieu est tout ordre, il garde toujours la justesse des proportions, il fait l'harmonie universelle : toute la beauté est un épanchement de ses rayons.

Il s'ensuit manifestement que la véritable piété, et même la véritable félicité, consiste dans l'amour de Dieu, mais dans un amour éclairé, dont l'ardeur soit accompagnée de lumière. Cette espèce d'amour fait naître ce plaisir dans les bonnes actions qui donne du relief à la vertu, et, rapportant tout à Dieu, comme au centre, transporte l'humain au divin. Car, en faisant son devoir, en obéissant à la raison, on remplit les ordres de la suprême raison, on dirige toutes ses intentions au bien commun, qui n'est point différent de la gloire de Dieu; l'on trouve qu'il n'y a point de plus grand intérêt particulier que d'épouser celui du général, et on se satisfait à soi-même en se plaisant à procurer les vrais avantages des hommes. Qu'on réussisse ou qu'on ne réussisse pas, on est content de ce qui arrive, quand on est résigné à la volonté de Dieu, et quand on sait que ce qu'il veut est le meilleur : mais avant qu'il déclare sa volonté par l'événement, on tâche de la rencontrer en faisant ce qui paraît le plus conforme à ses ordres. Quand nous sommes dans cette situation d'esprit, nous ne sommes point rebutés par les mauvais succès, nous n'avons du regret que de nos fautes; et les ingratitudes des hommes ne nous font point relâcher de l'exercice de notre humeur bienfaisante. Notre charité est humble et pleine de modération, elle n'affecte point de régenter : également attentifs à nos défauts, et aux talents d'autrui, nous sommes portés à critiquer nos actions, et à excuser et redresser celles des autres; c'est pour nous perfectionner nous-mêmes et pour ne faire tort à personne. Il n'y a point de piété, où il n'y a point de charité; et sans être officieux et bienfaisant, on ne saurait faire voir une dévotion sincère.

Le bon naturel, l'éducation avantageuse, la fréquentation des personnes pieuses et vertueuses, peuvent contribuer beaucoup à mettre les âmes dans cette belle assiette; mais ce qui les y attache le plus, ce sont les bons principes. Je l'ai déjà dit, il faut joindre la lumière à l'ardeur, il faut que les perfections de l'entendement donnent l'accomplissement à celles de la volonté. Les pratiques de la vertu, aussi bien que celles du vice, peuvent être l'effet d'une simple habitude; on y peut prendre goût; mais quand la vertu est raisonnable, quand elle se rapporte à Dieu qui est la suprême raison des choses, elle est fondée en connaissance. On ne saurait aimer Dieu, sans en connaître les perfections, et cette connaissance renferme les principes de la véritable piété. Le but de la religion doit être de les imprimer dans les âmes : mais je ne sais comment il est arrivé bien souvent que les hommes, que les docteurs de la religion se sont fort écartés de ce but. Contre l'intention de notre Divin Maître, la dévotion a été ramenée aux cérémonies, et la doctrine a été chargée de formules. Bien souvent ces cérémonies n'ont pas été bien propres à entretenir l'exercice de la vertu, et les formules quelquefois n'ont pas été bien lumineuses. Le croirait-on? des chrétiens se sont imaginés de pouvoir être dévots sans aimer leur prochain, et pieux sans aimer Dieu ; ou bien on a cru de pouvoir aimer son prochain sans le servir, et pouvoir aimer Dieu sans le connaître. Plusieurs siècles se sont écoulés, sans que le public se soit aperçu de ce défaut; et il y a encore de grands restes du règne des ténèbres. On voit quelquefois des gens qui parlent fort de la piété, de la dévotion, de la religion, qui sont même occupés à les enseigner ; et on ne les trouve guère bien instruits sur les perfections divines. Ils conçoivent mal la bonté et la justice du Souverain de l'univers ; ils se figurent un Dieu, qui ne mérite point d'être imité, ni d'être aimé. C'est ce qui m'a paru de dangereuses conséquence, puisqu'il importe extrêmement que la source même de la piété ne soit point infectée. Les anciennes erreurs de ceux qui ont accusé la divinité, ou qui en ont fait un principe mauvais, ont été renouvelées quelquefois de nos jours ; on a eu recours à la puissance irrésistible de Dieu, quand il s'agissait plutôt de faire voir sa bonté suprême; et on a employé un pouvoir despotique, lorsqu'on devait concevoir une puissance réglée par la plus parfaite sagesse. J'ai remarqué que ces sentiments, capables de faire du tort, étaient appuyés particulièrement sur des notions embarrassées, qu'on s'était formées touchant la liberté, la nécessité et le destin ; et j'ai pris la plume plus d'une fois dans les occasions, pour donner des éclaircissements sur ces matières importantes. Mais enfin j'ai été obligé de ramasser mes pensées sur tous ces sujets liés ensemble, et d'en faire part au public. C'est ce que j'ai entrepris dans les Essais que je donne ici, sur la Bonté de Dieu, la Liberté de l'homme et l'Origine du mal.

Il y a deux labyrinthes fameux, où notre raison s'égare bien souvent : l'un regarde la grande question du libre et du nécessaire, surtout dans la production et dans l'origine du mal ; l'autre consiste dans la discussion de la continuité et des indivisibles, qui en paraissent les éléments, et où doit entrer la considération de l'infini. Le premier embrasse presque tout le genre humain, l'autre n'exerce que les philosophes. J'aurai peut-être une autre fois l'occasion de m'expliquer sur le second, et de faire remarquer que faute de bien concevoir la nature de la substance et de la matière, on a fait de fausses positions qui mènent à des difficultés insurmontables, dont le véritable usage devrait être le renversement de ces positions mêmes. Mais si la connaissance de la continuité est importante pour la spéculation, celle de la nécessité ne l'est pas moins pour la pratique ; et ce sera l'objet de ce traité, avec les points qui y sont liés, savoir la liberté de l'homme et la justice de Dieu.

Les hommes presque de tout temps ont été troublés par un sophisme, que les anciens appelaient la *raison paresseuse*, parce qu'il allait à ne rien faire, ou du moins à n'avoir soin de rien, et à ne suivre que le penchant des plaisirs présents. Car, disait-on, si l'avenir est nécessaire, ce qui doit arriver arrivera, quoi que je puisse faire. Or l'avenir, disait-on, est nécessaire, soit parce que la divinité prévoit tout, et le préétablit même, en gouvernant toutes les choses de l'univers; soit parce que tout arrive nécessairement, par l'enchaînement des causes; soit enfin par la nature même de la vérité, qui est déterminée dans les énonciations qu'on peut former sur les événements futurs comme elle l'est dans toutes les autres énonciations, puisque l'énonciation doit toujours être vraie ou fausse en elle-même, quoique nous ne connaissions pas toujours ce qui en est. Et toutes ces raisons de détermination, qui paraissent différentes, concourent enfin comme des lignes à un même centre : car il y a une vérité dans l'événement futur, qui est prédéterminée par les causes, et Dieu la préétablit en établissant les causes.

L'idée mal entendue de la nécessité, étant employée dans la pratique, a fait naître ce que j'appelle *Fatum Mahometanum*, le destin à la turque ; parce qu'on impute aux Turcs de ne pas éviter les dangers, et de ne pas même quitter les lieux infectés de la peste, sur des raisonnements semblables à ceux qu'on vient de rapporter. Car ce qu'on appelle *Fatum Stoïcum* n'était pas si noir qu'on le fait : il ne détournait pas les hommes du soin de leurs affaires ; mais il tendait à leur donner la tranquilité à l'égard des événements, par la considération de la nécessité, qui rend nos soucis et nos chagrins inutiles : en quoi ces philosophes ne s'éloignaient pas entièrement de la doctrine de Notre-Seigneur, qui dissuade ces soucis par rapport au lendemain, en les comparant avec les peines inutiles que se donnerait un homme qui travaillerait à agrandir sa taille.

Il est vrai que les enseignements des stoïciens (et peut-être aussi de quelques philosophes célèbres de notre temps) se bornant à cette nécessité prétendue, ne peuvent donner qu'une patience forcée ; au lieu que Notre-Seigneur inspire des pensées plus sublimes, et nous apprend même le moyen d'avoir du contentement, lorsqu'il nous assure que Dieu, parfaitement bon et sage, ayant soin de tout, jusqu'à ne point négliger un cheveu de notre tête, notre confiance en lui doit être entière : de sorte que nous verrions, si nous étions capables de le comprendre, qu'il n'y a pas même moyen de souhaiter rien de meilleur (tant absolument que pour nous) que ce qu'il fait. C'est comme si l'on disait aux hommes : faites votre devoir, et soyez contents de ce qui en arrivera, non seulement parce que vous ne sauriez résister à la providence divine, ou à la nature des choses (ce qui peut suffire pour être tranquille, et non pas pour être content), mais encore parce que vous avez affaire à un bon maître. Et c'est ce qu'on peut appeler *Fatum Christianum*.

Cependant il se trouve que la plupart des hommes, et même des chrétiens, font entrer dans leur pratique quelque mélange du destin à la turque, quoiqu'ils ne le reconnaissent pas assez. Il est vrai qu'ils ne sont pas dans l'inaction et dans la négligence, quand des périls évidents, ou des espérances manifestes et grandes se présentent ; car ils ne manqueront pas de sortir d'une maison qui va tomber, et de se détourner d'un précipice qu'ils voient dans leur chemin ; et ils fouilleront dans la terre pour déterrer un trésor découvert à demi, sans attendre que le destin achève de le faire sortir. Mais quand le bien ou le mal est éloigné et douteux, et le remède pénible, ou peu à notre goût, la raison paresseuse nous paraît bonne ; par exemple, quand il s'agit de conserver sa santé et même sa vie par un bon régime, les gens à qui on donne conseil là-dessus, répondent bien souvent que nos jours sont comptés, et qu'il ne sert de rien de vouloir lutter contre ce que Dieu nous destine. Mais ces mêmes personnes courent aux remèdes même les plus ridicules, quand le mal qu'ils avaient négligé approche. On raisonne à peu près de la même façon, quand la délibération est un peu épineuse, comme par exemple quand on se demande, *quod vitæ sectabor iter?* quelle profession on doit choisir ; quand il s'agit d'un mariage qui se traite, d'une guerre qu'on doit entreprendre, d'une bataille qui se doit donner ; car en ces cas plusieurs seront portés à éviter la peine de la discussion et à s'abandonner au sort, ou au penchant, comme si la raison ne devait être employée que dans les cas faciles. On raisonnera alors à la turque bien souvent (quoiqu'on appelle cela mal à-propos se remettre à la providence, ce qui a lieu proprement, quand on a satisfait à son devoir), et on emploiera la raison paresseuse, tirée du destin irrésistible, pour s'exempter de raisonner comme il faut ; sans considérer que si ce raisonnement contre l'usage de la raison était bon, il aurait toujours lieu, soit que la délibération fût facile ou non. C'est cette paresse qui est en partie la source des pratiques superstitieuses des devins, où les hommes donnent aussi facilement que dans la pierre philosophale ; parce qu'ils voudraient des chemins abrégés pour aller au bonheur sans peine.

Je ne parle pas ici de ceux qui s'abandonnent à la fortune, parce qu'ils ont été heureux auparavant, comme s'il y avait là-dedans quelque chose de fixe. Leur raisonnement du passé à l'avenir est aussi peu fondé que les principes de l'astrologie et des autres divinations ; et ils ne considèrent pas qu'il y a ordinairement un flux et reflux dans la fortune, *una marea*, comme les Italiens jouant à la bassette ont coutume de l'appeler, et ils y font des observations particulières, auxquelles je ne conseillerais pourtant à personne de se trop fier. Cependant cette confiance qu'on a en sa fortune sert souvent à donner du courage aux hommes, et surtout aux soldats, et leur fait avoir effectivement cette bonne fortune qu'ils s'attribuent, comme les prédictions font souvent arriver ce qui a été prédit, et comme l'on dit que l'opinion que les mahométans ont du destin les rend déterminés. Ainsi les erreurs mêmes ont leur utilité quelquefois ; mais c'est ordinairement pour remédier à d'autres erreurs, et la vérité vaut mieux absolument.

Mais on abuse surtout de cette prétendue nécessité du destin, lorsqu'on s'en sert pour excuser nos vices et notre libertinage. J'ai souvent ouï dire à des jeunes gens éveillés, qui voulaient faire un peu les esprits forts, qu'il est inutile de prêcher la vertu, de blâmer le vice, de faire espérer des récompenses et de faire craindre des châtiments, puisqu'on peut dire du livre des destinées, que ce qui est écrit, est écrit, et que notre conduite n'y saurait rien changer ; et qu'ainsi le meilleur est de suivre son penchant, et de ne s'arrêter qu'à ce qui peut nous contenter présentement. Ils ne faisaient point réflexion sur les conséquences étranges de cet argument, qui prouverait trop, puisqu'il prouverait (par exemple) qu'on doit prendre un breuvage agréable, quand on saurait qu'il est empoisonné. Car par la même raison (si elle était valable) je pourrais dire : s'il est écrit dans les archives des Parques, que le poison me tuera à présent, ou me fera du mal, cela arrivera, quand je ne prendrais point ce breuvage ; et si cela n'est point écrit, il n'arrivera point, quand même je prendrais ce même breuvage ; et par conséquent je pourrai suivre impunément mon penchant à prendre ce qui est agréable, quelque pernicieux qu'il soit : ce qui renferme une absurdité manifeste. Cette objection les arrêtait un peu, mais ils revenaient toujours à leur raisonnement, tourné en différentes manières, jusqu'à ce qu'on leur fît comprendre, en quoi consiste le défaut du sophisme. C'est qu'il est faux que l'événement arrive quoi qu'on fasse ; il arrivera, parce qu'on fait ce qui y mène ; et si l'événement est écrit, la cause qui le fera arriver est écrite aussi. Ainsi la liaison des effets et des causes, bien loin d'établir la doctrine d'une nécessité préjudiciable à la pratique, sert à la détruire.

Mais sans avoir des intentions mauvaises et portées au libertinage, on peut envisager autrement les étranges suites d'une nécessité fatale ; en considérant qu'elle détruirait la liberté de l'arbitre, si essentielle à la moralité de l'action ; puisque la justice et l'injustice, la louange et le blâme, la peine et la récompense ne sauraient avoir lieu par rapport aux actions nécessaires, et que personne ne pourra être obligé à faire l'impossible, ou à ne point faire ce qui est nécessaire absolument. On n'aura pas l'intention d'abuser de cette réflexion pour favoriser le dérèglement, mais on ne laissera pas de se trouver embarrassé quelquefois quand il s'agira de juger des actions d'autrui, ou plutôt de répondre aux objections, parmi lesquelles il y en a qui regardent même les actions de Dieu, dont je parlerai tantôt. Et comme une nécessité insurmontable ouvrirait la porte à l'impiété, soit par l'impunité qu'on en pourrait inférer, soit par l'inutilité qu'il y aurait de vouloir résister à un torrent qui entraîne tout ; il est important de marquer les différents degrés de la nécessité, et de faire voir qu'il y en a qui ne sauraient nuire, comme il y en a d'autres qui ne sauraient être admis sans donner lieu à de mauvaises conséquences.

Quelques-uns vont encore plus loin : ne se contentant pas de se servir du prétexte de la nécessité pour prouver que la vertu et le vice ne font ni bien ni mal, ils ont la hardiesse de faire la divinité complice de leurs désordres, et ils imitent les anciens païens, qui attribuaient aux dieux la cause de leurs crimes, comme si une divinité les poussait à mal faire. La philosophie des chrétiens, qui reconnaît mieux que celle des anciens la dépendance des choses du premier auteur et son concours avec toutes les actions des créatures, a paru augmenter cet embarras. Quelques habiles gens de notre temps en sont venus jusqu'à ôter toute action aux créatures; et M. Bayle, qui donnait un peu dans ce sentiment extraordinaire, s'en est servi pour relever le dogme tombé des deux principes, ou de deux dieux, l'un bon, l'autre mauvais, comme si ce dogme satisfaisait mieux aux difficultés sur l'origine du mal; quoique d'ailleurs il reconnaisse que c'est un sentiment insoutenable, et que l'unité du principe est fondée incontestablement en raisons à priori; mais il en veut inférer que notre raison se confond, et ne saurait satisfaire aux objections, et qu'on ne doit pas laisser pour cela de se tenir ferme aux dogmes révélés, qui nous enseignent l'existence d'un seul Dieu, parfaitement bon, parfaitement puissant, et parfaitement sage. Mais beaucoup de lecteurs qui seraient persuadés de l'insolubilité de ses objections, et qui les croiraient pour le moins aussi fortes que les preuves de la vérité de la religion, en tireraient des conséquences pernicieuses.

Quand il n'y aurait point de concours de Dieu aux mauvaises actions, on ne laisserait pas de trouver de la difficulté en ce qu'il les prévoit, et qu'il les permet, les pouvant empêcher par sa toute-puissance. C'est ce qui fait que quelques philosophes, et même quelques théologiens, ont mieux aimé lui refuser la connaissance du détail des choses, et surtout des événements futurs, que d'accorder ce qu'ils croyaient choquer sa bonté. Les Sociniens et Conrad Vorstius (1) penchent de ce côté-là; et Thomas Bonartes (2), jésuite anglais pseudonyme, mais fort savant, qui a écrit un livre *de Concordia scientiæ cum fide*, dont je parlerai plus bas, paraît l'insinuer aussi.

Ils ont grand tort sans doute; mais d'autres n'en ont pas moins, qui, persuadés que rien ne se fait sans la volonté et sans la puissance

---

(1) Vorst, ministre protestant, né en 1624 à Wesselbourg (Holstein), mort à Berlin en 1676. P. J.

(2) Barton (Thomas), voir plus loin, p. 86. P. J.

de Dieu, lui attribuent des intentions et des actions si indignes du plus grand et du meilleur de tous les êtres, qu'on dirait que ces auteurs ont renoncé en effet au dogme qui reconnaît la justice et la bonté de Dieu. Ils ont cru qu'étant souverain maître de l'univers, il pourrait sans aucun préjudice de sa sainteté faire commettre des péchés, seulement parce que cela lui plaît, ou pour avoir le plaisir de punir ; et même qu'il pourrait prendre plaisir à affliger éternellement des innocents, sans faire aucune injustice, parce que personne n'a droit ou pouvoir de contrôler ses actions. Quelques-uns même sont allés jusqu'à dire que Dieu en use effectivement ainsi ; et sous prétexte que nous sommes comme un rien par rapport à lui, ils nous comparent avec les vers de terre, que les hommes ne se soucient point d'écraser en marchant ; ou en général avec les animaux qu ne sont pas de notre espèce, que nous ne nous faisons aucun scrupule de maltraiter.

Je crois que plusieurs personnes, d'ailleurs bien intentionnées, donnent dans ces pensées, parce qu'ils n'en connaissent pas assez les suites. Ils ne voient pas que c'est proprement détruire la justice de Dieu ; car quelle notion assignerons-nous à une telle espèce de justice, qui n'a que la volonté pour règle ; c'est-à-dire, où la volonté n'est pas dirigée par les règles du bien, et se porte même directement au mal ? A moins que ce ne soit la notion contenue dans cette définition tyrannique de Thrasimaque chez Platon, qui disait que le juste n'est autre chose que ce qui plaît au plus puissant (1). A quoi reviennent, sans y penser, ceux qui fondent toute l'objection sur la contrainte, et prennent par conséquent la puissance pour la mesure du droit. Mais on abandonnera bientôt des maximes si étranges, et si peu propres à rendre les hommes bons et charitables par l'imitation de Dieu lorsqu'on aura bien considéré qu'un Dieu, qui se plairait au mal d'autrui, ne saurait être distingué du mauvais principe des Manichéens, supposé que ce principe fût devenu seul maître de l'univers ; et que par conséquent il faut attribuer au vrai Dieu, des sentiments qui le rendent digne d'être appelé le bon principe.

Par bonheur ces dogmes outrés ne subsistent presque plus parmi les théologiens ; cependant quelques personnes d'esprit, qui se plaisent à faire des difficultés, les font revivre : ils cherchent à augmenter notre embarras, en joignant les controverses que la théologie

---

(1) Voir la *Républ.* de Platon, l. I.   P. J.

chrétienne fait naître aux contestations de la philosophie. Les philosophes ont considéré les questions de la nécessité, de la liberté et de l'origine du mal ; les théologiens y ont joint celles du péché originel, de la grâce et de la prédestination. La corruption originelle du genre humain, venue du premier péché, nous paraît avoir imposé une nécessité naturelle de pécher, sans le secours de la grâce divine ; mais la nécessité étant incompatible avec la punition, on inférera qu'une grâce suffisante devrait avoir été donnée à tous les hommes ; ce qui ne paraît pas trop conforme à l'expérience.

Mais la difficulté est grande, surtout par rapport à la destination de Dieu sur le salut des hommes. Il y en a peu de sauvés ou d'élus ; Dieu n'a donc pas la volonté décrétoire, d'en élire beaucoup. Et, puisqu'on avoue que ceux qu'il a choisis ne le méritent pas plus que les autres, et ne sont pas même moins mauvais dans le fond, ce qu'ils ont de bonne venant que du don de Dieu, la difficulté en est augmentée. Où est donc sa justice (dira-t-on), ou du moins où est sa bonté ? La partialité ou l'acception des personnes va contre la justice ; et celui qui borne sa bonté sans sujet n'en doit pas avoir assez. Il est vrai que ceux qui ne sont point élus sont perdus par leur propre faute, ils manquent de bonne volonté ou de la foi vive ; mais il ne tenait qu'à Dieu de la leur donner. L'on sait qu'outre la grâce interne, ce sont ordinairement les occasions externes qui distinguent les hommes, et que l'éducation, la conversation, l'exemple corrigent souvent ou corrompent le naturel. Or, Dieu faisant naître des circonstances favorables aux uns, et abandonnant les autres à des rencontres qui contribuent à leur malheur, n'aura-t-on pas sujet d'en être étonné ? Et il ne suffit pas (ce semble) de dire avec quelques-uns que la grâce interne est universelle et égale pour tous, puisque ces mêmes auteurs sont obligés de recourir aux exclamations de saint Paul, et de dire : ô profondeur ! quand ils considèrent combien les hommes sont distingués par les grâces externes, pour ainsi dire, c'est-à-dire, qui paraissent dans la diversité des circonstances que Dieu fait naître, dont les hommes ne sont point les maîtres, et qui ont pourtant une si grande influence sur ce qui se rapporte à leur salut.

On ne sera pas plus avancé pour dire avec saint Augustin que les hommes étant tous compris sous la damnation par le péché d'Adam, Dieu les pouvait tous laisser dans leur misère, et qu'ainsi c'est par une pure bonté qu'il en retire quelques-uns. Car, outre qu'il est étrange que le péché d'autrui doive damner quelqu'un, la question demeure toujours, pourquoi Dieu ne les retire pas tous, pourquoi il en retire la moindre partie, et pourquoi les uns préférablement aux autres. Il est leur maître, il est vrai ; mais il est un maître bon et juste : son pouvoir est absolu, mais sa sagesse ne permet pas qu'il l'exerce d'une manière arbitraire et despotique, qui serait tyrannique en effet.

De plus, la chute du premier homme n'étant arrivée qu'avec permission de Dieu, et Dieu n'ayant résolu de la permettre qu'après en avoir envisagé les suites, qui sont la corruption de la masse du genre humain, et le choix d'un petit nombre d'élus, avec l'abandon de tous les autres ; il est inutile de dissimuler la difficulté, en se bornant à la masse déjà corrompue puisqu'il faut remonter, malgré qu'on en ait, à la connaissance des suites du premier péché, antérieure au décret, par lequel Dieu l'a permis, et par lequel il a permis en même temps que les réprouvés seraient enveloppés dans la masse de perdition et n'en seraient point retirés : car Dieu et le sage ne résolvent rien, sans en considérer les conséquences.

On espère de lever toutes ces difficultés. On fera voir que la nécessité absolue, qu'on appelle aussi logique et métaphysique, et quelquefois géométrique, et qui serait seule à craindre, ne se trouve point dans les actions libres. Et qu'ainsi la liberté est exempte, non seulement de la contrainte, mais encore de la vraie nécessité. On fera voir que Dieu même, quoiqu'il choisisse toujours le meilleur, n'agit point par une nécessité absolue ; et que les lois de la nature que Dieu lui a prescrites, sur la convenance, tiennent le milieu entre les vérités géométriques, absolument nécessaires, et les décrets arbitraires ; ce que M. Bayle et d'autres nouveaux philosophes n'ont pas assez compris. On fera voir aussi qu'il y a une indifférence dans la liberté, parce qu'il n'y a point de nécessité absolue pour l'une ou pour l'autre part ; mais qu'il n'y a pourtant jamais une indifférence de parfait équilibre. L'on montrera aussi qu'il y a dans les actions libres une parfaite spontanéité, au delà de tout ce qu'on en a conçu jusqu'ici. Enfin l'on fera juger que la nécessité hypothétique et la nécessité morale, qui restent dans les actions libres, n'ont point d'inconvénient ; et que la raison paresseuse est un vrai sophisme.

Et quant à l'origine du mal, par rapport à Dieu, on fait une apologie de ses perfections, qui ne relève pas moins sa sainteté, sa justice et sa bonté, que sa grandeur, sa puissance et son indépendance. L'on fait voir comment il est possible que tout dépende de lui, qu'il concoure à toutes les actions des créatures, qu'il crée même continuellement les créatures, si vous le voulez, et que néanmoins il ne soit point l'auteur du péché ; où l'on montre aussi comment on doit concevoir la nature privative du mal. On fait bien plus ; on montre comment le mal a une autre source que la volonté de Dieu, et qu'on a raison pour cela de dire du mal de coulpe, que Dieu ne le veut point, et qu'il le permet seulement. Mais ce qui est le plus important, l'on montre que Dieu a pu permettre le péché et la misère, et y concourir même et y contribuer, sans préjudice de sa sainteté et de sa bonté suprêmes : quoique, absolument parlant, il aurait pu éviter tous ces maux.

Et quant à la matière de la grâce et de la prédestination, on justifie les expressions les plus revenantes, par exemple : que nous ne sommes convertis que par la grâce prévenante de Dieu, et que nous ne saurions faire le bien que par son assistance ; que Dieu veut le salut de tous les hommes, et qu'il ne damne que ceux qui ont mauvaise volonté ; qu'il donne à tous une grâce suffisante, pourvu qu'ils en veuillent user ; que Jésus-Christ étant le principe et le centre de l'élection, Dieu a destiné les élus au salut, parce qu'il a prévu qu'ils s'attacheraient à la doctrine de Jésus-Christ par la foi vive ; quoiqu'il soit vrai que cette raison de l'élection n'est pas la dernière raison, et que cette prévision même est encore une suite de son décret antérieur ; d'autant que la foi est un don de Dieu, et qu'il les a prédestinés à avoir la foi, par des raisons d'un décret supérieur, qui dipense les grâces et les circonstances suivant la profondeur de sa suprême sagesse.

Or, comme un des plus habiles hommes de notre temps, dont l'éloquence était aussi grande que la pénétration, et qui a donné de grandes preuves d'une érudition très vaste, s'était attaché par je ne sais quel penchant à relever merveilleusement toutes les difficultés sur cette matière que nous venons de toucher en gros, on a trouvé un beau champ pour s'exercer en entrant avec lui dans le détail. On reconnaît que M. Bayle (car il est aisé de voir que c'est de lui qu'on parle) a de son côté tous les avantages, hormis celui du fond de la chose : mais on espère que la vérité (qu'il reconnaît lui-même se trouver de notre côté) l'emportera toute nue sur tous les ornements de l'éloquence et de l'érudition, pourvu qu'on la développe comme il faut ; et on espère d'y réussir d'autant plus que c'est la cause de Dieu qu'on plaide, et qu'une des maximes que nous soutenons ici porte que l'assistance de Dieu ne manque pas à ceux qui ne manquent point de bonne volonté. L'auteur de ce discours croit en avoir donné des preuves ici par l'application qu'il a apportée à cette matière. Il l'a méditée dès sa jeunesse, il a conféré là-dessus avec quelques-uns des premiers hommes du temps et il s'est instruit encore par la lecture des bons auteurs. Et le succès que Dieu lui a donné (au sentiment de plusieurs juges compétents) dans quelques autres méditations profondes, et dont il y en a qui ont beaucoup d'influence sur cette matière, lui donne peut-être quelque droit de se flatter de l'attention des lecteurs qui aiment la vérité, et qui sont propres à la chercher.

Il a encore eu des raisons particulières assez considérables, qui l'ont invité à mettre la main à la plume sur ce sujet. Des entretiens qu'il a eus là-dessus avec quelques personnes de lettres et de cour, en Allemagne et en France, et surtout avec une princesse des plus grandes et des plus accomplies (1), l'y ont déterminé plus d'une fois. Il avait eu l'honneur de dire ses sentiments à cette princesse sur plusieurs endroits du dictionnaire merveilleux de M. Bayle, où la religion et la raison paraissent en combattantes, et où M. Bayle veut faire taire la raison, après l'avoir fait trop parler ; ce qu'il appelle le triomphe de la foi. L'auteur fit connaître dès lors qu'il était d'un autre sentiment, mais qu'il ne laissait pas d'être bien aise qu'un si beau génie eût donné occasion d'approfondir ces matières aussi importantes que difficiles. Il avoua de les avoir examinées aussi depuis fort longtemps, et qu'il avait délibéré quelquefois de publier sur ce sujet des pensées, dont le but principal devait être la connaissance de Dieu, telle qu'il la faut pour exciter la piété, et pour nourrir la vertu. Cette princesse l'exhorta fort d'exécuter son ancien dessein, quelques amis s'y joignirent, et il était d'autant plus tenté de faire ce qu'ils demandaient, qu'il avait sujet d'espérer que dans la suite de l'examen les lumières de M. Bayle l'aideraient beaucoup à mettre la matière dans le jour qu'elle pourrait recevoir par leurs soins. Mais plusieurs empêchements vinrent à la traverse, et la mort de l'incomparable reine ne fut pas le moindre. Il arriva cependant que M. Bayle fut attaqué par d'excellents hommes qui se mirent à examiner le même sujet ; il leur répondit amplement et

---

(1) Sophie-Charlotte, reine de Prusse, sœur de Georges 1er.   P. J.

toujours ingénieusement. On fut attentif à leur dispute, et sur le point même d'y être mêlé. Voici comment :

J'avais publié un système nouveau, qui paraissait propre à expliquer l'union de l'âme et du corps : il fut assez applaudi par ceux mêmes qui n'en demeurèrent pas d'accord, et il y eut d'habiles gens qui me témoignèrent d'avoir déjà été dans mon sentiment, sans être venus à une explication si distincte, avant que d'avoir vu ce que j'en avais écrit. M. Bayle l'examina dans son dictionnaire historique et critique, article *Rorarius* (1). Il crut que les ouvertures que j'avais données méritaient d'être cultivées, il en fit valoir l'utilité à certains égards, et il représenta aussi ce qui pouvait encore faire de la peine. Je ne pouvais manquer de répondre comme il faut à des expressions aussi obligeantes et à des considérations aussi instructives que les siennes, et pour en profiter davantage, je fis paraître quelques éclaircissements dans l'*Histoire des Ouvrages des Savants*, juillet 1690. M. Bayle y répliqua dans la seconde édition de son dictionnaire. Je lui envoyai une duplique, qui n'a pas encore vu le jour ; et je ne sais s'il a tripliqué.

Cependant il arriva que M. Le Clerc (2), ayant mis dans sa *Bibliothèque choisie* un extrait du *Système intellectuel* de feu M. Cudworth, et y ayant expliqué certaines natures plastiques, que cet excellent auteur employait à la formation des animaux ; M. Bayle crut (voy. la *Continuation des Pensées diverses*, ch. xxi, art. 11) que ces natures manquant de connaissance, on affaiblissait, en les établissant, l'argument qui prouve par la merveilleuse formation des choses qu'il faut que l'univers ait une cause intelligente. M. Le Clerc répliqua (art. 4 du t. V de sa *Biblioth. choisie*) que ces natures avaient besoin d'être dirigées par la sagesse divine. M. Bayle insista (art. 7 de l'*Hist. des Ouv. des Savants*, août 1704) qu'une simple direction ne suffisait pas à une cause dépourvue de connaissance, à moins qu'on ne la prît pour un pur instrument de Dieu, auquel cas

---

(1) RORARIO (Jérôme), né à Pordenone en 1485, mort en 1556. Il n'est célèbre que par l'article que Bayle lui a consacré. Son opuscule *Quod animalia bruta sæpe ratione utantur melius homine*, publié par Gab. Naudé, avec une dissertation de celui-ci, *De animâ brutorum*, est son seul ouvrage authentique.   P. J.

(2) LECLERC (Jean), célèbre critique, né à Genève en 1657. Il se fixa en Hollande en 1683, et mourut en 1736. Le nombre de ses ouvrages est considérable. Nous citerons surtout ses *Entretiens sur diverses matières de théologie*, Amsterdam, 1685, et sa *Bibliothèque universelle et historique* (1684-1693), à laquelle fait suite la *Bibliothèque choisie* (1703-1713), formant ensemble 54 vol. in-12. C'est une mine bibliographique inépuisable sur le xviie siècle.   P. J.

elle serait inutile. Mon système y fut touché en passant ; et cela me donna occasion d'envoyer un petit mémoire au célèbre auteur de l'*Histoire des Ouvrages des Savants*, qu'il mit dans le mois de mai 1705, article 9, où je tâchai de faire voir qu'à la vérité le mécanisme suffit pour produire les corps organiques des animaux, sans qu'on ait besoin d'autres natures plastiques, pourvu qu'on y ajoute la préformation déjà tout organique dans les semences des corps qui naissent, contenues dans celles des corps dont ils sont nés, jusqu'aux semences premières ; ce qui ne pouvait venir que de l'auteur des choses, infiniment puissant et infiniment sage, lequel faisant tout d'abord avec ordre, y avait préétabli tout ordre et tout artifice futur. Il n'y a point de chaos dans l'intérieur des choses, et l'organisme est partout dans une matière dont la disposition vient de Dieu. Il s'y découvrirait même d'autant plus qu'on irait plus loin dans l'anatomie des corps ; et on continuerait de le remarquer quand même on pourrait aller à l'infini, comme la nature, et continuer la subdivision par notre connaissance, comme elle l'a continuée en effet.

Comme, pour expliquer cette merveille de la formation des animaux, je me servis d'une harmonie préétablie, c'est-à-dire du même moyen dont je m'étais servi pour expliquer une autre merveille, qui est la correspondance de l'âme avec le corps, en quoi je faisais voir l'uniformité et la fécondité des principes que j'avais employés, il semble que cela fit ressouvenir M. Bayle de mon système, qui rend raison de cette correspondance, et qu'il avait examiné autrefois. Il déclara (au ch. CLXXX de sa *Rép. aux Questions d'un Provincial*, p. 1253, t. III), qu'il ne lui paraissait pas que Dieu pût donner à la matière ou à quelque autre cause la faculté d'organiser, sans lui communiquer l'idée et la connaissance de l'organisation ; et qu'il n'était pas encore disposé à croire que Dieu, avec toute sa puissance sur la nature et avec toute la prescience qu'il a des accidents qui peuvent arriver, eût pu disposer les choses, en sorte que par les seules lois de la mécanique, un vaisseau (par exemple) allât au port où il est destiné, sans être pendant sa route gouverné par quelque directeur intelligent. Je fus surpris de voir qu'on mit des bornes à la puissance de Dieu, sans en alléguer aucune preuve, et sans marquer qu'il y eût aucune contradiction à craindre du côté de l'objet ni aucune imperfection du côté de Dieu, quoique j'eusse montré auparavant dans ma duplique, que même les hommes font souvent par des automates quelque chose de semblable aux mouvements qui viennent de la raison ; et qu'un Esprit fini (mais fort au-dessus du nôtre) pourrait même exécuter ce que M. Bayle croit impossible à la divinité : outre que Dieu réglant par avance toutes les choses à la fois, la justesse du chemin de ce vaisseau ne serait pas plus étrange que celle d'une fusée qui irait le long d'une corde dans un feu d'artifice, tous les règlements de toutes choses ayant une parfaite harmonie entre eux et se déterminant mutuellement.

Cette déclaration de M. Bayle m'engageait à une réponse, et j'avais dessein de lui représenter, qu'à moins de dire que Dieu forme lui-même les corps organiques par un miracle continuel, ou qu'il a donné ce soin à des intelligences dont la puissance et la science soient presque divines, il faut juger que Dieu a préformé les choses, en sorte que les organisations nouvelles ne soient qu'une suite mécanique d'une constitution organique précédente ; comme lorsque les papillons viennent des vers à soie, où M. Swammerdam (1) a montré qu'il n'y a que du développement. Et j'aurais ajouté que rien n'est plus capable que la préformation des plantes et des animaux, de confirmer mon système de l'harmonie préétablie entre l'âme et le corps ; où le corps est porté par sa constitution originale à exécuter, à l'aide des choses externes, tout ce qu'il fait suivant la volonté de l'âme ; comme les semences par leur constitution originale exécutent naturellement les intentions de Dieu par un artifice plus grand encore que celui qui fait que dans notre corps tout s'exécute conformément aux résolutions de notre volonté. Et puisque M. Bayle lui-même juge avec raison qu'il y a plus d'artifice dans l'organisation des animaux que dans le plus beau poème du monde, ou dans la plus belle invention dont l'esprit humain soit capable ; il s'ensuit que mon système du commerce de l'âme et du corps est aussi facile que le sentiment commun de la formation des animaux ; car ce sentiment (qui me paraît véritable) porte en effet que la sagesse de Dieu a fait la nature, en sorte qu'elle est capable en vertu de ses lois de former les animaux ; et je l'éclaircis, et en fais mieux

---

(1) SWAMMERDAM (Jean), célèbre anatomiste hollandais, né en 1637, à Amsterdam, mort dans cette ville en 1680, célèbre surtout par ses travaux sur les insectes. Ses principaux ouvrages sont : *Miraculum naturæ, seu uteri mulieris fabrica*, où il expose tout le système de la génération (Leyde, 1672, in-4°). — *Histoire générale des insectes*, en hollandais (Utrecht, 1669, in 4°), traduction française (Utrecht, 1671, in-4°). — *Histoire de l'éphémère*, qui passe pour son chef-d'œuvre (en hollandais, Amsterdam, 1676, in-8°), trad. en latin (Londres, 1681, in-4°) ; enfin sa *Biblia naturæ*, ouvrage posthume (Leyde, 1727), trad. en français dans les tomes IV et V de la *Collection académique* de Dijon. P. J.

voir la possibilité par le moyen de la préformation. Après quoi on n'aura pas sujet de trouver étrange que Dieu ait fait le corps, en sorte qu'en vertu de ses propres lois il puisse exécuter les desseins de l'âme raisonnable, puisque tout ce que l'âme raisonnable peut commander au corps est moins difficile que l'organisation que Dieu a commandée aux semences. M. Bayle dit (*Réponse aux Questions d'un Provincial* ch. CLXXXII, p. 1294). que ce n'est que depuis peu de temps qu'il y a eu des personnes qui ont compris que la formation des corps vivants ne saurait être un ouvrage naturel : ce qu'il pourrait dire aussi suivant ses principes de la correspondance de l'âme et du corps, puisque Dieu en fait tout le commerce dans le système des causes occasionnelles, adopté par cet auteur. Mais je n'admets le surnaturel ici que dans le commencement des choses, à l'égard de la première formation des animaux ou à l'égard de la constitution originaire de l'harmonie préétablie entre l'âme et le corps ; après quoi je tiens que la formation des animaux et le rapport entre l'âme et le corps sont quelque chose d'aussi naturel à présent, que les autres opérations les plus ordinaires de la nature. C'est à peu près comme on raisonne communément sur l'instinct et sur les opérations merveilleuses des bêtes. On y reconnaît de la raison, non pas dans les bêtes, mais dans celui qui les a formées. Je suis donc du sentiment commun à cet égard ; mais j'espère que mon application lui aura donné plus de relief et de clarté, et même plus d'étendue.

Or, devant justifier mon système contre les nouvelles difficultés de M. Bayle, j'avais desscin en même temps de lui communiquer les pensées que j'avais eues depuis longtemps sur les difficultés qu'il avait fait valoir contre ceux qui tâchent d'accorder la raison avec la foi à l'égard de l'existence du mal. En effet, il y a peut-être peu de personnes qui y aient travaillé plus que moi. A peine avais-je appris à entendre passablement les livres latins, que j'eus la commodité de feuilleter dans une bibliothèque : j'y voltigeais de livre en livre, et comme les matières de méditation me plaisaient autant que les histoires et les fables, je fus charmé de l'ouvrage de Laurent Valla contre Boèce (1), et de celui de Luther contre Erasme, quoique je

---

(1) BOÈCE, l'un des derniers grands hommes de l'antiquité, né à Rome en 470, ministre de Théodoric, empoisonné par ce prince et mis à mort en 526. Son ouvrage le plus connu est sa *Consolation de la philosophie* (Leyde, 1656, in-8°). La plus ancienne édition de ses œuvres est celle de Venise. 1491, in-fol. ; la meilleure est celle de Bâle, 1570. in-fol.   P. J.

visse bien qu'ils avaient besoin d'adoucissement. Je ne m'abstenais pas des livres de controverse, et entres autre écrits de cette nature, les *Actes du Colloque, de Montbéliard*, qui avaient ranimé la dispute, me parurent instructifs. Je ne négligeais point les enseignement de nos théologiens; et la lecture de leurs adversaires, bien loin de me troubler, servait à me confirmer dans les sentiments modérés des Églises de la Confession d'Augsbourg. J'eus occasion dans mes voyages de conférer avec quelques excellents hommes de différents partis; comme M. Pierre de Wallenbourg (1), suffragant de Mayence, M. Jean-Louis Fabrice, premier théologien de Heidelberg, et enfin avec le célèbre M. Arnauld, à qui je communiquai même un dialogue latin de ma façon sur cette matière, environ l'an 1673, où je mettais déjà en fait que Dieu, ayant choisi le plus parfait de tous les mondes possibles, avait été porté par sa sagesse à permettre le mal qui y était annexé, mais qui n'empêchait pas que, tout compté et rabattu, ce monde ne fût le meilleur qui pût être choisi. J'ai encore depuis lu toute sorte de bons auteurs sur ces matières, et j'ai tâché d'avancer dans les connaissances qui me paraissent propres à écarter tout ce qui pouvait obscurcir l'idée de la souveraine perfection qu'il faut connaître en Dieu. Je n'ai point négligé d'examiner les auteurs les plus rigides, et qui ont poussé le plus loin la nécessité des choses; tels que Hobbes et Spinosa, dont le premier a soutenu cette nécessité absolue, non seulement dans ses *Éléments physiques* et ailleurs, mais encore dans un livre exprès contre l'évêque Bramhall (2). Et Spinosa veut à peu près, comme un ancien péripatéticien nommé Straton (3), que tout soit venu de la première cause ou de la nature primitive, par une nécessité aveugle et toute géométrique, sans que ce premier principe des choses soit capable de choix, de bonté et d'entendement.

J'ai trouvé le moyen, ce me semble, de montrer le contraire, d'une

---

(1) WALLENBOURG OU VALLENBURAH (Pierre de), et son frère Adrien, illustres théologiens catholiques du xvii siècle, sont inséparables l'un de l'autre. Nés à Rotterdam, ils se consacrèrent l'un et l'autre à la théologie et à la défense du catholicisme. Adrien mourut à Cologne en 1669. Pierre, suffragant de Mayence, mourut en 1675. Leurs œuvres complètes ont été réunies par eux-mêmes en 2 vol. in-fol. (Cologne, 1669-71). P. J.

(2) BRAMHALL, théologien anglican et métropolitain d'Irlande, né dans le comté d'York en 1593, mort en 1663. Ses œuvres ont été publiées à Dublin.

(3) STRATON DE LAMPSAQUE, philosophe péripatéticien, successeur de Théophraste surnommé le *physicien*, dans le iii siècle de notre ère. On n'a de lui que des fragments. P. J.

manière qui éclaire, et qui fait qu'on entre en même temps dans l'intérieur des choses. Car ayant fait de nouvelles découvertes sur la nature de la force active, et sur les lois du mouvement, j'ai fait voir qu'elles ne sont pas d'une nécessité absolument géométrique, comme Spinosa paraît l'avoir cru ; et qu'elles ne sont pas purement arbitraires non plus, quoique que ce soit l'opinion de M. Bayle et de quelques philosophes modernes ; mais qu'elles dépendent de la convenance, comme je l'ai déjà marqué ci-dessus, ou de ce que j'appelle le principe du meilleur ; et qu'on reconnaît en cela, comme en toute autre chose, les caractères de la première substance, dont les productions marquent une sagesse souveraine et font la plus parfaite des harmonies. J'ai fait voir aussi que c'est cette harmonie qui fait encore la liaison, tant de l'avenir avec le passé, que du présent avec ce qui est absent. La première espèce de liaison unit les temps, et l'autre les lieux. Cette seconde liaison se montre dans l'union de l'âme avec le corps, et généralement dans le commerce des véritables substances entre elles et avec les phénomènes matériels. Mais la première a lieu dans la préformation des corps organiques, ou plutôt de tous les corps, puisqu'il y a de l'organisme partout, quoique toutes les masses ne composent point des corps organiques : comme un étang peut fort bien être plein de poissons ou autres corps organiques, quoiqu'il ne soit point lui-même un animal ou corps organique, mais seulement une masse qui les contient. Et puisque j'avais tâché de bâtir sur de tels fondements, établis d'une manière démonstrative, un corps entier des connaissances principales que la raison toute pure nous peut apprendre, un corps, dis-je, dont toutes les parties fussent bien liées, et qui pût satisfaire aux difficultés les plus considérables des anciens et des modernes ; je m'étais formé aussi par conséquent un certain système sur la liberté de l'homme et sur le concours de Dieu. Ce système me paraissait éloigné de tout ce qui peut choquer la raison et la foi, et j'avais envie de le faire passer sous les yeux de M. Bayle, aussi bien que de ceux qui sont en dispute avec lui. Il vient de nous quitter, et ce n'est pas une petite perte que celle d'un auteur, dont la doctrine et la pénétration avaient peu d'égales ; mais, comme la matière est sur le tapis, que d'habiles gens y travaillent encore, et que le public y est attentif, j'ai cru qu'il fallait se servir de l'occasion pour faire paraître un échantillon de mes pensées.

Il sera peut-être bon de remarquer encore avant que de finir cette préface, qu'en niant l'influence physique de l'âme sur le corps ou du corps sur l'âme, c'est-à-dire une influence qui fasse que l'un trouble les lois de l'autre, je ne nie point l'union de l'un avec l'autre qui en fait un suppôt ; mais cette union est quelque chose de métaphysique, qui ne change rien dans les phénomènes. C'est ce que j'ai déjà dit en répondant à ce que le R. P. de Tournemine (1), dont l'esprit et le savoir ne sont point ordinaires, m'avait objecté dans les *Mémoires de Trévoux*. Et par cette raison, on peut dire aussi, dans un sens métaphysique, que l'âme agit sur le corps, et le corps sur l'âme. Aussi est-il vrai que l'âme est l'entéléchie ou le principe actif, au lieu que le corporel tout seul ou le simple matériel ne contient que le passif, et que par conséquent le principe de l'action est dans les âmes, comme je l'ai expliqué plus d'une fois dans le journal de Leipsik, mais plus particulièrement en répondant à feu M. Sturm (2), philosophe et mathématicien d'Altorf ; où j'ai même démontré que s'il n'y avait rien que de passif dans les corps, leurs différents états seraient indiscernables. Je dirai aussi à cette occasion, qu'ayant appris que l'habile auteur du livre de la *Connaissance de soi-même* (3) avait fait quelques objections dans ce livre contre mon système de l'harmonie préétablie, j'avais envoyé une réponse à Paris, qui fait voir qu'il m'a attribué des sentiments dont je suis bien éloigné ; comme a fait aussi depuis peu un docteur de Sorbonne anonyme sur un autre sujet. Et ces mésentendus auraient paru d'abord aux yeux du lecteur, si l'on avait rapporté mes propres paroles, sur lesquelles on a cru se pouvoir fonder.

Cette disposition des hommes à se méprendre, en représentant les sentiments d'autrui, fait aussi que je trouve à propos de remarquer que lorsque j'ai dit quelque part que l'homme s'aide du secours de

---

(1) Tournemine (P.), savant jésuite, né à Rennes en 1661, mort à Paris en 1739. Il inséra de nombreuses dissertations dans les *Mémoires de Trévoux* de 1702 à 1736. On a de lui des *Réflexions sur l'athéisme*, et une *Lettre sur l'âme* adressée à Voltaire. P. J.

(2) Sturm (Jean-Christophe), savant illustre, né en 1635 à Hilpostein (comté de Neubourg), professeur à l'Académie de Altdorf, mort en 1703. On a de lui une *Philosophia eclectica*, Nuremberg, 1686, in-8°, et une *Physica hypothetica ibid.*, 1697, in-4°, 2 vol. P. J.

(3) Dom Lami (Dom François), bénédictin, qu'il ne faut pas confondre avec le P. Lami de l'oratoire, né à Montreau, près de Chartres, en 1636. On a de lui un traité de la *Connaissance de soi-même*, 6 vol. in-12 ; Paris, 1624-1696, 8° édition en 1710, fort complète. *Le Nouvel athéisme renversé* ou réfutation de Spinoza; Paris, 1696, in-12.

la grâce dans la conversion, j'entends seulement qu'il en profite par la cessation de la résistance surmontée, mais sans aucune coopération de sa part : tout comme il n'y a point de coopération dans la glace, lorsqu'elle est rompue. Car la conversion est le pur ouvrage de la grâce de Dieu, où l'homme ne concourt qu'en résistant ; mais sa résistance est plus ou moins grande, selon les personnes et les occasions. Les circonstances aussi contribuent plus ou moins à notre attention et aux mouvements qui naissent dans l'âme ; et le concours de toutes ces choses jointes à la mesure de l'impression, et à l'état de la volonté, détermine l'effet de la grâce, mais sans le rendre nécessaire. Je me suis assez expliqué ailleurs, que, par rapport aux choses salutaires, l'homme non régénéré doit être considéré comme mort ; et j'approuve fort la manière dont les théologiens de la confession d'Augsbourg s'expliquent sur ces sujets. Cependant cette corruption de l'homme non régénéré ne l'empêche point d'ailleurs d'avoir des vertus morales véritables, et de faire quelquefois de bonnes actions dans la vie civile, qui viennent d'un bon principe, sans aucune mauvaise intention, et sans mélange de péché actuel. En quoi j'espère qu'on me le pardonnera, si j'ai osé m'éloigner du sentiment de Saint Augustin (1), grand homme sans doute, et d'un merveilleux esprit, mais qui semble porté quelquefois à outrer les choses, surtout dans la chaleur de ses engagements. J'estime fort quelques personnes qui font profession d'être disciples de Saint Augustin, et entre autres le R. P. Quesnel (2), digne successeur du grand Arnauld, dans la poursuite des controverses qui les ont commis avec la plus célèbre des compagnies. Mais j'ai trouvé qu'ordinairement dans les combats entre les gens d'un mérite insigne (dont il y en a sans doute ici des deux côtés),

---

(1) SAINT AUGUSTIN, illustre Père de l'Eglise latine, né à Tagaste, en Afrique, en 354. — Tout le monde connaît l'histoire de sa conversion, racontée dans ses *Confessions* : il fut évêque d'Hippone en 395. Il combattit énergiquement les Manichéens, les Donatistes et les Pélagiens. Son nom est resté attaché à la question de la grâce. Ses *OEuvres complètes* ont été données par les Bénédictins en 11 tomes in-fol., 1671 et suiv.   P. J.

(2) QUESNEL (P.), célèbre janséniste, né à Paris en 1634, mort à Amsterdam en 1719. On connaît ses *Réflexions morales*, publiées en 1694, qui furent l'origine de la seconde guerre janséniste, et l'occasion de la fameuse bulle *Unigenitus*. Ses ouvrages théologiques sont très nombreux.   P. J.

(3) PTOLEMEI ou TOLOMEI, cardinal, quoique jésuite, né à Florence en 1653, mort en 1726. On a de lui une *Philosophia mentis et sensuum*, Rome, 1696, in-fol, Son *Supplément aux controverses de Bellarmin* est demeuré inédit.
   P. J.

la raison est de part et d'autre, mais en différents points, et qu'elle est plutôt pour les défenses que pour les attaques, quoique la malignité naturelle du cœur humain rende ordinairement les attaques plus agréables aux lecteurs que les défenses. J'espère que le R. P. Ptolémei (3), ornement de sa compagnie, occupé à remplir les vuides du célèbre Bellarmin (1), nous donnera sur tout cela des éclaircissements dignes de sa pénétration et de son savoir, et j'ose même ajouter, de sa modération. Et il faut croire que parmi les théologiens de la confession d'Augsbourg, il s'élèvera quelque nouveau Chemnice, ou quelque nouveau Calixte (2) ; comme il y a lieu de juger que des Usserius (3) ou des Daillé (4) revivront parmi les réformés, et que tous travailleront de plus en plus à lever les mésentendus dont cette matière est chargée. Au reste, je serai bien aise que ceux qui voudront l'éplucher lisent les objections mises en forme avec les Réponses que j'y ai données, dans le petit écrit que j'ai mis à la fin de l'ouvrage, pour en faire comme le sommaire. J'y ai tâché de prévenir quelques nouvelles objections ; ayant expliqué, par exemple, pourquoi j'ai pris la volonté antécédente et conséquente pour préalable et finale, à l'exemple de Thomas, de Scot (5) et d'autres ; comment il est possible qu'il y ait incomparablement plus de bien dans la gloire de tous les sauvés, qu'il n'y a de mal dans la misère de tous les damnés, quoiqu'il y en ait plus des derniers ; comment en disant que le mal a été permis comme une condition *sine qua non* du bien, je l'entends non

---

(1) BELLARMIN, célèbre controversiste du XVIe siècle, archevêque de Capoue, né en Toscane en 1542, mort en 1621, connu par ses *Controverses* (Ingolstadt, 1587, 1 vol. in-fol.), parmi lesquelles on remarque le *De Romano pontifice*, manuel des Doctrines ultramontaines.   P. J.

(2) CALIXTE, pape en 218, mort en 222. On trouve des détails curieux sur son pontificat, dans l'ouvrage de saint Hippolyte, récemment retrouvé et publié en 1851 par M. Miller sous ce titre *Philosophumena*.   P. J.

(3) USSERIUS ou USHER (Jacques), théologien anglican, archevêque d'Armag, né à Dublin en 1580, mort en 1656. Il écrivit à la fois contre les catholiques et contre les Arminiens. Il publia un grand nombre d'ouvrages théologiques, et entre autres, sur l'ordre de Charles Ier, un ouvrage sur le *Pouvoir du souverain* où il défend la doctrine de l'obéissance passive (1661).   P. J.

(4) DAILLÉ, controversiste protestant, né à Châtellerault en 1594, mort à Charenton en 1670. Il fut estimé même des catholiques. On n'a de lui que des traités théologiques, sans aucun rapport à la philosophie.   P. J.

(5) DUNS (Jean) ou DUNS SCOT, illustre scholastique de l'ordre des Cordeliers, né en Écosse dans la petite ville de Duns, à une date qui n'est pas connue. On sait qu'il mourut en 1308 à Cologne. Il fut, comme on sait, le chef de l'école *Scotiste* opposée aux *Thomistes* dans la question de la grâce et dans la question des Universaux. — Ses œuvres complètes, données par le P. Wadding (Lyon, 1635), comprennent 12 vol. in-fol.   P. J.

pas suivant le principe du nécessaire, mais suivant le principe du convenable ; comment la prédétermination que j'admets est toujours inclinante, et jamais nécessitante ; comment Dieu ne refusera pas les lumières nécessaires nouvelles à ceux qui ont bien usé de celles qu'ils avaient ; sans parler d'autres éclaircissements que j'ai tâché de donner sur quelques difficultés qui m'ont été faites depuis peu. Et j'ai suivi encore le conseil de quelques amis, qui ont cru à propos que j'ajoutasse deux appendices : l'un sur la controverse agitée entre M. Hobbes et l'évêque Bramhall, touchant le libre et le nécessaire, l'autre sur le savant ouvrage de *l'Origine du mal*, publié depuis peu en Angleterre.

Enfin j'ai tâché de tout rapporter à l'édification ; et si j'ai donné quelque chose à la curiosité, c'est que j'ai cru qu'il fallait égayer une matière, dont le sérieux peut rebuter. C'est dans cette vue que j'ai fait entrer dans ce discours la chimère plaisante d'une certaine théologie astronomique n'ayant point sujet d'appréhender qu'elle séduise personne, et jugeant que la réciter et la réfuter est la même chose. Fiction pour fiction, au lieu de s'imaginer que les planètes ont été des soleils, on pourrait concevoir qu'elles ont été des masses fondues dans le soleil, et jetées dehors, ce qui détruirait le fondement de cette théologie hypothétique. L'ancienne erreur des deux principes, que les Orientaux distinguaient par les noms d'Oromasdes et d'Armanius, m'a fait éclaircir une conjecture sur l'histoire reculée des peuples ; y ayant de l'apparence que c'étaient les noms de deux grands princes contemporains, l'un monarque d'une partie de la haute Asie, où il y en a eu depuis d'autres de ce nom ; l'autre roi des Celto-Scythes, faisant irruption dans les États du premier, et connu d'ailleurs parmi les divinités de la Germanie. Il semble en effet que Zoroastre (1) a employé les noms de ces princes comme des symboles des puissances invisibles, auxquelles leurs exploits les faisaient ressembler dans l'opinion des Asiatiques. Quoique d'ailleurs

---

(1) ZOROASTRE, fondateur du *Magisme* ou *Mazdéisme*, religion des anciens Perses, qui s'est conservée jusqu'à nos jours sous le nom de *Parsisme*. On ne sait absolument rien sur ce personnage mystérieux. Le livre sacré, qui lui est attribué, est le *Zend-Avesta*, dont le texte Zend a été rapporté en Europe par Anquetil Du Perron, et publié avec une traduction française, aujourd'hui très-dépassée, Paris, 1771, 2 vol. en 3 tomes. Klenker en a donné une traduction allemande en 3 vol. in-4°, Riga, 1761 ; Eugène Burnouf, dans son *Commentaire sur l'Yaçna*, en a traduit et expliqué une partie. On sait que cet illustre savant est arrivé à restituer la langue zend, que personne ne comprenait avant lui, les traductions d'Anquetil Duperron ayant été faites sur des intermédiaires.

il paraisse par les rapports des auteurs arabes, qui pourraient être mieux informés que les Grecs de quelques particularités de l'ancienne histoire orientale, que ce Zerdust ou Zoroastre, qu'ils font contemporain du grand Darius, n'a point considéré ces deux principes comme tout à fait primitifs et indépendants, mais comme dépendant d'un principe unique suprême; et qu'il a cru conformément à la cosmogonie de Moïse, que Dieu, qui est sans pair, a créé tout et a séparé la lumière des ténèbres; que la lumière a été conforme à son dessein original, mais que les ténèbres sont venues par conséquence, comme l'ombre suit le corps, et que ce n'est autre chose que la privation. Ce qui exempterait cet ancien auteur des erreurs que les Grecs lui attribuent. Son grand savoir a fait que les Orientaux l'ont comparé avec le Mercure ou Hermès des Égyptiens et des Grecs; tout comme les Septentrionaux ont comparé leur Wodan ou Odin avec ce même Mercure. C'est pourquoi le mercredi, ou le jour de Mercure, a été appelé *Wodans-gad* par les Septentrionaux, mais jour de *zerdust* par les Asiatiques, puisqu'il est nommé *zarschamba* ou *dsearschambe* par les Turcs et par les Persans, *zerda* par les Hongrois venus de l'Orient septentrional, et *sreda* par les Esclavons depuis le fond de la grande Russie, jusqu'aux Wendes du pays de Lunebourg; les Esclavons l'ayant appris aussi des Orientaux. Ces remarques ne déplairont peut-être pas aux curieux; et je me flatte que le petit dialogue, qui finit les Essais opposés à M. Bayle, donnera quelque contentement à ceux qui sont bien aises de voir des vérités difficiles, mais importantes, exposées d'une manière aisée et familière. On a écrit dans une langue étrangère, au hasard d'y faire bien des fautes, parce que cette matière y a été traitée depuis peu par d'autres, et y est lue davantage par ceux à qui on voudrait être utile par ce petit travail. On espère que les fautes de langage qui viennent non seulement de l'impression et du copiste, mais aussi de la précipitation de l'auteur, qui a été assez distrait, seront pardonnées : et si quelque erreur s'est glissée dans les sentiments, l'auteur sera le premier à les corriger, après avoir été mieux informé : ayant donné ailleurs de telles marques de son amour de la vérité, qu'il espère qu'on ne prendra pas cette déclaration pour un compliment.

DISCOURS
DE LA CONFORMITÉ DE LA FOI
AVEC LA RAISON

I. Je commence par la question préliminaire de la conformité de la foi avec la raison, et de l'usage de la philosophie dans la théologie, parce qu'elle a beaucoup d'influence sur la matière principale que nous allons traiter, et parce que M. Bayle l'y fait entrer partout. Je suppose que deux vérités ne sauraient se contredire; que l'objet de la foi est la vérité que Dieu a révélée d'une manière extraordinaire, et que la raison est l'enchaînement des vérités, mais particulièrement (lorsqu'elle est comparée avec la foi) de celles où l'esprit humain peut atteindre naturellement, sans être aidé des lumières de la foi. Cette définition de la raison (c'est-à-dire de la droite et véritable raison) a surpris quelques personnes, accoutumées à déclamer contre la raison prise dans un sens vague. Ils m'ont répondu qu'ils n'avaient jamais entendu qu'on lui eût donné cette signification : c'est qu'ils n'avaient jamais conféré avec des gens qui s'expliquaient distinctement sur ces matières. Ils m'ont avoué cependant qu'on ne pouvait point blâmer la raison, prise dans le sens que je lui donnais. C'est dans le même sens qu'on oppose quelquefois la raison à l'expérience. La raison, consistant dans l'enchaînement des vérités, a droit de lier encore celles que l'expérience lui a fournies, pour en tirer des conclusions mixtes : mais la raison pure et nue, distinguée de l'expérience, n'a à faire qu'à des vérités indépendantes des sens. Et l'on peut comparer la foi avec l'expérience, puisque la foi (quant aux motifs qui la vérifient) dépend de l'expérience de ceux qui ont vu les miracles, sur lesquels la révélation est fondée, et de la tradition digne de croyance, qui les a fait passer jusqu'à nous, soit par les Écritures, soit par le rapport de ceux qui les ont conservées : à peu près comme nous nous fondons sur l'expérience de ceux qui ont vu la Chine, et sur la crédibilité de leur rapport, lorsque nous ajoutons foi aux merveilles qu'on nous raconte de ce pays éloigné. Sauf à parler ailleurs du mouvement intérieur du Saint-Esprit, qui s'empare des âmes, et les persuade et les porte au bien, c'est-à-dire à la foi et à la charité, sans avoir toujours besoin de motifs.

2. Or les vérités de la raison sont de deux sortes. Les unes sont ce qu'on appelle les vérités éternelles, qui sont absolument nécessaires, en sorte que l'opposé implique contradiction ; et telles sont les vérités, dont la nécessité est logique, métaphysique ou géométrique, qu'on ne saurait nier sans pouvoir être mené à des absurdités. Il y en a d'autres qu'on peut appeler positives, parce qu'elles sont des lois qu'il a plu à Dieu de donner à la nature, ou parce qu'elles en dépendent. Nous les apprenons, ou par l'expérience, c'est-à-dire à posteriori ; ou par la raison, et à priori, c'est-à-dire par des considérations de la convenance qui les ont fait choisir. Cette convenance a aussi ses règles et raisons ; mais c'est le choix libre de Dieu, et non pas une nécessité géométrique, qui fait préférer le convenable, et le porte à l'existence. Ainsi on peut dire que la nécessité physique est fondée sur la nécessité morale, c'est-à-dire sur le choix du sage, digne de sa sagesse ; et que l'une aussi bien que l'autre doit être distinguée de la nécessité géométrique. Cette nécessité physique est ce qui fait l'ordre de la nature et consiste dans les règles du mouvement, et dans quelques autres lois générales, qu'il a plu à Dieu de donner aux choses en leur donnant l'être. Il est donc vrai que ce n'est pas sans raison que Dieu les a données ; car il ne choisit rien par caprice, et comme au sort, ou par une indifférence toute pure : mais les raisons générales du bien et de l'ordre, qui l'y ont porté, peuvent être vaincues dans quelques cas, par des raisons plus grandes d'un ordre supérieur.

3. Cela fait voir que Dieu peut dispenser les créatures des lois qu'il leur a prescrites, et y produire ce que leur nature ne porte pas, en faisant un miracle ; et lorsqu'elles sont élevées à des perfections et à des facultés plus nobles que celles où elles peuvent arriver par leur nature, les scholastiques appellent cette faculté une puissance *obédientielle*, c'est-à-dire que la chose acquiert en obéissant au commandement de celui qui peut donner ce qu'elle n'a pas : quoique

ces scholastiques donnent ordinairement des exemples de cette puissance, que je tiens impossibles, comme lorsqu'ils prétendent que Dieu peut donner à la créature la faculter de créer. Il se peut qu'il y ait des miracles que Dieu ait faits par le ministère des anges, où les lois de la nature ne sont point violées, non plus que lorsque les hommes aident la nature par l'art, l'artifice des anges ne différant du nôtre que par le degré de perfection ; cependant il demeure toujours vrai que les lois de la nature sont sujettes à la dispensation du législateur ; au lieu que les vérités éternelles, comme celles de la géométrie, sont tout à fait indispensables, et la foi n'y saurait être contraire. C'est pourquoi il ne se peut faire qu'il y ait une objection invincible contre la vérité. Car si c'est une démonstration fondée sur des principes ou sur des faits incontestables, formée par un enchaînement des vérités éternelles, la conclusion est certaine et indispensable, et ce qui y est opposé doit être faux ; autrement deux contradictoires pourraient être vraies en même temps. Que si l'objection n'est point démonstrative, elle ne peut former qu'un argument vraisemblable, qui n'a point de force contre la foi, puisqu'on convient que les mystères de la religion sont contraires aux apparences. Or M. Bayle déclare, dans sa réponse posthume à M. Le Clerc, qu'il ne prétend point qu'il y ait des démonstrations contre les vérités de la foi ; et par conséquent toute ces difficultés invincibles, ces combats prétendus de la raison contre la foi s'évanouissent.

> Hi motus animorum atque hæc discrimina tanta
> Pulveris exigui jactu compressa quiescunt.

4. Les théologiens protestants, aussi bien que ceux du parti de Rome, conviennent des maximes que je viens de poser, lorsqu'ils traitent la matière avec soin ; et tout ce qu'on dit contre la raison ne porte coup que contre une prétendue raison, corrompue et abusée par de fausses apparences. Il en est de même des notions de la justice et de la bonté de Dieu. On en parle quelquefois, comme si nous n'en avions aucune idée ni aucune définition. Mais en ce cas nous n'aurions point de fondement de lui attribuer ces attributs, ou de l'en louer. Sa bonté et sa justice, aussi bien que sa sagesse, ne diffèrent des nôtres que parce qu'elles sont infiniment plus parfaites. Ainsi les notions simples, les vérités nécessaires, et les conséquences démonstratives de la philosophie ne sauraient être contraires à la révélation. Et lorsque quelques maximes philosophiques

sont rejetées en théologie, c'est qu'on tient qu'elles ne sont que d'une nécessité physique ou morale, qui ne parle que de ce qui a lieu ordinairement, et se fonde par conséquent sur les apparences, mais qui peut manquer si Dieu le trouve bon.

5. Il paraît par ce que je viens de dire, qu'il y a souvent un peu de confusion dans les expressions de ceux qui commettent ensemble la philosophie et la théologie, ou la foi et la raison : ils confondent expliquer, comprendre, prouver, soutenir. Et je trouve que M. Bayle, tout pénétrant qu'il est, n'est pas toujours exempt de cette confusion. Les mystères se peuvent expliquer autant qu'il faut pour les croire ; mais on ne les saurait comprendre, ni faire entendre comment ils arrivent : c'est ainsi que même en physique nous expliquons jusqu'à un certain point plusieurs qualités sensibles, mais d'une manière imparfaite, car nous ne les comprenons pas. Il ne nous est pas possible non plus de prouver les mystères par la raison : car tout ce qui se peut prouver à priori, ou par la raison pure, se peut comprendre. Tout ce qui nous reste donc, après avoir ajouté foi aux mystères sur les preuves de la vérité de la religion (qu'on appelle motifs de crédibilité), c'est de les pouvoir soutenir contre les objections ; sans quoi nous ne serions point fondés à les croire, tout ce qui peut être réfuté d'une manière solide et démonstrative, ne pouvant manquer d'être faux ; et les preuves de la vérité de la religion, qui ne peuvent donner qu'une certitude morale, seraient balancées et même surmontées par des objections qui donneraient une certitude absolue, si elles étaient convaincantes et tout à fait démonstratives. Ce peu nous pourrait suffire pour lever les difficultés sur l'usage de la raison et de la philosophie par rapport à la religion, si on n'avait pas à faire bien souvent à des personnes prévenues. Mais comme la matière est importante, et qu'elle a été fort embrouillée, il sera à propos d'entrer dans un plus grand détail.

6. La question de la conformité de la foi avec la raison a toujours été un grand problème. Dans la primitive Église, les plus habiles auteurs chrétiens s'accommodaient des pensées des platoniciens, qui leur revenaient le plus, et qui étaient le plus en vogue alors. Peu à peu Aristote prit la place de Platon (1), lorsque le goût des systèmes

---

(1) ARISTOTE et PLATON, philosophes illustres de l'antiquité que nous n'avons pas encore nommés. Platon, le plus ancien des deux, né dans l'île d'Égine, 427 av. J.-C., mort en 347. Il fut disciple de Socrate, fonda l'*Académie*, dont il laissa la direction à son neveu, Speusippe. Tous ses ouvrages nous sont parve-

commença à régner, et lorsque la théologie même devint plus systématique par les décisions des conciles généraux, qui fournissaient des formulaires précis et positifs. Saint Augustin, Boëce et Cassiodore (1) dans l'Occident, et saint Jean de Damas (2) dans l'Orient, ont contribué le plus à réduire la théologie en forme de science ; sans parler de Bède (3), Alcuin (4), saint Anselme, et quelques autres théologiens versés dans la philosophie ; jusqu'à ce qu'enfin les scholastiques survinrent, et que le loisir des cloîtres donnant carrière aux spéculations, aidées par la philosophie d'Aristote traduite de l'arabe, on acheva de faire un composé de théologie et de philosophie, dans lequel la plu-

nus. Ce sont les *Dialogues*, dont le principal personnage est toujours Socrate. Les plus célèbres sont le *Phédon*, le *Phèdre*, le *Banquet*, le *Gorgias*, le *Timée* et la *République*. Nous avons aussi sous son nom des *Lettres* que la plupart des critiques regardent comme apocryphes. Il y a eu un nombre considérable d'éditions de Platon, dont les plus célèbres sont celles d'Henri Etienne en 1578, et parmi les modernes celles de Becker, d'Ast, de Stallbaum, et tout récemment de Steinbart. Parmi les traductions, nous citerons la traduction latine de Marcile Ficin, allemande de Schleiermacher, et française de M. Victor Cousin. Quant aux *Commentaires sur Platon*, ils sont innombrables. Un ouvrage important sur Platon a été publié à Londres par M. Grote, l'historien de la Grèce, 3 vol. in-8°, Londres, 1864.

ARISTOTE, disciple de Platon et fondateur de l'école péripatéticienne, ou du Lycée, né à Stagyre en 384, mort à Chalcis dans l'Eubée en 322. Il fut le précepteur d'Alexandre. C'est le plus illustre encyclopédiste de l'antiquité : il n'est guère de sciences auxquelles il n'ait travaillé. Ses principaux ouvrages sont l'*Organon* (composé de six ouvrages), ou *Logique*, la *Physique*, le *Traité de l'âme*, la *Métaphysique*, la *Morale à Nicomaque*, la *Politique*, l'*Histoire des animaux*. — La première édition complète de ses œuvres est celle de Venise, 5 vol. in-fol., 1495-1498. On estime aussi celle de Duval, Paris, 1617-1644, 4 vol. in-fol., avec une traduction latine. La plus complète et la plus récente est celle de Bœk, Berlin, 5 vol. in-8°. M. Barthélemy Saint-Hilaire a donné une traduction complète d'Aristote en français.

(1) CASSIODORE, écrivain latin de la décadence, ministre de Théodoric, né à Squillau en 470, mort vers 570. On a de lui un *Traité de l'Ame*, et des ouvrages d'histoire, de grammaire et de théologie. Ses œuvres complètes ont été publiées à Rouen, 1679 (2 vol. in fol.).

(2) JEAN DE DAMAS OU DAMASCÈNE, né à Damas en 676, sous le règne des Khalifes, dont il fut ministre, mort en 754 ou 780. On a de lui un grand nombre d'ouvrages théologiques, dont le plus curieux est la *Dispute contre un Sarrazin*, dans lequel il discute les objections des mulsumans contre le christianisme ; ses œuvres complètes (grec-latin) ont été publiées par le P. Lequien, Paris, 1712, 2 vol. in-fol.
P. J.

(3) BÈDE, surnommé *le Vénérable*, né en 672 en Angleterre, dans le diocèse de Durham, mort en 735. Son principal ouvrage est son *Histoire ecclésiastique*, ouvrage étonnant pour le temps. Il écrivit aussi sur beaucoup de matières philosophiques et religieuses. — On a plusieurs éditions de ses œuvres complètes, entre autres celles de Paris, 1544, 3 vol. in-fol.; celle de Cologne, 1621-1688.
P. J.

(4) ALCUIN, savant du VIII° siècle, né en Yorkshire, attaché par Charlemagne à son palais, et fondateur de l'École palatine, mort en 804. Ses œuvres complètes ont été publiées à Paris par Duchesne, 1617, in-fol.
P. J.

part des questions venaient du soin qu'on prenait de concilier la foi avec la raison. Mais ce n'était pas avec tout le succès qui aurait été à souhaiter, parce que la théologie avait été fort corrompue par le malheur des temps, par l'ignorance et par l'entêtement ; et parce que la philosophie, outre ses propres défauts, qui étaient très grands, se trouvait chargée de ceux de la théologie, qui se ressentait à son tour de l'association d'une philosophie très obscure et très imparfaite. Cependant il faut avouer avec l'incomparable Grotius, qu'il y a quelquefois de l'or caché sous les ordures du latin barbare des moines : ce qui m'a fait souhaiter plus d'une fois qu'un habile homme, que sa fonction eût obligé d'apprendre le langage de l'École, eût voulu en tirer ce qu'il y a de meilleur, et qu'un autre Petave (1) ou Thomassin (2) eussent fait à l'égard des scholastiques, ce que ces deux savants hommes ont fait à l'égard des Pères. Ce serait un ouvrage très curieux et très important pour l'histoire ecclésiastique, et qui continuerait celle des dogmes jusqu'au temps du rétablissement des belles-lettres (par le moyen desquelles les choses ont changé de face) et même au delà. Car plusieurs dogmes, comme ceux de la prédétermination physique, de la science moyenne, du péché philosophique, des précisions objectives, et beaucoup d'autres dans la théologie spéculative, et même dans la théologie pratique les cas de conscience ont été mis en vogue, même après le Concile de Trente. Un peu avant ce changement à la grande scission de l'Occident qui dure encore, il y avait en Italie une secte de philosophes qui combattait cette conformité de la foi avec la raison que nous soutenons. On les nommait Averroïstes (3), parce qu'ils s'attachaient à un auteur arabe célèbre, qu'on appelait le Commentateur par excellence, et qui paraissait être le mieux entré dans le sens d'Aristote, parmi ceux de sa nation. Ce Commentateur, pous-

---

(1) PETAVE (Petavius) ou PETAU (le P.), célèbre jésuite du xvii° siècle, né à Orléans en 1583, mort à Paris en 1652. C'est un érudit et un théologien. Ses principaux ouvrages sont : *Doctrina temporum*, Paris, 1627, 2 vol. in-fol., ouvrage de chronologie ; et ses *Theologica dogmata*, ibid., 1644-1650, 2 vol. in-fol. P. J.

(2) THOMASSIN (le Père), célèbre oratorien, né à Aix en 1619, mort en 1695. Son ouvrage le plus considérable est l'*Ancienne et nouvelle discipline de l'Église* 3 vol. in-fol., 1678-1679. — On cite encore ses *Dogmes théologiques*, 3 vol. in-fol. 1680-89, pour faire suite à ceux du P. Pétau. P. J.

(3) AVERROÏSTES. Secte philosophique ainsi nommée de son chef *Averroès* (Ibn-Rosch), célèbre philosophe arabe, né à Cordoue dans le xii° siècle, mort en 1198. Son *Commentaire* sur Aristote, où il l'interprète dans un sens panthéiste et naturaliste, a paru à Venise en 1495, in-fol, et a été réimprimé plusieurs fois. M. Renan lui a consacré un savant et intéressant ouvrage. P. J.

sant ce que des interprètes grecs avaient déjà enseigné, prétendait que suivant Aristote, et même suivant la raison (ce qu'on prenait presque alors pour la même chose), l'immortalité de l'âme ne pouvait subsister. Voici son raisonnement. Le genre humain est éternel, selon Aristote ; donc, si les âmes particulières ne périssent pas, il faut venir à la métempsycose rejetée par ce philosophe ; ou, s'il y a toujours des âmes nouvelles, il faut admettre l'infinité de ces âmes conservées de toute éternité : mais l'infinité actuelle est impossible, selon la doctrine du même Aristote ; donc il faut conclure que les âmes, c'est-à-dire les formes des corps organiques, doivent périr avec ces corps ; ou du moins l'entendement passif appartenant en propre à un chacun. De sorte qu'il ne restera que l'entendement actif, commun à tous les hommes, qu'Aristote disait venir de dehors, et qui doit travailler partout où les organes y sont disposés, comme le vent produit une espèce de musique, lorsqu'il est poussé dans des tuyaux d'orgue bien ajustés.

8. Il n'y avait rien de plus faible que cette prétendue démonstration ; il ne se trouve point qu'Aristote ait bien réfuté la métempsycose, ni qu'il ait prouvé l'éternité du genre humain ; et après tout, il est très faux qu'un infini actuel soit impossible. Cependant cette démonstration passait pour invincible chez les aristotéliciens, et leur faisait croire qu'il y avait une certaine intelligence sublunaire, dont la participation faisait notre entendement actif. Mais d'autres moins attachés à Aristote allaient jusqu'à une âme universelle qui fût l'océan de toutes les âmes particulières, et croyaient cette âme universelle seule capable de subsister, pendant que les âmes particulières naissent et périssent. Suivant ce sentiment, les âmes des animaux naissent en se détachant comme des gouttes de leur océan, lorsqu'elles trouvent un corps qu'elles peuvent animer ; et elles périssent en se rejoignant à l'océan des âmes quand le corps est défait, comme les ruisseaux se perdent dans la mer. Et plusieurs allaient à croire que Dieu est cette âme universelle, quoique d'autres aient cru qu'elle était subordonnée et créée. Cette mauvaise doctrine est fort ancienne, et fort capable d'éblouir le vulgaire. Elle est exprimée dans ces beaux vers de Virgile (*Én.*, vi, v. 724).

> Principio cœlum ac terram camposque liquentes,
> Lucentemque globum Lunæ, Titaniaque astra,
> Spiritus intus alit, totamque infusa per artus
> Mens agitat molem, et magno se corpore miscet.

Et encore ailleurs (*Géorg.* iv. v. 221) :

> Deum namque ire per omnes
> Terrasque tractusque maris cœlumque profundum :
> Hinc pecudes, armenta, viros, genus omne ferarum,
> Quemque sibi tenues nascentem arcessere vitas ;
> Scilicet huc reddi deinde hac resoluta referri.

9. L'âme du monde de Platon a été prise dans ce sens par quelques-uns ; mais il y a plus d'apparence que les stoïciens donnaient dans cette âme commune qui absorbe toutes les autres. Ceux qui sont de ce sentiment pourraient être appelés monopsychites, puisque selon eux il n'y a véritablement qu'une seule âme qui subsiste. M. Bernier remarque que c'est une opinion presque universellement reçue chez les savants, dans la Perse et dans les États du Grand-Mogol ; il paraît même qu'elle a trouvé entrée chez les cabbalistes (1) et chez les mystiques. Un certain Allemand natif de la Suabe, devenu juif il y a quelques années, et dogmatisant sous le nom de Moses Germanus, s'étant attaché aux dogmes de Spinosa, a cru que Spinosa renouvelle l'ancienne kabbala des Hébreux ; et un savant homme (2), qui a réfuté ce prosélyte juif, paraît être du même sentiment. L'on sait que Spinosa ne reconnaît qu'une seule substance dans le monde, dont les âmes individuelles ne sont que des modifications passagères. Valentin Weigel (3), pasteur de Tschopa en Misnie, homme d'esprit, et qui en avait même trop, quoiqu'on l'ait voulu faire passer pour un enthousiaste, en tenait peut-être quelque chose ; aussi bien que celui qui se nomme Jean Angelus (4), Silésien, auteur de certains petits vers de dévotion allemands assez jolis, en forme d'épigrammes, qu'on vient de réimprimer. Et généralement, la déification des mystiques pouvait recevoir ce mau-

---

(1) CABBALISTES, secte hébraïque, très ancienne, dont les doctrines mystiques sont exposées dans deux livres curieux : le *Zohar* et le *Sepher ietzirah*. Voir, sur cette école, le savant ouvrage de M. Franck, *la Cabbale*, Paris, 1843, un vol in-8. P. J.

(2) Ce savant homme est WACHTER (Georges), théologien protestant, auteur du livre intitulé : *Le Spinosisme dans le judaïsme* (Amsterd., 1699, in-12 All.), et d'un autre : *Concordia rationis et fidei* (Amsterd., 1682, in-8°). — Quant à *Moses germanus*, son vrai nom est Jean-Pierre Speeth. P. J.

(3) WEIGEL (Valentin), théologien du xvi⁰ siècle, né en 1531, mort en 1588. On a de lui un grand nombre d'ouvrages théologiques, entre autres : *Dialogus de christianismo* ; *De vitâ beatâ* ; *De vitâ æternâ* ; *Theologia astrologizata*, etc.
P. J.

(4) Ce Jean Angelus nous est inconnu. P. J.

vais sens. Gerson (1) a déjà écrit contre Rusbrock (2), auteur mystique, dont l'intention était bonne apparemment, et dont les expressions sont excusables ; mais il vaut mieux écrire d'une manière qui n'ait point besoin d'être excusée. Quoique j'avoue aussi que souvent les expressions outrées, et pour ainsi dire poétiques, ont plus de force pour toucher et pour persuader que ce qui se dit avec régularité.

10. L'anéantissement de ce qui nous appartient en propre, porté fort loin par les quiétistes, pourrait bien être aussi une impiété déguisée chez quelques-uns : comme ce qu'on raconte du quiétisme de Foë (3), auteur d'une grande secte de la Chine, lequel, après avoir prêché sa religion pendant quarante ans, se sentant proche de la mort, déclara à ses disciples qu'il leur avait caché la vérité sous le voile des métaphores, et que tout se réduisait au néant (4), qu'il disait être le premier principe de toutes choses. C'était encore pis, ce semble, que l'opinion des averroïstes. L'une et l'autre doctrine est insoutenable, et même extravagante : cependant quelques modernes n'ont point fait difficulté d'adopter cette âme universelle et unique qui engloutit les autres. Elle n'a trouvé que trop d'applaudissements parmi les prétendus esprits forts, et le sieur de Preissac, soldat et homme d'esprit, qui se mêlait de philosophie, l'a étalée autrefois publiquement dans ses discours. Le système de l'harmonie préétablie est le plus capable de guérir ce mal. Car il fait voir qu'il y a nécessairement des substances simples et sans étendue, répandues par toute la nature ; que ces substances doivent toujours subsister indépendamment de tout autre que de Dieu, et qu'elles ne sont jamais séparées de tout corps organisé. Ceux qui croient que des âmes capables de sentiment, mais incapables de raison, sont mortelles, ou qui soutiennent qu'il n'y a que les âmes raisonnables qui

---

(1) GERSON (Jean de), chancelier de l'Université de Paris et illustre théologien du XVᵉ siècle, né à Gerson, près de Rhétel, en 1363, mort à Lyon en 1429. Il est surtout célèbre par sa participation au concile de Constance. Ses œuvres complètes ont été publiées à Cologne, 1483, 4 vol. in-fol. Plus tard, Richer en donna une édition plus complète en 1606. On y remarque sa *Theologia mystica*, sa *Lettre contre Russbroeck*, et toute l'affaire relative au cordelier Jean Petit. P. J.

(2) RUSBROCK (Jean), célèbre mystique, né près de Bruxelles en 1294, mort en 1381. — Ses ouvrages, écrits en flamand, ont été traduits en latin par Surius (Cologne, 1552, 1609, 1692). On cite le *Liber de vitâ contemplativâ*, critiqué par Gerson, et le *de Nuptiis*, en trois livres. P. J.

(3) *Fo* en chinois est le nom du *Bouddha*, fondateur de la religion bouddhique.

(4) *Nirvâna*. On dispute encore sur le sens de ce mot. — Voir le *Bouddha et sa doctrine*, par M. B. Saint-Hilaire, et le *Nirvâna bouddhique*, par M. Obry. P. J.

puissent avoir du sentiment, donnent beaucoup de prise aux monopsychites ; car il sera toujours difficile de persuader aux hommes que les bêtes ne sentent rien ; et quand on accorde une fois que ce qui est capable de sentiment peut périr, il est difficile de maintenir par la raison l'immortalité de nos âmes.

11. J'ai fait cette petite digression, parce qu'elle m'a paru de saison, dans un temps où l'on n'a que trop de disposition à renverser jusqu'aux fondements la religion naturelle ; et je reviens aux averroïstes, qui se persuadaient que leur dogme était démontré suivant la raison ; ce qui leur faisait avancer que l'âme de l'homme est mortelle selon la philosophie, pendant qu'ils protestaient de se soumettre à la théologie chrétienne, qui la déclare immortelle. Mais cette distinction passa pour suspecte, et ce divorce de la foi et de la raison fut rejeté hautement par les prélats et par les docteurs de ce temps-là, et condamné dans le dernier concile de Latran sous Léon X, où les savants furent exhortés à travailler pour lever les difficultés qui semblaient commettre ensemble la théologie et la philosophie. La doctrine de leur incompatibilité ne laissa pas de se maintenir incognito : Pomponace en fut soupçonné, quoiqu'il s'expliquât autrement ; et la secte même des averroïstes se conserva par tradition. On croit que César Crémonin (1), philosophe fameux en son temps en a été un des arcs-boutants. André Césalpin (2), médecin, auteur de mérite, et qui a le plus approché de la circulation du sang, après Michel Servet (3), a été accusé par Nicolas Taurel (4), dans un livre intitulé *Alpes Cæsæ*, d'être de ces péripatéticiens contraires à la

---

(1) CRÉMONINI (César), célèbre commentateur d'Aristote au XVIe siècle, né à Ceuto (duché de Modène) en 1550, mort à Padoue en 1631. Ses principaux ouvrages sont : *De Pædia Aristotelis ; Diatyposis universæ naturalis Aristotelicæ philosophiæ ; Illustres contemplationes de animâ ; Tractatus de sensibus*, etc.
P. J.

(2) CÉSALPINO (Andrea), commentateur d'Aristote, mais très opposé à la scholastique, né en 1519 à Avezzo, mort en 1603. Ses principaux ouvrages philosophiques, très rares d'ailleurs, sont : *Quæstiones peripateticæ* in-fol., Venise, 1571 ; *Dæmonum investigatio peripatetica*, in-4o, *ibid.*, 1593.
P. J.

(3) SERVET (Michel) ou Micaël SERVETO, philosophe et théologien célèbre du XVIe siècle, né en 1509 à Villanueva (Aragon), mis à mort à Genève en 1553, par l'ordre de Calvin, comme coupable d'hérésie. Ses ouvrages sont : *De Trinitatis erroribus*, Haguenau, 1532 ; *Dialogorum de Trinitate libri duo*, ibid., 1533.
P. J.

(4) TAUREL (Nicolas), philosophe et théologien, né à Montbéliard en 1517, mort à Altdorf en 1606. Ses principaux ouvrages sont : *Philosophiæ triumphus*, in-8o, Bâle, 1573 ; *Synopsis Aristotelis Metaphysicæ*, in-8o, Hanov., 1596 ; *Alpes Cæsæ* (contra Césalpin), in-8o, Francfort-sur-Mein, 1597 ; *Cosmologia*, in-8o Amsterd., 1603 ; *De rerum æternitate*, in-8o, Strasbourg, 1601.
P. J.

religion. On trouve aussi des traces de cette doctrine dans le *Circulus Pisanus Claudii Berigardi* (1), qui fut un auteur français de nation, transplanté en Italie, et enseignant la philosophie à Pise : mais surtout les écrits et les lettres de Gabriel Naudé, aussi bien que les *Naudœana*, font voir que l'averroïsme subsistait encore quand ce savant médecin était en Italie. La philosophie corpusculaire, introduite un peu après, paraît avoir éteint cette secte trop péripatéticienne, ou peut-être y a été mêlée ; et il se peut qu'il y ait des atomistes, qui seraient d'humeur à dogmatiser comme ces averroïstes, si les conjectures le permettaient : mais cet abus ne saurait faire tort à ce qu'il y a de bon dans la philosophie corpusculaire, qu'on peut fort bien combiner avec ce qu'il y a de solide dans Platon et dans Aristote, et accorder l'un et l'autre avec la véritable théologie.

12. Les réformateurs, et Luther surtout, comme j'ai déjà remarqué, ont parlé quelquefois, comme s'ils rejetaient la philosophie, et comme s'ils la jugeaient ennemie de la foi. Mais à le bien prendre, on voit que Luther n'entendait par la philosophie que ce qui est conforme au cours ordinaire de la nature, ou peut-être même ce qui s'enseignait dans les écoles ; comme lorsqu'il dit qu'il est impossible en philosophie, c'est-à-dire dans l'ordre de la nature, que le verbe se fasse chair ; et lorsqu'il va jusqu'à soutenir que ce qui est vrai en physique pourrait être faux en morale. Aristote fut l'objet de sa colère, et il avait dessein de purger la philosophie dès l'an 1516, lorsqu'il ne pensait peut-être pas encore à réformer l'Église. Mais enfin il se radoucit, et souffrit que, dans l'apologie de la confession d'Augsbourg, on parlât avantageusement d'Aristote et de sa morale. Mélanchton, esprit solide et modéré, fit de petits systèmes des parties de la philosophie accommodées aux vérités de la révélation, et utiles dans la vie civile, qui méritent encore présentement d'être lus. Après lui, Pierre de la Ramée se mit sur les rangs : sa philosophie fut fort en vogue, la sectes des ramistes fut puissante en Allemagne, et fort suivie parmi les protestants, et employée même en théologie, jusqu'à ce que la philosophie corpusculaire fut ressuscitée, qui fit oublier celle de Ramus, et affaiblit le crédit des péripatéticiens.

(1) BÉRIGARDUS (Claude) ou Glaude GUILLERMOT DE BEAUREGARD, philosophe, né à Moulins en 1578, mort professeur de philosophie à Padoue en 1663, auteur du *Circulus Pisanus, seu opus de veteri et peripatetica philosophia* (Padoue, 1661, in-8°), c'est un commentaire sur la physique d'Aristote. Il publia en outre *Dubitationes in dialogos Galilæi, pro terræ immobilitate*, 1632, in-4°.
P. J.

13. Cependant plusieurs théologiens protestants, s'éloignant le plus qu'ils pouvaient de la philosophie de l'école, qui régnait dans le parti opposé, allaient jusqu'au mépris de la philosophie même, qui leur était suspecte ; et la contestation éclata enfin à Helmstadt par l'animosité de Daniel Hofman, théologien habile d'ailleurs, et qui avait acquis autrefois de la réputation à la conférence de Quedlinbourg, où Tilemann Heshusius (1) et lui avaient été de la part du duc Jules de Brunswick, lorsqu'il refusa de recevoir la Formule de concorde. Je ne sais comment le docteur Hofman s'emporta contre la philosophie, au lieu de se contenter de blâmer les abus que les philosophes en font ; mais il eut en tête Jean Caselius (2), homme célèbre, estimé des princes et des savants de son temps ; et le duc de Brunswick, Henri-Jules, fils de Jules, fondateur de l'université, ayant pris la peine lui-même d'examiner la matière, condamna le théologien. Il y a eu quelques petites disputes semblables depuis, mais on a toujours trouvé que c'étaient des malentendus. Paul Slevogt (3), professeur célèbre à Jena, en Thuringe, et dont les dissertations qui nous restent marquent encore combien il était versé dans la philosophie scholastique et dans la littérature hébraïque, avait publié dans sa jeunesse, sous le titre de *Pervigilium*, un petit livre *de Dissidio Theologi et Philosophi in utriusque principiis fundato*, au sujet de la question si Dieu est cause par accident du péché. Mais on voyait bien que son but était de montrer que les théologiens abusent quelquefois des termes philosophiques.

14. Pour venir à ce qui est arrivé de mon temps, je me souviens qu'en 1666, lorsque Louis Meyer (4), médecin d'Amsterdam, publia sans se nommer le livre intitulé *Philosophia Scripturæ interpres* (que plusieurs ont donné mal à propos à Spinosa son ami), les théologiens de Hollande se remuèrent, et leurs écrits contre ce livre firent naître de grandes contestations entre eux ; plusieurs jugeant

---

(1) HESHUSIUS (Tilemann), théologien luthérien, né à Wesel en 1527, mort à Helmstadt en 1588, auteur de nombreux ouvrages de théologie. P. J.

(2) CASELIUS ou CHESSELIUS (Jean), célèbre humaniste, né à Gœttingue en 1533, mort à Hemlstadt en 1631, auteur de nombreux ouvrages de littérature critique et d'érudition. P. J.

(3) SLEVOGT (Paul), né à Passendorf en 1596, mort en 1655, philosophe, qu'il faut distinguer de Jean-Philippe Slevogt (1649-1727), jurisconsulte, et de Jean-Adrien Slevoght (1653-1726), médecin. — Le nôtre a écrit *Pervigilium de dissidio theologi et philosophi*. Je remarque aussi parmi ses écrits un *De principio syllogicandi in divinis*, et un *De Metempsychosi Judæorum*. P. J.

(4) MEYER (Louis), ami et disciple de Spinosa, fut l'éditeur de ses *OEuvres posthumes*. P. J.

que les cartésiens, en réfutant le philosophe anonyme, avaient trop accordé à la philosophie. Jean de Labadie (1) (avant qu'il se fût séparé des Églises réformées, sous prétexte de quelques abus qu'il disait s'être glissés dans la pratique publique, et qu'il jugeait insupportables) attaqua le livre de M. de Wolzogue (2) et le traita de pernicieux ; et d'un autre côté, M. Vagelsang, M. Van der Weye (3), et quelques autres anticoccéiens (4), combattirent aussi le même livre avec beaucoup d'aigreur ; mais l'accusé gagna sa cause dans un synode. On parla depuis en Hollande de théologiens rationaux et non rationaux, distinction de parti dont M. Bayle fait souvent mention, se déclarant enfin contre les premiers ; mais il ne paraît pas qu'on ait encore bien donné les règles précises, dont les uns et les autres conviennent ou ne conviennent pas à l'égard de l'usage de la raison, dans l'explication de la sainte Écriture.

15. Une dispute semblable a pensé troubler encore depuis peu les Églises de la confession d'Augsbourg. Quelques maîtres ès arts, dans l'université de Leipzig, faisant des leçons particulières chez eux aux étudiants qui les allaient trouver pour apprendre ce qu'on appelle la philologie sacrée suivant l'usage de cette université, et de quelques autres où ce genre d'étude n'est point réservé à la Faculté de théologie ; ces maîtres, dis-je, pressèrent l'étude des saintes Écritures et l'exercice de la piété, plus que leurs pareils n'avaient coutume de faire. Et l'on prétend qu'ils avaient outré certaines choses, et donné des soupçons de quelque nouveauté dans la doctrine ; ce qui leur fit donner le nom de piétistes, comme d'une secte nouvelle ; nom qui depuis a fait tant de bruit en Allemagne, et a été appliqué bien ou

---

(1) LABADIE (Jean de), mystique célèbre du XVIIe siècle, né en 1610 à Bourg en Guienne, se convertit au protestantisme, et, après une vie très agitée, mourut à Altona en 1674. Ses ouvrages ont tout à fait le caractère de l'illuminisme (en voir les titres dans les *Mémoires de Nicéron*, t. XVIII et XX).
P. J.

(2) WOLZOGEN, né à Amersford en 1632, mort à Amsterdam en 1690, répondit au livre de L. Meyer, par son *De scripturarum interprete*, Utrecht, 1868, in-12.
P. J.

(3) On peut voir dans le *Trajectum eruditum de Burmann* (in-4°, p. 457 et suiv.), la notice des ouvrages publiés contre Wolzogue. — *Vagelsang*, pasteur et professeur à Depenter, mort en 1679. — *Van der Weyen*, professeur à Middelbourg, né en 1676, mort en 1716.
P. J.

(4) COCCÉIUS (Jean), célèbre théologien au XVIIe siècle, dont la doctrine inclinait au rationalisme, et s'unit au cartésianisme dans la querelle que le théologien Voetius, chef des anticocéiens, dirigea contre celui-ci. Coccéius, né à Brème en 1603, fut professeur à Leyde, où il mourut en 1669. Ses œuvres complètes ont été publiées à Amsterdam en huit vol. in-fol., 1673-75. — Voy. plus bas *Voetius*.
P. J.

mal à ceux qu'on soupçonnait, ou qu'on faisait semblant de soupçonner de fanatisme, ou même d'hypocrisie, cachée sous quelque apparence de réforme. Or quelques-uns des auditeurs de ces maîtres s'étant trop distingués par des manières qu'on trouva choquantes, et entre autres par le mépris de la philosophie, dont on disait qu'ils avaient brûlé les cahiers de leçons, on crut que leurs maîtres rejetaient la philosophie : mais ils s'en justifièrent fort bien, et on ne put les convaincre, ni de cette erreur, ni des hérésies qu'on leur imputait.

16. La question de l'usage de la philosophie dans la théologie a été fort agitée parmi les chrétiens et l'on a eu de la peine à convenir des bornes de cet usage, quand on est entré dans le détail. Les mystères de la Trinité, de l'Incarnation et de la sainte Cène donnèrent le plus d'occasion à la dispute. Les photiniens nouveaux, combattant les deux premiers systèmes, se servaient de certaines maximes philosophiques, dont André Kesler (1), théologien de la confession d'Augsbourg, a donné le précis dans les traités divers qu'il a publiés sur les parties de la philosophie socinienne. Mais quant à leur métaphysique, on s'en pourrait instruire davantage par la lecture de celle de Christophe Stegnan, socinien, qui n'est pas encore imprimée, que j'avais vue dans ma jeunesse, et qui m'a encore été communiquée depuis peu.

17. Calovius et Scherzerus (2), auteurs bien versés dans la philosophie de l'École, et plusieurs autres théologiens habiles ont amplement répondu aux sociniens, et souvent avec succès, ne s'étant point contentés des réponses générales, un peu cavalières, dont on se servait ordinairement contre eux, et qui revenaient à dire que leurs maximes étaient bonnes en philosophie et non pas en théologie ; que c'était le défaut de l'hétérogénéité qui, s'appelle μετάβασις εἰ ἄλλο γένος, si quelqu'un les employait quand il s'agit de ce qui passe la raison ; et que la philosophie devait être traitée en servante, et non pas en maîtresse, par rapport à la théologie, suivant le titre du livre de Robert Baronius (3), Écossais, intitulé : *Philosophia Theologiæ*

---

(1) KESLER (André), théologien, né à Cobourg en 1595, mort en 1643. Il a écrit *Examen physicæ, metaphysicæ et logicæ socinianæ*, et d'autres ouvrages théologiques.   P. J.

(2) CALOV (Abraham), théologien protestant, né en Prusse en 1617, mort à Wittemberg en 1686. On a de lui, entre autres ouvrages de théologie, un *Socinismum profligatum*. — SCHEVZER (Jean-Adam), théologien protestant, né à Égra en Bohême en 1628, mort en 1693, auteur du *Collegium antisocianium*, et de beaucoup d'autres ouvrages théologiques.   P. J.

(3) BARONIUS. Leibniz en donne plus bas le véritable nom.   P. J.

ancillans ; enfin que c'était une Agar auprès de Sara, qu'il fallait chasser de la maison avec son Ismaël, quand elle faisait la mutine. Il y a quelque chose de bon dans ces réponses : mais comme on en pourrait abuser, et commettre mal à propos les vérités naturelles et les vérités révélées, les savants se sont attachés à distinguer ce qu'il y a de nécessaire et d'indispensable dans les vérités naturelles ou philosophiques d'avec ce qui ne l'est point.

18. Les deux partis protestants sont assez d'accord entre eux, quand il s'agit de faire la guerre aux sociniens ; et comme la philosophie de ces sectaires n'est pas des plus exactes, on a réussi le plus souvent à la battre en ruine. Mais les mêmes protestants se sont brouillés entre eux à l'occasion du sacrement de l'Eucharistie, lorsqu'une partie de ceux qui s'appelle réformés (c'est-à-dire ceux qui suivent en cela plutôt Zwingle que Calvin), a paru réduire la participation du corps de Jésus-Christ dans la sainte Cène, à une simple représentaion de figure, en se servant de la maxime des philosophes, qui porte qu'un corps ne peut être qu'en un seul lieu à la fois, au lieu que les évangéliques (qui s'appellent ainsi dans un sens particulier, pour se distinguer des réformés) étant plus attachés au sens littéral, ont jugé avec Luther, que cette participation était réelle, et qu'il y avait là un mystère surnaturel. Ils rejettent, à la vérité, le dogme de la transsubtantiation, qu'ils croient peu fondé dans le texte, et ils n'approuvent point non plus celui de la consubstantiation ou de l'impanation, qu'on ne peut leur imputer que faute d'être bien informé de leur sentiment, puisqu'ils n'admettent point l'inclusion du corps de Jésus-Christ dans le pain, et ne demandent même aucune union de l'un avec l'autre ; mais ils demandent au moins une concomitance, en sorte que ces deux substances soient reçues toutes deux en même temps. Ils croient que la signification ordinaire des paroles de Jésus-Christ dans une occasion aussi importante que celle où il s'agissait d'exprimer ses dernières volontés, doit être conservée ; et pour maintenir que ce sens est exempt de toute absurdité qui nous en pourrait éloigner, ils soutiennent que la maxime philosophique, qui borne l'existence et la participation des corps à un seul lieu, n'est qu'une suite du cours ordinaire de la nature. Ils ne détruisent pas pour cela la présence ordinaire du corps de notre Sauveur, telle qu'elle peut convenir au corps le plus glorifié. Ils n'ont point recours à je ne sais quelle diffusion d'ubiquité, qui le dissiperait et ne le laisserait trouver nulle part ; et ils n'admettent

pas non plus la réduplication multipliée de quelques scholastiques, comme si un même corps était en même temps assis ici, et debout ailleurs. Enfin ils s'expliquent de telle sorte, qu'il semble à plusieurs que le sentiment de Calvin, autorisé par plusieurs confessions de foi des Églises qui ont reçu la doctrine de cet auteur, lorsqu'il établit une participation de la substance, n'est pas si éloigné de la confession d'Augsbourg, qu'on pourrait penser, et ne diffère peut-être qu'en ce que pour cette participation il demande la véritable foi, outre la réception orale des symboles, et exclut par conséquent les indignes.

19. On voit par là que le dogme de la participation réelle et substantielle se peut soutenir (sans recourir aux opinions étranges de quelques scholastiques) par une analogie bien entendue entre l'opération immédiate et la présence. Et comme plusieurs philosophes ont jugé que, même dans l'ordre de la nature, un corps peut opérer immédiatement en distance sur plusieurs corps éloignés tout à la fois; ils croient, à plus forte raison, que rien ne peut empêcher la toute-puissance divine de faire qu'un corps soit présent à plusieurs corps ensemble; n'y ayant pas un grand trajet de l'opération immédiate à la présence, et peut-être l'une dépendant de l'autre. Il est vrai que, depuis quelque temps, les philosophes modernes ont rejeté l'opération naturelle immédiate d'un corps sur un autre corps éloigné : et j'avoue que je suis de leur sentiment. Cependant l'opération en distance vient d'être réhabilitée en Angleterre par l'excellent M. Newton, qui soutient qu'il est de la nature des corps de s'attirer et de peser les uns sur les autres, à proportion de la masse d'un chacun et des rayons d'attraction qu'il reçoit : sur quoi le célèbre M. Locke (1) a déclaré en répondant à M. l'évêque Stillingfleet (2), qu'après avoir vu le livre de M. Newton, il rétracte ce qu'il avait dit lui-même, suivant l'opinion des modernes, dans son *Essai sur l'entendement*, savoir qu'un corps ne peut opérer immédiatement sur un autre, qu'en le

---

(1) LOCKE (John) est né à Wrington (comté de Bristol) en 1632, mort en 1764. Il fut exilé à la Restauration, et revint en Angleterre à la Révolution en 1688. Ses principaux ouvrages sont : *l'Essai sur l'entendement humain* (Londres, 1690, in-fol.) en anglais; traduit en français par Coste (4 vol. in-12, 1742). — *L'Éducation des enfants* (Londres, in-8, 16.3). — *Lettre sur la tolérance*, en latin, 1689, traduite en français en 1710. — *Le Christianisme raisonnable* (Londres, 1695, in-8), trad. par Coste. — *Essai sur le gouvernement civil* (Londres, 1690). P. J.

(2) STILLINGFLEET (Ed.), controversiste anglican, né à Cranbourg (comté de Dorset) en 1635, évêque de Worcester, et célèbre par sa discussion contre Locke, sur la question de l'immatérialité de l'âme, mort à Westminster en 1699. Ses œuvres ont été réimprimées en 1711, en 6 vol. in-fol. P. J.

touchant par sa superficie, et en le poussant par son mouvement : et il reconnaît que Dieu peut mettre telles propriétés dans la matière, qui la fassent opérer dans l'éloignement. C'est ainsi que les théologiens de la confession d'Augsbourg soutiennent qu'il dépend de Dieu non seulement qu'un corps opère immédiatement sur plusieurs autres éloignés entre eux, mais qu'il existe même auprès d'eux, et en soit reçu d'une manière dans laquelle les intervalles des lieux et les dimensions des espaces n'aient point de part. Et quoique cet effet surpasse les forces de la nature, ils ne croient point qu'on puisse faire voir qu'il surpasse la puissance de l'auteur de la nature, à qui il est aisé d'abroger les lois qu'il a données, ou d'en dispenser comme bon lui semble ; de la même manière qu'il a pu faire nager le fer sur l'eau, et suspendre l'opération du feu sur le corps humain.

20. J'ai trouvé en conférant le *Rationale Theologicum* de Nicolaus Vedelius avec la réfutation de Joannes Musaeus, que ces deux auteurs, dont l'un est mort professeur à Francker, après avoir enseigné à Genève, et l'autre a été fait enfin premier théologien à Iéna, s'accordent assez sur les règles principales de l'usage de la raison, mais que c'est dans l'application des règles qu'ils ne conviennent pas. Car ils sont d'accord que la révélation ne saurait être contraire aux vérités dont la nécessité est appelée par les philosophes logique ou métaphysique, c'est-à-dire, dont l'opposé implique contradiction ; et ils admettent encore tous deux que la révélation pourra combattre des maximes dont la nécessité est appelée physique, qui n'est fondée que sur les lois que la volonté de Dieu a prescrites à la nature. Ainsi la question, si la présence d'un même corps en plusieurs lieux est possible dans l'ordre surnaturel, ne regarde que l'application de la règle : et pour décider cette question démonstrativement par la raison, il faudrait expliquer exactement en quoi consiste l'essence du corps. Les réformés mêmes ne conviennent pas entre eux là-dessus ; les cartésiens la réduisent à l'étendue, mais leurs adversaires s'y opposent ; et je crois même avoir remarqué que Gisbertus Voetius, célèbre théologien d'Utrecht, doutait de la prétendue impossibilité de la pluralité des lieux.

21. D'ailleurs, quoique les deux partis protestants conviennent qu'il faut distinguer ces deux nécessités que je viens de remarquer, c'est-à-dire la nécessité métaphysique et la nécessité physique ; et que la première est indispensable, même dans les mystères, ils ne

sont pas encore assez convenus des règles d'interprétation qui peuvent servir à déterminer en quel cas il est permis d'abandonner la lettre, lorsqu'on n'est pas assuré qu'elle est contraire aux vérités indispensables, car on convient qu'il y a des cas où il faut rejeter l'interprétation littérale, qui n'est pas absolument impossible, lorsqu'elle est peu convenable d'ailleurs. Par exemple, tous les interprètes conviennent que lorsque Notre-Seigneur dit qu'Hérode était un renard, il l'entendait métaphoriquement ; et il en faut venir là, à moins de s'imaginer, avec quelques fanatiques, que, pour le temps que durèrent les paroles de Notre-Seigneur, Hérode fut changé effectivement en renard. Mais il n'en est pas de même des textes fondamentaux des mystères, où les théologiens de la confession d'Augsbourg jugent qu'il faut se tenir au sens littéral ; et cette discussion appartenant à l'art d'interpréter, et non pas à ce qui est proprement de la logique, nous n'y entrerons point ici, d'autant qu'elle n'a rien de commun avec les disputes qui se sont élevées depuis peu sur la conformité de la foi avec la raison.

22. Les théologiens de tous les partis, comme je pense (les seuls fanatiques exceptés), conviennent au moins qu'aucun article de foi ne saurait impliquer contradiction, ni contrevenir aux démonstrations aussi exactes que celles des mathématiques, où le contraire de la conclusion peut être réduit *ad absurdum*, c'est-à-dire à la contradiction ; et saint Athanase (1) s'est moqué avec raison du galimatias de quelques auteurs de son temps, qui avaient soutenu que Dieu avait pâti sans passion. *Passus est impassibiliter. O ludicram doctrinam, œdificantem simul et demolientem !* Il s'ensuit de là que certains auteurs ont été trop faciles à accorder que la sainte Trinité est contraire à ce grand principe, qui porte que deux choses, qui sont les mêmes avec une troisième, sont aussi les mêmes entre elles ; c'est-à-dire, si A est le même avec B, et si C est le même avec B, qu'il faut qu'A et C soient aussi les mêmes entre eux. Car ce principe est une suite immédiate de celui de la contradiction, et fait le fondement de toute la logique ; et s'il cesse, il n'y a pas moyen de raisonner avec certitude. Ainsi lorsqu'on dit que le Père est Dieu, que le fils est Dieu, que le Saint-Esprit est Dieu, et que cependant

---

(1) ATHANASE (saint), l'un des illustres Pères de l'Église, né à Alexandrie en 296, adversaire d'Arius au Concile de Nicée, mort patriarche d'Alexandrie en 373 — La meilleure édition grecque-latine de saint Athanase est celle de D. Montfaucon, 1698. Paris, 3 vol. in-fol. P. J.

il n'y a qu'un Dieu, quoique ces trois personnes diffèrent entre elles ; il faut juger que ce mot Dieu n'a pas la même signification au commencement et à la fin de cette expression. En effet, il signifie tantôt la subtance divine, tantôt une personne de la divinité. Et l'on peut dire généralement qu'il faut prendre garde de ne jamais abanner les vérités nécessaires et éternelles pour soutenir les mystères, de peur que les ennemis de la religion ne prennent droit là-dessus de décrier et la religion et les mystères.

23. La distinction qu'on a coutume de faire entre ce qui est au-dessus de la raison, et ce qui est contre la raison, s'accorde assez avec la distinction qu'on vient de faire entre les deux espèces de la nécessité. Car ce qui est contre la raison est contre les vérités absolument certaines et indispensables ; et ce qui est au-dessus de la raison est contraire seulement à ce qu'on a coutume d'expérimenter ou de comprendre. C'est pourquoi je m'étonne qu'il y ait des gens d'esprit qui combattent cette distinction, et que M. Bayle soit de ce nombre. Elle est assurément très bien fondée. Une vérité est au-dessus de la raison, quand notre esprit (ou même tout esprit créé), ne la saurait comprendre : et telle est, à mon avis, la sainte Trinité ; tels sont les miracles réservés à Dieu seul, comme par exemple, la création ; tel est le choix de l'ordre de l'univers, qui dépend de l'harmonie universelle et de la connaissance distincte d'une infinité de choses à la fois. Mais une vérité ne saurait jamais être contre la raison ; et bien loin qu'un dogme combattu et convaincu par la raison soit incompréhensible, l'on peut dire que rien n'est plus aisé à comprendre ni plus manifeste que son absurdité. Car j'ai remarqué d'abord que par la raison on n'entend pas ici les opinions et les discours des hommes, ni même l'habitude qu'ils ont prise de juger des choses suivant le cours ordinaire de la nature, mais l'enchaînement inviolable des vérités.

24. Il faut venir maintenant à la grande question que M. Bayle a mise sur le tapis depuis peu, savoir, si une vérité, et surtout une vérité de foi, pourra être sujette à des objections insolubles. Cet excellent auteur semble soutenir hautement l'affirmative de cette question : il cite des théologiens graves de son parti, et même de celui de Rome, qui paraissent dire ce qu'il prétend ; et il allègue des philosophes qui ont cru qu'il y a même des vérités philosophiques, dont les défenseurs ne sauraient répondre aux objections qu'on leur fait. Il croit que la doctrine de la prédestination est de cette nature

dans la théologie, et celle de la composition du *continuum* dans la philosophie. Ce sont en effet les deux labyrinthes, qui ont exercé de tous temps les théologiens et les philosophes. Libertus Fromondus, théologien de Louvain (grand ami de Jansénius, dont il a même publié le livre posthume intitulé *Augustinus*), qui a fort travaillé sur la grâce, et qui a aussi fait un livre exprès intitulé : *Labyrinthus de compositione continui*, a bien exprimé les difficultés de l'un et de l'autre ; et le fameux Ochin (1) a fort bien représenté ce qu'il appelle les labyrinthes de la prédestination.

25. Mais ces auteurs n'ont point nié qu'il soit possible de trouver un fil dans ce labyrinthe, et ils auront reconnu la difficulté, mais ils ne seront point allés du difficile jusqu'à l'impossible. Pour moi, j'avoue que je ne saurais être du sentiment de ceux qui soutiennent qu'une vérité peut souffrir des objections invincibles : car une objection est-elle autre chose qu'un argument dont la conclusion contredit à notre thèse ? Et un argument invincible n'est-il pas une démonstration ? Et comment peut-on connaître la certitude des démonstrations, qu'en examinant l'argument en détail, la forme et la matière, afin de voir si la forme est bonne, et puis si chaque prémisse est ou reconnue, ou prouvée par un autre argument de pareille force jusqu'à ce qu'on n'ait besoin que de prémisses reconnues ? Or s'il y a une telle objection contre notre thèse, il faut dire que la fausseté de cette thèse est démontrée, et qu'il est impossible que nous puissions avoir des raisons suffisantes pour la prouver ; autrement deux contradictoires seraient véritables tout à la fois. Il faut toujours céder aux démonstrations, soit qu'elles soient proposées pour affirmer, soit qu'on les avance en forme d'objections. Et il est injuste et inutile de vouloir affaiblir les preuves des adversaires, sous prétexte que ce ne sont que des objections ; puisque l'adversaire a le même droit, et peut renverser les dénominations, en honorant ses arguments du nom de preuves, et abaissant les nôtres par le nom flétrissant d'objections.

26. C'est une autre question si nous sommes toujours obligés d'examiner les objections qu'on nous peut faire, et de conserver quelque doute sur notre sentiment, ou ce qu'on appelle *formidinem*

---

(1) Ochin (Bernardin), moine catholique, converti à la réforme, né à Sienne en 1487, mort en 1564 en Moravie. Son livre *Laberinthi del libero è vero servo arbitrio* est très curieux. On en trouvera une analyse dans le *Traité des facultés de l'âme* de M. Ad. Garnier, l, V, ch. I, § 6.　　　　　P. J.

oppositi, jusqu'à ce qu'on ait fait cet examen. J'oserais dire que non, car autrement on ne viendrait jamais à la certitude, et notre conclusion serait toujours provisionnelle : et je crois que les habiles géomètres ne se mettront guère en peine des objections de Joseph Scaliger (1) contre Archimède, ou de celles de M. Hobbes contre Euclide ; mais c'est parce qu'ils sont bien sûrs des démonstrations qu'ils ont comprises. Cependant il est bon quelquefois d'avoir la complaisance d'examiner certaines objections, car, outre que cela peut servir à tirer les gens de leur erreur, il peut arriver que nous en profitions nous-mêmes ; car les paralogismes spécieux renferment souvent quelque ouverture utile, et donnent lieu à résoudre quelques difficultés considérables. C'est pourquoi j'ai toujours aimé des objections ingénieuses contre mes propres sentiments, et je ne les ai jamais examinées sans fruit : témoin celles que M. Bayle a faites autrefois contre mon système de l'harmonie préétablie, sans parler ici de celles que M. Arnauld, M. l'abbé Foucher et le père Lami (2), bénédictin, m'ont faites sur le même sujet. Mais pour revenir à la question principale, je conclus, par les raisons que je viens de rapporter, que lorsqu'on propose une objection contre quelque vérité, il est toujours possible d'y répondre comme il faut.

27. Peut-être aussi que M. Bayle ne prend pas les objections insolubles dans le sens que je viens d'exposer ; et je remarque qu'il varie, au moins dans ses expressions, car, dans sa réponse posthume à M. Le Clerc, il n'accorde point qu'on puisse opposer des démonstrations aux vérités de la foi. Il semble donc qu'il ne prend les objections pour invincibles, que par rapport à nos lumières présentes, et il ne désespère pas même dans cette réponse, page 35, que quelqu'un ne puisse un jour trouver un dénouement peu connu jusqu'ici. On en parlera encore plus bas. Cependant je suis d'une opinion qui surprendra peut-être : c'est que je crois que ce dénouement est tout trouvé, et n'est pas même des plus difficiles, et qu'un

---

(1) SCALIGER (Joseph), fils de Jules César Scaliger (l'illustre savant du xvie siècle), et lui-même philologue éminent, est né à Agen en 1540, mort à Leyde en 1609. On peut dire qu'il a fondé la chronologie dans son célèbre ouvrage *De emendatione temporum*. Nous ne savons dans lequel de ses innombrables ouvrages se trouvent ses objections contre Archimède.   P. J.

(2) LAMI (Dom François), bénédictin (qu'il ne faut pas confondre avec le P. Lami de l'Oratoire), né à Montreau, près de Chartres, en 1636. — On a de lui un *Traité de la Connaissance de soi-même*, 6 vol. in-12, Paris, 1694-98 ; 2e édit., 1700, plus complète ; le *Nouvel athéisme renversé* ou *Réfutation de Spinosa*, Paris, 1696, in-12.   P. J.

génie médiocre, capable d'assez d'attention, et se servant exactement des règles de la logique vulgaire, est en état de répondre à l'objection la plus embarrassante contre la vérité, lorsque l'objection n'est prise que de la raison, et lorsqu'on prétend que c'est une démonstration. Et quelque mépris que le vulgaire des modernes ait aujourd'hui pour la logique d'Aristote, il faut reconnaître qu'elle enseigne des moyens infaillibles de résister à l'erreur dans ces occasions. Car on n'a qu'à examiner l'argument suivant les règles, et il y aura toujours moyen de voir s'il manque dans la forme, ou s'il y a des prémisses qui ne soient pas encore prouvées par un bon argument.

28. C'est tout autre chose, quand il ne s'agit que des vraisemblances ; car l'art de juger des raisons vraisemblables n'est pas encore bien établi ; de sorte que notre logique à cet égard est encore très imparfaite, et que nous n'en avons presque jusqu'ici que l'art de juger des démonstrations. Mais cet art suffit ici : car, quand il s'agit d'opposer la raison à un article de notre foi, on ne se met point en peine des objections qui n'aboutissent qu'à la vraisemblance, puisque tout le monde convient que les mystères sont contre les apparences, et n'ont rien de vraisemblable, quand on ne les regarde que du côté de la raison ; mais il suffit qu'il n'y ait rien d'absurde. Ainsi il faut des démonstrations pour les réfuter.

29. Et c'est ainsi sans doute qu'on le doit entendre, quand la sainte Écriture nous avertit que la sagesse de Dieu est une folie devant les hommes, et quand saint Paul a remarqué que l'Évangile de Jésus-Christ est une folie aux Grecs, aussi bien qu'un scandale aux Juifs ; car, au fond, une vérité ne saurait contredire à l'autre ; et la lumière de la raison n'est pas moins un don de Dieu que celle de la révélation. Aussi est-ce une chose sans difficulté parmi les théologiens qui entendent leur métier, que les motifs de crédibilité justifient, une fois pour toutes, l'autorité de la sainte Écriture devant le tribunal de la raison ; afin que la raison lui cède dans la suite comme à une nouvelle lumière, et lui sacrifie toutes ses vraisemblances. C'est à peu près comme un nouveau chef envoyé par le prince doit faire voir ses lettres patentes dans l'assemblée où il doit présider par après. C'est à quoi tendent plusieurs bons livres que nous avons de la vérité de la religion, tels que ceux d'Augustinus Steuchus (1), de Du Plessis-Mornay (2), ou de Grotius : car il faut

---

(1) STEUCO (Augustin), théologien catholique, né dans l'Ombrie en 1491, mort à Venise en 1519. On a de lui, entre autres ouvrages, une *Cosmopeia*, commen-

bien qu'elle ait des caractères que les fausses religions n'ont pas ; autrement Zoroastre, Brama, Somonacodom et Mahomet seraient aussi croyables que Moïse et Jésus-Christ. Cependant la foi divine elle-même, quand elle est allumée dans l'âme, est quelque chose de plus qu'une opinion, et ne dépend pas des occasions ou des motifs qui l'ont fait naître ; elle va au delà de l'entendement, et s'empare de la volonté et du cœur, pour nous faire agir avec chaleur et avec plaisir, comme la loi de Dieu le commande, sans qu'on ait plus besoin de penser aux raisons ni de s'arrêter aux difficultés de raisonnement que l'esprit peut envisager.

30. Ainsi ce que nous venons de dire sur la raison humaine, qu'on exalte et qu'on dégrade tour à tour, et souvent sans règle et sans mesure, peut faire voir notre peu d'exactitude et combien nous sommes complices de nos erreurs. Il n'y aurait rien de si aisé à terminer que ces disputes sur les droits de la foi et de la raison, si les hommes voulaient se servir des règles les plus vulgaires de la logique et raisonner avec tant soit peu d'attention. Au lieu de cela, ils s'embrouillent par des expressions obliques et ambiguës, qui leur donnent un beau champ de déclamer, pour faire valoir leur esprit et leur doctrine ; de sorte qu'il semble qu'ils n'ont point d'envie de voir la vérité toute nue, peut-être parce qu'ils craignent qu'elle ne soit plus désagréable que l'erreur, faute de connaître la beauté de l'auteur de toutes choses, qui est la source de la vérité.

31. Cette négligence est un défaut général de l'humanité, qu'on ne doit reprocher à aucun en particulier. *Abundamus dulcibus vitiis*, comme Quintilien (1) le disait du style de Sénèque (2) ; et nous nous plaisons à nous égarer. L'exactitude nous gêne, et les règles nous paraissent des puérilités. C'est pourquoi la logique vulgaire (laquelle

taire sur la création d'après la Genèse ; et un traité *De perenni philosophia*, où il prétend retrouver dans les philosophes païens toutes les idées chrétiennes.
P. J.

(2) MORNAY (Du Plessis), personnage illustre dans la politique et dans la guerre, ami de Henri IV. On a de lui, entre autres ouvrages, un *Traité de la vérité de la religion chrétienne*, Anvers, 1680, in-8° ; ainsi que des *Mémoires* (4 vol. in-4°) et des *Lettres* (1624) d'un haut intérêt.
P. J.

(1) QUINTILIEN, critique célèbre du premier siècle de notre ère. — On a de lui les *Institutiones oratoriæ* dont la première édition est de 1470, in-fol. — Gédoyn en a donné une traduction française (Paris, 1718, in-4°).
P. J.

(2) SÉNÈQUE (*Lucius Annæus Seneca*), philosophe romain de l'école stoïcienne et ministre de Néron, naquit à Cordoue vers l'an II de l'ère chrétienne, mort en l'an 66, par ordre de l'empereur. — Ses principaux ouvrages sont les *Lettres à Lucilius*; le *De Providentia*; le *De Beneficiis*; les *Quæstiones naturales*.
P. J.

suffit pourtant à peu près pour l'examen des raisonnements qui tendent à la certitude) est renvoyée aux écoliers ; et l'on ne s'est pas même avisé de celle qui doit régler le poids des vraisemblances, et qui serait si nécessaire dans les délibérations d'importance. Tant il est vrai que nos fautes, pour la plupart, viennent du mépris ou du défaut de l'art de penser ; car il n'y a rien de plus imparfait que notre logique, lorsqu'on va au delà des arguments nécessaires ; et les plus excellents philosophes de notre temps, tels que les auteurs de l'*Art de penser*, de la *Recherche de la Vérité*, et de l'*Essai sur l'entendement*, ont été fort éloignés de nous marquer les vrais moyens propres à aider cette faculté qui nous doit faire peser les apparences du vrai et du faux : sans parler de l'art d'inventer, où il est encore plus difficile d'atteindre, et dont on n'a que des échantillons fort imparfaits dans les mathématiques.

32. Une des choses qui pourrait avoir contribué le plus à faire croire à M. Bayle qu'on ne saurait satisfaire aux difficultés de la raison contre la foi, c'est qu'il semble demander que Dieu soit justifié d'une manière pareille à celle dont on se sert ordinairement pour plaider la cause d'un homme accusé devant son juge. Mais il ne s'est point souvenu que dans les tribunaux des hommes, qui ne sauraient toujours pénétrer jusqu'à la vérité, on est souvent obligé de se régler sur les indices et sur les vraisemblances, et surtout sur les présomptions ou préjugés ; au lieu qu'on convient, comme nous l'avons déjà remarqué, que les mystères ne sont point vraisemblables. Par exemple, M. Bayle ne veut point qu'on puisse justifier la bonté de Dieu dans la permission du péché, parce que la vraisemblance serait contre un homme qui se trouverait dans un cas qui nous paraîtrait semblable à cette permission. Dieu prévoit qu'Ève sera trompée par le serpent, s'il la met dans les circonstances où elle s'est trouvée depuis ; et cependant il l'y a mise. Or si un père ou un tuteur en faisait autant à l'égard de son enfant ou de son pupille, un ami à l'égard d'une jeune personne dont la conduite le regarde, le juge ne se payerait pas des excuses d'un avocat qui dirait qu'on a seulement permis le mal, sans le faire ni le vouloir ; il prendrait cette permission même pour une marque de mauvaise volonté, et il la considèrerait comme un péché d'omission, qui rendrait celui qui en serait convaincu complice du péché de commission d'un autre.

33. Mais il faut considérer que lorsqu'on a prévu le mal, qu'on ne l'a point empêché, quoiqu'il paraisse qu'on ait pu le faire aisé-

ment, et qu'on a même fait des choses qui l'ont facilité, il ne s'ensuit point pour cela nécessairement qu'on en soit le complice ; ce n'est qu'une présomption très forte, qui tient ordinairement lieu de vérité dans les choses humaines, mais qui serait détruite par une discussion exacte du fait si nous en étions capables par rapport à Dieu ; car on appelle présomption chez les jurisconsultes, ce qui doit passer pour vérité par provision, en cas que le contraire ne se prouve point ; et il dit plus que conjecture, quoique le dictionnaire de l'Académie n'en ait point épluché la différence. Or il y a lieu de juger indubitablement qu'on apprendrait par cette discussion, si l'on y pouvait arriver, que des raisons très justes, et plus fortes que celles qui y paraissent contraires, ont obligé le plus sage de permettre le mal, et de faire même des choses qui l'ont facilité. On en donnera quelques instances ci-dessous.

34. Il n'est pas fort aisé, je l'avoue, qu'un père, qu'un tuteur, qu'un ami puisse avoir de telles raisons dans le cas dont il s'agit. Cependant la chose n'est pas absolument impossible, et un habile faiseur de romans pourrait peut-être trouver un cas extraordinaire, qui justifierait même un homme, dans les circonstances que je viens de marquer : mais à l'égard de Dieu, l'on n'a point besoin de s'imaginer ou de vérifier des raisons particulières, qui l'aient pu porter à permettre le mal ; les raisons générales suffisent. L'on sait qu'il a soin de tout l'univers, dont toutes les parties sont liées ; et l'on en doit inférer qu'il a eu une infinité d'égards, dont le résultat lui a fait juger qu'il n'était pas à propos d'empêcher certains maux.

35. On doit même dire qu'il faut nécessairement qu'il y ait eu de ces grandes, ou plutôt d'invincibles raisons, qui aient porté la divine Sagesse à la permission du mal qui nous étonne, par cela même que cette permission est arrivée ; car rien ne peut venir de Dieu, qui ne soit parfaitement conforme à la bonté, à la justice et à la sainteté. Ainsi nous pouvons juger par l'événement (ou a posteriori) que cette permission était indispensable, quoiqu'il ne nous soit pas possible de le montrer (a priori) par le détail des raisons que Dieu peut avoir eues pour cela ; comme il n'est pas nécessaire non plus que nous le montrions pour le justifier. M. Bayle lui-même dit fort bien là-dessus (*Rép. au Provinc.*, ch. CLXV, t. III, p. 1067) : le péché s'est introduit dans le monde, Dieu donc a pu le permettre sans déroger à ses perfections ; *ab actu ad potentiam valet consequentia*. En Dieu cette conséquence est bonne : il l'a fait, donc il

l'a bien fait. Ce n'est donc pas que nous n'ayons aucune notion de la justice en général qui puisse convenir aussi à celle de Dieu : et ce n'est pas non plus que la justice de Dieu ait d'autres règles que la justice connue des hommes ; mais c'est que le cas dont il s'agit est tout différent de ceux qui sont ordinaires parmi les hommes. Le droit universel est le même pour Dieu et pour les hommes ; mais le fait est tout différent dans le cas dont il s'agit.

36. Nous pouvons même supposer ou feindre, comme j'ai déjà remarqué, qu'il y ait quelque chose de semblable parmi les hommes à ce cas qui a lieu en Dieu. Un homme pourrait donner de si grandes et de si fortes preuves de sa vertu et de sa sainteté, que toutes les raisons les plus apparentes que l'on pourrait faire valoir contre lui pour le charger d'un prétendu crime, par exemple, d'un larcin, d'un assassinat, mériteraient d'être rejetées comme des calomnies de quelques faux témoins, ou comme un jeu extraordinaire du hasard, qui fait soupçonner quelquefois les plus innocents. De sorte que dans un cas où tout autre serait en danger d'être condamné, ou d'être mis à la question, selon les droits des lieux, cet homme serait absous par ses juges d'une commune voix. Or, dans ce cas, qui est rare en effet, mais qui n'est pas impossible, on pourrait dire en quelque façon (*sano sensu*) qu'il y a un combat entre la raison et la foi ; et que les règles du droit sont autres par rapport à ce personnage, que par rapport au reste des hommes. Mais cela bien expliqué signifiera seulement que des apparences de raison cèdent ici à la foi qu'on doit à la parole et à la probité de ce grand et saint homme : et qu'il est privilégié par-dessus les autres hommes ; non pas comme s'il y avait une autre jurisprudence pour lui, ou comme si l'on n'entendait pas ce que c'est que la justice par rapport à lui ; mais parce que les règles de la justice universelle ne trouvent point ici l'application qu'elles reçoivent ailleurs, ou plutôt parce qu'elles le favorisent, bien loin de le charger ; puisqu'il y a des qualités si admirables dans ce personnage, qu'en vertu d'une bonne logique des vraisemblances, on doit ajouter plus de foi à sa parole qu'à celle de plusieurs autres.

37. Puisqu'il est permis ici de faire des fictions possibles, ne peut-on pas s'imaginer que cet homme incomparable soit l'adepte ou le possesseur

De la bénite pierre
Qui peut seule enrichir tous les rois de la terre,

et qu'il fasse tous les jours des dépenses prodigieuses pour nourrir et pour tirer de la misère une infinité de pauvres ? Or, s'il y avait je ne sais combien de témoins, ou je ne sais quelles apparences, qui tendissent à prouver que ce grand bienfaiteur du genre humain vient de commettre quelque larcin, n'est-il pas vrai que toute la terre se moquerait de l'accusation, quelque spécieuse qu'elle pût être ? Or Dieu est infiniment au-dessus de la bonté et de la puissance de cet homme ; et par conséquent il n'y a point de raisons, quelque apparentes qu'elles soient, qui puissent tenir contre la foi, c'est-à-dire contre l'assurance ou contre la confiance en Dieu, avec laquelle nous pouvons et devons dire que Dieu a tout fait comme il faut. Les objections ne sont donc point insolubles. Elles ne contiennent que des préjugés et des vraisemblances, mais qu sont détruites par des raisons incomparablement plus fortes. Il ne faut pas dire non plus que ce que nous appelons justice n'est rien par rapport à Dieu ; qu'il est le maître absolu de toutes choses, jusqu'à pouvoir condamner les innocents, sans violer sa justice ; ou enfin que la justice est quelque chose d'arbitraire à son égard ; expressions hardies et dangereuses, où quelques-uns se sont laissé entraîner au préjudice des attributs de Dieu : puisqu'en ce cas il n'y aurait point de quoi louer sa bonté et sa justice ; et tout serait de même que si le plus méchant esprit, le prince des mauvais génies, le mauvais principe des manichéens, était le seul maître de l'univers, comme on l'a déjà remarqué ci-dessus. Car quel moyen y aurait-il de discerner le véritable Dieu d'avec le faux Dieu de Zoroastre, si toutes les choses dépendaient du caprice d'un pouvoir arbitraire, sans qu'il y eût ni règle, ni égard pour quoi que ce fût ?

38. Il est donc plus que visible que rien ne nous oblige à nous engager dans une si étrange doctrine ; puisqu'il suffit de dire que nous ne connaissons pas assez le fait, quand il s'agit de répondre aux vraisemblances qui paraissent mettre en doute la justice et la bonté de Dieu, et qui s'évanouiraient si le fait nous était bien connu. Nous n'avons pas besoin non plus de renoncer à la raison pour écouter la foi, ni de nous crever les yeux pour voir clair, comme disait la reine Christine : il suffit de rejeter les apparences ordinaires, quand elles sont contraires aux mystères ; ce qui n'est point contraire à la raison puisque, même dans les choses naturelles, nous sommes bien souvent désabusés des apparences par l'expé-

rience, ou par des raisons supérieures. Mais tout cela n'a été mis ici par avance que pour mieux faire entendre en quoi consiste le défaut des objections, et l'abus de la raison, dans le cas présent, où l'on prétend qu'elle combat la foi avec le plus de force : nous viendrons ensuite à une plus exacte discussion de ce qui regarde l'origine du mal et la permission du péché avec ses suites.

39. Pour à présent, il sera bon de continuer à examiner l'importante question de l'usage de la raison dans la théologie, et de faire des réflexions sur ce que M. Bayle a dit là-dessus en divers lieux de ses ouvrages. Comme il s'était attaché dans son dictionnaire historique et critique à mettre les objections des manichéens et celles des pyrrhoniens dans leur jour, et comme ce dessein avait été censuré par quelques personnes zélées pour la religion, il mit une dissertation à la fin de la seconde édition de ce dictionnaire, qui tendait à faire voir, par des exemples, par des autorités et par des raisons, l'innocence et l'utilité de son procédé. Je suis persuadé (comme j'ai dit ci-dessus) que les objections spécieuses qu'on peut opposer à la vérité sont très utiles : et qu'elles servent à la confirmer et à l'éclaircir, en donnant occasion aux personnes intelligentes de trouver de nouvelles ouvertures, ou de faire mieux valoir les anciennes. M. Bayle y cherche une utilité tout opposée qui serait de faire voir la puissance de la foi, en montrant que les vérités qu'elle enseigne ne sauraient soutenir les attaques de la raison, et qu'elle ne laisse pas de se maintenir dans le cœur des fidèles. M. Nicole semble appeler cela le triomphe de l'autorité de Dieu sur la raison humaine, dans les paroles que M. Bayle rapporte de lui, dans le troisième tome de sa *Réponse aux Questions d'un Provincial* (ch. CLXXVII, p. 120). Mais comme la raison est un don de Dieu, aussi bien que la foi, leur combat ferait combattre Dieu contre Dieu ; et si les objections de la raison contre quelque article de foi sont insolubles, il faudra dire que ce prétendu article sera faux et non révélé : ce sera une chimère de l'esprit humain, et le triomphe de cette foi pourra être comparé aux feux de joie que l'on fait après avoir été battu. Telle est la doctrine de la damnation des enfants non baptisés, que M. Nicole veut faire passer pour une suite du péché originel ; telle serait la condamnation éternelle des adultes qui auraient manqué des lumières nécessaires pour obtenir le salut.

40. Cependant tout le monde n'a pas besoin d'entrer dans des

discussions théologiques ; et des personnes, dont l'état est peu compatible avec les recherches exactes, doivent se contenter des enseignements de la foi, sans se mettre en peine des objections ; et si par hasard quelque difficulté très forte venait à les frapper, il leur est permis d'en détourner l'esprit, en faisant à Dieu un sacrifice de leur curiosité ; car lorsqu'on est assuré d'une vérité, on n'a pas même besoin d'écouter les objections. Et comme il y a bien des gens dont la foi est assez petite et assez peu enracinée pour soutenir ces sortes d'épreuves dangereuses, je crois qu'il ne leur faut point présenter ce qui pourrait être un poison pour eux ; ou si l'on ne peut leur cacher ce qui n'est trop public, il faut y joindre l'antidote, c'est-à-dire, il faut tâcher de joindre la solution à l'objection, bien loin de l'écarter comme impossible.

41. Les passages des excellents théologiens qui parlent de ce triomphe de la foi peuvent et doivent recevoir un sens convenable aux principes que je viens d'établir. Il se rencontre dans quelques objets de la foi deux qualités capables de le faire triompher de la raison ; l'une est l'incompréhensibilité, l'autre est le peu d'apparence. Mais il faut se bien donner de garde d'y joindre la troisième qualité, dont M. Bayle parle, et de dire que ce qu'on croit est insoutenable ; car ce serait faire triompher la raison à son tour, d'une manière qui détruirait la foi. L'incompréhensibilité ne nous empêche pas de croire même des vérités naturelles ; par exemple (comme j'ai déjà marqué) nous ne comprenons pas la nature des odeurs et des saveurs, et cependant nous sommes persuadés, par une espèce de foi que nous devons aux témoignages des sens, que ces qualités sensibles sont fondées dans la nature des choses, et que ce ne sont pas des illusions.

42. Il y a aussi des choses contraires aux apparences que nous admettons, lorsqu'elles sont bien vérifiées. Il y a un petit roman tiré de l'espagnol, dont le titre porte qu'il ne faut pas toujours croire ce qu'on voit. Qu'y avait-il de plus apparent que le mensonge du faux Martin Guerre, qui se fit reconnaître par la femme et par les parents du véritable, et fit balancer longtemps les juges et les parents, même après l'arrivée du dernier ? Cependant la vérité fut enfin reconnue. Il en est de même de la foi. J'ai déjà remarqué que ce qu'on peut opposer à la bonté et à la justice de Dieu ne sont que des apparences, qui seraient fortes contre un homme, mais qui deviennent nulles quand on les applique à Dieu, et quand on les

met en balance avec les démonstrations qui nous assurent de la perfection infinie de ses attributs. Ainsi la foi triomphe des fausses raisons, par des raisons solides et supérieures, qui nous l'ont fait embrasser ; mais elle ne triompherait pas, si le sentiment contraire avait pour lui des raisons aussi fortes, ou même plus fortes que celles qui font le fondement de la foi, c'est-à-dire s'il y avait des objections invincibles et démonstratives contre la foi.

43. Il est bon même de remarquer ici, que ce que M. Bayle appelle triomphe de la foi est en partie un triomphe de la raison démonstrative contre des raisons apparentes et trompeuses, qu'on oppose mal à propos aux démonstrations. Car il faut considérer que les objections des manichéens ne sont guère moins contraires à la théologie naturelle qu'à la théologie révélée. Et quand on leur abandonnerait la sainte Écriture, le péché originel, la grâce de Dieu en Jésus-Christ, les peines de l'enfer et les autres articles de notre religion, on ne se délivrerait point par là de leurs objections ; car on ne saurait nier qu'il y a dans le monde du mal physique (c'est-à-dire des souffrances), et du mal moral (c'est-à-dire des crimes), et même que le mal physique n'est pas toujours distribué ici-bas suivant la proportion du mal moral, comme il semble que la justice le demande. Il reste donc cette question de la théologie naturelle, comment un principe unique, tout bon, tout sage et tout-puissant a pu admettre le mal, et surtout comment il a pu permettre le péché, et comment il a pu se résoudre à rendre souvent les méchants heureux et les bons malheureux.

44. Or nous n'avons point besoin de la foi révélée, pour savoir qu'il y a un tel principe unique de toutes choses, parfaitement bon et sage. La raison nous l'apprend par démonstrations infaillibles ; et par conséquent toutes les objections prises du train des choses, où nous remarquons des imperfections, ne sont fondées que sur de fausses apparences. Car si nous étions capables d'entendre l'harmonie universelle, nous verrions que ce que nous sommes tentés de blâmer est lié avec le plan le plus digne d'être choisi ; en un mot, nous verrions, et ne croirions pas seulement, que ce que Dieu a fait est le meilleur. J'appelle voir ici, ce qu'on connaît à priori par les causes ; et croire, ce qu'on ne juge que par les effets, quoique l'un soit aussi certainement connu que l'autre. Et l'on peut appliquer encore ici ce que dit saint Paul (II Cor. v, 7), que nous cheminons par foi et non par vue. Car la sagesse infinie de Dieu nous étant connue,

nous jugeons que les maux que nous expérimentons devaient être permis, et nous le jugeons par l'effet même ou à postériori, c'est-à-dire parce qu'ils existent. C'est ce que M. Bayle reconnaît ; et il devait s'en contenter, sans prétendre qu'on doit faire cesser les fausses apparences qui y sont contraires. C'est comme si l'on demandait qu'il n'y eût plus de songes ni de déceptions d'optique.

45. Et il ne faut point douter que cette foi et cette confiance en Dieu, qui nous fait envisager sa bonté infinie, et nous prépare à son amour, malgré les apparences de dureté qui nous peuvent rebuter, ne soient un exercice excellent des vertus de la théologie chrétienne, lorsque la divine grâce en Jésus-Christ excite ces mouvements en nous. C'est ce que Luther a bien remarqué contre Érasme, en disant que c'est le comble de l'amour d'aimer celui qui paraît si peu aimable à la chair et au sang, si rigoureux contre les misérables, et si prompt à damner, et cela même pour des maux, dont il paraît être la cause ou le complice à ceux qui se laissent éblouir par de fausses raisons. De sorte que l'on peut dire que le triomphe de la véritable raison éclairée par la grâce divine est en même temps le triomphe de la foi et de l'amour.

46. M. Bayle paraît l'avoir pris tout autrement : il se déclare contre la raison, lorsqu'il se pouvait contenter d'en blâmer l'abus. Il cite les paroles de Cotta chez Cicéron, qui va jusqu'à dire que si la raison était un présent des dieux, la Providence serait blâmable de l'avoir donné, puisqu'il tourne à notre mal. M. Bayle aussi croit que la raison humaine est un principe de destruction et non pas d'édification (*Diction.* p. 2026, col. 2), que c'est une coureuse qui ne sait où s'arrêter, et qui, comme une autre Pénélope, détruit elle-même son propre ouvrage,

Destruit, œdificat, mutat quadrata rotundis.

(*Réponse au Provincial*, t. III. p. 725.) Mais il s'applique surtout à entasser beaucoup d'autorités les unes sur les autres, pour faire voir que les théologiens de tous les partis rejettent l'usage de la raison aussi bien que lui, et n'en étalent les lueurs qui s'élèvent contre la religion que pour les sacrifier à la foi par un simple désaveu, et en ne répondant qu'à la conclusion de l'argument qu'on leur oppose. Il commence par le Nouveau Testament. Jésus-Christ se contentait de dire : Suis-moi (*Luc*, v, 27 ; ix, 59). Les apôtres disaient : Crois, et tu seras sauvé (*Act.* xvi, 3). Saint Paul reconnaît que sa doctrine est obscure (I *Corinth.* xiii, 12), qu'on n'y peut rien comprendre, à moins que Dieu ne communique un discernement spirituel, et sans cela elle ne passe que pour folie (I *Cor.* ii, 14). Il exhorte les fidèles à se bien tenir en garde contre la philosophie (I *Cor.* ii, 8) et à éviter les contestations de cette science qui avait fait perdre la foi à quelques personnes.

47. Quant aux Pères de l'Église, M. Bayle nous renvoie au recueil de leurs passages contre l'usage de la philosophie et de la raison, que M. de Launoy (1) a fait (*De varia Aristotelis Fortuna*, cap. ii), et particulièrement aux passages de saint Augustin recueillis par M. Arnauld (contre Mallet), qui portent que les jugements de Dieu sont impénétrables ; qu'ils n'en sont pas moins justes, pour nous être inconnus ; que c'est un profond abîme qu'on ne peut sonder sans se mettre au hasard de tomber dans le précipice ; qu'on ne peut sans témérité vouloir expliquer ce que Dieu a voulu tenir caché ; que sa volonté ne saurait être que juste ; que plusieurs, ayant voulu rendre raison de cette profondeur incompréhensible, sont tombés en des imaginations vaines et en des opinions pleines d'erreur et d'égarement.

48. Les scholastiques ont parlé de même : M. Bayle rapporte un beau passage du cardinal Cajetan (2) (I, part. *Sum*, qu. 22. art. 4) dans ce sens : « Notre esprit, dit-il, se repose non sur l'évidence de
« la vérité connue, mais sur la profondeur inaccessible de la vérité
« cachée. Et comme dit saint Grégoire, celui qui ne croit touchant
« la divinité que ce qu'il peut mesurer avec son esprit appetisse
« l'idée de Dieu. Cependant je ne soupçonne pas qu'il faille nier
« quelqu'une des choses que nous savons, ou que nous voyons
« appartenir à l'immutabilité, à l'actualité, à la certitude, à l'univer-
« salité, etc., de Dieu, mais je pense qu'il y a ici quelque secret, ou
« à l'égard de la relation qui est entre Dieu et l'événement, ou par
« rapport à ce qui lie l'événement même avec sa prévision. Ainsi

---

(1) LAUNOY (Jean de), docteur de Sorbonne, né à Valdéric (diocèse de Coutances) en 1603, mort en 1678 ; auteur de nombreux écrits théologiques. Son curieux ouvrages *De Variâ Aristotelis in Academiâ parisianâ fortunâ* est de 1653.
P. J.

(2) CAJETAN (cardinal). Il y a eu deux cardinaux de ce nom. Le premier, dont il est question ici, est le plus célèbre comme théologien et fut l'adversaire de Luther. Il est né à Gaëte en 1469, et mort à Rome en 1534. Il fut, comme Bellarmin, le défenseur des doctrines ultramontaines dans son *Traité de l'autorité du Pape* (*Opuscules*, Lyon, 1562). Il a fait un *Commentaire sur la Somme de saint Thomas*.
P. J.

« considérant que l'intellect de notre âme est l'œil de la chouette,
« je ne trouve son repos que dans l'ignorance. Car il vaut mieux, et
« pour la foi catholique et pour la foi philosophique, avouer notre
« aveuglement que d'assurer comme des choses évidentes ce qui ne
« tranquillise pas notre esprit, puisque c'est l'évidence qui le met en
« tranquillité. Je n'accuse pas de présomption pour cela tous les
« docteurs, qui en bégayant ont tâché d'insinuer comme ils ont pu
« l'immobilité et l'efficace souveraine et éternelle de l'entendement,
« de la volonté et de la puissance de Dieu, par l'infaillibilité de
« l'élection et de la relation divine à tous les événements. Rien de
« tout cela ne nuit au soupçon que j'ai, qu'il y a quelque profondeur
« qui nous est cachée. » Ce passage de Cajetan est d'autant plus con-
« sidérable, que c'était un auteur capable d'approfondir la matière.

49. Le livre de Luther contre Erasme est plein d'observations vives contre ceux qui veulent soumettre les vérités révélées au tribunal de notre raison. Calvin parle souvent sur le même ton, contre l'audace curieuse de ceux qui cherchent de pénétrer dans les conseils de Dieu. Il déclare dans son *Traité de la Prédestination* que Dieu a eu de justes causes pour réprouver une partie des hommes, mais à nous inconnues. Enfin M. Bayle cite plusieurs modernes, qui ont parlé dans le même sens (*Réponse aux questions d'un Provincial*, chap. CLX et suivants).

50. Mais toutes ces expressions et une infinité de semblables ne prouvent pas l'insolubilité des objections contraires à la foi, que M. Bayle a en vue. Il est vrai que les conseils de Dieu sont impénétrables, mais il n'y a point d'objections invincibles qui puissent faire conclure qu'ils sont injustes. Ce qui paraît injustice du côté de Dieu et folie du côté de la foi, le paraît seulement. Le célèbre passage de Tertullien (de *carne Christi*) : *mortuus est Dei Filius, credibile est, quia ineptum est ; et sepultus revixit, certum est, quia impossibile*, est une saillie qui ne peut être entendue que des apparences d'absurdité. Il y en a de semblables dans le livre de Luther du serf-arbitre, comme lorsqu'il dit (ch. CLXXIV) : *Si placet tibi Deus indignos coronans, non debet displicere immeritos damnans.* Ce qui, étant réduit à des expressions plus modérées, veut dire : Si vous approuvez que Dieu donne la gloire éternelle à ceux qui ne sont pas meilleurs que les autres, vous ne devez point désapprouver qu'il abandonne ceux qui ne sont pas pires que les autres. Et pour juger qu'il ne parle que des apparences d'injustice, on n'a

qu'à peser ces paroles du même auteur, tirées du même livre : « Dans
« tout le reste, dit-il, nous reconnaissons en Dieu une majesté
« suprême, il n'y a que la justice que nous osons contrecarrer : et
« nous ne voulons pas croire par provision (*tantisper*) qu'il soit
« juste, quoiqu'il nous ait promis que le temps viendra où sa gloire
« étant révélée, tous les hommes verront clairement qu'il a été et
« qu'il est juste. »

51. On trouvera aussi que lorsque les Pères sont rentrés en discussion, ils n'ont point rejeté simplement la raison. Et en disputant contre les païens, ils s'attachent ordinairement à faire voir combien le paganisme est contraire à la raison, et combien la religion chrétienne a de l'avantage sur lui encore de ce côté-là. Origène (1) a montré à Celse (2) comment le christianisme est raisonnable, et pourquoi cependant la plupart des chrétiens doivent croire sans examen. Celse s'était moqué de la conduite des chrétiens, « qui ne voulant,
« disait-il, ni écouter vos raisons, ni vous en donner de ce qu'ils
« croient, se contentent de vous dire : N'examinez point, croyez seu-
« lement ; ou bien, votre foi vous sauvera; et ils tiennent pour
« maxime, que la sagesse du monde est un mal. »

52. Origène y répond en habile homme (l. I, ch. II), et d'une manière conforme aux principes que nous avons établis ci-dessus. C'est que la raison, bien loin d'être contraire au christianisme, sert de fondement à cette religion, et la fera recevoir à ceux qui pourront venir à l'examen. Mais comme peu de gens en sont capables, le don céleste d'une foi toute nue qui porte au bien suffit pour le général. « S'il était possible, dit-il, que tous les hommes négligeant
« les affaires de la vie s'attachassent à l'étude et à la méditation, il ne
« faudrait point chercher d'autre voie pour leur faire recevoir la
« religion chrétienne. Car pour ne rien dire qui offense personne »
(il insinue que la religion païenne est absurde, mais il ne veut point dire expressément), « on n'y trouvera pas moins d'exactitude

---

(1) ORIGÈNE, grand théologien d'Alexandrie, né dans cette ville en 185, mort en 253, non sans être suspect d'hérésie. La meilleure édition complète de ses œuvres est celle de Paris (4 vol. in-fol., 1759). Origène occupe l'un des premiers rangs dans l'histoire de la métaphysique chrétienne. Il a défendu le christianisme contre Celse. Voir sur Origène l'ouvrage de Denis, 1884.   P. J.

(2) CELSE, philosophe du second siècle de l'ère chrétienne, connu surtout par sa polémique contre le christianisme. Nous n'avons plus son *Discours véritable* qui est le plus important de ses écrits polémiques. Mais Origène nous a conservé les passages les plus essentiels dans la réfutation qu'il en a donnée.
  P. J.

« qu'ailleurs, soit dans la discussion de ses dogmes, soit dans l'éclair-
« cissement des expressions énigmatiques de ses prophètes, soit
« dans l'explication des paraboles de ses évangiles, et d'une infinité
« d'autres choses arrivées ou ordonnées symboliquement. Mais
« puisque ni les nécessités de la vie, ni les infirmités des hommes
« ne permettent qu'à un fort petit nombre de personnes de s'appliquer
« à l'étude ; quel moyen pouvait-on trouver plus capable de profiter
« à tout le reste du monde, que celui que Jésus-Christ a voulu
« qu'on employât pour la conversion des peuples ? Et je voudrais
« bien que l'on me dît sur le sujet du grand nombre de ceux qui
« croient, et qui par là se sont retirés du bourbier des vices, où ils
« étaient auparavant enfoncés, lequel vaut le mieux, d'avoir de la
« sorte changé ses mœurs et corrigé sa vie, en croyant sans examen
« qu'il y a des peines pour les péchés et des récompenses pour
« les bonnes actions ; ou d'avoir attendu à se convertir, lors-
« qu'on ne croirait pas seulement, mais qu'on aurait examiné
« avec soin les fondements de ces dogmes ? Il est certain qu'à
« suivre cette méthode, il y en aurait bien peu qui en vien-
« draient jusqu'où leur foi toute simple et toute nue les conduit,
« mais que la plupart demeureraient dans leur corruption. »

53. M. Bayle (dans son *Éclaircissement concernant les objections des manichéens* (1), mis à la fin de la seconde édition du dictionnaire) prend ces paroles, où Origène marque que la religion est à l'épreuve de la discussion des dogmes, comme si cela ne s'étendait point par rapport à la philosophie, mais seulement par rapport à l'exactitude avec laquelle on établit l'autorité et le véritable sens de la sainte Écriture. Mais il n'y a rien qui marque cette restriction. Origène écrivait contre un philosophe, qu'elle n'aurait point accommodé. Et il paraît que ce Père a voulu marquer, que parmi les chrétiens on n'était pas moins exact que chez les stoïciens et chez quelques autres philosophes, qui établissaient leur doctrine, tant par la raison que par les autorités, comme faisait Chrysippe, qui trouvait sa philosophie encore dans les symboles de l'antiquité païenne.

54. Celse fait encore une autre objection aux chrétiens, au même

---

(1) MANICHÉENS, hérésie qui consiste à admettre deux principes, le principe du bien et le principe du mal, fondée par Manès ou Manichée, né à Careub, dans la Hazitide (Perse), en 240, et mort en 277, par l'ordre de Varasdes Ier, roi de Perse. Manès avait combiné les idées chrétiennes avec les idées de Zoroastre. P. J.

endroit. « S'ils se renferment, dit-il, à l'ordinaire dans leur « n'exa-
« minez point, croyez seulement » ; il faut qu'ils me disent au moins
« quelles sont les choses qu'ils veulent que je croie ». En cela il a
raison sans doute, et cela va contre ceux qui diraient que Dieu est
bon et juste, et qui soutiendraient cependant que nous n'avons
aucune notion de la bonté ou de la justice, quand nous lui
attribuons ces perfections. Mais il ne faut pas demander toujours ce
que j'appelle des notions adéquates, et qui n'enveloppent rien qui
ne soit expliqué ; puisque même les qualités sensibles, comme la
chaleur, la lumière, la douceur, ne nous sauraient donner de telles
notions. Ainsi nous convenons que les mystères reçoivent une explication, mais cette explication est imparfaite. Il suffit que nous
ayons quelque intelligence analogique d'un mystère, tel que la Trinité et que l'Incarnation, afin qu'en les recevant nous ne prononcions
pas des paroles entièrement destituées de sens : mais il n'est point
nécessaire que l'explication aille aussi loin qu'il serait à souhaiter,
c'est-à-dire, qu'elle aille jusqu'à la compréhension et au comment.

55. Il paraît donc étrange que M. Bayle récuse le tribunal des
notions communes dans le troisième tome de sa *Réponse au Provincial*, pages 1062 et 1140, comme si on ne devait point consulter
l'idée de la bonté, quand on répond aux manichéens ; au lieu que
lui-même s'était expliqué tout autrement dans son dictionnaire ; et
il faut bien que ceux qui sont en dispute sur la question, s'il n'y
a qu'un seul principe tout bon, ou s'il y en a deux, l'un bon, l'autre
mauvais, conviennent de ce que veut dire bon et mauvais. Nous entendons quelque chose par l'union, quand on nous parle de celle d'un
corps avec un autre corps, ou d'une substance avec son accident,
d'un sujet avec son adjoint, du lieu avec le mobile, de l'acte avec la
puissance ; nous entendons aussi quelque chose, quand nous parlons
de l'union de l'âme avec le corps, pour en faire une seule personne.
Car quoique je ne tienne point que l'âme change les lois du corps,
ni que le corps change les lois de l'âme, et que j'aie introduit l'harmonie préétablie pour éviter ce dérangement ; je ne laisse pas d'admettre une vraie union entre l'âme et le corps, qui en fait un suppôt. Cette union va au métaphysique, au lieu qu'une union d'influence
irait au physique. Mais quand nous parlons de l'union du Verbe de
Dieu avec la nature humaine, nous devons nous contenter d'une
connaissance analogique, telle que la comparaison de l'union de

l'âme avec le corps est capable de nous donner ; et nous devons au reste nous contenter de dire que l'Incarnation est l'union la plus étroite qui puisse exister entre le Créateur et la créature, sans qu'il soit besoin d'aller plus avant.

56. Il en est de même des autres mystères, où les esprits modérés trouveront toujours une explication suffisante pour croire, et jamais autant qu'il en faut pour comprendre. Il nous suffit d'un certain ce que c'est (τί ἐστι) ; mais le comment (πῶς) nous passe et ne nous est point nécessaire. On peut dire des explications des mystères, qui se débitent par-ci par-là, ce que la reine de Suède disait dans une médaille sur la couronne qu'elle avait quittée, *non mi bisogna, e non mi basta*.

Nous n'avons pas besoin non plus (comme j'ai déjà remarqué) de prouver les mystères à priori ou d'en rendre raison, il nous suffit que la chose est ainsi (τὸ ὅτι), sans savoir le pourquoi (τὸ διότι) que Dieu s'est réservé. Ces vers que Joseph Scaliger a faits là-dessus sont beaux et célèbres :

> Ne curiosus quære causas omnium,
> Quæcumque libris vis prophetarum indidit
> Afflata cœlo, plena veraci Deo :
> Nec operta sacri supparo silentii
> Irrumpere aude, sed pudenter præteri.
> Nescire velle, quæ Magister optimus
> Docere non vult, erudita inscitia est.

M. Bayle, qui les rapporte (*Rép. au Provinc.*, t. III, p. 1055), juge avec beaucoup d'apparence que Scaliger les a faits à l'occasion des disputes d'Arminius (1) et de Gomarus (2). Je crois que M. Bayle les a récités de mémoire, car il met *sacrata* au lieu d'*afflata*. Mais c'est apparemment par la faute de l'imprimeur qu'il y a *prudenter* au lieu de *pudenter* (c'est-à-dire modestement) que le vers demande.

---

(1) Arminius (Jacques) ou Harmensen, célèbre théologien hollandais, fondateur de la secte des Arminiens, qui a joué un grand rôle dans l'histoire du Pays-Bas. Il est né en 1560 à Oude-Water (Sud-Holland), et mort à Leyde en 1609. Sa doctrine inclinait au pélagianisme, c'est-à-dire à la réhabilitation du libre arbitre contre les *supra-lapsaires*, qui exagéraient le dogme du péché originel. On trouve les principaux points de sa doctrine dans les *Remontrances* présentées en 1610 aux États de Hollande par ses disciples, d'où leur est venu le nom de *Remontrants*. Ses sermons et controverses théologiques ont été publiés à Leyde (in-4°, 1629). P. J.

(2) Gomar (François), adversaire d'Arminius et son collègue à l'Université de Leyde. Il défendit le calvinisme contre celui-ci ; ses disciples furent appelés *Contre-Remontrants*. Ses œuvres ont été publiées à Amsterdam, 1645. P. J

57. Il n'y a rien de si juste que l'avis que ces vers contiennent, et M. Bayle a raison de dire (p. 729) « que ceux qui prétendent que la « conduite de Dieu à l'égard du péché, et des suites du péché, n'a « rien dont il ne leur soit possible de rendre raison, se livrent à la « merci de leur adversaire ». Mais il n'a point raison de conjoindre ici deux choses bien différentes, rendre raison d'une chose et la soutenir contre les objections ; comme il fait lorsqu'il ajoute d'abord : « Ils sont obligés de le suivre partout (leur adversaire) où il les vou- « dra mener, et ils reculeraient honteusement et demanderaient « quartier, s'ils avouaient que notre esprit est trop faible pour « résoudre pleinement toutes les instances d'un philosophe. »

58. Il semble ici que, selon M. Bayle, rendre raison est moins que répondre aux instances, puisqu'il menace celui qui entreprendrait le premier, de l'obligation où il s'engagerait d'aller jusqu'au second. Mais c'est tout le contraire : un soutenant (*respondens*) n'est point obligé de rendre raison de sa thèse, mais il est obligé de satisfaire aux instances d'un opposant. Un défendeur en justice n'est point obligé (pour l'ordinaire) de prouver son droit ou de mettre en avant le titre de sa possession ; mais il est obligé de répondre aux raisons du demandeur. Et je me suis étonné cent fois qu'un auteur aussi exact et aussi pénétrant que M. Bayle mêle si souvent ici des choses où il y a autant de différence qu'il y en a entre ces trois actes de la raison : comprendre, prouver et répondre aux objections ; comme si, lorsqu'il s'agit de l'usage de la raison en théologie, l'un valait autant que l'autre. C'est ainsi qu'il dit dans ses *Entretiens posthumes*, page 73 : « Il n'y a point de principe que M. Bayle ait plus souvent « inculqué que celui-ci, que l'icompréhensibilité d'un dogme et l'in- « solubilité des objections qui le combattent, n'est pas une raison « légitime de le rejeter. » Passe pour l'incompréhensibilité, mais il n'en est pas de même de l'insolubilité. Et c'est tout autant, en effet, que si l'on disait qu'une raison invincible contre une thèse n'est pas une raison légitime de la rejeter. Car quelle autre raison légitime pour rejeter un sentiment peut-on trouver, si un argument con- traire invincible ne l'est pas ? Et quel moyen aura-t-on après cela de démontrer la fausseté et même l'absurdité de quelque opinion ?

59. Il est bon aussi de remarquer que celui qui prouve une chose à priori en rend raison par la cause efficiente ; et quiconque peut rendre de telles raisons d'une manière exacte et suffisante est aussi en état de comprendre la chose. C'est pour cela que les théologiens

scholastiques avaient déjà blâmé Raymond Lulle d'avoir entrepris de démontrer la Trinité par la philosophie. On trouve cette prétendue démonstration dans ses ouvrages, et Barthélemy Keckerman (1), auteur célèbre parmi les réformés, ayant fait une tentative toute semblable sur le même mystère, n'en a pas été moins blâmé par quelques théologiens modernes. On blâmera donc ceux qui voudront rendre raison de ce mystère et le rendre compréhensible, mais on louera ceux qui travailleront à le soutenir contre les objections des adversaires.

60. J'ai déjà dit que les théologiens distinguent ordinairement entre ce qui est au-dessus de la raison et ce qui est contre la raison. Ils mettent au-dessus de la raison ce qu'on ne saurait comprendre et dont on ne saurait rendre raison. Mais contre la raison sera tout sentiment qui est combattu par des raisons invincibles, ou bien dont le contradictoire peut être prouvé d'une manière exacte et solide. Ils avouent donc que les mystères sont au-dessus de la raison, mais ils n'accordent point qu'ils lui sont contraires. L'auteur anglais d'un livre ingénieux, mais désapprouvé, dont le titre est : *Christianity not mysterious*, a voulu combattre cette distinction ; mais il ne me paraît pas qu'il lui ait donné aucune atteinte. M. Bayle aussi n'est pas tout à fait content de cette distinction reçue. Voici ce qu'il en dit (t. III de la *Réponse aux Questions d'un Provincial*, ch. 158). Premièrement (p. 998) il distingue avec M. Saurin (2) entre ces deux thèses : l'une, « tous les dogmes du christianisme s'accordent avec la raison : « l'autre, la raison humaine connaît qu'ils s'accordent avec la raison ». Il admet la première et nie la seconde. Je suis du même sentiment, si, en disant qu'un dogme s'accorde avec la raison, on entend qu'il est possible d'en rendre raison, ou d'en expliquer le comment par la raison ; car Dieu le pourrait faire sans doute, et nous ne le pouvons pas. Mais je crois qu'il faut affirmer l'une et l'autre thèse, si, par connaître qu'un dogme s'accorde avec la raison, on entend que

---

(1) KECKERMANN (Barthélemy), professeur à Dantzig, mort en 1609. Il a écrit sur toutes les parties de la philosophie, de la théologie et des sciences, sous ce titre : *Systema systematum*. Ses œuvres complètes ont été imprimées à Genève (1614). P. J.

(2) SAURIN (Élie). Il y a plusieurs Saurin. Nous conjecturons que celui que cite Leibniz n'est pas le célèbre prédicateur (Jacques Saurin, 1677-1703), mais le théologien, adversaire de Jurieu. Il était né en 1639 dans le Dauphiné, et mort en 1703. On a de lui : *Examen de la théologie de Jurieu*, 2 vol. in-8°, La Haye, 1694 ; — *Défense de la véritable doctrine réformée*, 2 vol. in-8°, Utrecht, 1697 ; — *Réflexions sur les droits de la conscience*, Utrecht, 1697, in-8° ; — *Traité de l'amour de Dieu*, Utrecht, 1741, in-8°. P. J.

nous pouvons montrer au besoin qu'il n'y a point de contradiction entre ce dogme et la raison, en repoussant les objections de ceux qui prétendent que ce dogme est une absurdité.

61. M. Bayle s'explique ici d'une manière qui ne satisfait point. Il reconnaît très bien que nos mystères sont conformes à la raison suprême et universelle qui est dans l'entendement divin, ou à la raison en général; cependant il nie qu'ils paraissent conformes à cette portion de raison dont l'homme se sert pour juger des choses. Mais comme cette portion de raison que nous possédons est un don de Dieu, et consiste dans la lumière naturelle qui nous est restée au milieu de la corruption; cette portion est conforme avec le tout, et elle ne diffère de celle qui est en Dieu que comme une goutte d'eau diffère de l'Océan, ou plutôt comme le fini de l'infini. Ainsi les mystères la peuvent passer, mais il ne sauraient y être contraires. L'on ne saurait être contraire à une partie, sans l'être en cela au tout. Ce qui contredit à une proposition d'Euclide est contraire aux *Éléments* d'Euclide. Ce qui en nous est contraire aux mystères n'est pas la raison, ni la lumière naturelle l'enchaînement des vérités; c'est corruption, c'est erreur ou préjugé, c'est ténèbres.

62. M. Bayle (p. 1002) n'est point content du sentiment de Josua Stegman et de M. Turretin (1), théologiens protestants, qui enseignent que les mystères ne sont contraires qu'à la raison corrompue. Il demande en raillant, si par la droite raison on entend peut-être celle d'un théologien orthodoxe, et par la raison corrompue, celle d'un hérétique; et il oppose que l'évidence du mystère de la Trinité n'était pas plus grande dans l'âme de Luther que dans l'âme de Socin (2). Mais, comme M. Descartes l'a fort bien remarqué, le bon sens est donné en partage à tous; ainsi il faut croire que les ortho-

---

(1) TURRETTINI. On compte plusieurs théologiens protestants de ce nom, tous d'une famille italienne fixée à Genève depuis la Réforme. Les plus célèbres sont Turrettini (François), né en 1623; on ne sait pas l'époque de sa mort, auteur des *Institutiones theologiæ ecclesiasticæ*, Genève, 1679, 3 vol. in-8°; et Turrettini (Jean-Alphonse), 1671-1737.   P. J.

(2) SOCIN. Il y a eu deux Socin, qui ont l'un et l'autre contribué à fonder la secte socinienne ou antitrinitaire, qui interprétait la réforme dans le sens rationaliste. — Le premier, Lélius Socin, né à Sienne en 1525, mort à Zurich en 1562. On ne connaît rien de lui, sauf peut-être une *Dissertatio de Sacramentis*, dans une collection de traités théologiques (1654, in-16, Eleutheropoli). — Le second, Faustus Socin, neveu du précédent, développa et étendit la doctrine de son oncle. C'est surtout en Pologne que les églises sociniennes ou antitrinitaires s'établirent. Les écrits de Socin forment les deux premiers volumes de la *Bibliotheca fratrum polonorum*, Irenopoli (Amsterdam, 1656, in-fol., 8 vol.) Voir le *Dictionnaire* de Bayle.   P. J.

doxes et les hérétiques en sont doués. La droite raison est un enchaînement de vérités, la raison corrompue est mêlée de préjugés et de passions. Et pour discerner l'une de l'autre, on n'a qu'à procéder par ordre, n'admettre aucune thèse sans preuve, et n'admettre aucune preuve qui ne soit en bonne forme selon les règles les plus vulgaires de la logique. On n'a pas besoin d'autre critérium ni d'autre juge des controverses en matières de raison. Et ce n'est que faute de cette modération qu'on a donné prise aux sceptiques, et que même en théologie François Véron (1) et quelques autres, qui ont outré la dispute contre les protestants, jusqu'à s'abandonner à la chicane, se sont jetés à corps perdu dans le scepticisme, pour prouver la nécessité qu'il y a de recevoir un juge extérieur infaillible ; en quoi ils n'ont point l'approbation des plus habiles gens, même dans leur parti. Calixte et Daillé s'en sont moqués comme il faut, et Bellarmin a raisonné tout autrement.

63. Maintenant venons à ce que M. Bayle dit (p. 999) sur la distinction dont il s'agit. « Il me semble, dit-il, qu'il s'est glissé une
« équivoque dans la fameuse distinction que l'on met entre les cho-
« ses qui sont au-dessus de la raison et les choses qui sont contre
« la raison. Les mystères de l'Évangile sont au-dessus de la raison,
« dit-on ordinairement, mais ils ne sont pas contraires à la raison.
« Je crois qu'on ne donne pas le même sens au mot raison dans la
« première partie de cet axiome que dans la seconde ; et qu'on
« entend dans la première la raison de l'homme ou la raison *in con-*
« *creto*, et dans la seconde la raison en général ou la raison *in*
« *abstracto*. Car supposé que l'on entende toujours la raison en
« général ou la raison suprême, la raison universelle qui est en
« Dieu ; il est également vrai que les mystères évangéliques ne sont
« point au-dessus de la raison, et qu'ils ne sont point contre la rai-
« son. Mais si l'on entend dans l'une et dans l'autre partie de l'axiome
« la raison humaine, je ne vois pas trop la solidité de la distinction :
« car les plus orthodoxes avouent que nous ne connaissons pas la
« conformité de nos mystères aux maximes de la philosophie. Il nous
« semble donc qu'ils ne sont point conformes à notre raison. Or ce

(1) Véron (François), controversiste catholique, né à Paris vers 1575, mort curé de Charenton en 1619. Il écrivit contre les protestants et les jansénistes. Ses principaux ouvrages sont : *Traité de la puissance du Pape*, Paris, 1626, in-8° ; — *De la Primauté de l'Église*, Paris, 1641, in-8° ; — *Abrégé des controverses*, Paris, 1630, in-24 ; — *Le moyen de la paix chrétienne*, Paris, 1609, in 8° ; — *Méthode de traiter les controverses de religion*, Paris, 1638, in-fol. P. J.

« qui nous paraît n'être pas conforme à notre raison nous paraît
« contraire à notre raison : tout de même que ce qui ne nous paraît
« pas conforme à la vérité nous paraît contraire à la vérité ; et ainsi
« pourquoi ne dirait-on pas également, et que les mystères sont
« contre notre faible raison et qu'ils sont au-dessus de notre raison ? »
Je réponds, comme j'ai déjà fait, que la raison ici est l'enchaînement
des vérités, que nous connaissons par la lumière naturelle, et dans ce
sens l'axiome reçu est vrai sans aucune équivoque. Les mystères
surpassent notre raison, car ils contiennent des vérités qui ne sont
pas comprises dans cet enchaînement ; mais ils ne sont point
contraires à notre raison, et ne contredisent à aucune des vérités
où cet enchaînement nous peut mener. Il ne s'agit donc point ici
de la raison universelle qui est en Dieu, mais de la nôtre. Pour
ce qui est de la question, si nous connaissons la conformité des
mystères avec notre raison, je réponds qu'au moins nous ne connaissons jamais qu'il y ait aucune difformité ni aucune opposition entre
les mystères et la raison ; et comme nous pouvons toujours lever
la prétendue opposition, si l'on appelle cela concilier ou accorder la
foi avec la raison, ou en connaître la conformité, il faut dire que
nous pouvons connaître cette conformité et cet accord. Mais si la
conformité consiste dans une explication raisonnable du comment,
nous ne la saurions connaître.

64. M. Bayle fait encore une objection ingénieuse, qu'il tire de
l'exemple du sens de la vue. « Quand une tour carrée (dit-il),
« nous paraît ronde de loin, non seulement nos yeux déposent très
« clairement qu'ils n'aperçoivent rien de carré dans cette tour, mais
« aussi qu'ils y découvrent une figure ronde, incompatible avec la
« figure carrée. On peut donc dire que la vérité, qui est la figure
« carrée, est non seulement au-dessus, mais encore contre le témoi-
« gnage de notre faible vue. » Il faut avouer que cette remarque est
véritable, et quoiqu'il soit vrai que l'apparence de la rondeur vient
de la seule privation de l'apparence des angles que l'éloignement
fait disparaître, il ne laisse pas d'être vrai que le rond et le carré
sont des choses opposées. Je réponds donc à cette instance, que la
représentation des sens, lors même qu'ils font tout ce qui dépend
d'eux, est souvent contraire à la vérité ; mais il n'en est pas de même
de la faculté de raisonner, lorsqu'elle fait son devoir, puisqu'un
raisonnement exact n'est autre chose qu'un enchaînement de vérités.
Et quant au sens de la vue en particulier, il est bon de considérer

qu'il y a encore d'autres fausses apparitions qui ne viennent point de la faiblesse de nos yeux ni de ce qui disparaît par l'éloignement mais de la nature de la vision même, quelque parfaite qu'elle soit. C'est ainsi, par exemple, que le cercle vu de côté est changé en cette espèce d'ovale qui est appelée ellipse chez les géomètres, et quelquefois même en parabole ou en hyperbole, et jusqu'en ligne droite; témoin l'anneau de Saturne.

65. Les sens extérieurs, à proprement parler, ne nous trompent point. C'est notre sens interne qui nous fait souvent aller trop vite; et cela se trouve aussi dans les bêtes, comme lorsqu'un chien aboie contre son image dans le miroir; car les bêtes ont des conséculions de perception qui imitent le raisonnement, et qui se trouvent aussi dans le sens interne des hommes lorsqu'ils n'agissent qu'en empiriques. Mais les bêtes ne font rien qui nous oblige de croire qu'elles aient ce qui mérite d'être appelé proprement un raisonnement, comme j'ai montré ailleurs. Or, lorsque l'entendement emploie et suit la fausse détermination du sens interne (comme lorsque le célèbre Galilée a cru que Saturne avait deux anses), il se trompe par le jugement qu'il fait de l'effet les apparences, et il en infère plus qu'elles ne portent. Car les apparences des sens ne nous promettent pas absolument la vérité des choses, non plus que les songes. C'est nous qui nous trompons par l'usage que nous en faisons, c'est-à-dire par nos conséculions. C'est que nous nous laissons abuser par des arguments probables, et que nous sommes portés à croire que les phénomènes que nous avons trouvés liés souvent le sont toujours. Ainsi, comme il arrive ordinairement, que ce qui paraît sans angles n'en a point, nous croyons aisément que c'est toujours ainsi. Une telle erreur est pardonnable, et quelquefois inévitable, lorsqu'il faut agir promptement et choisir le plus apparent; mais lorsque nous avons le loisir et le temps de nous recueillir, nous faisons une faute, si nous prenons pour certain ce qui ne l'est pas. Il est donc vrai que les apparences sont souvent contraires à la vérité; mais notre raisonnement ne l'est jamais, lorsqu'il est exact et conforme aux règles de l'art de raisonner. Si par la raison on entendait en général la faculté de raisonner bien ou mal, j'avoue qu'elle pourrait tromper, et nous trompe en effet, et que les apparences de notre entendement sont souvent aussi trompeuses que celles des sens : mais il s'agit ici de l'enchaînement des vérités et des objections en bonne forme, et dans ce sens, il est impossible que la raison nous trompe.

66. L'on voit aussi par tout ce que je viens de dire, que M. Bayle porte trop loin l'être au-dessus de la raison, comme s'il renfermait l'insolubilité des objections; car, selon lui (chap. cxxx. *Rép. au Provincial* t. III, p. 651), « dès qu'un dogme est au-dessus de la raison, « la philosophie ne saurait ni l'expliquer, ni le comprendre, ni ré- « pondre aux difficultés qui le combattent. » Je consens quant au comprendre, mais j'ai déjà fait voir que les mytères reçoivent une explication nécessaire des mots, afin que ce ne soient point *sine mente soni* des paroles qui ne signifient rien ; et j'ai montré aussi qu'il est nécessaire qu'on puisse répondre aux objections, et qu'autrement il faudrait rejeter la thèse.

67. Il allègue les autorités des théologiens, qui paraissent reconnaître l'insolubilité des objections contre les mystères. Luther est un des principaux ; mais j'ai déjà répondu § 12, à l'endroit où il paraît dire que la philosophie contredit à la théologie. Il y a un autre passage (cap. ccxxxvi, *de servo arbitrio*) où il dit que l'injustice apparente de Dieu est prouvée par des arguments pris de l'adversité des gens de bien et de la prospérité des méchants, à quoi aucune raison ni la lumière naturelle ne peuvent résister (*Argumentis talibus traducta, quibus nulla ratio aut lumen naturæ potest resistere*). Mais il fait voir un peu après, qu'il ne l'entend que de ceux qui ignorent l'autre vie, puisqu'il ajoute qu'un petit mot de l'Évangile dissipe cette difficulté, en nous apprenant qu'il y a une autre vie, où ce qui n'a pas été puni et récompensé dans celle-ci le sera. L'objection n'est donc rien moins qu'invincible, et même, sans le secours de l'Évangile, on se pouvait aviser de cette réponse. On allègue aussi (*Rép. au Provincial*, t. III, p. 652) un passage de Martin Chemnice, critiqué par Vedelius et défendu par Jean Musæus, où ce célèbre théologien paraît dire nettement qu'il y a des vérités dans la parole de Dieu qui sont non seulement au-dessus de la raison, mais aussi contre la raison ; mais ce passage ne doit être entendu que des principes de la raison conforme à l'ordre de la nature, comme Musæus l'explique aussi.

68. Il est vrai pourtant que M. Bayle trouve quelques autorités qui lui sont plus favorables. Celle de M. Descartes en est une des principales. Ce grand homme dit positivement (I. part. de ses *Principes*, art. 41) que nous n'avons point du tout de peine à nous délivrer de la difficulté (que l'on peut avoir à accorder la liberté de notre volonté avec l'ordre de la providence éternelle de

Dieu) « si nous remarquons que notre pensée est finie, et que la
« science et la toute-puissance de Dieu, par laquelle il a non seu-
« lement connu de toute éternité tout ce qui est ou qui peut-être,
« mais aussi il l'a voulu, est infinie : ce qui fait que nous avons
« bien assez d'intelligence pour connaître clairement et distincte-
« ment que cette science et cette puissance sont en Dieu ; mais que
« nous n'en avons pas assez pour comprendre tellement leur étendue,
« que nous puissions sa voir comment elles laissent les actions des
« hommes entièrement libres et indéterminées. Toutefois la puissance
« et la science de Dieu ne nous doivent pas empêcher de croire que
« nous avons une volonté libre, car nous aurions tort de douter de
« ce que nous apercevons intérieurement, et savons par expérience
« être en nous, parce que nous ne comprenons pas autre chose
« que nous savons incompréhensible de sa nature. »

69. Ce passage de M. Descartes suivi par ses sectateurs (qui s'avisent rarement de douter de ce qu'il avance) m'a toujours paru étrange. Ne se contentant point de dire que pour lui il ne voit point le moyen de concilier les deux dogmes, il met tout le genre humain, et même toutes les créatures raisonnables dans le même cas. Cependant pouvait-il ignorer qu'il est impossible qu'il y ait une objection invincible contre la vérité ? puisqu'une telle objection ne paraît être qu'un enchaînement nécessaire d'autres vérités, dont le résultat serait contraire à la vérité qu'on soutient, et par conséquent il y aurait contradiction entre les vérités, ce qui est de la dernière absurdité. D'ailleurs, quoique notre esprit soit fini, et ne puisse comprendre l'infini, il ne laisse pas d'y voir des démonstrations sur l'infini, desquelles il comprend la force ou la faiblesse ; pourquoi donc ne comprendrait-il pas celle des objections ? Et puisque la puissance et la sagesse de Dieu sont infinies et comprennent tout, il n'y a plus lieu de douter de leur étendue. De plus, M. Descartes demande une liberté dont on n'a point besoin, en voulant que les actions de la volonté des hommes soient entièrement indéterminées, ce qui n'arrive jamais. Enfin M. Bayle veut lui-même que cette expérience ou ce sentiment intérieur de notre indépendance, sur lequel M. Descartes fonde la preuve de notre liberté, ne la prouve point puisque de ce que nous ne nous apercevons pas des causes dont nous dépendons, il ne s'ensuit pas que nous soyons indépendants. Mais c'est de quoi nous parlerons en son lieu.

70. Il semble que M. Descartes avoue aussi dans un endroit de

ses Principes, qu'il est impossible de répondre aux difficultés sur la division de la matière à l'infini, qu'il reconnaît pourtant pour véritable. Arriaga (1) et d'autres scholastiques font à peu près le même aveu ; mais s'ils prenaient la peine de donner aux objections la forme qu'elles doivent avoir, ils verraient qu'il y a des fautes dans la conséquence, et quelquefois de fausses suppositions qui embarrassent. En voici un exemple : Un habile homme me fit un jour cette objection : Soit coupée la ligne droite BA en deux parties égales par le point C, et la partie CA par le point D, et la partie DA par le point E, et ainsi à l'infini ; toutes les moitiés BC, CD, DE, etc. font ensemble le tout BA ; donc il faut qu'il y ait une dernière moitié, puisque la ligne droite BA finit en A. Mais cette dernière moitié est absurde : car puisqu'elle est une ligne, on la pourra encore couper en deux. Donc la division à l'infini ne saurait être admise. Mais je lui fis remarquer qu'on n'a pas droit d'inférer qu'il faille qu'il y ait une dernière moitié, quoiqu'il y ait un dernier point A, car ce dernier point convient à toutes les moitiés de son côté. Et mon ami l'a reconnu lui-même, lorsqu'il a tâché de prouver cette illation par un argument en forme ; au contraire, par cela même que la division va à l'infini, il n'y a aucune moitié dernière. Et quoique la ligne droite AB soit finie, il ne s'ensuit pas que la division qu'on en fait ait son dernier terme. On s'embarrasse de même dans les séries des nombres qui vont à l'infini. On conçoit un dernier terme, un nombre infini ou infiniment petit ; mais tout cela ne sont que des fictions. Tout nombre est fini et assignable, toute ligne l'est de même, et les infinis ou infiniment petits n'y signifient que des grandeurs qu'on peut prendre aussi grandes ou aussi petites que l'on voudra, pour montrer qu'une erreur est moindre que celle qu'on a assignée, c'est-à-dire qu'il n'y a aucune erreur : ou bien on entend par l'infiniment petit, l'état de l'évanouissement ou du commencement d'une grandeur, conçus à l'imitation des grandeurs déjà formées.

71. Il sera bon cependant de considérer la raison que M. Bayle allègue pour montrer qu'on ne saurait satisfaire aux objections que la raison oppose aux mystères. Elle se trouve dans son éclaircissement sur les manichéens (p. 3140 de la seconde édition de son Dic-

---

(1) ARRIAGA (Rodéric de), jésuite espagnol, né en Castille en 1592, mort à Prague en 1667. Ses ouvrages sont: *Cours de philosophie*, 1 vol. in-fol., 1632 ; un *Cours de théologie*, 8 vol. in-fol., 1643-1655.   P. J.

tionnaire). « Il me suffit, dit-il, qu'on reconnaisse unanimement que
« les mystères de l'Évangile sont au-dessus de la raison. Car il ré-
« sulte de là nécessairement qu'il est impossible de résoudre les
« difficultés des philosophes, et par conséquent qu'une dispute où
« où l'on ne se servira que des lumières naturelles se terminera
« toujours au désavantage des théologiens, et qu'ils se verront for-
« cés de lâcher le pied, et de se réfugier sous le canon de la lumière
« surnaturelle. » Je m'étonne que M. Bayle parle si généralement,
puisqu'il a reconnu lui-même que la lumière naturelle est pour
l'unité du principe contre les manichéens, et que la bonté de Dieu
est prouvée invinciblement par la raison. Cependant voici comme il
poursuit :

72. « Il est évident que la raison ne saurait jamais atteindre à ce
« qui est au-dessus d'elle. Or, si elle pouvait fournir des réponses
« aux objections qui combattent le dogme de la Trinité et celui de
« l'union hypostatique, elle atteindrait à ces deux mystères, elle se
« les assujettirait et les plierait jusqu'aux dernières confrontations
« avec ses premiers principes, ou avec les aphorismes qui naissent
« des notions communes : et jusqu'à ce qu'enfin elle eût conclu
« qu'ils s'accordent avec la lumière naturelle. Elle ferait donc ce
« qui surpasse ses forces, elle monterait au-dessus de ses limites, ce
« qui est formellement contradictoire. Il faut donc dire qu'elle ne
« saurait fournir des réponses à ses propres objections, et qu'ainsi
« elles demeurent victorieusement, pendant qu'on ne recourt pas à
« l'autorité de Dieu et à la nécessité de captiver son entendement
« sous l'obéissance de la foi. » Je ne trouve pas qu'il y ait aucune
force dans ce raisonnement. Nous pouvons atteindre ce qui est au-
dessus de nous, non pas en le pénétrant, mais en le soutenant ;
comme nous pouvons atteindre le ciel par la vue, et non pas par
l'attouchement. Il n'est pas nécessaire non plus que pour répondre
aux objections qui se font contre les mystères, on s'assujettisse ces
mystères, et qu'on les soumette à la confrontation avec les premiers
principes qui naissent des notions communes : car si celui qui répond aux objections devait aller si loin, il faudrait que celui qui propose l'objection le fît le premier ; car c'est à l'objection d'entamer la
matière, et il suffit à celui qui répond de dire oui ou non ; d'autant
qu'au lieu de distinguer, il lui suffit à la rigueur de nier l'universalité de quelque proposition de l'objection ou d'en critiquer la forme ;
et l'un aussi bien que l'autre se peut faire sans pénétrer au delà

de l'objection. Quand quelqu'un me propose un argument qu'il prétend être invincible, je puis me taire en l'obligeant seulement de prouver en bonne forme toutes les énonciations qu'il avance, et qui me paraissent tant soit peu douteuses ; et pour ne faire que douter, je n'ai point besoin de pénétrer dans l'intérieur de la chose : au contraire, plus je serai ignorant, plus je serai en droit de douter.) M. Bayle continue ainsi :

73. « Tâchons de rendre cela plus clair ; si quelques doctrines « sont au-dessus de la raison, elles sont au delà de sa portée, elle « n'y saurait atteindre ; si elle n'y peut atteindre, elle ne peut pas « les comprendre. (Il pouvait commencer ici par le comprendre, en disant que la raison ne peut pas comprendre ce qui est au-dessus d'elle.) « Si elle ne peut pas les comprendre, elle n'y saurait trouver « aucune idée » ; *Non valet consequentia :* car pour comprendre quelque chose, il ne suffit pas qu'on en ait quelques idées ; il faut les avoir toutes de tout ce qui y entre, et il faut que toutes ces idées soient claires, distinctes, adéquates. Il y a mille objets dans la nature, dans lesquels nous entendons quelque chose, mais que nous ne comprenons pas pour cela. Nous avons quelques idées des rayons de la lumière, nous faisons des démonstrations là-dessus jusqu'à un certain point ; mais il reste toujours quelque chose qui nous fait avouer que nous ne comprenons pas encore toute la nature de la lumière ; « ni aucun principe qui soit une source de solution » (Pourquoi ne trouverait-on pas des principes évidents, mêlés avec des connaissances obscures et confuses ?) « et par conséquent les objec- « tions que la raison aura faites demeureront sans réponse » (Rien moins que cela ; la difficulté est plutôt du côté de l'opposant. C'est à lui de chercher un principe évident, qui soit une source de quelque objection ; et il aura d'autant plus de peine à trouver un tel principe, que la matière sera obscure ; et quand il l'aura trouvé, il aura encore plus de peine à montrer une opposition entre le principe et le mystère, car s'il se trouvait que le mystère fût évidemment contraire à un principe évident, ce ne serait pas un mystère obscur, ce serait « une « absurdité manifeste », ou ce qui est la même chose, on y « répondra par quelque distinction aussi obscure que la thèse même « qui aura été attaquée. » (On peut se passer des distinctions à la rigueur, en niant ou quelque prémisse, ou quelque conséquence ; et lorsqu'on doute du sens de quelque terme employé par l'opposant on peut lui en demander la définition. De sorte que le soutenant n'a

point besoin de se mettre en frais, lorsqu'il s'agit de répondre à un adversaire qui prétend nous opposer un argument invincible. Mais quand même le soutenant, par quelque complaisance, ou pour abréger, ou parce qu'il se sent assez fort, voudrait bien se charger lui-même de faire voir l'équivoque cachée dans l'obscurité, et de la lever en faisant quelque distinction; il n'est nullement besoin que cette distinction mène à quelque chose de plus clair que la première thèse, puisque le soutenant n'est point obligé d'éclaircir le mystère même.)

74. « Or il est certain (c'est M. Bayle qui poursuit) qu'une objec-
« tion que l'on fonde sur des notions distinctes demeure également
« victorieuse, soit que vous n'y répondiez rien, soit que vous y fas-
« siez une réponse où personne ne peut rien comprendre. La partie
« peut-elle être égale entre un homme qui vous objecte ce que vous
« et lui concevez très nettement, et vous qui ne pouvez vous dé-
« fendre que par des réponses, où ni vous ni lui ne comprenez
« rien? » Il ne suffit pas que l'objection soit fondée sur des notions
bien distinctes, il faut aussi qu'on en fasse l'application contre la
thèse. Et quand je réponds à quelqu'un en lui niant quelque prémisse, pour l'obliger à la prouver, ou quelque conséquence, pour l'obliger à la mettre en bonne forme, on ne peut pas dire que je ne réponds rien, ou que je ne réponds rien d'intelligible. Car, comme c'est la prémisse douteuse de l'adversaire que je nie, ma négation sera aussi intelligible que son affirmation. Enfin lorsque j'ai la complaisance de m'expliquer par quelque distinction, il suffit que les termes que j'emploie aient quelque sens, comme dans le mystère même; ainsi on comprendra quelque chose dans ma réponse, mais il n'est point besoin que l'on comprenne tout ce qu'elle enveloppe, autrement on comprendrait encore le mystère.

75. M. Bayle continue ainsi : « Toute dispute philosophique sup-
« pose que les parties disputantes conviennent de certaines défini-
« tions » (cela serait à souhaiter, mais ordinairement ce n'est que dans
la dispute même qu'on y vient au besoin), « et qu'elles admettent
« les règles des syllogismes et les marques à quoi l'on connaît les
« mauvais raisonnements. Après cela, tout consiste à examiner si
« une thèse est conforme médiatement ou immédiatement aux prin-
« cipes dont on est convenu » (ce qui se fait par les syllogismes de celui qui fait des objections), « si les prémisses d'une preuve » (avancée par l'opposant) « sont véritables, si la conséquence est bien tirée :
« si l'on s'est servi d'un syllogisme à quatre termes, si l'on n'a pas

« violé quelque aphorisme du chapitre » *de oppositis* ou *de sophisticis elenchis*, etc. (il suffit, en peu de mots, de nier quelque prémisse ou quelque conséquence, ou enfin d'expliquer ou faire expliquer quelque terme équivoque) « on remporte la victoire, ou en
« montrant que le sujet de la dispute n'a aucune liaison avec les prin-
« cipes dont on était convenu » (c'est-à-dire en montrant que l'objection ne prouve rien, et alors le défendeur gagne la cause) « ou en réduisant à l'absurde le défendeur » (lorsque toutes les prémisses et toutes les conséquences sont bien prouvées) : « or on l'y peut ré-
« duire, soit qu'on lui montre que les conséquences de sa thèse sont
« le oui et le non, soit qu'on le contraigne à ne répondre que des choses intelligibles. » (C'est ce dernier inconvénient qu'il peut toujours éviter, parce qu'il n'a point besoin d'avancer de nouvelles thèses.) « Le but de cette espèce de dispute est d'éclaircir les obscu-
« rités et de parvenir à l'évidence » (c'est le but de l'opposant, car il veut rendre évident que le mystère est faux ; mais ce ne saurait être ici le but du défendeur, car, admettant le mystère, il convient qu'on ne le saurait rendre évident) ; « de là vient que l'on juge que
« pendant le cours du procès, la victoire se déclare plus ou moins
« pour le soutenant ou pour l'opposant, selon qu'il y a plus ou
« moins de clarté dans les propositions de l'un que dans les propo-
« sitions de l'autre. » (C'est parler comme si le soutenant et l'opposant devaient être également à découvert : mais le soutenant est comme un commandant assiégé, couvert par ses ouvrages, et c'est à l'attaquant de les ruiner. Le soutenant n'a point besoin ici d'évidence, et il ne la cherche pas, mais c'est à l'opposant d'en trouver contre lui, et de se faire jour par ses batteries, afin que le soutenant ne soit plus à couvert.)

76. « Enfin on juge que la victoire se déclare contre celui dont
« les réponses sont telles qu'on n'y comprend rien » (c'est une marque bien équivoque de la victoire : il faudrait donc demander aux auditeurs s'ils comprennent quelque chose dans ce qu'on a dit, et souvent leurs sentiments seraient partagés. L'ordre des disputes formelles est de procéder par des arguments en bonne forme, et d'y répondre en niant ou en distinguant), « et qui avoue qu'elles sont incompréhensibles. » (Il est permis à celui qui soutient la vérité d'un mystère d'avouer que ce mystère est incompréhensible ; et si cet aveu suffisait pour le déclarer vaincu, on n'aurait pas besoin d'objection. Une vérité pourra être incompréhensible, mais elle ne le sera jamais

assez pour dire qu'on n'y comprend rien du tout. Elle serait en ce cas ce que les anciennes écoles appelaient *Scindapsus* ou *Blityri* (Clem. Alex. Strom. 8), c'est-à-dire des paroles vides de sens). « On « le condamne dès là par les règles de l'adjudication de la victoire ; « et lors même qu'il ne peut pas être poursuivi dans le brouillard « dont il s'est couvert, et qui forme une espèce d'abîme entre lui et « ses antagonistes, on le croit battu à plate couture, et on le compare « à une armée qui, ayant perdu la bataille, ne se dérobe qu'à la faveur « de la nuit à la poursuite du vainqueur. » (Pour payer allégorie par allégorie, je dirai que le soutenant n'est point vaincu, tant qu'il demeure couvert de ses retranchements ; et s'il hasarde quelque sortie au delà du besoin, il lui est permis de se retirer dans son fort, sans qu'on l'en puisse blâmer.)

77. J'ai voulu prendre la peine de faire l'anatomie de ce long passage, où M. Bayle a mis ce qu'il pouvait dire de plus fort et de mieux raisonné pour son sentiment ; et j'espère d'avoir fait voir clairement comment cet excellent homme a pris le change. Ce qui arrive fort aisément aux personnes les plus spirituelles et les plus pénétrantes, lorsqu'on donne carrière à son esprit, sans se donner toute la patience nécessaire pour creuser jusqu'aux fondements de son système. Le détail où nous sommes entrés ici servira de réponse à quelques autres raisonnements sur ce sujet, qui se trouvent dispersés dans les ouvrages de M. Bayle ; comme lorsqu'il dit dans sa *Réponse aux Questions d'un Provincial* (ch. 133, t. III, p. 685) : « Pour prouver qu'on a mis d'accord la raison et la religion, il faut « montrer non seulement qu'on a des maximes philosophiques, qui « sont favorables à notre foi ; mais aussi que les maximes parti- « culières, qui nous sont objectées comme non conformes à notre « catéchisme, y sont effectivement conformes d'une manière que l'on « conçoit distinctement. » Je ne vois point qu'on ait besoin de tout cela, si ce n'est qu'on prétende pousser le raisonnement jusqu'au comment du mystère. Quand on se contente d'en soutenir la vérité, sans se mêler de la vouloir faire comprendre, on n'a point besoin de recours aux maximes philosophiques, générales ou particulières, pour la preuve ; et lorsqu'un autre nous oppose quelques maximes philosophiques, ce n'est pas à nous de prouver d'une manière claire et distincte que ces maximes sont conformes avec notre dogme, mais c'est à notre adversaire de prouver qu'elles y sont contraires.

78. M. Bayle poursuit ainsi au même endroit : « Pour cet effet

« nous avons besoin d'une réponse qui soit aussi évidente que l'ob-
« jection. » J'ai déjà montré que cela arrive lorsqu'on nie des prémisses; mais qu'au reste il n'est point nécessaire que celui qui soutient la vérité du mystère avance toujours des propositions évidentes,
puisque la thèse principale qui regarde le mystère même n'est point
évidente. Il ajoute encore : « S'il faut répliquer et dupliquer, nous
« ne devons jamais demeurer en reste ni prétendre que nous soyons
« venus à bout de notre dessein, pendant que notre adversaire nous
« répliquera des choses aussi évidentes que le sauraient être nos
« raisons. » Mais ce n'est pas au soutenant à alléguer des raisons;
il lui suffit de répondre à celles de son adversaire.

79. L'auteur conclut enfin : « Si l'on prétendait que faisant une
« objection évidente, il se doit payer d'une réponse que nous ne
« pouvons donner que comme une chose possible, et que nous ne com-
« prenons pas, on serait injuste. » Il le répète dans les dialogues posthumes contre M. Jaquelot (1), page 69. Je ne suis point de ce sentiment. Si l'objection était d'une parfaite évidence, elle serait victorieuse, et la thèse serait détruite. Mais quand l'objection n'est fondée
que sur des apparences, ou sur des cas qui arrivent le plus souvent,
et que celui qui la fait en veut tirer une conclusion universelle et certaine ; celui qui soutient le mystère peut répondre par l'instance d'une
simple possibilité, puisqu'une telle instance suffit pour montrer que
ce qu'on voulait inférer des prémisses n'est point certain ni général ;
et il suffit à celui qui combat pour le Mystère de maintenir qu'il est
possible, sans qu'il ait besoin de maintenir qu'il est vraisemblable.
Car, comme j'ai dit souvent, on convient que les mystères sont
contre les apparences. Celui qui soutient le mystère n'aurait pas
même besoin d'alléguer une telle instance ; et s'il le fait, on peut
dire que c'est une œuvre de surérogation, ou que c'est un moyen
de mieux confondre l'adversaire.

80. Il y a des passages de M. Bayle, dans la réponse posthume
qu'il a faite à M. Jaquelot, qui me paraissent encore dignes d'être
examinés. M. Bayle, dit-on (p. 36, 37), « établit constamment dans
« son Dictionnaire, toutes les fois que le sujet le comporte, que
« notre raison est plus capable de réfuter et de détruire que de

---

(1) JAQUELOT (Isaac), théologien protestant, né à Vassy (Champagne), en 1647,
mort à Berlin (après la révocation de l'Édit de Nantes en 1708). On a de lui une
Dissertation sur l'existence de Dieu, la Haye, 1697, in-4°; 2° édition, Paris, 3 vol.
in-12 ; ouvrage important, et encore intéressant aujourd'hui.   P. J.

« prouver et de bâtir ; qu'il n'y a presque point de matière philoso-
« phique ou théologique, sur quoi elle ne forme de très grandes dif-
« ficultés ; de manière que si on voulait la suivre avec un esprit de
« dispute, aussi loin qu'elle peut aller, on se trouverait souvent ré-
« duit à de fâcheux embarras ; enfin qu'il y a des doctrines certai-
« nement véritables, qu'elle combat par des objections insolubles. »
Je crois que ce qu'on dit ici pour blâmer la raison est à son avantage. Lorsqu'elle détruit quelque thèse, elle édifie la thèse opposée.
Et lorsqu'il semble qu'elle détruit en même temps les deux thèses
opposées, c'est alors qu'elle nous promet quelque chose de profond,
pourvu que nous la suivions aussi loin qu'elle peut aller, non pas
avec un esprit de dispute, mais avec un désir ardent de rechercher
et de démêler la vérité, qui sera toujours récompensé par quelque
succès considérable.

81. M. Bayle poursuit : « Qu'il faut alors se moquer de ces objec-
« tions, en reconnaissant les bornes étroites de l'esprit humain. »
Et moi, je crois que bien loin de là, il y faut reconnaître des marques
de la force de l'esprit humain, qui le fait pénétrer dans l'intérieur
des choses. Ce sont des ouvertures nouvelles, et pour ainsi dire des
rayons de l'aube du jour, qui nous promet une lumière plus grande ;
je l'entends dans les matières philosophiques ou de la théologie naturelle ; mais lorsque ces objections se font contre la foi révélée, c'est
assez qu'on les puisse repousser, pourvu qu'on le fasse avec un
esprit de soumission et de zèle, dans le dessein de maintenir et
d'exalter la gloire de Dieu. Et quand on y réussira à l'égard de sa
justice, on sera également frappé de sa grandeur et charmé de sa
bonté, qui paraîtrait à travers les nuages d'une raison apparente,
abusée par ce qu'elle voit, à mesure que l'esprit s'élèvera par la
véritable raison à ce qui nous est invisible, et n'en est pas moins
certain.

82. « Ainsi, pour continuer avec M. Bayle, on obligera la raison
« de mettre bas les armes, et à se captiver sous l'obéissance de la
« foi ; ce qu'elle peut et qu'elle doit faire, en vertu de quelques-unes
« de ces maximes les plus incontestables : et ainsi en renonçant à
« quelques-unes de ses autres maximes, elle ne laisse pas d'agir selon
« ce qu'elle est, c'est-à-dire en raison. » Mais il faut savoir que « les
« maximes de la raison, auxquelles il faut renoncer en ce cas, sont
« seulement celles qui nous font juger sur les apparences, ou sui-
« vant le cours ordinaire des choses » : ce que la raison nous or-

donne même dans les matières philosophiques, lorsqu'il y a des preuves invincibles du contraire. C'est ainsi qu'étant assurés par des démonstrations de la bonté et de la justice de Dieu, nous méprisons les apparences de dureté et d'injustice, que nous voyons dans cette petite partie de son règne qui est exposée à nos yeux. Jusqu'ici nous sommes éclairés par la lumière de la nature et par celle de la grâce, mais non pas encore par celle de la gloire. Ici-bas nous voyons l'injustice apparente, et nous croyons et savons même la vérité de la justice cachée de Dieu ; mais nous la verrons, cette justice, quand le soleil de justice se fera voir tel qu'il est.

83. Il est sûr que M. Bayle ne peut être entendu que de ces maximes d'apparence, qui doivent céder aux vérités éternelles ; car il reconnaît que la raison n'est point véritablement contraire à la foi. Et dans ses Dialogues posthumes il se plaint (p. 73, contre M. Jaquelot) de ce qu'on l'accuse de croire que nos mystères sont véritablement contre la raison, et (p. 9, contre M. Le Clerc) de ce qu'on prétend que celui qui reconnaît qu'une doctrine est exposée à des objections insolubles reconnaît aussi par une conséquence nécessaire la fausseté de cette doctrine. Cependant on aurait raison de la prétendre, si l'insolubilité était plus qu'apparente.

84. Peut-être donc qu'après avoir disputé longtemps contre M. Bayle, au sujet de l'usage de la raison, nous trouverons au bout du compte que ses sentiments n'étaient pas dans le fond aussi éloignés des nôtres, que ses expressions, qui ont donné sujet à nos réflexions, l'ont pu faire croire. Il est vrai que le plus souvent il paraît nier absolument qu'on puisse jamais répondre aux objections de la raison contre la foi, qu'il prétend que pour le pouvoir faire, il faudrait comprendre comment le mystère arrive ou existe. Cependant il y a des endroits où il se radoucit et se contente de dire que les solutions de ces objections lui sont inconnues. En voici un passage bien précis, tiré de ce même éclaircissement sur les manichéens, qui se trouve à la fin de la seconde édition de son Dictionnaire : « Pour « une plus ample satisfaction des lecteurs les plus scrupuleux, « je veux bien déclarer ici, dit-il (p. 3148), que partout où l'on « verra dans mon dictionnaire que tels ou tels arguments sont insolubles, je ne souhaite pas qu'on se persuade qu'ils le sont effectivement. Je ne veux dire autre chose, sinon qu'ils me paraissent « insolubles. Cela ne tire point à conséquence : chacun se pourra « imaginer, s'il lui plaît, que j'en juge ainsi, à cause de mon peu de

« pénétration. » Ce n'est pas cela que je m'imagine, sa grande pénétration m'est trop connue : mais je crois qu'ayant tourné tout son esprit à renforcer les objections, il ne lui est pas resté assez d'attention pour ce qui sert à les résoudre.

85. M. Bayle avoue d'ailleurs dans son ouvrage posthume contre M. Le Clerc, que les objections contre la foi n'ont point la force des démonstrations. C'est donc *ad hominem* seulement, ou bien *ad homines*, c'est-à-dire par rapport à l'état où le genre humain se trouve, qu'il juge ces objections insolubles et la matière inexplicable. Il y a même un endroit où il donne à entendre qu'il ne désespère pas qu'on en puisse trouver la solution ou l'explication, et même de nos jours. Car voici ce qu'il dit dans sa réponse posthume qu'il a faite à M. Le Clerc (p. 35) : « M. Bayle a pu espérer que son travail piquerait d'honneur quelques-uns de ces grands génies qui forment de nouveaux systèmes, et qu'ils pourraient inventer un dénoûment inconnu jusqu'ici. » Il semble que par ce dénoûment il entend une explication du mystère, qui irait jusqu'au comment : mais cela n'est point nécessaire pour répondre aux objections.

86. Plusieurs ont entrepris de faire comprendre ce comment, et de prouver la possibilité des mystères. Un certain auteur, qui s'appelle *Thomas Bonartes Nordtanus Anglus*, dans son *Concordia Scientiæ cum Fide*, y a prétendu. Cet ouvrage me parut ingénieux et savant, mais aigre et embarrassé, et il contient même des sentiments insoutenables. J'ai appris par l'*Apologia Cyriacorum* du père Vincent Baron (1), dominicain, que ce livre-là a été censuré à Rome, que l'auteur a été jésuite, et qu'il s'est mal trouvé de l'avoir publié. Le R.-P. des Bosses (2), qui enseigne maintenant la théologie dans le collège des jésuites de Hildesheim, et qui a joint une érudition peu commune à une grande pénétration qu'il fait paraître en philosophie et en théologie, m'a appris que le vrai nom de Bonartes a été Thomas Barton, et, qu'étant sorti de la compagnie, il se retira en Irlande, où il est mort d'une manière qui a fait juger favorablement de ses derniers sentiments. Je plains les habiles gens qui s'attirent des affaires par leur travail et par leur zèle. Il est arrivé quelque

---

(1) BARON (P. Vincent), théologien catholique, né à Martres (diocèse de Reims), mort à Paris en 1674. On a de lui, entre autres ouvrages, une *Theologia moralis*, Paris, 1665 et 1667, 5 vol. in-8°, et une *Ethica christiania*, Paris, 1673, in-8°.   P. J.

(2) Voir plus loin la Correspondance de Leibniz avec le R.-P. des Bosses.

chose de semblable autrefois à Pierre Abailard (1), à Gilbert de la Porrée, à Jean Wiclef et, de nos jours, à Thomas Albius, Anglais, et à quelques autres qui se sont trop enfoncés dans l'explication des mystères.

87. Cependant saint Augustin (aussi bien que M. Bayle) ne désespère pas qu'on puisse trouver ici-bas le dénouement qu'on souhaite : mais ce Père le croit réservé à quelque saint homme éclairé par une grâce particulière : « Est aliqua causa fortassis occultior, quæ melioribus sanctioribusque reservatur, illius gratia potius quam meritis illorum » (*in Genes. ad litteram*, lib. XI, c. IV). Luther réserve la connaissance du mystère de l'élection à l'académie céleste (lib. *de Servo arbitrio*, c. CLXXIV). « Illic (Deus) gratiam et misericordiam spargit in indignos, hic iram et severitatem spargit in immeritos ; utrobique nimius et iniquus apud homines, sed justus et verax apud seipsum. Nam quomodo hoc justum sit ut indignos coronet, incomprehensibile est modo, videbimus autem, cum illuc venerimus, ub jam non credetur, sed revelata facie videbitur. Ita quomodo hoc justum sit, ut immeritos damnet, incomprehensibile est modo, creditur tamen, donec revelabitur filius hominis. » Il est à espérer que M. Bayle se trouve maintenant environné de ces lumières qui nous manquent ici-bas, puisqu'il y a lieu de supposer qu'il n'a point manqué de bonne volonté.

> Candidus insueti miratur limen Olympi,
> Sub pedibusque videt nubes et sidera Daphnis. (VIRGILE.)

> ... Illic postquam se lumine vero
> Implevit, stellasque vagas miratur et astra
> Fixa polis, vidit quanta sub nocte jaceret
> Nostra dies. (LUCAIN.)

---

(1) ABAILARD, illustre philosophe et théologien du moyen âge, né à Palais, près de Nantes, en 1079, mort en 1142, après une vie des plus romanesques, que tout le monde connaît, et qu'il a lui-même racontée dans son *Historia calamitatum*. On connaît sa correspondance avec Héloïse : *Petri Abælari et Heloisæ conjugis ejus opera*, Paris, 1616, in-4°. Abailard fut un des réformateurs de la philosophie et de la logique au moyen âge. — Ses *Œuvres complètes* ont été publiées par M. Victor Cousin, 2 vol. in-4°. P. J.

PREMIÈRE PARTIE

DES ESSAIS

DE

LA JUSTICE DE DIEU, ET DE LA LIBERTÉ DE L'HOMME

DANS L'ORIGINE DU MAL

Après avoir réglé les droits de la foi et de la raison, d'une manière qui fait servir la raison à la foi, bien loin de lui être contraire, nous verrons comment elles exercent ces droits pour maintenir et pour accorder ensemble ce que la lumière naturelle et la lumière révélée nous apprennent de Dieu et de l'homme par rapport au mal. L'on peut distinguer les difficultés en deux classes. Les unes naissent de la liberté de l'homme, laquelle parait incompatible avec la nature divine ; et cependant la liberté est jugée nécessaire, pour que l'homme puisse être jugé coupable et punissable. Les autres regardent la conduite de Dieu, qui semble lui faire prendre trop de part à l'existence du mal, quand même l'homme serait libre et y prendrait aussi sa part. Et cette conduite parait contraire à la bonté, à la sainteté et à la justice divine; puisque Dieu concourt au mal, tant physique que moral ; et qu'il concourt à l'un et à l'autre d'une manière morale, aussi bien que d'une manière physique, et qu'il semble que ces maux se font voir dans l'ordre de la nature, aussi bien que dans celui de la grâce, et dans la vie future et éternelle, aussi bien et même plus que dans cette vie passagère.

2. Pour représenter ces difficultés en abrégé, il faut remarquer

que la liberté est combattue (en apparence) par la détermination ou par la certitude, quelle qu'elle soit ; et cependant le dogme commun de nos philosophes porte que la vérité des futurs contingents est déterminée. La prescience de Dieu rend aussi tout l'avenir certain et déterminé ; mais sa providence et sa préordination, sur laquelle la prescience même paraît fondée, fait bien plus : car Dieu n'est pas comme un homme qui peut regarder les événements avec indifférence et peut suspendre son jugement, puisque rien n'existe qu'en suite des décrets de sa volonté et par l'action de sa puissance. Et quand même on ferait abstraction du concours de Dieu, tout est lié parfaitement dans l'ordre des choses ; puisque rien ne saurait arriver, sans qu'il y ait une cause disposée comme il faut à produire l'effet : ce qui n'a pas moins lieu dans les actions volontaires que dans toutes les autres. Après quoi il paraît que l'homme est forcé à faire le bien et le mal qu'il fait ; et, par conséquent, qu'il n'en mérite ni récompense ni châtiment : ce qui détruit la moralité des actions et choque toute la justice divine et humaine.

3. Mais quand on accorderait à l'homme cette liberté dont il se pare à son dam, la conduite de Dieu ne laisserait pas de donner matière à la critique, soutenue par la présomptueuse ignorance des hommes, qui voudraient se disculper en tout ou en partie aux dépens de Dieu. L'on objecte que toute la réalité, et ce qu'on appelle la substance de l'acte, dans le péché même, est une production de Dieu, puisque toutes les créatures et toutes leurs actions tiennent de lui ce qu'elles ont de réel ; d'où l'on voudrait inférer non seulement qu'il est la cause physique du péché, mais encore qu'il en est la cause morale, puisqu'il agit très librement, et qu'il ne fait rien sans une parfaite connaissance de la chose et des suites qu'elle peut avoir. Et il ne suffit pas de dire que Dieu s'est fait une loi de concourir avec les volontés ou résolutions de l'homme, soit dans le sentiment commun, soit dans le système des causes occasionnelles ; car, outre qu'on trouvera étrange qu'il se soit fait une telle loi, dont il n'ignorait point les suites, la principale difficulté est qu'il semble que la mauvaise volonté même ne saurait exister sans un concours, et même sans quelque prédétermination de sa part, qui contribue à faire naître cette volonté dans l'homme, ou dans quelque autre créature raisonnable : car une action, pour être mauvaise, n'en est pas moins dépendante de Dieu. D'où l'on voudra conclure enfin que Dieu fait tout indifféremment, le bien et le mal, si ce n'est qu'on veuille dire avec

les manichéens qu'il y a deux principes, l'un bon et l'autre mauvais. De plus, suivant le sentiment commun des théologiens et des philosophes, la conservation étant une création continuelle, on dira que l'homme est continuellement corrompu et péchant. Outre qu'il y a des cartésiens modernes qui prétendent que Dieu est le seul acteur, dont les créatures ne sont que les organes purement passifs ; et M. Bayle n'appuie pas peu là-dessus.

4. Mais quand Dieu ne devrait concourir aux actions que d'un concours général, ou même point du tout, du moins aux mauvaises, c'est assez pour l'imputation, dit-on, et pour le rendre cause morale, que rien n'arrive sans sa permission. Et pour ne rien dire de la chute des anges, il connaît tout ce qui arrivera, s'il met l'homme dans telles et telles circonstances, après l'avoir créé ; et il ne laisse pas de l'y mettre. L'homme est exposé à une tentation, à laquelle on sait qu'il succombera, et que par là il sera cause d'une infinité de maux effroyables ; que par cette chute tout le genre humain sera infecté et mis dans une espèce de nécessité de pécher, ce qu'on appelle le péché originel ; que le monde sera mis par là dans une étrange confusion, que par ce moyen la mort et les maladies seront introduites, avec mille autres malheurs et misères qui affligent ordinairement les bons et les mauvais ; que la méchanceté régnera même, et que la vertu sera opprimée ici-bas ; et qu'ainsi il ne paraîtra presque point qu'une providence gouverne les choses. Mais c'est pis, quand on considère la vie à venir, puisqu'il n'y aura qu'un petit nombre d'hommes qui seront sauvés, et que tous les autres périront éternellement : outre que ces hommes destinés au salut auront été retirés de la masse corrompue par une élection sans raison ; soit qu'on dise que Dieu a eu égard en les choisissant à leurs bonnes actions futures, à leur foi ou à leurs œuvres ; soit qu'on prétende qu'il leur a voulu donner ces bonnes qualités et ces actions, parce qu'il les a prédestinés au salut. Car quoi qu'on dise dans le système le plus mitigé, que Dieu a voulu sauver tous les hommes, et qu'on convienne encore dans les autres qui sont communément reçus, qu'il a fait prendre la nature humaine à son fils, pour expier leurs péchés, en sorte que tous ceux qui croiront en lui d'une foi vive et finale seront sauvés, il demeure toujours vrai que cette foi vive est un don de Dieu ; que nous sommes morts à toutes les bonnes œuvres ; qu'il faut qu'une grâce prévenante excite jusqu'à notre volonté, et que Dieu nous donne le vouloir et le faire. Et soit que cela se fasse par

une grâce efficace par elle-même, c'est-à-dire par un mouvement divin intérieur, qui détermine entièrement notre volonté au bien qu'elle fait ; soit qu'il n'y ait qu'une grâce suffisante, mais qui ne laisse pas de porter coup, et de devenir efficace par les circonstances internes et externes où l'homme se trouve, et où Dieu l'a mis : il faut toujours revenir à dire que Dieu est la dernière raison du salut, de la grâce, de la foi, et de l'élection en Jésus-Christ. Et soit que l'élection soit la cause ou la suite du dessein de Dieu de donner la foi, il demeure toujours vrai qu'il donne la foi ou le salut à qui bon lui semble, sans qu'il paraisse aucune raison de son choix, lequel ne tombe que sur un très petit nombre d'hommes.

De sorte que c'est un jugement terrible que Dieu, donnant son Fils unique pour tout le genre humain, et étant l'unique auteur et maître du salut des hommes, en sauve pourtant si peu et abandonne tous les autres au diable son ennemi, qui les tourmente éternellement et leur fait maudire leur Créateur, quoiqu'ils aient été tous créés pour répandre et manifester sa bonté, sa justice et ses autres perfections : et cet événement imprime d'autant plus d'effroi, que tous ces hommes ne sont malheureux pour toute l'éternité que parce que Dieu a exposé leurs parents à une tentation, à laquelle il savait qu'ils ne résisteraient pas ; que ce péché est inhérent et imputé aux hommes, avant que leur volonté y ait pris part ; que ce vice héréditaire détermine leur volonté à commettre des péchés actuels, et qu'une infinité d'hommes, enfants ou adultes, qui n'ont jamais entendu parler de Jésus-Christ sauveur du genre humain, ou ne l'ont point entendu suffisamment, meurent avant que de recevoir les secours nécessaires pour se retirer de ce gouffre du péché, et sont condamnés à être à jamais rebelles à Dieu et abîmés dans les misères les plus horribles, avec les plus méchantes de toutes les créatures, quoique dans le fond ces hommes n'aient pas été plus méchants que d'autres, et que plusieurs d'entre eux aient peut-être été moins coupables qu'une partie de ce nombre d'élus, qui ont été sauvés par une grâce sans sujet, et qui jouissent par là d'une félicité éternelle, qu'ils n'avaient point méritée. Voilà un abrégé des difficultés que plusieurs ont touchées, mais M. Bayle a été un de ceux qui les ont le plus poussées, comme il paraîtra dans la suite, quand nous examinerons ses passages. Présentement je crois d'avoir rapporté ce qu'il y a de plus essentiel dans ses difficultés ; mais j'ai jugé à propos de m'abstenir de quelques expressions et exagérations qui auraient pu scandaliser et qui n'auraient point rendu les objections plus fortes.

6. Tournons maintenant la médaille, et représentons aussi ce qu'on peut répondre à ces objections, où il sera nécessaire de s'expliquer par un discours plus ample : car l'on peut entamer beaucoup de difficultés en peu de paroles ; mais pour en faire la discussion, il faut s'étendre. Notre but est d'éloigner les hommes des fausses idées qui leur représentent Dieu comme un prince absolu, usant d'un pouvoir despotique, peu propre à être aimé, et peu digne d'être aimé. Ces notions sont d'autant plus mauvaises par rapport à Dieu, que l'essentiel de la piété est non suelement de le craindre, mais encore de l'aimer sur toutes choses ; ce qui ne se peut sans qu'on en connaisse les perfections capables d'exciter l'amour qu'il mérite, et qui fait la félicité de ceux qui l'aiment. Et, nous trouvant animés d'un zèle qui ne peut manquer de lui plaire, nous avons sujet d'espérer qu'il nous éclairera et qu'il nous assistera lui-même dans l'exécution d'un dessein entrepris pour sa gloire et pour le bien des hommes. Une si bonne cause donne de la confiance : s'il y a des apparences plausibles contre nous, il y a des démonstrations de notre côté ; et j'oserais bien dire à un adversaire : *Aspice, quam mage sit nostrum penetrabile telum.*

7. Dieu est la première raison des choses : car celles qui sont bornées, comme tout ce que nous voyons et expérimentons, sont contingentes et n'ont rien en elles qui rende leur existence nécessaire ; étant manifeste que le temps, l'espace et la matière, unies et uniformes en elles-mêmes et indifférentes à tout, pouvaient recevoir de tout autres mouvements et figures, et dans un autre ordre. Il faut donc chercher la raison de l'existence du monde, qui est l'assemblage entier des choses contingentes, et il faut la chercher dans la substance qui porte la raison de son existence avec elle, et laquelle par conséquent est nécessaire et éternelle. Il faut aussi que cette cause soit intelligente ; car ce monde qui existe étant contingent, et une infinité d'autres mondes étant également prétendants à l'existence, pour ainsi dire, aussi bien que lui, il faut que la cause du monde ait eu égard ou relation à tous ces mondes possibles, pour en déterminer un. Et cet égard ou rapport d'une substance existante à de simples possibilités ne peut être autre chose que l'entendement qui en a les idées ; et en déterminer une, ne peut être autre chose que l'acte de la volonté qui choisit. Et c'est la puissance de cette substance, qui

en rend la volonté efficace. La puissance va à l'être, la sagesse ou l'entendement au vrai, et la volonté au bien. Et cette cause intelligente doit être infinie de toutes les manières, et absolument parfaite en puissance, en sagesse et en bonté, puisqu'elle va à tout ce qui est possible. Et comme tout est lié, il n'y a pas lieu d'en admettre plus d'une. Son entendement est la source des essences, et sa volonté est l'origine des existences. Voilà en peu de mots la preuve d'un Dieu avec ses perfections, et par lui l'origine des choses.

8. Or, cette suprême sagesse, jointe à une bonté qui n'est pas moins infinie qu'elle, n'a pu manquer de choisir le meilleur. Car, comme un moindre mal est une espèce de bien, de même un moindre bien est une espèce de mal, s'il fait obstacle à un Dieu plus grand : et il y aurait quelque chose à corriger dans les actions de Dieu, s'il y avait moyen de mieux faire. Et comme dans les mathématiques, quand il n'y a point de maximum ni de minimum, rien enfin de distingué, tout se fait également ; ou quand cela ne se peut, il ne se fait rien du tout : on peut dire de même en matière de parfaite sagesse, qui n'est pas moins réglée que les mathématiques, que s'il n'y avait pas le meilleur (*optimum*) parmi tous les mondes possibles, Dieu n'en aurait produit aucun. J'appelle monde toute la suite et toute la collection de toutes les choses existantes, afin qu'on ne dise point que plusieurs mondes pouvaient exister en différents temps et différents lieux. Car il faudrait les compter tous ensemble pour un monde, ou si vous voulez pour un univers. Et quand on remplirait tous les temps et tous les lieux, il demeure toujours vrai qu'on les aurait pu remplir d'une infinité de manières, et qu'il y a une infinité de mondes possibles, dont il faut que Dieu ait choisi le meilleur, puisqu'il ne fait rien sans agir suivant la suprême raison.

9. Quelque adversaire ne pouvant répondre à cet argument, répondra peut-être à la conclusion par un argument contraire, en disant que le monde aurait pu être sans le péché et sans les souffrances ; mais je nie qu'alors il aurait été meilleur. Car il faut savoir que tout est lié dans chacun des mondes possibles : l'univers, quel qu'il puisse être, est tout d'une pièce, comme un océan ; le moindre mouvement y étend son effet à quelque distance que ce soit, quoique cet effet devienne moins sensible à proportion de la distance ; de sorte que Dieu y a tout réglé par avance une fois pour toutes, ayant prévu les prières, les bonnes et les mauvaises actions, et tout le reste ; et chaque chose a contribué idéalement avant son existence

à la résolution qui a été prise sur l'existence de toutes les choses. De sorte que rien ne peut être changé dans l'univers (non plus que dans un nombre) sauf son essence, ou si vous voulez, sauf son individualité numérique. Ainsi, si le moindre mal qui arrive dans le monde y manquait, ce ne serait plus le monde qui, tout compté, tout rabattu, a été trouvé le meilleur par le créateur qui l'a choisi.

10. Il est vrai qu'on peut s'imaginer des mondes possibles, sans péché et sans malheur, et on en pourrait faire comme des Romans, des Utopies, des Sévarambes ; mais ces mêmes mondes seraient d'ailleurs fort inférieurs en bien au nôtre. Je ne saurais vous le faire voir en détail : car puis-je connaître, et puis-je vous représenter des infinis, et les comparer ensemble ? Mais vous le devez juger avec moi *ab effectu*, puisque Dieu a choisi ce monde tel qu'il est. Nous savons d'ailleurs que souvent un mal cause un bien, auquel on ne serait point arrivé sans ce mal. Souvent même deux maux ont fait un grand bien :

> Et si fata volunt, bina venena juvant.

Comme deux liqueurs produisent quelquefois un corps sec, témoin l'esprit de vin et l'esprit d'urine mêlés par van Helmont ? ou comme deux corps froids et ténébreux produisent un grand feu, témoin une liqueur acide et une huile aromatique combinées par M. Hofman. Un général d'armée fait quelquefois une faute heureuse, qui cause le gain d'une grande bataille : et ne chante-t-on pas la veille de Pâques dans les églises du rit romain,

> O certe necessarium Adæ peccatum,
> Quod Christi morte deletum est !
> O felix culpa, quæ talem ac tantum
> Meruit habere redemptorem !

11. Les illustres prélats de l'Église gallicane, qui ont écrit au pape Innocent XII (1) contre le livre du cardinal Sfondrate (2) sur la prédestination, comme ils sont dans les principes de saint Augustin, ont dit des choses fort propres à éclaircir ce grand point. Le cardinal

---

(1) INNOCENT XII (Antoine Pignatelli), pape en 1692, succéda à Alexandre VIII. Il était né à Naples en 1615, mort en 1700. Il termina la querelle que l'assemblée de 1682 avait provoquée entre le pape et la France.   P. J.

(2) SFONDRATE, cardinal, né à Milan en 1649, mort à Rome en 1691. Le livre dont parle Leibniz est le *Nodus prædestinationis dissolutus*, Rome, 1696, in-4°. Bossuet et le cardinal de Noailles en sollicitèrent la condamnation. On cite de lui plusieurs autres ouvrages théologiques.   P. J.

paraît préférer l'état des enfants morts sans baptême au règne même des cieux ; parce que le péché est le plus grand des maux, et qu'ils sont morts innocents de tout péché actuel. On en parlera davantage plus bas. Messieurs les prélats ont bien remarqué que ce sentiment est mal fondé. L'apôtre, disent-ils (*Rom.*, ii, 8), a raison de désapprouver qu'on fasse des maux afin que des biens arrivent : mais on ne peut pas désapprouver que Dieu par sa suréminente puissance tire de la permission des péchés des biens plus grands que ceux qui sont arrivés avant les péchés. Ce n'est pas que nous devions prendre plaisir au péché ; à Dieu ne plaise ! mais c'est que nous croyons au même apôtre qui dit (*Rom.*, v, 20) que là où le péché a été abondant, la grâce a été surabondante : et nous nous souvenons que nous avons obtenu Jésus-Christ lui-même à l'occasion du péché. Ainsi l'on voit que le sentiment de ces prélats va à soutenir qu'une suite de choses, où le péché entre, a pu être et a été effectivement meilleure qu'une autre suite sans le péché.

12. L'on s'est servi de tout temps des comparaisons prises des plaisirs des sens, mêlés avec ce qui approche de la douleur, pour faire juger qu'il y a quelque chose de semblable dans les plaisirs intellectuels. Un peu d'acide, d'âcre ou d'amer, plaît souvent mieux que du sucre ; les ombres rehaussent les couleurs ; et même une dissonance placée où il faut donne du relief à l'harmonie. Nous voulons être effrayés par des danseurs de corde qui sont sur le point de tomber, et nous voulons que les tragédies nous fassent presque pleurer. Goûte-t-on assez la santé, et en rend-on assez grâces à Dieu, sans avoir jamais été malade ? Et ne faut-il pas le plus souvent qu'un peu de mal rende le bien plus sensible, c'est-à-dire plus grand ?

13. Mais l'on dira que les maux sont grands et en grand nombre, en comparaison des biens : l'on se trompe. Ce n'est que le défaut d'attention qui diminue nos biens, et il faut que cette attention nous soit donnée par quelque mélange de maux. Si nous étions ordinairement malades et rarement en bonne santé, nous sentirions merveilleusement ce grand bien et nous sentirions moins nos maux ; mais ne vaut-il pas mieux néanmoins que la santé soit ordinaire, et la maladie rare ? Suppléons donc par notre réflexion à ce qui manque à notre perception, afin de nous rendre le bien de la santé plus sensible. Si nous n'avions point la connaissance de la vie future, je crois qu'il se trouverait peu de personnes qui ne fussent contents, à l'article de la mort, de reprendre la vie à condition de repasser par la

même valeur des biens et des maux, pourvu surtout que ce ne fût point par la même espèce. On se contenterait de varier, sans exiger une meilleure condition que celle où l'on avait été.

14. Quand on considère aussi la fragilité du corps humain, on admire la sagesse et la bonté de l'Auteur de la nature, qui l'a rendu si durable, et sa condition si tolérable. C'est ce qui m'a souvent fait dire que je ne m'étonne pas si les hommes sont malades quelquefois, mais que je m'étonne qu'ils le sont si peu, et qu'ils ne le sont point toujours. Et c'est aussi ce qui nous doit faire estimer davantage l'artifice divin du mécanisme des animaux, dont l'auteur a fait des machines si frêles et si sujettes à la corruption, et pourtant si capables de se maintenir ; car c'est la nature qui nous guérit, plutôt que la médecine. Or cette fragilité même est une suite de la nature des choses, à moins qu'on ne veuille que cette espèce de créatures qui raisonne, et qui est habillée de chair et d'os, ne soit point dans le monde. Mais ce serait apparemment un défaut que quelques philosophes d'autrefois auraient appelé *vacuum formarum*, un vide dans l'ordre des espèces.

15. Ceux qui sont d'humeur à se louer de la nature et de la fortune, et non pas à s'en plaindre, quand même ils ne seraient pas les mieux partagés, me paraissent préférables aux autres. Car, outre que ces plaintes sont mal fondées, c'est murmurer en effet contre les ordres de la Providence. Il ne faut pas être facilement du nombre des mécontents dans la république où l'on est, et il ne le faut point être du tout dans la cité de Dieu, où l'on ne le peut être qu'avec injustice. Les livres de la misère humaine, tels que celui du pape Innocent III (1), ne me paraissent pas des plus utiles : on redouble les maux, en leur donnant une attention qu'on en devrait détourner, pour la tourner vers les biens qui l'emportent de beaucoup. J'approuve encore moins les livres tels que celui de l'abbé Esprit (2), *de la Fausseté des vertus humaines*, dont on nous a donné dernièrement un abrégé ; un tel livre servant à tourner tout

(1) INNOCENT III, l'un des papes les plus illustres du moyen âge, l'un des plus ardents promoteurs du pouvoir pontifical, né en 1161, élu pape en 1198, mort en 1216. Le livre dont parle Leibniz est le *De Contemptu mundi seu de miseriâ hominis libri tres*. Le plus intéressant de ses ouvrages sont ses *Lettres* publiées par Baluze, Paris, 2 vol. in-fol., 1682. — Laporte-Dutheil en a donné de nouvelles dans les *Diplomata ad res Francorum spectantia*, Paris, 1791, in-fol. P. J.

(2) ESPRIT (Jacques) ou l'abbé Esprit, quoiqu'il n'ait jamais été dans les ordres, est né à Béziers en 1611, et mort dans cette ville en 1678. Il était membre de l'Académie française. Son principal ouvrage, imité de Larochefoucauld, est la *Fausseté des vertus humaines*, Paris, 2 vol., 1678. P. J.

du mauvais côté, et à rendre les hommes tels qu'il les représente.

16. Il faut avouer cependant qu'il y a des désordres dans cette vie, qui se font voir particulièrement dans la prospérité de plusieurs méchants, et dans l'infélicité de beaucoup de gens de bien. Il y a un proverbe allemand qui donne même l'avantage aux méchants, comme s'ils étaient ordinairement les plus heureux :

> « Je Krümmer Holz, je bessre Krücke :
> « Je ärger Schalck, je grösser Glücke. »

Et il serait à souhaiter que ce mot d'Horace fût vrai à nos yeux :

> Raro antecedentem scelestum
> Deseruit pede pœna claudo.

Cependant il arrive souvent aussi, quoique ce ne soit peut-être pas le plus souvent,

> Qu'aux yeux de l'univers le ciel se justifie ;

et qu'on peut dire avec Claudien (1) :

> Abstulit hunc tandem Rufini pœna tumultum,
> Absolvitque Deos.

17. Mais quand cela n'arriverait pas ici, le remède est tout prêt dans l'autre vie. La religion et même la raison nous l'apprennent ; et nous ne devons point murmurer contre un petit délai que la sagesse suprême a trouvé bon de donner aux hommes pour se repentir. Cependant c'est là où les objections redoublent d'un autre côté, quand on considère le salut et la damnation, parce qu'il paraît étrange que, même dans le grand avenir de l'éternité, le mal doive avoir l'avantage sur le bien, sous l'autorité suprême de celui qui est le souverain bien : puisqu'il y aura beaucoup d'appelés et peu d'élus ou de sauvés. Il est vrai qu'on voit par quelques vers de Prudence (2) (*Hymn. ante somnum*)

---

(1) CLAUDIEN, poète latin de la décadence, sous le règne de Théodose, d'Arcadius et de Honorius, né à Alexandrie, en Egypte. Parmi les innombrables éditions de ses œuvres, on cite celle de Gessner, 2 vol. in-8°, Leipzig, 1759. P. J.

(2) PRUDENCE, poète latin, chrétien, né en Espagne en 348. On ne dit point la date de sa mort, mais il paraît avoir vécu assez tard dans le ve siècle. Les œuvres de Prudence font partie des *Poetæ christiani* (Venise, 1501, Alde). Parmi les plus récentes, on remarquera celle de D. Elzevier, Amsterdam, 1667, deux tomes en un vol. in-12, avec les notes de Nicol. Heinsius. P. J.

> Idem tamen benignus
> Ultor retundit iram,
> Paucosque non piorum
> Patitur perire in ævum,

que plusieurs ont cru, de son temps, que le nombre de ceux qui seront assez méchants pour être damnés serait très petit. Et il semble à quelques-uns qu'on croyait alors un milieu entre l'enfer et le paradis ; que le même Prudence parle comme s'il était content de ce milieu ; que saint Grégoire de Nysse (1) incline aussi de ce côté-là, et que saint Jérôme (2) penche vers l'opinion qui veut que tous les chrétiens seraient enfin reçus en grâce. Un mot de saint Paul, qu'il donne lui-même pour mystérieux, portant que tout Israël sera sauvé, a fourni de la matière à bien des réflexions. Plusieurs personnes pieuses et même savantes, mais hardies, ont ressuscité le sentiment d'Origène, qui prétend que le bien gagnera le dessus en son temps en tout et partout, et que toutes les créatures raisonnables deviendront enfin saintes et bienheureuses, jusqu'aux mauvais anges. Le livre de l'Évangile éternel (3), publié depuis peu en allemand, et soutenu par un grand et savant ouvrage intitulé Ἀποκατάστασις πάντων, a causé beaucoup de bruit sur ce grand paradoxe. M. Le Clerc a aussi plaidé ingénieusement la cause des origénistes, mais sans se déclarer pour eux.

18. Il y a un homme d'esprit, qui poussant mon principe de l'harmonie jusqu'à des suppositions arbitraires que je n'approuve nullement, s'est fait une théologie presque astronomique (4). Il croit que le désordre présent de ce bas monde a commencé lorsque l'ange président du globe de la terre, laquelle était encore un soleil (c'est-à-dire une étoile fixe et lumineuse par elle-même), a commis

---

(1) Grégoire de Nysse, frère de saint Basile, né à Sébaste vers 331, mort vers 392 ou 400, fut évêque de Nysse en 371 ou 372. Ses principaux ouvrages sont : l'*Hexameron* (suite de celui de saint Basile); *Traité de la formation de l'homme* ; — *Ecrits contre les hérétiques*. Ses œuvres complètes (gr. lat.) ont été publiées à Paris, 1615, 2 vol. in-fol. P. J.

(2) Saint Jérôme (Hieronymus), né en 331 à Stridon (Parménie), mort en 420 à Bethléem. On connaît sa profonde science dans les Ecritures Saintes, qu'il a traduites et commentées, l'histoire de ses austérités, la fondation de son couvent de Bethléem, ses luttes contre les hérétiques, et l'influence qu'il exerça sur plusieurs dames romaines illustres, sainte Paula, particulièrement. Ses œuvres complètes ont été plusieurs fois publiées. La meilleure édition est celle de 1704, Paris, 5 vol. in-fol., par dom Martianay. P. J.

(3) L'*Évangile éternel*, livre mystique célèbre du xiii⁰ siècle. P. J.

(4) *Théologie astronomique*. — Nous ne savons quel est l'auteur de cette théologie. P. J.

un péché avec quelques moindres anges de son département ; peut-être en s'élevant mal à propos contre un ange d'un soleil plus grand : qu'en même temps, par l'harmonie préétablie des règnes de la nature et de la grâce, et par conséquent par des causes naturelles arrivées à point nommé, notre globe a été couvert de taches, rendu opaque, et chassé de sa place ; ce qui l'a fait devenir étoile errante ou planète, c'est-à-dire satellite d'un autre soleil, et de celui-là même peut-être dont son ange ne voulait point reconnaître la supériorité ; et que c'est en cela que consiste la chute de Lucifer ; que maintenant le chef des mauvais anges, qui est appelé dans la Sainte Écriture le prince et même le dieu de ce monde, portant envie avec les anges de sa suite à cet animal raisonnable qui se promène sur la surface de ce globe, et que Dieu y a suscité peut-être pour se dédommager de leur chute, travaille à le rendre complice de leurs crimes, et participant de leurs malheurs. Là-dessus Jésus-Christ est venu pour sauver les hommes. C'est le fils éternel de Dieu en tant que fils unique ; mais (selon quelques anciens chrétiens, et selon l'auteur de cette hypothèse) s'étant revêtu d'abord, dès le commencement des choses, de la nature la plus excellente d'entre les créatures, pour les perfectionner toutes, il s'est mis parmi elles ; et c'est la seconde filiation, par laquelle il est le premier-né de toute créature. C'est ce que les cabalistes appelaient Adam Cadmon. Il avait peut-être planté son tabernacle dans ce grand soleil qui nous éclaire : mais il est enfin venu dans ce globe où nous sommes, il y est né de la Vierge, et a pris la nature humaine, pour sauver les hommes des mains de leur ennemi et du sien. Et quand le temps du jugement approchera, lorsque la face présente de notre globe sera sur le point de périr, il y reviendra visiblement pour en retirer les bons, en les transplantant peut-être dans le soleil ; et pour punir ici les méchants avec les démons qui les ont séduits. Alors le globe de la terre commencera à brûler, et sera peut-être une comète. Ce feu durera je ne sais combien d'Aeones (1) : la queue de la comète est désignée par la fumée qui montera incessamment, suivant l'Apocalypse ; et cet incendie sera l'enfer, ou la seconde mort dont parle la Sainte Écriture. Mais enfin l'enfer rendra ses morts, la mort même sera détruite, la raison et la paix recommenceront à régner dans les esprits qui avaient été

---

(1) Αἰῶνες, siècles.   P. J.

pervertis. Ils sentiront leur tort, ils adoreront leur créateur, et commenceront même à l'aimer d'autant plus qu'ils verront la grandeur de l'abîme dont ils sortent. En même temps (en vertu du parallélisme harmonique des règnes de la nature et de la grâce) ce long et grand incendie aura purgé le globe de la terre de ses taches. Il redeviendra soleil : son ange président reprendra sa place avec les anges de sa suite ; les hommes damnés seront avec eux du nombre des bons anges ; ce chef de notre globe rendra hommage au Messie, chef des créatures : la gloire de cet ange réconcilié sera plus grande qu'elle n'avait été avant sa chute,

> Inque Deos iterum fatorum lege receptus
> Aureus æternum noster regnabit Apollo.

La vision m'a paru plaisante, et digne d'un origéniste ; mais nous n'avons pas besoin de telles hypothèses ou fictions, où l'esprit a plus de part que la révélation, et où même la raison ne trouve pas tout à fait son compte. Car il ne paraît pas qu'il y ait un endroit principal dans l'univers connu, qui mérite préférablement aux autres d'être le siège de l'aîné des créatures : et le soleil de notre système au moins ne l'est point.

19. En nous tenant donc à la doctrine établie, que le nombre des hommes damnés éternellement sera incomparablement plus grand que celui des sauvés ; il faut dire que le mal ne laisserait pas de paraître presque comme rien en comparaison du bien, quand on considérera la véritable grandeur de la cité de Dieu. Cœlius Secundus Curio (1) a fait un petit livre *De Amplitudine Regni cœlestis*, qui a été réimprimé il n'y a pas longtemps ; mais il s'en faut beaucoup qu'il ait compris l'étendue du royaume des cieux. Les anciens avaient de petites idées des ouvrages de Dieu, et saint Augustin, faute de savoir les découvertes modernes, était bien en peine, quand il s'agissait d'excuser la prévalence du mal. Il semblait aux anciens qu'il n'y avait que notre terre d'habitée, où ils avaient même peur des antipodes : le reste du monde était, selon eux, quelques globes luisants et quelques sphères cristallines. Aujour-

---

(1) CURION (Cœlius Secundus), né à San-Chirico, en Piémont, en 1503, l'un des rares Italiens convertis à la Réforme, mort à Bâle en 1569. Entre autres ouvrages, nous citerons comme se rapportant à la philosophie : *Araneus, sive de Providentiâ Dei* (Bâle, 1554, in-8°) ; — *De Amplitudine beati regni Dei dialogi, sive libri duo*, 1554, in-8°, et Francfort, 1617, in-8° ; enfin un *Pasquillus extaticus*, Genève, 1554, in-8°, trad. en français sous ce titre : *Les Visions de Pasquille*, 1547, où l'auteur expose sa profession de foi.   P. J.

d'hui, quelques bornes qu'on donne ou qu'on ne donne pas à l'univers, il faut reconnaître qu'il y a un nombre innombrable de globes, autant et plus grands que le nôtre, qui ont autant de droit que lui à avoir des habitants raisonnables, quoiqu'il ne s'ensuive point que ce soient des hommes. Il n'est qu'une planète, c'est-à-dire un des six satellites principaux de notre soleil ; et comme toutes les fixes sont des soleils aussi, l'on voit combien notre terre est peu de chose par rapport aux choses visibles, puisqu'elle n'est qu'un appendice de l'un d'entre eux. Il se peut que tous les soleils ne soient habités que par des créatures heureuses, et rien ne nous oblige de croire qu'il y en a beaucoup de damnées, car peu d'exemples ou peu d'échantillons suffisent pour l'utilité que le bien retire du mal. D'ailleurs, comme il n'y a nulle raison qui porte à croire qu'il y a des étoiles partout, ne se peut-il point qu'il y ait un grand espace au-delà de la région des étoiles ? Que ce soit le ciel empyrée ou non, toujours cet espace immense, qui environne toute cette région, pourra être rempli de bonheur et de gloire. Il pourra être conçu comme l'Océan, où se rendent les fleuves de toutes les créatures bienheureuses, quand elles seront venues à leur perfection dans le système des étoiles. Que deviendra la considération de notre globe et de ses habitants ? Ne sera-ce pas quelque chose d'incomparablement moindre qu'un point physique, puisque notre terre est comme un point au prix de la distance de quelques fixes ? Ainsi la proportion de la partie de l'univers que nous connaissons, se perdant presque dans le néant au prix de ce qui nous est inconnu, et que nous avons pourtant sujet d'admettre ; et tous les maux qu'on nous peut objecter n'étant que dans ce presque-néant, il se peut que tous les maux ne soient aussi qu'un presque-néant en comparaison des biens qui sont dans l'univers.

20. Mais il faut satisfaire encore aux difficultés plus spéculatives et plus métaphysiques, dont il a été fait mention, et qui regardent la cause du mal. On demande d'abord d'où vient le mal ? *Si deus est, unde malum ? si non est, unde bonum ?* Les anciens attribuaient la cause du mal à la matière, qu'ils croyaient incréée et indépendante de Dieu ; mais nous qui dérivons tout être de Dieu, où trouverons-nous la source du mal ? La réponse est qu'elle doit être cherchée dans la nature idéale de la créature, autant que cette nature est renfermée dans les vérités éternelles qui sont dans l'entendement de Dieu, indépendamment de sa volonté. Car il faut considérer qu'il y a une

imperfection originale dans la créature avant le péché, parce que la créature est limitée essentiellement ; d'où vient qu'elle ne saurait tout savoir, et qu'elle se peut tromper et faire d'autres fautes. Platon a dit dans le *Timée* que le monde avait son origine de l'entendement joint à la nécessité. D'autres ont joint Dieu et la nature. On y peut donner un bon sens. Dieu sera l'entendement ; et la nécessité, c'est-à-dire la nature essentielle des choses, sera l'objet de l'entendement, en tant qu'il consiste dans les vérités éternelles. Mais cet objet est interne, et se trouve dans l'entendement divin. Et c'est là-dedans que se trouve non seulement la forme primitive du bien, mais encore l'origine du mal : c'est la région des vérités éternelles, qu'il faut mettre à la place de la matière, quand il s'agit de chercher la source des choses. Cette région est la cause idéale du mal (pour ainsi dire) aussi bien que du bien : mais, à proprement parler, le formel du mal n'en a point d'*efficiente*, car il consiste dans la privation, comme nous allons voir, c'est-à-dire dans ce que la cause efficiente ne fait point. C'est pourquoi les scholastiques ont coutume d'appeler la cause du mal *déficiente*.

21. On peut prendre le mal métaphysiquement, physiquement et moralement. Le mal métaphysique consiste dans la simple imperfection, le mal physique dans la souffrance, et le mal moral dans le péché. Or, quoique le mal physique et le mal moral ne soient point nécessaires, il suffit qu'en vertu des vérités éternelles ils soient possibles. Et comme cette région immense des vérités contient toutes les possibilités, il faut qu'il y ait une infinité de mondes possibles, que le mal entre dans plusieurs d'entre eux, et que même le meilleur de tous en renferme ; c'est ce qui a déterminé Dieu à permettre le mal.

22. Mais quelqu'un me dira : pourquoi nous parlez vous de permettre ? Dieu ne fait-il pas le mal, et ne le veut-il pas ? C'est ici qu'il sera nécessaire d'expliquer ce que c'est que permission, afin que l'on voie que ce n'est pas sans raison qu'on emploie ce terme. Mais il faut expliquer auparavant la nature de la volonté, qui a ses degrés : et dans le sens général, on peut dire que la volonté consiste dans l'inclination à faire quelque chose à proportion du bien qu'elle renferme. Cette volonté est appelée antécédente, lorsqu'elle est détachée, et regarde chaque bien à part en tant que bien. Dans ce sens, on peut dire que Dieu tend à tout bien en tant que bien, *ad perfectionem simpliciter simplicem*, pour parler scholastique ; et

cela par une volonté antécédente. Il a une inclination sérieuse à sanctifier et à sauver tous les hommes, à exclure le péché, et à empêcher la damnation. L'on peut même dire que cette volonté est efficace de soi (*per se*), c'est-à-dire, en sorte que l'effet s'ensuivrait, s'il n'y avait pas quelque raison plus forte qu'il l'empêchât ; car cette volonté ne va pas au dernier effort (*ad summum conatum*), autrement elle ne manquerait jamais de produire son plein effet, Dieu étant le maître de toutes choses. Le succès entier et infaillible n'appartient qu'à la volonté conséquente, comme on l'appelle. C'est elle qui est pleine, et à son égard cette règle a lieu, qu'on ne manque jamais de faire ce que l'on veut, lorsqu'on le peut. Or cette volonté conséquente, finale et décisive résulte du conflit de toutes les volontés antécédentes tant de celles que tendent vers le bien que de celles qui repoussent le mal : et c'est du concours de toutes ces volontés particulières, que vient la volonté totale : comme dans la mécanique le mouvement composé résulte de toutes les tendances qui concourent dans un même mobile, et satisfait également à chacune, autant qu'il est possible de faire tout à la fois. Et c'est, comme si le mobile se partageait entre ces tendances, suivant ce que j'ai montré autrefois dans un des journaux de Paris (7 septembre 1693), en donnant la loi générale des compositions du mouvement. Et c'est encore en ce sens qu'on peut dire que la volonté antécédente est efficace en quelque façon, et même effective avec succès.

23. De cela il s'ensuit que Dieu veut antécédemment le bien, et conséquemment le meilleur. Et pour ce qui est du mal, Dieu ne veut point du tout le mal moral, et il ne veut point d'une manière absolue le mal physique ou les souffrances : c'est pour cela qu'il n'y a point de prédestination absolue à la damnation : et on peut dire du mal physique, que Dieu le veut souvent comme une peine due à la coulpe, et souvent aussi comme un moyen propre à une fin, c'est-à-dire pour empêcher de plus grands maux, ou pour obtenir de plus grands biens. La peine sert aussi pour l'amendement et pour l'exemple, et le mal sert souvent pour mieux goûter le bien, et quelquefois aussi il contribue à une plus grande perfection de celui qui le souffre, comme le grain qu'on sème est sujet à une espèce de corruption pour germer : c'est une belle comparaison, dont Jésus-Christ s'est servi lui-même.

24. Pour ce qui est du péché ou du mal moral, quoiqu'il arrive aussi fort souvent qu'il puisse servir de moyen pour obtenir un bien,

ou pour empêcher un autre mal ; ce n'est pas pourtant cela qui le rend un objet suffisant de la volonté divine, ou bien un objet légitime d'une volonté créée ; il faut qu'il ne soit admis ou permis, qu'autant qu'il est regardé comme une suite certaine d'un devoir indispensable : de sorte que celui qui ne voudrait point permettre le péché d'autrui, manquerait lui-même à ce qu'il doit ; comme si un officier qui doit garder un poste important le quittait, surtout dans un temps de danger, pour empêcher une querelle dans la ville entre deux soldats de la garnison prêts à s'entre-tuer.

25. La règle qui porte, *non esse facienda mala, ut eveniant bona*, et qui défend même de permettre un mal moral pour obtenir un bien physique, est confirmée ici, bien loin d'être violée, et l'on en montre la source et le sens. On n'approuvera point qu'une reine prétende sauver l'État, en commettant, ni même en permettant un crime. Le crime est certain, et le mal de l'État est douteux : outre que cette manière d'autoriser des crimes, si elle était reçue, serait pire qu'un bouleversement de quelque pays, qui arrive assez sans cela, et arriverait peut-être plus par un tel moyen qu'on choisirait pour l'empêcher. Mais par rapport à Dieu, rien n'est douteux, rien ne saurait être opposé à la règle du meilleur, qui ne souffre aucune exception ni dispense. Et c'est dans ce sens que Dieu permet le péché ; car il manquerait à ce qu'il se doit, à ce qu'il doit à sa sagesse, à sa bonté, à sa perfection, s'il ne suivait pas le grand résultat de toutes ses tendances au bien, et s'il ne choisissait pas ce qui est absolument le meilleur, nonobstant le mal de coulpe qui s'y trouve enveloppé par la suprême nécessité des vérités éternelles. D'où il faut conclure que Dieu veut tout le bien en soi antécédemment, qu'il veut le meilleur conséquemment comme une fin, qu'il veut l'indifférent et le mal physique quelquefois comme un moyen ; mais qu'il ne veut que permettre le mal moral à titre du *sine quo non* ou de nécessité hypothétique, qui le lie avec le meilleur. C'est pourquoi la volonté conséquente de Dieu qui a le péché pour objet, n'est que permissive.

26. Il est encore bon de considérer que le mal moral n'est un si grand mal que parce qu'il est une source de maux physiques, qui se trouve dans une créature des plus puissantes et des plus capables d'en faire. Car une mauvaise volonté est dans son département ce que le mauvais principe des Manichéens serait dans l'univers, et la raison, qui est une image de la divinité, fournit aux âmes mauvaises

de grands moyens de causer beaucoup de mal. Un seul Caligula, un Néron, ont fait plus qu'un tremblement de terre. Un mauvais homme se plaît à faire souffrir et à détruire, et il n'en trouve que trop d'occasions. Mais Dieu étant porté à produire le plus de bien qu'il est possible, et ayant toute la science et toute la puissance nécessaires pour cela, il est impossible qu'il y ait en lui faute, coulpe, péché, et quand il permet le péché, c'est sagesse, c'est vertu.

27. Il est indubitable en effet qu'il faut s'abstenir d'empêcher le péché d'autrui quand nous ne le pouvons faire sans pécher nous-mêmes. Mais quelqu'un nous opposera peut-être que c'est Dieu lui-même qui agit, et qui fait tout ce qu'il y a de réel dans le péché de la créature. Cette objection nous mène à considérer le concours physique de Dieu avec la créature, après avoir examiné le concours moral, qui embarrassait le plus. Quelques-uns ont cru avec le célèbre Durand de Saint-Portien (1) et le cardinal Aureolus (2), scholastique fameux, que le concours de Dieu avec la créature (j'entends le concours physique) n'est que général et médiat ; et que Dieu crée les substances, et leur donne la force dont elles ont besoin ; et qu'après cela il les laisse faire, et ne fait que les conserver, sans les aider dans leurs actions. Cette opinion a été réfutée par la plupart des théologiens scholastiques, et il paraît qu'on l'a désapprouvée autrefois dans Pélage (3). Cependant un capucin qui se nomme Louis Pereir de Dole, environ l'an 1630, avait fait un livre exprès pour la ressusciter, au moins par rapport aux actes libres. Quelques modernes y inclinent, et M. Bernier la soutient dans un petit livre du libre et du volontaire. Mais on ne saurait dire par rapport à Dieu ce que c'est que conserver, sans revenir au sentiment commun. Il faut considérer aussi que l'action de Dieu conservant doit avoir du rapport à ce qui est conservé, tel qu'il est, et selon l'état où il est ; ainsi elle ne saurait être générale ou indéterminée. Ces généralités sont des abstractions qui ne se trouvent point dans la vérité des choses

---

(1) DURAND DE SAINT-PORTIEN OU SAINT-POURÇAIN (Guillaume), des Frères prêcheurs, né en Auvergne, évêque du Puy en 1318, de Meaux en 1326, mort en 1333. On a de lui un *Commentaire sur le Livre des sentences*, 1508, in-fol., ou 1515, 1569, 1586, in-fol.   P. J.

(2) AURIOLUS OU ORIOL (Pierre), né en Picardie au commencement du XIIIᵉ siècle, professeur dans l'Université de Paris, mort en 1322 ou 1345. Il a fait des *Commentaires sur le Livre des sentences*, Rome, 1595-1605, 2 vol. in-fol.   P. J.

(3) PÉLAGE, célèbre hérétique du IVᵉ siècle, très hostile au péché originel et favorable au libre arbitre. Il fut combattu par saint Augustin. On ne dit point qu'il ait écrit des ouvrages   P. J.

singulières, et la conservation d'un homme debout est différente de la conservation d'un homme assis. Il n'en serait pas ainsi, si elle ne consistait que dans l'acte d'empêcher et d'écarter quelque cause étrangère, qui pourrait détruire ce qu'on veut conserver ; comme il arrive souvent lorsque les hommes conservent quelque chose ; mais outre que nous sommes obligés nous-mêmes quelquefois de nourrir ce que nous conservons, il faut savoir que la conservation de Dieu consiste dans cette influence immédiate perpétuelle, que la dépendance des créatures demande. Cette dépendance a lieu à l'égard non seulement de la substance, mais encore de l'action, et on ne saurait peut-être l'expliquer mieux, qu'en disant avec le commun des théologiens et des philosophes, que c'est une création continuée.

28. On objectera que Dieu crée donc maintenant l'homme péchant, lui qui l'a créé innocent d'abord. Mais c'est ici qu'il faut dire, quant au moral, que Dieu étant souverainement sage, ne peut manquer d'observer certaines lois, et d'agir suivant les règles, tant physiques que morales, que sa sagesse lui a fait choisir ; et la même raison qui lui a fait créer l'homme innocent, mais prêt à tomber, lui fait recréer l'homme lorsqu'il tombe ; puisque sa science fait que le futur lui est comme le présent, et qu'il ne saurait rétracter les résolutions prises.

29. Et quant au concours physique, c'est ici qu'il faut considérer cette vérité, qui a fait déjà tant de bruit dans les écoles, depuis que saint Augustin l'a fait valoir, que le mal est une privation de l'être : au lieu que l'action de Dieu va au positif. Cette réponse passe pour une défaite, et même pour quelque chose de chimérique, dans l'esprit de bien des gens. Mais voici un exemple assez ressemblant, qui les pourra désabuser.

30. Le célèbre Kepler et après lui M. Descartes (dans ses lettres) ont parlé de l'inertie naturelle des corps ; et c'est quelque chose qu'on peut considérer comme une parfaite image et même comme un échantillon de la limitation originale des créatures, pour faire voir que la privation fait le formel des imperfections et des inconvénients qui se trouvent dans la substance aussi bien que dans ses actions. Posons que le courant d'une même rivière emporte avec soi plusieurs bateaux, qui ne diffèrent entre eux que dans la charge, les uns étant chargés de bois, les autres de pierre, et les uns plus, les autres moins. Cela étant, il arrivera que les bateaux les plus chargés iront plus lentement que les autres, pourvu qu'on suppose que le vent, ou la rame, ou quelque autre moyen semblable ne les aide

point. Ce n'est pas proprement la pesanteur qui est la cause de ce retardement, puisque les bateaux descendent au lieu de monter, mais c'est la même cause qui augmente aussi la pesanteur dans les corps qui ont plus de densité, c'est-à-dire qui sont moins spongieux, et plus chargés de matière qui leur est propre; car celle qui passe à travers des pores, ne recevant pas le même mouvement, ne doit pas entrer en ligne de compte. C'est donc que la matière est portée originairement à la tardivité ou à la privation de la vitesse; non pas pour la diminuer par soi-même, quand elle a déjà reçu cette vitesse, car ce serait agir; mais pour modérer par sa réceptivité l'effet de l'impression, quand elle le doit recevoir. Et par conséquent, puisqu'il y a plus de matière mue par la même force du courant lorsque le bateau est plus chargé, il faut qu'il aille plus lentement. Les expériences aussi du choc des corps, jointes à la raison, font voir qu'il faut employer deux fois plus de force pour donner une même vitesse à un corps de la même matière, mais deux fois plus grand; ce qui ne serait point nécessaire, si la matière était absolument indifférente au repos et au mouvement, et si elle n'avait pas cette inertie naturelle, dont nous venons de parler, qui lui donne une espèce de répugnance à être mue. Comparons maintenant la force que le courant exerce sur les bateaux, et qu'il leur communique, avec l'action de Dieu qui produit et conserve ce qu'il y a de positif dans les créatures, et leur donne de la perfection, de l'être et de la force : comparons, dis-je, l'inertie de la matière, avec l'imperfection naturelle des créatures; et la lenteur du bateau chargé, avec le défaut qui se trouve dans les qualités et dans l'action de la créature; et nous trouverons qu'il n'y a rien de si juste que cette comparaison. Le courant est la cause du mouvement du bateau, mais non pas de son retardement; Dieu est la cause de la perfection dans la nature et dans les actions de la créature, mais la limitation de la réceptivité de la créature est la cause des défauts qu'il y a dans son action. Ainsi les platoniciens, saint Augustin et les scholastiques ont eu raison de dire que Dieu est la cause du matériel du mal, qui consiste dans le positif, et non pas du formel, qui consiste dans la privation; comme l'on peut dire que le courant est la cause du matériel du retardement, sans l'être de son formel, c'est-à-dire il est cause de la vitesse du bateau, sans être la cause des bornes de cette vitesse. Et Dieu est aussi peu la cause du péché que le courant de la rivière est la cause du retardement du bateau. La force aussi est à l'égard de la matière, comme l'esprit est à l'égard de la chair ; l'esprit est prompt et la chair est infirme ; et les esprits agissent

... Quantum non noxia corpora tardant.

31. Il y a donc un rapport tout pareil entre une telle ou telle action de Dieu, et une telle ou telle passion ou réception de la créature, qui n'en est perfectionnée dans le cours ordinaire des choses qu'à mesure de sa réceptivité, comme on l'appelle. Et lorsqu'on dit que la créature dépend de Dieu en tant qu'elle est, et en tant qu'elle agit, et même que la conservation est une création continuelle, c'est que Dieu donne toujours à la créature, et produit continuellement ce qu'il y a en elle de positif, de bon et de parfait, tout don parfait venant du père des lumières ; au lieu que les imperfections et les défauts des opérations viennent de la limitation originale que la créature n'a pu manquer de recevoir avec le premier commencement de son être, par les raisons idéales qui la bornent. Car Dieu ne pouvait pas lui donner tout, sans faire un Dieu ; il fallait donc qu'il y eût des différents degrés dans la perfection des choses, et qu'il y eût aussi des limitations de toute sorte.

32. Cette considération servira aussi pour satisfaire à quelques philosophes modernes, qui vont jusqu'à dire que Dieu est le seul acteur. Il est vrai que Dieu est le seul dont l'action est pure et sans mélange de ce qu'on appelle pâtir ; mais cela n'empêche pas que la créature n'ait part aux actions aussi, puisque l'action de la créature est une modification de la substance qui en coule naturellement, et qui renferme une variation non seulement dans les perfections que Dieu a communiquées à la créature, mais encore dans les limitations qu'elle y apporte d'elle-même, pour être ce qu'elle est. Ce qui fait voir aussi qu'il y a une distinction réelle entre la substance et ses modifications ou accidents, contre le sentiment de quelques modernes, et particulièrement de feu M. le duc de Buckingham (1), qui qui en a parlé dans un petit discours sur la religion, réimprimé depuis peu. Le mal est donc comme les ténèbres, et non seulement l'ignorance, mais encore l'erreur et la malice consistent formellement dans une certaine espèce de privation. Voici un exemple de

---

(1) BUCKINGHAM (Georges Villiers de), fils du célèbre favori de Jacques Ier et de Charles Ier, et lui-même ministre et favori de Charles II, né à Londres en 1237, mort en 1688. On a de lui un *Discours succinct pour démontrer qu'il est raisonnable d'avoir une religion*, 1685, in-4° ; — *Preuves de la Divinité*, 1687, in-8°.
P. J.

l'erreur, dont nous nous sommes déjà servis. Je vois une tour qui paraît ronde de loin, quoiqu'elle soit carrée. La pensée que la tour est ce qu'elle paraît coule naturellement de ce que je vois; et lorsque je m'arrête à cette pensée, c'est une affirmation, c'est un faux jugement; mais si je pousse l'examen, si quelque réflexion fait que je m'aperçois que les apparences me trompent, me voilà revenu de l'erreur. Demeurer dans un certain endroit, ou n'aller pas plus loin, ne se point aviser de quelque remarque, ce sont des privations.

33. Il en est de même à l'égard de la malice ou de la mauvaise volonté. La volonté tend au bien en général; elle doit aller vers la perfection qui nous convient, et la suprême perfection est en Dieu. Tous les plaisirs ont en eux-mêmes quelque sentiment de perfection; mais lorsqu'on se borne aux plaisirs des sens ou à d'autres, au préjudice de plus grands biens, comme de la santé, de la vertu, de l'union avec Dieu, de la félicité, c'est dans cette privation d'une tendance ultérieure que le défaut consiste. En général la perfection est positive, c'est une réalité absolue; le défaut est privatif, il vient de la limitation, et tend à des privations nouvelles. Ainsi c'est un dicton aussi véritable que vieux : *Bonum ex causa integra, malum ex quolibet defectu*; comme aussi celui qui porte : *Malum causam habet non efficientem, sed deficientem* : Et j'espère qu'on concevra mieux le sens de ces axiomes, après ce que je viens de dire.

34. Le concours physique de Dieu et des créatures avec la volonté contribue aussi aux difficultés qu'il y a sur la liberté. Je suis d'opinion que notre volonté n'est pas seulement exempte de la contrainte, mais encore de la nécessité. Aristote a déjà remarqué qu'il y a deux choses dans la liberté, savoir : la spontanéité et le choix ; et c'est en quoi consiste notre empire sur nos actions. Lorsque nous agissons librement, on ne nous force pas, comme il arriverait si l'on nous poussait dans un précipice, et si l'on nous jetait du haut en bas; et on ne nous empêche pas d'avoir l'esprit libre lorsque nous délibérons, comme il arriverait si l'on nous donnait un breuvage qui nous ôtât le jugement. Il y a de la contingence dans mille actions de la nature ; mais lorsque le jugement n'est point dans celui qui agit, il n'y a point de liberté. Et si nous avions un jugement qui ne fût accompagné d'aucune inclination à agir, notre âme serait un entendement sans volonté.

35. Il ne faut pas s'imaginer cependant que notre liberté consiste dans une indétermination ou dans une indifférence d'équilibre,

comme s'il fallait être incliné également du côté du oui ou du non, et du côté de différents partis, lorsqu'il y en a plusieurs à prendre. Cet équilibre en tout sens est impossible ; car si nous étions également portés pour les partis A, B et C, nous ne pourrions pas être également portés pour A et pour non A. Cet équilibre est aussi absolument contraire à l'expérience, et quand on s'examinera, l'on trouvera qu'il y a toujours eu quelque cause ou raison qui nous a inclinés vers le parti qu'on a pris, quoique bien souvent on ne s'aperçoive pas de ce qui nous meut ; tout comme on ne s'aperçoit guère pourquoi en sortant d'une porte on a mis le pied droit avant le gauche, ou le gauche avant le droit.

36. Mais venons aux difficultés. Les philosophes conviennent aujourd'hui que la vérité des futurs contingents est déterminée, c'est-à-dire que les futurs contingents sont futurs, ou bien qu'ils seront, qu'ils arriveront ; car il est aussi sûr que le futur sera, qu'il est sûr que le passé a été. Il était déjà vrai il y a cent ans que j'écrirais aujourd'hui ; comme il sera vrai après cent ans, que j'ai écrit. Aussi le contingent, pour être futur, n'est pas moins contingent ; et la détermination, qu'on appellerait certitude, si elle était connue, n'est pas incompatible avec la contingence. On prend souvent le certain et le déterminé pour une même chose, parce qu'une vérité déterminée est en état de pouvoir être connue, de sorte qu'on peut dire que la détermination est une certitude objective.

37. Cette détermination vient de la nature même de la vérité, et ne saurait nuire à la liberté ; mais il y a d'autres déterminations qu'on prend d'ailleurs, et premièrement de la prescience de Dieu, laquelle plusieurs ont crue contraire à la liberté. Car ils disent que ce qui est prévu ne peut pas manquer d'exister, et ils disent vrai ; mais il ne s'ensuit pas qu'il soit nécessaire, car la vérité nécessaire est celle dont le contraire est impossible ou implique contradiction. Or, cette vérité, qui porte que j'écrirai demain, n'est point de cette nature, elle n'est point nécessaire. Mais supposé que Dieu la prévoie, il est nécessaire qu'elle arrive ; c'est-à-dire la conséquence est nécessaire, savoir qu'elle existe, puisqu'elle a été prévue, car Dieu est infaillible ; c'est ce qu'on appelle une nécessité hypothétique. Mais ce n'est pas cette nécessité dont il s'agit ; c'est une nécessité absolue qu'on demande, pour pouvoir dire qu'une action est nécessaire, qu'elle n'est point contingente, qu'elle n'est point l'effet d'un choix libre. Et d'ailleurs il est fort aisé de juger que la prescience en elle-même n'ajoute

rien à la détermination de la vérité des futurs contingents, sinon que cette détermination est connue : ce qui n'augmente point la détermination, ou la futurition (comme on l'appelle) de ces événements, dont nous sommes convenus d'abord.

38. Cette réponse est sans doute fort juste, l'on convient que la prescience en elle-même ne rend point la vérité plus déterminée ; elle est prévue parce qu'elle est déterminée, parce qu'elle est vraie ; mais, elle n'est pas vraie, parce qu'elle est prévue : et en cela la connaissance du futur n'a rien qui ne soit aussi dans la connaissance du passé et du présent. Mais voici ce qu'un adversaire pourra dire : Je vous accorde que la prescience en elle-même ne rend point la vérité plus déterminée, mais c'est la cause de la prescience qui le fait. Car il faut bien que la prescience de Dieu ait son fondement dans la nature des choses, et ce fondement, rendant la vérité prédéterminée, l'empêchera d'être contingente et libre.

39. C'est cette difficulté qui a fait naître deux partis : celui des prédéterminateurs (1) et celui des défenseurs de la science moyenne (2). Les dominicains et les augustiniens sont pour la prédétermination, les franciscains et les jésuites modernes sont plutôt pour la science moyenne. Ces deux partis ont éclaté vers le milieu du XVIe siècle, et un peu après. Molina (3) lui-même (qui est peut-être un des premiers avec Fonseca (4), qui a mis ce point en système, et de qui les autres ont été appelés molinistes), dit dans le livre qu'il a fait de la Concorde du libre arbitre avec la grâce, environ l'an 1570, que les docteurs espagnols (il entend principalement les thomistes), qui avaient écrit depuis vingt ans, ne trouvant point d'autre moyen d'expliquer

---

(1) *Prédétermination* ou *Prémotion physique* des thomistes, consiste à dire que Dieu fait immédiatement en nous-mêmes que « nous nous déterminions d'un tel côté, mais que notre détermination ne laisse pas que d'être libre, parce que Dieu veut qu'elle soit telle. » (Bossuet, *Du Libre arb.*, c. VIII.)   P. J.

(2) *La science moyenne ou conditionnée* consiste à dire que Dieu voit certainement les actes libres, à condition qu'ils soient déterminés par la grâce. (*Ib.* c. VII.)   P. J.

(3) Molina (Louis), théologien espagnol, né en 1535 à Cuenca (Nouvelle-Castille), mort à Madrid en 1601. Son livre *De Liberi arbitrii cum gratiæ donis concordia* (Lisbonne, in-1°, 1518), est très célèbre, comme le fondement de l'opinion des *molinistes*, les adversaires des *jansénistes*. Les premiers donnaient plus au libre arbitre, les seconds à la grâce. Il a fait également un traité *de Justitia et jure* (Mayence, 1659, 6 vol. in-fol.).   P. J.

(4) Fonseca (Pierre de), surnommé l'Aristote portugais, né en 1528 à Cartizada (Portugal), mort en 1599 ; passe avec Molina pour l'inventeur de la *Science moyenne*. On a de lui un *Commentaire sur la métaphysique d'Aristote*, en 4 vol.   P. J.

comment Dieu pouvait avoir une science certaine des futurs contingents, avaient introduit les prédéterminations comme nécessaires aux actions libres.

40. Pour lui, il a cru avoir trouvé un autre moyen. Il considère qu'il y a trois objets de la science divine, les possibles, les événements actuels et les événements conditionnels qui arriveraient en conséquence d'une certaine condition, si elle était réduite en acte. La science des possibilités est ce qui s'appelle la science de simple intelligence ; celle des événements qui arrivent actuellement dans la suite de l'univers est appelée la science de vision. Et comme il y a une espèce de milieu entre le simple possible et l'événement pur et absolu, savoir l'événement conditionnel ; on pourra dire aussi, selon Molina, qu'il y a une science moyenne entre celle de la vision et celle de l'intelligence. On en apporte le fameux exemple de David qui demande à l'oracle divin si les habitants de la ville de Kégila, où il avait dessein de se renfermer, le livreraient à Saül, en cas que Saül assiégeât la ville : Dieu répondit que oui, et là-dessus David prit un autre parti. Or, quelques défenseurs de cette science considèrent que Dieu, prévoyant ce que les hommes feraient librement, en cas qu'ils fussent mis en telles ou telles circonstances, et sachant qu'ils useraient mal de leur libre arbitre, il décerne de leur refuser des grâces et des circonstances favorables : et il le peut décerner justement, puisque aussi bien ces circonstances et ces aides ne leur auraient de rien servi. Mais Molina se contente d'y trouver en général une raison des décrets de Dieu, fondée sur ce que la créature libre ferait en telles ou telles circonstances.

41. Je n'entre point dans tout le détail de cette controverse ; il me suffit d'en donner un échantillon. Quelques anciens, dont saint Augustin et ses premiers disciples n'ont pas été contents, paraissent avoir eu des pensées assez approchantes de celles de Molina. Les thomistes et ceux qui s'appellent disciples de saint Augustin (mais que leurs adversaires appellent jansénistes) (1), combattent cette doctrine philosophiquement et théologiquement. Quelques-uns pré-

(1) *Jansénistes*, secte célèbre du XVIIe siècle, ainsi nommée de son fondateur *Jansénius*, évêque d'Ypres, né en Hollande en 1585, mort en 1638. Son livre célèbre l'*Augustinus* publié en 1640 fut l'occasion de ce fameux schisme qui agita l'Église pendant 150 ans. Dans ce livre, où il prétendait exprimer les sentiments de saint Augustin, l'auteur outrait la doctrine de la grâce et se rapprochait du calvinisme. Les promoteurs du jansénisme en France ont été l'abbé de Saint-Cyran (Duvergier de Hauranne), Arnauld, Nicole, Pascal, le P. Quesnel. Voir le *Port-Royal* de M. Sainte-Beuve. P. J.

tendent que la science moyenne doit être comprise dans la science de simple intelligence. Mais la principale objection va contre le fondement de cette science. Car quel fondement peut avoir Dieu de voir ce que feraient les kégilites? Un simple acte contingent et libre n'a rien en soi qui puisse donner un principe de certitude, si ce n'est qu'on le considère comme prédéterminé par les décrets de Dieu et par les causes qui en dépendent. Donc la difficulté qui se trouve dans les actions libres et actuelles se trouvera aussi dans les actions libres conditionnelles, c'est-à-dire, Dieu ne les connaîtra que sous la condition de leurs causes et de ses décrets, qui sont les premières causes des choses. Et on ne pourra pas les en détacher pour connaître un événement contingent, d'une manière qui soit indépendante de la connaissance des causes. Donc il faudrait tout réduire à la prédétermination des décrets de Dieu, donc cette science moyenne (dira-t-on) ne remédiera à rien. Les théologiens, qui professent d'être attachés à saint Augustin, prétendent aussi que le procédé des molinistes ferait trouver la source de la grâce de Dieu dans les bonnes qualités de l'homme, ce qu'ils jugent contraire à l'honneur de Dieu et à la doctrine de saint Paul.

42. Il serait long et ennuyeux d'entrer ici dans les répliques et dupliques qui se font de part et d'autre, et il suffira que j'explique comment je conçois qu'il y a du vrai des deux côtés. Pour cet effet, je viens à mon principe d'une infinité de mondes possibles, représentés dans la région des vérités éternelles, c'est-à-dire dans l'objet de l'intelligence divine, où il faut que tous les futurs conditionnels soient compris. Car le cas du siège de Kégila est la partie d'un monde possible, qui ne diffère du nôtre qu'en tout ce qui a liaison avec cette hypothèse, et l'idée de ce monde possible représente ce qui arriverait en ce cas. Donc nous avons un principe de la science certaine des contingents futurs, soit qu'ils arrivent actuellement, soit qu'ils doivent arriver dans un certain cas. Car dans la région des possibles, ils sont représentés tels qu'ils sont, c'est-à-dire contingents libres. Ce n'est donc pas la prescience des futurs contingents ni le fondement de la certitude de cette prescience qui nous doit embarrasser ou qui peut faire préjudice à la liberté. Et quand il serait vrai que les futurs contingents, qui consistent dans les actions libres des créatures raisonnables, fussent entièrement indépendants des décrets de Dieu et des causes externes il y aurait moyen de les prévoir; car Dieu les verrait tels qu'ils sont dans la région

des possibles, avant qu'il décernerait de les admettre à l'existence.

43. Mais si la prescience de Dieu n'a rien de commun avec la dépendance ou indépendance de nos actions libres, il n'en est pas de même de la préordination de Dieu, de ses décrets et de la suite des causes que je crois toujours contribuer à la détermination de la volonté. Et si je suis pour les molinistes dans le premier point, je suis pour les prédéterminateurs dans le second, mais en observant toujours que la prédétermination ne soit point nécessitante. En un mot, je suis d'opinion que la volonté est toujours plus inclinée au parti qu'elle prend, mais qu'elle n'est jamais dans la nécessité de le prendre. Il est certain qu'elle prendra ce parti, mais il n'est point nécessaire qu'elle le prenne. C'est à l'imitation de ce fameux dicton : *Astra inclinant, non necessitant* ; quoiqu'ici le cas ne soit pas tout à fait semblable. Car l'événement où les astres portent (en parlant avec le vulgaire, comme s'il y avait quelque fondement dans l'astrologie) n'arrive pas toujours ; au lieu que le parti vers lequel la volonté est la plus inclinée ne manque jamais d'être pris. Aussi les astres ne feraient-ils qu'une partie des inclinaisons qui concourent à l'événement ; mais quand on parle de la plus grande inclinaison de la volonté, on parle du résultat de toutes les inclinations ; à peu près comme nous avons parlé ci-dessus de la volonté conséquente en Dieu, qui résulte de toutes les volontés antécédentes.

44. Cependant la certitude objective ou la détermination ne fait point la nécessité de la vérité déterminée. Tous les philosophes le reconnaissent, en avouant que la vérité des futurs contingents est déterminée, et qu'ils ne laissent pas de demeurer contingents. C'est que la chose n'impliquerait aucune contradiction en elle-même, si l'effet ne suivait ; et c'est en cela que consiste la contingence. Pour mieux entendre ce point, il faut considérer qu'il y a deux grands principes de nos raisonnements : l'un est le principe de la contradiction, qui porte que de deux propositions contradictoires, l'une est vraie, l'autre fausse ; l'autre principe est celui de la raison déterminante : c'est que jamais rien n'arrive, sans qu'il y ait une cause ou du moins une raison déterminante, c'est-à-dire quelque chose qui puisse servir à rendre raison à priori, pourquoi cela est existant plutôt que de toute autre façon. Ce grand principe a lieu dans tous les événements, et on ne donnera jamais un exemple contraire : et quoique le plus souvent ces raisons déterminantes ne

nous soient pas assez connues, nous ne laissons pas d'entrevoir qu'il y en a. Sans ce grand principe, nous ne pourrions jamais prouver l'existence de Dieu et nous perdrions une infinité de raisonnements très justes et très utiles, dont il est le fondement ; et il ne souffre aucune exception, autrement sa force serait affaiblie. Aussi n'est-il rien de si faible que ces systèmes, où tout est chancelant et plein d'exceptions. Ce n'est pas le défaut de celui que j'approuve, où tout va par règles générales, qui tout au plus se limitent entre elles.

45. Il ne faut donc pas s'imaginer avec quelques scholastiques, qui donnent un peu dans la chimère, que les futurs contingents libres soient privilégiés contre cette règle générale de la nature des choses. Il y a toujours une raison prévalente qui porte la volonté à son choix, et il suffit, pour conserver sa liberté, que cette raison incline, sans nécessiter. C'est aussi le sentiment de tous les anciens : de Platon, d'Aristote, de saint Augustin. Jamais la volonté n'est portée à agir que par la représentation du bien, qui prévaut aux représentations contraires. On en convient même à l'égard de Dieu, des bons anges et des âmes bienheureuses ; et l'on reconnaît qu'elles n'en sont pas moins libres. Dieu ne manque pas de choisir le meilleur, mais il n'est point contraint de le faire, et même il n'y a point de nécessité dans l'objet du choix de Dieu, car une autre suite des choses est également possible. C'est pour cela même que le choix est libre et indépendant de la nécessité, parce qu'il se fait entre plusieurs possibles, et que la volonté n'est déterminée que par la bonté prévalente de l'objet. Ce n'est donc pas un défaut par rapport à Dieu et aux saints : et au contraire ce serait un grand défaut, ou plutôt une absurdité manifeste, s'il en était autrement, même dans les hommes ici-bas, et s'ils étaient capables d'agir sans aucune raison inclinante. C'est de quoi on ne trouvera jamais aucun exemple, et lorsqu'on prend un parti par caprice, pour montrer sa liberté, le plaisir ou l'avantage qu'on croit trouver dans cette affectation est une des raisons qui y porte.

46. Il y a donc une liberté de contingence ou en quelque façon d'indifférence, pourvu qu'on entende par l'indifférence, que rien ne nous nécessite pour l'un ou l'autre parti ; mais il n'y a jamais d'indifférence d'équilibre, c'est-à-dire où tout soit parfaitement égal de part et d'autre, sans qu'il y ait plus d'inclination vers un côté. Une infinité de grands et de petits mouvements internes et externes

concourent avec nous, dont le plus souvent l'on ne s'aperçoit pas ; et j'ai déjà dit que lorsqu'on sort d'une chambre, il y a telles raisons qui nous déterminent à mettre un tel pied devant, sans qu'on y réfléchisse. Car il n'y a pas partout un esclave, comme dans la maison de Trimalcion, chez Pétrone, qui nous crie : le pied droit devant. Tout ce que nous venons de dire s'accorde aussi parfaitement avec les maximes des philosophes, qui enseignent qu'une cause ne saurait agir, sans avoir une disposition à l'action ; et c'est cette disposition qui contient une prédétermination, soit que l'agent l'ait reçue de dehors ou qu'il l'ait eue en vertu de sa propre constitution antérieure.

47. Ainsi on n'a pas besoin de recourir, avec quelques nouveaux thomistes, à une prédétermination nouvelle immédiate de Dieu, qui fasse sortir la créature libre de son indifférence, et à un décret de Dieu de la prédéterminer, qui donne moyen à Dieu de connaître ce qu'elle fera : car il suffit que la créature soit prédéterminée par son état précédent, qui l'incline à un parti plus qu'à l'autre ; et toutes ces liaisons des actions de la créature et de toutes les créatures étaient représentées dans l'entendement divin et connues à Dieu par la science de la simple intelligence, avant qu'il eût décerné de leur donner l'existence. Ce qui fait voir que pour rendre raison de la prescience de Dieu, on se peut passer, tant de la science moyenne des molinistes que de la prédétermination, telle qu'un Bannes (1) ou un Alvarez (2) (auteurs d'ailleurs fort profonds) l'ont enseignée.

48. Par cette fausse idée d'une indifférence d'équilibre, les molinistes ont été fort embarrassés. On leur demandait non seulement comment il était possible de connaître à quoi se déterminerait une cause absolument indéterminée, mais aussi comment il était possible qu'il en résultât enfin une détermination, dont il n'y a aucune source : car de dire avec Molina, que c'est le privilège de la cause libre, ce n'est rien dire, c'est lui donner le privilège d'être chimérique. C'est un plaisir de voir comment ils se tourmentent pour sortir d'un labyrinthe, où il n'y a absolument aucune issue. Quelques-uns enseignent

---

(1) BANNES (Dominique), théologien espagnol, né à Valladolid, mort en 1604 ; auteur de plusieurs ouvrages théologiques et de commentaires sur Aristote.
P. J.

(2) ALVAREZ, dominicain espagnol, né dans la Vieille-Castille, défenseur des doctrines thomistes contre les molinistes. On a de lui le *De Auxiliis div. gratiæ*, Lyon, 1611, in-fol ; *De Concordiâ liberi arbitrii cum prædestinatione*, Lyon, 1622, in-8°. Il paraît être l'auteur de la doctrine du *Pouvoir prochain*, si raillée par Pascal dans ses *Provinciales*.
P. J.

qu'avant que la volonté se détermine favorablement, il faut qu'elle se détermine virtuellement pour sortir de son état d'équilibre ; et le père Louis de Dole, dans son livre du *Concours de Dieu*, cite des molinistes, qui tâchent de se sauver par ce moyen, car ils sont contraints d'avouer qu'il faut que la cause soit disposée à agir. Mais ils n'y gagnent rien, ils ne font qu'éloigner la difficulté : car on leur demandera tout de même, comment la cause libre vient à se déterminer virtuellement. Ils ne sortiront donc jamais d'affaire, sans avouer qu'il y a une prédétermination dans l'état précédent de la créature libre, qui l'incline à se déterminer.

49. C'est ce qui fait aussi que le cas de l'âne de Buridan (1) entre deux prés, également porté à l'un et à l'autre, est une fiction qui ne saurait avoir lieu dans l'univers, dans l'ordre de la nature, quoique M. Bayle soit dans un autre sentiment. Il est vrai, si le cas était possible, qu'il faudrait dire qu'il se laisserait mourir de faim : mais, dans le fond, la question est sur l'impossible ; à moins que Dieu ne produise la chose exprès. Car l'univers ne saurait être mi-partie par un plan tiré par le milieu de l'âne, coupé verticalement suivant sa longueur, en sorte que tout soit égal et semblable de part et d'autre ; comme une ellipse et toute figure dans le plan, du nombre de celles que j'appelle amphidextres, peut être mi-partie ainsi, par quelque ligne droite que ce soit qui passe par son centre. Car ni les parties de l'univers, ni les viscères de l'animal, ne sont pas semblables, ni également situées des deux côtés de ce plan vertical. Il y aura donc toujours bien des choses dans l'âne et hors de l'âne, quoiqu'elles ne nous paraissent pas, qui le détermineront à aller d'un côté plutôt que d'un autre. Et quoique l'homme soit libre, ce que l'âne n'est pas, il ne laisse pas d'être vrai par la même raison, qu'encore dans l'homme le cas d'un parfait équilibre entre deux partis est impossible, et qu'un ange, ou Dieu au moins pourrait toujours rendre raison du parti que l'homme a pris, en assignant une cause ou une raison inclinante, qui l'a porté véritablement à le prendre ; quoique cette raison serait souvent bien composée et inconcevable à nous-mêmes, parce que l'enchaînement des causes liées les unes avec les autres va loin.

---

(1) On sait que l'âne de Buridan est le cas d'un âne, qui étant affamé et placé entre deux bottes de foin absolument semblables, se laisserait mourir de faim plutôt que de se décider sans motif pour l'une ou l'autre botte. On ne sait s cet argument est pour ou contre la liberté d'indifférence.

50. C'est pourquoi la raison que M. Descartes a alléguée, pour prouver l'indépendance de nos actions libres par un prétendu sentiment vif interne, n'a point de force. Nous ne pouvons pas sentir proprement notre indépendance, et nous ne nous apercevons pas toujours des causes, souvent imperceptibles, dont notre résolution dépend. C'est comme si l'aiguille aimantée prenait plaisir de se tourner vers le nord; car elle croirait tourner indépendamment de quelque autre cause, ne s'apercevant pas des mouvements insensibles de la matière magnétique. Cependant nous verrons plus bas en quel sens il est plus vrai que l'âme humaine est tout à fait son propre principe naturel par rapport à ses actions, dépendante d'elle-même, et indépendante de toutes les autres créatures.

51. Pour ce qui est de la volition même, c'est quelque chose d'impropre de dire qu'elle est un objet de la volonté libre. Nous voulons agir, à parler juste; et nous ne voulons point vouloir; autrement nous pourrions encore dire que nous voulons avoir la volonté de vouloir, et cela irait à l'infini. Nous ne suivons pas aussi toujours le dernier jugement de l'entendement pratique, en nous déterminant à vouloir; mais nous suivons toujours, en voulant, le résultat de toutes les inclinations qui viennent, tant du côté des raisons, que des passions; ce qui se fait souvent sans un jugement exprès de l'entendement.

52. Tout est donc certain et déterminé par avance dans l'homme, comme partout ailleurs, et l'âme humaine est une espèce d'automate spirituel, quoique les actions contingentes en général, et les actions libres en particulier, ne soient point nécessaires pour cela d'une nécessité absolue, laquelle serait véritablement incompatible avec la contingence. Ainsi ni la futurition en elle-même, toute certaine qu'elle est, ni la prévision infaillible de Dieu, ni la prédétermination des causes, ni celle des décrets de Dieu, ne détruisent point cette contingence et cette liberté. On en convient à l'égard de la futurition et de la prévision, comme il a déjà été expliqué; et puisque le décret de Dieu consiste uniquement dans la résolution qu'il prend, après avoir comparé tous les mondes possibles, de choisir celui qui est le meilleur et de l'admettre à l'existence par le mot tout-puissant de *Fiat*, avec tout ce que ce monde contient; il est visible que ce décret ne change rien dans la constitution des choses, et qu'il les laisse telles qu'elles étaient dans l'état de pure possibilité, c'est-à-dire qu'il ne change rien, ni dans leur essence ou nature, ni même

dans leurs accidents, représentés déjà parfaitement dans l'idée de ce monde possible. Ainsi ce qui est contingent et libre, ne le demeure pas moins sous les décrets de Dieu, que sous la prévision.

53. Mais Dieu lui-même (dira-t-on) ne pourrait donc rien changer dans le monde? Assurément il ne pourrait pas à présent le changer, sauf sa sagesse, puisqu'il a prévu l'existence de ce monde et de ce qu'il contient, et même puisqu'il a pris cette résolution de le faire exister : car il ne saurait ni se tromper, ni se repentir, et il ne lui appartenait pas de prendre une résolution imparfaite qui regardât une partie, et non pas le tout. Ainsi tout étant réglé d'abord, c'est cette nécessité hypothétique seulement dont tout le monde convient, qui fait qu'après la prévision de Dieu, ou après sa résolution, rien ne saurait être changé : et cependant les événements en eux-mêmes demeurent contingents. Car (mettant à part cette supposition de la futurition de la chose, et de la prévision, ou de la résolution de Dieu, supposition qui met déjà en fait que la chose arrivera, et après laquelle il faut dire : « Unumquodque, quando est, oportet esse, aut unumquodque, siquidem erit, oportet futurum esse, » l'événement n'a rien en lui qui le rende nécessaire, et qui ne laisse concevoir que toute autre chose pouvait arriver au lieu de lui. Et quant à la liaison des causes avec les effets, elle inclinait seulement l'agent libre, sans le nécessiter, comme nous venons d'expliquer : ainsi elle ne fait pas même une nécessité hypothétique, sinon en y joignant quelque chose de dehors, savoir cette maxime même, que l'inclination prévalente réussit toujours.

54. On dira aussi que, si tout est réglé, Dieu ne saurait donc faire des miracles. Mais il faut savoir que les miracles qui arrivent dans le monde, étaient aussi enveloppés et représentés comme possibles dans ce même monde, considéré dans l'état de pure possibilité ; et Dieu qui les a faits depuis, a décerné dès lors de les faire, quand il a choisi ce monde. On objectera encore que les vœux et les prières, les mérites et les démérites, les bonnes et les mauvaises actions ne servent de rien puisque rien ne se peut changer. Cette objection embarrasse le plus le vulgaire, et cependant c'est un pur sophisme. Ces prières, ces vœux, ces bonnes ou mauvaises actions qui arrivent aujourd'hui, étaient déjà devant Dieu, lorsqu'il prit la résolution de régler les choses. Celles qui arrivent dans ce monde actuel, étaient représentées dans l'idée de ce même monde encore possible, avec leurs effets et leurs suites ; elles y étaient représentées, attirant la grâce de Dieu,

soit naturelle, soit surnaturelle, exigeant les châtiments, demandant les récompenses ; tout comme il arrive effectivement dans ce monde, après que Dieu l'a choisi. La prière et la bonne action étaient dès lors une cause ou condition idéale, c'est-à-dire une raison inclinante qui pouvait contribuer à la grâce de Dieu ou à la récompense, comme elle le fait à présent d'une manière actuelle. Et comme tout est lié sagement dans le monde, il est visible que Dieu, prévoyant ce qui arriverait librement, a réglé là-dessus encore le reste des choses par avance, ou (ce qui est la même chose) il a choisi ce monde possible, où tout était réglé de cette sorte.

55. Cette considération fait tomber en même temps ce qui était appelé des anciens le *sophisme paresseux* (λόγος ἀργός), qui concluait à ne rien faire : car, disait-on, si ce que je demande doit arriver, il arrivera, quand je ne ferais rien ; et s'il ne doit point arriver, il n'arrivera jamais, quelque peine que je prenne pour l'obtenir. On pourrait appeler cette nécessité, qu'on s'imagine dans les événements, détachée de leurs causes, *fatum mahometanum*, comme j'ai déjà remarqué ci-dessus, parce qu'on dit qu'un argument semblable fait que les Turcs n'évitent point les lieux où la peste fait ravage. Mais la réponse est toute prête ; l'effet étant certain, la cause qui le produira l'est aussi ; et si l'effet arrive, ce sera par une cause proportionnée. Ainsi votre paresse fera peut-être que vous n'obtiendrez rien de ce que vous souhaitez, et que vous tomberez dans les maux que vous auriez évités en agissant avec soin. L'on voit donc que la liaison des causes avec les effets, bien loin de causer une fatalité insupportable, fournit plutôt un moyen de la lever. Il y a un proverbe allemand qui dit, que la mort veut toujours avoir une cause ; et il n'y a rien de si vrai. Vous mourrez ce jour-là (supposons que cela soit, et que Dieu le prévoie), oui, sans doute ; mais ce sera parce que vous ferez ce qui vous y conduira. Il en est de même des châtiments de Dieu, qui dépendent aussi de leurs causes, et il sera à propos de rapporter à cela ce passage fameux de saint Ambroise (1) (in cap. 1, Lucæ) : *Novit Dominus mutare sententiam, si tu noveris mutare delictum*, qui ne doit pas être entendu de la réprobation, mais de la commination, comme celle que Jonas fit de la part de Dieu aux Ninivites. Et ce dicton vulgaire, *Si non es prædestinatus, fac ut*

---

(1) Saint Ambroise, l'un des Pères de l'Église latine, né en 340, mort en 397 ; évêque de Milan en 361. La meilleure édition complète de ses œuvres est celle des Bénédictins, 2 vol. in-fol., 1686-90.   P. J.

prædestineris, ne doit pas être pris à la lettre, son véritable sens étant que celui qui doute, s'il est prédestiné, n'a qu'à faire ce qu'il faut pour l'être par la grâce de Dieu. Le sophisme, qui conclut de ne se mettre en peine de rien, sera peut être utile quelquefois pour porter certaines gens à aller tête baissée au danger; et on l'a dit particulièrement des soldats turcs; mais il semble que le Maslach y a plus de part que ce sophisme; outre que cet esprit déterminé des Turcs s'est fort démenti de nos jours.

56. Un savant médecin de Hollande, nommé Jean de Beverwyck, a eu la curiosité d'écrire *De Termino vitæ*, et d'amasser plusieurs réponses, lettres et discours de quelques savants hommes de son temps sur ce sujet. Ce recueil est imprimé, où il est étonnant de voir combien souvent on y prend le change, et comment on a embarrassé un problème, qui, à le bien prendre, est le plus aisé du monde. Qu'on s'étonne après cela qu'il y ait un grand nombre de doutes, dont le genre humain ne puisse sortir. La vérité est qu'on aime à s'égarer, et que c'est une espèce de promenade de l'esprit, qui ne veut point s'assujettir à l'attention, à l'ordre, aux règles. Il semble que nous sommes si accoutumés au jeu et au badinage, que nous nous jouons jusque dans les occupations les plus sérieuses, et quand nous y pensons le moins.

57. Je crains que dans la dernière dispute entre des théologiens de la confession d'Augsbourg *de Termino pœnitentiæ peremptorio*, qui a produit tant de traités en Allemagne, il ne se soit aussi glissé quelque malentendu, mais d'une autre nature. Les termes prescrits par les lois sont appelés *fatalia* chez les jurisconsultes. On peut dire en quelque façon que le terme péremptoire, prescrit à l'homme pour se repentir et se corriger, est certain auprès de Dieu, auprès de qui tout est certain. Dieu sait quand un pécheur sera si endurci, qu'après cela il n'y aura plus rien à faire pour lui; non pas qu'il ne soit possible qu'il fasse pénitence, ou qu'il faille que la grâce suffisante lui soit refusée après un certain terme, grâce qui ne manque jamais; mais parce qu'il y aura un temps, après lequel il n'approchera plus des voies du salut. Mais nous n'avons jamais de marques certaines pour connaitre ce terme, et nous n'avons jamais droit de tenir un homme absolument pour abandonné: ce serait exercer un jugement téméraire. Il vaut mieux être toujours en droit d'espérer, et c'est en cette occasion et mille autres, où notre ignorance est utile.

> Prudens futuri temporis exitum
> Caliginosa nocte premit Deus

58. Tout l'avenir est déterminé, sans doute ; mais comme nous ne savons pas comment il l'est, ni ce qui est prévu ou résolu, nous devons faire notre devoir, suivant la raison que Dieu nous a donnée, et suivant les règles qu'il nous a prescrites ; et après cela, nous devons avoir l'esprit en repos, et laisser à Dieu lui-même le soin du succès ; car il ne manquera jamais de faire ce qui se trouvera le meilleur, non seulement pour le général, mais aussi en particulier pour ceux qui ont une véritable confiance en lui, c'est-à-dire une confiance qui ne diffère en rien d'une piété véritable, d'une foi vive, et d'une charité ardente, et qui ne nous laisse rien omettre de ce qui peut dépendre de nous par rapport à notre devoir et à son service. Il est vrai que nous ne pouvons pas lui rendre service, car il n'a besoin de rien, mais c'est le servir dans notre langage, quand nous tâchons d'exécuter sa volonté présomptive, en concourant au bien que nous connaissons, et où nous pouvons contribuer ; car nous devons toujours présumer qu'il y est porté, jusqu'à ce que l'événement nous fasse voir qu'il a eu de plus fortes raisons, quoique peut-être elles nous soient inconnues, qui l'ont fait postposer ce bien que nous cherchions, à quelque autre plus grand qu'il s'est proposé lui-même, et qu'il n'aura point manqué ou ne manquera pas d'effectuer.

59. Je viens de montrer comment l'action de la volonté dépend de ses causes ; qu'il n'y a rien de si convenable à la nature humaine que cette dépendance de nos actions, et qu'autrement on tomberait dans une fatalité absurde et insupportable, c'est-à-dire dans le *Fatum Mahometanum*, qui est le pire de tous, parce qu'il renverse la prévoyance et le bon conseil. Cependant il est bon de faire voir comment cette dépendance des actions volontaires n'empêche pas qu'il n'y ait dans le fond des choses une spontanéité merveilleuse en nous, laquelle dans un certain sens rend l'âme dans ses résolutions indépendante de l'influence physique de toutes les autres créatures. Cette spontanéité peu connue jusqu'ici, qui élève notre empire sur nos actions autant qu'il est possible, est une suite du système de *l'harmonie préétablie*, dont il est nécessaire de donner quelque explication ici. Les philosophes de l'école croyaient qu'il y avait une influence physique réciproque entre le corps et l'âme ; mais depuis qu'on a bien considéré que la pensée et la masse étendue n'ont aucune liaison ensemble, et que ce sont des créatures qui diffèrent *toto genere*, plusieurs modernes ont reconnu qu'il n'y aucune communication physique entre l'âme et le corps, quoique la communication

métaphysique subsiste toujours, qui fait que l'âme et le corps composent un même suppôt, ou ce qu'on appelle une personne. Cette communication physique, s'il y en avait, ferait que l'âme changerait le degré de la vitesse et la ligne de direction de quelques mouvements qui sont dans le corps, et que *vice versa* le corps changerait la suite des pensées qui sont dans l'âme. Mais on ne saurait tirer cet effet d'aucune notion qu'on conçoive dans le corps et dans l'âme; quoique rien ne nous soit mieux connu que l'âme, puisqu'elle nous est intime, c'est-à-dire intime à elle-même.

60. M. Descartes a voulu capituler et faire dépendre de l'âme une partie de l'action du corps. Il croyait savoir une règle de la nature, qui porte, selon lui, que la même quantité de mouvement se conserve dans les corps. Il n'a pas jugé possible que l'influence de l'âme violât cette loi des corps, mais il a cru que l'âme pourrait pourtant avoir le pouvoir de changer la direction des mouvements qui se font dans le corps; à peu près comme le cavalier, quoiqu'il ne donne point de force au cheval qu'il monte, ne laisse pas de le gouverner en dirigeant cette force du côté que bon lui semble. Mais comme cela se fait par le moyen du frein, du mors, des éperons et d'autres aides matérielles, on conçoit comment cela se peut; mais il n'y a point d'instruments dont l'âme se puisse servir pour cet effet, rien enfin ni dans l'âme, ni dans le corps, c'est-à-dire ni dans la pensée, ni dans la masse, qui puisse servir à expliquer ce changement de l'un par l'autre. En un mot, que l'âme change la quantité de la force, et qu'elle change la ligne de la direction, ce sont deux choses également inexplicables.

61. Outre qu'on a découvert deux vérités importantes sur ce sujet, depuis M. Descartes : la première est, que la quantité de la force absolue qui se conserve en effet est différente de la quantité de mouvement, comme j'ai démontré ailleurs. La seconde découverte est, qu'il se conserve encore la même direction dans tous les corps ensemble qu'en suppose agir entre eux, de quelque manière qu'ils se choquent. Si cette règle avait été connue de M. Descartes, il aurait rendu la direction des corps aussi indépendante de l'âme que leur force; et je crois que cela l'aurait mené tout droit à l'hypothèse de l'harmonie préétablie, où ces même règles m'ont mené. Car outre que l'influence physique de l'une de ces substances sur l'autre est inexplicable, j'ai considéré que sans un dérangement entier des lois de la nature, l'âme ne pouvait agir physiquement sur le corps. Et je

n'ai pas cru qu'on pût écouter ici des philosophes, très habiles d'ailleurs, qui font venir un Dieu comme dans une machine de théâtre, pour faire le dénoûment de la pièce, en soutenant que Dieu s'emploie tout exprès pour remuer les corps comme l'âme le veut, et pour donner des perceptions à l'âme comme le corps le demande; d'autant que ce système, qu'on appelle celui des *causes occasionnelles* (parce qu'il enseigne que Dieu agit sur le corps à l'occasion de l'âme, et *vice versa*), outre qu'il introduit des miracles perpétuels pour faire le commerce de ces deux substances, ne sauve pas le dérangement des lois naturelles, établies dans chacune de ces mêmes substances, que leur influence mutuelle causerait dans l'opinion commune.

62. Ainsi étant d'ailleurs persuadé du principe de l'harmonie en général, et par conséquent de la préformation et de l'harmonie préétablie de toutes choses entre elles, entre la nature et la grâce, entre les décrets de Dieu et nos actions prévues, entre toutes les parties de la matière, et même entre l'avenir et le passé, le tout conformément à la souveraine sagesse de Dieu, dont les ouvrages sont les plus harmoniques qu'il soit possible de concevoir, je ne pouvais manquer de venir à ce système, qui porte que Dieu a créé l'âme d'abord de telle façon qu'elle doit se produire et se représenter par ordre ce qui se passe dans le corps; et le corps aussi de telle façon, qu'il doit faire de soi-même ce que l'âme ordonne. De sorte que les lois, qui lient les pensées de l'âme dans l'ordre des causes finales et suivant l'évolution des perceptions, doivent produire des images qui se rencontrent et s'accordent avec les impressions des corps sur nos organes; et que les lois des mouvements dans le corps, qui s'entre-suivent dans l'ordre des causes efficientes, se rencontrent aussi et s'accordent tellement avec les pensées de l'âme, que le corps est porté à agir dans le temps que l'âme le veut.

63. Et bien loin que cela fasse préjudice à la liberté, rien n'y saurait être plus favorable. Et M. Jacquelot a très bien montré dans son livre de la *Conformité de la Raison et de la Foi* que c'est comme si celui qui sait tout ce que j'ordonnerai à un valet le lendemain tout le long du jour, faisait un automate qui ressemblât parfaitement à ce valet, et qui exécutât demain à point nommé tout ce que j'ordonnerais; ce qui ne m'empêcherait pas d'ordonner librement tout ce qui me plairait, quoique l'action de l'automate qui me servirait ne tiendrait rien du libre.

64. D'ailleurs, tout ce qui passe dans l'âme ne dépendant que d'elle, selon ce système; et son état suivant ne venant que d'elle et de son état présent; comment lui peut-on donner une plus grande indépendance? Il est vrai qu'il reste encore quelque imperfection dans la constitution de l'âme. Tout ce qui arrive à l'âme dépend d'elle, mais il ne dépend pas toujours de sa volonté; ce serait trop. Il n'est pas même toujours connu de son entendement, ou aperçu distinctement. Car il y a en elle non seulement un ordre de perceptions distinctes, qui fait son empire; mais encore une suite de perceptions confuses ou de passions, qui fait son esclavage: et il ne faut pas s'en étonner; l'âme serait une divinité, si elle n'avait que des perceptions distinctes. Elle a cependant quelque pouvoir encore sur ces perceptions confuses, bien que d'une manière indirecte; car quoiqu'elle ne puisse changer ses passions sur-le-champ, elle peut y travailler de loin avec assez de succès, et se donner des passions nouvelles, et même des habitudes. Elle a même un pouvoir semblable sur les perceptions plus distinctes, se pouvant donner indirectement des opinions et des volontés, et s'empêcher d'en avoir de telles ou telles, et suspendre ou avancer son jugement. Car nous pouvons chercher des moyens par avance, pour nous arrêter dans l'occasion sur le pas glissant d'un jugement téméraire; nous pouvons trouver quelque incident pour différer notre résolution, lors même que l'affaire paraît prête à être jugée; et quoique notre opinion et notre acte de vouloir ne soient pas directement des objets de notre volonté (comme je l'ai déjà remarqué), on ne laisse pas de prendre quelquefois des mesures pour vouloir, et même pour croire avec le temps, ce qu'on ne veut ou ne croit pas présentement. Tant est grande la profondeur de l'esprit de l'homme.

65. Enfin, pour conclure ce point de la spontanéité, il faut dire que prenant les choses à la rigueur, l'âme a en elle le principe de toutes ses actions, et même de toutes ses passions; et que le même est vrai dans toutes les substances simples, répandues par toute la nature, quoiqu'il n'y ait de liberté que dans celles qui sont intelligentes. Cependant dans le sens populaire, en parlant suivant les apparences, nous devons dire que l'âme dépend en quelque manière du corps et des impressions des sens: à peu près comme nous parlons avec Ptolémée et Tycho dans l'usage ordinaire, et pensons avec Copernic, quand il s'agit du lever ou du coucher du soleil.

66. On peut pourtant donner un sens véritable et philosophique à

cette dépendance mutuelle, que nous concevons entre l'âme et le corps. C'est que l'une de ces substance dépend de l'autre idéalement, en tant que la raison de ce qui se fait dans l'une peut être rendue par ce qui est dans l'autre ; ce qui a déjà eu lieu dans les décrets de Dieu, dès lors que Dieu a réglé par avance l'harmonie qu'il y aurait entre elles. Comme cet automate, qui ferait la fonction de valet, dépendrait de moi idéalement, en vertu de la science de celui qui, prévoyant mes ordres futurs, l'aurait rendu capable de me servir à point nommé pour tout le lendemain. La connaissance de mes volontés futures aurait mû ce grand artisan, qui aurait formé ensuite l'automate : mon influence serait objective, et la science physique. Car en tant que l'âme a de la perfection et des pensées distinctes, Dieu a accommodé le corps à l'âme, et a fait par avance que le corps est poussé à exécuter ses ordres ; et en tant que l'âme est imparfaite, et que ses perceptions sont confuses, Dieu a accommodé l'âme au corps, en sorte que l'âme se laisse incliner par les passions qui naissent des représentations corporelles ; ce qui fait le même effet et la même apparence, que si l'un dépendait de l'autre immédiatement, et par le moyen d'une influence physique. Et c'est proprement par ses pensées confuses que l'âme représente les corps qui l'environnent. Et la même chose se doit entendre de tout ce que l'on conçoit des actions des substances simples les unes sur les autres. C'est que chacune est censée agir sur l'autre à mesure de sa perfection, quoique ce ne soit qu'idéalement et dans les raisons des choses, en ce que Dieu a réglé d'abord une substance sur l'autre, selon la perfection ou l'imperfection qu'il y a dans chacune : bien que l'action et la passion soient toujours mutuelles dans les créatures, parce qu'une partie des raisons qui servent à expliquer distinctement ce qui se fait, et qui ont servi à le faire exister, est dans l'une de ces substances, et une autre partie de ces raisons est dans l'autre, les perfections et les imperfections étant toujours mêlées et partagées. C'est ce qui nous fait attribuer l'action à l'une et la passion à l'autre.

67. Mais enfin, quelque dépendance qu'on conçoive dans les actions volontaires, et quand même il y aurait une nécessité absolue et mathématique (ce qui n'est pas), il ne s'ensuivrait pas qu'il n'y aurait pas autant de liberté qu'il en faudrait pour rendre les récompenses et les peines justes et raisonnables. Il est vrai qu'on parle vulgairement comme si la nécessité de l'action faisait cesser tout mérite et tout démérite, tout droit de louer et de blâmer, de

récompenser et de punir ; mais il faut avouer que cette conséquence n'est point absolument juste. Je suis très éloigné des sentiments de Bradwardin (1), de Wiclef, de Hobbes et de Spinosa, qui enseignent, ce semble, cette nécessité toute mathématique, que je crois avoir suffisamment réfutée, et peut-être plus clairement qu'on n'a coutume de faire : cependant il faut toujours rendre témoignage à la vérité, et ne point imputer à un dogme ce qui ne s'ensuit point. Outre que ces arguments prouvent trop, puisqu'ils en prouveraient autant contre la nécessité hypothétique, et justifieraient le sophisme paresseux. Car la nécessité absolue de la suite des causes n'ajouterait rien en cela à la certitude infaillible d'une nécessité hypothétique.

68. Premièrement donc, il faut convenir, qu'il est permis de tuer un furieux, quand on ne peut s'en défendre autrement. On avouera aussi qu'il est permis, et même souvent nécessaire de détruire des animaux venimeux ou fort nuisibles, quoiqu'ils ne soient pas tels par leur faute.

69. Secondement, on inflige des peines à une bête, quoique destituée de raison et de liberté, quand on juge que cela peut servir à la corriger ; c'est ainsi qu'on punit les chiens et les chevaux, et cela avec beaucoup de succès. Les récompenses ne nous servent pas moins pour gouverner les animaux, et quand un animal a faim, la nourriture qu'on lui donne lui fait faire ce qu'on n'obtiendrait jamais autrement de lui.

70. Troisièmement, on infligerait encore aux bêtes des peines capitales (où il ne s'agit plus de la correction de la bête qu'on punit), si cette peine pouvait servir d'exemple, ou donner de la terreur aux autres, pour les faire cesser de mal faire. Rorarius, dans son livre de la *Raison des bêtes*, dit qu'on crucifiait des lions en Afrique, pour éloigner les autres lions des villes et des lieux fréquentés ; et qu'il avait remarqué en passant par le pays de Juliers, qu'on y pendait les loups, pour mieux assurer les bergeries. Il y a des gens dans les villages qui clouent des oiseaux de proie aux portes des maisons, dans l'opinion que d'autres oiseaux semblables n'y viendront pas si facilement. Et ces procédures seraient toujours bien fondées, si elles servaient.

(1) BRADWARDIN (Thomas), archevêque de Cantorbéry, né à Hartfield en 1290, mort à Lambeth en 1348. Le plus célèbre de ses ouvrages est le *De Causâ Dei contra Pelagium*, où les protestants ont cru trouver leur doctrine de la grâce. On a de lui une *Geometria speculativa*, Paris, 1531, et une *Arithmetica speculativa*, Paris, 1502.
P. J.

71. Donc, en quatrième lieu, puisqu'il est sûr et expérimenté que la crainte des châtiments et l'espérance des récompenses sert à faire abstenir les hommes du mal, et les oblige à tâcher de bien faire, on aurait raison et droit de s'en servir, quand même les hommes agiraient nécessairement par quelque espèce de nécessité que ce pourrait être. On objectera que si le bien ou le mal est nécessaire, il est inutile de se servir des moyens de l'obtenir ou de l'empêcher ; mais la réponse a déjà été donnée ci-dessus contre le sophisme paresseux. Si le bien ou le mal était nécessaire sans ces moyens, ils seraient inutiles ; mais il n'en est pas ainsi. Ces biens et ces maux n'arrivent que par l'assistance de ces moyens, et si ces événements étaient nécessaires, les moyens seraient une partie des causes qui les rendraient nécessaires ; puisque l'expérience nous apprend que souvent la crainte ou l'espérance empêche le mal ou avance le bien. Cette objection ne diffère donc presque en rien du sophisme paresseux qu'on oppose à la certitude, aussi bien qu'à la nécessité des événements futurs. De sorte qu'on peut dire que ces objections combattent également contre la nécessité hypothétique et contre la nécessité absolue, et qu'elles prouvent autant contre l'une que contre l'autre, c'est-à-dire rien du tout.

72. Il y a eu une grande dispute entre l'évêque Bramhall et M. Hobbes, qui avait commencé quand ils étaient tous deux à Paris, et qui fut continuée après leur retour en Angleterre ; on en trouve toutes les pièces recueillies dans un volume in-quarto publié à Londres en 1656. Elle sont toutes en anglais, et n'ont point été traduites, que je sache, ni insérées dans le recueil des œuvres latines de M. Hobbes. J'avais lu autrefois ces pièces, et je les ai retrouvées depuis ; et j'avais remarqué d'abord qu'il n'avait point prouvé du tout la nécessité absolue de toutes choses, mais qu'il avait fait voir assez, que la nécessité ne renverserait point toutes les règles de la justice divine ou humaine, et n'empêcherait point entièrement l'exercice de cette vertu.

73. Il y a pourtant une espèce de justice et une certaine sorte de récompenses et de punitions, qui ne paraît pas si applicable à ceux qui agiraient par une nécessité absolue, s'il y en avait. C'est cette espèce de justice qui n'a point pour but l'amendement, ni l'exemple, ni même la réparation du mal. Cette justice n'est fondée que dans la convenance, qui demande une certaine satisfaction pour l'expiation d'une mauvaise action. Les sociniens, Hobbes et quelques

autres, n'admettent point cette justice punitive, qui est proprement vindicative, et que Dieu s'est réservée en bien des rencontres : mais qu'il ne laisse pas de communiquer à ceux qui ont droit de gouverner les autres, et qu'il exerce par leur moyen, pourvu qu'ils agissent par raison et non par passion. Les sociniens la croient être sans fondement ; mais elle est toujours fondée dans un rapport de convenance, qui contente non seulement l'offensé, mais encore les sages qui la voient, comme une belle musique ou bien une bonne architecture contente les esprits bien faits. Et le sage législateur ayant menacé, et ayant, pour ainsi dire, promis un châtiment, il est de sa constance de ne pas laisser l'action entièrement impunie, quand même la peine ne servirait plus à corriger personne. Mais quand il n'aurait rien promis, c'est assez qu'il y a une convenance qui l'aurait pu porter à faire cette promesse ; puisque aussi bien le sage ne promet que ce qui est convenable. Et on peut même dire qu'il y a ici un certain dédommagement de l'esprit, que le désordre offenserait, si le châtiment ne contribuait à rétablir l'ordre. On peut encore consulter ce que Grotius a écrit contre les sociniens, de la satisfaction de Jésus-Christ, et ce que Crellius (1) y a répondu.

74. C'est ainsi que les peines des damnés continuent, lors même qu'elles ne servent plus à détourner du mal ; et que de même les récompenses des bienheureux continuent, lors même qu'elles ne servent plus à confirmer dans le bien. On peut dire cependant que les damnés s'attirent toujours de nouvelles douleurs par de nouveaux péchés, et que les bienheureux s'attirent toujours de nouvelles joies par de nouveaux progrès dans le bien ; l'un et l'autre étant fondé sur le principe de la convenance, qui a fait que les choses ont été réglées en sorte que la mauvaise action se doit attirer un châtiment. Car il y a lieu de juger suivant le parallélisme des deux règnes, de celui des causes finales, et de celui des causes efficientes, que Dieu a établi dans l'univers une connexion entre la peine ou la récompense, et entre la mauvaise ou la bonne action, en sorte que la première soit toujours attirée par la seconde, et que la vertu et le vice se procurent leur récompense et leur châtiment, en conséquence de la suite naturelle des choses, qui contient encore

---

(1) CRELLIUS (Jean), théologien socinien, né près de Nuremberg en 1590, mort à Cracovie en 1633. On a de lui : *Ethica Aristotelica ad sacr. litt. normam emendata*, 1650, in-4° ; — *De Deo et attributis ejus*, Cracovie, 1630 ; — *Vindicæ pro religionis libertate*, 1637, in-8°, sous le pseudonyme de *Junius Brutus Polonus*, trad. par Naigeon (Londres, 1769, in-12) P. J.

une autre espèce d'harmonie préétablie que celle qui paraît dans le commerce de l'âme et du corps. Car enfin, tout ce que Dieu fait est harmonique en perfection, comme j'ai déjà remarqué. Peut-être donc que cette convenance cesserait par rapport à ceux qui agiraient sans la véritable liberté, exempte de la nécessité absolue : et qu'en ce cas la seule justice corrective aurait lieu, et point la justice vindicative. C'est le sentiment du célèbre Conringius, dans une dissertation qu'il a publiée de ce qui est juste. Et, en effet, les raisons dont Pomponace s'est déjà servi dans son livre *du Destin*, pour prouver l'utilité des châtiments et des récompenses, quand même tout arriverait dans nos actions par une fatale nécessité, ne regardent que l'amendement, et point la satisfaction, κόλασιν οὐ τιμωρίαν. Aussi n'est-ce que par manière d'appareil qu'on détruit les animaux complices de certains crimes, comme on rase les maisons des rebelles, c'est-à-dire pour donner de la terreur. Ainsi c'est un acte de la justice corrective, où la justice vindicative n'a point de part.

75. Mais nous ne nous amuserons pas maintenant à discuter une question plus curieuse que nécessaire, puisque nous avons assez montré qu'il n'y a point de telle nécessité dans les actions volontaires. Cependant il a été bon de faire voir que la seule liberté imparfaite, c'est-à-dire qui est exempte seulement de la contrainte, suffirait pour fonder cette espèce de châtiments et de récompenses, qui tendent à l'évitation du mal et à l'amendement. L'on voit aussi par là que quelques gens d'esprit, qui se persuadent que tout est nécessaire, ont tort de dire que personne ne doit être loué, ni blâmé, récompensé, ni puni. Apparemment ils ne le disent que pour exercer leur bel esprit ; le prétexte est que, tout étant nécessaire, rien ne serait en notre pouvoir. Mais ce prétexte est mal fondé, les actions nécessaires seraient encore en notre pouvoir, au moins en tant que nous pourrions les faire ou les omettre, lorsque l'espérance ou la crainte de la louange, ou du blâme, du plaisir, ou de la douleur, y porteraient notre volonté : soit qu'elles l'y portassent nécessairement, soit qu'en l'y portant elles laissassent également la spontanéité, la contingence et la liberté en leur entier. De sorte que les louanges et les blâmes, les récompenses et les châtiments garderaient toujours une grande partie de leur usage, quand même il y aurait une véritable nécessité dans nos actions. Nous pouvons louer et blâmer encore les bonnes et les mauvaises qualités natu-

relles, où la volonté n'a point de part, dans un cheval, dans un diamant, dans un homme : et celui qui a dit de Caton d'Utique qu'il agissait vertueusement par la bonté de son naturel, et qu'il lui était impossible d'en user autrement, a cru le louer davantage.

76. Les difficultés auxquelles nous avons tâché de satisfaire jusqu'ici ont été presque toutes communes à la théologie naturelle et à la révélée. Maintenant il sera nécessaire de venir à ce qui regarde un point révélé, qui est l'élection ou la réprobation des hommes, avec l'économie ou l'emploi de la grâce divine par rapport à ces actes de la miséricorde ou de la justice de Dieu. Mais lorsque nous avons répondu aux objections précédentes, nous avons ouvert un chemin pour satisfaire à celles qui restent. Ce qui confirme la remarque que nous avons faite ci-dessus (*Discours prélimin.*, § 43), qu'il y a plutôt un combat entre les vraies raisons de la théologie naturelle et les fausses raisons des apparences humaines, qu'il n'y en a entre la foi révélée et la raison. Car il n'y a presque aucune difficulté contre la révélation sur cette matière, qui soit nouvelle, et qui ne tire son origine de celles qu'on peut objecter aux vérités connues par la raison.

77. Or comme les théologiens presque de tous les partis sont partagés entre eux sur cette matière de la prédestination et de la grâce, et font souvent des réponses différentes aux mêmes objections, suivant leurs principes divers, on ne saurait se dispenser de toucher aux différends qui sont en vogue entre eux. L'on peut dire, en général, que les uns considèrent Dieu d'une manière plus métaphysique, et les autres d'une manière plus morale : et l'on a remarqué déjà autrefois, que les Contreremontrants prenaient le premier parti, et les Remontrants le second. Mais pour bien faire, il faut également soutenir d'un côté l'indépendance de Dieu, et la dépendance des créatures ; et de l'autre côté la justice et la bonté de Dieu qui le fait dépendre de soi-même, de sa volonté, de son entendement, de sa sagesse.

78. Quelques auteurs habiles et bien intentionnés, voulant représenter la force des raisons des deux partis principaux, pour leur persuader une tolérance mutuelle, jugent que toute la controverse se réduit à ce point capital, savoir quel a été le but principal de Dieu en faisant ses décrets par rapport à l'homme? s'il les a faits uniquement pour établir sa gloire, en manifestant ses attributs, et en formant, pour y parvenir, le grand projet de la création et de la

providence ; ou s'il a eu égard plutôt aux mouvements volontaires des substances intelligentes, qu'il avait dessein de créer, en considérant ce qu'elles voudraient et feraient dans les différentes circonstances et situations où il les pourrait mettre, afin de prendre une résolution convenable là-dessus. Il me paraît que les deux réponses qu'on donne ainsi à cette grande question, comme opposées entre elles, sont aisées à concilier ; et que par conséquent les partis seraient d'accord entre eux dans le fond, sans qu'il y eût besoin de tolérance, si tout se réduisait à ce point. A la vérité, Dieu formant le dessein de créer le monde, s'est proposé uniquement de manifester et de communiquer ses perfections de la manière la plus efficace et la plus digne de sa grandeur, de sa sagesse et de sa bonté. Mais cela même l'a engagé à considérer toutes les actions des créatures encore dans l'état de possibilité, pour former le projet le plus convenable. Il est comme un grand architecte, qui se propose pour but la satisfaction ou la gloire d'avoir bâti un beau palais, et qui considère tout ce qui doit entrer dans ce bâtiment ; la forme et les matériaux, la place, la situation, les moyens, les ouvriers, la dépense, avant qu'il prenne une entière résolution. Car un sage en formant ses projets ne saurait détacher la fin des moyens ; il ne se propose point de fin, sans savoir s'il y a des moyens d'y parvenir.

79. Je ne sais s'il y a peut-être encore des gens qui s'imaginent que Dieu étant le maître absolu de toutes choses, on peut en inférer que tout ce qui est hors de lui, lui est indifférent, qu'il s'est regardé seulement soi-même, sans se soucier des autres ; et qu'ainsi il a rendu les uns heureux et les autres malheureux, sans aucun sujet, sans raison. Mais enseigner cela de Dieu, ce serait lui ôter la sagesse et la bonté. Et il suffit que nous remarquions qu'il se regarde soi-même, et qu'il ne néglige rien de ce qu'il se doit, pour que nous jugions qu'il regarde aussi ses créatures, et qu'il les emploie de la manière la plus conforme à l'ordre. Car plus un grand et bon prince aura soin de sa gloire, plus il pensera à rendre ses sujets heureux, quand même il serait le plus absolu de tous les monarques, et quand ses sujets seraient des esclaves-nés, des hommes propres (comme parlent les jurisconsultes), des gens entièrement soumis au pouvoir arbitraire. Calvin même, et quelques autres des plus grands défenseurs du décret absolu, ont fort bien déclaré que Dieu a eu de grandes et de justes raisons de son élection et de la dispensation de ses grâces, quoique ces raisons nous soient inconnues en détail: et il faut juger

charitablement que les plus rigides prédestinateurs ont trop de raison et trop de piété pour s'éloigner de ce sentiment.

80. Il n'y aura donc point de controverse à agiter là-dessus (comme je l'espère) avec des gens tant soit peu raisonnables. Mais il y en aura toujours beaucoup encore entre ceux qu'on appelle universalistes et particularistes, par rapport à ce qu'ils enseignent de la grâce et de la volonté de Dieu. Cependant j'ai quelque penchant à croire qu'au moins la dispute si échauffée entre eux sur la volonté de Dieu de sauver tous les hommes, et sur ce qui en dépend (quand on sépare celle *de Auxiliis*, ou de l'assistance de la grâce) consiste plutôt dans les expressions que dans les choses. Car il suffit de considérer que Dieu, et tout autre sage bienfaisant, est incliné à tout bien qui est faisable, et que cette inclination est proportionnée à l'excellence de ce bien; et cela (prenant l'objet précisément, et en soi) par une volonté antécédente, comme on l'appelle, mais qui n'a pas toujours son entier effet; parce que ce sage doit avoir encore beaucoup d'autres inclinations. Ainsi c'est le résultat de toutes les inclinations ensemble, qui fait sa volonté pleine et décrétoire, comme nous l'avons expliqué ci-dessus. On peut donc fort bien dire avec les anciens, que Dieu veut sauver tous les hommes suivant sa volonté antécédente, et non pas suivant sa volonté conséquente, qui ne manque jamais d'avoir son effet. Et si ceux qui nient cette volonté universelle ne veulent point permettre que l'inclination antécédente soit appelée une volonté, ils ne s'embarrassent que d'une question de nom.

81. Mais il y a une question plus réelle à l'égard de la prédestination à la vie éternelle, et de toute autre destination de Dieu, savoir si cette destination est absolue ou respective. Il y a destination au bien et au mal : et comme le mal est moral ou physique, les théologiens de tous les partis conviennent qu'il n'y a point de destination au mal moral ; c'est-à-dire que personne n'est destiné à pécher. Quant au plus grand mal physique, qui est la damnation, l'on peut distinguer entre destination et prédestination, car la prédestination paraît renfermer en soi une destination absolue et antérieure à la considération des bonnes ou des mauvaises actions de ceux qu'elle regarde. Ainsi on peut dire que les réprouvés sont destinés à être damnés, parce qu'ils sont connus impénitents. Mais on ne peut pas si bien dire que les réprouvés sont prédestinés à la damnation, car il n'y a point de réprobation absolue, son fondement étant l'impénitence finale prévue.

82. Il est vrai qu'il y a des auteurs qui prétendent que Dieu, voulant manifester sa miséricorde et sa justice suivant des raisons dignes de lui, mais qui nous sont inconnues, a choisi les élus, et rejeté par conséquent les réprouvés, avant toute considération du péché, même d'Adam ; qu'après cette résolution, il a trouvé bon de permettre le péché, pour pouvoir exercer ces deux vertus, et qu'il a décerné des grâces en Jésus-Christ aux uns pour les sauver, qu'il a refusées aux autres pour les pouvoir punir : et c'est pour cela qu'on appelle ces auteurs *supralapsaires*, parce que le décret de punir précède, selon eux, la connaissance de l'existence future du péché. Mais l'opinon la plus commune aujourd'hui parmi ceux qui s'appellent réformés, et qui est favorisée par le synode de Dordrecht, est celle des *infralapsaires* assez conforme au sentiment de saint Augustin ; qui porte que Dieu ayant résolu de permettre le péché d'Adam et la corruption du genre humain, pour des raisons justes, mais cachées, sa miséricorde lui a fait choisir quelques-uns de la masse corrompue pour être sauvés gratuitement par le mérite de Jésus-Christ, et sa justice l'a fait résoudre à punir les autres par la damnation qu'ils méritaient. C'est pour cela que chez les scolastiques les sauvés étaient appelés *prædestinati*, et les réprouvés étaient appelés *præsciti*. Il faut avouer que quelques infralapsaires et autres parlent quelquefois de la prédestination à la damnation, à l'exemple de Fulgence et de saint Augustin même : mais cela leur signifie autant que destination ; et il ne sert de rien de disputer des mots, quoiqu'on en ait pris sujet autrefois de maltraiter ce Godescalque qui fit du bruit vers le milieu du IXe siècle, et qui prit le nom de Fulgence pour marquer qu'il imitait cet auteur.

83. Quant à la destination des élus à la vie éternelle, les protestants, aussi bien que ceux de l'Église romaine, disputent fort entre eux si l'élection est absolue, ou si elle est fondée sur la prévision de la foi vive finale. Ceux qu'on appelle Évangéliques, c'est-à-dire ceux de la confession d'Augsbourg, sont pour le dernier parti : ils croient qu'on ne doit point aller aux causes occultes de l'élection, pendant qu'on en peut trouver une cause manifeste marquée dans la sainte Écriture, qui est la foi en Jésus-Christ ; et il leur paraît que la prévision de la cause est aussi la cause de la prévision de l'effet. Ceux qu'on appelle réformés sont d'un autre sentiment : ils avouent que le salut vient de la foi en Jésus-Christ, mais ils remarquent que souvent la cause antérieure à l'effet dans l'exécution, est postérieure

dans l'intention ; comme lorsque la cause est le moyen et que l'effet est la fin. Ainsi la question est, si la foi ou si la salvation est antérieure dans l'intention de Dieu, c'est-à-dire si Dieu a plutôt en vue de sauver l'homme, que de le rendre fidèle.

84. L'on voit par là, que la question entre les supralapsaires et les infralapsaires en partie, et puis entre ceux-ci et les évangéliques, revient à bien concevoir l'ordre, qui est dans les décrets de Dieu. Peut-être qu'on pourrait faire cesser cette dispute tout d'un coup, en disant qu'à le bien prendre, tous les décrets de Dieu dont il s'agit sont simultanés, non seulement par rapport au temps, en quoi tout le monde convient, mais encore *in signo rationis*, et dans l'ordre de la nature. Et en effet, la formule de concorde, après quelques passages de saint Augustin, a compris dans le même décret de l'élection le salut et les moyens qui y conduisent. Pour montrer cette simultanéité des destinations ou des décrets dont il s'agit, il faut revenir à l'expédient dont je me suis servi plus d'une fois, qui porte que Dieu, avant que de rien décerner, a considéré entre autres suites possibles des choses, celle qu'il a approuvée depuis, dans l'idée de laquelle il est représenté comment les premiers parents pèchent et corrompent leur postérité, comment Jésus-Christ rachète le genre humain, comment quelques-uns aidés par telles et telles grâces parviennent à la foi finale et au salut, et comment d'autres avec ou sans telles ou autres grâces n'y parviennent point, demeurent sous le péché, et sont damnés ; que Dieu ne donne son approbation à cette suite qu'après être entré dans tout son détail, et qu'ainsi il ne prononce rien de définitif sur ceux qui seront sauvés ou damnés, sans avoir tout pesé, et même comparé avec d'autres suites possibles. Ainsi ce qu'il prononce regarde toute la suite à la fois, dont il ne fait que décerner l'existence. Pour sauver d'autres hommes ou autrement, il aurait fallu choisir une tout autre suite générale, car tout est lié dans chaque suite. Et dans cette manière de prendre la chose, qui est la plus digne du plus sage dont toutes les actions sont liées le plus qu'il est possible, il n'y aurait qu'un seul décret total, qui est celui de créer un tel monde et ce décret total comprend également tous les décrets particuliers, sans qu'il y ait de l'ordre entre eux ; quoique d'ailleurs on puisse dire que chaque acte particulier de volonté antécédente, qui entre dans le résultat total, a son prix et ordre, à mesure du bien auquel cet acte incline. Mais ces actes de volonté antécédente ne sont point appelés des décrets, puisqu'ils ne sont pas

encore immanquables, le succès dépendant du résultat total. Et dans cette manière de prendre les choses, toutes les difficultés qu'on peut faire là-dessus reviennent à celles qu'on a déjà faites et levées, quand on a examiné l'origine du mal.

85. Il ne reste qu'une discussion importante, qui a ses difficultés particulières : c'est celle de la dispensation des moyens et des circonstances qui contribuent au salut et à la damnation ; ce qui comprend entre autres la matière des secours de la grâce (*de auxiliis gratiæ*) sur laquelle Rome (depuis la congrégation *de Auxiliis* sous Clément VIII (1), où il fut disputé entre les dominicains et les jésuites) ne permet pas aisément qu'on publie des livres. Tout le monde doit convenir que Dieu est parfaitement bon et juste, que sa bonté le fait contribuer le moins qu'il est possible à ce qui peut rendre les hommes coupables, et le plus qu'il est possible à ce qui sert à les sauver (possible, dis-je, sauf l'ordre général des choses) ; que sa justice l'empêche de damner des innocents, et de laisser de bonnes actions sans récompense ; et qu'il garde même une juste proportion dans les punitions et dans les récompenses. Cependant cette idée qu'on doit avoir de la bonté et de la justice de Dieu ne paraît pas assez dans ce que nous connaissons de ses actions par rapport au salut et à la damnation des hommes : et c'est ce qui fait des difficultés qui regardent le péché et ses remèdes.

86. La première difficulté est, comment l'âme a pu être infectée du péché originel, qui est la racine des péchés actuels, sans qu'il y ait eu de l'injustice en Dieu à l'y exposer. Cette difficulté a fait naître trois opinions sur l'origine de l'âme même : celle de la *préexistence* des âmes humaines dans un autre monde, ou dans une autre vie, où elles avaient péché, et avaient été condamnée pour cela à cette prison du corps humain ; opinion des platoniciens, qui est attribuée à Origène, et qui trouve encore aujourd'hui des sectateurs. Henri Morus, docteur anglais, a soutenu quelque chose de ce dogme dans un livre exprès. Quelques-uns de ceux qui soutiennent cette préexistence sont allés jusqu'à la métempsycose. M. Van Helmont, le fils, était de ce sentiment, et l'auteur ingénieux de quelques méditations métaphysiques publiées en 1678, sous le nom de Guillaume Wander (1),

---

(1) GUILLAUME WANDER. Nous n'avons pas pu retrouver le nom véritable de cet auteur. Barbier (*Dict. des Anonymes et des Pseudonymes*) n'en parle pas. Jocher le mentionne sous son nom supposé et ne nous en apprend rien P. J.
(1) CLÉMENT VIII ou *Philippe Aldobrandini*, élu pape en 1592, mort en 1605.
P. J.

y paraît avoir du penchant. La seconde opinion est celle de la *traduction*, comme si l'âme des enfants était engendrée (*per traducem*) de l'âme ou des âmes de ceux dont le corps est engendré. Saint Augustin y était porté pour mieux sauver le péché originel. Cette doctrine est enseignée ausssi par la plus grande partie des théologiens de la confession d'Augsbourg. Cependant elle n'est pas établie entièrement parmi eux, puisque les Universités de Iéna, de Helstadt, et autres y ont été contraires depuis longtemps. La troisième opinion et la plus reçue aujourd'hui est celle de la *création* : elle est enseignée dans la plus grande partie des écoles chrétiennes, mais elle reçoit le plus de difficulté par rapport au péché originel.

87. Dans cette controverse des théologiens sur l'origine de l'âme humaine, est entrée la dispute philosophique de l'origine des formes. Aristote et l'école après lui ont appelé forme, ce qui est un principe de l'action et se trouve dans celui qui agit. Ce principe interne est, ou substantiel, qui est appelé âme, quand il est dans un corps organique ; ou accidentel, qu'on a coutume d'appeler qualité. Le même philosophe a donné à l'âme le nom générique d'entéléchie ou d'acte. Ce mot, entéléchie, tire apparemment son origine du mot grec qui signifie parfait, et c'est pour cela que le célèbre Hermolaus Barbarus (1) l'exprima en latin mot à mot par *perfectihabia*, car l'acte est un accomplissement de la puissance : et il n'avait point besoin de consulter le diable, comme il a fait, à ce qu'on dit, pour n'apprendre que cela. Or le philosophe Stagirite conçoit qu'il y a deux espèces d'actes, l'acte permanent et l'acte successif. L'acte permanent ou durable n'est autre chose que la forme, substantielle ou accidentelle : la forme substantielle (comme l'âme par exemple) est permanente tout à fait, au moins selon moi, et l'accidentelle ne l'est que pour un temps. Mais l'acte entièrement passager, dont la nature est transitoire, consiste dans l'action même. J'ai montré ailleurs que la notion de l'entéléchie n'est pas entièrement à mépriser, et qu'étant permanente, elle porte avec elle non seulement une simple faculté active, mais aussi ce qu'on peut appeler force, effort, *conatus*, dont l'action même doit suivre, si rien ne l'empêche. La faculté n'est qu'un attribut, ou bien un mode quelquefois ; mais la force, quand elle n'est pas

---

(1) HERMOLAUS BARBARUS ou ERMOLAO BARBARO, savant illustre du XVIᵉ siècle, né à Venise en 1454, mort à Rome en 1493. On a de lui les livres suivants : *Compendium Ethicorum librorum* (in 8°, Venise, 1544) ; — *Compendium scientiæ naturalis in Aristotele* (in-8°, Venise, 1545) ; — *Themistii paraphrasis in Aristotelis posteriora analytica latine versa* (Paris, 1511). P. J.

un ingrédient de la substance même (c'est-à-dire la force qui n'est point primitive, mais dérivative), est une qualité, qui est distincte et séparable de la substance. J'ai montré aussi comment on peut concevoir que l'âme est une force primitive, qui est modifiée et variée par les forces dérivatives ou qualités, et exercée dans les actions.

88. Or les philosophes se sont fort tourmentés au sujet de l'origine des formes substantielles. Car de dire que le composé de forme et de matière est produit, et que la forme n'est que comproduite, ce n'était rien dire. L'opinion commune a été que les formes étaient tirées de la puissance de la matière, ce qu'on appelle *éduction* : ce n'était encore rien dire en effet, mais on l'éclaircissait en quelque façon par la comparaison des figures ; car celle d'une statue n'est produite qu'en ôtant le marbre superflu. Cette comparaison pourrait avoir lieu, si la forme consistait dans une simple limitation comme la figure. Quelques-uns ont cru que les formes étaient envoyées du ciel, et mêmes créées après, lorsque les corps sont produits. Jules Scaliger a insinué qu'il se pouvait que les formes fussent plutôt tirées de la puissance active de la cause efficiente (c'est-à-dire, ou de celle de Dieu en cas de création, ou de celle des autres formes en cas de génération), que de la puissance passive de la matière ; et c'était revenir à la traduction, lorsqu'une génération se fait. Daniel Sennert, médecin et physicien à Wittemberg, a cultivé ce sentiment, surtout par rapport aux corps animés, qui sont multipliés par les semences. Un certain Jules César della Galla, Italien, demeurant aux Pays-Bas, et un médecin de Groningue nommé Jean Freitag (1), ont écrit contre lui d'une manière fort violente ; et Jean Sperling (2), professeur à Wittemberg, a fait l'apologie de son maître, et a été enfin aux prises avec Jean Zeisold (3), professeur à Iéna, qui défendait la création de l'âme humaine.

89. Mais la traduction et l'éduction sont également inexplicables,

---

(1) FREITAG (Jean), médecin, né à Niederwesel, dans le grand-duché de Clèves, en 1581, mort en 1641, a écrit un traité *De Formarum origine*. P. J.

(2) SPERLING (Jean), né à Leuchfeld, en Thuringe, en 1603, mort en 1658, recteur de l'Université de Wurtemberg, a écrit *De Origine formarum ; — De Morbis totius substantiæ pro D. Sennerto contra Joan. Freitagium ; — Defensionem tr. De Origine formarum pro D. Sennerto contra J. Freitagium ; — De Calido innato pro D. Sennerto contra J. Freitagium.* P. J.

(3) ZEISOLD, né près d'Altenbourg en 1599, fut professeur de physique à Iéna, mourut en 1667, a écrit : *Dissert. de animæ humanæ propagatione ; — Anthropologiam physicam ; — Responsionem ad Zo. Sperlingii programma 1650 editum ; — De Cratione animæ rationalis*, etc. P. J.

lorsqu'il s'agit de trouver l'origine de l'âme. Il n'en est pas de même des formes accidentelles, puisque ce ne sont que des modifications de la substance, et leur origine se peut expliquer par l'éduction, c'est-à-dire par la variation des limitations, tout comme l'origine des figures. Mais c'est tout autre chose, quand il s'agit de l'origine d'une subsistance, dont le commencement et la destruction sont également difficiles à expliquer. Sennert et Sperling n'ont point osé admettre la substance et l'indestructibilité des âmes des bêtes ou d'autres formes primitives, quoiqu'ils les reconnussent pour indivisibles et immatérielles. Mais c'est qu'ils confondirent l'indestructibilité avec l'immortalité, par laquelle on entend dans l'homme, non seulement que l'âme, mais encore la personnalité subsiste : c'est-à-dire, en disant que l'âme de l'homme est immortelle, on fait subsister ce qui fait que c'est la même personne, laquelle garde ses qualités morales, en conservant la conscience ou le sentiment réflexif interne de ce qu'elle est : ce qui la rend capable de châtiment et de récompense. Mais cette conservation de la personnalité n'a point lieu dans l'âme des bêtes : c'est pourquoi j'aime mieux dire qu'elles sont impérissables, que de les appeler immortelles. Cependant ce malentendu paraît avoir été cause d'une grande inconséquence dans la doctrine, des thomistes, et d'autres bons philosophes, qui ont reconnu l'immatérialité ou l'indivisibilité de toutes les âmes, sans en vouloir avouer l'indestructibilité, au grand préjudice de l'immortalité de l'âme humaine. Jean Scot (1), c'est-à-dire l'Écossais (ce qui signifiait autrefois l'Hibernais ou l'Erigène), auteur célèbre du temps de Louis le Débonnaire et de ses fils, était pour la conservation de toutes les âmes ; et je ne vois point pourquoi il y aurait moins d'inconvénient à faire durer les atomes d'Épicure (2) ou de Gassendi, que de faire subsister toutes les substances véritablement simples et indivisibles, qui sont les seuls et vrais atomes

---

(1) Scot (Jean), appelé aussi *Scot Erigène*, philosophe illustre du ixe siècle, tout imprégné des idées alexandrines, vécut en France sous Charles le Chauve. Son principal ouvrage est le Περὶ φύσεως μορισμον (*De Divisione naturæ*), publié à Oxford en 1681 par Th. Gale, in-fol. — M. Schister en a donné en Allemagne une nouvelle édition.   P. J.

(2) Épicure, philosophe illustre de l'antiquité, né à Athènes en 341, mort en 270. — La plupart de ses ouvrages sont perdus ; on en a trouvé quelques fragments dans les fouilles d'Herculanum (*Herculanensium voluminum quæ supersunt*, t. II, Nap. 1809 ; t. X, Nap. 1850). — On consultera surtout, sur Épicure : Gassendi, *De Vitâ, moribus et doctrinâ Epicuri* (in-4°, Lyon 1667), et *Syntagma philosophiæ Epicuri* (in-4°, La Haye, 1655).   P. J.

de la nature. Et Pythagore avait raison de dire en général chez Ovide :

Morte carent animæ

90. Or, comme j'aime des maximes qui se soutiennent et où il y a le moins d'exceptions qu'il est possible, voici ce qui m'a paru le plus raisonnable en tout sens sur cette importante question. Je tiens que les âmes, et généralement les substances simples, ne sauraient commencer que par la création ni finir que par l'annihilation : et comme la formation des corps organiques animés ne paraît explicable dans l'ordre de la nature que lorsqu'on suppose une préformation déjà organique, j'en ai inféré que ce que nous appelons génération d'un animal n'est qu'une transformation et augmentation ; ainsi, puisque le même corps était déjà organisé, il est à croire qu'il était déjà animé, et qu'il avait la même âme, de même je juge *vice versa* de la conservation de l'âme, lorsqu'elle est créée une fois, que l'animal est conservé aussi, et que la mort apparente n'est qu'un enveloppement ; n'y ayant point d'apparence que dans l'ordre de la nature il y ait des âmes entièrement séparées de tout corps, ni que ce qui ne commence point naturellement puisse cesser par les forces de la nature.

91. Après avoir établi un si bel ordre, et des règles si générales à l'égard des animaux, il ne paraît pas raisonnable que l'homme en soit exclu entièrement, et que tout se fasse en lui par miracle par rapport à son âme. Aussi ai-je fait remarquer plus d'une fois qu'il est de la sagesse de Dieu que tout soit harmonique dans ses ouvrages, et que la nature soit parallèle à la grâce. Ainsi, je croirais que les âmes qui seront un jour âmes humaines, comme celles des autres espèces, ont été dans les semences, et dans les ancêtres jusqu'à Adam, et ont existé par conséquent depuis le commencement des choses, toujours dans une manière de corps organisé : en quoi il semble que M. Swammerdam, le R. P. Malebranche (1), M. Bayle, M. Pitcarne (2), M. Hartsoeker (3), et quantité d'autres personnes

---

(1) MALEBRANCHE (Nicolas), philosophe illustre du xviie siècle, né à Paris en 1638, mort en 1715. Il était oratorien, s'attacha à la philosophie de Descartes, mais fut lui-même l'auteur d'une philosophie originale. Ses ouvrages sont : la *Recherche de la vérité* (in-12, Paris, 1674) ; — *Conversations métaphysiques et chrétiennes* (in-12, Paris, 1677) ; — *Traité de la nature et de la grâce* (Amst., in-12, 1683) ; — *Méditations métaphysiques et chrétiennes* (in-12, Col., 1683) ; — *Traité de morale* (in-12, 1684) ; — *Entretiens sur la métaphysique* (in-12, 1688).

(2) PITCARNE (Archibald), médecin écossais, professeur à Leyde en 1692, a écrit des *Opuscula medica*.   P. J.

(3) HARTSOEKER, mathématicien hollandais, né en Hollande en 1656, fut nommé

très habiles, soient de mon sentiment. Et cette doctrine est assez confirmée par les observations microscopiques de M. Leewenhoek, et d'autres bons observateurs. Mais il me paraît encore convenable pour plusieurs raisons, qu'elles n'existaient encore qu'en âmes sensitives ou animales, douées de perception et de sentiment, et destituées de raison ; et qu'elles sont demeurées dans cet état jusqu'au temps de la génération de l'homme, à qui elles devaient appartenir, mais qu'alors elles ont reçu la raison ; soit qu'il y ait un moyen naturel d'élever une âme sensitive au degré d'âme raisonnable (ce que j'ai de la peine à concevoir), soit que Dieu ait donné la raison à cette âme par une opération particulière, ou (si vous voulez) par une espèce de *transcréation*. Ce qui est d'autant plus aisé à admettre, que la révélation enseigne beaucoup d'autres opérations immédiates de Dieu sur nos âmes. Cette explication paraît lever les embarras qui se présentent ici en philosophie ou en théologie : puisque la difficulté de l'origine des formes cesse entièrement ; et puisqu'il est bien plus convenable à la justice divine de donner à l'âme, déjà corrompue physiquement ou animalement par le péché d'Adam, une nouvelle perfection qui est la raison, que de mettre une âme raisonnable par création ou autrement, dans un corps où elle doive être corrompue moralement.

92. Or l'âme étant une fois sous la domination du péché, et prête à en commettre actuellement, aussitôt que l'homme sera en état d'exercer la raison ; c'est une nouvelle question, si cette disposition d'un homme qui n'a pas été régénéré par le baptême suffit pour le damner, quand même il ne viendrait jamais au péché actuel, comme il peut arriver, et arrive souvent, soit qu'il meure avant l'âge de raison, soit qu'il devienne hébété avant que d'en faire usage. On soutient que saint Grégoire de Nazianze (1) le nie (*Orat. de Baptismo*) ; mais saint Augustin est pour l'affirmative, et prétend que le

---

membre de l'Académie des sciences en 1699, mort en 1725. Ses nombreux ouvrages sont consacrés à des questions de mathématique et de physique, et nous ne savons dans lequel il aurait pu traiter la question dont parle ici Leibniz, à moins que ce ne soit dans sa *Lettre sur les serres qui recroissent aux écrevisses quand on les a rompues* (Biblioth. ancienne et moderne). P. J.

(1) SAINT GRÉGOIRE DE NAZIANCE), l'un des plus illustres pères de l'Église grecque, né à Azianze, près de Nazianze en Cappadoce, en 328, fut évêque de Constantinople, et mourut vers 389. — On a de lui un grand nombre de sermons, de lettres et de poésies, et des discours contre l'empereur Julien. — Ses œuvres complètes ont été publiées à Bâle en 1550. Les Bénédictins de Saint-Maur en ont commencé une édition grecque-latine dont le premier volume seulement a paru.
P. J.

seul péché originel suffit pour faire mériter les flammes de l'enfer; quoique ce sentiment soit bien dur, pour ne rien dire de plus. Quand je parle ici de la damnation et de l'enfer, j'entends des douleurs, et non pas une simple privation de la félicité suprême; j'entends *pœnam sensus, non damni*. Grégoire de Rimini, général des Augustins, avec peu d'autres, a suivi saint Augustin contre l'opinion reçue des écoles de son temps, et pour cela était appelé le bourreau des enfants, *tortor infantum*. Les scolastiques, au lieu de les envoyer dans les flammes de l'enfer, leur ont assigné un limbe exprès, où ils ne souffrent point, et ne sont punis que par la privation de la vision béatifique. Les révélations de sainte Brigitte (1) (comme on les appelle) fort estimées à Rome sont aussi pour ce dogme. Salmeron (2) et Molina, après Ambroise Catharin (3) et autres, leur accordent une certaine béatitude naturelle; et le cardinal Sfondrate, homme de savoir et de piété, qui l'approuve, est allé dernièrement jusqu'à préférer en quelque façon leur état, qui est l'état d'une heureuse innocence, à celui d'un pécheur sauvé; comme l'on voit dans son *Nodus prædestinationis solutus* : mais il paraît que c'est un peu trop. Il est vrai qu'une âme éclairée comme il faut ne voudrait point pécher, quand elle pourrait obtenir par ce moyen tous les plaisirs imaginables : mais le cas de choisir entre le péché et la véritable béatitude est un cas chimérique, et il vaut mieux obtenir la béatitude (quoique après la pénitence) que d'en être privé pour toujours.

93. Beaucoup de prélats et de théologiens de France, qui sont bien aises de s'éloigner de Molina et de s'attacher à saint Augustin, semblent pencher vers l'opinion de ce grand docteur, qui condamne aux flammes éternelles les enfants morts dans l'âge d'innocence avant que d'avoir reçu le baptême. C'est ce qui paraît par la lettre citée ci-dessus, que cinq insignes prélats de France écrivirent au pape

---

(1) SAINTE BRIGITTE, née en Suède, de famille royale, en 1302, morte à Rome au retour d'un pèlerinage en terre sainte en 1373. — Ses *Révélations*, par le moine Pierre, prieur d'Alvactre, et par Mathias, chanoine de Linkoping, ont été vivement attaquées par Gerson. — Le cardinal Turre-Cremata les fit approuver par le concile de Bâle. Elles furent imprimées à Rome en 1475 et 1488 et traduites en français en 1536. P. J.

(2) SALMERON, né en 1516, jésuite de Tolède, l'un des premiers compagnons d'Ignace de Loyola, assista au concile de Trente, et mourut en 1585. Ses écrits ont été publiés en seize volumes. P. J.

(3) CATHARIN, d'abord jurisconsulte sous le nom de *Lancelot Politus*, puis théologien, est né à Sienne en 1487, mort à Rome en 1553. Il passe pour un théologien indépendant et assez hardi dans ses opinions. Son *Traité de la grâce* avoisine le luthéranisme. P. J.

Innocent XII, contre ce livre posthume du cardinal Sfondrat; mais dans laquelle ils n'osèrent condamner la doctrine de la peine purement privative des enfants morts sans baptême, la voyant approuvée par le vénérable Thomas d'Aquin, et par d'autres grands hommes. Je ne parle point de ceux qu'on appelle d'un côté jansénistes et de l'autre côté disciples de saint Augustin, car ils se déclarent entièrement et fortement pour le sentiment de ce Père. Mais il faut avouer que ce sentiment n'a point de fondement suffisant ni dans la raison, ni dans l'Écriture, et qu'il est d'une dureté des plus choquantes. M. Nicole l'excuse assez mal dans son livre de l'*Unité de l'Église* opposé à M. Jurieu, quoique M. Bayle prenne son parti, chap. CLXXVII, de la *Réponse aux questions du Provincial*, tome III. M. Nicole se sert de ce prétexte, qu'il y a encore d'autres dogmes dans la religion chrétienne qui paraissent durs. Mais outre que ce n'est pas une conséquence qu'il doit être permis de multiplier ces duretés sans preuve, il faut considérer que les autres dogmes que M. Nicole allègue, qui sont le péché originel et l'éternité des peines, ne sont durs et injustes qu'en apparence; au lieu que la damnation des enfants morts sans péché actuel et sans régénération le serait véritablement, et que ce serait damner en effet des innocents. Et cela me fait croire que le parti qui soutient cette opinion n'aura jamais entièrement le dessus dans l'Église romaine même. Les théologiens évangéliques ont coutume de parler avec assez de modération sur ce sujet, et d'abandonner ces âmes au jugement et à la clémence de leur créateur. Et nous ne savons pas toutes les voies extraordinaires dont Dieu se peut servir pour éclairer les âmes.

94. L'on peut dire que ceux qui damnent pour le seul péché originel, et qui damnent par conséquent les enfants morts sans baptême, ou hors de l'alliance, tombent sans y penser dans un certain usage de la disposition de l'homme et de la prescience de Dieu, qu'ils désapprouvent en d'autres: ils ne veulent pas que Dieu refuse ses grâces à ceux qu'il prévoit y devoir résister, ni que cette prévision et que cette disposition soit cause de la damnation de ces personnes; et cependant ils prétendent que la disposition qui fait le péché originel, et dans laquelle Dieu prévoit que l'enfant péchera aussitôt qu'il sera en âge de raison, suffise pour damner cet enfant par avance. Ceux qui soutiennent l'un et rejettent l'autre ne gardent pas assez d'uniformité et de liaison dans leurs dogmes.

95. Il n'y a guère moins de difficulté sur ceux qui parviennent à

l'âge de discrétion, et se plongent dans le péché, en suivant l'inclination de la nature corrompue, s'ils ne reçoivent point le secours de la grâce nécessaire pour s'arrêter sur le penchant du précipice, ou pour se tirer de l'abîme où ils sont tombés. Car il paraît dur de les damner éternellement, pour avoir fait ce qu'ils n'avaient point le pouvoir de s'empêcher de faire. Ceux qui damnent jusqu'aux enfants incapables de discrétion se soucient encore moins des adultes, et l'on dirait qu'ils se sont endurcis à force de penser voir souffrir les gens. Mais il n'en est pas de même des autres, et je serais assez pour ceux qui accordent à tous les hommes une grâce suffisante à les tirer du mal, pourvu qu'ils aient assez de disposition pour profiter de ce secours, et pour ne le point rejeter volontairement. L'on objecte qu'il y a eu, et qu'il y a encore une infinité d'hommes parmi les peuples civilisés et parmi les barbares, qui n'ont jamais eu cette connaissance de Dieu et de Jésus-Christ, dont on a besoin pour être sauvé par les voies ordinaires. Mais sans les excuser par la prétention d'un péché purement philosophique, et sans s'arrêter à une simple peine de privation, choses qu'il n'y a pas lieu de discuter ici; on peut douter du fait: car que savons-nous, s'ils ne reçoivent point des secours ordinaires ou extraordinaires qui nous sont inconnus? Cette maxime, *Quod facienti quod in se est, non denegatur gratia necessaria,* me paraît d'une vérité éternelle. Thomas d'Aquin, l'archevêque Bradwardin et d'autres, ont insinué qu'il se passait là-dedans quelque chose que nous ne savons pas (Thom. quæt. 14, *De Veritate,* art. 11 *ad* 1 *et alibi.* Bradwardin, *De causa Dei,* non procul ab initio). Et plusieurs théologiens fort autorisés dans l'Église romaine même ont enseigné qu'un acte sincère de l'amour de Dieu sur toutes chose suffit pour le salut, lorsque la grâce de Jésus-Christ le fait exciter. Le Père François-Xavier (1) répondit aux Japonais que si leurs ancêtres avaient bien usé de leurs lumières naturelles, Dieu leur aurait donné les grâces nécessaires pour être sauvés; et l'évêque de Genève, François de Sales (2), approuve fort cette réponse (L. IV, *de l'Amour de Dieu,* chap. v.)

(1) XAVIER (saint François), célèbre missionnaire, l'un des premiers disciples d'Ignace de Loyola, né en Navarre en 1500, fut surnommé l'apôtre des Indes, mourut en 1552. On a de lui: *Cinq livres d'Épitres* (Paris, 1631, in-8°); — *un Catéchisme;* — *des Opuscules.*

(2) DE SALES (saint François), évêque de Genève, né au château de Sales, en Savoie, en 1567, mort à Lyon en 1622. — On a de lui: *Introduction à la vie dévote* (1608, in-8°). — *Traité de l'amour de Dieu* (Lyon, 1616, in-8); — *Entretiens spirituels,* etc. (1629, in-8°.)

P. J.

96. C'est ce que j'ai remontré autrefois à l'excellent M. Pelisson, pour lui faire voir que l'Église romaine allant plus loin que les protestants, ne damne point absolument ceux qui sont hors de sa communion, et même hors du christianisme, en ne les mesurant que par la foi explicite : et il ne l'a point réfuté à proprement parler dans la réponse très obligeante qu'il m'a faite, et qu'il a mise dans la quatrième partie de ses Réflexions, à laquelle il m'a fait l'honneur de joindre mon écrit. Je lui donnai alors à considérer ce qu'un célèbre théolologien portugais, nommé Jacques Payva Andradius, envoyé au concile de Trente, en a écrit contre Chemnice pendant ce même concile. Et maintenant, sans alléguer beaucoup d'autres auteurs des plus considérables, je me contenterai de nommer le Père Frédéric Spée, jésuite, un des plus excellents hommes de sa société, qui a aussi été de ce sentiment commun de l'efficace de l'amour de Dieu, comme il paraît par la préface du beau livre qu'il a fait en allemand sur les vertus chrétiennes. Il parle de cette observation comme d'un secret de piété fort important, et s'étend fort distinctement sur la force de l'amour divin d'effacer le péché sans même l'intervention des sacrements de l'Église catholique, pourvu qu'on ne les méprise pas, ce qui ne serait point compatible avec cet amour. Et un très grand personnage, dont le caractère était un des plus relevés qu'on puisse avoir dans l'Église romaine, m'en donna la première connaissance. Le père Spée était d'une famille noble de Wesphalie (pour le dire en passant), et il est mort en odeur de sainteté, suivant le témoignage de celui qui a publié ce livre à Cologne avec l'approbation des supérieurs.

97. La mémoire de cet excellent homme doit encore être précieuse aux personnes de savoir et de bon sens, parce qu'il est l'auteur du livre intitulé : *Cautio criminalis circa processus contra sagas*, qui a fait beaucoup de bruit, et qui a été traduit en plusieurs langues. J'ai appris du grand électeur de Mayence, Jean-Philippe de Schonborn, oncle de S. A. E. d'à présent, laquelle marche glorieusement sur les traces de ce digne prédécesseur, que ce Père s'étant trouvé en Franconie, lorsqu'on y faisait rage pour brûler des sorciers prétendus, et en ayant accompagné plusieurs jusqu'au bûcher, qu'il avait reconnus tous innocents par les confessions et par les recherches qu'il en avait faites, en fut si touché, que malgré le danger qu'il y avait alors de dire la vérité, il se résolut à composer cet ouvrage (sans s'y nommer pourtant) qui a fait un grand bruit, et qui a converti sur ce chapitre cet électeur, encore simple chanoine alors, et

depuis évêque de Wurzbourg, et enfin aussi archevêque de Mayence ; lequel fit cesser ces brûleries aussitôt qu'il parvint à la régence. En quoi il a été suivi par les ducs de Brunswick, et enfin par la plupart des autres princes et États d'Allemagne.

98. Cette digression m'a paru de saison, parce que cet auteur mérite d'être plus connu, et je reviens au sujet, où j'ajouterai qu'en supposant qu'aujourd'hui une connaissance de Jésus-Christ selon la chair est nécessaire au salut, comme en effet c'est le plus sûr de l'enseigner, l'on pourra dire que Dieu la donnera à tous ceux qui font ce qui dépend humainement d'eux, quand même il faudrait le faire par miracle. Aussi ne pouvons-nous savoir ce qui se passe dans les âmes à l'article de la mort : et si plusieurs théologiens savants et graves soutiennent que les enfants reçoivent une espèce de foi dans le baptême, quoiqu'ils ne s'en souviennent point depuis, quand on les interroge là-dessus ; pourquoi prétendrait-on que rien de semblable, ou même de plus exprès, ne se pût faire dans les mourants, que nous ne pouvons pas interroger après leur mort? De sorte qu'il y a une infinité de chemins ouverts à Dieu, qui lui donnent moyen de satisfaire à sa bonté : et tout ce qu'on peut objecter, c'est que nous ne savons pas de quelle voie il se sert ; ce qui n'est rien moins qu'une objection valable.

99. Venons à ceux qui ne manquent pas du pouvoir de se corriger, mais de bonne volonté : ils sont inexcusables sans doute ; mais il y reste toujours une grande difficulté par rapport à Dieu, puisqu'il dépendait de lui de leur donner cette bonne volonté même. Il est le maître des volontés ; les cœurs des rois et ceux des autres hommes sont dans sa main. La sainte Écriture va jusqu'à dire qu'il endurcit quelquefois les méchants, pour montrer sa puissance en les punissant. Cet endurcissement ne doit pas être entendu, comme si Dieu y imprimait extraordinairement une espèce d'antigrâce, c'est-à-dire une répugnance au bien, ou même une inclination au mal, comme la grâce qu'il donne est une inclination au bien : mais c'est que Dieu ayant considéré la suite des choses qu'il a établies, a trouvé à propos pour des raisons supérieures, de permettre que Pharaon, par exemple, fût dans des circonstance qui augmentassent sa méchanceté ; et que la divine Sagesse a voulu tirer un bien de ce mal.

100. Ainsi le tout revient souvent aux circonstances, qui font une partie de l'enchaînement des choses. Il y a une infinité d'exemples des petites circonstances qui servent à convertir ou à pervertir. Rien

n'est plus connu que le *tolle, lege* (prends et lis) que saint Augustin entendit crier dans une maison voisine, lorsqu'il délibérait sur le parti qu'il devait prendre parmi les chrétiens divisés en sectes, et se disant :

Quod vitæ sectabor iter !

ce qui le porta à ouvrir au hasard les livres des divines Écritures qu'il avait devant lui, et d'y lire ce qui tomba sous ses yeux ; et ce furent des paroles qui achevèrent de le déterminer à quitter le manichéisme. Le bon M. Stenonis Danois, évêque titulaire de Titianopolis, et vicaire apostolique (comme on parle) à Hanover, et aux environs, lorsqu'il y avait un duc régent de sa religion, nous disait qu'il lui était arrivé quelque chose de semblable. Il était grand anatomiste et fort versé dans la connaissance de la nature ; mais il en abandonna malheureusement la recherche, et d'un grand physicien il devint un théologien médiocre. Il ne voulait presque plus entendre parler des merveilles de la nature, et il aurait fallu un commandement exprès du pape *In virtute sanctæ obedientiæ*, pour tirer de lui les observations que M. Thévenot lui demandait. Il nous racontait donc que ce qui avait contribué beaucoup à le déterminer à se mettre dans le parti de l'Église romaine, avait été la voix d'une dame à Florence, qui lui avait crié d'une fenêtre : N'allez pas du côté où vous voulez aller, Monsieur, allez de l'autre côté. Cette voix me frappa, nous dit-il, parce que j'étais en méditation alors sur la religion. Cette dame savait qu'il cherchait un homme dans la maison où elle était, et le voyant prendre un chemin pour l'autre, lui voulait enseigner la chambre de son ami.

101. Le Père Jean Davidius (1), jésuite, a fait un livre intitulé : *Veridicus Christianus*, qui est comme une espèce de bibliomance, où l'on prend les passages à l'aventure, à l'exemple du *tolle, lege*, de saint Augustin, et c'est comme un jeu de dévotion. Mais les hasards, où nous nous trouvons malgré nous, ne contribuent que trop à ce qui donne ou ôte le salut aux hommes. Figurons-nous deux enfants jumeaux polonais, l'un pris par les Tartares, vendu aux Turcs, porté à l'apostasie, plongé dans l'impiété, mourant dans le désespoir ; l'autre sauvé par quelque hasard, tombé depuis en

---

(1) DAVIDIUS (le P.), jésuite de Courtray, mort à Anvers en 1613. — Auteur d'un très grand nombre d'ouvrages théologiques, de titres mystiques : *Hereticum araneum ; — Horologium passionis ; — Fuga spiritualis ; — Alphabetum spirituale ; — Viridarium rituum ; — Hortulus deliciarum animæ.* P. J.

bonnes mains pour être instruit comme il faut, pénétré des plus solides vérités de la religion, exercé dans les vertus qu'elle nous recommande, mourant avec tous les sentiments d'un bon chrétien : on plaindra le malheur du premier, qu'une petite circonstance peut-être a empêché de se sauver aussi bien que son frère ; et l'on s'étonnera que ce petit hasard ait dû décider de son sort par rapport à l'éternité.

102. Quelqu'un dira, peut-être, que Dieu a prévu par la science moyenne que le premier aurait aussi été méchant et damné, s'il était demeuré en Pologne. Il y a peut-être des rencontres dans lesquels quelque chose de tel a lieu. Mais dira-t-on donc que c'est une règle générale, et que pas un de ceux qui ont été damnés parmi les païens n'aurait été sauvé, s'il avait été parmi les chrétiens ? Ne serait-ce pas contredire à Notre-Seigneur, qui dit que Tyr et Sidon auraient mieux profité de ses prédications que Capernaüm, s'ils avaient eu le bonheur de les entendre ?

103. Mais quand on accorderait même ici cet usage de la science moyenne, contre toutes les apparences ; elle suppose toujours que Dieu considère ce que l'homme ferait en telles ou telles circonstances, et il demeure toujours vrai que Dieu aurait pu le mettre dans d'autres plus salutaires, et lui donner des secours internes ou externes, capables de vaincre le plus grand fond de malice, qui pourrait se trouver dans une âme. On me dira que Dieu n'y est point obligé, mais cela ne suffit pas ; il faut ajouter que de plus grandes raisons l'empêchent de faire sentir toute sa bonté à tous. Ainsi il faut qu'il y ait du choix, mais je ne pense point qu'on en doive chercher la raison absolument dans le bon ou dans le mauvais naturel des hommes : car si l'on suppose avec quelques-uns, que Dieu choisissant le plan qui produit le plus de bien, mais qui enveloppe le péché et la damnation, a été porté par la sagesse à choisir les meilleurs naturels pour en faire des objets de sa grâce ; il semble que la grâce de Dieu ne sera point assez gratuite, et que l'homme se distinguera lui-même par une espèce de mérite inné ; ce qui paraît éloigné des principes de saint Paul, et même de ceux de la souveraine raison.

104. Il est vrai qu'il y a des raisons du choix de Dieu, et il faut que la considération de l'objet, c'est-à-dire du naturel de l'homme, y entre ; mais il ne paraît point que ce choix puisse être assujetti à une règle que nous soyons capables de concevoir, et qui puisse flatter l'orgueil des hommes. Quelques théologiens célèbres croient que Dieu

offre plus de grâces, ou d'une manière plus favorable, à ceux qu'il prévoit devoir moins résister, et qu'il abandonne les autres à leur opiniâtreté : il y a lieu de croire qu'il en est souvent ainsi, et cet expédient entre ceux qui font que l'homme se distingue lui-même par ce qu'il y a de favorable dans son naturel, s'éloigne le plus du pélagianisme. Cependant je n'oserais pas non plus en faire une règle universelle. Et afin que nous n'ayons point sujet de nous glorifier, il faut que nous ignorions les raisons du choix de Dieu : aussi sont-elles trop variées pour tomber sous notre connaissance, et il se peut que Dieu montre quelquefois la puissance de sa grâce en surmontant la plus opiniâtre résistance, afin que personne n'ait sujet de se désespérer comme personne n'en doit avoir de se flatter. Et il semble que saint Paul a eu cette pensée, se proposant à cet égard en exemple : Dieu, dit-il, m'a fait miséricorde, pour donner un grand exemple de patience.

105. Peut-être que dans le fond tous les hommes sont également mauvais, et par conséquent hors d'état de se distinguer eux-mêmes par leurs bonnes ou moins mauvaises qualités naturelles : mais ils ne sont point mauvais d'une manière semblable : car il y a une différence individuelle originaire entre les âmes, comme l'harmonie préétablie le montre. Les uns sont plus ou moins portés vers un tel bien ou vers un tel mal, ou vers leur contraire, le tout selon leurs dispositions naturelles : mais le plan général de l'univers que Dieu a choisi pour des raisons supérieures, faisant que les hommes se trouvent dans de différentes circonstances, ceux qui en rencontrent de plus favorables à leur naturel, deviendront plus aisément les moins méchants, les plus vertueux, les plus heureux ; mais toujours par l'assistance des impressions de la grâce interne que Dieu y joint. Il arrive même quelquefois encore dans le train de la vie humaine, qu'un naturel plus excellent réussit moins, faute de culture ou d'occasions. On peut dire que les hommes sont choisis et rangés non pas tant suivant leur excellence, que suivant la convenance qu'ils ont avec le plan de Dieu ; comme il se peut qu'on emploie une pierre moins bonne dans un bâtiment ou dans un assortiment, parce qu'il se trouve que c'est celle qui remplit un certain vide.

106. Mais enfin toutes ces tentatives de raisons, où l'on n'a point besoin de se fixer entièrement sur de certaines hypothèses, ne servent qu'à faire concevoir qu'il y a mille moyens de justifier la conduite de Dieu ; et que tous les inconvénients que nous voyons, toutes les

difficultés qu'on se peut faire, n'empêchent pas qu'on ne doive croire raisonnablement, quand on ne le saurait pas d'ailleurs démonstrativement, comme nous l'avons déjà montré, et comme il paraîtra d'avantage dans la suite, qu'il n'y a rien de si élevé que la sagesse de Dieu, rien de si juste que ses jugements, rien de si pur que sa sainteté, et rien de plus immense que sa bonté.

DEUXIÈME PARTIE

ESSAIS

SUR

LA BONTÉ DE DIEU, LA LIBERTÉ DE L'HOMME

ET L'ORIGINE DU MAL

107. Jusqu'ici nous nous sommes attachés à donner une exposition ample et distincte de toute cette matière : et quoique nous n'ayons pas encore parlé des objections de M. Bayle en particulier, nous avons tâché de les prévenir, et de donner les moyens d'y répondre. Mais comme nous nous sommes chargé du soin d'y satisfaire en détail, non seulement parce qu'il y aura peut-être encore des endroits qui mériteront d'être éclaircis, mais encore parce que ses instances sont ordinairement pleines d'esprit et d'érudition, et servent à donner un plus grand jour à cette controverse ; il sera bon d'en rapporter les principales qui se trouvent dispersées dans ses ouvrages et d'y joindre nos solutions. Nous avons remarqué d'abord « que « Dieu concourt au mal moral, et au mal physique, et à l'un et à « l'autre d'une manière morale et d'une manière physique ; et que « l'homme y concourt aussi moralement et physiquement d'une « manière libre et active, qui le rend blâmable et punissable. » Nous avons montré aussi que chaque point a sa difficulté : mais la plus grande est de soutenir que Dieu concourt moralement au mal moral,

c'est-à-dire au péché, sans être auteur du péché, et même sans être complice.

108. Il le fait en le permettant justement, et en le dirigeant sagement au bien, comme nous l'avons montré d'une manière qui paraît assez intelligible. Mais comme c'est en cela que M. Bayle se fait fort principalement de battre en ruine ceux qui soutiennent qu'il n'y a rien dans la foi qu'on ne puisse accorder avec la raison, c'est aussi particulièrement ici qu'il faut montrer que nos dogmes sont munis d'un rempart, même de raisons capables de résister au feu de ses plus fortes batteries, pour nous servir de son allégorie. Il les a dressées contre nous dans le chapitre CXLIV de sa *Réponse aux questions d'un Provincial*, tome III, page 812, où il renferme la doctrine théologique en sept propositions, et y oppose dix-neuf maximes philosophiques, comme autant de gros canons capables de faire brèche dans notre rempart. Commençons par les propositions théogiques.

109. I. « Dieu, dit-il, l'Être éternel et nécessaire, infiniment bon,
« saint, sage et puissant, possède de toute éternité une gloire et
« une béatitude, qui ne peuvent jamais ni croître ni diminuer. »
Cette proposition de M. Bayle n'est pas moins philosophique que théologique. De dire que Dieu possède une gloire quand il est seul, c'est ce qui dépend de la signification du terme. L'on peut dire avec quelques-uns, que la gloire est la satisfaction qu'on trouve dans la connaissance de ses propres perfections ; et dans ce sens, Dieu la possède toujours ; mais quand la gloire signifie que les autres en prennent connaissance, l'on peut dire que Dieu ne l'acquiert que quand il se fait connaître à des créatures intelligentes : quoiqu'il soit vrai que Dieu n'obtient pas par là un nouveau bien, et que ce sont plutôt les créatures raisonnables qui s'en trouvent bien, lorsqu'elles envisagent comme il faut la gloire de Dieu.

110. II. « Il se détermina librement à la production des créatures,
« et il choisit entre une infinité d'êtres possibles, ceux qu'il lui plut,
« pour leur donner l'existence et en composer l'univers, et laissa tous
« les autres dans le néant. » Cette proposition est aussi très conforme à cette partie de la philosophie qui s'appelle la théologie naturelle, tout comme la précédente. Il faut appuyer un peu sur ce qu'on dit ici, qu'il choisit les êtres possibles qu'il lui plut. Car il faut considérer que lorsque je dis, cela me plaît, c'est autant que si je disais, je le trouve bon. Ainsi c'est la bonté idéale de l'objet, qui plaît, et qui le fait choisir parmi beaucoup d'autres qui ne plaisent pas, ou qui

plaisent moins, c'est-à-dire qui renferment moins de cette bonté qui me touche. Or il n'y a que les vrais biens qui soient capables de plaire à Dieu : et par conséquent ce qui plaît le plus à Dieu, et qui se fait choisir, est le meilleur.

141. III. « La nature humaine ayant été du nombre des êtres qu'il « voulut produire, il créa un homme et une femme, et leur accorda « entre autres faveurs le franc arbitre, de sorte qu'ils eurent le pou- « voir de lui obéir ; mais il les menaça de la mort s'ils désobéis- « saient à l'ordre qu'il leur donna de s'abstenir d'un certain fruit. » Cette proposition est révélée en partie et doit être admise sans difficulté, pourvu que le franc-arbitre soit entendu comme il faut, suivant l'explication que nous en avons donnée.

142. IV. « Ils en mangèrent pourtant, et dès lors ils furent con- « damnés eux et toute leur postérité aux misères de cette vie, à la « mort temporelle et à la damnation éternelle, et assujettis à une « telle inclination au péché qu'ils s'y abandonnent presque sans fin « et sans cesse. » Il y a sujet de juger que l'action défendue entraîna par elle-même ces mauvaises suites en vertu d'une conséquence naturelle, et que ce fut pour cela même, et non pas par un décret purement arbitraire, que Dieu l'avait défendue : c'était à peu près comme on défend les couteaux aux enfants. Le célèbre Fludd ou de Fluctibus, Anglais, fit autrefois un livre *de Vita, Morte et Resurrectione*, sous le nom de R. Otreb, où il soutint que le fruit de l'arbre défendu était un poison : mais nous ne pouvons pas entrer dans ce détail. Il suffit que Dieu a défendu une chose nuisible ; il ne faut donc point s'imaginer que Dieu y ait fait simplement le personnage de législateur, qui donne une loi purement positive, ou d'un juge qui impose et inflige une peine par un ordre de sa volonté, sans qu'il y ait de la connexion entre le mal de coulpe et le mal de peine. Et il n'est point nécessaire de se figurer que Dieu justement irrité a mis une corruption tout exprès dans l'âme et dans le corps de l'homme, par une action extraordinaire pour le punir : à peu près comme les Athéniens donnaient le suc de la ciguë à leurs criminels. M. Bayle le prend ainsi, il parle comme si la corruption originelle avait été mise dans l'âme du premier homme par un ordre et par une opération de Dieu. C'est ce qui fait objecter (*Rép. au Provinc.*, ch. CLXXVIII, p. 1218, t. III), « que la raison n'approuverait point le « monarque, qui pour châtier un rebelle condamnerait lui et ses « descendants à être inclinés à se rebeller ». Mais ce châtiment

arrive naturellement aux méchants, sans aucune ordonnance d'un législateur, et ils prennent goût au mal. Si les ivrognes engendraient des enfants inclinés au même vice par une suite naturelle de ce qui se passe dans les corps, ce serait une punition de leurs progéniteurs, mais ce ne serait pas une peine de la loi. Il y a quelque chose d'approchant dans les suites du péché du premier homme. Car la contemplation de la divine Sagesse nous porte à croire que le règne de la nature sert à celui de la grâce ; et que Dieu comme architecte a tout fait comme il convenait à Dieu considéré comme monarque. Nous ne connaissons pas assez ni la nature du fruit défendu, ni celle de l'action, ni ses effets, pour juger du détail de cette affaire : cependant il faut rendre cette justice à Dieu, de croire qu'elle renfermait quelque autre chose que ce que les peintres nous représentent.

113. V. « Il lui a plu par son infinie miséricorde de délivrer un
« très petit nombre d'hommes de cette condamnation, et en les lais-
« sant exposés pendant cette vie à la corruption du péché et à la
« misère, il leur a donné des assistances qui les mettent en état
« d'obtenir la béatitude du paradis qui ne finira jamais. » Plusieurs anciens ont douté si le nombre des damnés est aussi grand qu'on se l'imagine, comme je l'ai déjà remarqué ci-dessus ; et il paraît qu'ils ont cru qu'il y a quelque milieu entre la damnation éternelle et la parfaite béatitude. Mais nous n'avons point besoin de ces opinions, et il suffit de nous tenir aux sentiments reçus dans l'Église ; où il est bon de remarquer que cette proposition de M. Bayle est conçue suivant les principes de la grâce suffisante, donnée à tous les hommes, et qui leur suffit, pourvu qu'ils aient une bonne volonté. Et quoique M. Bayle soit lui-même pour le parti opposé, il a voulu (comme il dit à la marge) éviter les termes qui ne conviendraient pas au système des décrets postérieurs à la prévision des événements contingents.

114. VI. « Il a prévu éternellement tout ce qui arriverait, il a réglé
« toutes choses et les a placées chacune en son lieu, et il les dirige
« et gouverne continuellement selon son plaisir ; tellement que rien
« ne se fait sans sa permission ou contre sa volonté, et qu'il peut
« empêcher comme bon lui semble autant et toutes les fois que bon
« lui semble, tout ce qui ne lui plaît pas, le péché par conséquent,
« qui est la chose du monde qui l'offense et qu'il déteste le plus ; et
« produire dans chaque âme humaine toutes les pensées qu'il ap-
« prouve. » Cette thèse est encore purement philosophique, c'est-à-dire connaissable par les lumières de la raison naturelle. Il est à

propos aussi, comme on a appuyé dans la thèse 2, sur ce qui plaît, d'appuyer ici sur ce qui semble bon, c'est-à-dire sur ce que Dieu trouve bon de faire. Il peut éviter ou écarter comme bon lui semble, tout ce qui ne lui plaît pas ; cependant il faut considérer que quelques objets de son éloignement, comme certains maux, et surtout le péché, que sa volonté antécédente repoussait, n'ont pu être rejetés par sa volonté conséquente ou décrétoire, qu'autant que le portait la règle du meilleur, que le plus sage devait choisir, après avoir tout mis en ligne de compte. Lorsqu'on dit que le péché l'offense le plus, et qu'il le déteste le plus, ce sont des manières de parler humaines ; car Dieu, à proprement parler, ne saurait être offensé, c'est-à-dire lésé, incommodé, inquiété, ou mis en colère ; et il ne déteste rien de ce qui existe, supposé que détester quelque chose soit la regarder avec abomination, et d'une manière qui nous cause un dégoût, qui nous fasse beaucoup de peine, qui nous fasse mal au cœur ; car Dieu ne saurait souffrir ni chagrin, ni douleur, ni incommodité ; il est toujours parfaitement content et à son aise. Cependant ces expressions dans leur vrai sens sont bien fondées. La souveraine bonté de Dieu fait que sa volonté antécédente repousse tout mal, mais le mal moral plus que tout autre : elle ne l'admet aussi que pour des raisons supérieures invincibles, et avec de grands correctifs qui en réparent les mauvais effets avec avantage. Il est vrai aussi que Dieu pourrait produire dans chaque âme humaine toutes les pensées qu'il approuve ; mais ce serait agir par miracle, plus que son plan le mieux conçu qu'il soit possible, ne le porte.

115. VII. « Il offre des grâces à des gens qu'il sait ne les devoir
« pas accepter, et se devoir rendre par ce refus plus criminels qu'ils
« ne le seraient s'il ne les leur avait pas offertes ; il leur déclare qu'il
« souhaite ardemment qu'ils les acceptent, et il ne leur donne point
« les grâces qu'il sait qu'ils accepteraient. » Il est vrai que ces gens deviennent plus criminels par leur refus, que si l'on ne leur avait rien offert, et que Dieu le sait bien ; mais il vaut mieux permettre leur crime, qu'agir d'une manière qui rendrait Dieu blâmable lui-même, et ferait que les criminels auraient quelque droit de se plaindre, en disant qu'il ne leur était pas possible de mieux faire, quoiqu'ils l'aient ou l'eussent voulu. Dieu veut qu'ils reçoivent ses grâces dont ils sont capables, et qu'ils les acceptent ; et il veut leur donner particulièrement celles qu'il prévoit qu'ils accepteraient ; mais c'est toujours par une volonté antécédente, détachée ou parti-

culière, dont l'exécution ne saurait avoir toujours lieu dans le plan général des choses. Cette thèse est encore du nombre de celles que la philosophie n'établit pas moins que la révélation ; de même que trois autres des sept que nous venons de mettre ici, n'y ayant eu que la troisième, la quatrième et la cinquième qui aient eu besoin de la révélation.

116. Voici maintenant les dix-neuf maximes philosophiques, que M. Bayle oppose aux sept propositions théologiques.

I. « Comme l'Être infiniment parfait trouve en lui-même une gloire
« et une béatitude qui ne peuvent jamais ni diminuer ni croître, sa
« bonté seule l'a déterminé à créer cet univers ; l'ambition d'être loué,
« aucun motif d'intérêt de conserver ou d'augmenter sa béatitude et
« sa gloire n'y ont eu part. »

Cette maxime est très bonne ; les louanges de Dieu ne lui servent de rien, mais elles servent aux hommes qui le louent, et il a voulu leur bien. Cependant quand on dit que la bonté seule a déterminé Dieu à créer cet univers, il est bon d'ajouter que sa bonté l'a porté antécédemment à créer et à produire tout bien possible ; mais que sa sagesse en a fait le triage, et a été cause qu'il a choisi le meilleur conséquemment ; et enfin que sa puissance lui a donné le moyen d'exécuter actuellement le grand dessein qu'il a formé.

117. II. « La bonté de l'Être infiniment parfait est infinie, et ne
« serait pas infinie si l'on pouvait concevoir une bonté plus grande
« que la sienne. Ce caractère d'infinité convient à toutes ses autres
« perfections, à l'amour de la vertu, à la haine du vice etc.,
« elles doivent être les plus grandes que l'on puisse concevoir. »
(Voy. M. Jurieu (1) dans les trois premières sections du *Jugement sur les Méthodes*, où il raisonne continuellement sur ce principe, comme sur une première notion. Voy. aussi dans M. Wittichius (2), *de Providentia Dei*, n. 12, ces paroles de saint Augustin, lib. I *de doctrina Christ.*, ch. VII : « Cum cogitatur Deus, « ita cogitatur,

---

(1) JURIEU, célèbre théologien protestant, né à User, près de Blois, en 1637, professeur à l'Académie de Sedan, mort à Rotterdam en 1713. On a de lui une *Histoire du Calvinisme* (Rotterdam, 1682, 2 vol in-4°) ; — *Le Tableau du socinianisme* (La Haye, 1691, in-12). — On lui attribue aussi *Les Soupirs de la France esclave* (in-4°, 1689-1690), célèbre et virulent pamphlet contre Louis XIV.
P. J.

(2) WITTICHIUS, théologien réformé, a introduit le cartésianisme dans les écoles protestantes. Né à Brieg, mort à Leyde en 1687. — Son principal ouvrage est : *Consensus veritatis revelatæ cum veritate philosophica à Cartesio detecta* (Leyde, in-4°, 1682). — On a de lui un *Antispinosa* (Amsterdam, 1690, in-4°). P. J.

« ut aliquid, quo nihil melius sit atque sublimius. Et paulo post :
« Nec quisquam inveniri potest, qui hoc Deum credat esse, quo
« melius aliquid est.) »

Cette maxime est parfaitement à mon gré, et j'en tire cette conséquence, que Dieu fait le meilleur qui soit possible ; autrement ce serait borner l'exercice de sa bonté, ce qui serait borner sa bonté elle-même, si elle ne l'y portait pas, s'il manquait de bonne volonté ; ou bien ce serait borner sa sagesse et sa puissance, s'il manquait de la connaissance nécessaire pour discerner le meilleur et pour trouver les moyens de l'obtenir ; ou s'il manquait des forces nécessaires pour employer ces moyens. Cependant il y a de l'ambiguïté à dire que l'amour de la vertu et la haine du vice sont infinis en Dieu ; si cela était vrai absolument et sans restriction, dans l'exercice même, il n'y aurait point de vice dans le monde. Mais quoique chaque perfection de Dieu soit infinie en elle-même, elle n'est exercée qu'à proportion de l'objet, et comme la nature des choses le porte ; ainsi l'amour du meilleur dans le tout l'emporte sur toutes les autres inclinations ou haines particulières ; il est le seul dont l'exercice même soit absolument infini, rien ne pouvant empêcher Dieu de se déclarer pour le meilleur ; et quelque vice se trouvant lié avec le meilleur plan possible, Dieu le permet.

118. III. « Une bonté infinie ayant dirigé le Créateur dans la pro-
« duction du monde, tous les caractères de science, d'habileté, de
« puissance et de grandeur qui éclatent dans son ouvrage sont des-
« tinés au bonheur des créatures intelligentes. Il n'a voulu faire
« connaître ses perfections qu'afin que cette espèce de créatures
« trouvassent leur félicité dans la connaissance, dans l'admiration et
« dans l'amour du souverain Être. »

Cette maxime ne me paraît pas assez exacte. J'accorde que le bonheur des créatures intelligentes est la principale partie des desseins de Dieu, car elles lui ressemblent le plus : mais je ne vois point cependant comment on puisse prouver que c'est son but unique. Il est vrai que le règne de la nature doit servir au règne de la grâce ; mais comme tout est lié dans le grand dessein de Dieu, il faut croire que le règne de la grâce est aussi en quelque façon accommodé à celui de la nature, de telle sorte que celui-ci garde le plus d'ordre et de beauté, pour rendre le composé de tous les deux le plus parfait qu'il se puisse. Et il n'y a pas lieu de juger que Dieu, pour quelque mal moral de moins, renverserait tout l'ordre de la nature. Chaque perfection ou imperfection dans la créature a son prix, mais il n'y en a point qui ait un prix infini. Ainsi le bien et le mal moral ou physique des créatures raisonnables ne passe point infiniment le bien et le mal qui est métaphysique seulement, c'est-à-dire celui qui consiste dans la perfection des autres créatures : ce qu'il faudrait pourtant dire, si la présente maxime était vraie à la rigueur. Lorsque Dieu rendit raison au prophète Jonas du pardon qu'il avait accordé aux habitants de Ninive, il toucha même l'intérêt des bêtes qui auraient été enveloppées dans le renversement de cette grande ville. Aucune substance n'est absolument méprisable ni précieuse devant Dieu. Et l'abus ou l'extension outrée de la présente maxime paraît être en partie la source des difficultés que M. Bayle propose. Il est sûr que Dieu fait plus de cas d'un homme que d'un lion ; cependant je ne sais si l'on peut assurer que Dieu préfère un seul homme à toute l'espèce des lions à tous égards : mais quand cela serait, il ne s'ensuivrait point que l'intérêt d'un certain nombre d'hommes prévaudrait à la considération d'un désordre général répandu dans un nombre infini de créatures. Cette opinion serait un reste de l'ancienne maxime assez décriée, que tout est fait uniquement pour l'homme.

119. IV. « Les bienfaits qu'il communique aux créatures qui sont
« capables de félicité ne tendent qu'à leur bonheur. Il ne permet
« donc pas qu'ils servent à les rendre malheureuses ; et si le mauvais
« usage qu'elles en feraient était capable de les perdre, il leur
« donnerait des moyens sûrs d'en faire toujours un bon usage : car
« sans cela, ce ne seraient pas de véritables bienfaits, et sa bonté
« serait plus petite que celle que nous pouvons concevoir dans un
« autre bienfaiteur. (Je veux dire dans une cause qui joindrait à ses
« présents l'adresse sûre de s'en bien servir.) »

Voilà déjà l'abus ou le mauvais effet de la maxime précédente. Il n'est pas vrai à la rigueur (quoiqu'il paraisse plausible) que les bienfaits que Dieu communique aux créatures qui sont capables de félicité ne tendent uniquement qu'à leur bonheur. Tout est lié dans la nature ; et si un habile artisan, un ingénieur, un architecte, un politique sage fait souvent servir une même chose à plusieurs fins ; s'il fait d'une pierre deux coups, lorsque cela se peut commodément ; l'on peut dire que Dieu, dont la sagesse et la puissance sont parfaites, le fait toujours. C'est ménager le terrain, le temps, le lieu, la matière, qui font pour ainsi dire sa dépense. Ainsi Dieu a plus d'une vue dans ses projets. La félicité de toutes les créatures raisonnables est un des buts où il vise ; mais elle n'est pas tout son but, ni même son dernier but. C'est pourquoi le malheur de quelques-unes de ces créatures peut arriver par concomitance, et comme une suite d'autres biens plus grands : c'est ce que j'ai déjà expliqué ci-dessus, et M. Bayle l'a reconnu en quelque sorte. Les biens, en tant que biens, considérés en eux-mêmes, sont l'objet de la volonté antécédente de Dieu. Dieu produira autant de raison et de connaissance dans l'univers, que son plan en peut admettre. L'on peut concevoir un milieu entre une volonté antécédente toute pure et primitive, et entre une volonté conséquente et finale. La volonté antécédente primitive a pour objet chaque bien et chaque mal en soi, détaché de toute combinaison, et tend à avancer le bien et à empêcher le mal : la volonté moyenne va aux combinaisons, comme lorsqu'on attache un bien à un mal ; et alors la volonté aura quelque tendance pour cette combinaison, lorsque le bien y surpasse le mal : mais la volonté finale et décisive résulte de la considération de tous les biens et de tous les maux qui entrent dans notre délibération, elle résulte d'une combinaison totale. Ce qui fait voir qu'une volonté moyenne, quoiqu'elle puisse passer pour conséquente en quelque façon par rapport à une volonté antécédente pure et primitive, doit être considérée comme antécédente par rapport à la volonté finale et décrétoire. Dieu donne la raison au genre humain, il en arrive des malheurs par concomitance. Sa volonté antécédente pure tend à donner la raison, comme un grand bien, et à empêcher les maux dont il s'agit ; mais quand il s'agit des maux qui accompagnent ce présent que Dieu nous a fait de la raison, le composé, fait de la combinaison de la raison et de ces maux, sera l'objet d'une volonté moyenne de Dieu, qui tendra à produire ou empêcher ce composé, selon que le bien ou le mal y prévaut. Mais quand même il se trouverait que la raison ferait plus de mal que de bien aux hommes (ce que je n'accorde pourtant point), auquel cas la volonté moyenne de Dieu la rebuterait avec ses circonstances, il se pourrait pourtant qu'il fût plus convenable à la perfection de l'univers de donner la raison aux hommes, nonobstant toutes les mauvaises suites qu'elle pourrait avoir à leur égard : et par conséquent la volonté finale ou le décret de Dieu, résultant de toutes les considérations qu'il peut avoir, serait de la leur donner. Et bien loin d'en pouvoir être blâmé, il serait blâmable, s'il ne le faisait pas. Ainsi le mal, ou le mélange de biens et de maux où le mal prévaut, n'arrive que par concomitance, parce qu'il est lié avec de plus grands biens qui sont hors de ce mélange. Ce mélange donc, ou ce composé, ne doit pas être considéré comme une grâce, ou comme un présent que Dieu nous fasse ; mais le bien qui s'y trouve mêlé ne laissera pas de l'être. Tel est le présent que Dieu fait de la raison à ceux qui en usent mal. C'est toujours un bien en soi ; mais la combinaison de ce bien avec les maux qui viennent de son abus, n'est pas un bien par rapport à ceux qui en deviennent malheureux : cependant il arrive par concomitance, parce qu'il sert à un plus grand bien par rapport à l'univers ; et c'est sans doute ce qui a porté Dieu à donner la raison à ceux qui en ont fait un instrument de leur malheur ; ou, pour parler plus exactement, suivant notre système, Dieu ayant trouvé parmi les êtres possibles quelques créatures raisonnables qui abusent de leur raison, a donné l'existence à celles qui sont comprises dans le meilleur plan possible de l'univers. Ainsi rien ne nous empêche d'admettre que Dieu fait des biens qui tournent en mal par la faute des hommes, ce qui leur arrive souvent par une juste punition de l'abus qu'ils ont fait de ses grâces. Aloysius Novarinus (1) a fait un livre *De occultis Dei beneficiis* ; on en pourrait faire un *De occultis Dei pœnis* ; ce mot de Claudien y aurait lieu à l'égard de quelques-uns :

> Tolluntur in altum,
> Ut lapsu graviore ruant.

Mais de dire que Dieu ne devait point donner un bien dont il sait qu'une mauvaise volonté abusera, lorsque le plan général des choses demande qu'il le donne ; ou bien de dire qu'il devait donner des moyens sûrs pour l'empêcher, contraires à ce même ordre général ; c'est vouloir (comme j'ai déjà remarqué) que Dieu devienne blâmable lui-même, pour empêcher que l'homme ne le soit. D'objecter, comme l'on fait ici, que la bonté de Dieu serait plus petite que celle d'un autre bienfaiteur, qui donnerait un présent plus utile, ce n'est pas considérer que la bonté d'un bienfaiteur ne se mesure pas par un seul bienfait. Il arrive aisément que le présent d'un particulier soit plus grand que celui d'un prince, mais tous les présents de ce

---

(1) NOVARINUS (Aloysius), théologien italien, né à Vérone en 1594, mort dans cette ville en 1650. Outre un grand nombre d'ouvrages mystiques de titres plus bizarres qu'attrayants, on cite de lui *Omnium scientiarum anima, seu axiomata physico-theologica*, qui paraît avoir un caractère philosophique. P. J.

particulier seront bien inférieurs à tous les présents du prince. Ainsi l'on ne saurait assez estimer les biens que Dieu fait, que lorsqu'on en considère toute l'étendue en les rapportant à l'univers tout entier. Au reste, on peut dire que les présents qu'on donne en prévoyant qu'ils nuiront, sont les présents d'un ennemi, ἐχθρῶν δῶρα ἄδωρα.

Hostibus eveniant talia dona meis.

Mais cela s'entend quand il y a de la malice ou de la coulpe dans celui qui les donne; comme il y en avait dans cet Eutrapelus dont parle Horace, qui faisait du bien aux gens, pour leur donner le moyen de se perdre: son dessein était mauvais; mais celui de Dieu ne saurait être meilleur qu'il est: faudra-t-il gâter son système, faudra-t-il qu'il y ait moins de beauté, de perfection et de raison dans l'univers, parce qu'il y a des gens qui abusent de la raison? Les dictons vulgaires ont lieu ici: *Abusus non tollit usum*. Il y a *scandalum datum*, et *scandalum acceptum*.

120. V. « Un être malfaisant est très capable de combler de dons
« magnifiques ses ennemis, lorsqu'il sait qu'ils en feront un usage
« qui les perdra. Il ne peut donc pas convenir à l'être infiniment
« bon de donner aux créatures un franc arbitre, dont il saurait
« très certainement qu'elles feraient un usage qui les rendrait
« malheureuses. Donc s'il leur donne le franc arbitre, il y joint l'art
« de s'en servir toujours à propos, et ne permet point qu'elles
« négligent la pratique de cet art en nulle rencontre; et s'il n'y avait
« point de moyen sûr de fixer le bon usage de ce franc arbitre, il
« leur ôterait plutôt cette faculté, que de souffrir qu'elle fût la
« cause de leur malheur. Cela est d'autant plus manifeste, que le
« franc arbitre est une grâce qu'il leur a donnée de son propre
« choix, et sans qu'ils la demandassent; de sorte qu'il serait plus
« responsable du malheur qu'elle leur apporterait, que s'il ne l'avait
« accordée qu'à l'importunité de leurs prières. »

Ce qu'on a dit à la fin de la remarque sur la maxime précédente doit être répété ici, et suffit pour satisfaire à la maxime présente. D'ailleurs on suppose toujours cette fausse maxime qu'on a avancée au troisième nombre, qui porte que le bonheur des créatures raisonnables est le but unique de Dieu. Si cela était, il n'arriverait peut-être ni péché, ni malheur, pas même par concomitance; Dieu aurait choisi une suite de possibles où tous ces maux seraient exclus. Mais Dieu manquerait à ce qui est dû à l'univers, c'est-à-dire à ce qu'il doit à soi-même. S'il n'y avait que des esprits, ils seraient sans la liaison nécessaire, sans l'ordre des temps et des lieux. Cet ordre demande la matière, le mouvement et ses lois ; en les réglant avec les esprits le mieux qu'il est possible, on reviendra à notre monde. Quand on ne regarde les choses qu'en gros, on conçoit mille choses comme faisables, qui ne sauraient avoir lieu comme il faut. Vouloir que Dieu ne donne point le franc arbitre aux créatures raisonnables, c'est vouloir qu'il n'y ait point de ces créatures : et vouloir que Dieu les empêche d'en abuser, c'est vouloir qu'il n'y ait que ces créatures toutes seules, avec ce qui ne serait fait que pour elles. Si Dieu n'avait que ces créatures en vue, il les empêcherait sans doute de se perdre. L'on peut dire cependant en un sens, que Dieu a donné à ces créatures l'art de se toujours bien servir de leur libre arbitre, car la lumière naturelle de la raison est cet art ; il faudrait seulement avoir toujours la volonté de bien faire ; mais il manque souvent aux créatures le moyen de se donner la volonté qu'on devrait avoir ; et même il leur manque souvent la volonté de se servir des moyens qui donnent indirectement une bonne volonté, dont j'ai déjà parlé plus d'une fois. Il faut avouer ce défaut, et il faut même reconnaître que Dieu en aurait peut-être pu exempter les créatures, puisque rien n'empêche, ce semble, qu'il n'y en ait dont la nature soit d'avoir toujours une bonne volonté. Mais je réponds qu'il n'est point nécessaire, et qu'il n'a point été faisable que toutes les créatures raisonnables eussent une si grande perfection, qui les approchât tant de la divinité. Peut-être même que cela ne se peut que par une grâce divine spéciale ; mais en ce cas, serait-il à propos que Dieu l'accordât à tous, c'est-à-dire qu'il agît toujours miraculeusement à l'égard de toutes les créatures raisonnables ? Rien ne serait moins raisonnable que ces miracles perpétuels. Il y a des degrés dans les créatures, l'ordre général le demande. Et il paraît très convenable à l'ordre du gouvernement divin, que le grand privilège de l'affermissement dans le bien soit donné plus facilement à ceux qui ont eu une bonne volonté, lorsqu'ils étaient dans un état plus imparfait, dans l'état de combat et de pèlerinage, *in Ecclesia militante, in statu viatorum*. Les bons anges mêmes n'ont pas été créés avec l'impeccabilité. Cependant je n'oserais assurer qu'il n'y ait point de créatures bienheureuses nées, ou qui soient impeccables et saintes par leur nature. Il y a peut-être des gens qui donnent ce privilège à la sainte Vierge, puisque aussi bien l'Église romaine la met aujourd'hui au-dessus des anges. Mais il nous suffit que l'univers est bien grand et bien varié ; le vouloir borner, c'est en avoir peu de connaissance. Mais, continue M. Bayle, Dieu a donné le franc arbitre aux créatures capables de pécher, sans qu'elles lui demandassent cette grâce. Et celui qui ferait un tel présent serait plus responsable du malheur qu'il apporterait à ceux qui s'en serviront, que s'il ne l'avait accordé qu'à l'importunité de leurs prières. Mais l'importunité des prières ne fait rien auprès de Dieu ; il sait mieux que nous ce qu'il nous faut, et il n'accorde que ce qui convient au tout. Il semble que M. Bayle fasse consister ici le franc arbitre dans sa faculté de pécher ; cependant il reconnaît ailleurs que Dieu et les saints sont libres sans avoir cette faculté. Quoi qu'il en soit, j'ai déjà assez montré que Dieu, faisant ce que sa sagesse et sa bonté jointes ordonnent, n'est point responsable du mal qu'il permet. Les hommes mêmes, quand ils font leur devoir, ne sont point responsables des événements, soit qu'ils les prévoient ou qu'ils ne les prévoient pas.

121. VI. « C'est un moyen aussi sûr d'ôter la vie à un homme, de
« lui donner un cordon de soie dont on sait certainement qu'il se
« servira librement pour s'étrangler, que de le poignarder par
« quelque tiers. On ne veut pas moins sa mort quand on se sert de
« la première manière, que quand on emploie l'une des deux autres :
« il semble même qu'on la veut avec un dessein plus malin, puis-
« qu'on tend à lui laisser toute la peine et toute la faute de sa
« perte. »

Ceux qui traitent des devoirs (de Officiis) comme Cicéron (1), saint Ambroise, Grotius, Opalenius (2), Sharrok (3), Rachelius (4),

---

(1) Cicéron (M. Tullius), illustre écrivain latin, né à Arpinum, 106 ans avant J.-C., mort en 43 avant J.-C., victime de la proscription d'Octave. Il appartenait en philosophie, à l'école de la nouvelle Académie. — Ses ouvrages philosophiques sont nombreux. Ce sont : les *Academica ;* le *De Natura deorum ;* le *De Finibus bonorum et malorum ;* le *De Officiis ;* les *Tusculanes ;* le *De Legibus*, et le *De Republica*. Les *Opera philosophica* de Cicéron ont été publiés à Halle par Rath et Schütz (6 vol. in-8°, 1806-18). P. J.

(2) Opalenius ou Opalinski (Lucas), célèbre Polonais, vivait au commencement du XVIIe siècle. Il écrivit sous le nom de Paul Neoceli trois livres *De Officiis* (Dantzig, 1703). P. J.

(3) Sharrok (Robert), né à Buckingham, mort en 1684, a écrit sur des matières diverses de droit naturel, et entre autres : *Hypothesis de officio secundum jus naturæ, contra Hobbesium*. Il s'est occupé aussi de botanique, et a écrit *Propagation and improvement of vegetables*. P. J.

(4) Rachel (Samuel), né en 1628 à Lunden, professeur de morale à Helmstadt, de droit naturel à Kiel, mort à Hambourg en 1691. Il a écrit un grand nombre d'ouvrages sur le droit naturel et la morale, entre autres un *Commentarius in tres libros De Officiis Ciceronis ; — Examen probabilitatis jesuiticæ ; — Introductio ad philosophiam moralem*. P. J.

Pufendorf, aussi bien que les casuistes, enseignent qu'il y a des cas où l'on n'est point obligé de rendre le dépôt à qui il appartient ; par exemple, on ne rendra pas un poignard, lorsqu'on sait que celui qui l'a mis en dépôt veut poignarder quelqu'un. Feignons que j'aie entre mes mains le tison fatal, dont la mère de Méléagre se servira pour le faire mourir ; le javelot enchanté, que Céphale emploiera sans le savoir pour tuer sa Procris ; les chevaux de Thésée, qui déchireront Hippolyte son fils. On me redemande ces choses, et j'ai droit de les refuser, sachant l'usage qu'on en fera. Mais que sera-ce si un juge compétent m'en ordonne la restitution, lorsque je ne lui saurais prouver ce que je sais des mauvaises suites qu'elle aura, Apollon m'ayant peut-être donné le don de la prophétie comme à Cassandre, à condition qu'on ne me croira pas ? Je serais donc obligé de faire restitution, ne pouvant m'en défendre sans me perdre : ainsi je ne puis me dispenser de contribuer au mal. Autre comparaison : Jupiter promet à Sémélé, le soleil à Phaéton, Cupidon à Psyché, d'accorder la grâce qu'on demandera. Ils jurent par le Styx.

> Di cujus jurare timent et fallere Numen.

On voudrait arrêter, mais trop tard, la demande entendue à demi,

> Voluit Deus ora loquentis
> Opprimere ; exierat jam vox properata sub auras.

L'on voudrait reculer après la demande faite, en faisant des remontrances inutiles ; mais on vous presse, on vous dit :

> Faites-vous des serments pour n'y point satisfaire ?

La loi du Styx est inviolable, il la faut subir : si l'on a manqué en faisant le serment, on manquerait davantage en ne le gardant pas : il faut satisfaire à la promesse, quelque pernicieuse qu'elle soit à celui qui l'exige. Elle serait pernicieuse à vous, si vous ne l'exécutiez pas. Il semble que le moral de ces fables insinue qu'une suprême nécessité peut obliger à condescendre au mal. Dieu, à la vérité, ne connaît point d'autre juge qui le puisse contraindre à donner ce qui peut tourner en mal, il n'est point comme Jupiter qui craint le Styx. Mais sa propre sagesse est le plus grand juge qu'il puisse trouver, ses jugements sont sans appel, ce sont les arrêts des destinées. Les vérités éternelles, objet de sa sagesse, sont plus inviolables que le Styx. Ces lois, ce juge, ne contraignent point : ils sont plus forts, car ils persuadent. La sagesse ne fait que montrer à Dieu le meilleur exercice de sa bonté qui soit possible : après cela, le mal qui passe est une suite indispensable du meilleur. J'ajouterai quelque chose de plus fort : permettre le mal comme Dieu le permet, c'est la plus grande bonté.

Si mala sustulerat, non erat ille bonus.

Il faudrait avoir l'esprit de travers, pour dire après cela qu'il est plus malin de laisser à quelqu'un toute la peine et toute la faute de sa perte. Quand Dieu la laisse à quelqu'un, elle lui appartient avant son existence, elle était dès lors dans son idée encore purement possible, avant le décret de Dieu qui le fait exister ; la peut-on laisser ou donner à un autre ? C'est tout dire.

122. VII. « Un véritable bienfaiteur donne promptement, et n'at« tend pas à donner que ceux qu'il aime aient souffert de longues « misères par la privation de ce qu'il pouvait leur communiquer « d'abord très facilement, et sans se faire aucune incommodité. Si « la limitation de ses forces ne lui permet pas de faire du bien sans « faire sentir de la douleur ou quelque autre incommodité, il passe « par là (Voy. le *Diction. hist. et critiq.*, p. 2264 de la seconde « édition), mais ce n'est qu'à regret, et il n'emploie jamais cette ma« nière de se rendre utile, lorsqu'il peut l'être sans mêler aucune « sorte de mal à ses faveurs. Si le profit qu'on pourrait tirer des « maux qu'il ferait souffrir pouvait naître aussi aisément d'un bien « tout pur que de ces maux-là, il prendrait la voie droite du bien tout « pur, et non pas la voie oblique qui conduirait du mal au bien. « S'il comble de richesses et d'honneurs, ce n'est pas afin que ceux « qui en ont joui, venant à les perdre, soient affligés d'autant plus « sensiblement qu'ils étaient accoutumés au plaisir, et que par là « ils deviennent plus malheureux que les personnes qui ont été tou« jours privées de ces avantages. Un être malin comblerait de biens « à ce prix-là les gens pour qui il aurait le plus de haine. Rapportez « à ceci ce passage d'Aristote, *Rhetor.*, l. II, c. XXIII, p. m. 446 :
« οἷον εἰ δοίη ἄν τις τινὶ, ἵνα ἀφελόμενος λειπήσῃ· ὅθεν καὶ ταῦτ' εἴρηται,

Πολλοῖς ὁ δαίμων οὐ κατ' εὔνοιαν φέρων
Μεγάλα δίδωσιν εὐτυχήματ', ἀλλ' ἵνα
Τὰς συμφορὰς λάβωσιν ἐπιφανεστέρας.

« id est : veluti si quis alicui aliquid det, ut (postea) hoc (ipsi)

« erepto (ipsum) afficiat dolore. Unde etiam illud est dictum :

« Bona magna multis non amicus dat Deus,
« Insigniore ut rursus his privet malo. »

Toutes ces objections roulent presque sur le même sophisme; elles changent et estropient le fait, elles ne rapportent les choses qu'à demi. Dieu a soin des hommes, il aime le genre humain, il lui veut du bien, rien de si vrai. Cependant il laisse tomber les hommes, il les laisse souvent périr, il leur donne des biens, qui tournent à leur perte ; et lorsqu'il rend quelqu'un heureux, c'est après bien des souffrances : où est son affection, où est sa bonté, ou bien où est sa puissance ? Vaines objections, qui suppriment le principal, qui dissimulent que c'est de Dieu qu'on parle. Il semble que ce soit une mère, un tuteur, un gouverneur, dont le soin presque unique regarde l'éducation, la conservation, le bonheur de la personne dont il s'agit, et qui négligent leur devoir. Dieu a soin de l'univers, il ne néglige rien, il choisit le meilleur absolument. Si quelqu'un est méchant et malheureux avec cela, il lui appartenait de l'être. Dieu, dit-on, pouvait donner le bonheur à tous, il le pouvait donner promptement et facilement, et sans se faire aucune incommodité, car il peut tout. Mais le doit-il ? Puisqu'il ne le fait point, c'est une marque qu'il le devait faire tout autrement. D'en inférer, ou que c'est à regret et par un défaut de forces, qu'il manque de rendre les hommes heureux, et de donner le bien d'abord et sans mélange de mal ; ou bien qu'il manque de bonne volonté pour le donner purement et tout de bon ; c'est comparer notre vrai Dieu avec le Dieu d'Hérodote, plein d'envie, ou avec le démon du poète, dont Aristote rapporte les ïambes que nous venons de traduire en latin, qui donne des biens, afin qu'il afflige davantage en les ôtant. C'est se jouer de Dieu par des anthropomorphismes perpétuels ; c'est le représenter comme un homme qui se doit tout entier à l'affaire dont il s'agit, qui ne doit l'exercice principal de sa bonté qu'aux seuls objets qui nous sont connus, et qui manque de capacité ou de bonne volonté. Dieu n'en manque pas, il pourrait faire le bien que nous souhaiterions ; il le veut même, en le prenant détaché ; mais il ne doit point le faire préférablement à d'autres biens plus grands qui s'y opposent. Au reste, on n'a aucun sujet de se plaindre de ce qu'on ne parvient ordinairement au salut que par bien des souffrances, et en portant la croix de Jésus-Christ; ces maux servent à rendre les élus imitateurs de leur maître, et à augmenter leur bonheur.

123. VIII. « La plus grande et la plus solide gloire que celui qui est
« le maître des autres puisse acquérir, est de maintenir parmi eux
« la vertu, l'ordre, la paix, le contentement d'esprit. La gloire qu'il
« tirerait de leur malheur ne saurait être qu'une fausse gloire. »

Si nous connaissions la cité de Dieu telle qu'elle est, nous verrions que c'est le plus parfait état qui puisse être inventé; que la vertu et le bonheur y règnent, autant qu'il se peut, suivant les lois du meilleur; que le péché et le malheur (que des raisons de l'ordre suprême ne permettaient point d'exclure entièrement de la nature des choses), n'y sont presque rien en comparaison du bien, et servent même à de plus grands biens. Or, puisque ces maux devaient exister, il fallait bien qu'il y eût quelques-uns qui y fussent sujets; et nous sommes ces quelques-uns. Si c'étaient d'autres, n'y aurait-il pas la même apparence du mal? ou plutôt ces autres ne seraient-ils pas ce qu'on appelle Nous? Lorsque Dieu tire quelque gloire du mal pour l'avoir fait servir à un plus grand bien, il l'en devait tirer. Ce n'est donc pas une fausse gloire, comme serait celle d'un prince qui bouleverserait son État pour avoir l'honneur de le redresser.

124. IX. « Le plus grand amour que ce maître-là puisse témoigner
« pour la vertu, est de faire, s'il le peut, qu'elle soit toujours prati-
« quée sans aucun mélange de vice. S'il lui est aisé de procurer à ses
« sujets cet avantage, et que néanmoins il permette au vice de lever
« la tête, sauf à le punir enfin après l'avoir toléré longtemps, son
« affection pour la vertu n'est point la plus grande que l'on puisse
« concevoir; elle n'est donc pas infinie. »

Je ne suis pas encore à la moitié des dix-neuf maximes, et je me lasse déjà de réfuter et de répondre toujours la même chose. M. Bayle multiplie sans nécessité ses maximes prétendues, opposées à nos dogmes. Quand on détache les choses liées ensemble, les parties de leur tout, le genre humain de l'univers, les attributs de Dieu les uns des autres, la puissance de la sagesse; il est permis de dire que Dieu peut faire que la vertu soit dans le monde sans aucun mélange du vice, et même qu'il le peut faire aisément. Mais puisqu'il a permis le vice, il faut que l'ordre de l'univers trouvé préférable à tout autre plan l'ait demandé. Il faut juger qu'il n'est pas permis de faire autrement, puisqu'il n'est pas possible de faire mieux. C'est une nécessité hypothétique, une nécessité morale, laquelle, bien loin d'être contraire à la liberté, est l'effet de son choix. *Quæ rationi contraria sunt, ea nec fieri à sapiente posse credendum est.* L'on objecte ici, que l'affection de Dieu pour la vertu n'est donc pas la plus grande qu'on puisse concevoir, qu'elle n'est pas infinie. On y a déjà répondu sur la seconde maxime, en disant que l'affection de Dieu pour quelque chose créée que ce soit est proportionnée au prix de la chose. La vertu est la plus noble qualité des choses créées, mais ce n'est pas la seule bonne qualité des créatures, il y en a une infinité d'autres qui attirent l'inclination de Dieu : de toutes ces inclinations résulte le plus de bien qu'il se peut ; et il se trouve que s'il n'y avait que vertu, s'il n'y avait que créatures raisonnables, il y aurait moins de bien. Midas se trouva moins riche, quand il n'eut que de l'or. Outre que la sagesse doit varier. Multiplier uniquement la même chose, quelque noble qu'elle puisse être, ce serait une superfluité, ce serait une pauvreté : avoir mille Virgile bien reliés dans sa bibliothèque, chanter toujours les airs de l'opéra de Cadmus et d'Hermione, casser toutes les porcelaines pour n'avoir que des tasses d'or, n'avoir que des boutons de diamants, ne manger que des perdrix, ne boire que du vin de Hongrie ou de Shiras, appellerait-on cela raison ? La nature a eu besoin d'animaux, de plantes, de corps inanimés ; il y a dans ces créatures non raisonnables des merveilles qui servent à exercer la raison. Que ferait une créature intelligente, s'il n'y avait point de choses non intelligentes ? à quoi penserait-elle, s'il n'y avait ni mouvement, ni matière, ni sens ? Si elle n'avait que pensées distinctes, ce serait un Dieu, sa sagesse serait sans bornes ; c'est une des suites de mes méditations. Aussitôt qu'il y a un mélange de pensées confuses, voilà les sens, voilà la matière. Car ces pensées confuses viennent du rapport de toutes les choses entre elles suivant la durée et l'étendue. C'est ce qui fait que dans ma philosophie il n'y a point de créature raisonnable sans quelque corps organique, et qu'il n'y a point d'esprit créé qui soit entièrement détaché de la matière. Mais ces corps organiques ne diffèrent pas moins en perfection que les esprits à qui ils appartiennent. Donc puisqu'il faut à la sagesse de Dieu un monde de corps, un monde de substances capables de perception et incapables de raison ; enfin, puisqu'il fallait choisir, de toutes les choses, ce qui faisait le meilleur effet ensemble, et que le vice y est entré par cette porte ; Dieu n'aurait pas été parfaitement bon, parfaitement sage, s'il l'avait exclu.

125. X. « La plus grande haine que l'on puisse témoigner pour le
« vice, n'est pas de le laisser régner fort longtemps, et puis de le
« châtier ; mais de l'écraser avant sa naissance, c'est-à-dire, d'em-
« pêcher qu'il ne se montre nulle part. Un roi, par exemple, qui
« mettrait un si bon ordre dans ses finances, qu'il ne s'y commît
« jamais aucune malversation, ferait paraître plus de haine pour
« l'injustice des partisans, que si, après avoir souffert qu'ils s'en-
« graissassent du sang du peuple, il les faisait pendre. »

C'est toujours la même chanson, c'est un anthropomorphisme tout pur. Un roi ordinairement ne doit rien avoir plus à cœur que d'exempter ses sujets de l'oppression. Un de ses plus grands intérêts, c'est de mettre bon ordre à ses finances. Cependant il y a des temps où il est obligé de tolérer le vice et les désordres. On a une grande guerre sur les bras, on se trouve épuisé, on n'a pas des généraux à choisir, il faut ménager ceux que l'on a, et qui ont une grande autorité parmi les soldats : un Braccio, un Sforza, un Wallenstein. On manque d'argent aux plus pressants besoins, il faut recourir à de gros financiers, qui ont un crédit établi, et il faut conniver en même temps à leurs malversations. Il est vrai que cette malheureuse nécessité vient le plus souvent des fautes précédentes. Il n'en est pas de même de Dieu, il n'a besoin de personne, il ne fait aucune faute, il fait toujours le meilleur. On ne peut pas même souhaiter que les choses aillent mieux, lorsqu'on les entend : et ce serait un vice dans l'auteur des choses, s'il y voulait changer quoi que ce soit, s'il en voulait exclure le vice qui s'y trouve. Cet état d'un parfait gouvernement, où l'on veut et fait le bien autant qu'il est possible, où le mal même sert au plus grand bien, est-il comparable avec l'état d'un prince, dont les affaires sont délabrées, et qui se sauve comme il peut ? ou avec celui d'un prince qui favorise l'oppression pour la punir, et qui se plaît à voir les petits à la besace et les grands sur l'échafaud ?

126. XI. « Un maître attaché aux intérêts de la vertu et au bien
« de ses sujets donne tous ses soins à faire en sorte qu'ils ne
« désobéissent jamais à ses lois ; et s'il faut qu'il les châtie pour leur
« désobéissance, il fait en sorte que la peine les guérisse de l'incli-
« nation au mal, et rétablisse dans leur âme une ferme et constante
« disposition au bien, tant s'en faut qu'il veuille que la peine de la
« faute les incline de plus en plus vers le mal. »

Pour rendre les hommes meilleurs, Dieu fait tout ce qui se doit, et même tout ce qui se peut de son côté, sauf ce qui se doit. Le but le plus ordinaire de la punition est l'amendement; mais ce n'est pas le but unique, ni celui qu'il se propose toujours. J'en ai dit un mot ci-dessus. Le péché originel qui rend les hommes inclinés au mal n'est pas une simple peine du premier péché ; il en est une suite naturelle. On en a dit aussi un mot, en faisant une remarque sur la quatrième proposition théologique. C'est comme l'ivresse, qui est une peine de l'excès de boire, et en est en même temps une suite naturelle qui porte facilement à de nouveaux péchés.

127. XII. « Permettre le mal que l'on pourrait empêcher, c'est ne
« se soucier point qu'il se commette ou qu'il ne se commette pas, ou
« souhaiter même qu'il se commette. »

Point du tout. Combien de fois les hommes permettent-ils des maux qu'ils pourraient empêcher, s'ils tournaient tous leurs efforts de ce côté-là ? Mais d'autres soins plus importants les en empêchent. On prendra rarement la résolution de redresser les désordres de la monnaie, pendant qu'on a une grande guerre sur les bras. Et ce que fit là-dessus un parlement d'Angleterre un peu avant la paix de Ryswyck sera plus loué qu'imité. En peut-on conclure, que l'État ne se soucie pas de ce désordre, ou même qu'il le souhaite? Dieu a une raison bien plus forte, et bien plus digne de lui, de tolérer les maux. Non seulement il en tire de plus grands biens, mais encore il les trouve liés avec les plus grands de tous les biens possibles : de sorte que ce serait un défaut de ne les point permettre.

128. XIII. « C'est un très grand défaut dans ceux qui gouvernent,
« de ne se soucier point qu'il y ait ou qu'il n'y ait point de dé-
« sordre dans leurs États. Le défaut est encore plus grand, s'ils y
« veulent et s'ils y souhaitent du désordre. Si par des voies cachées
« et indirectes, mais infaillibles, ils excitaient une sédition dans
« leurs États pour les mettre à deux doigts de leurs ruine, afin de
« se procurer la gloire de faire voir qu'ils ont le courage et la pru-
« dence nécessaires pour sauver un grand royaume prêt à périr, ils
« seraient très condamnables. Mais s'ils excitaient cette sédition parce
« qu'il n'y aurait d'autre moyen que celui-là de prévenir la ruine
« totale de leurs sujets, et d'affermir sur de nouveaux fondements,
« et pour plusieurs siècles, la félicité des peuples, il faudrait plaindre
« la malheureuse nécessité (voy. ci-dessus pp. 93, 96, 127, ce qui
« a été dit de la force de la nécessité) où ils auraient été réduits, et
« les louer de l'usage qu'ils en auraient fait. »

Cette maxime, avec plusieurs autres qu'on étale ici, n'est point applicable au gouvernement de Dieu. Outre que ce n'est qu'une très petite partie de son royaume, dont on nous objecte les désordres, il est faux qu'il ne se soucie point des maux, qu'il les souhaite, qu'il les fasse naître pour avoir la gloire de les apaiser. Dieu veut l'ordre et le bien ; mais il arrive quelquefois que ce qui est désordre dans la partie est ordre dans le tout. Nous avons déjà allégué cet axiome de droit : *Incivile est nisi tota lege inspecta judicare.* La permission des maux vient d'une espèce de nécessité morale : Dieu y est obligé par sa sagesse et par sa bonté; cette nécessité est heureuse, au lieu que celle du prince, dont parle la maxime, est malheureuse. Son État est un des plus corrompus ; et le gouvernement de Dieu est le meilleur État qui soit possible.

129. XIV. « La permission d'un certain mal n'est excusable, que
« lorsque l'on n'y saurait remédier sans introduire un plus grand
« mal ; mais elle ne saurait être excusable dans ceux qui ont en
« main un remède très efficace contre ce mal, et contre tous les
« autres maux qui pourraient naître de la suppression de celui-ci. »

La maxime est vraie, mais elle ne peut pas être alléguée contre le gouvernement de Dieu. La suprême raison l'oblige de permettre le mal. Si Dieu choisissait ce qui ne serait pas le meilleur absolument et en tout, ce serait un plus grand mal que tous les maux particuliers qu'il pourrait empêcher par ce moyen. Ce mauvais choix renverserait sa sagesse ou sa bonté.

130. XV. « L'être infiniment puissant, et créateur de la matière et
« des esprits, fait tout ce qu'il veut de cette matière et de ces esprits.
« Il n'y a point de situation et de figure qu'il ne puisse communiquer
« aux esprits. S'il permettait donc un mal physique, ou un mal
« moral, ce ne serait pas à cause que sans cela quelque autre mal
« physique, ou moral, encore plus grand, ce serait tout à fait inévi-
« table. Nulle des raisons du mélange du bien et du mal, fondées
« sur la limitation des forces et des bienfaiteurs, ne lui saurait con-
« venir. »

Il est vrai que Dieu fait de la matière et des esprits tout ce qu'il veut ; mais il est comme un bon sculpteur, qui ne veut faire de son bloc de marbre que ce qu'il juge le meilleur, et qui en juge bien. Dieu fait de la matière la plus belle de toutes les machines possible; il fait des esprits le plus beau de tous les gouvernements concevables; et par-dessus tout cela, il établit pour leur union la plus parfaite de toutes les harmonies, suivant le système que j'ai proposé. Or, puisque le mal physique et le mal moral se trouvent dans ce parfait ouvrage, on en doit juger (contre ce que M. Bayle assure ici) que sans cela un mal encore plus grand aurait été tout à fait inévitable. Ce mal si grand serait que Dieu aurait mal choisi, s'il avait choisi autrement qu'il n'a fait. Il est vrai que Dieu est infiniment puissant; mais sa puissance est indéterminée, la bonté et la sagesse jointes la déterminent à produire le meilleur. M. Bayle fait ailleurs une objection qui lui est particulière, qu'il tire des sentiments des cartésiens modernes, qui disent que Dieu pouvait donner aux âmes les pensées qu'il voulait sans les faire dépendre d'aucun rapport aux corps; par ce moyen, on épargnerait aux âmes un grand nombre de maux, qui ne viennent que du dérangement des corps. On en parlera davantage plus bas, maintenant il suffit de considérer que Dieu ne saurait établir un système mal lié et plein de dissonances. La nature des âmes est en partie de représenter les corps.

131. XVI. « On est autant la cause d'un événement, lorsqu'on le
« procure par des voies morales, que lorsqu'on le procure par des
« voies physiques. Un ministre d'État, qui, sans sortir de son cabinet,
« et se servant seulement des passions des directeurs d'une cabale,
« renverserait tous leurs complots, ne serait pas moins l'auteur de
« la ruine de cette cabale, que s'il la détruisait par des coups de
« main. »

Je n'ai rien à dire contre cette maxime. On impute toujours le mal aux causes morales, et on ne l'impute pas toujours aux causes physiques. J'y remarque seulement que si je ne pouvais empêcher le péché d'autrui, qu'en commettant moi-même un péché, j'aurais raison de le permettre, et je n'en serais point complice, ni cause morale. En Dieu, tout défaut tiendrait lieu de péché; il serait même plus que le péché, car il détruirait la divinité. Et ce serait un grand défaut à lui, de ne point choisir le meilleur. Je l'ai déjà dit plusieurs fois. Il empêcherait donc le péché par quelque chose de plus mauvais que tous les péchés.

132. XVII. « C'est toute la même chose, d'employer une cause né-
« cessaire, et d'employer une cause libre, en choisissant les mo-
« ments où on la connaît déterminée. Si je suppose que la poudre à
« canon a le pouvoir de s'allumer ou de ne s'allumer pas quand le
« feu la touche, et que je sache certainement qu'elle sera d'humeur
« à s'allumer à huit heures du matin, je serai autant la cause de ses

« effets en y appliquant le feu à cette heure-là, que je le serais dans
« la supposition véritable, qu'elle est une cause nécessaire. Car, à
« mon égard, elle ne serait plus une cause libre ; je la prendrais dans
« le moment où je la saurais nécessitée par son propre choix. Il est
« impossible qu'un être soit libre ou indifférent à l'égard de ce à quoi
« il est déjà déterminé, et quant au temps où il y est déterminé. Tout
« ce qui existe, existe nécessairement pendant qu'il existe. » (Τὸ
« εἶναι τὸ ὂν ὅταν ᾖ, καιτὸ μὴ ὂν μὴ εἶναι ὅταν μὴ ᾖ, ἀνάγκη. » Necesse est
« id quod est, quando est, esse ; et id quod non est, quando non
« est, non esse. » Arist., *De Interpret.*, cap. IX. « Les nominaux
« ont adopté cette maxime d'Aristote, Scot et plusieurs autres sco-
« lastiques semblent la rejeter, mais au fond leurs distinctions re-
« viennent à la même chose. Voy. les jésuites de Coimbre (1) sur cet
« endroit d'Aristote, p. 380, seq.) »

Cette maxime peut passer aussi, je voudrais seulement changer quelque chose dans les phrases. Je ne prendrais point libre et indifférent pour une même chose, et ne ferais point opposition entre libre et déterminé. On n'est jamais parfaitement indifférent d'une indifférence d'équilibre : on est toujours plus incliné, et par conséquent plus déterminé, d'un côté que d'un autre ; mais on n'est jamais nécessité aux choix qu'on fait. J'entends ici une nécessité absolue et métaphysique ; car il faut avouer que Dieu, que le sage, est porté au meilleur par une nécessité morale. Il faut avouer aussi qu'on est nécessité au choix par une nécessité hypothétique, lorsqu'on fait le choix actuellement ; et même auparavant, on y est nécessité par la vérité même de la futurition, puisqu'on le fera. Ces nécessités hypothétiques ne nuisent point. J'en ai parlé ci-dessus.

133. XVIII. « Quand tout un grand peuple s'est rendu coupable
« de rébellion, ce n'est point assez de clémence que de pardonner à
« la cent millième partie, et de faire mourir tout le reste, sans
« excepter les enfants à la mamelle. »

Il semble qu'on suppose qu'il y a cent mille fois plus de damnés que de sauvés, et que les enfants morts sans baptême sont du nombre des premiers. L'un et l'autre est contredit, et surtout la damnation de ces enfants. J'en ai parlé ci-dessus. M. Bayle presse

(1) *Les Jésuites de Coimbre*, célèbres comme commentateurs d'Aristote. Les principaux de ces commentaires sont ceux de Fonseca sur l'*Introduction* de Porphyre, et surtout sur la *Métaphysique* d'Aristote ; les *Commentaires sur la logique* (Lyon, in-4°, 1607) ; — le *Cours de philosophie générale* d'Emmanuel Goes (Cologne, in-4°, 1599) résume toutes les doctrines de cette école. P. J.

la même objection ailleurs (*Réponse au Provincial*, ch. CLXXVIII,
« p. 1223, t. III). « Nous voyons manifestement (dit-il) qu'un souve-
« rain qui veut exercer et la justice et la clémence, lorsqu'une ville
« s'est soulevée, doit se contenter de la punition d'un petit nombre
« de mutins, et pardonner à tous les autres ; car si le nombre de
« ceux qui sont châtiés est comme mille à un, en comparaison de
« ceux à qui il fait grâce, il ne peut passer pour débonnaire, et il
« passe pour cruel. Il passerait à coup sûr pour un tyran abomi-
« nable, s'il choisissait des châtiments de longue durée, et s'il
« n'épargnait le sang que parce qu'il serait persuadé qu'on aimerait
« mieux la mort qu'une vie misérable ; et si enfin l'envie de se
« venger avait plus de part à ses rigueurs, que l'envie de faire ser-
« vir au bien public la peine qu'il ferait porter à presque tous les
« rebelles. Les malfaiteurs que l'on exécute sont censés expier
« leurs crimes si pleinement par la perte de la vie, que le public
« n'en demande pas davantage, qu'il s'indigne quand les bourreaux
« sont maladroits. On les lapiderait, si on savait qu'expressément
« ils donnent plusieurs coups de hache ; et les juges qui assistent
« à l'exécution ne seraient pas hors de péril, si l'on croyait qu'ils
« se plaisent à ce mauvais jeu des bourreaux et qu'ils les ont
« exhortés sous main à s'en servir. » (Notez qu'on ne doit pas entendre ceci dans l'universalité à la rigueur. Il y a des cas où le
peuple approuve qu'on fasse mourir à petit feu certains criminels,
comme quand François Ier fit ainsi mourir quelques personnes
accusées d'hérésie après les fameux placards de l'an 1534. On
n'eut aucune pitié pour Ravaillac, qui fut tourmenté en plusieurs
manières horribles. Voy. le *Mercure français*, t. I, fol. m. 455
et suiv. Voy. aussi Pierre Mathieu, dans son *Histoire de la
mort d'Henri IV*, et n'oubliez pas ce qu'il dit p. m. 99, touchant ce que les juges discutèrent à l'égard du supplice de ce
parricide.) « Enfin il est d'une notoriété qui n'a presque point
« d'égale, que les souverains qui se régleraient sur saint Paul, je
« veux dire condamneraient au dernier supplice tous ceux qu'il
« condamne à la mort éternelle, passeraient pour ennemis du genre
« humain, et pour destructeurs des sociétés. Il est incontestable
« que leurs lois, bien loin d'être propres selon le but des législa-
« teurs à maintenir la société, en seraient la ruine entière. (Appli-
« quez ici ces paroles de Pline le Jeune (1), epist. XXII, lib. VIII : Man-

---

(1) PLINE le Jeune, neveu de Pline l'Ancien, le naturaliste, et lui-même l'un

« demus memoriæ quod vir mitissimus, et ob hoc quoque maximus,
« Thrasea crebro dicere solebat : qui vitia odit, homines odit.) » Il
ajoute qu'on disait des lois de Dracon, législateur des Athéniens,
qu'elles n'avaient pas été écrites avec de l'encre, mais avec du sang,
parce qu'elles punissaient tous les péchés du dernier supplice ; et
que la damnation est un supplice infiniment plus grand que la mort.
Mais il faut considérer que la damnation est une suite du péché, et je
répondis autrefois à un ami, qui m'objecta la disproportion qu'il y a
entre une peine éternelle et un crime borné, qu'il n'y a point d'injustice, quand la continuation de la peine n'est qu'une suite de la
continuation du péché ; j'en parlerai encore plus bas. Pour ce qui
est du nombre des damnés, quand il serait incomparablement plus
grand parmi les hommes, que le nombre des sauvés, cela n'empêcherait point que dans l'univers, les créatures heureuses ne l'emportassent infiniment pour leur nombre sur celles qui sont malheureuses. Quant à l'exemple d'un prince qui ne punit que les chefs
des rebelles, ou d'un général qui fait décimer un régiment, ces
exemples ne tirent point à conséquence ici. L'intérêt propre oblige
le prince et le général de pardonner aux coupables, quand même
ils demeureraient méchants ; Dieu ne pardonne qu'à ceux qui
deviennent meilleurs ; il peut les discerner, et cette sévérité est
plus conforme à la justice parfaite. Mais si quelqu'un demande
pourquoi Dieu ne donne pas à tous la grâce de la conversion, il
tombe dans une autre question, qui n'a point de rapport à la maxime
présente. Nous y avons déjà répondu en quelque façon, non pas
pour trouver les raisons de Dieu, mais pour montrer qu'il n'en saurait manquer, et qu'il n'y en a point de contraires qui puissent être
valables. Au reste, nous savons qu'on détruit quelquefois des villes
entières, et qu'on fait passer les habitants au fil de l'épée, pour
donner de la terreur aux autres. Cela peut servir à abréger une
grande guerre ou rébellion, et c'est épargner le sang en le répandant; il n'y a point là de décimation. Nous ne pouvons point assurer, à la vérité, que les méchants de notre globe sont punis si sévèrement pour intimider les habitants des autres globes, et pour les
rendre meilleurs ; mais assez d'autres raisons de l'harmonie uni-

des meilleurs écrivains latins des temps de l'Empire, est né à Côme en 51
(ap. J.-C.), et est mort en l'an 103. La moitié de ses ouvrages a été perdue.
Il nous reste ses *Lettres* et le *Panégyrique de Trajan*, traduits par Sacy. L'édition *princeps* de ses *Lettres* est de 1471, et les œuvres complètes sont de 1508.

P. J.

verselle qui nous sont inconnues, parce que nous ne connaissons pas assez l'étendue de la cité de Dieu, ni la forme de la république générale des esprits, non plus que toute l'architecture des corps, peuvent faire le même effet.

134. XIX. « Les médecins, qui parmi beaucoup de remèdes
« capables de guérir un malade, et dont il y en a plusieurs qu'ils
« seraient fort assurés qu'il prendrait avec plaisir, choisiraient préci-
« sément celui qu'ils sauraient qu'il refuserait de prendre, auraient
« beau l'exhorter et le prier de ne le refuser pas ; on aurait néan-
« moins un juste sujet de croire qu'ils n'auraient aucune envie de
« le guérir ; car s'ils souhaitaient de le faire, ils lui choisiraient
« l'une de ces bonnes médecines, qu'ils sauraient qu'ils voudrait
« bien avaler. Que si d'ailleurs ils savaient que le refus du remède
« qu'ils lui offriraient augmenterait sa maladie jusqu'à la rendre
« mortelle, on ne pourrait s'empêcher de dire qu'avec toutes leurs
« exhortations, ils ne laisseraient pas de souhaiter la mort du
« malade. »

Dieu veut sauver tous les hommes ; cela veut dire qu'il les sauverait, si les hommes ne l'empêchaient par eux-mêmes, et ne refusaient pas de recevoir ses grâces ; et il n'est point obligé ni porté par la raison à surmonter toujours leur mauvaise volonté. Il le fait pourtant quelquefois lorsque des raisons supérieures le permettent, et lorsque sa volonté conséquente et décrétoire, qui résulte de toutes ses raisons, le détermine à l'élection d'un certain nombre d'hommes. Il donne des secours à tous pour se convertir et pour persévérer, et ces secours sont suffisants dans ceux qui ont bonne volonté, mais ils ne sont pas toujours suffisants pour la donner. Les hommes obtiennent cette bonne volonté, soit par des secours particuliers, soit par des circonstances qui font réussir les secours généraux. Il ne peut s'empêcher d'offrir encore des remèdes qu'il sait qu'on refusera, et qu'on en sera plus coupable : mais voudra-t-on que Dieu soit injuste, afin que l'homme soit moins criminel ! Outre que les grâces qui ne servent pas à l'un peuvent servir à l'autre, et servent même toujours à l'intégrité du plan de Dieu, le mieux conçu qu'il se puisse. Dieu ne donnera-t-il point la pluie, parce qu'il y a des lieux bas qui en seront incommodés ? Le soleil ne luira-t-il pas autant qu'il faut pour le général, parce qu'il y a des endroits qui en seront trop desséchés ? Enfin toutes les comparaisons, dont parlent ces maximes que M. Bayle vient de donner, d'un médecin, d'un bienfaiteur, d'un ministre d'État, d'un prince, clochent fort ; parce qu'on connaît leurs devoirs, et ce qui peut et doit être l'objet de leurs soins ; ils n'ont presque qu'une affaire, et ils y manquent souvent par négligence ou par malice. L'objet de Dieu a quelque chose d'infini, ses soins embrassent l'univers ; ce que nous en connaissons n'est presque rien, et nous voudrions mesurer sa sagesse et sa bonté par notre connaissance : quelle témérité, ou plutôt quelle absurdité ! Les objections supposent faux ; il est ridicule de juger du droit, quand on ne connaît point le fait. Dire avec saint Paul : *O altitudo divitiarum et sapientiæ*, ce n'est point renoncer à la raison, c'est employer plutôt les raisons que nous connaissons ; car elles nous apprennent cette immensité de Dieu, dont l'apôtre parle, mais c'est avouer notre ignorance sur les faits ; c'est reconnaître cependant, avant que de voir, que Dieu fait tout, le mieux qu'il est possible, suivant la sagesse infinie qui règle ses actions. Il est vrai que nous avons déjà des preuves et des essais devant nos yeux, lorsque nous voyons quelque chose d'entier, quelque tout accompli en soi, et isolé, pour ainsi dire, parmi les ouvrages, de Dieu. Un tel tout, formé pour ainsi dire, de la main de Dieu, est une plante, un animal, un homme. Nous ne saurions assez admirer la beauté et l'artifice de sa structure. Mais lorsque nous voyons quelque os cassé, quelque morceau de chair des animaux, quelque brin d'une plante, il n'y paraît que du désordre, à moins qu'un excellent anatomiste ne le regarde ; et celui-là même n'y reconnaîtrait rien, s'il n'avait vu auparavant des morceaux semblables attachés à leur tout. Il en est de même du gouvernement de Dieu ; ce que nous en pouvons voir jusqu'ici n'est pas un assez gros morceau, pour y reconnaître la beauté et l'ordre du tout. Ainsi la nature même des choses porte que cet ordre de la Cité divine, que nous ne voyons pas encore ici-bas, soit un objet de notre foi, de notre espérance, de notre confiance en Dieu. S'il y en a qui en jugent autrement, tant pis pour eux, ce sont des mécontents dans l'État du plus grand et du meilleur de tous les monarques, et ils ont tort de ne point profiter des échantillons qu'il leur a donnés de sa sagesse et de sa bonté infinie pour se faire connaître non seulement admirable, mais encore aimable au delà de toutes choses.

135. J'espère qu'on trouvera que rien de ce qui est compris dans ces dix-neuf maximes de M. Bayle, que nous venons de considérer, n'est demeuré sans une réponse nécessaire. Il y a de l'apparence

qu'ayant souvent médité auparavant sur cette matière, il y aura mis ce qu'il croyait le plus fort touchant la cause morale du mal moral. Il se trouve pourtant encore là-dessus par-ci par-là plusieurs endroits dans ses ouvrages, qu'il sera bon de ne point passer sous silence. Il exagère bien souvent la difficulté qu'il croit qu'il y a de mettre Dieu à couvert de l'imputation du péché. Il remarque (*Rep. au Prov.*, ch. CLXI, p. 1024) que Molina, s'il a accordé le libre arbitre avec la prescience, n'a point accordé la bonté et la sainteté de Dieu avec le péché. Il loue la sincérité de ceux qui avouent rondement (comme il veut que Piscator (1) l'a fait) que tout retombe enfin sur la volonté de Dieu, et qui prétendent que Dieu ne laisserait pas d'être juste, quand même il serait l'auteur du péché, quand même il condamnerait des innocents. Et de l'autre côté, ou en d'autres endroits, il semble qu'il applaudit davantage aux sentiments de ceux qui sauvent sa bonté aux dépens de sa grandeur, comme fait Plutarque (2) dans son livre contre les stoïciens (3) : « Il était plus « raisonnable (dit-il) de dire (avec les épicuriens) que des parties « innombrables (ou des atomes voltigeant au hasard par un espace « infini), prévalant par leur force à la faiblesse de Jupiter, fissent « malgré lui et contre sa nature et volonté beaucoup de choses « mauvaises et absurdes, que de demeurer d'accord qu'il n'y a ni « confusion ni méchanceté dont il ne soit l'auteur. » Ce qui se peut dire pour l'un et pour l'autre de ces partis des stoïciens ou des épicuriens, paraît avoir porté M. Bayle à l'ἐπέχειν des pyrrhoniens, à la suspension de son jugement, par rapport à la raison, tant que la foi est mise à part, à laquelle il professe de se soumettre sincèrement.

---

(1) PISCATOR, théologien réformé, né à Strasbourg en 1546, mort à Hesborn en 1626. On a de lui un grand nombre d'ouvrages théologiques et entre autres des *Analyses logicæ theologicæ*, des commentaires et des travaux sur la grâce et la prédestination.
P. J.

(2) PLUTARQUE de Chéronée a vécu dans la première moitié du 1er siècle de l'ère chrétienne, et au commencement du second. Connu surtout par ses *Vies des hommes illustres*, il a écrit aussi un grand nombre de traités philosophiques et moraux. Parmi les éditions complètes de ses œuvres philosophiques, on connaît surtout celle de Wittenbach (5 vol in-8, Oxford, 1795-1810), et celle des classiques grecs de Firmin Didot. On connaît la traduction d'Amyot (6 vol in-8, Paris, 1574).
P. J.

(3) Les *Stoïciens*. Grande école philosophique de l'antiquité, fondée par Zénon de Citium (264-166). — Les principaux stoïciens sont Cléanthe et Chrysippe. Plus tard, le stoïcisme se développa à Rome, sous l'Empire, et eut pour principaux représentants Sénèque, Épictète et M. Aurèle (voir ces noms).
P. J.

136. Cependant, poursuivant ses raisonnements, il est allé jusqu'à vouloir quasi faire ressusciter et renforcer ceux des sectateurs de Manès, hérétique persan du IIIe siècle du christianisme, ou d'un certain Paul (1), chef des manichéens en Arménie dans le VIIe siècle qui leur fit donner le nom de Pauliciens. Tous ces hérétiques renouvelèrent ce qu'un ancien philosophe de la haute Asie, connu sous le nom de Zoroastre, avait enseigné, à ce qu'on dit, de deux principes intelligents de toutes choses, l'un bon, l'autre mauvais; dogme qui était peut-être venu des Indiens, où il y a encore quantité de gens atttachés à cette erreur, fort propre à surprendre l'ignorance et la superstition humaine, puisque quantité de peuples barbares, même dans l'Amérique, ont donné là dedans, sans avoir eu besoin de philosophie. Les Slaves (chez Helmold) avaient leur Zernebog, c'est-à-dire dieu noir. Les Grecs et les Romains, tout sages qu'ils paraissent, avaient un Vejovis ou anti-Jupiter, nommé autrement Pluton, et quantité d'autres divinités malfaisantes. La déesse Némésis se plaisait à abaisser ceux qui étaient trop heureux; et Hérodote insinue en quelques endroits, qu'il croyait que toute la divinité est envieuse, ce qui ne s'accorde pourtant point avec la doctrine des deux principes.

137. Plutarque, dans son *Traité d'Isis et d'Osiris*, ne connaît point d'auteur plus ancien qui les ait enseignés que Zoroastre le Magicien, comme il l'appelle. Trogus ou Justin en fait un roi des Bactriens, que Ninus ou Sémiramis vainquirent; il lui attribue la connaissance de l'astronomie et l'invention de la magie; mais cette magie était apparemment la religion des adorateurs du feu; et il paraît qu'il considérait la lumière ou la chaleur comme le bon principe; mais il y ajoutait le mauvais, c'est-à-dire l'opacité, les ténèbres, le froid. Pline rapporte le témoignage d'un certain Hermippe (2), interprète des livres de Zoroastre, qui le faisait disciple en l'art magique d'un nommé Azonace, pourvu que ce nom ne soit corrompu de celui d'Oromase, dont nous parlerons tantôt, et que Platon, dans l'*Alcibiade*, fait père de Zoroastre. Les Orientaux modernes appellent Zerdust celui que les Grecs appelaient Zoroastre;

---

(1) PAUL (de Samosate), chef de la secte des Pauliciens, vivait dans le IIe siècle de l'ère chrétienne. Il combattait la Trinité et la Divinité de Jésus-Christ. — On trouve dans la *Bibliothèque des Pères* (t. XVI), dix questions adressées par Paul à saint Denis d'Alexandrie, mais on doute de leur authenticité.
P. J.

(2) HERMIPPE, le péripatéticien, qui avait écrit *De Arte magicâ*.
P. J.

on le fait répondre à Mercure, parce que le mercredi en a son nom chez quelques peuples. Il est difficile de débrouiller son histoire et le temps auquel il a vécu. Suidas le fait antérieur de cinq cents ans à la prise de Troie; des anciens chez Pline et chez Plutarque en disent dix fois autant. Mais Xanthus le Lydien (dans la préface de Diogène Laërce) ne le fait antérieur que de six cents ans à l'expédition de Xerxès. Platon déclare dans le même endroit, comme M. Bayle le remarque, que la magie de Zoroastre n'était autre chose que l'étude de la religion. M. Hyde (1), dans son livre de la Religion des anciens Perses, tâche de la justifier, et de la laver non seulement du crime de l'impiété, mais encore de celui de l'idolâtrie. Le culte du feu était reçu chez les Perses et chez les Chaldéens; on croit qu'Abraham le quitta en sortant d'Ur en Chaldée. Mithra était le soleil, et il était aussi le Dieu des Perses, et au rapport d'Ovide on lui sacrifiait des chevaux.

> Placat equo Persis radiis Hyperiona cinctum,
> Ne detur celeri victima tarda Deo.

Mais M. Hyde croit qu'ils ne se servaient du soleil et du feu dans leur culte que comme de symboles de la divinité. Peut-être faut-il distinguer, comme ailleurs, entre les sages et le peuple. Il y a dans les admirables ruines de Persépolis ou de Tschelminaar (qui veut dire quarante colonnes) des représentations de leurs cérémonies en sculpture. Un ambassadeur de Hollande les avait fait dessiner avec bien de la dépense par un peintre, qui y avait employé un temps considérable : mais je ne sais par quel accident ces dessins tombèrent entre les mains de M. Chardin (2), connu par ses voyages, suivant ce qu'il en a rapporté lui-même : ce serait dommage s'ils se perdaient. Ces ruines sont un des plus anciens et des plus beaux monuments de la terre, et j'admire à cet égard le peu de curiosité d'un siècle aussi curieux que le nôtre.

138. Ces anciens Grecs, et les Orientaux modernes, s'accordent à dire que Zoroastre appelait le bon dieu Oromazes, ou plutôt Oro-

---

(1) Hyde, philologue et théologien anglais, né à Shropshire en 1636 mort en 1703, a beaucoup écrit sur les antiquités orientales. Son livre *Veterum Persarum et magorum religionis historia* (in-4°, Oxford, 1700 et 1760), a été un véritable événement dans la science de l'histoire philosophique et religieuse. P. J.

(2) Chardin, célèbre voyageur du XVII° siècle, né à Paris en 1644, mort à Londres en 1713. Ses *Voyages* ont été publiés par lui-même en 1711 (3 vol. in-4° et 10 vol in-12, avec soixante-dix-huit planches, d'après les dessins de Grelot).
P. J.

masdes, et le mauvais dieu Arimanius. Lorsque j'ai considéré que de grands princes de la haute Asie ont eu le nom d'Hormisdas, et qu'Irmin ou Hermin a été le nom d'un dieu ou ancien héros des Celto-Scythes, c'est-à-dire des Germains ; il m'est venu en pensée que cet Arimanius ou Irmin pourrait avoir été un grand conquérant très ancien venant de l'Occident, comme Chingis-Chan et Tamerlan venant de l'Orient l'ont été depuis. Ariman serait donc venu de l'Occident boréal, c'est-à-dire de la Germanie et de la Sarmatie, par les Alains et les Massagètes, faire irruption dans les États d'un Ormisdas, grand roi dans la haute Asie ; comme d'autres Scythes l'ont fait depuis du temps de Cyaxare, roi des Mèdes, au rapport d'Hérodote. Le monarque gouvernant des peuples civilisés, et travaillant à les défendre contre les barbares, aurait passé dans la postérité, parmi les mêmes peuples, pour le bon dieu ; mais le chef de ces ravageurs sera devenu le symbole du mauvais principe : il n'y a rien de si naturel. Il paraît par cette mythologie même que ces deux princes ont combattu longtemps, mais que pas un des deux n'a été vainqueur. Ainsi ils se sont maintenus tous deux, comme les deux principes ont partagé l'empire du monde, selon l'hypothèse attribuée à Zoroastre.

139. Il reste à prouver qu'un ancien dieu ou héros des Germains a été appelé Herman, Ariman ou Irmin. Tacite (1) rapporte que les trois peuples qui composaient la Germanie, les Ingévons, les Istévons et les Herminons ou Hermions, ont été appelés ainsi des trois fils de Mannus. Que cela soit vrai ou non, il a toujours voulu indiquer qu'il y a eu un héros nommé Hermin, dont on lui avait dit que les Herminons étaient nommés. Herminons, Hermenner, Hermunduri sont la même chose, et veulent dire soldats. Encore dans la basse histoire, Arimanni étaient *viri militares*, et il y a *feudum Arimandiæ* dans le droit lombard.

140. J'ai montré ailleurs qu'apparemment le nom d'une partie de la Germanie a été donné au tout, et que de ces Herminones ou Hermunduri tous les peuples Teutoniques ont été appelés Hermanni ou Germani ; car la différence de ces deux mots n'est que dans la force de l'aspiration, comme diffère le commencement dans le Germani des Latins et le Hermanos des Espagnols, ou comme dans le Gammarus des Latins et dans le Hummer (c'est-à-dire écrevisse de mer) des bas Allemands. Et il est fort ordinaire qu'une partie d'une nation donne le nom au tout, comme tous les Germains ont été

appelés Allemands par les Français; et cependant ce nom n'appartient, selon l'ancien style, qu'aux Souabes et aux Suisses. Et quoique Tacite n'ait pas bien connu l'origine du nom des Germains, il a dit quelque chose de favorable à mon opinion, lorsqu'il marque que c'était un nom qui donnait de la terreur, pris ou donné *ob metum*. C'est qu'il signifie un guerrier : Heer, Hari, est armée, d'où vient Hariban ou clameur de Haro, c'est-à-dire un ordre général de se trouver à l'armée, qu'on a corrompu en Arrière-ban. Ainsi Hariman ou Ariman, German, Guerreman, est un soldat. Car comme Hari, Heer est armée, ainsi wehr signifie armes, wehren combattre, faire la guerre; le mot guerre, guerra, venant sans doute de la même source. J'ai déjà parlé du *feudum arimandiæ ;* et non seulement Herminons ou Germains ne voulaient dire autre chose, mais encore cet ancien Herman, prétendu fils de Mannus, a eu ce nom apparemment comme si on l'avait voulu nommer guerrier par excellence.

141. Or ce n'est pas le passage de Tacite seulement qui nous indique ce dieu ou héros ; nous ne pouvons douter qu'il n'y en ait eu un de ce nom parmi ces peuples, puisque Charlemagne a trouvé et détruit proche du Weser la colonne appelée Irmin-Sul, dressée à l'honneur de ce dieu. Et cela joint au passage de Tacite nous fait juger que ce n'a pas été au célèbre Arminius, ennemi des Romains, mais à un héros plus grand et plus ancien, que ce culte se rapportait. Arminius portait le même nom, comme font encore aujourd'hui ceux qui portent celui de Herman. Arminius n'a pas été assez grand, ni assez heureux, ni assez connu par toute la Germanie, pour obtenir l'honneur d'un culte public, même des peuples éloignés, comme des Saxons, qui sont venus longtemps après lui dans le pays des Chérusques. Et notre Arminius, pris pour le mauvais dieu par les Asiastiques, est un surcroît de confirmation pour mon opinion. Car, dans ces matières, les conjectures se confirment les unes les autres sans aucun cercle de logique, quand leurs fondements tendent à un même but.

142. Il n'est pas incroyable que le Hermes (c'est-à-dire Mercure) des Grecs soit le même Hermin ou Ariman. Il peut avoir été inven-

---

(1) Tacite, illustre historien latin, a vécu au premier siècle de l'ère vulgaire, et au commencement du second. Il a écrit les *Histoires* et les *Annales*, la *Germanie*, la *Vie d'Agricola*. On lui attribue aussi le *Dialogue sur les orateurs*, que d'autres critiques supposent être de Quintilien. — Nous ne pouvons citer les innombrables éditions de cet écrivain. Dureau de Lamalle en a fait une exellente traduction. — P. J.

teur ou promoteur des arts, et d'une vie un peu plus civilisée parmi ceux de sa nation, et dans les pays où il était le maître ; pendant qu'il passait pour l'auteur du désordre chez ses ennemis. Que sait-on s'il n'est pas venu jusque dans l'Égypte, comme les Scythes, qui poursuivirent Sésostris et vinrent près de là ? Theut, Menès et Hermes ont été connus et honorés dans l'Égypte. Ils pourraient être Tuiscon, son fils Mannus et Herman, fils de Mannus, suivant la généalogie de Tacite. Menès passe pour le plus ancien roi des Égyptiens, Theut était un nom de Mercure chez eux. Au moins Theut ou Thuiscon, dont Tacite fait descendre les Germains, et dont les Teutons, Tuitsche, (c'est-à-dire Germains) ont encore aujourd'hui le nom, est le même avec ce Teutates que Lucain fait adorer par les Gaulois, et que César a pris *pro Dite Patre*, pour Pluton, à cause de la ressemblance de son nom latin avec celui de Teut ou Thiet, Titan, Theodon, qui a signifié anciennement hommes, peuple, et encore un homme excellent (comme le mot baron), enfin un prince. Et il y a des autorités pour toutes ces significations: mais il ne faut point s'y arrêter ici. M. Otto Sperling (1), connu par plusieurs savants écrits, mais qui en a encore beaucoup d'autres prêts à paraître, a raisonné dans une dissertation exprès sur ce Teutatès, dieu des Celtes ; et quelques remarques que je lui ai communiquées là-dessus ont été mises dans les *Nouvelles littéraires* de la mer Baltique, aussi bien que sa réponse. Il prend un peu autrement que moi ce passage de Lucain :

> Teutates, pollensque feris altaribus Hesus,
> Et Taramis Scythicæ non mitior ara Dianæ.

Hesus apparemment était le dieu de la guerre, qui était appelé Ares des Grecs et Erich des anciens Germains, dont il reste encore Erich-tag, mardi. Les lettres R et S, qui sont d'un même organe, se changent aisément, par exemple, Moor et Moos, Geren et Gescht, Er war et Er was, Fer, Hierro, Eiron, Eisen. Item Papisius, Valesius, Fusius, au lieu de Papirius, Valerius, Furius, chez les anciens Romains. Pour ce qui est de Taramis ou peut-être Tanaris, on sait que Taran était le tonnerre, ou le dieu du tonnerre, chez les anciens Celtes, appelé Tor des Germains septentrionaux, d'où les Anglais ont

---

(1) Sperling (Otto). Il y a eu deux savants de ce nom : l'un médecin naturaliste, né à Hambourg en 1702, mort à Copenhague, après dix-sept ans de captivité, en 1664. Il a beaucoup écrit sur la botanique ; — l'autre, fils du précédent, antiquaire et numismate, né à Bergen en 1634, mort en 1715. — Il a beaucoup écrit sur les antiquités scandinaves. P. J.

gardé Thursday, jeudi, *diem Jovis*. Et le passage de Lucain veut dire que l'autel de Taran, dieu des Celtes, n'était pas moins cruel que celui de la Diane Taurique ; *Taranis aram non mitiorem ara Dianæ Scithicæ fuisse.*

143. Il n'est pas impossible aussi qu'il y ait eu un temps, auquel des princes occidentaux ou celtes se soient rendues maîtres de la Grèce, de l'Égypte, et d'une bonne partie de l'Asie, et que leur culte soit resté dans ces pays-là. Quand on considérera avec quelle rapidité les Huns, les Sarrasins et les Tartares se sont emparés d'une grande partie de notre continent, on s'en étonnera moins ; et ce grand nombre de mots de la langue allemande et de la langue celtique, qui conviennent si bien entre eux, le confirme. Callimaque (1), dans un hymne à l'honneur d'Apollon, paraît insinuer que les Celtes qui attaquèrent le temple Delphique, sous leur Brennus ou chef, étaient de la postérité des anciens Titans et Géants, qui firent la guerre à Jupiter et aux autres dieux, c'est-à-dire aux princes de l'Asie et de la Grèce. Il se peut que Jupiter soit descendu lui-même des Titans ou Théodons, c'est-à-dire des princes celto-scythes antérieurs, et ce que feu de M. l'abbé de la Charmoye a recueilli dans ses Origines celtiques s'y accorde ; quoiqu'il y ait d'ailleurs des opinions dans cet ouvrage de ce savant auteur qui ne me paraissent point vraisemblables, particulièrement lorsqu'il exclut les Germains du nombre des Celtes, ne s'étant pas assez souvenu des autorités des anciens, et n'ayant pas assez su le rapport de l'ancienne langue gauloise avec la langue germanique. Or les géants prétendus, qui voulaient escalader le ciel, étaient de nouveaux Celtes, qui allaient sur la piste de leurs ancêtres ; et Jupiter, bien que leur parent, pour ainsi dire, était obligé de leur résister : comme les Wisigoths établis dans les Gaules s'opposaient avec les Romains à d'autres peuples de la Germanie et de la Scythie, qui venaient après eux sous la conduite d'Attila, maître alors des nations scythiques, sarmatiques et germaniques, depuis les frontières de la Perse jusqu'au Rhin. Mais le plaisir qu'on sent, lorsqu'on croit trouver dans les mythologies des dieux quelque trace de l'ancienne histoire des temps fabuleux, m'a emporté peut-être trop loin, et je ne sais si j'aurais mieux rencontré que Goropius

---

(1) CALLIMAQUE, poète et critique célèbre, né à Cyrène, dans le IIIe siècle av. J.-C. mort à Alexandrie en 230. Il fut bibliothécaire d'Alexandrie ; et outre ses hymnes célèbres, il a écrit un grand nombre d'ouvrages bibliographiques.
P. J.

Becanus, que Schrieckius (1), que M. Rudbeck (2) et que M. l'abbé de la Charmoye.

144. Retournons à Zoroastre, qui nous a mené à Oromasdes et à Arimanius, auteurs du bien et du mal ; et supposons qu'il les ait considérés comme deux principes éternels, opposés l'un à l'autre, quoiqu'il y ait lieu d'en douter. L'on croit que Marcion (3), disciple de Cerdon, a été de ce sentiment avant Manès. M. Bayle reconnaît que ces hommes ont raisonné d'une manière pitoyable ; mais il croit qu'ils n'ont pas assez connu leurs avantages, ni su faire jouer leur principale machine, qui était la difficulté sur l'origine du mal. Il s'imagine qu'un habile homme de leur parti aurait bien embarrassé les orthodoxes, et il semble que lui-même, faute d'un autre, a voulu se charger d'un soin si nécessaire au jugement du bien des gens. « Toutes les hypothèses (dit-il, *Dictionn.*, art. Marcion, « pap. 2039.) que les chrétiens ont établies parent mal les coups « qu'on leur porte ; elles triomphent toutes, quand elles agissent « offensivement ; mais elles perdent tout leur avantage, quand « il faut qu'elles soutiennent l'attaque. » Il avoue que les dualistes (comme il les appelle avec M. Hyde), c'est-à-dire les défenseurs de deux principes, auraient bientôt été mis en fuite par des raisons à priori, prises de la nature de Dieu ; mais il s'imagine qu'ils triomphent à leur tour, quand on vient aux raisons à posteriori, prises de l'existence du mal.

145. Il en donne un ample détail dans son *Dictionnaire*, article Manichéens, page 2025, où il faut entrer un peu, pour mieux éclaircir toute cette matière. « Les idées les plus sûres et les plus claires de « l'ordre nous apprennent, dit-il, qu'un être qui existe par lui-même, « qui est nécessaire, qui est éternel, doit être unique, infini, tout- « puissant, et doué de toutes sortes de perfections. » Ce raisonnement aurait mérité d'être un peu développé. « Il faut maintenant « voir, poursuit-il, si les phénomènes de la nature se peuvent com-

---

(1) Schriek (Adrien), philologue et jurisconsulte, né à Bruges en 1559, mort en 1621, a écrit, en langue flamande, *Von't begin de ersten Volken van Europen en van den Orsprongh der Neerlanden* (du Commencement des premiers peuples de l'Europe et de l'origine des Pays-Bas). P. J.

(2) Rudbeck (Olaüs), médecin et antiquaire, fils d'un théologien du même nom, né à Arose, en Suède, en 1630, mort en 1702, a écrit sur la médecine et sur les antiquités scandinaves. P. J.

(3) Marcion, hérésiarque du IIe siècle, né à Sinople en Paphlagonie. Il enseignait la doctrine des deux principes, et il soutenait que la loi de Moïse était due à l'action du mauvais principe. On ignore l'époque de sa mort. P. J.

« modément expliquer par l'hypothèse d'un seul principe. » Nous l'avons expliqué suffisamment, en montrant qu'il y a des cas où quelque désordre dans la partie est nécessaire pour produire le plus grand ordre dans le tout. Mais il paraît que M. Bayle y demande un peu trop, il voudrait qu'on lui montrât en détail comment le mal est lié avec le meilleur projet possible de l'univers ; ce qui serait une explication parfaite du phénomène ; mais nous n'entreprenons pas de la donner, et n'y sommes pas obligés non plus, car on n'est point obligé à ce qui nous est impossible dans l'état où nous sommes ; il nous suffit de faire remarquer que rien n'empêche qu'un certain mal particulier ne soit lié avec ce qui est le meilleur en général. Cette explication imparfaite, et qui laisse quelque chose à découvrir dans l'autre vie, est suffisante pour la solution des objections, mais non pas pour une compréhension de la chose.

140. « Les cieux et tout le reste de l'univers, ajoute M. Bayle, « prêchant la gloire, la puissance, l'unité de Dieu », il en fallait tirer cette conséquence, que c'est (comme j'ai déjà remarqué ci-dessus), parce qu'on voit dans ces objets quelque chose d'entier et d'isolé, pour ainsi dire ; et toutes les fois que nous voyons un tel ouvrage de Dieu, nous le trouvons si accompli, qu'il en faut admirer l'artifice et la beauté ; mais lorsqu'on ne voit pas un ouvrage entier, lorsqu'on n'envisage que des lambeaux et des fragments, ce n'est pas merveille si le bon ordre n'y paraît pas. Le système de nos planètes compose un tel ouvrage isolé, et parfait, lorsqu'on le prend à part ; chaque plante, chaque animal, chaque homme en fournit un jusqu'à un certain point de perfection ; on y reconnaît le merveilleux artifice de l'auteur ; mais le genre humain, en tant qu'il nous est connu, n'est qu'un fragment, qu'une petite portion de la Cité de Dieu, ou de la république des esprits. Elle a trop d'étendue pour nous, et nous en connaissons trop peu, pour en pouvoir remarquer l'ordre merveilleux. « L'homme seul (dit M. Bayle), ce chef-d'œuvre « de son créateur entre les choses visibles, l'homme seul, dis-je « fournit de très grandes objections contre l'unité de Dieu. » Claudien a fait la même remarque, en déchargeant son cœur par ces vers connus :

Sæpe mihi dubiam traxit sententia mentem, etc.

Mais l'harmonie, qui se trouve dans tout le reste, est un grand préjugé qu'elle se trouverait encore dans le gouvernement des hommes, et généralement dans celui des esprits, si le total nous en était connu. Il faudrait juger des ouvrages de Dieu aussi sagement que Socrate jugea de ceux d'Héraclite en disant : Ce que j'en ai entendu me plaît ; je crois que le reste ne me plairait pas moins, si je l'entendais.

147. Voici encore une raison particulière du désordre apparent dans ce qui regarde l'homme. C'est que Dieu lui fait présent d'une image de la divinité, en lui donnant l'intelligence. Il le laisse faire en quelque façon dans son petit département, *ut Spartam quam nactus est ornet*. Il n'y entre que d'une manière occulte, car il fournit être, force, vie, raison, sans se faire voir. C'est là où le franc arbitre joue son jeu ; et Dieu se joue (pour ainsi dire) de ces petits dieux qu'il a trouvé bon de produire, comme nous nous jouons des enfants qui se font des occupations que nous favorisons ou empêchons sous main comme il nous plaît. L'homme y est donc comme un petit dieu dans son propre monde, ou Microcosme, qu'il gouverne à sa mode ; il y fait merveilles quelquefois, et son art imite souvent la nature.

> Jupiter in parvo cum cerneret æthera vitro,
> Risit, et ad Superos talia dicta dedit :
> Huccine mortalis progressa potentia, Divi ?
> Jam meus in fragili luditur orbe labor.
> Jura poli rerumque fidem legesque Deorum
> Cuncta Syracusius transtulit arte Senex,
> Quid falso insontem tonitru Salmonea miror ?
> Æmula naturæ est parva reperta manus.

Mais il fait aussi de grandes fautes, parce qu'il s'abandonne aux passions, et parce que Dieu l'abandonne à son sens ; il l'en punit aussi, tantôt comme un père ou précepteur, exerçant ou châtiant les enfants ; tantôt comme un juste juge, punissant ceux qui l'abandonnent ; et le mal arrive le plus souvent quand ces intelligences ou leurs petits mondes se choquent entre eux. L'homme s'en trouve mal, à mesure qu'il a tort ; mais Dieu, par un art merveilleux, tourne tous les défauts de ces petits mondes au plus grand ornement de son grand monde. C'est comme dans ces inventions de perspective, où certains beaux dessins ne paraissent que confusion, jusqu'à ce qu'on les rapporte à leur vrai point de vue, ou qu'on les regarde par le moyen d'un certain verre ou miroir. C'est en les plaçant et s'en servant comme il faut qu'on les fait devenir l'ornement d'un cabinet. Ainsi les difformités apparentes de nos petits mondes se réunissent en beautés dans le grand, et n'ont rien qui s'oppose à l'unité d'un principe universel infiniment parfait; au contraire ils augmentent l'admiration de sa sagesse, qui fait servir le mal au plus grand bien.

148. M. Bayle poursuit : « que l'homme est méchant et malheu-
« reux; qu'il y a partout des prisons et des hôpitaux; que l'his-
« toire n'est qu'un recueil des crimes et des infortunes du genre
« humain. » Je crois qu'il y a en cela de l'exagération ; il y a incomparablement plus de bien que de mal dans la vie des hommes, comme il y a incomparablement plus de maisons que de prisons. A l'égard de la vertu et du vice, il y règne une certaine médiocrité. Machiavel a déjà remarqué qu'il y a peu d'hommes fort méchants et fort bons, et que cela fait manquer bien de grandes entreprises. Je trouve que c'est un défaut des historiens, qu'ils s'attachent plus au mal qu'au bien. Le but principal de l'histoire, aussi bien que de la poésie, doit être d'enseigner la prudence et la vertu par des exemples, et puis de montrer le vice d'une manière qui en donne de l'aversion, et qui porte ou serve à l'éviter.

149. M. Bayle avoue « qu'on trouve partout et du bien moral et
« du bien physique, quelques exemples de vertu, quelques
« exemples de bonheur; et que c'est ce qui fait la difficulté. Car s'il
« n'y avait que des méchants et des malheureux (dit-il), il ne faudrait
« pas recourir à l'hypothèse des deux principes. » J'admire que cet excellent homme ait pu témoigner tant de penchant pour cette opinion des deux principes; et je suis surpris qu'il n'ait point considéré que ce roman de la vie humaine, qui fait l'histoire universelle du genre humain, s'est trouvé tout inventé dans l'entendement divin avec une infinité d'autres, et que la volonté de Dieu en a décerné seulement l'existence, parce que cette suite d'événements devait convenir le mieux avec le reste des choses pour en faire résulter le meilleur. Et ces défauts apparents du monde entier, ces taches d'un soleil, dont le nôtre n'est qu'un rayon, relèvent sa beauté, bien loin de la diminuer, et y contribuent en procurant un plus grand bien. Il y a véritablement deux principes, mais ils sont tous deux en Dieu, savoir son entendement et sa volonté. L'entendement fournit le principe du mal, sans en être terni, sans être mauvais; il représente les natures, comme elles sont dans les vérités éternelles; il contient en lui la raison pour laquelle le mal est permis ; mais la volonté ne va qu'au bien. Ajoutons un troisième principe, c'est la puissance; elle précède

même l'entendement et la volonté, mais elle agit comme l'un le montre, et comme l'autre le demande.

150. Quelques-uns (comme Campanella) ont appelé ces trois perfections de Dieu, les trois primordialités. Plusieurs même ont cru qu'il y avait là dedans un secret rapport à la sainte Trinité : que la puissance se rapporte au Père, c'est-à-dire à la Divinité; la sagesse au Verbe Éternel, qui est appelé λόγος par le sublime des évangélistes; et la volonté ou l'amour, au Saint-Esprit. Presque toutes les expressions ou comparaisons prises de la nature de la substance intelligente y tendent.

151. Il me semble que si M. Bayle avait considéré ce que nous venons de dire des principes des choses, il aurait répondu à ses propres questions, ou au moins qu'il n'aurait pas continué à demander, comme il le fait, par cette interrogation : « Si l'homme est
« l'ouvrage d'un seul principe souverainement saint, souverainement
« puissant, peut-il être exposé aux maladies, au froid, au chaud, à
« la faim, à la soif, à la douleur, au chagrin ? peut-il avoir tant de
« mauvaises inclinations ? peut-il commettre tant de crimes ? La sou-
« veraine sainteté peut-elle produire une créature criminelle. La
« souveraine bonté peut-elle produire une créature malheureuse ? La
« souveraine puissance, jointe à une bonté infinie, ne comblera-t-elle
« pas de biens son ouvrage, et n'éloignera-t-elle point tout ce qui le
« pourrait offenser ou chagriner ? » Prudence a représenté la même difficulté dans son *Hamartigénie* :

> Si non vult Deus esse malum, cur non vetat ? inquit.
> Non refert auctor fuerit, factorve malorum.
> Anne opera in vitium sceleris pulcherrima verti,
> Cum possit prohibere, sinat ? quod si velit omnes
> Innocuos agere Omnipotens, ne sancta voluntas
> Degeneret ; facto nec se manus inquinet ullo ?
> Condidit ergo malum Dominus, quod spectat ab alto,
> Et patitur, fierique probat, tanquam ipse creavit.
> Ipse creavit enim, quod si discludere possit,
> Non abolet, longoque sinit grassarier usu.

Mais nous avons déjà répondu à cela suffisamment. L'homme est lui-même la source de ses maux : tel qu'il est, il était dans les idées. Dieu, mû par des raisons indispensables de la sagesse, a décerné qu'il passât à l'existence tel qu'il est. M. Bayle se serait peut-être aperçu de cette origine du mal que j'établis, s'il avait joint ici la sagesse de Dieu à sa bonté et à sa sainteté. J'ajouterai, en passant, que sa sainteté n'est autre chose que le suprême degré de la bonté, comme le crime qui lui est opposé est ce qu'il y a de plus mauvais dans le mal.

152. M. Bayle fait combattre Mélisse (1), philosophe grec, défenseur de l'unité du principe (et peut-être même de l'unité de la substance), avec Zoroastre, comme avec le premier auteur de la dualité. Zoroastre avoue que l'hypothèse de Mélisse est plus conforme à l'ordre et aux raisons *a priori*, mais il nie qu'elle soit conforme à l'expérience et aux raisons *a posteriori*. « Je vous surpasse, dit-il, « dans l'explication des phénomènes, qui est le principal caractère « d'un bon système. » Mais, à mon sens, ce n'est pas une fort belle explication d'un phénomène, quand on lui assigne un principe exprès : au mal, un *principium maleficum* ; au froid, un *primum frigidum* : il n'y a rien de si aisé, ni rien de si plat. C'est à peu près comme si quelqu'un disait que les péripatéticiens surpassent les nouveaux mathématiciens dans l'explication des phénomènes des astres, en leur donnant des intelligences tout exprès qui les conduisent ; puisque après cela il est bien aisé de concevoir pourquoi les planètes font leur chemin avec tant de justesse ; au lieu qu'il faut beaucoup de géométrie et de méditation pour entendre comment de la pesanteur des planètes qui les porte vers le soleil, jointe à quelque tourbillon qui les emporte, ou à leur propre impétuosité, peut venir le mouvement elliptique de Kepler, qui satisfait si bien aux apparences. Un homme incapable de goûter les spéculations profondes applaudira d'abord aux péripatéticiens, et traitera nos mathématiciens de rêveurs. Quelque vieux galéniste (2) en fera autant par rapport aux Facultés de l'école, il en admettra une chylifique, une chymifique et une sanguifique, et il en assignera exprès à chaque opération ; il croira d'avoir fait merveilles, et se moquera de ce qu'il appellera les chimères des modernes, qui prétendent expliquer mécaniquement ce qui se passe dans le corps d'un animal.

153. L'explication de la cause du mal par un principe, *per principium maleficum*, est de la même nature. Le mal n'en a point besoin, non plus que le froid et les ténèbres : il n'y a point de *primum frigidum*, ni de principe des ténèbres. Le mal même ne vient que

---

(1) MÉLISSUS, philosophe grec de l'école d'Élée, né à Samos, florissait vers 444 avant Jésus-Christ. — Ses *Fragments* ont été recueillis par M. Brandis. P. J.
(2) *Galénisie*, disciple de Galien, qui multipliait beaucoup les qualités occultes. P. J.

de la privation ; le positif n'y entre que par concomitance, comme l'actif entre par concomitance dans le froid. Nous voyons que l'eau en se gelant est capable de rompre un canon de mousquet, où elle est enfermée ; et cependant le froid est une certaine privation de la force, il ne vient que de la diminution d'un mouvement qui écarte les particules des fluides. Lorsque ce mouvement écartant s'affaiblit dans l'eau par le froid, les parcelles de l'air comprimé cachées dans l'eau se ramassent ; et, devenant plus grandes, elles deviennent plus capables d'agir au dehors par leur ressort. Car la résistance que les surfaces des parties de l'air trouvent dans l'eau, et qui s'oppose à l'effort que ces parties font pour se dilater, est bien moindre, et par conséquent l'effet de l'air plus grand dans de grandes bulles d'air que dans de petites, quand même ces petites jointes ensemble feraient autant de masse que les grandes ; parce que les résistances, c'est-à-dire les surfaces, croissent comme les carrés ; et les efforts, c'est-à-dire les contenus, ou les solidités des sphères d'air comprimé, croissent comme les cubes des diamètres. Ainsi c'est par accident que la privation enveloppe de l'action et de la force. Jai déjà montré ci-dessus, comment la privation suffit pour causer l'erreur et la malice ; et comment Dieu est porté à les souffrir, sans qu'il y ait de la malignité en lui. Le mal vient de la privation ; le positif et l'action en naissent par accident, comme la force naît du froid.

154. Ce que M. Bayle fait dire aux Pauliciens, p. 2323, n'est point concluant, savoir que le franc arbitre doit venir de deux principes afin qu'il puisse se tourner vers le bien et vers le mal : car étant simple en lui-même, il devrait plutôt venir d'un principe neutre, si ce raisonnement avait lieu. Mais le franc arbitre va au bien, et s'il rencontre le mal, c'est par accident, c'est que ce mal est caché sous le bien, et comme masqué. Ces paroles qu'Ovide donne à Médée,

   Video meliora proboque,
  Deteriora sequor,

signifient que le bien honnête est surmonté par le bien agréable, qui fait plus d'impression sur les âmes, quand elles se trouvent agitées par les passions.

155. Au reste, M. Bayle lui-même fournit une bonne réponse à Mélissus, mais il la combat un peu après. Voici ses paroles, p. 2055 :
« Si Mélissus consulte les notions de l'ordre, il répondra que l'homme
« n'était point méchant, lorsque Dieu le fit ; il dira que l'homme reçut

« de Dieu un état heureux, mais que n'ayant pas suivi les lumières
« de la conscience, qui selon l'intention de son auteur le devaient con-
« duire par le chemin de la vertu, il est devenu méchant, et qu'il a
« mérité que Dieu souverainement bon lui fît sentir les effets de sa
« colère. Ce n'est donc point Dieu qui est la cause du mal moral ;
« mais il est la cause du mal physique, c'est-à-dire de la punition du
« mal moral, punition qui, bien loin d'être incompatible avec le prin-
« cipe souverainement bon, émane nécessairement de l'un de ses
« attributs, je veux dire de sa justice, qui ne lui est pas moins
« essentielle que sa bonté. Cette réponse, la plus raisonnable que
« Mélissus puisse faire, est au fond belle et solide, mais elle peut
« être combattue par quelque chose de plus spécieux et de plus
« éblouissant. » C'est que Zoroastre objecte « que le principe infiniment
« bon devait créer l'homme, non seulement sans le mal actuel,
« mais encore sans l'inclination au mal ; que Dieu, ayant prévu le
« péché, avec toutes les suites, le devait empêcher ; qu'il devait
« déterminer l'homme au bien moral, et ne lui laisser aucune force
« de se porter au crime. » Cela est bien aisé à dire, mais il n'est point
faisable en suivant les principes de l'ordre : il n'aurait pas pu être
exécuté sans des miracles perpétuels. L'ignorance, l'erreur et la
malice se suivent naturellement dans les animaux faits comme nous
sommes : fallait-il donc que cette espèce manquât à l'univers ? je
ne doute point qu'elle n'y soit trop importante malgré toutes ses
faiblesses, pour que Dieu ait pu consentir à l'abolir.

156. M. Bayle, dans l'article intitulé *Pauliciens*, qu'il a mis dans
son *Dictionnaire*, poursuit ce qu'il a débité dans l'article des *Manichéens*. Selon lui (p. 2330, Lit. H.) les orthodoxes semblent
admettre deux premiers principes, en faisant le diable auteur du
péché. M. Becker (1), ci-devant ministre d'Amsterdam, auteur du
livre qui a pour titre : *Le Monde enchanté*, a fait valoir cette pensée, pour faire comprendre qu'on ne devait point donner une puissance et une autorité au diable, qui le mettrait en parallèle avec
Dieu ; en quoi il a raison : mais il en pousse trop loin les conséquences. Et l'auteur du livre intitulé Ἀποκατάστασις πάντων croit que
si le diable n'était jamais vaincu et dépouillé, s'il gardait toujours sa

---

(1) BECKER (Balthazar), théologien réformé, né en Frise en 1634, mort à
Amsterdam en 1698. Il écrivit la plupart de ses ouvrages en hollandais. Celui
dont parle Leibniz est intitulé : *De Betoverde weereld* (Leuwarden, 1690, in-8°).
P. J.

proie, si le titre d'invincible lui appartenait, cela ferait tort à la gloire de Dieu. Mais c'est un misérable avantage de garder ceux qu'on a séduits, pour être toujours puni avec eux. Et quant à la cause du mal, il est vrai que le diable est l'auteur du péché : mais l'origine du péché vient de plus loin, la source est dans l'imperfection originale des créatures : cela les rend capables de pécher ; et il y a des circonstances, dans la suite des choses, qui font que cette puissance est mise en acte.

157. Les diables étaient des anges, comme les autres, avant leur chute, et l'on croit que leur chef en était un des principaux : mais l'Écriture ne s'explique pas assez là-dessus. Le passage de l'Apocalypse, qui parle du combat avec le dragon, comme d'une vision, y laisse bien des doutes, et ne développe pas assez une chose dont les autres auteurs sacrés ne parlent presque pas. Ce n'est pas ici le lieu d'entrer dans cette discussion, et il faut toujours avouer ici que l'opinion commune convient le mieux au texte sacré. M. Bayle examine quelques réponses de saint Basile (1), de Lactance (2), et d'autres sur l'origine du mal, mais comme elles roulent sur le mal physique, je diffère d'en parler, et je continuerai d'examiner les difficultés sur la cause morale du mal, qui se trouvent dans plusieurs endroits des ouvrages de notre habile auteur.

158. Il combat la permission de ce mal, il voudrait qu'on avouât que Dieu le veut. Il cite ces paroles de Calvin (sur la *Genèse*, ch. III) : « Les oreilles d'aucuns sont offensées, quand on dit que « Dieu l'a voulu. Mais, je vous prie, qu'est-ce autre chose de la « permission de celui qui a droit de défendre, ou plutôt qui a la « chose en main, qu'un vouloir ? » M. Bayle explique ces paroles de Calvin, et celles qui précèdent, comme s'il avouait que Dieu a voulu la chute d'Adam, non pas en tant qu'elle était un crime, mais sous quelque autre notion qui ne nous est pas connue. Il cite des casuistes un peu relâchés, qui disent qu'un fils peut souhaiter la

---

(1) SAINT BASILE, l'un des plus illustres Pères de l'Église, né à Césarée, en Cappadoce, en 329, évêque de cette ville en 379. — On a de lui des *Homélies*, des *Discours*, des *Morales*, cinq *Livres contre Eunomius*, et plus de trois cents *Lettres* sur divers sujets. — La meilleure édition de saint Basile a été donnée par D. Garnier (3 vol., 1721-1750). — Ses *Lettres* et *Sermons* ont été traduits par l'abbé de Bellegarde ; — sa *Morale* par M. Hermant (1661, in-12), et Leroy (1663, in-8°).
P. J.

(2) LACTANCE, apologiste chrétien, né en Afrique vers le milieu du IIIe siècle, mort à Trèves vers 325. — Son principal ouvrage, les *Institutions divines*, a pour objet de combattre le polythéisme. Son traité de *l'Œuvre de Dieu* est une réfutation de l'épicuréisme.
P. J.

mort de son père, en tant qu'elle est un bien pour ses héritiers. (*Rép. aux quest* ch. CXLVII, p. 850). Je trouve que Calvin dit seulement que Dieu a voulu que l'homme tombât, pour certaine cause qui nous est inconnue. Dans le fond, quand il s'agit d'une volonté décisive, c'est-à-dire d'un décret, ces distinctions sont inutiles : l'on veut l'action avec toutes ses qualités, s'il est vrai qu'on la veuille. Mais quand c'est un crime, Dieu ne peut que le vouloir permettre : le crime n'est ni fin ni moyen, il est seulement une condition *sine qua non* ; ainsi il n'est pas l'objet d'une volonté directe, comme je l'ai déjà montré ci-dessus. Dieu ne le peut empêcher, sans agir contre ce qu'il se doit, sans faire quelque chose qui serait pis que le crime de l'homme, sans violer la règle du meilleur ; ce qui serait détruire la divinité, comme j'ai déjà remarqué. Dieu est donc obligé par une nécessité morale, qui se trouve en lui-même, de permettre le mal moral des créatures. C'est là précisément le cas où la volonté d'un sage n'est que permissive. Je l'ai déjà dit : il est obligé de permettre le crime d'autrui, quand il ne le saurait empêcher sans manquer lui-même à ce qu'il se doit.

159. « Mais entre toutes les combinaisons infinies, dit M. Bayle « (p. 853), il a plu à Dieu d'en choisir une où Adam devait pécher, « et il l'a rendue future par son décret, préférablement à toutes les « autres. » Fort bien, c'est parler mon langage ; pourvu qu'on l'entende des combinaisons qui composent tout l'univers. « Vous ne « ferez donc jamais comprendre, ajoute-t-il, que Dieu n'ait pas « voulu qu'Ève et Adam péchassent, puisqu'il a rejeté toutes les « combinaisons où ils n'eussent pas péché. » Mais la chose est fort aisée à comprendre en général, par tout ce que nous venons de dire. Cette combinaison, qui fait tout l'univers, est la meilleure ; Dieu donc ne put se dispenser de la choisir, sans faire un manquement ; et plutôt que d'en faire un, ce qui lui est absolument inconvenable, il permet le manquement ou le péché de l'homme, qui est enveloppé dans cette combinaison.

160. M. Jacquelot avec d'autres habiles hommes ne s'éloigne pas de mon sentiment, comme lorsqu'il dit page 186 de son *Traité de la Conformité de la foi avec la raison* : « Ceux qui s'embarrassent de « ces difficultés semblent avoir la vue trop bornée, et vouloir « réduire tous les desseins de Dieu à leurs propres intérêts. Quand « Dieu a formé l'univers, il n'avait d'autre vue que lui-même et sa « propre gloire ; de sorte que si nous avions la connaissance de

« toutes les créatures, de leurs diverses combinaisons et de leurs
« différents rapports, nous comprendrions sans peine que l'univers
« répond parfaitement à la sagesse infinie du Tout-Puissant. » Il
dit ailleurs (p. 232) : « Supposé, par impossible, que Dieu n'ait pu
« empêcher le mauvais usage du franc arbitre sans l'anéantir, on
« conviendra que sa sagesse et sa gloire l'ayant déterminé à former
« des créatures libres, cette puissante raison devait l'emporter sur
« les fâcheuses suites que pourrait avoir cette liberté. » J'ai tâché
de le développer encore davantage par la raison du meilleur, et
par la nécessité morale qu'il y a en Dieu de faire ce choix, malgré
le péché de quelques créatures qui y est attaché. Je crois avoir
coupé jusqu'à la racine de la difficulté. Cependant je suis bien aise,
pour donner plus de jour à la matière, d'appliquer mon principe
des solutions aux difficultés particulières de M. Bayle.

161. En voici une, proposée en ces termes (ch. CXLVIII, p. 856) :
« Serait-il de la bonté d'un prince : 1° de donner à cent messagers
« autant d'argent qu'il en faut pour un voyage de deux cents lieues ?
« 2° de promettre une récompense à tous ceux qui achèveraient
« le voyage sans avoir rien emprunté, et de menacer de la prison
« tous ceux à qui leur argent n'aurait pas suffi ? 3° de faire choix
« de cent personnes, dont il saurait certainement qu'il n'y en aurait
« que deux qui mériteraient la récompense, les 98 autres devant
« trouver en chemin ou une maîtresse ou un joueur, ou quelque
« autre chose, qui leur ferait faire des frais, et qu'il aurait eu soin
« lui-même de disposer en certains endroits de la route ? 4° d'empri-
« sonner actuellement 98 de ces messagers, dès qu'ils seraient de
« retour ? N'est-il pas de la dernière évidence qu'il n'aurait aucune
« bonté pour eux, et qu'au contraire il leur destinerait, non pas la
« récompense proposée, mais la prison ? Ils la mériteraient : soit ;
« mais celui qui aura voulu qu'ils la méritassent, et qui les aurait mis
« dans le chemin infaillible de la mériter, serait-il digne d'être appelé
« bon, sous prétexte qu'il aurait récompensé les deux autres ? » Ce
ne serait pas sans doute cette raison, qui lui ferait mériter le titre de
bon ; mais d'autres circonstances y peuvent concourir, qui seraient
capables de le rendre digne de louange, de ce qu'il s'est servi de cet
artifice pour connaître ces gens-là, et pour en faire un triage,
comme Gédéon se servit de quelques moyens extraordinaires pour
choisir les plus vaillants et les moins délicats d'entre les soldats. Et
quand le prince connaîtrait déjà le naturel de tous ces messagers,

ne peut-il point les mettre à cette épreuve pour les faire connaître encore aux autres ? Et quoique ces raisons ne soient pas applicables à Dieu, elles ne laissent pas de faire comprendre qu'une action comme celle de ce prince peut paraître absurde, quand on la détache des circonstances qui en peuvent marquer la cause. A plus forte raison doit-on juger que Dieu a bien fait, et que nous le verrions, si nous connaissions tout ce qu'il a fait.

162. M. Descartes, dans une lettre à Mme la princesse Elisabeth (vol. I, lett. 10), s'est servi d'une autre comparaison pour accorder la liberté humaine avec la toute-puissance de Dieu. « Il « suppose un monarque qui a défendu les duels, et qui sachant, cer- « tainement que deux gentils'hommes se battront, s'ils se rencon- « trent, prend des mesures infaillibles pour les faire rencontrer. Ils « se rencontrent, en effet, ils se battent : leur désobéissance à la « loi est un effet de leur franc arbitre, ils sont punissables. Ce qu'un « roi peut faire en cela, ajoute-t-il, touchant quelques actions « libres de ses sujets, Dieu, qui a une prescience et une puissance « infinie, le fait infailliblement touchant toutes celles des hommes. Et « avant qu'il nous ait envoyés en ce monde, il a su exactement quelles « seraient toutes les inclinations de notre volonté, c'est lui-même « qui les a mises en nous, c'est lui aussi qui a disposé toutes les « autres choses qui sont hors de nous, pour faire que tels et tels « objets se présentassent à nos sens à tel et tel temps, à l'occasion « desquels il a su que notre libre arbitre nous déterminerait à telle « ou telle chose, et il l'a ainsi voulu ; mais il n'a pas voulu pour cela « l'y contraindre. Et comme on peut distinguer en ce roi deux diffé- « rents degrés de volonté, l'un par lequel il a voulu que ces gentils- « hommes se battissent, puisqu'il a fait qu'ils se rencontrassent ; et « l'autre, par lequel il ne l'a pas voulu, puisqu'il a défendu les duels ; « ainsi les théologiens distinguent en Dieu une volonté absolue et « indépendante, par laquelle il veut que toutes choses se fassent « ainsi qu'elles se font ; et une autre qui est relative et qui se rap- « porte au mérite ou démérite des hommes, par laquelle il veut « qu'on obéisse à ses lois. » (Descartes, *Lettre* 10 du 1er vol. « pp. 51, 52. Conférez avec cela ce que M. Arnauld, t. II, pp. 288 et suiv. de ses *Réflexions sur le système de Malebranche*, rapporte de Thomas d'Aquin sur la volonté antécédente et conséquente de Dieu.)

163. Voici ce que M. Bayle y répond (*Rép. au provinc.* ch. CLIV,

p. 943) : « Ce grand philosophe s'abuse beaucoup, ce me semble. Il
« n'y aurait dans ce monarque aucun degré de volonté, ni petit ni
« grand, que ces deux gentilshommes obéissent à la loi et ne se
« battissent pas, il voudrait pleinement et uniquement qu'ils se bat-
« tissent. Cela ne les disculperait pas, ils ne suivraient que leur pas-
« sion, ils ignoreraient qu'ils se conforment à la volonté de leur
« souverain ; mais celui-ci serait véritablement la cause morale de
« combat, et il ne le souhaiterait pas plus pleinement, quand même
« il leur en inspirerait l'envie, ou qu'il leur en donnerait l'ordre.
« Représentez-vous deux princes, dont chacun souhaite que son
« fils aîné s'empoisonne. L'un emploie la contrainte, l'autre se con-
« tente de causer clandestinement un chagrin qu'il sait suffisant à
« porter son fils à s'empoisonner. Douterez-vous que la volonté du
« dernier soit moins complète que la volonté de l'autre ? M. Des-
« cartes suppose donc un fait faux, et ne résout point la difficulté. »

164. Il faut avouer que M. Descartes parle un peu crûment de la volonté de Dieu à l'égard du mal, en disant non seulement que Dieu a su que notre libre arbitre nous déterminerait à telle ou telle chose, mais aussi qu'il l'a ainsi voulu, quoiqu'il n'ait pas voulu pour cela l'y contraindre. Il ne parle pas moins durement dans la huitième lettre du même volume, en disant qu'il n'entre pas la moindre pensée dans l'esprit d'un homme, que Dieu ne veuille et n'ait voulu de toute éternité qu'elle y entrât. Calvin n'a jamais rien dit de plus dur, et tout cela ne saurait être excusé qu'en sous-entendant une volonté permissive. La solution de M. Descartes revient à la distinction entre la volonté du signe et la volonté du bon plaisir (*inter voluntatem signi et beneplaciti*) que les modernes ont prise des scolastiques, quant aux termes, mais à laquelle ils ont donné un sens qui n'est pas ordinaire chez les anciens. Il est vrai que Dieu peut commander quelque chose, sans vouloir que cela se fasse, comme lorsqu'il commanda à Abraham de sacrifier son fils : il voulait l'obéissance, et il ne voulait point l'action. Mais lorsque Dieu commande l'action vertueuse et défend le péché, il veut véritablement ce qu'il ordonne, mais ce n'est que par une volonté antécédente, comme je l'ai expliqué plus d'une fois.

165. La comparaison de M. Descartes n'est donc point satisfaisante, mais elle le peut devenir. Il faudrait changer un peu le fait, en inventant quelque raison qui obligeât le prince à faire ou à permettre que les deux ennemis se rencontrassent. Il faut, par exemple,

qu'ils se trouvent ensemble à l'armée, ou en d'autres fonctions indispensables, ce que le prince lui-même ne peut empêcher sans exposer son État, comme par exemple, si l'absence de l'un ou de l'autre était capable de faire éclipser de l'armée quantité de personnes de son parti, ou ferait murmurer les soldats, et causerait quelque grand désordre. En ce cas donc, on peut dire que le prince ne veut point le duel ; il le sait, mais il le permet cependant, car il aime mieux permettre le péché d'autrui que d'en commettre un lui-même. Ainsi cette comparaison rectifiée peut servir, pourvu qu'on remarque la différence qu'il y a entre Dieu et le prince. Le prince est obligé à cette permission par son impuissance ; un monarque plus puissant n'aurait point besoin de tous ces égards ; mais Dieu, qui peut tout ce qui est possible, ne permet le péché que parce qu'il est absolument impossible à qui que ce soit de mieux faire. L'action du prince n'est peut-être point sans chagrin et sans regret. Ce regret vient de son imperfection, dont il a le sentiment ; c'est en quoi consiste le déplaisir. Dieu est incapable d'en avoir, et n'en trouve pas aussi de sujet ; il sent infiniment sa propre perfection, et même l'on peut dire que l'imperfection dans les créatures détachées lui tourne en perfection par rapport au tout, et qu'elle est un surcroît de gloire pour le Créateur. Que peut-on vouloir de plus, quand on possède une sagesse immense, et quand on est aussi puissant que sage ; quand on peut tout, et quand on a le meilleur ?

166. Après avoir compris ces choses, il me semble qu'on est assez aguerri contre les objections les plus fortes et les plus animées. Nous ne les avons point dissimulées ; mais il y en a quelques-unes que nous ne ferons que toucher, parce qu'elles sont trop odieuses. Les remontrants et M. Bayle (*Rép. au Provinc.*, chap., CLII, fin. p. 919, t. III) allèguent saint Augustin, disant : *crudelem esse misericordiam velle aliquem miserum esse ut ejus miserearis;* on cite dans le même sens Sénèq. *de Benef*, 1. VI, ch. XXXVI, XXXVII. J'avoue qu'on aurait quelque raison d'opposer cela à ceux qui croiraient que Dieu n'a point eu d'autre cause de permettre le péché, que le dessein d'avoir de quoi exercer la justice punitive contre la plupart des hommes, et sa miséricorde envers un petit nombre d'élus. Mais il faut juger que Dieu a eu des raisons de sa permission du péché, plus dignes de lui, et plus profondes par rapport à nous. On a osé comparer encore le procédé de Dieu à celui d'un Caligula, qui fait écrire ses édits d'un caractère si menu, et les fait afficher dans un

lieu si élevé, qu'il n'est pas possible de les lire ; à celui d'une mère qui néglige l'honneur de sa fille, pour parvenir à ses fins intéressées ; à celle de la reine Catherine de Médicis, qu'on dit avoir été complice des galanteries de ses demoiselles, pour apprendre les intrigues des grands ; et même à celle de Tibère, qui fit en sorte, par le ministère extraordinaire du bourreau, que la loi, qui défendait de soumettre une pucelle au supplice ordinaire, n'eût alors point de lieu dans la fille de Séjan. Cette dernière comparaison a été mise en avant par Pierre Bertius (1), arminien alors, mais qui a été enfin de la communion romaine. Et on a fait un parallèle choquant entre Dieu et Tibère, qui est rapporté tout au long par M. André Caroli, dans son *Memorabilia Ecclesiastica* du siècle passé, comme M. Bayle le remarque. Bertius l'a employé contre les Gomaristes. Je crois que ces sortes d'arguments n'ont lieu que contre ceux qui prétendent que la justice est une chose arbitraire par rapport à Dieu ; ou qu'il a un pouvoir despotique, qui peut aller jusqu'à pouvoir damner des innocents ; ou enfin que le bien n'est pas le motif de ses actions.

167. L'on fit en ce même temps une satire ingénieuse contre les gomaristes, intitulée : *Fur prædestinatus, De gepredestineer de Dief*, où l'on introduit un voleur condamné à être pendu, qui attribue à Dieu tout ce qu'il a fait de mauvais, qui se croit prédestiné au salut nonobstant ses méchantes actions, qui s'imagine que cette créance lui suffit, et qui bat par des arguments *ad hominem* un ministre contre-remontrant appelé pour le préparer à la mort ; mais ce voleur est enfin converti par un ancien pasteur déposé à cause de l'arminianisme, que le geôlier ayant pitié du criminel, et de la faiblesse du ministre, lui avait amené en cachette. On a répondu à ce libelle, mais les réponses aux satires ne plaisent jamais autant que les satires mêmes. M. Bayle (*Rép. au Provin.*, ch. CLIV, t. III, p. 938) dit que ce livre fut imprimé en Angleterre du temps de Cromwell, et il paraît n'avoir pas été informé que ce n'a été qu'une traduction de l'original flamand bien plus ancien. Il ajoute que le docteur George Kendal (2) en donna la réfutation à Oxford l'an 1657, sous le

---

(1) BERTIUS, historiographe de Louis XIII, né à Beveren en Flandre en 1565, mort en 1629. Ayant embrassé le parti d'Arminius contre Gomarus, il fut obligé de se réfugier en France, où il se fit catholique. Il a surtout écrit des ouvrages géographiques.
P. J.

(2) KENDAL (George), prédicateur anglais presbytérien, né près d'Exeter en 1610, mort en 1663, combattit l'arminianisme et le socinianisme dans les écrits suivants : *Vindicatio doctrinæ vulgo receptæ de speciali gratia et favore electis à Deo Christi morte destinatis ; De Impossibilitate novorum actuum immanentium in Deo.* P. J.

titre de *Fur pro Tribunali*, et que le dialogue y est inséré. Ce dialogue présuppose, contre la vérité, que les contre-remontrants font Dieu cause du mal, et enseigne une espèce de prédestination à la mahométane, où il est indifférent de faire bien ou mal, et où il suffit, pour être prédestiné, de s'imaginer qu'on l'est. Ils n'ont garde d'aller si loin ; cependant il est vrai qu'il y a parmi eux quelques supralapsaires, et autres, qui ont de la peine à se bien expliquer sur la justice de Dieu, et sur les principes de la piété et de la morale de l'homme, parce qu'ils conçoivent un despotisme en Dieu, et demandent que l'homme se persuade sans raison la certitude absolue de son élection, ce qui est sujet à des suites dangereuses. Mais tous ceux qui reconnaissent que Dieu produit le meilleur plan, qu'il a choisi entre toutes les idées possibles de l'univers ; qu'il y trouve l'homme porté par l'imperfection originale des créatures à abuser de son libre arbitre et à se plonger dans la misère ; que Dieu empêche le péché et la misère, autant que la perfection de l'univers, qui est un écoulement de la sienne, le peut permettre ; ceux-là, dis-je, font voir plus distinctement que l'intention de Dieu est la plus droite et la plus sainte du monde, que la créature seule est coupable, que sa limitation ou imperfection originale est la source de sa malice, que sa mauvaise volonté est la seule cause de sa misère, qu'on ne saurait être destiné au salut sans l'être aussi à la sainteté des enfants de Dieu, et que toute l'espérance qu'on peut avoir d'être élu, ne peut être fondée que sur la bonne volonté qu'on se sent par la grâce de Dieu.

168. L'on oppose encore des considérations métaphysiques à notre explication de la cause morale du mal moral ; mais elles nous embarrasseront moins, puisque nous avons écarté les objections tirées des raisons morales, qui frappaient davantage. Ces considérations métaphysiques regardent la nature du possible et du nécessaire ; elles vont contre le fondement que nous avons posé, que Dieu a choisi le meilleur de tous les univers possibles. Il y a eu des philosophes qui ont soutenu qu'il n'y a rien de possible que ce qui arrive effectivement. Ce sont les mêmes qui ont cru, ou ont pu croire, que tout est nécessaire absolument. Quelques-uns ont été de ce sentiment, parce qu'ils admettaient une nécessité brute et aveugle, dans la cause de l'existence des choses ; et ce sont ceux que nous avons le plus de sujet de combattre. Mais il y en a d'autres qui ne se trompent que parce qu'ils abusent des termes. Ils confondent la nécessité morale avec la nécessité méta-

physique; ils s'imaginent que Dieu ne pouvant point manquer de faire le mieux, cela lui ôte la liberté, et donne aux choses cette nécessité, que les philosophes et les théologiens tâchent d'éviter. Il n'y a qu'une dispute de mots avec ces auteurs-là, pourvu qu'ils accordent effectivement que Dieu choisit et fait le meilleur. Mais il y en a d'autres qui vont plus loin, ils croient que Dieu aurait pu mieux faire; c'est un sentiment qui doit être rejeté; car quoiqu'il n'ôte pas tout à fait la sagesse et la bonté à Dieu, comme font les auteurs de la nécessité aveugle, il y met des bornes; ce qui est donner atteinte à sa suprême perfection.

169. La question de la possibilité des choses qui n'arrivent point a déjà été examinée par les anciens. Il paraît qu'Épicure, pour conserver la liberté et pour éviter une nécessité absolue, a soutenu après Aristote, que les futurs contingents n'étaient point capables d'une vérité déterminée. Car s'il était vrai hier que j'écrirais aujourd'hui, il ne pouvait donc manquer d'arriver, il était déjà nécessaire; et par la même raison, il était de toute éternité. Ainsi tout ce qui arrive est nécessaire, et il est impossible qu'il en puisse aller autrement. Mais cela n'étant point, il s'ensuivrait, selon lui, que les futurs contingents n'ont point de vérité déterminée. Pour soutenir ce sentiment, Épicure se laissa aller à nier le premier et le plus grand principe des vérités de raison, il niait que toute énonciation fût ou vraie ou fausse. Car voici comment on le poussait à bout : vous niez qu'il fût vrai hier que j'écrirais aujourd'hui, il était donc faux. Le bonhomme ne pouvant admettre cette conclusion, fut obligé de dire qu'il n'était ni vrai ni faux. Après cela, il n'a point besoin d'être réfuté, et Chrysippe (1), se pouvait dispenser de la peine qu'il prenait de confirmer le grand principe des contradictoires, suivant le rapport de Cicéron, dans son livre *de Fato* : « Contendit omnes ner-
« vos Chrysippus ut persuadeat omne Ἀξίωμα aut verum esse, aut
« falsum. Ut enim Epicurus veretur ne, si hoc concesserit, conce-
« dendum sit, fato fieri quæcunque fiant; si enim alterum ex æter-
« nitate verum sit, esse id etiam certum; si certum, etiam necessa-
« rium; ita et necessitatem et fatum confirmari putat; sic Chrysip-
« pus metuit, ne non, si non obtinuerit omne quod enuncietur aut

---

(1) Chrysippe, l'un des fondateurs de l'école stoïcienne, né à Soli en Cilicie vers 280 av. J.-C., mort vers 199. Diog. de Laërte cite, l. III, c. CLXXX, les titres de trois cents volumes de logique, et quatre cents de morale. — Voir Peterson, *Philosophiæ Chrysippeæ fundamenta*, Altona, in-4°, 1627. P. J.

« verum esse aut falsum, omnia fato fieri possint ex causis æternis
« rerum futurarum. » M. Bayle remarque (*Dictionn*., art. *Epicure*,
let. T, p. 1144) que « ni l'un ni l'autre de ces deux grands philo-
« sophes (*Epicure et Chrysippe*) n'a compris que la vérité de cette
« maxime : toute proposition est vraie ou fausse, est indépendante
« de ce qu'on appelle fatum : elle ne pouvait donc point servir de
« preuve à l'existence du fatum, comme Chrysippe le prétendait,
« et comme Epicure le craignait. Chrysippe n'eût pu accorder sans
« se faire tort, qu'il y a des propositions qui ne sont ni vraies, ni
« fausses ; mais il ne gagnait rien à établir le contraire : car soit
« qu'il y ait des causes libres, soit qu'il n'y en ait point, il est éga-
« lement vrai que cette proposition : le grand Mogol ira demain à la
« chasse, est vraie ou fausse. On a eu raison de considérer comme
« ridicule ce discours de Tirésias : tout ce que je dirai arrivera
« ou non, car le grand Apollon me confère la faculté de prophétiser.
« Si par impossible il n'y avait point de Dieu, il serait pourtant cer-
« tain, que tout ce que le plus grand fou du monde prédirait, arrive-
« rait ou n'arriverait pas. C'est à quoi ni Chrysippe, ni Epicure ne
« prenaient pas garde. » Cicéron (lib. I *de Nat. Deorum*) a très bien
jugé des échappatoires des Epicuriens (comme M. Bayle le remarque vers la fin de la même page) qu'il serait beaucoup moins honteux
d'avouer que l'on ne peut pas répondre à son adversaire, que de
recourir à de semblables réponses. Cependant nous verrons que
M. Bayle lui-même a confondu le certain avec le nécessaire, quand
il a prétendu que le choix du meilleur rendait les choses nécessaires.

170. Venons maintenant à la possibilité des choses qui n'arrivent
point, et donnons les propres paroles de M. Bayle, quoiqu'un peu
prolixes. Voici comment il en parle dans son *Dictionnaire* (article
Chrysippe, let. S., p. 929) : « La très fameuse dispute des choses
« possibles et des choses impossibles devait sa naissance à la doc-
« trine des stoïciens touchant le destin. Il s'agissait de savoir si
« parmi les choses qui n'ont jamais été et qui ne seront jamais, il y
« en a de possibles ; ou si tout ce qui n'est point, tout ce qui n'a
« jamais été, tout ce qui ne sera jamais, était impossible. Un fameux
« dialecticien de la secte de Mégare, nommé Diodore (1), prit la

---

(1) DIODORE (de Mégare) ou CRONUS, né à Jalos en Carie, dans la deuxième
moitié du IV⁰ siècle av. J.-C. Il est surtout célèbre comme dialecticien, et par
ses arguments contre le mouvement. — Voir Diog. de Laerte, et, dans les
temps modernes, Deyks, *De Megaricorum doctrinâ*, in-8°, Bonn, 1827, et l'*École
de Mégare* par D. Henne. In-8°, Paris, 1843.   P. J.

« négative sur la première de ces deux questions, et l'affirmative
« sur la seconde ; mais Chrysippe le combattit fortement. Voici deux
« passages de Cicéron (epist. 4, lib. IX, *ad familiar*). περὶ δυνατῶν *me*
« *scito κατὰ Διόδωρον κρίνειν*. Quapropter si venturus es, scito necesse
« esse te venire. Nunc vide, utra te χρῦσις magis delectet, Χρυσιππεία
« ne, an hæc ; quam noster Diodorus (un stoïcien qui avait logé
« longtemps chez Cicéron) non concoquebat. » Ceci est tiré d'une
« lettre que Cicéron écrivit à Varron. Il expose plus amplement tout
« l'état de la question dans le petit livre *De Fato*. J'en vais citer
« quelques morceaux (Cicer. *De fato*, p. 65): « Vigila, Chrysippe, ne
« tuam causam, in qua tibi cum Diodoro valente dialectico, magna luc-
« tatio est, deseras... omne ergo quod falsum dicitur in futuro, id fieri
« non potest. At hoc, Chrysippe, minime vis, maximeque tibi de ipso
« cum Diodoro certamen est. Ille enim id solum fieri posse dicit, quod
« aut sit verum, aut futurum sit verum ; et quicquid futurum sit, id
« dicit fieri necesse esse ; et quicquid non sit futurum, id negat fieri
« posse. Tu etiam quæ non sint futura, posse fieri dicis, ut frangi hanc
« gemmam, etiamsi id nunquam futurum sit : neque necesse fuisse
« Cypselum regnare Corinthi, quamquam id millesimo ante anno
« Apollinis oraculo editum esset... Placet Diodoro, id solum fieri
« posse, quod aut verum sit, aut verum futurum sit : qui locus
« attingit hanc quæstionem, nihil fieri, quod non necesse fuerit : et
« quicquid fieri possit, id aut esse jam, aut futurum esse : nec magis
« commutari ex veris in falsa ea posse quæ futura sunt, quam ea
« quæ facta sunt : sed in factis immutabilitatem apparere ; in futuris
« quibusdam, quia non apparent, ne inesse quidem videri : ut in eo
« qui mortifero morbo urgeatur, verum sit, hic morietur hoc morbo :
« at hoc idem si vere dicatur in eo, in quo tanta vis morbi non appa-
« reat, nihilominus futurum sit. Ita fit ut commutatio ex vero in fal-
« sum, ne in futuro quidem ulla possit. Cicéron fait assez comprendre
« que Chrysippe se trouvait souvent embarrassé dans cette dispute,
« et il ne s'en faut pas étonner : car le parti qu'il avait pris n'était
« point lié avec son dogme de la destinée, et s'il eût osé raisonner
« conséquemment, il eût adopté de bon cœur toute l'hypothèse de
« Diodore. On a pu voir ci-dessus que la liberté qu'il donnait à
« l'âme, et sa comparaison du cylindre, n'empêchaient pas qu'au
« fond tous les actes de la volonté humaine ne fussent des suites
« inévitables du destin ; d'où il résulte que tout ce qui n'arrive pas
« est impossible, et qu'il n'y a rien de possible, que ce qui se fait

« actuellement. Plutarque (*De Stoïcor. repugn.*, pp. 1053, 1054)
« le bat en ruine, tant sur cela, que sur sa dispute avec Diodore, et
« lui soutient que son opinion de la possibilité est tout à fait opposée
« à la doctrine du fatum. Remarquez que les plus illustres stoïciens
« avaient écrit sur cette matière sans suivre la même route. Arrien
« (*in Epict.*, lib. II, c. xxix, p. m. 166) en a nommé quatre, qui
« sont Chrysippe, Cléante (1), Archidème (2) et Antipater (3). Il
« témoigne un grand mépris pour cette dispute, et il ne fallait pas
« que M. Ménage le citât comme un écrivain qui avait parlé (*citatur
« honorifice apud Arrianum* (4), Menag. in Laert., I, 7, 344) hono-
« rablement de l'ouvrage de Chrysippe περὶ δυνατῶν, car assurément
« ces paroles, γέγραφε δὲ καί Χρύσιππος θαυμαστῶς, etc., de his rebus
« mira scripsit Chrysippus, etc., ne sont point en ce lieu-là un éloge.
« Cela paraît par ce qui précède et par ce qui suit. Denys d'Halicar-
« nasse (5), (*De collocat verbor.*, c. xvii, p. m. II) fait mention de
« deux traités de Chrysippe, où sous un titre qui promettait d'autres
« choses, on avait battu bien du pays sur les terres des logiciens.
« L'ouvrage était intitulé περὶ τῆς συντάξεως τοῦ λόγου μερῶν, de partium
« orationis collocatione, et ne traitait que des propositions vraies ou
« fausses, possibles, contingentes et ambiguës, etc., matière que
« nos scolastiques ont bien rebattue et bien quintessenciée. Notez
« que Chrysippe reconnut que les choses passées étaient nécessaire-
« ment véritables, ce que Cléanthe n'avait point voulu admettre.

---

(1) CLÉANTHE, philosophe stoïcien, né à Anos en Asie Mineure, 300 ans avant J.-C., mort vers 220 ou 225 avant J.-C. Diog. de Laerte nous a transmis les titres de ses principaux ouvrages: *Sur le Temps*; — *sur la physiologie de Zénon*; — *Exposition de la philosophie d'Héraclite*; — *Sur le Devoir*; — *La Politique de la royauté*. — Il reste de lui d'admirables vers sous ce titre: *Hymne à Jupiter*. P. J.

(2) ARCHIDÈME de Tarse, philosophe du IIe siècle avant J.-C., dialecticien qui a disputé beaucoup contre le stoïcien Antipater (voir Cicéron, *Acad. quæst.*, l. II., c. xlvii, et Diog. Laerte, l. VIII, c. xlcviii). P. J.

(3) ANTIPATER de Tarse, philosophe stoïcien du IIe siècle avant J.-C., disciple de Diogène le Babylonien, maître de Panétius et contemporain de Carnéade, qu'il combattit dans ses écrits. P. J.

(4) ARRIEN, historien, géographe, et enfin philosophe du premier siècle de l'ère chrétienne. Il a été le disciple d'Épictète et il a rédigé toutes les pensées de ce grand philosophe dans les deux ouvrages célèbres, le *Manuel* et les *Entretiens*. P. J.

(5) DENYS D'HALICARNASSE vivait à la fin du premier siècle avant J.-C. Il vint à Rome en l'an 30, et publia ses *Antiquités romaines* en l'an 7. Il a écrit en outre un *Traité de l'arrangement des mots*; — une *Rhétorique*; — *Jugements abrégés sur les anciens écrivains grecs*, reproduits par Quintilien; — *Examen critique de Lysias, Isocrate, Isée et Dinarque;* — *Lettre sur le style de Platon;* — *Traité de l'éloquence de Démosthènes.* (Édition d'Oxford, 1704, 2 vol. in-8°.) P. J.

(*Arrian ubi supra*, p. m. 165.) Οὐ πᾶν δὲ παρεληλυθὸς ἀληθὲς ἀναγκαῖον
« ἔστι, καθάπερ οἱ περὶ Κλεάνθην φέρεσθαι δοκοῦσι. Non omne præteritum
« ex necessitate verum est, ut illi qui Cleanthem sequuntur sentiunt.
« Nous avons vu (page 562, col. 2) ci-dessus, qu'on a prétendu
« qu'Abélard enseignait une doctrine qui ressemble à celle de Dio-
« dore. Je crois que les stoïciens s'engagèrent à donner plus d'éten-
« due aux choses possibles qu'aux choses futures, afin d'adoucir
« les conséquences odieuses et affreuses que l'on tirait de leur dogme
« de la fatalité. »

Il paraît assez que Cicéron écrivant à Varron (1) ce qu'on vient de copier (lib. IX, Ep. iv, *ad familiar.*) ne comprenait pas assez la conséquence de l'opinion de Diodore, puisqu'il la trouvait préférable. Il représente assez bien les opinions des auteurs dans son livre *De Fato*, mais c'est dommage qu'il n'a pas toujours ajouté les raisons dont ils se servaient. Plutarque, dans son traité des Contradictions des stoïciens, et M. Bayle, s'étonnent que Chrysippe n'était pas du sentiment de Diodore, puisqu'il favorise la fatalité. Mais Chrysippe, et même son maître Cléanthe, étaient là-dessus plus raisonnables qu'on ne pense. On le verra ci-dessous. C'est une question, si le passé est plus nécessaire que le futur. Cléanthe a été de ce sentiment. On objecte qu'il est nécessaire *ex hypothesi* que le futur arrive, comme il est nécessaire *ex hypothesi* que le passé soit arrivé. Mais il y a cette différence, qu'il n'est point possible d'agir sur l'état passé, c'est une contradiction ; mais il est possible de faire quelque effet sur l'avenir : cependant la nécessité hypothétique de l'un et de l'autre est la même ; l'un ne peut pas être changé, l'autre ne le sera pas : et, cela posé, il ne pourra pas être changé non plus.

171. Le fameux Pierre Abélard a été d'un sentiment approchant de celui de Diodore, lorsqu'il a dit que Dieu ne peut faire que ce qu'il fait. C'était la troisième des quatorze propositions tirées de ses ouvrages, qu'on censura dans le concile de Sens. On l'avait tirée de son troisième livre de l'*Introduction à la Théologie*, où il traite particulièrement de la puissance de Dieu. La raison qu'il en donnait était que Dieu ne peut faire que ce qu'il veut : or il ne peut pas vouloir faire autre chose que ce qu'il fait, parce qu'il est nécessaire qu'il veuille tout ce qui est convenable : d'où il s'ensuit que tout ce

---

(1) Varron, polygraphe célèbre de l'antiquité, contemporain de Cicéron, avait écrit un livre *De Philosophiâ* dont saint Augustin nous a transmis des fragments. Il avait composé encore, entre autres écrits, un traité *De Linguâ latinâ*, et un autre *De Antiquitatibus rerum divinarum*.   P. J.

qu'il ne fait pas n'est pas convenable, qu'il ne peut pas le vouloir faire, et par conséquent qu'il ne peut pas le faire. Abélard avoue lui-même que cette opinion lui est particulière, que presque personne n'est de ce sentiment, qu'elle semble contraire à la doctrine des saints et à la raison, et déroger à la grandeur de Dieu. Il paraît que cet auteur avait un peu trop de penchant à parler et à penser autrement que les autres : car dans le fond, ce n'était qu'une logomachie, il changeait l'usage des termes. La puissance et la volonté sont des facultés différentes, et dont les objets sont différents aussi ; c'est les confondre, que de dire que Dieu ne peut faire que ce qu'il veut. Tout au contraire, entre plusieurs possibles, il ne veut que ce qu'il trouve le meilleur. Car on considère tous les possibles comme les objets de la puissance, mais on considère les choses actuelles et existantes comme les objets de sa volonté décrétoire. Abélard l'a reconnu lui-même. Il se fait cette objection : un réprouvé peut être sauvé ; mais il ne le saurait être, que Dieu ne le sauve. Dieu peut donc le sauver, et par conséquent faire quelque chose qu'il ne fait pas. Il y répond, que l'on peut bien dire que cet homme peut être sauvé par rapport à la possibilité humaine, qui est capable du salut : mais que l'on ne peut pas dire que Dieu peut le sauver par rapport à Dieu même, parce qu'il est impossible que Dieu fasse ce qu'il ne doit pas faire. Mais puisqu'il avoue qu'on peut fort bien dire en un sens, absolument parlant et mettant à part la supposition de la réprobation, qu'un tel qui est réprouvé, peut être sauvé ; et qu'ainsi souvent ce que Dieu ne fait pas, peut être fait ; il pouvait donc parler comme les autres qui ne l'entendent pas autrement, quand ils disent que Dieu peut sauver cet homme, et qu'il peut faire ce qu'il ne fait pas.

172. Il semble que la prétendue nécessité de Wiclef, condamnée par le concile de Constance, ne vient que de ce même malentendu. Je crois que les habiles gens font tort à la vérité et à eux-mêmes, lorsqu'ils affectent d'employer sans sujet des expressions nouvelles et choquantes. De nos jours, le fameux M. Hobbes a soutenu cette même opinion, que ce qui n'arrive point est impossible. Il la prouve, parce qu'il n'arrive jamais que toutes les conditions requises à une chose qui n'existera point, *omnia rei non futuræ requisita*, se trouvent ensemble : or la chose ne saurait exister sans cela. Mais qui ne voit que cela ne prouve qu'une impossibilité hypothétique ? Il est vrai qu'une chose ne saurait exister, quand une condition requise y manque. Mais comme nous prétendons pouvoir dire que

la chose peut exister, quoiqu'elle n'existe pas, nous prétendons de même pouvoir dire que les conditions requises peuvent exister, quoiqu'elles n'existent point. Ainsi l'argument de M. Hobbes laisse la chose où elle est. Cette opinion qu'on a eue de M. Hobbes, qu'il enseignait une nécessité absolue de toutes choses, l'a fort décrié, et lui aurait fait du tort, quand même c'eût été son unique erreur.

173. Spinosa est allé plus loin : il paraît avoir enseigné expressément une nécessité aveugle, ayant refusé l'entendement et la volonté à l'auteur des choses, et s'imaginant que le bien et la perfection n'ont rapport qu'à nous, et non pas à lui. Il est vrai que le sentiment de Spinosa sur ce sujet a quelque chose d'obscur. Car il donne la pensée à Dieu, après lui avoir ôté l'entendement, *cogitationem, non intellectum concedit Deo*. Il y a même des endroits, où il se radoucit sur le point de la nécessité. Cependant, autant qu'on le peut comprendre, il ne reconnaît point de bonté en Dieu, à proprement parler, et il enseigne que toutes les choses existent par la nécessité de la nature divine, sans que Dieu fasse aucun choix. Nous ne nous amuserons pas ici à réfuter un sentiment si mauvais et même si inexplicable. Et le nôtre est établi sur la nature des possibles, c'est-à-dire des choses qui n'impliquent point de contradiction. Je ne crois point qu'un spinosiste dise que tous les romans qu'on peut imaginer existent réellement à présent, ou ont existé, ou existeront encore dans quelque endroit de l'univers : cependant on ne saurait nier que des romans, comme ceux de Mlle de Scudéry (1), ou comme l'Octavia, ne soient possibles. Opposons-lui donc ces paroles de M. Bayle, qui sont assez à mon gré, page 390 : « C'est aujourd'hui, « dit-il, un grand embarras pour les spinosistes, que de voir que « selon leur hypothèse il a été aussi impossible de toute éternité que « Spinosa, par exemple, ne mourût pas à la Haye, qu'il est impos- « sible que deux et deux soient six. Ils sentent bien que c'est une « conséquence nécessaire de leur doctrine, et une conséquence qui « rebute, qui effarouche, qui soulève les esprits par l'absurdité « qu'elle renferme, diamétralement opposée au sens commun. Ils

---

(1) Scudéry (Mlle de), écrivain célèbre du xviie siècle, sœur de Georges de Scudéry, mais bien supérieure à lui, naquit au Havre en 1607, morte à Paris en 1701, à l'âge de quatre-vingt-quatorze ans. — Ses principaux ouvrages sont: *Ibrahim* ou l'*Illustre Bassa*, 4 vol. in-8°, Paris, 1641 ; — *Artamène* ou le *Grand Cyrus*, 10 vol. in-8°, 1650; — *Clélie*, 10 vol. in-8°, Paris, 1656 ; — *les Femmes illustres*, Paris, 1665, in-12 ; — *Conversations sur divers sujets*, 1680, 2 vol. in-12 ; — *Nouvelles Conversations*, 1604, 2 vol. in-12 ; — *Conversations morales* 1686 ; — *Entretiens de morale*, etc.   P. J.

« ne sont pas bien aises que l'on sache qu'ils renversent une maxime
« aussi universelle et aussi évidente que celle-ci : Tout ce qui
« implique contradiction est impossible, et tout ce qui n'implique
« point contradiction est possible. »

174. On peut dire de M. Bayle : *Ubi bene, nemo melius,* quoiqu'on ne puisse pas dire de lui ce qu'on disait d'Origène, *ubi male, nemo pejus.* J'ajouterai seulement que ce qu'on vient de marquer comme une maxime, est même la définition du possible et de l'impossible. Cependant M. Bayle y joint ici un mot sur la fin, qui gâte un peu ce qu'il a dit avec tant de raison. « Or quelle contradiction y aurait-il « en ce que Spinosa serait mort à Leyde ? La nature aurait-elle été « moins parfaite, moins sage, moins puissante ? » Il confond ici ce qui est impossible, parce qu'il implique contradiction, avec ce qui ne saurait arriver, parce qu'il n'est pas propre à être choisi. Il est vrai qu'il n'y aurait point eu de contradiction dans la supposition que Spinosa fût mort à Leyde, et non pas à la Haye; il n'y avait rien de si possible : la chose était donc indifférente par rapport à la puissance de Dieu. Mais il ne faut pas s'imaginer qu'aucun événement, quelque petit qu'il soit, puisse être conçu comme indifférent par rapport à sa sagesse et à sa bonté. Jésus-Christ a dit divinement bien que tout est compté jusqu'aux cheveux de notre tête. Ainsi la sagesse de Dieu ne permettait pas que cet événement dont M. Bayle parle arrivât autrement qu'il n'est arrivé; non pas comme si par lui-même il eût mérité davantage d'être choisi, mais à cause de sa liaison avec cette suite entière de l'univers qui a mérité d'être préférée. Dire que ce qui est arrivé n'intéressait point la sagesse de Dieu, et en inférer qu'il n'est donc pas nécessaire, c'est supposer faux et en inférer mal une conclusion véritable. C'est confondre ce qui est nécessaire par une nécessité morale, c'est-à-dire par le principe de la sagesse et de la bonté, avec ce qui l'est par une nécessité métaphysique et brute, qui a lieu lorsque le contraire implique contradiction. Aussi Spinosa cherchait-il une nécessité métaphysique dans les événements, il ne croyait pas que Dieu fût déterminé par sa bonté et par sa perfection (que cet auteur traitait de chimères par rapport à l'univers), mais par la nécessité de sa nature : comme le demi-cercle est obligé de ne comprendre que des angles droits, sans en avoir ni la connaissance ni la volonté. Car Euclide a démontré que tous les angles compris par deux lignes droites, tirées des extrémités du diamètre vers un point du cercle, sont

nécessairement droits, et que le contraire implique contradiction.

175. Il y a des gens qui sont allés à l'autre extrémité, et sous prétexte d'affranchir la nature divine du joug de la nécessité, ils l'ont voulu rendre tout à fait indifférente, d'une indifférence d'équilibre : ne considérant point qu'autant que la nécessité métaphysique est absurde par rapport aux actions de Dieu *ad extra*, autant la nécessité morale est digne de lui. C'est une heureuse nécessité qui oblige le sage à bien faire, au lieu que l'indifférence par rapport au bien et au mal serait la marque d'un défaut de bonté ou de sagesse. Outre que l'indifférence en elle-même, qui tiendrait la volonté dans un parfait équilibre, serait une chimère, comme il a été montré ci-dessus, elle choquerait le grand principe de la raison déterminante.

176. Ceux qui croient que Dieu a établi le bien et le mal par un décret arbitraire tombent dans ce sentiment étrange d'une pure indifférence, et dans d'autres absurdités encore plus étranges. Ils lui ôtent le titre de bon ; car quel sujet pourrait-on avoir de le louer de ce qu'il a fait, s'il avait fait également bien en faisant toute autre chose ? Et je me suis étonné bien souvent que plusieurs théologiens supralapsaires, comme par exemple Samuel Retorfort, professeur en théologie en Écosse, qui a écrit lorsque les controverses avec les remontrants étaient le plus en vogue, ont pu donner dans une si étrange pensée. Retorfort, dans son Exercitation apologétique pour la grâce, dit positivement que rien n'est injuste ou moralement mauvais par rapport à Dieu, et avant sa défense : ainsi sans cette défense, il serait indifférent d'assassiner ou de sauver un homme, d'aimer Dieu ou de le haïr, de le louer ou de le blasphémer.

Il n'y a rien de si déraisonnable : et soit qu'on enseigne que Dieu a établi le bien et le mal dans une loi positive ; soit qu'on soutienne qu'il y a quelque chose de bon et de juste antécédemment à son décret, mais qu'il n'est pas déterminé à s'y conformer, et que rien ne l'empêche d'agir injustement, et de damner peut-être des innocents ; l'on dit à peu près la même chose, et on le déshonore presque également. Car si la justice a été établie arbitrairement et sans aucun sujet, si Dieu y est tombé par une espèce de hasard, comme lorsqu'on tire au sort : sa bonté et sa sagesse n'y paraissent pas, et il n'y a rien aussi qui l'y attache. Et si c'est par un décret purement arbitraire, sans aucune raison, qu'il a établi ou fait ce que nous appelons la justice et la bonté, il les peut défaire ou en changer la nature, de sorte qu'on n'a aucun sujet de se promettre qu'il les observera toujours; comme on peut dire qu'il fera, lorsqu'on suppose qu'elles sont fondées en raisons. Il en serait de même à peu près si sa justice était différente de la nôtre, c'est-à-dire s'il était écrit, par exemple, dans son code, qu'il est juste de rendre des innocents éternellement malheureux. Suivant ces principes, rien aussi n'obligerait Dieu de garder sa parole, ou ne nous assurerait de son effet. Car pourquoi la loi de la justice, qui porte que les promesses raisonnables doivent être gardées, serait-elle plus inviolable à son égard que toutes les autres?

177. Tous ces dogmes, quoique un peu différents entre eux, savoir: 1° que la nature de la justice est arbitraire; 2° qu'elle est fixe, mais qu'il n'est pas sûr que Dieu l'observe; et enfin 3° que la justice que nous connaissons n'est pas celle qu'il observe; détruisent et la confiance en Dieu, qui fait notre repos, et l'amour de Dieu, qui fait notre félicité. Rien n'empêche qu'un tel Dieu n'en use en tyran et en ennemi des gens de bien, et qu'il se plaise à ce que nous appelons mal. Pourquoi ne serait-il donc pas aussi bien le mauvais principe des manichéens que le bon principe unique des orthodoxes? Au moins serait-il neutre et comme suspendu entre deux, ou même tantôt l'un, tantôt l'autre; ce qui vaudrait autant que si quelqu'un disait qu'Oromasdes et Arimanius règnent tour à tour, selon que l'un ou l'autre est plus fort ou plus adroit. A peu près comme une femme Mugalle, ayant ouï dire apparemment, qu'autrefois sous Chingis-Chan et ses successeurs, sa nation avait eu l'empire de la plus grande partie du septentrion et de l'orient, avait dit dernièrement aux Moscovites, lorsque M. Isbrand alla à la Chine de la part du Czar par le pays de ces Tartares, que le dieu des Mugalles avait été chassé du ciel, mais qu'un jour il reprendrait sa place. Le vrai Dieu est toujours le même; la religion naturelle même demande qu'il soit essentiellement bon et sage autant que puissant: il n'est guère plus contraire à la raison et à la piété, de dire que Dieu agit sans connaissance, que de vouloir qu'il ait une connaissance qui ne trouve point les règles éternelles de la bonté et de la justice parmi ses objets: ou enfin qu'il ait une volonté qui n'ait point d'égard à ces règles.

178. Quelques théologiens, qui ont écrit du droit de Dieu sur les créatures, ont paru lui accorder un droit sans bornes, un pouvoir arbitraire et despotique. Ils ont cru que c'était poser la divinité dans

le plus haut point de grandeur et d'élévation, où elle puisse être imaginée ; que c'était anéantir tellement la créature devant le Créateur, que le Créateur ne soit lié d'aucune espèce de lois à l'égard de la créature. Il y a des passages de Twisse, de Retorfort, et de quelques autres supralapsaires, qui insinuent que Dieu ne saurait pécher, quoi qu'il fasse, parce qu'il n'est sujet à aucune loi. M. Bayle luimême juge que cette doctrine est monstrueuse et contraire à la sainteté de Dieu (*Diction.*, v. *Pauliciens*, p. 2332, *initio*) : mais je m'imagine que l'intention de quelques-uns de ces auteurs a été moins mauvaise qu'il ne paraît. Et apparemment sous le nom de droit ils ont entendu ἀνυπευθυνίαν, un état où l'on n'est responsable à personne de ce qu'on fait. Mais ils n'auront pas nié que Dieu se doit à soimême ce que la bonté et la justice lui demandent. L'on peut voir là-dessus l'apologie de Calvin faite par M. Amyraud (1) : il est vrai que Calvin paraît orthodoxe sur ce chapitre, et qu'il n'est nullement du nombre des supralapsaires outrés.

179. Ainsi quand M. Bayle dit quelque part que saint Paul ne se tire de la prédestination que par le droit absolu de Dieu, et par l'incompréhensibilité de ses voies ; on y doit sous-entendre que si on les comprenait, on les trouverait conformes à la justice, Dieu ne pouvant user autrement de son pouvoir. Saint Paul lui-même dit que c'est une profondeur, mais de sagesse (*altitudo sapientiæ*) ; et la justice est comprise dans la bonté du sage. Je trouve que M. Bayle parle très bien ailleurs de l'application de nos notions de la bonté aux actions de Dieu (*Rép. au Provinc.*, ch. LXXXI, p. 139).
« Il ne faut point ici prétendre, dit-il, que la bonté de l'Être infini
« n'est point soumise aux mêmes règles que la bonté de la créa-
« ture. Car s'il y a en Dieu un attribut qu'on puisse nommer bonté,
« il faut que les caractères de la bonté en général lui conviennent.
« Or quand nous réduisons la bonté à l'abstraction la plus générale,
« nous y trouvons la volonté de faire du bien. Divisez et subdivisez
« en autant d'espèces qu'il vous plaira, cette bonté générale, en
« bonté infinie, en bonté finie, en bonté royale, en bonté de père,
« en bonté de mari, en bonté de maître ; vous trouverez dans cha-

---

(1) AMYRAUD, théologien réformé, né à Bourgueil, en Anjou, en 1596, mort en 1664. Il appaitient à l'école de Saumur. Ses principaux ouvrages sont : *De la Souveraineté des rois ; — Traité des religions contre ceux qui les estiment indifférentes ; — Morale chrétienne*, 6 vol. in-8º — *Du Gouvernement de l'Église ; — Considérations sur les droits par lesquels la nature a réglé les mariages ; — Vie de François de la Noue.*
P. J.

« cune, comme un attribut inséparable, la volonté de faire du
« bien. »

180. Je trouve aussi que M. Bayle combat fort bien le sentiment
de ceux qui prétendent que la bonté et la justice dépendent uniquement du choix arbitraire de Dieu, et qui s'imaginent que si Dieu
avait été déterminé à agir par la bonté des choses mêmes, il serait
un agent entièrement nécessité dans ses actions, ce qui ne peut
compatir avec la liberté. C'est confondre la nécessité métaphysique
avec la nécessité morale. Voici ce que M. Bayle oppose à cette
erreur (*Rép. au Provincial*, ch. LXXXIX, p. 203) : « La conséquence
« de cette doctrine sera, qu'avant que Dieu se déterminât à créer le
« monde, il ne voyait rien de meilleur dans la vertu que dans le
« vice, et que ses idées ne lui montraient pas que la vertu fût plus
« digne de son amour que le vice. Cela ne laisse nulle distinction
« entre le droit naturel et le droit positif ; il n'y aura plus rien
« d'immuable, ou d'indispensable dans la morale ; il aura été aussi
« possible à Dieu de commander que l'on fût vicieux, que de commander qu'on fût vertueux ; et l'on ne pourra pas être assuré que
« les lois morales ne seront pas un jour abrogées, comme l'ont été
« les lois cérémonielles des Juifs. Ceci, en un mot, nous mène tout
« droit à croire que Dieu a été l'auteur libre, non seulement de la
« bonté, de la vertu, mais aussi de la vérité et de l'essence des
« choses. Voilà ce qu'une partie des cartésiens prétendent, et
« j'avoue que leur sentiment (voy. la *Continuation des Pensées*
« *sur les comètes*, p. 554) pourrait être de quelque usage en cer-
« taines rencontres ; mais il est combattu par tant de raisons, et
« sujet à des conséquences si fâcheuses (voy. le ch. CLII de la
« même *Continuation*), qu'il n'y a guère d'extrémités qu'il ne vaille
« mieux subir, que de se jeter dans celle-là. Elle ouvre la porte au
« pyrrhonisme le plus outré ; car elle donne lieu de prétendre que
« cette proportion, trois et trois font six, n'est vraie qu'où et
« pendant le temps qu'il plaît à Dieu : qu'elle est peut-être fausse
« dans quelques parties de l'univers, et que peut-être elle le sera
« parmi les hommes l'année qui vient ; tout ce qui dépend du libre
« arbitre de Dieu, pouvant avoir été limité à certains lieux et à cer-
« tains temps, comme les cérémonies judaïques. On étendra cette
« conséquence sur toutes les lois du Décalogue, si les actions
« qu'elles commandent sont de leur nature aussi privées de toute
« bonté, que les actions qu'elles défendent. »

181. Et de dire que Dieu ayant résolu de créer l'homme tel qu'il est, il n'a pu n'en pas exiger la piété, la sobriété, la justice et la chasteté, parce qu'il est impossible que les désordres capables de bouleverser ou de troubler son ouvrage lui puissent plaire, c'est revenir en effet au sentiment commun. Les vertus ne sont vertus que parce qu'elles servent à la perfection, ou empêchent l'imperfection de ceux qui sont vertueux, ou même de ceux qui ont à faire à eux. Et elles ont cela par leur nature et par la nature des créatures raisonnables, avant que Dieu décerne de les créer. D'en juger autrement, ce serait comme si quelqu'un disait que les règles des proportions et de l'harmonie sont arbitraires par rapport aux musiciens, parce qu'elles n'ont lieu dans la musique que lorsqu'on s'est résolu à chanter ou à jouer de quelque instrument. Mais c'est justement ce qu'on appelle essentiel à une bonne musique ; car elles lui conviennent déjà dans l'état idéal, lors même que personne ne s'avise de chanter, puisque l'on sait qu'elles lui doivent convenir nécessairement aussitôt qu'on chantera. Et de même les vertus conviennent à l'état idéal de la créature raisonnable avant que Dieu décerne de la créer, et c'est pour cela même que nous soutenons que les vertus sont bonnes par leur nature.

§ 182. M. Bayle a mis un chapitre exprès dans sa *Continuation des Pensées diverses* (c'est le ch. CLII), où il fait voir « que les « docteurs chrétiens enseignent qu'il y a des choses qui sont justes « antécédemment aux décrets de Dieu ». Des théologiens de la confession d'Augsbourg ont blâmé quelques réformés qui ont paru être d'un autre sentiment, et on a considéré cette erreur comme si elle était une suite du Décret absolu, dont la doctrine semble exempter la volonté de Dieu de toute sorte de raisons, *ubi stat pro ratione voluntas*. Mais, comme je l'ai remarqué plus d'une fois ci-dessus, Calvin même a reconnu que les décrets de Dieu sont conformes à la justice et à la sagesse, quoique les raisons qui pourraient montrer cette conformité en détail nous soient inconnues. Ainsi, selon lui, les règles de la bonté et de la justice sont antérieures aux décrets de Dieu. M. Bayle, au même endroit, cite un passage du célèbre M. Turretin, qui distingue les lois divines naturelles et les lois divines positives. Les morales sont de la première espèce, et les cérémonielles de la seconde. M. Samuel Des Marets (1), théologien

---

(1) DES MARETS (Samuel), théologien protestant, né en Picardie en 1599, mort

célèbre autrefois à Groningue, et M. Strimesius (1), qui l'est encore à Francfort-sur-l'Oder, ont enseigné la même chose : et je crois que c'est le sentiment le plus reçu même parmi les réformés. Thomas d'Aquin et tous les thomistes ont été du même sentiment, avec le commun des scolastiques et des théologiens de l'Église romaine. Les casuistes en sont aussi : je compte Grotius entre les plus éminents parmi eux, et il a été suivi en cela par ses commentateurs. M. Puffendorf a paru être d'une autre opinion, qu'il a voulu soutenir contre les censures de quelques théologiens : mais il ne doit pas être compté, et il n'était pas entré assez avant dans ces sortes de matières. Il crie terriblement contre le décret absolu dans son *Fecialis divinus*, et cependant il approuve ce qu'il y a de pire dans les sentiments des défenseurs de ce décret, et sans lequel ce décret (comme d'autres réformés l'expliquent) devient supportable. Aristote a été très orthodoxe sur ce chapitre de la justice, et l'école l'a suivi : elle distingue, aussi bien que Cicéron et les jurisconsultes, entre le droit perpétuel, qui oblige tous et partout, et le droit positif, qui n'est que pour certains temps et certains peuples. J'ai lu autrefois avec plaisir l'*Euthyphron* de Platon, qui fait soutenir la vérité là-dessus à Socrate, et M. Bayle a remarqué le même passage.

183. Il soutient lui-même cette vérité avec beaucoup de force en quelque endroit, et il sera bon de copier son passage tout entier, quelque long qu'il soit (T. II de la *Continuation des Pensées diverses*, ch. CLII, p. 774, sqq.) : « Selon la doctrine d'une infinité « d'auteurs graves, dit-il, il y a dans la nature et dans l'essence de « certaines choses un bien ou un mal moral qui précède le décret « divin. Ils prouvent principalement cette doctrine par les consé- « quences affreuses du dogme contraire ; car de ce que ne faire tort « à personne serait une bonne action, non pas en soi-même, mais « par une disposition arbitraire de la volonté de Dieu, il s'ensuivrait « que Dieu aurait pu donner à l'homme une loi directement opposée « en tous ses points aux commandements du Décalogue. Cela fait

à Groningue en 1673, appartient également à l'école de Saumur. Il a écrit un très grand nombre d'ouvrages, dont le principal est le *Collegium theologicum, sive breve systema universæ theologiæ*, in-4°, 4 éditions, 1645-49-56-73. P. J.

(1) STRIMESIUS, théologien réformé, né en 1648 à Kœnigsberg, mort en 1730. — Il a écrit un grand nombre d'ouvrages théologiques et philosophiques, entre lesquels nous citerons ; *Tractatus de fundamentalibus fidei christianæ articulis* ; — *De Justitia Dei et hominis* ; — *Praxiologia apodictica contra Hobbesium*.
P. J.

« horreur. Mais voici une preuve plus directe, et tirée de la méta-
« physique. C'est une chose certaine, que l'existence de Dieu n'est
« pas un effet de sa volonté. Il n'existe point, parce qu'il veut exister,
« mais par la nécessité de sa nature infinie. Sa puissance et sa science
« existent par la même nécessité. Il n'est pas tout-puissant, il ne
« connaît pas toutes choses, parce qu'il le veut ainsi, mais parce que ce
« sont des attributs nécessairement identifiés avec lui-même. L'em-
« pire de sa volonté ne regarde que l'exercice de sa puissance, il ne
« produit hors de lui actuellement que ce qu'il veut, et il laisse tout
« le reste dans la pure possibilité. De là vient que cet empire ne
« s'étend que sur l'existence des créatures, il ne s'étend point aussi
« sur leurs essences. Dieu a pu créer la matière, un homme, un
« cercle, ou les laisser dans le néant; mais il n'a pu les produire,
« sans leur donner leurs propriétés essentielles. Il a fallu nécessai-
« rement qu'il fît l'homme un animal raisonnable, et qu'il donnât à
« un cercle la figure ronde, puisque, selon ses idées éternelles et in-
« dépendantes des décrets libres de sa volonté, l'essence de l'homme
« consistait dans les attributs d'animal et de raisonnable, et que l'es-
« sence du cercle consistait dans une circonférence également éloi-
« gnée du centre quant à toutes ses parties. Voilà ce qui a fait
« avouer aux philosophes chrétiens, que les essences des choses
« sont éternelles, et qu'il y a des propositions d'une éternelle vérité ;
« et par conséquent que les essences des choses, et la vérité des
« premiers principes, sont immuables. Cela ne se doit pas seule-
« ment entendre des premiers principes théorétiques, mais aussi des
« premiers principes pratiques, et de toutes les propositions qui
« contiennent la véritable définition des créatures. Ces essences, ces
« vérités émanent de la même nécessité de la nature, que la science
de Dieu : comme donc c'est par la nature des choses que Dieu
« existe, qu'il est tout-puissant, et qu'il connaît tout en perfection ;
« c'est aussi par la nature des choses que la matière, que le triangle,
« que l'homme, que certaines actions de l'homme, etc., ont tels et
« tels attributs essentiellement. Dieu a vu de toute éternité et de
« toute nécessité les rapports essentiels des nombres et l'identité de
« l'attribut et du sujet des propositions qui contiennent l'essence de
« chaque chose. Il a vu de la même manière, que le terme juste est
« enfermé dans ceux-ci : estimer ce qui est estimable, avoir de la
« gratitude pour son bienfaiteur, accomplir les conventions d'un
« contrat, et ainsi de plusieurs autres propositions de morale. On a

« donc raison de dire que les préceptes de la loi naturelle supposent
« l'honnêteté et la justice de ce qui est commandé, et qu'il serait du
« devoir de l'homme de pratiquer ce qu'ils contiennent, quand
« même Dieu aurait eu la condescendance de n'ordonner rien là-
« dessus. Prenez garde, je vous prie, qu'en remontant par nos abs-
« tractions à cet instant idéal où Dieu n'a encore rien décrété, nous
« trouvions dans les idées de Dieu les principes de morale sous des
« termes qui emportent une obligation. Nous y concevons ces
« maximes comme certaines et dérivées de l'ordre éternel et
« immuable : il est digne de la créature raisonnable de se conformer
« à la raison ; une créature raisonnable qui se conforme à la raison
« est louable, elle est blâmable quand elle ne s'y conforme pas.
« Vous n'oseriez dire que ces vérités n'imposent pas un devoir à
« l'homme par rapport à tous les actes conformes à la droite raison,
« tels que ceux-ci : il faut estimer tout ce qui est estimable ; rendre
« le bien pour le bien ; ne faire tort à personne ; honorer son père ;
« rendre à un chacun ce qui lui est dû, etc. Or, puisque par la nature
« même des choses, et antérieurement aux lois divines, les vérités de
« morale imposent à l'homme certains devoirs, il est manifeste que
« Thomas d'Aquin et Grotius ont pu dire que s'il n'y avait point de
« Dieu, nous ne laisserions pas d'être obligés à nous conformer au
« droit naturel. D'autres on dit que quand même tout ce qu'il y a
« d'intelligences périrait, les propositions véritables demeureraient
« véritables. Cajétan a soutenu que s'il restait seul dans l'univers,
« toutes les autres choses sans nulle exception ayant été anéanties,
« la science qu'il avait de la nature d'une rose ne laisserait pas de
« subsister. »

184. Feu M. Jacques Thomasius célèbre professeur à Leipzig, n'a pas mal observé dans ses éclaircissements des règles philosophiques de Daniel Stahlius (1), professeur de Iéna, qu'il n'est pas à propos d'aller tout à fait au delà de Dieu : et qu'il ne faut point dire avec quelques scotistes, que les vérités éternelles subsisteraient, quand il n'y aurait point d'entendement, pas même celui de Dieu. Car c'est à mon avis l'entendement divin qui fait la réalité des vérités éternelles, quoique sa volonté n'y ait point de part. Toute réalité doit

---

(1) Stahlius (Daniel), philosophe, né à Hamelbourg en 1589, professeur de logique et de métaphysique à Iéna, mort en 1654. Il a écrit : *Compendium metaphysicæ institutionis logicæ;* — *Philosophia moralis;* — *Tractatus logicus contra sophismatum resolutionem,* etc.   P. J.

être fondée dans quelque chose d'existant. Il est vrai qu'un athée peut être géomètre. Mais s'il n'y avait point de Dieu, il n'y aurait point d'objet de la géométrie. Et sans Dieu, non seulement il n'y aurait rien d'existant, mais il n'y aurait même rien de possible. Cela n'empêche pas pourtant que ceux qui ne voient pas la liaison de toutes choses entre elles et avec Dieu, ne puissent entendre certaines sciences, sans en connaître la première source qui est en Dieu. Aristote, quoiqu'il ne l'ait guère connu non plus, n'a pas laissé de dire quelque chose d'approchant et de très bon, lorsqu'il a reconnu que les principes des sciences particulières dépendent d'une science supérieure qui en donne la raison ; et cette science supérieure doit avoir l'être, et par conséquent Dieu, source de l'être pour objet. M. Dreier de Kœnigsberg (1) a bien remarqué que la vraie métaphysique qu'Aristote cherchait, et qu'il appelait τὴν ζητουμένην, son *desideratum*, était la théologie.

185. Cependant, le même M. Bayle, qui dit de si belles choses pour montrer que les règles de la bonté et de la justice, et les vérités éternelles en général, subsistent par leur nature, et non pas par un choix arbitraire de Dieu, en a parlé d'une manière fort chancelante dans un autre endroit (*Contindat. des Pensées div.* t. II, ch. CXIV, vers la fin). Après y avoir rapporté le sentiment de M. Descartes, et d'une partie de ses sectateurs, qui soutiennent que Dieu est la cause libre des vérités et des essences, il ajoute (p. 554) : « J'ai fait tout ce « que j'ai pu pour bien comprendre ce dogme, et pour trouver la « solution des difficultés qui l'environnent. Je vous confesse ingé- « nument que je n'en suis pas venu encore tout à fait à bout. Cela « ne me décourage point ; je m'imagine, comme ont fait d'autres phi- « losophes en d'autres cas, que le temps développera ce beau para- « doxe. Je voudrais que le P. Mallebranche eût pu trouver bon « de le soutenir, mais il a pris d'autres mesures. » Est-il possible que le plaisir de douter puisse tant sur un habile homme, que de lui faire souhaiter et de lui faire espérer de pouvoir croire que deux contradictoires ne se trouvent jamais ensemble, que parce que Dieu le leur a défendu, et qu'il aurait pu leur donner un ordre qui les aurait toujours fait aller de compagnie ? Le beau paradoxe que voilà ! Le R. P. Mallebranche a fait fort sagement de prendre d'autres mesures.

---

(1) DREIER (Pierre), vivait vers 1670, et a écrit *De Naturâ metaphysices ; — De Naturâ logices ; — De Illustribus quæstionibus philosophiæ*.   P. J.

186. Je ne saurais même m'imaginer que M. Descartes ait pu être tout de bon de ce sentiment quoiqu'il ait eu des sectateurs qui ont eu la facilité de le croire, et de le suivre bonnement où il ne faisait que semblant d'aller. C'était apparemment un de ses tours, une de ses ruses philosophiques : il se préparait quelque échappatoire, comme lorsqu'il trouva un tour pour nier le mouvement de la terre, pendant qu'il était copernicien à outrance. Je soupçonne qu'il a eu en vue ici une autre manière de parler extraordinaire, de son invention, qui était de dire que les affirmations et les négations, et généralement les jugements internes, sont des opérations de la volonté. Et par cet artifice, les vérités éternelles, qui avaient été jusqu'à cet auteur un objet de l'entendement divin, sont devenues tout d'un coup un objet de sa volonté. Or, les actes de la volonté sont libres, donc Dieu est la cause libre des vérités. Voilà le dénoûment de la pièce. *Spectatum admissi.* Un petit changement de la signification des termes a causé tout ce fracas. Mais si les affirmations des vérités nécessaires étaient des actions de la volonté du plus parfait esprit, ces actions ne seraient rien moins que libres, car il n'y a rien à choisir. Il paraît que M. Descartes ne s'expliquait pas assez sur la nature de la liberté, et qu'il en avait une notion assez extraordinaire, puisqu'il lui donnait une si grande étendue, jusqu'à vouloir que les affirmations des vérités nécessaires étaient libres en Dieu. C'était ne garder que le nom de la liberté.

187. M. Bayle, qu'il entend avec d'autres d'une liberté d'indifférence, que Dieu avait eue d'établir, par exemple, les vérités des nombres, et d'ordonner que trois fois trois fissent neuf, au lieu qu'il leur eût pu enjoindre de faire dix, conçoit dans une opinion si étrange, s'il y avait moyen de la défendre, je ne sais quel avantage contre les stratoniciens. Straton a été un des chefs de l'école d'Aristote et successeur de Théophraste ; il a soutenu, au rapport de Cicéron, que ce monde avait été formé tel qu'il est par la nature, ou par une cause nécessaire destituée de connaissance. J'avoue que cela se pourrait, si Dieu avait préformé la matière comme il faut pour faire un tel effet par les seules loi du mouvement. Mais sans Dieu, il n'y aurait pas même aucune raison de l'existence, et moins encore de telle ou telle existence des choses : ainsi le système de Straton n'est point à craindre.

188. Cependant M. Bayle s'en embarrasse : il ne veut point admettre les natures plastiques destituées de connaissance, que M. Cudworth et autres avaient introduites ; de peur que les Strato-

niciens modernes, c'est-à-dire les Spinosistes, n'en profitent. C'est ce qui l'engage dans des disputes avec M. le Clerc. Et prévenu de cette erreur, qu'une cause non intelligente ne saurait rien produire où il paraisse de l'artifice, il est éloigné de m'accorder la préformation, qui produit naturellement les organes des animaux, et le système d'une harmonie que Dieu ait préétablie dans les corps, pour les faire répondre par leurs propres lois aux pensées et aux volontés des âmes. Mais il fallait considérer que cette cause non intelligente qui produit de si belles choses dans les graines et dans les semences des plantes et des animaux, et qui produit les actions des corps comme la volonté les ordonne, a été formée par les mains de Dieu, infiniment plus habile qu'un horloger, qui fait pourtant des machines et des automates capables de produire d'assez beaux effets, comme s'ils avaient de l'intelligence.

189. Or pour venir à ce que M. Bayle appréhende des Stratoniciens, en cas qu'on admette des vérités indépendantes de la volonté de Dieu : il semble craindre qu'ils ne se prévalent contre nous de la parfaite régularité des vérités éternelles : car cette régularité ne venant que de la nature et de la nécessité des choses, sans être dirigée par aucune connaissance, M. Bayle craint qu'on en pourrait inférer avec Straton, que le monde a pu aussi devenir régulier par une nécessité aveugle. Mais il est aisé d'y répondre : dans la région des vérités éternelles se trouvent tous les possibles et, par conséquent, tant le régulier que l'irrégulier : il faut qu'il y ait une raison qui ait fait préférer l'ordre et le régulier, et cette raison ne peut être trouvée que dans l'entendement. De plus, ces vérités mêmes ne sont pas sans qu'il y ait un entendement qui en prenne connaissance ; car elles ne subsisteraient point, s'il n'y avait un entendement divin, où elles se trouvent réalisées, pour ainsi dire. C'est pourquoi Straton ne vient pas à son but, qui est d'exclure la connaissance de ce qui entre dans l'origine des choses.

190. La difficulté que M. Bayle s'est figurée du côté de Straton, paraît un peu trop subtile et trop recherchée. On appelle cela, *timere, ubi non est timor*. Il s'en fait une autre, qui n'a pas plus de fondement. C'est que Dieu serait assujetti à une espèce de fatum. Voici ses paroles (p. 555) : « S'il y a des propositions d'une éternelle
« vérité, qui sont telles de leur nature, et non point par l'institution
« de Dieu, si elles ne sont point véritables par un décret libre de
« sa volonté, mais si au contraire il les a connues nécessairement

« véritables, parce que telle était leur nature, voilà une espèce de
« *fatum* auquel il est assujetti ; voilà une nécessité naturelle abso-
« lument insurmontable. Il résulte encore de là, que l'entendement
« divin, dans l'infinité de ses idées, a rencontré toujours et du pre-
« mier coup leur conformité parfaite avec leurs objets, sans qu'au-
« cune connaissance le dirigeât ; car il y aurait contradiction
« qu'aucune cause exemplaire eût servi de plan aux actes de l'en-
« tendement de Dieu. On ne trouverait jamais par là des idées éter-
« nelles, ni aucune première intelligence. Il faudra donc dire qu'une
« nature qui existe nécessairement trouve toujours son chemin,
« sans qu'on le lui montre ; et comment vaincre après cela l'opi-
« niâtreté d'un stratonicien ?

191. Mais il est encore aisé de répondre : ce prétendu *fatum*, qui oblige même la divinité, n'est autre chose que la propre nature de Dieu, son propre entendement, qui fournit les règles à sa sagesse et à sa bonté ; c'est une heureuse nécessité, sans laquelle il ne serait ni bon ni sage. Voudrait-on que Dieu ne fût point obligé d'être parfait et heureux ? Notre condition, qui nous rend capables de faillir, est-elle digne d'envie ? et ne serions-nous pas bien aises de la changer contre l'impeccabilité, si cela dépendait de nous ? Il faut être bien dégoûté, pour souhaiter la liberté de se perdre, et pour plaindre la divinité de ce qu'elle ne l'a point. C'est ainsi que M. Bayle raisonne lui-même ailleurs contre ceux qui exaltent jusqu'aux nues une liberté outrée qu'ils s'imaginent dans la volonté, lorsqu'ils la voudraient indépendante de la raison.

192. Au reste, M. Bayle s'étonne « que l'entendement divin dans
« l'infinité de ses idées rencontre toujours et du premier coup leur
« conformité parfaite avec leurs objets, sans qu'aucune connais-
« sance le dirige ». Cette objection est nulle, de toute nullité : toute idée distincte est par là même conforme avec son objet ; et il n'y en a que de distinctes en Dieu : outre que d'abord l'objet n'existe nulle part, et quand il existera, il sera formé sur cette idée. D'ailleurs, M. Bayle sait fort bien que l'entendement divin n'a point besoin de temps pour voir la liaison des choses. Tous les raisonnements sont éminemment en Dieu, et ils gardent un ordre entre eux dans son entendement, aussi bien que dans le nôtre ; mais chez lui, ce n'est qu'un ordre et une priorité de nature, au lieu que chez nous, il y a une priorité de temps. Il ne faut donc point s'étonner que celui qui pénètre toutes les choses tout d'un coup, doit toujours rencontrer

du premier coup ; et on ne doit point dire qu'il réussit sans qu'aucune connaissance le dirige. Au contraire, c'est parce que sa connaissance est parfaite, que ses actions volontaires le sont aussi.

193. Jusqu'ici nous avons fait voir que la volonté de Dieu n'est point indépendante des règles de la sagesse ; quoiqu'il soit étonnant qu'on ait été obligé de raisonner là-dessus, et de combattre pour une vérité si grande et si reconnue. Mais il n'est presque pas moins étonnant qu'il y ait des gens qui croient que Dieu n'observe ces règles qu'à demi, et ne choisit point le meilleur, quoique sa sagesse le lui fasse connaître ; en un mot, qu'il y ait des auteurs qui tiennent que Dieu pouvait mieux faire. C'est à peu près l'erreur du fameux Alphonse (1), roi de Castille, élu roi des Romains par quelques électeurs, et promoteur des tables astronomiques qui portent son nom. L'on prétend que ce prince a dit que si Dieu l'eût appelé à son conseil, quand il fit le monde, il lui aurait donné de bons avis. Apparemment le système du monde de Ptolémée, qui régnait en ce temps-là, lui déplaisait. Il croyait donc qu'on aurait pu faire quelque chose de mieux concerté, et il avait raison. Mais s'il avait connu le système de Copernic avec les découvertes de Kepler, augmentées maintenant par la connaissance de la pesanteur des planètes, il aurait bien reconnu que l'invention du vrai système est merveilleuse. L'on voit donc qu'il ne s'agissait que du plus ou du moins, qu'Alphonse prétendait seulement qu'on avait pu mieux faire, et que son jugement a été blâmé de tout le monde.

194. Cependant des philosophes et des théologiens osent soutenir dogmatiquement un jugement semblable : et je me suis étonné cent fois que des personnes habiles et pieuses aient été capables de donner des bornes à la bonté et à la perfection de Dieu. Car d'avancer qu'il sait ce qui est meilleur, qu'il le peut faire, et qu'il ne le fait pas, c'est avouer qu'il ne tenait qu'à sa volonté de rendre le monde meilleur qu'il n'est ; mais c'est ce qu'on appelle manquer de bonté. C'est agir contre cet axiome marqué déjà ci-dessus : *Minus bonum habet rationem mali*. Si quelques-uns allèguent l'expérience, pour prouver que Dieu aurait pu mieux faire, ils s'érigent en censeurs ridicules de ses ouvrages, et on leur dira ce qu'on répond à tous ceux qui cri-

---

(1) ALPHONSE X (l'*Astronome* ou le *Philosophe*), roi de Castille et de Léon, fils de Ferdinand le Saint, né en 1221, roi en 1252, après un règne très agité. Il a fait ou plutôt achevé le recueil de lois nommé *Las Partidas*. — Il fit les *Tables Alphonsines* ou *Tables astronomiques*.　　　　　　　　　P. J.

tiquent le procédé de Dieu, et qui de cette même supposition, c'est-à-dire des prétendus défauts du monde, en voudraient inférer qu'il y a un mauvais Dieu, ou du moins un Dieu neutre entre le bien et le mal. Et si nous jugeons comme le roi Alphonse, on nous répondra, dis-je : Vous ne connaissez le monde que depuis trois jours, vous n'y voyez guère plus loin que votre nez, et vous y trouvez à redire. Attendez à le connaître davantage, et y considérez surtout les parties qui présentent un tout complet (comme font les corps organiques); et vous y trouverez un artifice et une beauté qui va au delà de l'imagination. Tirons-en des conséquences pour la sagesse et pour la bonté de l'auteur des choses, encore dans les choses que nous ne connaissons pas. Nous en trouvons dans l'univers qui ne nous plaisent point; mais sachons qu'il n'est pas fait pour nous seuls. Il est pourtant fait pour nous, si nous sommes sages : il nous accommodera, si nous nous en accommodons; nous y serons heureux, si nous le voulons être.

195. Quelqu'un dira, qu'il est impossible de produire le meilleur, parce qu'il n'y a point de créature parfaite et qu'il est toujours possible d'en produire une qui le soit davantage. Je réponds que ce qui se peut dire d'une créature ou d'une substance particulière, qui peut toujours être surpassée par une autre, ne doit pas être appliqué à l'univers, lequel se devant étendre par toute l'éternité future, est un infini. De plus, il y a une infinité de créatures dans la moindre parcelle de la matière, à cause de la division actuelle du *Continuum* à l'infini. Et l'infini, c'est-à-dire l'amas d'un nombre infini de substances, à proprement parler, n'est pas un tout; non plus que le nombre infini lui-même, duquel on ne saurait dire s'il est pair ou impair. C'est cela même qui sert à réfuter ceux qui font du monde un Dieu, ou qui conçoivent Dieu comme l'âme du monde; le monde ou l'univers ne pouvant pas être considérés comme un animal, ou comme une substance.

196. Il ne s'agit donc pas d'une créature, mais de l'univers; et l'adversaire sera obligé de soutenir qu'un univers possible peut être meilleur que l'autre, à l'infini; mais c'est en quoi il se tromperait, et c'est ce qu'il ne saurait prouver. Si cette opinion était véritable, il s'ensuivrait que Dieu n'en aurait produit aucun; car il est incapable d'agir sans raison, et ce serait même agir contre la raison. C'est comme si l'on s'imaginait que Dieu eût décerné de faire une sphère matérielle, sans qu'il y eût aucune raison de la faire d'une

telle ou telle grandeur. Ce décret serait inutile, il porterait avec soi ce qui en empêcherait l'effet. Ce serait autre chose, si Dieu décernait de tirer d'un point donné une ligne droite, jusqu'à une autre ligne droite donnée, sans qu'il y eût aucune détermination de l'angle, ni dans le décret, ni dans ses circonstances ; car en ce cas, la détermination viendrait de la nature de la chose, la ligne serait perpendiculaire, et l'angle serait droit, puisqu'il n'y a que cela qui soit déterminé, et qui se distingue. C'est ainsi qu'il faut concevoir la création du meilleur de tous les univers possibles, d'autant plus que Dieu ne décerne pas seulement de créer un univers, mais qu'il décerne encore de créer le meilleur de tous ; car il ne décerne point sans connaître, et il ne fait point de décrets détachés, qui ne seraient que des volontés antécédentes, que nous avons assez expliquées et distinguées des véritables décrets.

197. M. Diroys (1), que j'ai connu à Rome, théologien de M. le cardinal d'Estrées (2), a fait un livre intitulé *Preuves et Préjugés pour la religion chrétienne*, publié à Paris l'an 1683. M. Bayle (*Rép. au Provinc.*, chap. CLXV, p. 1058, t. III) en rapporte l'objection qu'il se fait. « Il y a encore une difficulté, dit-il, à laquelle il n'est
« pas moins important de satisfaire qu'aux précédentes, puisqu'elle
« fait plus de peine à ceux qui jugent des biens et des maux par des
« considérations fondées sur les maximes les plus pures et les plus
« élevées. C'est que Dieu étant la sagesse et la bonté souveraine, il
« leur semble qu'il devrait faire toutes choses comme les personnes
« sages et vertueuses souhaiteraient qu'elles se fissent, suivant les
« règles de sagesse et de bonté que Dieu leur a imprimées, et
« comme ils seraient obligés de les faire eux-mêmes, si elles dépen-
« daient d'eux. Ainsi voyant que les affaires du monde ne vont pas
« si bien qu'elles pourraient aller à leur avis, et qu'elles iraient s'ils
« s'en mêlaient, ils concluent que Dieu qui est infiniment meilleur et
« plus sage qu'eux, ou plutôt la sagesse et la bonté même, ne s'en
« mêle point. »

198. M. Diroys dit de bonnes choses là-dessus, que je ne répète

---

(1) DIROYS (François) accompagne à Rome le cardinal d'Estrées en 1672, mort en 1691. — Il a écrit : *Preuves et préjugés pour la religion chrétienne et catholique contre les fausses religions*, Paris, 1683.   P. J.

(2) D'ESTRÉES (cardinal), né à Paris en 1628, mort en la même ville en 1714. Il fut ambassadeur à Rome, et concourut aux élections de quatre papes. Ses *Négociations à Rome* (1672-1687) sont conservées à la Bibliothèque nationale.   P. J.

point, puisque nous avons assez satisfait à l'objection en plus d'un endroit, et ç'a été le principal but de tout notre discours. Mais il avance quelque chose dont je ne saurais demeurer d'accord. Il prétend que l'objection prouve trop. Il faut encore mettre ses propres paroles, avec M. Bayle, p. 1059. « S'il n'est pas convenable à la
« sagesse et à la bonté souveraine de ne faire pas ce qui est meilleur
« et plus parfait, il s'ensuit que tous les êtres sont éternellement,
« immuablement et essentiellement aussi parfaits et aussi bons qu'ils
« puissent être, puisque rien ne peut changer, qu'en passant ou
« d'un état moins bon à un meilleur, ou d'un meilleur à un moins
« bon. Or cela ne peut arriver, s'il ne convient pas à Dieu de ne
« point faire ce qui est meilleur et plus parfait, lorsqu'il le peut :
« il faudra donc que tous les êtres soient éternellement et essentiel-
« lement remplis d'une connaissance et d'une vertu aussi parfaite
« que Dieu puisse leur donner. Or tout ce qui est éternellement et
« essentiellement aussi parfait que Dieu le puisse faire, procède
« essentiellement de lui ; en un mot, est éternellement et essentiel-
« lement bon comme lui, et par conséquent il est Dieu comme lui.
« Voilà où va cette maxime, qu'il répugne à la justice et à la bonté
« souveraine de ne faire pas les choses aussi bonnes et aussi par-
« faites qu'elles puissent être. Car il est essentiel à la sagesse et à la
« bonté essentielle d'éloigner tout ce qui lui répugne absolument. Il
« faut donc établir comme une première vérité touchant la conduite
« de Dieu à l'égard des créatures, qu'il n'y a rien qui répugne à cette
« bonté et à cette sagesse de faire des choses moins parfaites qu'elles
« ne pourraient être ni de permettre que les biens qu'elle a produits,
« ou cessent entièrement d'être ou se changent et s'altèrent ;
« puisqu'il ne répugne pas à Dieu qu'il y ait d'autres êtres que lui,
« c'est-à-dire des êtres qui puissent n'être pas ce qu'ils sont, et ne
« faire pas ce qu'ils font, ou faire ce qu'ils ne font pas. »

199. M. Bayle traite cette réponse de pitoyable, mais je trouve que ce qu'il lui oppose est embarrassé. M. Bayle veut que ceux qui sont pour les deux principes se fondent principalement sur la supposition de la souveraine liberté de Dieu ; car s'il était nécessité à produire tout ce qu'il peut, il produirait aussi les péchés et les douleurs : ainsi les dualistes ne pourraient rien tirer de l'existence du mal contre l'unité de principe, si ce principe était autant porté au mal qu'au bien. Mais c'est en cela que M. Bayle porte la notion de la liberté trop loin : car quoique Dieu soit souverainement libre, il ne

s'ensuit point qu'il soit dans une indifférence d'équilibre ; et quoiqu'il soit incliné à agir, il ne s'ensuit point qu'il soit nécessité par cette inclination à produire tout ce qu'il peut. Il ne produira que ce qu'il veut, car son inclination le porte au bien. Nous convenons de la souveraine liberté de Dieu ; mais nous ne la confondons pas avec l'indifférence d'équilibre, comme s'il pouvait agir sans raison. M. Diroys conçoit donc que les dualistes, en voulant que le bon principe unique ne produise aucun mal, demandent trop ; car, par la même raison, ils devraient aussi demander, selon lui, qu'il produisît le plus grand bien, le moindre bien étant une espèce de mal. Je tiens que les dualistes ont tort à l'égard du premier point, et qu'ils auraient raison à l'égard du second, où M. Diroys les blâme sans sujet ; ou plutôt qu'on peut concilier le mal ou le moins bon dans quelques parties, avec le meilleur dans le tout. Si les dualistes demandaient que Dieu fît le meilleur, ils ne demanderaient rien de trop. Ils se trompent plutôt en prétendant que le meilleur dans le tout soit exempt de mal dans les parties ; et qu'ainsi ce que Dieu a fait n'est point le meilleur.

200. Mais M. Diroys prétend que si Dieu produit toujours le meilleur, il produira d'autres dieux ; autrement chaque substance qu'il produirait ne serait point la meilleure ni la plus parfaite. Mais il se trompe, faute de considérer l'ordre et la liaison des choses. Si chaque substance prise à part était parfaite, elles seraient toutes semblables ; ce qui n'est point convenable ni possible. Si c'étaient des dieux, il n'aurait pas été possible de les produire. Le meilleur système des choses ne contiendra donc point de dieux ; il sera toujours un système de corps (c'est-à-dire de choses rangées selon les lieux et les temps) et d'âmes qui représentent et aperçoivent les corps, et suivant lesquelles les corps sont gouvernés en bonne partie. Et comme le dessein d'un bâtiment peut être le meilleur de tous par rapport au but, à la dépense et aux circonstances ; et comme un arrangement de quelques corps figurés qu'on vous donne peut être le meilleur qu'on puisse trouver ; il est aisé de concevoir de même qu'une structure de l'univers peut être la meilleure de toutes, sans qu'il devienne un Dieu. La liaison et l'ordre des choses fait que le corps de tout animal et de toute plante est composé d'autres animaux et d'autres plantes, ou d'autres êtres vivants et organiques ; et que par conséquent il y ait de la subordination, et qu'un corps, une substance serve à l'autre : ainsi leur perfection ne saurait être égale.

201. Il paraît à M. Bayle (p. 1063) que M. Diroys a confondu deux propositions différentes ; l'une, que Dieu doit faire toutes choses comme des personnes sages et vertueuses souhaiteraient qu'elles se fissent, suivant les règles de sagesse et de bonté que Dieu leur a imprimées, et comme ils seraient obligés de les faire eux-mêmes, si elles dépendaient d'eux ; et l'autre, qu'il n'est pas convenable à la sagesse et à la bonté souveraine de ne faire pas ce qui est meilleur et plus parfait. M. Diroys (au jugement de M. Bayle) s'objecte la première proposition, et répond à la seconde. Mais il a raison en cela, ce me semble : car ces deux propositions sont liées, la seconde est une suite de la première ; faire moins de bien qu'on ne pouvait est manquer contre la sagesse ou contre la bonté. Être le meilleur, et être désiré par les plus vertueux et les plus sages est la même chose Et l'on peut dire que si nous pouvions entendre la structure et l'économie de l'univers, nous trouverions qu'il est fait et gouverné comme les plus sages et les plus vertueux le pourraient souhaiter, Dieu ne pouvant manquer de faire ainsi. Cependant cette nécessité n'est que morale : et j'avoue que si Dieu était nécessité par une nécessité métaphysique à produire ce qu'il fait, il produirait tous les possibles, ou rien ; et dans ce sens, la conséquence de M. Bayle serait fort juste. Mais comme tous les possibles ne sont point compatibles entre eux dans une même suite d'univers, c'est pour cela même que tous les possibles ne sauraient être produits, et qu'on peut dire que Dieu n'est point nécessité, métaphysiquement parlant, à la création de ce monde. L'on peut dire qu'aussitôt que Dieu a décerné de créer quelque chose, il y a un combat entre tous les possibles, tous prétendant à l'existence ; et que ceux qui joints ensemble produisent le plus de réalité, le plus de perfection, le plus d'intelligibilité, l'emportent. Il est vrai que tout ce combat ne peut être qu'idéal, c'est-à-dire il ne peut être qu'un conflit de raisons dans l'entendement le plus parfait, qui ne peut manquer d'agir de la manière la plus parfaite, et par conséquent de choisir le mieux. Cependant Dieu est obligé, par une nécessité morale, à faire les choses en sorte qu'il ne se puisse rien de mieux : autrement non seulement d'autres auraient sujet de critiquer ce qu'il fait, mais, qui plus est, il s'en reprocherait l'imperfection ; ce qui est contre la souveraine félicité de la nature divine. Ce sentiment continuel de sa propre faute ou imperfection lui serait une source inévitable de chagrins, comme M. Bayle le dit dans une autre occasion (p. 953).

202. L'argument de M. Diroys suppose faux, lorsqu'il dit que rien ne peut changer qu'en passant d'un état moins bon à un meilleur, ou d'un meilleur à un moins bon ; et qu'ainsi, si Dieu fait le meilleur, ce produit ne saurait être changé : que ce serait une substance éternelle, un dieu. Mais je ne vois point pourquoi une chose ne puisse changer d'espèce par rapport au bien et au mal, sans en changer le degré. En passant du plaisir de la musique à celui de la peinture, ou *vice versa* du plaisir des yeux à celui des oreilles, le degré des plaisirs pourra être le même, sans que le dernier ait pour lui d'autre avantage que celui de la nouveauté. S'il se faisait la quadrature du cercle, ou, pour parler de même, la circulature du carré, c'est-à-dire si le cercle était changé en carré de la même grandeur, ou le carré en cercle, il serait difficile de dire, parlant absolument, sans avoir égard à quelque usage particulier, si l'on aurait gagné ou perdu. Ainsi le meilleur peut être changé en un autre qui ne lui cède point et qui ne le surpasse point : mais il y aura toujours entre eux un ordre et le meilleur ordre qui soit possible. Prenant toute la suite des choses, le meilleur n'a point d'égal ; mais une partie de la suite peut être égalée par une autre partie de la même suite. Outre qu'on pourrait dire que toute la suite des choses à l'infini peut être la meilleure qui soit possible, quoique ce qui existe par tout l'univers dans chaque partie du temps ne soit pas le meilleur. Il se pourrait donc que l'univers allât toujours de mieux en mieux, si telle était la nature des choses qu'il ne fût point permis d'atteindre au meilleur d'un seul coup. Mais ce sont des problèmes dont il nous est difficile de juger.

203. M. Bayle dit (p. 1064) que la question, si Dieu a pu faire des choses plus accomplies qu'il ne les a faites, est aussi très difficile, et que les raisons du pour et du contre sont très fortes. Mais c'est, à mon avis, autant que si on mettait en question si les actions de Dieu sont conformes à la plus parfaite sagesse ou la plus grande bonté. C'est une chose bien étrange, qu'en changeant un peu les termes, on rend douteux ce qui bien entendu est le plus clair du monde. Les raisons contraires sont de nulle force, n'étant fondées que sur l'apparence des défauts ; et l'objection de M. Bayle, qui tend à prouver que la loi du meilleur imposerait à Dieu une véritable nécessité métaphysique, n'est qu'une illusion qui vient de l'abus des termes. M. Bayle avait été d'un autre sentiment autrefois, quand il applaudissait à celui du R. P. Malebranche, assez approchant du mien

sur ce sujet. Mais M. Arnauld ayant écrit contre ce Père, M. Bayle a changé d'opinion, et je m'imagine que son penchant à douter, qui s'est augmenté en lui avec l'âge, y a contribué. M. Arnauld a été un grand homme, sans doute, et son autorité est d'un grand poids : il a fait plusieurs bonnes remarques dans ses écrits contre le P. Malebranche, mais il n'a pas eu raison de combattre ce que ce Père a dit d'approchant de ce que nous disons de la règle du meilleur.

204. L'excellent auteur de la *Recherche de la Vérité*, ayant passé de la philosophie à la théologie, publia enfin un fort beau traité de la nature et de la grâce ; il y fit voir à sa manière, comme M. Bayle l'a expliqué dans ses *Pensées diverses sur les comètes* (ch. CCXXXIV), que les événements qui naissent de l'exécution des lois générales ne sont point l'objet d'une volonté particulière de Dieu. Il est vrai que quand on veut une chose, on veut aussi en quelque façon tous ce qui y est nécessairement attaché ; et par conséquent Dieu ne saurait vouloir les lois générales, sans vouloir aussi en quelque façon tous les effets particuliers qui en doivent naître nécessairement ; mais il est toujours vrai qu'on ne veut pas ces événements particuliers à cause d'eux-mêmes ; et c'est ce qu'on entend, en disant qu'on ne les veut pas par une volonté particulière et directe. Il n'y a point de doute que quand Dieu s'est déterminé à agir au dehors, il n'ait fait choix d'une manière d'agir qui fût digne de l'être souverainement parfait, c'est-à-dire qui fût infiniment simple et uniforme, et néanmoins d'une fécondité infinie. On peut même s'imaginer que cette manière d'agir par des volontés générales lui a paru préférable, quoiqu'il en dût résulter quelques événements superflus, et même mauvais en les prenant à part, (c'est ce que j'ajoute), à une autre manière plus composée et plus régulière, selon ce Père. Rien n'est plus propre que cette supposition (au sentiment de M. Bayle, lorsqu'il écrivait ses *Pensées sur les comètes*), à résoudre mille difficultés qu'on fait contre la Providence divine. « Demander à Dieu, « dit-il, pourquoi il a fait des choses qui servent à rendre les hommes « plus méchants, ce serait demander pourquoi Dieu a exécuté son « plan, qui ne peut être qu'infiniment beau, par les voies les plus « simples et les plus uniformes, et pourquoi, par une complication « de décrets qui s'entrecoupassent incessamment, il n'a point empê-« ché le mauvais usage du libre arbitre de l'homme. » Il ajoute, que « les miracles, étant des volontés particulières, doivent avoir une fin « digne de Dieu. »

205. Sur ces fondements, il fait de bonnes réflexions (ch. CCXXXI) touchant l'injustice de ceux qui se plaignent de la prospérité des méchants. « Je ne ferais point scrupule (dit-il) de dire que tous ceux
« qui trouvent étrange la prospérité des méchants, ont très peu
« médité sur la nature de Dieu, et qu'ils ont réduit les obligations
« d'une cause qui gouverne toutes choses, à la mesure d'une provi-
« dence tout à fait subalterne, ce qui est d'un petit esprit. Quoi
« donc! il faudrait que Dieu, après avoir fait des causes libres et des
« causes nécessaires, par un mélange infiniment propre à faire écla-
« ter les merveilles de sa sagesse infinie, eût établi des lois con-
« formes à la nature des causes libres, mais si peu fixes, que le
« moindre chagrin qui arriverait à un homme les bouleverserait
« entièrement, à la ruine de la liberté humaine! Un simple gouver-
« neur de ville se fera moquer de lui, s'il change ses règlements et
« ses ordres autant de fois qu'il plaît à quelqu'un de murmurer
« contre lui; et Dieu, dont les lois regardent un bien aussi universel
« que peut être tout ce qui nous est visible, qui n'y a sa part que
« comme un petit accessoire, sera tenu de déroger à ses lois, parce
« qu'elles ne plairont pas aujourd'hui à l'un, demain à l'autre; parce
« que tantôt un superstitieux, jugeant faussement qu'un monstre
« présage quelque chose de funeste, passera de son erreur à un
« sacrifice criminel; tantôt une bonne âme, qui néanmoins ne fait
« pas assez de cas de la vertu, pour croire qu'on est assez bien puni
« quand on n'en a point, se scandalisera de ce qu'un méchant
« homme devient riche, et jouit d'une santé vigoureuse! Peut-on
« se faire des idées plus fausses d'une providence générale? Et
« puisque tout le monde convient que cette loi de la nature, le fort
« l'emporte sur le faible, a été posée fort sagement, et qu'il serait
« ridicule de prétendre que lorsqu'une pierre tombe sur un vase
« fragile, qui fait les délices de son maître, Dieu doit déroger à cette
« loi pour épargner du chagrin à ce maître-là; ne faut-il pas avouer
« qu'il est ridicule aussi de prétendre que Dieu doit déroger à la
« même loi, pour empêcher qu'un méchant homme ne s'enrichisse
« de la dépouille d'un homme de bien? Plus le méchant homme se
« met au-dessus des inspirations de la conscience et de l'honneur,
« plus surpasse-t-il en force l'homme de bien; de sorte que s'il
« entreprend l'homme de bien, il faut, selon le cours de la nature,
« qu'il le ruine : et s'ils sont employés dans les finances tous deux,
« il faut, selon le même cours de la nature, que le méchant s'en-

« richisse plus que l'homme de bien, tout de même qu'un feu vio-
« lent dévore plus de bois qu'un feu de paille. Ceux qui voudraient
« qu'un méchant homme devînt malade sont quelquefois aussi
« injustes que ceux qui voudraient qu'une pierre qui tombe sur un
« verre ne le cassât point ; car de la manière qu'il a ses organes
« composés, ni les aliments qu'il prend, ni l'air qu'il respire ne sont
« pas capables, selon les lois naturelles, de préjudicier à sa santé.
« Si bien que ceux qui se plaignent de sa santé se plaignent de ce
« que Dieu ne viole pas les lois qu'il a établies ; en quoi ils sont
« d'autant plus injustes que, par des combinaisons et des enchaîne-
« ments dont Dieu seul était capable, il arrive assez souvent que le
« cours de la nature amène la punition du péché. »

206. C'est grand dommage que M. Bayle a quitté si tôt le chemin où il était entré si heureusement, de raisonner en faveur de la Providence ; car il aurait fait grand fruit, et, en disant de belles choses, il en aurait dit de bonnes en même temps. Je suis d'accord avec le R. P. Malebranche, que Dieu fait les choses de la manière la plus digne de lui. Mais je vais un peu plus loin que lui, à l'égard des volontés générales et particulières. Comme Dieu ne saurait rien faire sans raison, lors même qu'il agit miraculeusement, il s'ensuit qu'il n'a aucune volonté sur les événements individuels, qui ne soit une conséquence d'une vérité ou d'une volonté générale. Ainsi je dirais que Dieu n'a jamais de volontés particulières telles que ce Père entend, c'est-à-dire particulières primitives.

207. Je crois même que les miracles n'ont rien en cela qui les distingue des autres événements ; car des raisons d'un ordre supérieur à celui de la nature le portent à les faire. Ainsi je ne dirais point avec ce Père, que Dieu déroge aux lois générales, toutes les fois que l'ordre le veut ; il ne déroge à une loi que par une autre loi plus applicable, et ce que l'ordre veut ne saurait manquer d'être conforme à la règle de l'ordre qui est du nombre des lois générales. Le caractère des miracles (pris dans le sens le plus rigoureux) est, qu'on ne les saurait expliquer par les natures des choses créées. C'est pourquoi, si Dieu faisait une loi générale, qui portât que les corps s'attirassent les uns les autres, il n'en saurait obtenir l'exécution que par des miracles perpétuels. Et de même, si Dieu voulait que les organes des corps humains se conformassent avec les volontés de l'âme, suivant le système des causes occasionnelles, cette loi ne s'exécuterait aussi que par des miracles perpétuels.

208. Ainsi il faut juger que, parmi les règles générales qui ne sont pas absolument nécessaires, Dieu choisit celles qui sont les plus naturelles, dont il est le plus aisé de rendre raison et qui servent aussi le plus à rendre raison d'autres choses. C'est ce qui est sans doute le plus beau et le plus revenant ; et quand le système de l'harmonie préétablie ne serait point nécessaire d'ailleurs, en écartant les miracles superflus, Dieu l'aurait choisi, parce qu'il est le plus harmonique. Les voies de Dieu sont les plus simples et les plus uniformes : c'est qu'il choisit des règles, qui se limitent le moins les unes les autres. Elles sont aussi les plus fécondes par rapport à la simplicité des voies. C'est comme si l'on disait qu'une maison a été la meilleure qu'on ait pu faire avec la même dépense. On peut même réduire ces deux conditions, la simplicité et la fécondité, à un seul avantage, qui est de produire le plus de perfection qu'il est possible; et par ce moyen, le système du R. P. Malebranche en cela se réduit au mien. Car si l'effet était supposé plus grand, mais les voies moins simples, je crois qu'on pourrait dire que, tout pesé, et tout compté, l'effet lui-même serait moins grand, en estimant, non seulement l'effet final, mais aussi l'effet moyen. Car le plus sage fait en sorte, le plus qu'il se peut, que les moyens soient fins aussi en quelque façon, c'est-à-dire désirables, non seulement par ce qu'ils font, mais encore par ce qu'ils sont. Les voies plus composées occupent trop de terrain, trop d'espace, trop de lieu, trop de temps, qu'on aurait pu mieux employer.

209. Or, tout se réduisant à la plus grande perfection, on revient à notre loi du meilleur. Car la perfection comprend, non seulement le bien moral et le bien physique des créatures intelligentes, mais encore le bien qui n'est que métaphysique, et qui regarde aussi les créatures destituées de raison. Il s'ensuit que le mal qui est dans les créatures raisonnables n'arrive que par concomitance, non pas par des volontés antécédentes, mais par une volonté conséquente, comme étant enveloppé dans le meilleur plan possible ; et le bien métaphysique, qui comprend tout, est cause qu'il faut donner place quelquefois au mal physique et au mal moral, comme je l'ai déjà expliqué plus d'une fois. Il se trouve que les anciens stoïciens n'ont pas été fort éloignés de ce système. M. Bayle l'a remarqué lui-même dans son *Dictionnaire* à l'article de Chrysippe, Let. T ; il importe d'en donner les paroles, pour l'opposer quelquefois à lui-même, et pour le ramener aux beaux sentiments qu'il avait débités autrefois.

« Chrysippe (dit-il, p. 930), dans son *Ouvrage de la Providence*,
« examina entre autres questions celle-ci : La nature des choses, ou
« la Providence qui a fait le monde et le genre humain, a-t-elle fait
« aussi les maladies à quoi les hommes sont sujets ? Il répond que
« le principal dessein de la nature n'a pas été de les rendre maladifs,
« cela ne conviendrait pas à la cause de tous les biens ; mais en,
« préparant et en produisant plusieurs grandes choses très bien
« ordonnées et très utiles, elle trouva qu'il en résultait quelques
« inconvénients, et ainsi ils n'ont pas été conformes à son dessein
« primitif et à son but ; ils se sont rencontrés à la suite de l'ouvrage,
« ils n'ont existé que comme des conséquences. Pour la formation
« du corps humain, disait-il, la plus fine idée et l'utilité même de
« l'ouvrage demandaient que la tête fût composée d'un tissu d'osse-
« ments minces et déliés ; mais, par là, elle devait avoir l'incommo-
« dité de ne pouvoir résister aux coups. La nature préparait la santé,
« et en même temps il a fallu par une espèce de concomitance que
« la source des maladies fût ouverte. Il en va de même à l'égard de
« la vertu ; l'action directe de la nature qui l'a fait naître produit
« par contre-coup l'engeance des vices. Je n'ai pas traduit littéra-
« lement : c'est pourquoi je mets ici le latin même d'Aulu Gelle, en
« faveur de ceux qui entendent cette langue (*Aul. Gell.* lib., VI, ch. I).
« Idem Chrysippus in eod. lib. (quarto, περὶ προνοίας) tractat consi-
« deratque, dignumque esse id quæri putat, εἰ οἱ τῶν ἀνθρώπων νόσοι
« κατὰ φύσιν γίνονται. Id est naturane ipsa rerum, vel providentia quæ
« compagem hanc mundi et genus hominum fecit, morbos quoque et
« debilitates et ægritudines corporum, quas patiuntur homines,
« fecerit. Existimat autem non fuisse hoc principale naturæ consi-
« lium, ut faceret homines morbis obnoxios. Nunquam enim hoc
« convenisse naturæ auctori parentique rerum omnium bonarum.
« Sed quum multa, inquit, atque magna gigneret pareretque aptis-
« sima et utilissima, alia quoque simul agnata sunt incommoda iis
« ipsis, quæ faciebat cohærentia : eaque non per naturam sed per
« sequelas quasdam necessaria facta dicit, quod ipse appellat κατὰ
« παρακολούθησιν. Sicut, inquit, quum corpora hominum natura fin-
« geret, ratio subtilior et utilitas ipsa operis postulavit ut tenuis-
« simis minutisque ossiculis caput compingeret. Sed hanc utilitatem
« rei majoris alia quædam incommoditas extrinsecus consecuta est ;
« ut fieret caput tenuiter munitum et ictibus offensionibusque parvis
« fragile. Proinde morbi quoque et ægritudines partæ sunt, dum

« salus paritur. Sic, Hercle, inquit, dum virtus hominibus per consi-
« lium naturæ gignitur, vitia ibidem per affinitatem contrariam nata
« sunt. Je ne pense pas qu'un païen ait pu rien dire de plus
« raisonnable dans son ignorance où il était de la chute du premier
« homme, chute que nous n'avons pu savoir que par la révélation,
« et qui est la vraie cause de nos misères ; si nous avions plusieurs
« semblables extraits des ouvrages de Chrysippe, ou plutôt si nous
« avions ses ouvrages, nous aurions une idée plus avantageuse que
« nous n'avons de la beauté de son génie. »

210. Voyons maintenant le revers de la médaille dans M. Bayle changé. Après avoir rapporté, dans sa *Réponse aux Questions d'un Provincial* (chap. CLV, p. 962, t. III), ces paroles de M. Jaquelot qui sont fort à mon gré : « Changer l'ordre de l'univers est quelque
« chose de plus haute importance infiniment que la prospérité d'un
« homme de bien. Il ajoute : cette pensée a quelque chose d'éblouis-
« sant : le P. Malebranche l'a mise dans le plus beau jour du monde,
« et il a persuadé à quelques-uns de ses lecteurs qu'un système
« simple et très fécond est plus convenable à la sagesse de Dieu
« qu'un système plus composé et moins fécond à proportion, mais
« plus capable de prévenir les irrégularités. » M. Bayle a été de ceux qui crurent que le P. Malebranche donnait par là un merveilleux dénoûment (c'est M. Bayle lui-même qui parle); mais il est presque l'impossible de s'en payer, après avoir lu les livres de M. Arnauld contre ce système, et après avoir considéré l'idée vaste et immense de l'Être souverainement parfait. Cette idée nous apprend qu'il n'est rien de plus aisé à Dieu que de suivre un plan simple, fécond, régulier et commode en même temps à toutes les créatures.

211. Étant en France, je communiquai à M. Arnauld un dialogue que j'avais fait en latin sur la cause du mal et sur la justice de Dieu; c'était non seulement avant ses disputes avec le R. P. Malebranche, mais même avant que le livre de la *Recherche de la Vérité* parût. Ce principe que je soutiens ici, savoir que le péché avait été permis, à cause qu'il avait été enveloppé dans le meilleur plan de l'univers, y était déjà employé ; et Arnauld ne parut point s'en effaroucher. Mais les petits démêlés qu'il a eus depuis avec ce Père lui ont donné sujet d'examiner cette matière avec plus d'attention, et d'en juger plus sévèrement. Cependant je ne suis pas tout à fait content de la manière dont la chose est exprimée ici par M. Bayle ; et je ne suis

point d'opinion qu'un plan plus composé et moins fécond puisse être plus capable de prévenir les irrégularités. Les règles sont les volontés générales : plus on observe de règles, plus y a-t-il de régularité ; la simplicité et la fécondité sont le but des règles. On m'objectera qu'un système fort uni sera sans irrégularités. Je réponds que ce serait une irrégularité d'être trop uni, cela choquerait les règles de l'harmonie. Et *citharœdus ridetur chorda qui semper oberrat eadem.* Je crois donc que Dieu peut suivre un plan simple, fécond, régulier ; mais je ne crois pas que celui qui est le meilleur et le plus régulier soit toujours commode en même temps à toutes les créatures, et je le juge *a posteriori* ; car celui que Dieu a choisi ne l'est pas. Je l'ai pourtant encore montré *a priori* dans des exemples pris des mathématiques, et j'en donnerai un tantôt. Un origéniste qui voudra que celles qui sont rationnelles deviennent toutes enfin heureuses, sera encore plus aisé à contenter. Il dira, à l'imitation de ce que dit saint Paul des souffrances de cette vie, que celles qui sont finies ne peuvent point entrer en comparaison avec un bonheur éternel.

212. Ce qui trompe en cette matière est, comme j'ai déjà remarqué, qu'on se trouve porté à croire que ce qui est le meilleur dans le tout, est le meilleur aussi qui soit possible dans chaque partie. On raisonne ainsi en géométrie, quand il s'agit de *maximis et minimis.* Si le chemin d'A à B qu'on se propose est le plus court qu'il est possible, et si ce chemin passe par C, il faut que le chemin d'A à C, partie du premier, soit aussi le plus court qu'il est possible. Mais la conséquence de la quantité à la qualité ne va pas toujours bien, non plus que celle qu'on tire des égaux aux semblables. Car les égaux sont ceux dont la quantité est la même, et les semblables sont ceux qui ne diffèrent point selon les qualités. Feu M. Sturmius, mathématicien célèbre à Altorf, étant en Hollande dans sa jeunesse, y fit imprimer un petit livre sous le titre d'*Euclides Catholicus,* où il tâcha de donner des règles exactes et générales dans des matières non mathématiques, encouragé à cela par feu M. Erhard Weigel, qui avait été son précepteur. Dans ce livre, il transfère aux semblables ce qu'Euclide avait dit des égaux, et il forme cet axiome : *Si similibus addas similia, tota sunt similia ;* mais il fallut tant de limitations pour excuser cette règle nouvelle, qu'il aurait été mieux, à mon avis, de l'énoncer d'abord avec restriction, en disant : *Si similibus similia addas similiter, tota sunt similia.* Aussi les géo-

mètres ont souvent coutume de demander *non tantum similia, sed et similiter posita*.

213. Cette différence entre la quantité et la qualité paraît ici dans notre cas. La partie du plus court chemin entre deux extrémités est aussi le plus court chemin entre les extrémités de cette partie : mais la partie du meilleur tout n'est pas nécessairement le meilleur qu'on pouvait faire de cette partie; puisque la partie d'une belle chose n'est pas toujours belle, pouvant être tirée du tout, ou prise dans le tout, d'une manière irrégulière. Si la bonté et la beauté consistaient toujours dans quelque chose d'absolu et d'uniforme, comme l'étendue, la matière, l'or, l'eau et autres corps supposés homogènes ou similaires, il faudrait dire que la partie du bon et du beau serait belle et bonne comme le tout, puisqu'elle serait toujours ressemblante au tout : mais il n'en est pas ainsi dans les choses relatives. Un exemple pris de la géométrie sera propre à expliquer ma pensée.

214. Il y a une espèce de géométrie que M. Jungius de Hambourg (1), un des plus excellents hommes de son temps, appelait empirique. Elle se sert d'expériences démonstratives, et prouve plusieurs propositions d'Euclide, mais particulièrement celles qui regardent l'égalité de deux figures, en coupant l'une en pièces, et en rejoignant ces pièces pour en faire l'autre. De cette manière, en coupant, comme il faut, en parties les carrés des deux côtés du triangle rectangle, et en arrangeant ces parties comme il faut, on en fait le carré de l'hypoténuse ; c'est démontrer empiriquement la 47e proposition du Ier livre d'Euclide. Or, supposé que quelques-unes de ces pièces prises des deux moindres carrés se perdent, il manquera quelque chose au grand carré qu'on en doit former ; et ce composé défectueux, bien loin de plaire, sera d'une laideur choquante. Et si les pièces qui sont restées, et qui composent le composé fautif, étaient prises détachées sans aucun égard au grand carré qu'elles doivent contribuer à former, on les rangerait tout autrement entre elles pour faire un composé passable. Mais dès que les pièces égarées se retrouveront, et qu'on remplira le vide du composé fautif, il en proviendra une chose belle et régulière, qui est le grand carré entier, et ce composé accompli sera bien plus beau que

---

(1) JUNGE (Joachim), philosophe et savant du XVIIe siècle, né à Lubeck en 1587, mort en 1657. — Ses ouvrages sont : *Geometria empirica* (Hambourg, 1681, in-8°) ; *Logica Hamburgensis* (Hamb., 1681, in-8°). — Son disciple Vaget a publié, après sa mort, plusieurs autres ouvrages de lui sur la physique et la botanique.

P. J.

le composé passable, qui avait été fait des seules pièces qu'on n'avait point égarées. Le composé accompli répond à l'univers tout entier et le composé fautif, qui est une partie de l'accompli, répond à quelque partie de l'univers, où nous trouvons des défauts que l'auteur des choses a soufferts, parce qu'autrement, s'il avait voulu réformer cette partie fautive, et en faire un composé passable, le tout n'aurait pas été si beau ; car les parties du composé fautif, rangées mieux pour en faire un composé passable, n'auraient pu être employées comme il faut à former le composé total et parfait. Thomas d'Aquin a entrevu ces choses, lorsqu'il a dit : « Ad pruden-
« tem gubernatorem pertinet, negligere aliquem defectum bonitatis
« in parte, ut faciat augmentum bonitatis in toto. » (Thom. *contra gent*, lib. II, ch. LXXI.) Thomas Gatakerus (1), dans ses notes sur le livre de Marc-Aurèle (lib. V, cap. VIII, chez M. Bayle) cite aussi des passages des auteurs, qui disent que le mal des parties est souvent le bien du tout.

215. Revenons aux instances de M. Bayle. Il se figure un prince (p. 963) qui fait bâtir une ville, et qui par un faux goût aime mieux qu'elle ait des airs de magnificence, et un caractère hardi et singulier d'architecture, que d'y faire trouver aux habitants toutes sortes de commodités. Mais si ce prince a une véritable grandeur d'âme, il préférera l'architecture commode à l'architecture magnifique. C'est ainsi que juge M. Bayle. Je croirais pourtant qu'il y a des cas dans lesquels on préférera avec raison la beauté de la structure d'un palais à la commodité de quelques domestiques. Mais j'avoue que la structure serait mauvaise, quelque belle qu'elle pût être, si elle causait des maladies aux habitants ; pourvu qu'il fût possible d'en faire une qui fût meilleure, en considérant la beauté, la commodité et la santé tout ensemble. Car il se peut qu'on ne puisse point avoir tous ces avantages à la fois, et que le château devant devenir d'une structure insupportable en cas qu'on voulût bâtir sur le côté septentrional de la montagne qui est le plus sain, on aimât mieux le faire regarder le midi.

216. M. Bayle objecte encore qu'il est vrai que nos législateurs ne peuvent jamais inventer des règlements qui soient commodes à

---

(1) GATAKER (Thomas), théologien et critique anglais, né à Londres en 1574, mort en 1654. — Son ouvrage le plus important pour la philosophie est son édition et traduction des *Pensées* de M.-Aurèle, avec Commentaires et Discours préliminaire sur la philosophie stoïcienne. P. J.

tous les particuliers : « Nulla lex satis commoda omnibus est ; id « modo quæritur, si majori parti et in summam prodest. » (*Cato ap. Livium*, l. XXXIV, *circa init.*) Mais c'est que la limitation de leurs lumières les force à s'attacher à des lois qui, tout bien compté, sont plus utiles que dommageables. Rien de tout cela ne peut convenir à Dieu, qui est aussi infini en puissance et en intelligence qu'en bonté et qu'en véritable grandeur. Je réponds que Dieu choisissant le meilleur possible, on ne lui peut objecter aucune limitation de ses perfections ; et dans l'univers, non seulement le bien surpasse le mal, mais aussi le mal sert à augmenter le bien.

217. Il remarque aussi que les stoïciens ont tiré une impiété de ce principe, en disant qu'il fallait supporter patiemment les maux, vu qu'ils étaient nécessaires, non seulement à la santé et à l'intégrité de l'univers, mais encore à la félicité, perfection et conservation de Dieu qui le gouverne. C'est ce que l'empereur Marc-Aurèle a exprimé dans le huitième chapitre du cinquième livre de ses Soliloques. « Duplici ratione, dit-il, diligas oportet, quicquid evenerit tibi. « altera quod tibi natum et tibi coordinatum et ad te quodammodo « affectum est ; altera quod universi gubernatori prosperitatis et « consummationis atque adeo permansionis ipsius procurandæ (τῆς « εὐοδίας καὶ τῆς συντελείας καὶ τῆς συμμονῆς αὐτῆς), ex parte causa est. » Ce précepte n'est pas le plus raisonnable de ceux de ce grand empereur. Un *diligas oportet* (στέργειν χρή) ne vaut rien ; une chose ne devient point aimable pour être nécessaire, et pour être destinée ou attachée à quelqu'un : et ce qui serait un mal pour moi ne cesserait pas de l'être parce qu'il serait le bien de mon maître, si ce bien ne rejaillit point sur moi. Ce qu'il y a de bon dans l'univers est, entre autres, que le bien général devient effectivement le bien particulier de ceux qui aiment l'auteur de tout bien. Mais l'erreur principale de cet empereur et des stoïciens était qu'ils s'imaginaient que le bien de l'univers devait faire plaisir à Dieu lui-même, parce qu'ils concevaient Dieu comme l'âme du monde. Cette erreur n'a rien de commun avec notre dogme : Dieu, selon nous, est *intelligentia extramundana*, comme Martianus Capella l'appelle, ou plutôt *supramundana*. D'ailleurs, il agit pour faire du bien, et non pas pour en recevoir. *Melius est dare quam accipere* : sa béatitude est toujours parfaite, et ne saurait recevoir aucun accroissement, ni du dedans, ni du dehors.

218. Venons à la principale objection que M. Bayle nous fait, après M. Arnauld. Elle est compliquée : car ils prétendent que Dieu serait

nécessité, qu'il agirait nécessairement, s'il était obligé de créer le meilleur ; ou du moins qu'il aurait été impuissant, s'il n'avait pu trouver un meilleur expédient pour exclure les péchés et les autres maux. C'est nier en effet que cet univers soit le meilleur, et que Dieu soit obligé de s'attacher au meilleur. Nous y avons assez satisfait en plus d'un endroit : nous avons prouvé que Dieu ne peut manquer de produire le meilleur ; et cela supposé, il s'ensuit que les maux que nous expérimentons ne pouvaient point être raisonnablement exclus de l'univers, puisqu'ils y sont. Voyons pourtant ce que ces deux excellents hommes nous opposent, ou plutôt voyons ce que M. Bayle objecte, car il professe d'avoir profité des raisonnements de M. Arnauld.

219. « Serait-il possible, dit-il (ch. CLVIII de la *Réponse au Provinc.*,
« t. III, p. 890), qu'une nature dont la bonté, la sainteté, la sagesse,
« la science, la puissance sont infinies, qui aime la vertu souverai-
« nement et qui hait le vice souverainement, comme son idée claire
« et distincte nous le fait connaître et comme chaque page presque
« de l'Écriture nous l'affirme, n'aurait pu trouver dans la vertu au-
« cun moyen convenable et proportionné à ses fins ? Serait-il pos-
« sible que le vice seul lui eût offert ce moyen ? On aurait cru au
« contraire qu'aucune chose ne convenait mieux à cette nature, que
« d'établir la vertu dans son ouvrage à l'exclusion de tout vice. »
M. Bayle outre ici les choses. On accorde que quelque vice a été lié avec le meilleur plan de l'univers, mais on ne lui accorde pas que Dieu n'a pu trouver dans la vertu aucun moyen proportionné à ses fins. Cette objection aurait lieu, s'il n'y avait point de vertu, si le vice tenait sa place partout. Il dira qu'il suffit que le vice règne, et que la vertu est peu de chose en comparaison. Mais je n'ai garde de lui accorder cela, et je crois qu'effectivement, à le bien prendre, il y a incomparablement plus de bien moral que de mal moral, dans les créatures raisonnables, dont nous ne connaissons qu'un très petit nombre.

220. Ce mal n'est pas même si grand dans les hommes qu'on le débite : il n'y a que des gens d'un naturel malin, ou des gens devenus un peu misanthropes par les malheurs, comme ce Timon de Lucien, qui trouvent de la méchanceté partout, et qui empoisonnent les meilleures actions par les interprétations qu'ils leur donnent : je parle de ceux qui le font tout de bon, pour en tirer de mauvaises conséquences, dont leur pratique est infectée ; car il y en a qui ne

le font que pour montrer leur pénétration. On a critiqué cela dans Tacite, et c'est encore ce que M. Descartes (dans une de ses lettres) trouve à redire au livre de M. Hobbes *de Cive*, dont on n'avait imprimé alors que peu d'exemplaires pour être distribués aux amis, mais qui fut augmenté par des remarques de l'auteur, dans la seconde édition que nous avons. Car, quoique M. Descartes reconnaisse que ce livre est d'un habile homme, il y remarque des principes et des maximes très dangereux, en ce qu'on y suppose tous les hommes méchants, ou qu'on leur donne sujet de l'être. Feu M. Jacques Thomasius disait dans ses belles Tables de la Philosophie pratique que le πρῶτον Ψεῦδος, le principe des erreurs de ce livre de M. Hobbes, était qu'il prenait *statum legalem pro naturali*, c'est-à-dire que l'état corrompu lui servait de mesure et de règle, au lieu que c'est l'état le plus convenable à la nature humaine qu'Aristote avait eu en vue. Car, selon Aristote, on appelle naturel ce qui est le plus convenable à la perfection de la nature de la chose : mais M. Hobbes appelle l'état naturel celui qui a le moins d'art ; ne considérant peut-être pas que la nature humaine dans sa perfection porte l'art avec elle. Mais la question de nom, c'est-à-dire de ce qu'on peut appeler naturel, ne serait pas de grande importance, si Aristote et Hobbes n'y attachaient la notion du droit naturel, chacun suivant sa signification. J'ai dit ci-dessus que je trouvais dans le livre *de la Fausseté des vertus humaines* le même défaut que M. Descartes a trouvé dans celui de M. Hobbes, *de Cive*.

221. Mais supposons que le vice surpasse la vertu dans le genre humain, comme l'on suppose que le nombre des réprouvés surpasse celui des élus ; il ne s'ensuit nullement que le vice et la misère surpassent la vertu et la félicité dans l'univers ; il faut plutôt juger tout le contraire, parce que la cité de Dieu doit être le plus parfait de tous les États possibles, puisqu'il a été formé et est toujours gouverné par le plus grand et le meilleur de tous les monarques. Cette réponse confirme ce que j'ai remarqué ci-dessus, en parlant de la conformité de la foi et de la raison ; savoir, qu'une des plus grandes sources du paralogisme des objections est qu'on confond l'apparent avec le véritable ; l'apparent, dis-je, non pas absolument tel qu'il résulterait d'une discussion exacte des faits, mais tel qu'il a été tiré de la petite étendue de nos expériences ; car il serait déraisonnable de vouloir opposer des apparences si imparfaites et si peu

fondées aux démonstrations de raison et aux révélations de la foi.

222. Au reste, nous avons déjà remarqué que l'amour de la vertu et la haine du vice, qui tendent indéfiniment à procurer l'existence de la vertu, et à empêcher celle du vice, ne sont que des volontés antécédentes aussi bien que la volonté de procurer la félicité de tous les hommes, et d'empêcher la misère. Et ces volontés antécédentes ne sont qu'une partie de toutes les volontés antécédentes de Dieu prises ensemble, dont le résultat fait la volonté conséquente ou le décret de créer le meilleur ; et c'est par ce décret que l'amour de la vertu et de la félicité des créatures raisonnables, qui est indéfini de soi, et va aussi loin qu'il se peut, reçoit quelques petites limitations, à cause de l'égard qu'il faut avoir au bien en général. C'est ainsi qu'il faut entendre que Dieu aime souverainement la vertu et hait souverainement le vice, et que néanmoins quelque vice doit être permis.

223. M. Arnauld et M. Bayle semblent prétendre que cette méthode d'expliquer les choses, et d'établir un meilleur entre tous les plans de l'univers, et qui ne puisse être surpassé par aucun autre, borne la puissance de Dieu. « Avez-vous bien pensé, dit M. Arnauld au
« R. P. Malebranche (dans ses *Réflexions sur le nouveau système de*
« *la Nature et de la Grâce*, t. II, 385), qu'en avançant de telles choses
« vous entreprenez de renverser le premier article du symbole,
« par lequel nous faisons profession de croire en Dieu le Père tout-
« puissant! » Il avait déjà dit auparavant (p. 362) : « Peut-on pré-
« tendre, sans se vouloir aveugler soi-même, qu'une conduite qui n'a
« pu être sans cette suite fâcheuse, qui est que la plupart des hommes
« se perdent, porte plus le caractère de la bonté de Dieu, qu'une
« autre conduite qui avait été cause, si Dieu l'avait suivie, que tous
« les hommes se seraient sauvés ? » Et comme M. Jaquelot ne s'éloigne point des principes que nous venons de poser, M. Bayle lui fait des objections semblables (*Rép. au Provincial*, ch. CLI, p. 900, t. III). « Si l'on adopte de tels éclaircissements, dit-il, on
« se voit contraint de renoncer aux notions les plus évidentes sur
« la nature de l'être souverainement parfait. Elles nous apprennent
« que toutes les choses qui n'impliquent point contradiction lui
« sont possibles, que par conséquent il lui est possible de sauver
« des gens qu'il ne sauve pas ; car quelle contradiction résulterait-il
« de ce que le nombre des élus serait plus grand qu'il ne l'est ?
« Elles nous apprennent que, puisqu'il est souverainement heureux,

« il n'a point de volontés qu'il ne puisse exécuter. Le moyen donc de
« comprendre qu'il veuille sauver tous les hommes et qu'il ne le
« puisse? Nous cherchions quelque lumière qui nous tirât des
« embarras où nous nous trouvons en comparant l'idée de Dieu
« avec l'état du genre humain, et voilà que l'on nous donne des
« éclaircissements qui nous jettent dans des ténèbres plus épaisses. »

224. Toutes ces oppositions s'évanouissent par l'exposition que nous venons de donner. Je demeure d'accord du principe de M. Bayle, et c'est aussi le mien, que tout ce qui n'implique point de contradiction est possible. Mais selon nous, qui soutenons que Dieu a fait le meilleur qu'il était possible de faire, ou qu'il ne pouvait point mieux faire qu'il n'a fait; et qui jugeons que d'avoir un autre sentiment de son ouvrage total serait blesser sa bonté ou sa sagesse; il faut dire qu'il implique contradiction de faire quelque chose qui surpasse en bonté le meilleur même. Ce serait comme si quelqu'un prétendait que Dieu pût mener d'un point à un autre une ligne plus courte que la ligne droite; et accusait ceux qui le nient de renverser l'article de la foi, suivant lequel nous croyons en Dieu le Père tout-puissant.

225. L'infinité des possibles, quelque grande qu'elle soit, ne l'est pas plus que celle de la sagesse de Dieu, qui connaît tous les possibles. On peut même dire que, si cette sagesse ne surpasse point les possibles extensivement, puisque les objets de l'entendement ne sauraient aller au delà du possible, qui en un sens est seul intelligible, elle les surpasse intensivement, à cause des combinaisons infiniment infinies qu'elle en fait, et d'autant de réflexions qu'elle fait là-dessus. La sagesse de Dieu, non contente d'embrasser tous les possibles, les pénètre, les compare, les pèse les uns contre les autres, pour en estimer les degrés de perfection ou d'imperfection, le fort et le faible, le bien et le mal : elle va même au delà des combinaisons finies, elle en fait une infinité d'infinies, c'est-à-dire une infinité de suites possibles de l'Univers, dont chacune contient une infinité de créatures; et par ce moyen la sagesse divine distribue tous les possibles qu'elle avait déjà envisagés à part, en autant de systèmes universels, qu'elle compare encore entre eux : et le résultat de toutes ces comparaisons et réflexions est le choix du meilleur d'entre tous ces systèmes possibles, que la sagesse fait pour satisfaire pleinement à la bonté ; ce qui est justement le plan de l'Univers actuel. Et toutes ces opérations

de l'entendement divin, quoiqu'elles aient entre elles un ordre et une priorité de nature, se font toujours ensemble, sans qu'il y ait entre elles aucune priorité de temps.

226. En considérant attentivement ces choses, j'espère qu'on aura une idée de la grandeur des perfections divines, et surtout de la sagesse et de la bonté de Dieu, que ne sauraient avoir ceux qui font agir Dieu comme au hasard, sans sujet et sans raison. Et je ne vois pas comment ils pourraient éviter un sentiment si étrange, à moins qu'ils ne reconnussent qu'il y a des raisons du choix de Dieu, et que ces raisons sont tirées de sa bonté : d'où il suit nécessairement que ce qui a été choisi a eu l'avantage de la bonté sur ce qui n'a point été choisi, et par conséquent qu'il est le meilleur de tous les possibles. Le meilleur ne saurait être surpassé en bonté, et on ne limite point la puissance de Dieu, en disant qu'il ne saurait faire l'impossible. Est-il possible, disait M. Bayle, qu'il n'y ait point de meilleur plan que celui que Dieu a exécuté ? On répond que cela est très possible et même nécessaire, savoir qu'il n'y en ait point : autrement Dieu l'aurait préféré.

227. Nous avons assez établi, ce semble, qu'entre tous les plans possibles de l'univers il y en a un meilleur que tous les autres, et que Dieu n'a point manqué de le choisir. Mais M. Bayle prétend en inférer qu'il n'est donc point libre. Voici comment il en parle (*ubi supra*, ch. CLI, p. 899) : « On croyait disputer avec un homme qui
« supposât avec nous que la bonté et la puissance de Dieu sont
« infinies, aussi bien que sa sagesse, et l'on voit qu'à proprement
« parler cet homme suppose que la bonté et que la puissance de Dieu
« sont renfermées dans des bornes assez étroites. » Quant à cela, on y a déjà satisfait : l'on ne donne point de bornes à la puissance de Dieu, puisqu'on reconnaît qu'elle s'étend *ad maximum, ad omnia*, à tout ce qui n'implique aucune contradiction : et l'on n'en donne point à sa bonté, puisqu'elle va au meilleur, *ad optimum*. Mais M. Bayle poursuit : « Il n'y a donc aucune liberté en Dieu, il est
« nécessité par sa sagesse à créer, et puis à créer précisément un tel
« ouvrage, et enfin à le créer précisément par telles voies. Ce sont
« trois servitudes qui forment un fatum plus que stoïcien, et qui ren-
« dent impossible tout ce qui n'est pas dans leur sphère. Il semble
« que, selon ce système, Dieu aurait pu dire, avant même que de
« former ces décrets : Je ne puis sauver un tel homme, ni damner un
« tel autre, *quippe vetor fatis*, ma sagesse ne le permet pas. »

228. Je réponds que c'est la bonté qui porte Dieu à créer, afin de se communiquer ; et cette même bonté jointe à la sagesse le porte à créer le meilleur : cela comprend toute la suite, l'effet et les voies. Elle l'y porte sans le nécessiter, car elle ne rend point impossible ce qu'elle ne fait point choisir. Appeler cela *fatum*, c'est le prendre dans un bon sens, qui n'est point contraire à la liberté : *Fatum* vient de *fari*, parler, prononcer ; il signifie un jugement, un décret de Dieu, l'arrêt de sa sagesse. Dire qu'on ne peut pas faire une chose, seulement parce qu'on ne le veut pas, c'est abuser des termes. Le sage ne veut que le bon : est-ce donc une servitude, quand la volonté agit suivant la sagesse ? Et peut-on être moins esclave que d'agir par son propre choix suivant la plus parfaite raison ? Aristote disait que celui-là est dans une servitude naturelle (*natura servus*) qui manque de conduite, qui a besoin d'être gouverné. L'esclavage vient de dehors, il porte à ce qui déplaît, et surtout à ce qui déplaît avec raison : la force d'autrui et nos propres passions nous rendent esclaves. Dieu n'est jamais mû par aucune chose qui soit hors de lui ; il n'est point sujet non plus aux passions internes, et il n'est jamais mené à qui lui puisse faire déplaisir. Il paraît donc que M. Bayle donne des noms odieux aux meilleures choses du monde et renverse les notions, en appelant esclavage l'état de la plus grande et de la plus parfaite liberté.

229. Il avait encore dit un peu auparavant (ch. CLI, p. 894) : « Si « la vertu, ou quelque autre bien que ce soit, avaient eu autant de « convenance que le vice avec les fins du Créateur, le vice n'aurait « pas eu la préférence ; il faut donc qu'il ait été l'unique moyen dont « le Créateur ait pu se servir ; il a donc été employé par pure néces- « sité. Comme donc il aime sa gloire, non pas par une liberté d'in- « différence, mais nécessairement, il faut qu'il aime nécessairement « tous les moyens sans lesquels il ne pourrait point manifester sa « gloire. Or si le vice, en tant que vice, a été le seul moyen de par- « venir à ce but, il s'ensuivra que Dieu aime nécessairement le vice « en tant que vice ; à quoi l'on ne peut songer sans horreur, et il « nous a révélé tout le contraire. » Il remarque en même temps que certains docteurs supralapsaires (comme Retorfort, par exemple) ont nié que Dieu veut le péché, en tant que péché, pendant qu'ils ont avoué qu'il veut permissivement le péché, en tant que punissable et pardonnable ; mais il leur objecte qu'une action n'est punissable qu'en tant qu'elle est vicieuse.

230. M. Bayle suppose faux dans les paroles que nous venons de lire, et en tire de fausses conséquences. Il n'est point vrai que Dieu aime sa gloire nécessairement, si l'on entend par là qu'il est porté nécessairement à se procurer sa gloire par les créatures. Car si cela était, il se procurerait cette gloire toujours et partout. Le décret de créer est libre : Dieu est porté à tout bien ; le bien, et même le meilleur, l'incline à agir ; mais il ne le nécessite pas : car son choix ne rend point impossible ce qui est distinct du meilleur ; il ne fait point que ce que Dieu omet implique contradiction. Il y a donc en Dieu une liberté, exempte non seulement de la contrainte, mais encore de la nécessité. Je l'entends de la nécessité métaphysique ; car c'est une nécessité morale, que le plus sage soit obligé de choisir le meilleur. Il en est de même des moyens que Dieu choisit pour parvenir à sa gloire. Pour ce qui est du vice, l'on a montré ci-dessus qu'il n'est pas un objet du décret de Dieu, comme moyen, mais comme condition *sine qua non*; et que c'est pour cela qu'il est seulement permis. On a encore moins de droit de dire que le vice est le seul moyen ; il serait tout au plus un des moyens, mais un des moindres parmi une infinité d'autres.

231. « Autre conséquence affreuse (poursuit M. Bayle) : La fata-
« lité de toutes choses revient : il n'aura pas été libre à Dieu d'ar-
« ranger d'une autre manière les événements, puisque le moyen
« qu'il a choisi de manifester sa gloire était le seul qui fût conve-
« nable à sa sagesse. » Cette prétendue fatalité ou nécessité n'est que morale, comme nous venons de montrer : elle n'intéresse point la liberté, au contraire, elle en suppose le meilleur usage : elle ne fait point que les objets que Dieu ne choisit pas soient impossibles. « Que deviendra donc, ajoute-t-il, le franc arbitre de l'homme ? N'y « aura-t-il pas eu nécessité et fatalité qu'Adam péchât ? Car s'il n'eût « point péché, il eût renversé le plan unique que Dieu s'était fait « nécessairement. » C'est encore abuser des termes. Adam péchant librement était vu de Dieu parmi les idées des possibles, et Dieu décerna de l'admettre à l'existence tel qu'il l'a vu : ce décret ne change point la nature des objets : il ne rend point nécessaire ce qui était contingent en soi, ni impossible ce qui était possible.

232. M. Bayle poursuit (p. 892) : « Le subtil Scot affirme, avec
« beaucoup de jugement, que, si Dieu n'avait point de liberté d'indiffé-
« rence, aucune créature ne pourrait avoir cette espèce de liberté. »
J'en demeure d'accord, pourvu qu'on n'entende point une indifférence

d'équilibre, où il n'y ait aucune raison qui incline d'un côté plus que l'autre. M. Bayle reconnaît (plus bas, au ch. CLXVIII, p. 1111) que ce qu'on appelle indifférence n'exclut point les inclinations et les plaisirs prévenants. Il suffit donc qu'il n'y ait point de nécessité métaphysique dans l'action qu'on appelle libre, c'est-à-dire il suffit qu'on choisisse entre plusieurs partis possibles.

233. Il poursuit encore (audit ch. CLVII, p. 893) : « Si Dieu n'est « point déterminé à créer le monde par un mouvement libre de sa « bonté, mais par les intérêts de sa gloire, qu'il aime nécessairement, « et qui est la seule chose qu'il aime, car elle n'est point différente de « sa substance : et si l'amour qu'il a pour lui-même l'a nécessité à « manifester sa gloire par le moyen le plus convenable, et si la chute « de l'homme a été ce moyen-là, il est évident que cette chute est arri-« vée de toute nécessité, et que l'obéissance d'Ève et Adam aux ordres « de Dieu était impossible. » Toujours le même abus. L'amour que Dieu se porte lui est essentiel, mais l'amour de sa gloire, ou la volonté de la procurer, ne l'est nullement : l'amour qu'il a pour lui-même ne l'a point nécessité aux actions au dehors, elles ont été libres ; et puisqu'il y avait des plans possibles, où les premiers parents ne pécheraient point, leur péché n'était donc point nécessaire. Enfin, nous disons en effet ce que M. Bayle reconnaît ici, que Dieu s'est déterminé à créer le monde par un mouvement libre de sa bonté ; et nous ajoutons que ce même mouvement l'a porté au meilleur.

234. La même réponse a lieu contre ce que M. Bayle dit (ch. CLXV, p. 1071) : « Le moyen le plus propre pour parvenir à une fin est « nécessairement unique (c'est fort bien dit, au moins dans les cas « où Dieu a choisi) : Donc, si Dieu a été porté invinciblement à se « servir de ce moyen, il s'en est servi nécessairement. » Il y a été porté certainement, il y a été déterminé, ou plutôt il s'y est déterminé : mais ce qui est certain n'est pas toujours nécessaire, ou absolument invincible ; la chose pouvait aller autrement, mais cela n'est point arrivé, et pour cause. Dieu a choisi entre de différents partis tous possibles : ainsi, métaphysiquement parlant, il pouvait choisir ou faire ce qui ne fût point le meilleur ; mais il ne le pouvait point moralement parlant. Servons-nous d'une comparaison de géométrie. Le meilleur chemin d'un point à un autre (faisant abstraction des empêchements et autres considérations accidentelles du milieu) est unique ; c'est celui qui va par la ligne la plus courte, qui est la droite. Cependant il y a une infinité de chemins d'un point à un autre.

Il n'y a donc point de nécessité qui m'oblige d'aller par la ligne droite ; mais aussitôt que je choisis le meilleur, je suis déterminé à y aller, quoique ce ne soit qu'une nécessité morale dans le sage ; c'est pourquoi les conséquences suivantes tombent : « Donc il n'a pu « faire que ce qu'il a fait. Donc ce qui n'est point arrivé ou n'arri- « vera jamais, est absolument impossible ; » ces conséquences tombent, dis-je : car, puisqu'il y a bien des choses qui ne sont jamais arrivées et n'arriveront jamais, et qui cependant sont concevables distinctement, et n'impliquent aucune contradiction ; comment peut-on dire qu'elles sont absolument impossibles ? M. Bayle a réfuté cela lui-même dans un endroit opposé aux Spinosistes que nous avons cité ci-dessus, et il a reconnu plusieurs fois qu'il n'y a d'impossible que ce qui implique contradiction : maintenant il change de style et de termes. « Donc la persévérance d'Adam dans l'innocence a été « toujours impossible ; donc sa chute était absolument inévitable, « et antécédemment même au décret de Dieu, car il impliquerait « contradiction que Dieu pût vouloir une chose opposée à sa sagesse : « c'est au fond la même chose de dire : cela est impossible à Dieu, « et de dire : Dieu le pourrait faire, s'il voulait, mais il ne peut pas « le vouloir. » C'est abuser des termes en un sens, que de dire ici : on peut vouloir, on veut vouloir : la puissance se rapporte ici aux actions que l'on veut. Cependant il n'implique point contradiction que Dieu veuille (directement ou permissivement) une chose qui n'implique point, et dans ce sens il est permis de dire que Dieu peut la vouloir.

235. En un mot, quand on parle de la possibilité d'une chose, il ne s'agit pas des causes qui peuvent faire ou empêcher qu'elle existe actuellement : autrement on changerait la nature des termes, et on rendrait inutile la distinction entre le possible et l'actuel ; comme faisait Abailard, et comme Wiclef paraît avoir fait après lui, ce qui les a fait tomber sans aucun besoin dans des expressions incommodes et choquantes. C'est pourquoi, lorsqu'on demande si une chose est possible ou nécessaire, et qu'on y fait entrer la considération de ce que Dieu veut ou choisit, on change de question. Car Dieu choisit parmi les possibles, et c'est pour cela qu'il choisit librement, et qu'il n'est point nécessité : il n'y aurait point de choix ni de liberté, s'il n'y avait qu'un seul parti possible.

236. Il faut encore répondre aux syllogismes de M. Bayle, afin de ne rien négliger, de ce qu'un si habile homme a opposé : ils se trou-

vent au ch. cli de sa *Réponse aux Questions d'un Provincial*, p. 900, 904, t. III.

PREMIER SYLOGISME

« Dieu ne peut rien vouloir qui soit opposé à l'amour nécessaire « qu'il a pour sa sagesse.

« Or le salut de tous les hommes est opposé à l'amour nécessaire « que Dieu a pour sa sagesse.

« Donc Dieu ne peut vouloir le salut de tous les hommes. »

237. La majeure est évidente par elle-même ; car on ne peut rien, dont l'opposé soit nécessaire. Mais on ne peut point laisser passer la mineure ; car, quoique Dieu aime nécessairement sa sagesse, les actions où sa sagesse le porte ne laissent pas d'être libres, et les objets où sa sagesse ne le porte point ne cessent point d'être possibles. Outre que sa sagesse l'a porté à vouloir le salut de tous les hommes, mais non pas d'une volonté conséquente et décrétoire. Et cette volonté conséquente, n'étant qu'un résultat des volontés libres antécédentes, ne peut manquer d'être libre aussi.

SECOND SYLOGISME

« L'ouvrage le plus digne de la sagesse de Dieu comprend entre « autres choses le péché de tous les hommes, et la damnation éter-« nelle de la plus grande partie des hommes.

« Or Dieu veut nécessairement l'ouvrage le plus digne de sa « sagesse.

« Il veut donc nécessairement l'ouvrage qui comprend entre « autres choses le péché de tous les hommes, et la damnation éter-« nelle de la plus grande partie des hommes. »

Passe pour la majeure, mais on nie la mineure. Les décrets de Dieu sont toujours libres, quoique Dieu y soit toujours porté par des raisons qui consistent dans la vue du bien : car être nécessité moralement par la sagesse, être obligé par la considération du bien, c'est être libre, c'est n'être point nécessité métaphysiquement. Et la nécessité métaphysique seule, comme nous avons remarqué tant de fois, est opposée à la liberté.

238. Je n'examine point les syllogismes que M. Bayle objecte dans le chapitre suivant (ch. clii) contre le système des supralapsaires, et particulièrement contre le discours que Théodore de Bèze fit dans le colloque de Montbelliard, l'an 1586. Ces syllogismes ont presque

le même défaut que ceux que nous venons d'examiner; mais j'avoue que le système même de Bèze ne satisfait point. Ce colloque aussi ne servit qu'à augmenter les aigreurs des partis. « Dieu a créé le « monde à sa gloire; sa gloire n'est connue (selon Bèze), si sa misé-« ricorde et sa justice n'est déclarée : pour cette cause il a déclaré « aucuns certains hommes de pure grâce à vie éternelle, et aucuns « par juste jugement à damnation éternelle. La miséricorde présup-« pose la misère; la justice présuppose la coulpe (il pouvait ajouter « qu'encore la misère suppose la coulpe). Cependant Dieu étant « bon, voire la bonté même, il a créé l'homme bon et juste, mais « muable, et qui pût pécher de sa franche volonté. L'homme « n'est point chû à la volée ou témérairement, ni par les causes « ordonnées par quelque autre dieu, selon les manichéens, mais « par la providence de Dieu; toutefois, de telle sorte que Dieu ne « fut point enveloppé dans la faute; par autant que l'homme n'a « point été contraint de pécher. »

239. Ce système n'est pas des mieux imaginés : il n'est pas fort propre à faire voir la sagesse, la bonté et la justice de Dieu; et heureusement il est presque abandonné aujourd'hui. S'il n'y avait point d'autres raisons plus profondes, capables de porter Dieu à la permission de la coulpe, source de la misère, il n'y aurait ni coulpe, ni misère dans le monde, car celles qu'on allègue ici ne suffisent point. Il déclarerait mieux sa miséricorde en empêchant la misère, et il déclarerait mieux sa justice en empêchant la coulpe, en avançant la vertu, en la récompensant. L'on ne voit pas aussi comment celui qui non seulement fait qu'un homme puisse tomber, mais qui dispose les circonstances en sorte qu'elles contribuent à le faire tomber, n'en soit point coupable, s'il n'y a d'autres raisons qui l'y obligent. Mais lorsqu'on considère que Dieu, parfaitement bon et sage, doit avoir produit toute la vertu, bonté, félicité, dont le meilleur plan de l'univers est capable; et que souvent un mal dans quelques parties peut servir à un plus grand bien du tout; l'on juge aisément que Dieu peut avoir donné place à l'infélicité, et permis même la coulpe, comme il a fait, sans en pouvoir être blâmé. C'est l'unique remède qui remplit ce qui manque à tous les Systèmes, de quelque manière qu'on range les décrets. Saint Augustin a déjà favorisé ces pensées, et l'on peut dire d'Ève ce que le poète dit de la main de Mucius Scævola :

Si non errasset, fecerat illa minus.

240. Je trouve que le célèbre prélat (1) anglais, qui a fait un livre ingénieux de l'origine du mal, dont quelques passages ont été combattus par M. Bayle dans le second tome de sa *Rép. aux Questions d'un Provincial*, quoiqu'il semble éloigné de quelques-uns des sentiments que j'ai soutenus ici, et paraisse recourir quelquefois à un pouvoir despotique, comme si la volonté de Dieu ne suivait pas les règles de la sagesse à l'égard du bien ou du mal, mais décernait arbitrairement qu'une telle ou telle chose doit passer pour bonne ou mauvaise; et comme si même la volonté de la créature, en tant que libre, ne choisissait pas, parce que l'objet lui paraît bon, mais par une détermination purement arbitraire, indépendante de la représentation de l'objet ; cet évêque, dis-je, ne laisse pas de dire en d'autres endroits des choses qui semblent plus favorables à ma doctrine qu'à ce qui y paraît contraire dans la sienne. Il dit que ce qu'une cause infiniment sage et libre a choisi est meilleur que ce qu'elle n'a point choisi. N'est-ce pas reconnaître que la bonté est l'objet et la raison de son choix ? Dans ce sens on dira fort bien ici:

Sic placuit superis ; quærere plura nefas.

(1) *Un prélat anglais*, M. King, archevêque de Dublin, né à Antrins, en 1650, mort à Dublin en 1729, a écrit l'*État des protestants d'Irlande*, et un livre *De Origine mali*, sur lequel Leibniz a fait lui-même quelques réflexions que l'on verra plus loin. P. J.

TROISIÈME PARTIE

ESSAIS

SUR

LA BONTÉ DE DIEU, LA LIBERTÉ DE L'HOMME

ET L'ORIGINE DU MAL

---

241. Nous voilà débarrassés enfin de la cause morale du mal moral ; le mal physique, c'est-à-dire les souffrances, les misères, nous embarrasseront moins, étant des suites du mal moral. *Pœna est malum passionis, quod infligitur ob malum actionis*, suivant Grotius. L'on pâtit, parce qu'on a agi ; l'on souffre du mal, parce qu'on fait du mal :

> Nostrorum causa malorum
> Nos sumus.

Il est vrai qu'on souffre souvent par les mauvaises actions d'autrui ; mais, lorsqu'on n'a point de part au crime, l'on doit tenir pour certain que ces souffrances nous préparent un plus grand bonheur. La question du mal physique, c'est-à-dire de l'origine des souffrances, a des difficultés communes avec celle de l'origine du mal métaphysique, dont les monstres et les autres irrégularités apparentes de l'univers fournissent des exemples. Mais il faut juger qu'encore les souffrances et les monstres sont dans l'ordre ; et il est bon de considérer non seulement qu'il valait mieux admettre ces défauts et ces monstres, que de violer les lois générales, comme raisonne quelquefois le R. P. Malebranche ; mais aussi que ces monstres mêmes sont dans les règles, et se trouvent conformes à des volontés générales, quoique nous ne soyons point capables de démêler cette conformité. C'est comme il y a quelquefois des apparences d'irrégularité dans les mathématiques, qui se terminent enfin dans un grand ordre, quand on a achevé de les approfondir ; c'est pourquoi j'ai déjà remarqué ci-dessus que dans mes principes tous les événements individuels, sans exception, sont des suites des volontés générales.

242. On ne doit point s'étonner que je tâche d'éclaircir ces choses par des comparaisons prises des mathématiques pures, où tout va dans l'ordre, et où il y a moyen de les démêler par une méditation exacte, qui nous fait jouir, pour ainsi dire, de la vue des idées de Dieu. On peut proposer une suite ou série de nombres tout à fait irrégulière en apparence, où les nombres croissent et diminuent variablement sans qu'il y paraisse aucun ordre ; et cependant celui qui saura la clef du chiffre, et qui entendra l'origine et la construction de cette suite de nombres, pourra donner une règle, laquelle étant bien entendue fera voir que la série est tout à fait régulière, et qu'elle a même de belles propriétés. On le peut rendre encore plus sensible dans les lignes ; une ligne peut avoir des tours et des retours, des hauts et des bas, des points de rebroussement et des points d'inflexion, des interruptions, et d'autres variétés, de telle sorte qu'on n'y voie ni rime ni raison, surtout en ne considérant qu'une partie de la ligne ; et cependant il se peut qu'on en puisse donner l'équation et la construction, dans laquelle un géomètre trouverait la raison et la convenance de toutes ces prétendues irrégularités : et voilà comment il faut encore juger de celles des monstres, et d'autres prétendus défauts dans l'univers.

243. C'est dans ce sens qu'on peut employer ce beau mot de saint Bernard (1) (Ep. 276, *ad Eugen.* III) : *Ordinatissimum est minus interdum ordinate fieri aliquid :* Il est dans le grand ordre qu'il y ait quelque petit désordre ; et l'on peut même dire que ce petit

---

(1) SAINT BERNARD, illustre docteur du moyen âge, né à Fontaine en Bourgogne en 1091, mort dans l'abbaye de Clairvaux en 1153, a prêché la seconde croisade. Ses principaux ouvrages sont : le traité *De la Considération*, adressé au pape Eugène III ; — *Des mœurs et des devoirs des évêques* ; — *De la grâce et du libre arbitre* ; — *Des sermons et des lettres.* P. J.

désordre n'est qu'apparent dans le tout, et il n'est pas même apparent par rapport à la félicité de ceux qui se mettent dans la voie de l'ordre.

244. En parlant des monstres, j'entends encore quantité d'autres défauts apparents. Nous ne connaissons presque que la superficie de notre globe, nous ne pénétrons guère dans son intérieur au delà de quelques centaines de toises ; ce que nous trouvons dans cette écorce du globe paraît l'effet de quelques grands bouleversements. Il semble que ce globe a été un jour en feu, et que les rochers qui font la base de cette écorce de la terre sont des scories restées d'une grande fusion ; on trouve dans leurs entrailles des productions de métaux et de minéraux, qui ressemblent fort à celles qui viennent de nos fourneaux ; et la mer tout entière peut être une espèce d'*oleum per deliquium*, comme l'huile de tartre se fait dans un lieu humide. Car, lorsque la surface de la terre s'était refroidie après le grand incendie, l'humidité que le feu avait poussée dans l'air est retombée sur la terre, en a lavé la surface, et a dissous et imbibé le sel fixe resté dans les cendres, et a rempli enfin cette grande cavité de la surface de notre globe pour faire l'Océan plein d'une eau salée.

245. Mais, après le feu, il faut juger que la terre et l'eau n'ont pas moins fait de ravages. Peut-être que la croûte formée par le refroidissement, qui avait sous elle de grandes cavités, est tombée, de sorte que nous n'habitons que sur des ruines, comme entre autres M. Thomas Burnet (1), chapelain du feu roi de la Grande-Bretagne, a fort bien remarqué. Et plusieurs déluges et inondations ont laissé des sédiments, dont on trouve des traces et des restes, qui font voir que la mer a été dans les lieux qui en sont les plus éloignés aujourd'hui. Mais ces bouleversements ont enfin cessé, et le globe a pris la forme que nous voyons. Moïse insinue ces grands changements en peu de mots : la séparation de la lumière et des ténèbres indique la fusion causée par le feu ; et la séparation de l'humide et du sec marque les effets des inondations. Mais qui ne voit que ces désordres ont servi à mener les choses au point où elles se trouvent présentement, que nous leur devons nos richesses et nos commodités, et que

---

(1) BURNET (Thomas), géologue et théologien écossais, né à Croft en 1636, mort en 1715. — Il a écrit : *Telluris theoria sacra* (in-4°, 1680-89) admirée et analysée par Buffon dans sa *Théorie de la terre* ; *Archœologia philosophica, sive de rerum originibus* (1692), ouvrage qui excita de vifs mécontentements dans le clergé anglican.   P. J.

c'est par leur moyen que ce globe est devenu propre à être cultivé par nos soins? Ces désordres sont allés dans l'ordre. Les désordres, vrais ou apparents, que nous voyons de loin, sont les taches du soleil et les comètes : mais nous ne savons pas les usages qu'elles apportent, ni ce qu'il y a de réglé. Il y a eu un temps que les planètes passaient pour des étoiles errantes, maintenant leur mouvement se trouve régulier : peut-être qu'il en est de même des comètes; la postérité le saura.

246. On ne compte point parmi les désordres l'inégalité des conditions, et M. Jaquelot a raison de demander, à ceux qui voudraient que tout fût également parfait, pourquoi les rochers ne sont pas couronnés de feuilles et de fleurs, pourquoi les fourmis ne sont pas des paons! Et, s'il fallait de l'égalité partout, le pauvre présenterait requête contre le riche, le valet contre le maître. Il ne faut pas que les tuyaux d'un jeu d'orgues soient égaux. M. Bayle dira qu'il y a de la différence entre une privation du bien et un désordre; entre un désordre dans les choses inanimées, qui est purement métaphysique, et un désordre dans les créatures raisonnables, qui consiste dans le crime et dans les souffrances. Il a raison de les distinguer, et nous avons raison de les joindre ensemble. Dieu ne néglige point les choses inanimées; elles sont insensibles, mais Dieu est sensible pour elles. Il ne néglige point les animaux : ils n'ont point d'intelligence, mais Dieu en a pour eux. Il se reprocherait le moindre défaut véritable qui serait dans l'univers, quand même il ne serait aperçu de personne.

247. Il semble que M. Bayle n'approuve point que les désordres qui peuvent être dans les choses inanimées entrent en comparaison avec ceux qui troublent la paix et la félicité des créatures raisonnables, ni qu'on fonde en partie la permission du vice sur le soin d'éviter le dérangement des lois des mouvements. On en pourrait conclure, selon lui (*Réponse posthume à M. Jaquelot*, p. 183) :
« que Dieu n'a créé le monde que pour faire voir sa science infinie
« de l'architecture et de la mécanique, sans que son attribut de bon
« et d'ami de la vertu ait eu aucune part à la construction de ce
« grand ouvrage. Ce Dieu ne se piquerait que de science; aimerait
« mieux laisser périr tout le genre humain que de souffrir que
« quelques atomes aillent plus vite ou plus lentement que les lois
« générales ne le demandent. » M. Bayle n'aurait point fait cette opposition s'il avait été informé du système de l'harmonie générale

que je conçois, et qui porte que le règne des causes efficientes et celui des causes finales sont parallèles entre eux ; que Dieu n'a pas moins la qualité du meilleur monarque que celle du plus grand architecte, que la matière est disposée en sorte que les lois du mouvement servent au meilleur gouvernement des esprits, et qu'il se trouvera par conséquent qu'il a obtenu le plus de bien qu'il est possible, pourvu qu'on compte les biens métaphysiques, physiques et moraux ensemble.

248. Mais (dira M. Bayle) Dieu pouvant détourner une infinité de maux par un petit miracle, pourquoi ne l'employait-il pas ! il donne tant de secours extraordinaires aux hommes tombés ; mais un petit secours de cette nature donné à Ève empêchait sa chute et rendait la tentation du serpent inefficace. Nous avons assez satisfait à ces sortes d'objections par cette réponse générale, que Dieu ne devait point faire choix d'un autre univers, puisqu'il en a choisi le meilleur, et n'a employé que les miracles qui y étaient nécessaires. On lui avait répondu que les miracles changent l'ordre naturel de l'univers ; il réplique que c'est une illusion, et que le miracle des noces de Cana (par exemple) ne fit point d'autre changement dans l'air de la chambre, sinon qu'au lieu de recevoir dans ses pores quelques corpuscules d'eau, il recevait des corpuscules de vin. Mais il faut considérer que, le meilleur plan des choses étant une fois choisi, rien n'y peut être changé.

249. Quant aux miracles (dont nous avons déjà dit quelque chose ci-dessus), ils ne sont pas tous peut-être d'une même sorte ; il y en a beaucoup apparemment que Dieu procure par le ministère de quelques substances invisibles, telles que les anges, comme le R. P. Malebranche le tient aussi ; et ces anges ou ces substances agissent selon les lois ordinaires de leur nature, étant jointes à des corps plus subtils et plus vigoureux que ceux que nous pouvons manier. Et de tels miracles ne le sont que comparativement et par rapport à nous ; comme nos ouvrages passeraient pour miraculeux auprès des animaux s'ils étaient capables de faire leurs remarques là-dessus. Le changement de l'eau en vin pourrait être un miracle de cette espèce. Mais la création, l'incarnation et quelques autres actions de Dieu passent toute la force des créatures, et sont véritablement des miracles, ou même des mystères. Cependant si le changement de l'eau en vin à Cana était un miracle du premier rang, Dieu aurait changé par là tout le cours de l'univers, à cause de la connexion des corps ;

ou bien il aurait été obligé d'empêcher encore miraculeusement cette connexion, et de faire agir les corps non intéressés dans le miracle, comme s'il n'en était arrivé aucun ; et, après le miracle passé, il aurait fallu remettre toutes choses dans les corps intéressés mêmes, dans l'état où elles seraient venues sans le miracle ; après quoi tout serait retourné dans son premier canal. Ainsi ce miracle demandait plus qu'il ne paraît.

250. Pour ce qui est du mal physique des créatures, c'est-à-dire de leurs souffrances, M. Bayle combat fortement ceux qui tâchent de justifier par des raisons particulières la conduite que Dieu a tenue à cet égard. Je mets à part ici les souffrances des animaux, et je vois que M. Bayle insiste principalement sur celles des hommes, peut-être parce qu'il croit que les bêtes n'ont point de sentiment, et c'est par l'injustice qu'il y aurait dans les souffrances des bêtes, que plusieurs cartésiens ont voulu prouver qu'elles ne sont que des machines, *quoniam sub Deo justo nemo innocens miser est ;* il est impossible qu'un innocent soit misérable sous un maître tel que Dieu. Le principe est bon, mais je ne crois pas qu'on en puisse inférer que les bêtes n'ont point de sentiment, parce que je crois qu'à proprement parler la perception ne suffit pas pour causer la misère, si elle n'est pas accompagnée de réflexion. Il en est de même de la félicité : sans la réflexion, il n'y en a point.

O fortunatos nimium, sua qui bona norint !

L'on ne saurait douter raisonnablement qu'il n'y ait de la douleur dans les animaux ; mais il paraît que leurs plaisirs et leurs douleurs ne sont pas aussi vifs que dans l'homme ; car ne faisant point de réflexion, ils ne sont point susceptibles ni du chagrin qui accompagne la douleur, ni de la joie qui accompagne le plaisir. Les hommes sont quelquefois dans un état qui les approche des bêtes, et où ils agissent presque par le seul instinct, et par les seules impressions des expériences sensuelles ; et dans cet état, leurs plaisirs et leurs douleurs sont fort minces.

251. Mais laissons là les bêtes et revenons aux créatures raisonnables. C'est par rapport à elles que M. Bayle agite cette question : s'il y a plus de mal physique que de bien physique dans le monde. (*Rép. aux Questions d'un Provinc.*, ch. LXXV, t. II.) Pour la bien décider, il faut expliquer en quoi ces biens et ces maux consistent. Nous convenons que le mal physique n'est autre chose que le déplaisir, et je

comprends là-dessous la douleur, le chagrin, et toute autre sorte d'incommodité. Mais le bien physique consiste-t-il uniquement dans le plaisir! M. Bayle paraît être dans ce sentiment; mais je suis d'opinion qu'il consiste encore dans un état moyen, tel que celui de la santé. L'on est assez bien, quand on n'a point de mal : c'est un degré de la sagesse, de n'avoir rien de la folie :

> Sapientia prima est,
> Stultitia caruisse.

C'est comme on est fort louable, quand on ne saurait être blâmé avec justice :

> Si non culpabor, sat mihi laudis erit.

Et sur ce pied-là, tous les sentiments qui ne nous déplaisent pas, tous les exercices de nos forces qui ne nous incommodent point, et dont l'empêchement nous incommoderait, sont des biens physiques, lors même qu'ils ne nous causent aucun plaisir ; car leur privation est un mal physique. Aussi ne nous apercevons-nous du bien de la santé, et d'autres biens semblables, que lorsque nous en sommes privés. Et sur ce pied-là, j'oserais soutenir que, même en cette vie, les biens surpassent les maux, que nos commodités surpassent nos incommodités, et que M. Descartes a eu raison d'écrire (t. I, lettre IX) que la raison naturelle nous apprend que nous avons plus de biens que de maux en cette vie.

252. Il faut ajouter que l'usage trop fréquent, et la grandeur des plaisirs, serait un très grand mal. Il y en a qu'Hippocrate a comparés avec le haut-mal, et Scioppius ne fit que semblant sans doute de porter envie aux passereaux, pour badiner agréablement dans un ouvrage savant, mais plus que badin. Les viandes de haut goût font tort à la santé et diminuent la délicatesse d'un sentiment exquis ; et généralement les plaisirs corporels sont une espèce de dépense en esprits, quoiqu'ils soient mieux réparés dans les uns que dans les autres.

253. Cependant, pour prouver que le mal surpasse le bien, on cite M. de la Mothe Le Vayer (lettre 134), qui n'eût point voulu revenir au monde s'il eût fallu qu'il jouât le même rôle que la Providence lui avait déjà imposé. Mais j'ai déjà dit que je crois qu'on accepterait la proposition de celui qui pourrait renouer le fil de la Parque, si on nous promettait un nouveau rôle, quoiqu'il ne dût pas être meilleur que le premier. Ainsi de ce que M. de la Mothe Le Vayer a

dit, il ne s'ensuit point qu'il n'eût point voulu du rôle qu'il avait déjà joué, s'il eût été nouveau, comme il semble que M. Bayle le prend.

254. Les plaisirs de l'esprit sont les plus purs et les plus utiles pour faire durer la joie. Cardan déjà vieillard était si content de son état, qu'il protesta avec serment, qu'il ne le changerait pas avec celui d'un jeune homme des plus riches, mais ignorant. M. de la Mothe Le Vayer le rapporte lui-même, sans le critiquer. Il paraît que le savoir a des charmes qui ne sauraient être conçus par ceux qui ne les ont point goûtés. Je n'entends pas un simple savoir des faits, sans celui des raisons ; mais tel que celui de Cardan, qui était effectivement un grand homme avec tous ses défauts, et aurait été incomparable sans ces défauts.

> Felix, qui potuit rerum cognoscere causas!
> Ille metus omnes et inexorabile fatum
> Subjecit pedibus.

Ce n'est pas peu de chose, d'être content de Dieu et de l'univers, de ne point craindre ce qui nous est destiné, ni de se plaindre de ce qui nous arrive. La connaissance des vrais principes nous donne cet avantage, tout autre que celui que les stoïciens et les épicuriens tiraient de leur philosophie. Il y a autant de différence entre la véritable morale et la leur, qu'il y a entre la joie et la patience ; car leur tranquillité n'était fondée que sur la nécessité ; la nôtre le doit être sur la perfection et sur la beauté des choses, sur notre propre félicité.

255. Mais que dirons-nous des douleurs corporelles ! Ne peuvent-elles pas être assez aigres pour interrompre cette tranquillité du sage ? Aristote en demeure d'accord ; les stoïciens étaient d'un autre sentiment, et même les épicuriens. M. Descartes a renouvelé celui de ces philosophes ; il dit, dans la lettre qu'on vient de citer : « que, même « parmi les plus tristes accidents et les plus pressantes douleurs, on « y peut toujours être content, pourvu qu'on sache user de la rai- « son. » M. Bayle dit là-dessus (*Rép. au Prov.*, t. III, ch. CLVII, p. 994) que c'est ne rien dire, que c'est nous marquer un remède dont presque personne ne sait la préparation. Je tiens que la chose n'est point impossible et que les hommes y pourraient parvenir à force de méditation et d'exercice. Car, sans parler de vrais martyrs et de ceux qui ont été assistés extraordinairement d'en haut, il y en a eu de faux qui les ont imités, et cet esclave espagnol qui tua le gouverneur

carthaginois, pour venger son maître, et qui en témoigna beaucoup de joie dans les plus grands tourments, peut faire honte aux philosophes. Pourquoi n'irait-on pas aussi loin que lui! On peut dire d'un avantage, comme désavantage :

> Cuivis potest accidere, quod cuiquam potest.

256. Mais encore aujourd'hui des nations entières, comme les Hurons, les Iroquois, les Galibis, et autres peuples de l'Amérique, nous font une grande leçon là-dessus; l'on ne saurait lire sans étonnement, avec quelle intrépidité et presque insensibilité ils bravent leurs ennemis qui les rôtissent à petit feu, et les mangent par tranches. Si de telles gens pouvaient garder les avantages du corps et du cœur et les joindre à nos connaissances, ils nous passeraient de toutes les manières.

> Extat ut in mediis turris aprica casis.

Ils seraient, par rapport à nous, ce qu'un géant est à un nain, une montagne à une colline :

> Quantus Exry, et quantus Athos, gaudetque nivali
> Vertice se attollens pater Apenninus ad auras.

257. Tout ce qu'une merveilleuse vigueur de corps et d'esprit fait dans ces sauvages entêtés d'un point d'honneur des plus singuliers, pourrait être acquis parmi nous par l'éducation, par des mortifications bien assaisonnées, par une joie dominante fondée en raison, par un grand exercice à conserver une certaine présence d'esprit au milieu des distractions et des impressions les plus capables de la troubler. On raconte quelque chose d'approchant des anciens assassins, sujets et élèves du Vieux ou plutôt du Seigneur (*senior*) de la Montagne. Une telle école (mais pour un meilleur but) serait bonne pour les missionnaires qui voudraient rentrer dans le Japon. Les gymnosophistes des anciens Indiens avaient peut-être quelque chose d'approchant ; et ce Calanus (1), qui donna au grand Alexandre le spectacle de se faire brûler tout vif, avait sans doute été encouragé par de grands exemples de ses maîtres, et exercé par de grandes souffrances à ne point redouter la douleur. Les femmes de ces mêmes Indiens, qui demandent encore aujourd'hui d'être brûlées avec les corps de leurs maris, semblent tenir encore quelque chose du cou-

---

(1) CALANUS, gymnosophiste indien, dont l'histoire nous est racontée par Arrien, Plutarque et Quinte-Curce. — P. J.

rage de ces anciens philosophes de leurs pays. Je ne m'attends pas qu'on fonde sitôt un ordre religieux, dont le but soit d'élever l'homme à ce haut point de perfection ; de telles gens seraient trop au-dessus des autres, et trop formidables aux puissances. Comme il est rare qu'on soit exposé aux extrémités où l'on aurait besoin d'une si grande force d'esprit, on ne s'avisera guère d'en faire provision aux dépens de nos commodités originaires, quoiqu'on y gagnerait incomparablement plus qu'on n'y perdrait.

258. Cependant cela même est une preuve que le bien surpasse déjà le mal, puisqu'on n'a pas besoin de ce grand remède. Euripide (1) l'a dit aussi :

Ἡλείω τὰ χρηστὰ τῶν κακῶν εἶναι βροτοῖς.
Mala nostra longe judico vinci a bonis.

Homère et plusieurs autres poètes étaient d'un autre sentiment, et le vulgaire est du leur. Cela vient de ce que le mal excite plutôt notre attention que le bien : mais cette même raison confirme que le mal est plus rare. Il ne faut donc pas ajouter foi aux expressions chagrines de Pline, qui fait passer la nature pour une marâtre, et qui prétend que l'homme est la plus misérable et la plus vaine de toutes les créatures. Ces deux épithètes ne s'accordent point : on n'est pas assez misérable, quand on est plein de soi-même. Il est vrai que les hommes ne méprisent que trop la nature humaine, apparemment parce qu'ils ne voient point d'autres créatures capables d'exciter leur émulation ; mais ils ne s'estiment que trop, et ne se contentent que trop facilement en particulier. Je suis donc pour Méric Casaubon, qui dans ses notes sur le Xénophane (2) de Diogène Laërce (3) loue fort les beaux sentiments d'Euripide, jusqu'à lui attribuer d'avoir dit des choses, *quæ spirant* θεόπνευστον *pectus.* Sénèque (lib. IV, c. v, *De Benefic.*) parle éloquemment des

---

(1) EURIPIDE, illustre tragique grec, né en 480 avant J.-C. Il mourut, dit-on, le jour même où Denys l'Ancien parvint à la tyrannie. P. J.

(2) XÉNOPHANE, philosophe grec, fondateur de l'école d'Elée, né à Colophon en Asie Mineure, vers 620 avant J.-C., a vécu près d'un siècle. Il avait composé un poème, Περὶ φύσεως, dont il nous reste une centaine de vers, qu'on trouvera dans les *Philosophorum græcorum veterum reliquiæ* de Karsten (in-8°, Amsterdam, 1830). P. J.

(3) DIOGÈNE LAËRCE, ou de Laërte en Cilicie, vivait selon toute probabilité dans le III° siècle de notre ère. Son seul ouvrage connu pour nous est le célèbre écrit intitulé : *Vies, doctrines et sentences des philosophes illustres*, mine inestimable pour l'histoire de la philosophie de l'antiquité (éd. gr. lat., avec notes de Casaubon de Ménage, etc., Amst., 2 vol. in-4°, 1692-98 ; et Leipzig, 4 vol. in-8°, 1828-1831). P. J.

biens dont la nature nous a comblés. M. Bayle dans son dictionnaire, article *Xénophane*, y oppose plusieurs autorités, et entre autres celle du poète Diphilus (3); dans les collections de Stobée (4), dont le grec pourrait être exprimé ainsi en latin :

> Fortuna cyathis bibere nos datis jubens,
> Infundit uno terna pro bono mala.

259. M. Bayle croit que s'il ne s'agissait que du mal de coulpe, ou du mal moral des hommes, le procès serait bientôt terminé à l'avantage de Pline, et qu'Euripide perdrait sa cause. En cela je ne m'y oppose pas; nos vices surpassent sans doute nos vertus, et c'est l'effet du péché originel. Il est pourtant vrai qu'encore là-dessus le vulgaire outre les choses, et que même quelques théologiens abaissent si fort l'homme, qu'ils font tort à la providence de l'auteur de l'homme. C'est pourquoi je ne suis pas pour ceux qui ont cru faire beaucoup d'honneur à notre religion, en disant que les vertus des païens n'étaient que *splendida peccata*, des vices éclatants. C'est une saillie de saint Augustin, qui n'a point de fondement dans la sainte Écriture, et qui choque la raison. Mais il ne s'agit ici que du bien et du mal physique, et il faut comparer particulièrement les prospérités et les adversités de cette vie. M. Bayle voudrait presque écarter la considération de la santé; il la compare aux corps raréfiés, qui ne se font guère sentir, comme l'air, par exemple; mais il compare la douleur aux corps qui ont beaucoup de densité, et qui pèsent beaucoup en peu de volume. Mais la douleur même fait connaître l'importance de la santé, lorsque nous en sommes privés. J'ai déjà remarqué que trop de plaisirs corporels seraient un vrai mal, et la chose ne doit pas être autrement; il importe trop que l'esprit soit libre. Lactance (*Divin. Instit.*, lib. III, cap. XVIII) avait dit, que les hommes sont si délicats, qu'ils se plaignent du moindre mal, comme s'il absorbait tous les biens dont ils ont joui. M. Bayle dit là-dessus, qu'il suffit que les hommes sont de ce sentiment, pour juger qu'ils sont mal, puisque c'est le sentiment qui fait la mesure du bien ou du mal. Mais je réponds, que

---

(1) Diphilus, poète comique grec, florissait dans la 118e olympiade. Il avait composé, dit-on, cent comédies. — Térence l'a imité dans ses *Adelphes*; Plaute dans sa *Casina* et dans son *Rudens*.　　　　　　　　　　　　　　　P. J.

(2) Stobée, compilateur grec qui vivait vers le Ve siècle de notre ère. Son *Recueil*, qui nous a transmis un nombre considérable d'extraits de poètes et de philosophes anciens, est divisé en deux parties : Ἀνθολόγιον ou *Florigerium* et les Ἐκλογά. — (Oxford, 6 v. in-8e, édition de Gaisford, 1828-1850.)　P. J.

le présent sentiment n'est rien moins que la véritable mesure du bien et du mal passé et futur. Je lui accorde qu'on est mal, pendant qu'on fait ces réflexions chagrines ; mais cela n'empêche point qu'on n'ait été bien auparavant, et que tout compté et tout rabattu, le bien ne surpasse le mal.

260. Je ne m'étonne pas que les païens, peu contents de leurs dieux, se soient plaints de Prométhée et d'Epiméthée, de ce qu'ils avaient forgé un aussi faible animal que l'homme ; et qu'ils aient applaudi à la fable du vieux Silène, nourricier de Bacchus, qui fut pris par le roi Midas, et pour le prix de sa délivrance lui enseigna cette prétendue belle sentence : que le premier et le plus grand des biens était de ne point naître, et le second, de sortir promptement de cette vie (Cic. *Tuscul.*, lib. I). Platon a cru que les âmes avaient été dans un état plus heureux, et plusieurs des anciens, et Cicéron entre autres dans sa *Consolation* (au rapport de Lactance), ont cru que pour leurs péchés elles ont été confinées dans les corps, comme dans une prison. Ils rendaient par là une raison de nos maux, et confirmaient leurs préjugés contre la vie humaine : il n'y a point de belle prison. Mais outre que, même selon ces mêmes païens, les maux de cette vie seraient contrebalancés et surpassés par les biens des vies passées et futures, j'ose dire qu'en examinant les choses sans prévention nous trouverons que l'un portant l'autre, la vie humaine est passable ordinairement ; et y joignant les motifs de la religion, nous serons contents de l'ordre que Dieu y a mis. Et pour mieux juger de nos biens et de nos maux, il sera bon de lire Cardan *De Utilitate ex adversis capienda*, et Novarini *De Occultis Dei beneficiis*.

261. M. Bayle s'étend sur les malheurs des grands, qui passent pour les plus heureux : l'usage continuel du beau côté de leur condition les rend insensibles au bien, mais très sensibles au mal. Quelqu'un dira : tant pis pour eux, s'ils ne savent pas jouir des avantages de la nature et de la fortune, est-ce la faute de l'une ou de l'autre ? Il y a cependant des grands plus sages, qui savent mettre à profit les faveurs que Dieu leur a faites, qui se consolent facilement de leurs malheurs, et qui tirent même de l'avantage de leurs propres fautes. M. Bayle n'y prend point garde ; et il aime mieux écouter Pline, qui croit qu'Auguste, prince des plus favorisés de la fortune, a senti pour le moins autant de mal que de bien. J'avoue qu'il a trouvé de grands sujets de chagrin dans sa famille,

et que le remords d'avoir opprimé la République l'a peut-être tourmenté : mais je crois qu'il a été trop sage pour s'affliger du premier, et que Mécénas lui a fait concevoir, apparemment, que Rome avait besoin d'un maître. Si Auguste n'avait point été converti sur ce point, Virgile n'aurait jamais dit d'un damné :

> Vendidit hic auro patriam; Dominumque potentem
> Imposuit, fixit leges pretio atque refixit.

Auguste aurait cru que lui et César étaient désignés par ces vers, qui parlent d'un maître donné à un État libre. Mais il y a de l'apparence qu'il en faisait aussi peu d'application à son règne, qu'il regardait comme compatible avec la liberté, et comme un remède nécessaire des maux publics, que les princes d'aujourd'hui s'appliquent ce qui se dit des rois blâmés dans le *Télémaque* de M. de Cambray (1). Chacun croit être dans le bon droit. Tacite, auteur désintéressé, fait l'apologie d'Auguste en deux mots, au commencement de ses *Annales*. Mais Auguste a pu mieux que personne juger de son bonheur : il paraît être mort content, par une raison qui prouve qu'il était content de sa vie ; car en mourant il dit un vers grec à ses amis, qui signifie autant que ce *plaudite* qu'on avait coutume de dire à l'issue d'une pièce de théâtre bien jouée. Suétone le rapporte :

> Δότε κρότον καὶ πάντες ὑμεῖς μετὰ χαρᾶς κτυπήσατε

262. Mais quand même il serait échu plus de mal que de bien au genre humain, il suffit par rapport à Dieu, qu'il y a incomparablement plus de bien que de mal dans l'univers. Le rabbin Maïmonide (2) (dont on ne reconnaît pas assez le mérite, en disant qu'il est le premier des rabbins qui ait cessé de dire des sottises) a aussi fort bien jugé de cette question de la prévalence du bien sur le mal dans le monde. Voici ce qu'il dit dans son *Doctor perplexorum* (p. 3, cap. XII) : « Il « s'élève souvent des pensées dans les âmes des personnes mal ins-

---

(1) FÉNELON, archevêque de Cambrai, né en Périgord en 1650, mort en 1715. On sait qu'il fut précepteur du duc de Bourgogne, qu'il fut comdamné à Rome pour ses *Maximes des Saints*, et qu'il fut disgracié par Louis XIV à cause du *Télémaque*. — Ses principaux ouvrages philosophiques sont : *Le Traité de l'existence de Dieu* ; — l'*Examen du système du Père Malebranche* ; — *Lettres sur la prédestination et la grâce*, etc. P. J.

(2) MAÏMONIDE ou MOÏSE BEN-MAÏMOUN, illustre docteur israélite du moyen âge, né à Cordoue en 1185, mort en 1204 au Caire, près du sultan Saladin, dont il était le médecin. — Il a laissé un grand nombre d'écrits sur le *Talmud* et sur la médecine ; mais son principal titre philosophique est le *More Neboukim*, le *Guide des égarés*, ouvrage écrit en arabe, et souvent traduit en hébreu. Le texte arabe avec traduction française a été donné par M. Munk. P. J.

« truites, qui les font croire qu'il y a plus de mal que de bien dans
« le monde : et l'on trouve souvent dans les poésies et dans les
« chansons des païens, que c'est comme un miracle quand il arrive
« quelque chose de bon, au lieu que les maux sont ordinaires et con-
« tinuels. Cette erreur ne s'est pas seulement emparée du vulgaire,
« ceux mêmes qui veulent passer pour sages ont donné là dedans.
« Et un auteur célèbre nommé Alrasi, dans son *Sepher Elobuth*,
« ou Théosophie, y a mis entre beaucoup d'autres absurdités, qu'il
« y a plus de maux que de biens, et qu'il se trouverait, en comparant
« les récréations et les plaisirs dont l'homme jouit en temps de tran-
« quillité, avec les douleurs, les tourments, les troubles, les défauts,
« les soucis, les chagrins et les afflictions, dont il est accablé, que
« notre vie est un grand mal, et une véritable peine qui nous est
« infligée pour nous punir. » Maimonide ajoute que la cause de
leur erreur extravagante est, qu'ils s'imaginent que la nature n'a été
faite que pour eux, et qu'ils comptent pour rien ce qui est distinct
de leur personne ; d'où ils infèrent que quand il arrive quelque chose
contre leur gré, tout va mal dans l'univers.

263. M. Bayle dit que cette remarque de Maimonide ne va point
au but, parce que la question est, si parmi les hommes le mal surpasse le bien. Mais en considérant les paroles du rabbin, je trouve
que la question qu'il forme est générale, et qu'il a voulu réfuter ceux
qui la décident par une raison particulière, tirée des maux du genre
humain, comme si tout était fait pour l'homme : et il y a de l'apparence que l'auteur qu'il réfute a aussi parlé du bien et du mal en
général. Maimonide a raison de dire que, si l'on considérait la petitesse de l'homme par rapport à l'univers, on comprendrait avec
évidence que la supériorité du mal, quand il se trouverait parmi les
hommes, ne doit pas avoir lieu pour cela parmi les anges, ni parmi
les corps célestes, ni parmi les éléments et les mixtes inanimés, ni
parmi plusieurs espèces d'animaux. J'ai montré ailleurs, qu'en supposant que le nombre des damnés surpasse celui des sauvés (supposition qui n'est pourtant pas absolument certaine), on pourrait
accorder qu'il y a plus de mal que de bien par rapport au genre
humain qui nous est connu. Mais j'ai donné à considérer, que cela
n'empêche point qu'il n'y ait incomparablement plus de bien que de
mal moral et physique dans les créatures raisonnables en général, et
que la cité de Dieu, qui comprend toutes ces créatures, ne soit le
plus parfait état : comme en considérant le bien et le mal métaphy-

sique, qui se trouve dans toutes les substances, soit douées, soit destituées d'intelligence, et qui, pris dans cette latitude, comprendrait le bien physique et le bien moral, il faut dire que l'univers, tel qu'il est actuellement, doit être le meilleur de tous les systèmes.

264. Au reste, M. Bayle ne veut point qu'on fasse entrer notre faute en ligne de compte, lorsqu'on parle de nos souffrances. Il a raison, quand il s'agit simplement d'estimer ces souffrances ; mais il n'en est pas de même, quand on demande s'il faut les attribuer à Dieu ; ce qui est principalement le sujet des difficultés de M. Bayle, quand il oppose la raison ou l'expérience à la religion. Je sais qu'il a coutume de dire, qu'il ne sert de rien de recourir à notre franc arbitre, puisque ses objections tendent encore à prouver que l'abus du franc arbitre ne doit pas moins être mis sur le compte de Dieu, qui l'a permis, et qui y a concouru ; et il débite comme une maxime, que pour une difficulté de plus ou de moins, on ne doit pas abandonner un système. C'est ce qu'il avance particulièrement en faveur des méthodes des rigides et du dogme des supralapsaires. Car il s'imagine qu'on se peut tenir à leur sentiment, quoiqu'il laisse toutes les difficultés en leur entier, parce que les autres systèmes, quoiqu'ils en font cesser quelques-unes, ne peuvent pas les résoudre toutes. Je tiens que le véritable système que j'ai expliqué satisfait à tout : cependant quand cela ne serait point, j'avoue que je ne saurais goûter cette maxime de M. Bayle, et je préférerais un système qui lèverait une grande partie des difficultés, à celui qui ne satisferait à rien. Et la considération de la méchanceté des hommes, qui leur attire presque tous leurs malheurs, fait voir au moins qu'ils n'ont aucun droit de se plaindre. Il n'y a point de justice qui doive se mettre en peine de l'origine de la malice d'un scélérat, quand il n'est question que de le punir : autre chose est, quand il s'agit de l'empêcher. L'on sait bien que le naturel, l'éducation, la conversation, et souvent même le hasard, y ont beaucoup de part ; en est-il moins punissable ?

265. J'avoue qu'il reste encore une autre difficulté : car si Dieu n'est point obligé de rendre raison aux méchants de leur méchanceté, il semble qu'il se doit à soi-même, et à ceux qui l'honorent et qui l'aiment, la justification de son procédé à l'égard de la permission du vice et du crime. Mais Dieu y a déjà satisfait autant qu'il en est besoin ici-bas : et en nous donnant la lumière de la raison, il nous a fourni de quoi satisfaire à toutes les difficultés. J'espère l'avoir montré dans ce discours, et d'avoir éclairci la chose dans la partie

précédente de ces Essais, presque autant qu'il se peut faire par des raisons générales. Après cela, la permission du péché étant justifiée, les autres maux qui en sont une suite, ne reçoivent plus aucune difficulté; et nous sommes en droit de nous borner ici au mal de coulpe, pour rendre raison du mal de peine, comme fait la sainte Écriture, et comme font presque tous les Pères de l'Église et les Prédicateurs. Et afin que l'on ne dise pas que cela n'est bon que *per la predica*, il suffit de considérer qu'après les solutions que nous avons données, rien ne doit paraître plus juste ni plus exact que cette méthode. Car Dieu ayant trouvé déjà parmi les choses possibles avant ses décrets actuels, l'homme abusant de sa liberté, et se procurant son malheur, n'a pu se dispenser de l'admettre à l'existence, parce que le meilleur plan général le demandait : de sorte qu'on n'aura plus besoin de dire avec M. Jurieu, qu'il faut dogmatiser comme saint Augustin, et prêcher comme Pélage.

266. Cette méthode de dériver le mal de peine du mal de coulpe, qui ne saurait être blâmée, sert surtout pour rendre raison du plus grand mal physique, qui est la damnation. Ernest Sonerus (1), autrefois professeur en philosophie à Altorf (université établie dans le pays de la République de Nuremberg), qui passait pour un excellent aristotélicien, mais qui a été reconnu enfin socinien caché, avait fait un petit discours intitulé : *Démonstration contre l'éternité des peines*. Elle était fondée sur ce principe assez rebattu, qu'il n'y a point de proportion entre une peine infinie et une coulpe finie. On me la communiqua, imprimée, ce semblait, en Hollande ; et je répondis qu'il y avait une considération à faire, qui était échappée à feu M. Sonerus : c'était qu'il suffisait de dire que la durée de la coulpe causait la durée de la peine; que les damnés demeurant méchants, ils ne pouvaient être tirés de leur misère : et qu'ainsi on n'avait point besoin, pour justifier la continuation de leurs souffrances, de supposer que le péché est devenu d'une valeur infinie, par l'objet infini offensé qui est Dieu ; thèse que je n'avais pas assez examinée pour en prononcer. Je sais que l'opinion commune des scolastiques, après le Maître des sentences, est que dans l'autre vie il n'y

---

(1) SONER (Ernest), philosophe et médecin, né à Nuremberg au milieu du XVIe siècle, mort à Altorf en 1612, a fait un commentaire de la métaphysique d'Aristote, et a écrit contre l'éternité des peines dans ses *Demonstrationes quid æterna impiorum supplicia non arguant Dei justitiam sed injustitiam*. — Il a écrit aussi sur la médecine : *Epistolæ med* — *De Theophrasto Paracelso.*
P. J.

a ni mérite, ni démérite ; mais je ne crois pas qu'elle puisse passer pour un article de foi, lorsqu'on la prend à la rigueur. M. Fechtius (1), théologien célèbre à Rostock, l'a fort bien réfutée dans son livre de l'état des damnés. Elle est très fausse, dit-il (§ 59), Dieu ne saurait changer sa nature ; la justice lui est essentielle ; la mort a fermé la porte de la grâce, et non pas celle de la justice.

267. J'ai remarqué que plusieurs habiles théologiens ont rendu raison de la durée des peines des damnés comme je viens de faire. Jean Gerhard (2), théologien célèbre de la confession d'Augsbourg (*in Locis Theol. loco de Inferno*, § 60), allègue entre autres arguments que les damnés ont toujours une mauvaise volonté et manquent de la grâce qui la pourrait rendre bonne. Zacharias Ursinus (3), théologien de Heidelberg, ayant formé cette question, dans son traité *de Fide*, pourquoi le péché mérite une peine éternelle, après avoir allégué la raison vulgaire, que l'offensé est infini, allègue aussi cette seconde raison, *quod non cessante peccato non potest cessare pœna*. Et le P. Drexelius (4), jésuite, dit dans son livre intitulé *Nicetas*, ou *l'Incontinence triomphée* (l. II, ch. xi, § 9) : « Nec mi-« rum damnatos semper torqueri ; continuè blasphemant, et sic quasi « semper peccant, semper ergo plectuntur. » Il rapporte et approuve la même raison dans son ouvrage de l'*Éternité* (l. II, ch. xv) en disant : « Sunt qui dicant, nec displicet reponsum : scelerati in « locis infernis semper peccant, ideo semper puniuntur. » Et il donne à connaître par là que ce sentiment est assez ordinaire aux docteurs de l'Église romaine. Il est vrai qu'il allègue encore une raison plus subtile, prise du pape Grégoire le Grand (5) (lib. IV,

---

(1) Fecht (Jean), théologien réformé, né à Helzbourg en Brisgau, mort en 1716. Il fut professeur de théologie à Rostock. Nous renonçons à indiquer ses innombrables ouvrages théologiques. — Voir le *Lexique* de Jocher.   P. J.

(2) Gerhard (Jean), célèbre théologien réformé, né à Quendlinbourg en 1582, mort en 1637. — Ouvrages non moins nombreux que ceux du précédent.
   P. J.

(3) Ursinus (Zacharias), théologien protestant, né à Breslau en 1534, mort à Heidelberg en 1583, a écrit des Commentaires sur l'Écriture sainte et sur Aristote.   P. J.

(4) Drexel (le P.), jésuite, né à Augsbourg en 1581, mort à Munich en 1638, a écrit un *Gimnasium patientiæ* ; — *Rhetorica cœlestis* ; — *Gazophilacium Christi*, et autres ouvrages à titres non moins bizarres.   P. J.

(5) Grégoire Ier, le Grand, ou saint Grégoire, fut pape en 590 et mourut en 604. Il a été l'un des plus grands pontifes de l'Église romaine, et a attaché son nom au calendrier grégorien. — Ses *OEuvres complètes*, dues à la congrégation de Saint-Maur, ont paru à Paris en 4 vol. in-fol., 1705. — Ils contiennent les *Morales sur Job* ; — des *Homélies*, et surtout quatorze livres de *Lettres*.
   P. J.

Dial. c. XLIV), que les damnés sont punis éternellement, parce que Dieu a prévu par une espèce de science moyenne qu'ils auraient toujours péché, s'ils avaient toujours vécu sur la terre. Mais c'est une hypothèse où il y a bien à dire. M. Fecht allègue encore plusieurs célèbres théologiens protestants pour le sentiment de M. Gerhard, quoiqu'il en rapporte aussi qui sont d'une autre opinion.

268. M. Bayle même en divers endroits m'a fourni des passages de deux habiles théologiens de son parti, qui se rapportent assez à ce que je viens de dire. M. Jurieu, dans son livre de l'*Unité de l'Église*, opposé à celui que M. Nicole avait fait sur le même sujet, juge (p. 379) « que la raison nous dit, qu'une créature qui ne peut « cesser d'être criminelle, ne peut aussi cesser d'être misérable ». M. Jaquelot, dans son livre *de la Foi et de la Raison* (p. 220), croit « que les damnés doivent subsister éternellement privés de la « gloire des bienheureux, et que cette privation pourrait bien être « l'origine et la cause de toutes leurs peines, par les réflexions que « ces malheureuses créatures feront sur leurs crimes qui les auront « privées d'un bonheur éternel. On sait quels cuisants regrets, « quelle peine l'envie cause à ceux qui se voient privés d'un bien, « d'un honneur considérable qu'on leur avait offert, et qu'ils ont « rejeté, surtout lorsqu'ils en voient d'autres qui en sont revêtus ». Ce tour est un peu différent de celui de M. Jurieu, mais ils conviennent tous deux dans ce sentiment, que les damnés sont eux-mêmes la cause de la continuation de leurs tourments. L'origéniste de M. Le Clerc ne s'en éloigne pas entièrement, lorsqu'il dit dans la *Bibliothèque choisie* (t. VII, p. 341) : « Dieu, qui a prévu que « l'homme tomberait, ne le damne pas pour cela ; mais seulement « parce que pouvant se relever, il ne se relève pas, c'est-à-dire « qu'il conserve librement ses mauvaises habitudes jusqu'à la fin « de sa vie. » S'il pousse ce raisonnement au delà de la vie, il attribuera la continuation des peines des méchants à la continuation de leur coulpe.

269. M. Bayle dit (*Rép. au Provinc.*, ch. CLXXV, p. 1188), « que « ce dogme de l'origéniste est hérétique, en ce qu'il enseigne que « la damnation n'est pas simplement fondée sur le péché, mais sur « l'impénitence volontaire » : mais cette impénitence volontaire n'est-elle pas une continuation du péché ? Je ne voudrais pourtant pas dire simplement, que c'est parce que l'homme pouvant se relever, ne se relève pas ; et j'ajouterais que c'est parce que l'homme ne

s'aide pas du secours de la grâce pour se relever. Mais après cette vie, quoiqu'on suppose que ce secours cesse, il y a toujours dans l'homme qui pèche, lors même qu'il est damné, une liberté qui le rend coupable, et une puissance, mais éloignée, de se relever, quoiqu'elle ne vienne jamais à l'acte. Et rien n'empêche qu'on ne puisse dire que ce degré de liberté, exempt de la nécessité, mais non exempt de la certitude, reste dans les damnés aussi bien que dans les bienheureux. Outre que les damnés n'ont point besoin d'un secours dont on a besoin dans cette vie, car ils ne savent que trop ce qu'il faut croire ici.

270. L'illustre prélat de l'Église anglicane, qui a publié depuis peu un livre de *l'Origine du mal*, sur lequel M. Bayle a fait des remarques dans le second tome de sa *Réponse aux Questions d'un Provincial*, parle fort ingénieusement des peines des damnés. On représente le sentiment de ce prélat d'après l'auteur des *Nouvelles de la République des Lettres* (juin 1703), comme s'il faisait « des damnés tout
« autant de fous qui sentiront vivement leurs misères, mais qui s'ap-
« plaudiront pourtant de leur conduite, et qui aimeront mieux être,
« et être ce qu'ils sont, que de ne point être du tout. Ils aimeront
« leur état, tout malheureux qu'il sera, comme les gens en colère, les
« amoureux, les ambitieux, les envieux se plaisent dans les choses
« mêmes qui ne font qu'accroître leur misère. On ajoute que les
« impies auront tellement accoutumé leur esprit aux faux jugements,
« qu'ils n'en feront plus désormais d'autres, et passant perpétuel-
« lement d'une erreur dans une autre, ils ne pourront s'empêcher
« de désirer perpétuellement des choses dont ils ne pourront jouir,
« et dont la privation les jettera dans des désespoirs inconcevables,
« sans que l'expérience les puisse jamais rendre plus sages pour
« l'avenir, parce que par leur propre faute ils auront entièrement
« corrompu leur entendement, et l'auront rendu incapable de juger
« sainement d'aucune chose. »

271. Les anciens ont déjà conçu que le diable demeure éloigné de Dieu volontairement au milieu de ses tourments, et qu'il ne voudrait point se racheter par une soumission. Ils ont feint qu'un anachorète, étant en vision, tira parole de Dieu, qu'il recevrait en grâce le prince des mauvais anges, s'il voulait reconnaître sa faute; mais que le diable rebuta ce médiateur d'une étrange manière. Au moins les théologiens conviennent ordinairement que les diables et les damnés haïssent Dieu et le blasphèment; et un tel état ne peut manquer d'être

suivi de la continuation de la misère. On peut lire sur cela le savant Traité de M. Fechtius de l'état des damnés.

272. Il y a eu des temps qu'on a cru qu'il n'était pas impossible qu'un damné fût délivré. Le conte qu'on a fait du pape Grégoire le Grand est connu, comme si par ses prières il avait tiré de l'enfer l'âme de l'empereur Trajan, dont la bonté était si célèbre, qu'on souhaitait aux nouveaux empereurs de surpasser Auguste en bonheur et Trajan en bonté. C'est ce qui attira au dernier la pitié du saint Pape : Dieu déféra à ses prières, dit-on, mais il lui défendit d'en faire de semblables à l'avenir. Selon cette fable, les prières de saint Grégoire avaient la force des remèdes d'Esculape, qui fit revenir Hippolyte des enfers; et s'il avait continué de faire de telles prières, Dieu s'en serait courroucé, comme Jupiter chez Virgile :

> At Pater omnipotens aliquem indignatus ab umbris
> Mortalem infernis ad lumina surgere vitæ,
> Ipse repertorem Medicinæ talis et artis
> Fulmine Phœbigenam Stygias detrusit ad undas.

Godescalk (1), moine du ix⁰ siècle, qui a brouillé ensemble les théologiens de son temps, et même ceux du nôtre, voulait que les réprouvés devaient prier Dieu de rendre leurs peines plus supportables : mais on n'a jamais droit de se croire réprouvé, tant qu'on vit. Le passage de la messe des morts est plus raisonnable, il demande la diminution des peines des damnés ; et, suivant l'hypothèse que nous venons d'exposer, il faudrait leur souhaiter *meliorem mentem*. Origène s'étant servi du passage du psaume LXXVII, vers. 10 : « Dieu n'oubliera pas d'avoir pitié, et ne supprimera pas toutes ses « miséricordes dans sa colère ; » saint Augustin répond (*Enchirid.*, ch. CXII), qu'il se peut que les peines des damnés durent éternellement, et qu'elles soient pourtant mitigées. Si le texte allait à cela, la diminution irait à l'infini, quant à la durée ; et néanmoins elle aurait un *non plus ultra*, quant à la grandeur de la diminution ; comme il y a des figures asymptotes dans la géométrie, où une longueur infinie ne fait qu'un espace fini. Si la parabole du mauvais riche représentait l'état d'un véritable damné, les hypothèses qui les font si fous et si méchants n'auraient point de lieu. Mais la charité qu'elle lui attribue pour ses frères ne paraît point convenir à ce degré de

---

(1) GODESCALK, moine allemand, bénédictin du ix⁰ siècle, défenseur de la prédestination, mort en 870, a écrit *Libellus de prœdestinatione*. P. J.

méchanceté qu'on donne aux damnés. Saint Grégoire le Grand (ix, Mor. 39) croit qu'il avait peur que leur damnation n'augmentât la sienne : mais cette crainte n'est pas assez conforme au naturel d'un méchant achevé. Bonaventure (1), sur le Maître des sentences, dit que le mauvais riche aurait souhaité de voir damner tout le monde ; mais puisque cela ne devait point arriver, il souhaitait plutôt le salut de ses frères, que celui des autres. Il n'y a pas trop de solidité dans cette réponse. Au contraire, la mission du Lazare qu'il souhaitait aurait servi à sauver beaucoup de monde ; et celui qui se plaît tant à la damnation d'autrui, qu'il souhaite celle de tout le monde, souhaitera peut-être celle des uns, plus que celle des autres ; mais absolument parlant, il n'aura point de penchant à faire sauver quelqu'un. Quoi qu'il en soit, il faut avouer que tout ce détail est problématique, Dieu nous ayant révélé ce qu'il faut pour craindre le plus grand des malheurs, et non pas ce qu'il faut pour l'entendre.

273. Or, puisqu'il est permis désormais de recourir à l'abus du libre arbitre, et à la mauvaise volonté, pour rendre raison des autres maux, depuis que la permission divine de cet abus est justifiée d'une manière assez évidente, le système ordinaire des théologiens se trouve justifié en même temps. Et c'est à présent que nous pouvons chercher sûrement l'origine du mal dans la liberté des créatures. La première méchanceté nous est connue, c'est celle du diable et de ses anges : le diable pèche dès le commencement, et le Fils de Dieu est apparu afin de défaire les œuvres du diable : I. *Jean*, iii, 8. Le diable est le père de la méchanceté, meurtrier dès le commencement, et n'a point persévéré dans la vérité : *Jean*, viii, 44. Et pour cela, Dieu n'a point épargné les anges qui ont péché, mais les ayant abîmés avec des chaînes d'obscurité, il les a livrés pour être réservés pour le jugement : II. *Pierr.*, ii, 4. Il a réservé sous l'obscurité en des liens éternels (c'est-à-dire durables), jusqu'au jugement du grand jour, les anges qui n'ont point gardé leur origine et leur dignité, mais ont quitté leur propre demeure : *Jud.*, v, 6. D'où il est aisé de remarquer qu'une de ces deux lettres doit avoir été vue par l'auteur de l'autre.

---

(1) BONAVENTURE (saint) ou JEAN DE FIDENZA, illustre mystique du xiiie siècle né à Baguarea en Toscane, mort en 1274 à Cellano. Il entra en 1243 chez les Frères Mineurs, fut évêque de Cellano et cardinal. — Les principaux de ses ouvrages sont : *Theologica mystica ; — Ecclesiastica hierarchica ; — Itinera mentis ad Deum ; — Commentaires sur les sentences.* — Les œuvres de saint Bonaventure ont été plusieurs fois publiées (Rome, 1586-96, 7 vol. in-8° ; — Lyon, 1668 ; — Venise, 1752-56, 14 vol. in-4°). P. J.

274. Il semble que l'auteur de l'*Apocalypse* a voulu éclaircir ce que les autres écrivains canoniques avaient laissé dans l'obscurité : il nous fait la narration d'une bataille qui se donna dans le ciel. Michael et ses anges combattaient contre le dragon, et le dragon combattait lui et ses anges. Mais ils ne furent pas les plus forts, et leur place ne fut plus trouvée dans le ciel. Et le grand dragon, le serpent ancien, appelé Diable et Satan, qui séduit tout le monde, fut jeté en terre, et ses anges furent jetés avec lui, *Apoc.*, xii, 7, 8, 9. Car, quoiqu'on mette cette narration après la fuite de la femme dans le désert, et qu'on ait voulu indiquer par là quelque révolution favorable à l'Église, il paraît que le dessein de l'auteur a été de marquer en même temps et l'ancienne chute du premier ennemi, et une chute nouvelle d'un ennemi nouveau.

275. Le mensonge ou la méchanceté vient de ce qui est propre au diable, ἐκ τῶν ἰδίων, de sa volonté, parce qu'il était écrit dans le livre des vérités éternelles, qui contient encore les choses possibles avant tout décret de Dieu, que cette créature se tournerait librement au mal, si elle était créée. Il en est de même d'Ève et d'Adam ; ils ont péché librement, quoique le diable les ait séduits. Dieu livre les méchants à un sens réprouvé, *Rom.*, i, 28, en les abandonnant à eux-mêmes, et en leur refusant une grâce qu'il ne leur doit pas, et même qu'il doit leur refuser.

276. Il est dit dans l'Écriture que Dieu endurcit, *Exod.*, iv, 21, et vii, 3 ; *Es.*, lxiii, 17, que Dieu envoie un esprit de mensonge, I, *Reg.*, xxii, 23 ; une efficace d'erreur pour croire au mensonge, II, *Thess.*, ii, 11 ; qu'il a déçu le prophète, *Ezech.*, xiv, 9 ; qu'il a commandé à Séméï de maudire, II, *Sam.*, xvi, 10 ; que les enfants d'Elie ne voulurent point écouter la voix de leur père, parce que Dieu les voulait faire mourir, I, *Sam.*, ii, 25 ; que Dieu a ôté son bien à Job, quoique cela ait été par la malice des brigands, *Job.*, i, 21, qu'il a suscité Pharaon, pour montrer en lui sa puissance, *Exod.*, ix, 19, *Rom.*, ix, 17 ; qu'il est comme un potier qui fait un vaisseau à déshonneur, *Rom.*, ix, 21 ; qu'il cache la vérité aux sages et aux entendus, *Matth.*, xi, 25 ; qu'il parle par similitudes, afin que ceux qui sont dehors en voyant n'aperçoivent point, et en entendant ne comprennent point, parce qu'autrement ils se pourraient convertir, et leurs péchés leur pourraient être pardonnés, *Marc*, iv, 12, *Luc*, viii, 10 ; que Jésus a été livré par le conseil défini, et par la providence de Dieu, *Act.*, ii, 23 ; que Ponce Pilate et Hérode, avec les gentils et le peuple d'Israël, ont fait ce que la main et le conseil

, de Dieu avaient auparavant déterminé, *Act.*, IV, 27, 28 ; qu'il venait de l'Éternel, que les ennemis endurcissaient leur cœur, pour sortir en bataille contre Israël, afin qu'il les détruisît sans qu'il leur fît aucune grâce, *Jos.*, XI, 20 ; que l'Éternel a versé au milieu d'Égypte un esprit de vertige, et l'a fait errer dans toutes ses œuvres, comme un homme ivre, *Es.*, XIX, 14 ; que Roboam n'écouta point la parole du peuple, parce que cela était ainsi conduit par l'Éternel, I, *Rois*, XII, 15 ; qu'il changea les cœurs des Égyptiens, de sorte qu'ils eurent son peuple en haine, *Ps.*, CV, 25. Mais toutes ces expressions, et autres semblables, insinuent seulement que les choses que Dieu a faites servent d'occasion à l'ignorance, à l'erreur, à la malice et aux mauvaises actions, et y contribuent ; Dieu le prévoyant bien, et ayant dessein de s'en servir pour ses fins ; puisque des raisons supérieures de la parfaite sagesse l'ont déterminé à permettre ces maux, et même à y concourir. *Sed non sineret bonus fieri male, nisi Omnipotens etiam de malo posset facere bene*, pour parler avec saint Augustin. Mais c'est ce que nous avons expliqué plus amplement dans la seconde partie.

277. Dieu a fait l'homme à son image, *Gen.*, I, 20, il l'a fait droit, *Eccles.*, VII, fin. Mais aussi il l'a fait libre. L'homme en a mal usé, il est tombé ; mais il reste toujours une certaine liberté après la chute. Moïse dit de la part de Dieu : « Je prends aujourd'hui à témoin les « cieux et la terre contre vous, que j'ai mis devant toi la vie et la « mort, la bénédiction et la malédiction ; choisis donc la vie, *Deut.*, « XXX, 19. Ainsi a dit l'Éternel, je mets devant vous le chemin de la « vie et le chemin de la mort, *Jer.*, XXI, 8. Il a laissé l'homme dans « la puissance de son conseil, lui donnant ses ordonnances et ses « commandements ; si tu veux, tu garderas les commandements « (ou ils te garderont). Il a mis devant toi le feu et l'eau, pour « étendre ta main où tu voudras. » *Sirac.*, XV, 14, 15, 16. L'homme tombé, et non régénéré, est sous la domination du péché et de Satan, parce qu'il s'y plaît ; il est esclave volontaire par sa mauvaise concupiscence. C'est ainsi que le franc arbitre et le serf arbitre sont une même chose.

278. « Que nul ne dise : je suis tenté de Dieu ; mais chacun est « tenté, quand il est attiré et amorcé par sa propre concupis- « cence. » *Jacq.* I, 14. Et Satan y contribue ; « il aveugle les enten- « dements des incrédules. » II, *Cor.*, IV, 4. Mais l'homme s'est livré au démon par sa convoitise ; le plaisir qu'il trouve au mal est l'ha-

meçon auquel il se laisse prendre. Platon l'a déjà dit, et Cicéron le répète. *Plato voluptatem dicebat escam malorum.* La grâce y oppose un plaisir plus grand, comme saint Augustin l'a remarqué. Tout plaisir est un sentiment de quelque perfection ; l'on aime un objet, à mesure qu'on en sent les perfections ; rien ne surpasse les perfections divines ; d'où il suit que la charité et l'amour de Dieu donnent le plus grand plaisir qui se puisse concevoir, à mesure qu'on est pénétré de ces sentiments qui ne sont pas ordinaires aux hommes, parce qu'ils sont occupés et remplis des objets qui se rapportent à leurs passions.

279. Or, comme notre corruption n'est point absolument invincible, et comme nous ne péchons point nécessairement, lors même que nous sommes sous l'esclavage du péché ; il faut dire de même que nous ne sommes pas aidés invinciblement ; et, quelque efficace que soit la grâce divine, il y a lieu de dire qu'on y peut résister. Mais lorsqu'elle se trouvera victorieuse en effet, il est certain et infaillible par avance qu'on cédera à ses attraits, soit qu'elle ait sa force d'elle-même, soit qu'elle trouve moyen de triompher par la congruité des circonstances. Ainsi il faut toujours distinguer entre l'infaillible et le nécessaire.

280. Le système de ceux qui s'appellent disciples de saint Augustin ne s'en éloigne pas entièrement, pourvu qu'on écarte certaines choses odieuses, soit dans les expressions, soit dans les dogmes même. Dans les expressions, je trouve que c'est principalement l'usage des termes, comme nécessaire ou contingent, possible ou impossible, qui donne quelquefois prise, et qui cause bien du bruit. C'est pourquoi, comme M. Loscher (1) le Jeune l'a fort bien remarqué dans une savante dissertation sur les Paroxysmes du décret absolu, Luther a souhaité, dans son livre du *Serf Arbitre*, de trouver un mot plus convenable à ce qu'il voulait exprimer, que celui d'une nécessité. Généralement parlant, il paraît plus raisonnable et plus convenable de dire que l'obéissance aux préceptes de Dieu est toujours possible, même aux non-régénérés ; que la grâce est toujours résistible, même dans les plus saints ; et que la liberté est exempte,

---

(1) LOESCHER le Jeune (Valentin-Ernest), théologien réformé, fils de Gaspard Loescher, également théologien. — Il est né en 1672, et mort en 1749. Entre beaucoup d'écrits théologiques et philosophiques, nous citerons : *De Claudii Pasoni doctrina ; — Oratio contra Lockium et Thomasium ; — Prænotiones theologicæ contra naturalistas et fanaticos ; — De Paroxysmis decreti absoluti,*

P.J.

non seulement de la contrainte, mais encore de la nécessité, quoiqu'elle ne soit jamais sans la certitude infaillible, ou sans la détermination inclinante.

281. Cependant il y a de l'autre côté un sens dans lequel il serait permis de dire en certaines rencontres, que le pouvoir de bien faire manque souvent, même aux justes; que les péchés sont souvent nécessaires, même dans les régénérés; qu'il est impossible quelquefois qu'on ne pèche pas; que la grâce est irrésistible; que la liberté n'est point exempte de la nécessité. Mais ces expressions sont moins exactes et moins revenantes dans les circonstances où nous nous trouvons aujourd'hui; et absolument parlant, elles sont plus sujettes aux abus; et d'ailleurs elles tiennent quelque chose du populaire, où les termes sont employés avec beaucoup de latitude. Il y a pourtant des circonstances qui les rendent recevables, et même utiles, et il se trouve que des auteurs saints et orthodoxes, et même les saintes Écritures, se sont servis des phrases de l'un et de l'autre côté, sans qu'il y ait une véritable opposition, non plus qu'entre saint Jacques et saint Paul, et sans qu'il y ait de l'erreur de part et d'autre à cause de l'ambiguïté des termes. Et l'on s'est tellement accoutumé à ces diverses manières de parler, que souvent on a de la peine à dire précisément quel sens est le plus ordinaire, le plus naturel, et même le plus envisagé par l'auteur (*quis sensus magis naturalis, obvius, intentus*), le même auteur ayant de différentes vues en différents endroits, et les mêmes manières de parler étant plus ou moins reçues ou recevables avant ou après la décision de quelque grand homme, ou de quelque autorité qu'on respecte et qu'on suit. Ce qui fait qu'on peut bien autoriser ou bannir dans l'occasion, et en certains temps, certaines expressions; mais cela ne fait rien au sens ni à la foi, si l'on ajoute des explications suffisantes des termes.

282. Il ne faut donc que bien entendre les distinctions, comme celle que nous avons pressée bien souvent entre le nécessaire et le certain, et entre la nécessité métaphysique et la nécessité morale. Et il est de même de la possibilité et de l'impossibilité, puisque l'événement dont l'opposé est possible est contingent; comme celui dont l'opposé est impossible est nécessaire. On distingue aussi avec raison entre un pouvoir prochain et un pouvoir éloigné; et, suivant ces différents sens, on dit tantôt qu'une chose se peut, et tantôt qu'elle ne se peut pas. L'on peut dire, dans un certain sens, qu'il est nécessaire que les bienheureux ne pèchent pas; que les diables et les

damnés pèchent ; que Dieu même choisisse le meilleur ; que l'homme suive le parti qui après tout le frappe le plus. Mais cette nécessité n'est point opposée à la contingence, ce n'est pas celle qu'on appelle logique, géométrique ou métaphysique, dont l'opposé implique contradiction. M. Nicole s'est servi quelque part d'une comparaison qui n'est point mauvaise. L'on compte pour impossible qu'un magistrat sage et grave, qui n'a pas perdu le sens, fasse publiquement une grande extravagance, comme serait, par exemple, de courir les rues tout nu, pour faire rire. Il en est de même en quelque façon des bienheureux ; ils sont encore moins capables de pécher, et la nécessité qui le leur défend est de la même espèce. Enfin je trouve encore que la volonté est un terme aussi équivoque que le pouvoir et la nécessité. Car j'ai déjà remarqué que ceux qui se servent de cet axiome, qu'on ne manque point de faire ce qu'on veut, quand on le peut, et qui en infèrent que Dieu ne veut donc point le salut de tous, entendent une volonté décrétoire ; et ce n'est que dans ce sens qu'on peut soutenir cette proposition, que le sage ne veut jamais ce qu'il sait être du nombre des choses qui n'arriveront point. Au lieu qu'on peut dire, en prenant la volonté dans un sens plus général et plus conforme à l'usage, que la volonté du sage est inclinée antécédemment à tout bien, quoiqu'il décerne enfin de faire ce qui est le plus convenable. Ainsi on aurait grand tort de refuser à Dieu cette inclination sérieuse et forte de sauver tous les hommes, que la sainte Écriture lui attribue ; et même de lui attribuer une aversion primitive qui l'éloigne d'abord du salut de plusieurs, *odium antecedaneum;* il faut plutôt soutenir que le sage tend à tout bien en tant que bien, à proportion de ses connaissances et de ses forces, mais qu'il ne produit que le meilleur faisable. Ceux qui admettent cela, et ne laissent pas de refuser à Dieu la volonté antécédente de sauver tous les hommes, ne manquent que par l'abus du terme, pourvu qu'ils reconnaissent d'ailleurs que Dieu donne à tous des assistances suffisantes pour pouvoir être sauvés, s'ils ont la volonté de s'en servir.

283. Dans les dogmes mêmes des disciples de saint Augustin, je ne saurais goûter la damnation des enfants non régénérés, ni généralement celle qui ne vient que du seul péché originel. Je ne saurais croire non plus, que Dieu damne ceux qui manquent de lumières nécessaires. On peut croire avec plusieurs théologiens, que les hommes reçoivent plus de secours que nous ne savons, quand ce ne serait qu'à l'article de la mort. Il ne paraît point nécessaire non plus

que tous ceux qui sont sauvés le soient toujours par une grâce efficace par elle-même, indépendamment des circonstances. Je ne trouve pas aussi qu'il soit nécessaire de dire que toutes les vertus des païens étaient fausses, ni que toutes leurs actions étaient des péchés ; quoiqu'il soit vrai que ce qui ne vient pas de la foi ou de la droiture de l'âme devant Dieu est infecté du péché, au moins virtuellement. Enfin je tiens que Dieu ne saurait agir comme au hasard par un décret absolument absolu, ou par une volonté indépendante de motifs raisonnables. Et je suis persuadé qu'il est toujours mû, dans la dispensation de ses grâces, par des raisons où entre la nature des objets ; autrement il n'agirait point suivant la sagesse ; mais j'accorde cependant que ces raisons ne sont pas attachées nécessairement aux bonnes ou aux moins mauvaises qualités naturelles des hommes, comme si Dieu ne donnait jamais ses grâces que suivant ces bonnes qualités ; quoique je tienne, comme je me suis déjà expliqué ci-dessus, qu'elles entrent en considération, comme toutes les autres circonstances ; rien ne pouvant être négligé, dans les vues de la suprême sagesse.

284. A ces points près, et quelque peu d'autres, où saint Augustin paraît obscur, ou même rebutant, il semble qu'on se peut accommoder de son système ; il porte que de la substance de Dieu il ne peut sortir qu'un Dieu, et qu'ainsi la créature est tirée du néant. *Augustin. De Lib. arb.* lib. I, ch. II. C'est ce qui la rend imparfaite, défectueuse et corruptible. (*De Genes. ad litt.*, ch. xv, *Contr. Epistolam Manichœi*, ch. XXXVI.) Le mal ne vient pas de la nature, mais de la mauvaise volonté, August. dans tout le *Livre de la nature du bien.* Dieu ne peut rien commander qui soit impossible. « Firmis- « sime creditur Deum justum et bonum impossibilia non potuisse « præcipere. Lib. de Nat. et Grat., ch. XLIII, ch. LXIX. Nemo peccat « in eo, quod caveri non potest. Lib. III, de Lib. arb., ch. XVI, XVII. « L. I, *Retract.*, ch. XI, XII, XV. » Sous un Dieu juste personne ne peut être malheureux, s'il ne le mérite, *neque sub Deo justo miser esse quisquam, nisi mereatur, potest.* Lib. I, ch. XXXII. Le libre arbitre ne saurait accomplir les commandements de Dieu, sans le secours de la grâce. *Ep. ad Hilar. Cæsaraugustan.* Nous savons que la grâce ne se donne pas selon les mérites. *Ep.* 106, 107, 120. L'homme dans l'état de l'intégrité avait le secours nécessaire pour pouvoir bien faire, s'il voulait ; mais le vouloir dépendait du libre arbitre, « habebat adjutorium, per quod posset, et sine quo non

« vellet, sed non adjutorium quo vellet. » *Lib. de corrupt.*, ch. x[1] et ch. x, xii. Dieu a laissé essayer aux anges et aux hommes, ce qu'ils pouvaient par leur libre arbitre, et puis ce que pouvaient sa grâce et sa justice, d. c. 10, 11, 12. Le péché a détourné l'homme de Dieu, pour le tourner vers les créatures. Lib. I, qu. 2, *ad Simpl.* Se plaire à pécher est la liberté d'un esclave. *Enchir.*, ch. ciii. « Liberum « arbitrium usque adeo in peccatore non periit, ut per illud peccent « maxime omnes, qui cum delectatione peccant. » Lib. I, *ad Bonif.* ch. ii, iii.

285. Dieu dit à Moïse : « Je ferai miséricorde à celui à qui je ferai miséricorde, et j'aurai pitié de celui de qui j'aurai pitié (*Exod.*, xxxiii, 19.) Ce n'est donc pas du voulant, ni du courant, mais de Dieu, qui fait miséricorde (*Rom.*, ix, 15, 16). Ce qui n'empêche pas que tous ceux qui ont bonne volonté, et qui y persévèrent, ne soient sauvés. Mais Dieu leur donne le vouloir et le faire. Il fait donc miséricorde à celui à qui il veut, et il endurcit qui il veut (*Rom.*, ix, 29). Et cependant le même apôtre dit que Dieu veut que tous les hommes soient sauvés, et parviennent à la connaissance de la vérité ; ce que je ne voudrais pas interpréter suivant quelques endroits de saint Augustin, comme s'il signifiait qu'il n'y a point de sauvés que ceux dont il veut le salut, ou comme s'il voulait sauver *non singulos generum, sed genera singulorum.* Mais j'aime mieux dire qu'il n'y en a aucun dont il ne veuille le salut, autant que de plus grandes raisons le permettent, qui font que Dieu ne sauve que ceux qui reçoivent la foi qu'il leur a offerte, et qui s'y rendent par la grâce qu'il leur a donnée, suivant ce qui convenait à l'intégrité du plan de ses ouvrages, qui ne saurait être mieux conçu.

286. Quant à la prédestination au salut, elle comprend aussi, selon saint Augustin, l'ordonnance des moyens qui mèneront au salut. « Prædestinatio sanctorum nihil aliud est, quam præscientia et præ- « paratio beneficiorum Dei, quibus certissime liberantur, quicunque « liberantur. » (Lib. *De Persev.*, ch. xiv.) Il ne la conçoit donc point en cela comme un décret absolu ; il veut qu'il y ait une grâce qui n'est rejetée d'aucun cœur endurci, parce qu'elle est donnée pour ôter surtout la dureté des cœurs. (Lib. *De Prædest.*, ch. viii ; Lib. *De Grat.*, ch. xiii, xiv.) Je ne trouve pourtant pas que saint Augustin exprime assez que cette grâce qui soumet le cœur est toujours efficace par elle-même. Et je ne sais si l'on n'aurait pas pu soutenir sans le choquer, qu'un même degré de grâce interne est victo-

rieux dans l'un, où il est aidé par les circonstances, et ne l'est pas dans l'autre.

287. La volonté est proportionnée au sentiment que nous avons du bien, et en suit la prévalence. « Si utrumque tantumdem diligimus, nihil horum dabimus. Item, quod amplius nos delectat, secundum id operemur necesse est. » (In ch. v, *ad Gal.*) J'ai expliqué déjà comment avec tout cela nous avons véritablement un grand pouvoir sur notre volonté. Saint Augustin le prend un peu autrement, et d'une manière qui ne mène pas fort loin, comme lorsqu'il dit qu'il n'y a rien qui soit tant en notre puissance que l'action de notre volonté, dont il rend une raison qui est un peu identique. Car, dit-il, cette action est prête au moment que nous voulons. « Nihil tam in nostra potestate est, quam ipsa voluntas, ea enim mox ut volumus præsto est. » (Lib. III, *Lib. Arb.*, ch. III; lib. V, *De Civ. Dei*, ch. X.) Mais cela signifie seulement que nous voulons lorsque nous voulons, et non pas que nous voulons ce que nous souhaitons de vouloir. Il y a plus de sujet de dire avec lui : *Aut voluntas non est, aut libera dicenda est* (d. I., III, ch. III), et que ce qui porte la volonté au bien infailliblement, ou certainement, ne l'empêche point d'être libre. « Perquam absurdum est, ut ideo dicamus non pertinere ad voluntatem (libertatem) nostram, quod beati esse volumus, quia id omnino nolle non possumus nescio qua bona constrictione naturæ. Nec dicere audemus ideo Deum voluntatem (libertatem), sed necessitatem habere justitiæ, quia non potest velle peccare. Certe Deus ipse numquid quia peccare non potest, ideo liberum arbitrium habere negandus est? » (*De Nat. et Grat.*, ch. XLVI, XLVII, XLVIII, XLIX.) Il dit aussi fort bien que Dieu donne le premier bon mouvement, mais que par après l'homme agit aussi. *Aguntur ut agant, non ut ipsi nihil agant.* (*De Corrup.*, ch. II.)

288. Nous avons établi que le libre arbitre est la cause prochaine du mal de coulpe, et ensuite du mal de peine; quoiqu'il soit vrai que l'imperfection originale des créatures qui se trouve représentée dans les idées éternelles en est la première et la plus éloignée. Cependant M. Bayle s'oppose toujours à cet usage du libre arbitre, il ne veut pas qu'on lui attribue la cause du mal : il faut écouter ses objections ; mais auparavant il sera bon d'éclaircir encore davantage la nature de la liberté. Nous avons fait voir que la liberté, telle qu'on la demande dans les écoles théologiques, consiste dans l'intelligence, qui enveloppe une connaissance distincte de l'objet de la

délibération ; dans la spontanéité, avec laquelle nous nous déterminons ; et dans la contingence, c'est-à-dire dans l'exclusion de la nécessité logique ou métaphysique. L'intelligence est comme l'âme de la liberté, et le reste en est comme le corps et la base. La substance libre se détermine par elle-même, et cela suivant le motif du bien aperçu par l'entendement qui l'incline sans la nécessiter : et toutes les conditions de la liberté sont comprises dans ce peu de mots. Il est bon cependant de faire voir que l'imperfection qui se trouve dans nos connaissances et dans notre spontanéité, et la détermination infaillible qui est enveloppée dans notre contingence, ne détruisent point la liberté ni la contingence.

289. Notre connaissance est de deux sortes, distincte ou confuse. La connaissance distincte, ou l'intelligence, a lieu dans le véritable usage de la raison ; mais les sens nous fournissent des pensées confuses. Et nous pouvons dire que nous sommes exempts d'esclavage, en tant que nous agissons avec une connaissance distincte ; mais que nous sommes asservis aux passions, en tant que nos perceptions sont confuses. C'est dans ce sens que nous n'avons pas toute la liberté d'esprit qui serait à souhaiter, et que nous pouvons dire, avec saint Augustin, qu'étant assujettis au péché nous avons la liberté d'un esclave. Cependant un esclave, tout esclave qu'il est, ne laisse pas d'avoir la liberté de choisir conformément à l'état où il se trouve, quoiqu'il se trouve le plus souvent dans la dure nécessité de choisir entre deux maux parce qu'une force supérieure ne le laisse pas arriver aux biens où il aspire. Et ce que les liens et la contrainte font en un esclave se fait en nous par les passions, dont la violence est douce, mais n'en est pas moins pernicieuse. Nous ne voulons, à la vérité, que ce qui nous plaît : mais par malheur ce qui nous plaît à présent est souvent un vrai mal, qui nous déplairait, si nous avions les yeux de l'entendement ouverts. Cependant ce mauvais état où est l'esclave, et celui où nous sommes, n'empêche pas que nous ne fassions un choix libre (aussi bien que lui) de ce qui nous plaît le plus, dans l'état où nous sommes réduits, suivant nos forces et nos connaissances présentes.

290. Pour ce qui est de la spontanéité, elle nous appartient en tant que nous avons en nous le principe de nos actions, comme Aristote l'a fort bien compris. Il est vrai que les impressions des choses extérieures nous détournent souvent de notre chemin, et qu'on a cru communément qu'au moins, à cet égard, une partie des

principes de nos actions était hors de nous ; et j'avoue qu'on est obligé de parler ainsi, en s'accommodant au langage populaire, ce qu'on peut faire dans un certain sens, sans blesser la vérité : mais quand il s'agit de s'expliquer exactement, je maintiens que notre spontanéité ne souffre point d'exception, et que les choses extérieures n'ont point d'influence physique sur nous, à parler dans la rigueur philosophique.

291. Pour mieux entendre ce point, il faut savoir qu'une spontanéité exacte nous est commune avec toutes les substances simples, et que, dans la substance intelligente ou libre, elle devient un empire sur ses actions. Ce qui ne peut être mieux expliqué que par le système de l'harmonie préétablie, que j'ai proposé il y a déjà plusieurs années. J'y fais voir que naturellement chaque substance simple a de la perception, et que son individualité consiste dans la loi perpétuelle qui fait la suite des perceptions qui lui sont affectées, et qui naissent naturellement les unes des autres, pour représenter le corps qui lui est assigné, et par son moyen l'univers entier, suivant le point de vue propre à cette substance simple ; sans qu'elle ait besoin de recevoir aucune influence physique du corps : comme le corps aussi de son côté s'accommode aux volontés de l'âme par ses propres lois et par conséquent ne lui obéit qu'autant que ces lois le portent. D'où il s'ensuit que l'âme a donc en elle-même une parfaite spontanéité, en sorte qu'elle ne dépend que de Dieu et d'elle-même dans ses actions.

292. Comme ce système n'a pas été connu auparavant, on a cherché d'autres moyens de sortir de ce labyrinthe, et les cartésiens mêmes ont été embarrassés au sujet du libre arbitre. Ils ne se payaient plus des facultés de l'École, et ils considéraient que toutes les actions de l'âme paraissent être déterminées par ce qui vient de dehors suivant les impressions des sens ; et qu'enfin tout est dirigé dans l'univers par la providence de Dieu : mais il en naissait naturellement cette objection, qu'il n'y a donc point de liberté. A cela M. Descartes répondait que nous sommes assurés de cette providence par la raison, mais que nous sommes assurés aussi de notre liberté par l'expérience intérieure que nous en avons ; et qu'il faut croire l'une et l'autre, quoique nous ne voyions pas le moyen de les concilier.

293. C'était couper le nœud gordien, et répondre à la conclusion d'un argument, non pas en le résolvant, mais en lui opposant un argument contraire ; ce qui n'est point conforme aux lois des

combats philosophiques. Cependant, la plupart des cartésiens s'en sont accommodés, quoiqu'il se trouve que l'expérience intérieure qu'ils allèguent ne prouve pas ce qu'ils prétendent, comme M. Bayle l'a fort bien montré. M. Régis (*Philos.*, t. 1 ; *Métaph.*, l. II, part. 2, ch. xxii) paraphrase ainsi la doctrine de M. Descartes : « La plupart « des philosophes, dit-il, sont tombés en erreur, en ce que les uns, « ne pouvant comprendre le rapport qui est entre les actions libres « et la providence de Dieu, ont nié que Dieu fût la cause efficiente « première des actions du libre arbitre, ce qui est un sacrilège : et « les autres, ne pouvant concevoir le rapport qui est entre l'efficacité « de Dieu et les actions libres, ont nié que l'homme fût doué de « liberté, ce qui est une impiété. Le milieu qu'on trouve entre ces « deux extrémités est de dire *(Id. ibid.*, p. 485) que, quand nous « ne pourrions pas comprendre tous les rapports qui sont entre la « liberté et la providence de Dieu, nous ne laisserions pas d'être « obligés à reconnaître que nous sommes libres et dépendants de « Dieu : parce que ces deux vérités sont également connues, l'une « par l'expérience, et l'autre par la raison, et que la prudence ne « veut pas qu'on abandonne des vérités dont on est assuré, parce « qu'on ne peut pas concevoir tous les rapports qu'elles ont avec « d'autres vérités qu'on connaît. »

294. M. Bayle y remarque fort bien à la marge « que ces expres« sions de M. Régis n'indiquent point que nous connaissons des « rapports entre les actions de l'homme et la providence de « Dieu, qui nous paraissent incompatibles avec notre liberté. » Il ajoute que ce sont des expressions ménagées, qui affaiblissent l'état de la question. « Les auteurs supposent, dit-il, que la difficulté vient « uniquement de ce qu'il nous manque des lumières ; au lieu qu'ils « devraient dire qu'elle vient principalement des lumières que nous « avons et que nous ne pouvons accorder (au sentiment de M. Bayle) « avec nos mystères. » C'est justement ce que j'ai dit au commencement de cet ouvrage, que si les mystères étaient irréconciliables avec la raison, et s'il y avait des objections insolubles, bien loin de trouver le mystère incompréhensible, nous en comprendrions la fausseté. Il est vrai qu'ici il ne s'agit d'aucun mystère, mais seulement de la religion naturelle.

295. Voici cependant comment M. Bayle combat ces expériences internes, sur lesquelles les cartésiens établissent la liberté : mais il commence par des réflexions, dont je ne saurais convenir. « Ceux

« qui n'examinent pas à fond, dit-il, *Dictionn.*, art, *Helen.*, let. TΔ),
« ce qui se passe en eux se persuadent facilement qu'ils sont libres,
« et que si leur volonté se porte au mal, c'est leur faute, c'est par
« un choix dont ils sont les maîtres. Ceux qui font un autre juge-
« ment sont des personnes qui ont étudié avec soin les ressorts et
« les circonstances de leurs actions, et qui ont bien réfléchi sur le
« progrès du mouvement de leur âme. Ces personnes-là pour l'ordi-
« naire doutent de leur franc arbitre, et viennent même jusqu'à se
« persuader que leur raison et leur esprit sont des esclaves, qui
« peuvent résister à la force qui les entraîne où ils ne voudraient pas
« aller. C'étaient principalement ces sortes de personnes, qui attri-
« buaient aux dieux la cause de leurs mauvaises actions. »

296. Ces paroles me font souvenir de celles du chancelier Bacon, qui dit que la philosophie goûtée médiocrement nous éloigne de Dieu, mais qu'elle y ramène ceux qui l'approfondissent. Il en est de même de ceux qui réfléchissent sur leurs actions : il leur paraît d'abord que tout ce que nous faisons n'est qu'impulsion d'autrui ; et que tout ce que nous concevons vient de dehors par les sens, et se trace dans le vide de notre esprit, *tanquam in tabula rasa*. Mais une méditation plus profonde nous apprend que tout (même les perceptions et les passions) nous vient de notre fond, avec une pleine spontanéité.

297. Cependant M. Bayle cite des poètes, qui prétendent disculper les hommes en rejetant la faute sur leurs dieux. Médée parle ainsi chez Ovide :

> Frustra, Medea, repugnas.
> Nescio quis Deus obstat, ait.

Et un peu après, Ovide lui fait ajouter :

> Sed trahit invitam nova vis, aliudque cupido,
> Mens aliud suadet : video meliora proboque,
> Deteriora sequor.

Mais on y pouvait opposer Virgile, chez qui Nisus dit avec bien plus de raison :

> — Dine hunc ardorem mentibus addunt.
> Euryale, an sua cuique Deus fit dira cupido ?

298. M. Wittichius paraît avoir cru qu'en effet notre indépendance n'est qu'apparente. Car, dans sa dissertation *De Providentia Dei actuali* (n° 64), il fait consister le libre arbitre en ce que nous

sommes portés de telle façon vers les objets qui se présentent à notre âme, pour être affirmés ou niés, aimés ou haïs, que nous ne sentons point qu'aucune force extérieure nous détermine. Il ajoute, quand Dieu produit lui-même nos volitions, qu'alors nous agissons le plus librement ; et que plus l'action de Dieu est efficace et puissante sur nous, plus sommes-nous les maîtres de nos actions. « Quia « enim Deus operatur ipsum velle, quo efficacius operatur, eo magis « volumus ; quod autem, cum volumus, facimus, id maxime habe- « mus in nostra potestate. » Il est vrai que lorsque Dieu produit une volonté en nous, il produit une action libre ; mais il me semble qu'il ne s'agit point ici de la cause universelle, ou de cette production de la volonté qui lui convient en tant qu'elle est une créature, dont ce qui est positif est en effet créé continuellement par le concours de Dieu, comme toute autre réalité absolue des choses. Il s'agit ici des raisons de vouloir, et des moyens dont Dieu se sert, lorsqu'il nous donne une bonne volonté, ou nous permet d'en avoir une mauvaise. C'est nous toujours qui la produisons, bonne ou mauvaise, car c'est notre action : mais il y a toujours des raisons qui nous font agir, sans faire tort à notre spontanéité ni à notre liberté. La grâce ne fait que donner des impressions qui contribuent à faire vouloir par des motifs convenables, tels que seraient une attention, un *dic cur hic*, un plaisir prévenant. Et l'on voit clairement que cela ne donne aucune atteinte à la liberté, non plus que pourrait faire un ami, qui conseille et qui fournit des motifs. Ainsi M. Wittichius n'a pas bien répondu à la question, non plus que M. Bayle, et le recours à Dieu ne sert de rien ici.

299. Mais donnons un autre passage bien plus raisonnable du même M. Bayle, où il combat mieux le prétendu sentiment vif de la liberté, qui la doit prouver chez les cartésiens. Ses paroles sont en effet pleines d'esprit et dignes de considération, et se trouvent dans la *Réponse aux Questions d'un Provinc.* (ch. CXL, t. III, p. 764, seq). Les voici : « Par le sentiment clair et net que nous avons de « notre existence, nous ne discernons pas si nous existons par « nous-mêmes, ou si nous tenons d'un autre ce que nous sommes. « Nous ne discernons cela que par la voie des réflexions ; c'est-à- « dire qu'en méditant sur l'impuissance où nous sommes de nous « conserver autant que nous voudrions, et de nous délivrer de la « dépendance des êtres qui environnent, etc. Il est même sûr que « les païens (il faut dire la même chose des sociniens, puisqu'ils

« nient la création) ne sont jamais parvenus à la connaissance de ce
« dogme véritable que nous avons été faits de rien, et que nous
« sommes tirés du néant à chaque moment de notre durée. Ils ont
« donc cru faussement que tout ce qu'il y a de substances dans
« l'univers existent par elles-mêmes, et qu'elles ne peuvent jamais
« être anéanties : et qu'ainsi elles ne dépendent d'aucune autre
« chose qu'à l'égard de leurs modifications, sujettes à être détruites
« par l'action d'une cause externe. Cette erreur ne vient-elle pas de
« ce que nous ne sentons point l'action créatrice qui nous conserve
« et que nous sentons seulement que nous existons ; que nous le
« sentons, dis-je, d'une manière qui nous tiendrait éternellement
« dans l'ignorance de la cause de notre être, si d'autres lumières
« ne nous secouraient? Disons aussi que le sentiment clair et net
« que nous avons des actes de notre volonté ne nous peut pas
« faire discerner si nous nous les donnons nous-mêmes, ou si nous
« les recevons de la même cause qui nous donne l'existence. Il faut
« recourir à la réflexion ou à la méditation, afin de faire ce discer-
« nement. Or je mets en fait que, par des méditations purement
« philosophiques, on ne peut jamais parvenir à une certitude bien
« fondée que nous sommes la cause efficiente de nos volitions : car
« toute personne, qui examinera bien les choses, connaîtra évidem-
« ment que, si nous n'étions qu'un sujet passif à l'égard de la
« volonté, nous aurions les mêmes sentiments d'expérience que
« nous avons lorsque nous croyons être libres. Supposez, par plai-
« sir, que Dieu ait réglé de telle sorte les lois de l'union de l'âme
« et du corps, que toutes les modalités de l'âme sans en excepter
« aucune soient liées nécessairement entre elles avec l'interposition
« des modalités du cerveau ; vous comprendrez qu'il ne nous arrivera
« que ce que nous éprouvons ; il y aura dans notre âme la même
« suite de pensées, depuis la perception des objets des sens qui est
« sa première démarche, jusqu'aux volitions les plus fixes, qui sont
« sa dernière démarche. Il y aura dans cette suite le sentiment des
« idées, celui des affirmations, celui des irrésolutions, celui des
« velléités et celui des volitions. Car, soit que l'acte de vouloir nous
« soit imprimé par une cause extérieure, soit que nous le produisions
« nous-mêmes, il sera également vrai que nous voulons, et que nous
« sentons que nous voulons ; et comme cette cause extérieure peut
« mêler autant de plaisir qu'elle veut dans la volition qu'elle nous
« imprime, nous pourrons sentir quelquefois que les actes de notre

« volonté nous plaisent infiniment, et qu'ils nous mènent et selon la
« pente de nos plus fortes inclinations. Nous ne sentirons point de con-
« trainte : vous savez la maxime, *voluntas non potest cogi*. Ne com-
« prenez-vous pas clairement qu'une girouette à qui l'on imprimerait
« toujours tout à la fois (en sorte pourtant que la priorité de nature, ou
« si l'on veut même une priorité d'instant réel, conviendrait au désir
« de se mouvoir) le mouvement vers un certain point de l'horizon,
« et l'envie de se tourner de ce côté-là, serait persuadée qu'elle se
« mouvrait d'elle-même pour exécuter les désirs qu'elle formerait ?
« Je suppose qu'elle ne saurait point qu'il y eût des vents, ni qu'une
« cause extérieure fît changer tout à la fois et sa situation et ses
« désirs. Nous voilà naturellement dans cet état ; nous ne savons
« point si une cause invisible nous fait passer successivement d'une
« pensée à une autre. Il est donc naturel que les hommes se per-
« suadent qu'ils se déterminent eux-mêmes. Mais il reste à exami-
« ner s'ils se trompent en cela comme en une infinité d'autres
« choses qu'ils affirment par une espèce d'instinct, et sans avoir
« employé les méditations philosophiques. Puis donc qu'il y a deux
« hypothèses sur ce qui se passe dans l'homme : l'une, qui n'est
« qu'un sujet passif ; l'autre, qu'il a des vertus actives ; on ne peut
« raisonnablement préférer la seconde à la première, pendant que
« l'on ne peut alléguer que des preuves de sentiment : car nous
« sentirions avec une égale force que nous voulons ceci ou cela,
« soit que toutes nos volitions fussent imprimées à notre âme par
« une cause extérieure et invisible, soit que nous les fassions nous-
« mêmes. »

300. Il y a ici des raisonnements fort beaux, qui ont de la force contre les systèmes ordinaires ; mais ils cessent par rapport au système de l'harmonie préétablie, qui nous mène plus loin que nous ne pouvions aller auparavant. M. Bayle met en fait, par exemple, « que, « par des méditations purement philosophiques, on ne peut jamais « parvenir à une certitude bien fondée que nous sommes la cause « efficiente de nos volitions » ; mais c'est un point que je ne lui accorde pas : car l'établissement de ce système montre indubitablement que, dans le cours de la nature, chaque substance est la cause unique de toutes ses actions, et qu'elle est exempte de toute influence physique de toute autre substance, excepté le concours ordinaire de Dieu. Et c'est ce système qui fait voir que notre spontanéité est vraie, et non pas seulement apparente, comme M. Wittichius l'avait cru.

M. Bayle soutient aussi par les mêmes raisons (ch. CLXX, p. 1132) que, s'il y avait un *Fatum astrologicum*, il ne détruirait point la liberté ; et je le lui accorderais, si elle ne consistait que dans une spontanéité apparente.

301. La spontanéité de nos actions ne peut donc plus être révoquée en doute, comme Aristote l'a bien définie, en disant qu'une action est spontanée, quand son principe est dans celui qui agit : *Spontaneum est, cujus principium est in agente*. Et c'est ainsi que nos actions et nos volontés dépendent entièrement de nous. Il est vrai que nous ne sommes pas les maîtres de notre volonté directement, quoique nous en soyons la cause ; car nous ne choisissons pas les volontés, comme nous choisissons nos actions par nos volontés. Cependant nous avons un certain pouvoir encore sur notre volonté, parce que nous pouvons contribuer indirectement à vouloir une autre fois ce que nous voudrions vouloir présentement, comme j'ai montré ci-dessus ; ce qui n'est pourtant pas velléité, à proprement parler : et c'est encore en cela que nous avons un empire particulier, et sensible même, sur nos actions et sur nos volontés, mais qui résulte de la spontanéité, jointe à l'intelligence.

302. Jusqu'ici nous avons expliqué les deux conditions de la liberté dont Aristote a parlé, c'est-à-dire la spontanéité et l'intelligence, qui se trouvent jointes en nous dans la délibération ; au lieu que les bêtes manquent de la seconde condition. Mais les scolastiques en demandent encore une troisième, qu'ils appellent l'indifférence. Et en effet il faut l'admettre, si l'indifférence signifie autant que contingence ; car j'ai déjà dit ci-dessus que la liberté doit exclure une nécessité absolue et métaphysique ou logique. Mais comme je me suis déjà expliqué plus d'une fois cette indifférence, cette contingence, cette non-nécessité, si j'ose parler ainsi, qui est un attribut caractéristique de la liberté, n'empêche pas qu'on n'ait des inclinations plus fortes pour le parti qu'on choisit ; et elle ne demande nullement qu'on soit absolument et également indifférent pour les deux partis opposés.

303. Je n'admets donc l'indifférence que dans un sens, qui la fait signifier autant que contingence ou non-nécessité. Mais, comme je me suis expliqué plus d'une fois, je n'admets point une indifférence d'équilibre, et je ne crois pas qu'on choisisse jamais, quand on est absolument indifférent. Un tel choix serait une espèce de pur hasard, sans raison déterminante, tant apparente que cachée. Mais un tel

hasard, une telle casualité absolue et réelle, est une chimère qui ne se trouve jamais dans la nature. Tous les sages conviennent que le hasard n'est qu'une chose apparente, comme la fortune : c'est l'ignorance des causes qui le fait. Mais s'il y avait une telle indifférence vague, ou bien si l'on y choisissait sans qu'il y eût rien qui nous portât à choisir, le hasard serait quelque chose de réel, semblable à ce qui se trouvait dans ce petit détour des atomes, arrivant sans sujet et sans raison au sentiment d'Épicure, qui l'avait introduit pour éviter la nécessité, dont Cicéron s'est tant moqué avec raison.

304. Cette déclinaison avait une cause finale dans l'esprit d'Épicure, son but étant de nous exempter du destin ; mais elle n'en peut avoir d'efficiente dans la nature des choses, c'est une chimère des plus impossibles. M. Bayle la réfute lui-même fort bien, comme nous dirons tantôt ; et cependant il est étonnant qu'il paraît admettre lui-même ailleurs quelque chose de semblable à cette prétendue déclinaison. Car voici ce qu'il dit en parlant de l'âne de Buridan (*Dictionn.*, art. *Buridan*, cit. 13) : « Ceux qui tiennent le franc arbitre
« proprement dit admettent dans l'homme une puissance de se
« déterminer, ou du côté droit, ou du côté gauche, lors même que
« les motifs sont parfaitement égaux de la part des deux objets
« opposés. Car ils prétendent que notre âme peut dire, sans avoir
« d'autre raison que celle de faire usage de sa liberté : j'aime mieux
« ceci que cela, encore que je ne voie rien de plus digne de mon
« choix dans ceci ou dans cela. »

305. Tous ceux qui admettent un libre arbitre proprement dit n'accorderont pas pour cela à M. Bayle cette détermination venue d'une cause indéterminée. Saint Augustin et les thomistes jugent que tout est déterminé. Et l'on voit que leurs adversaires recourent aussi aux circonstances qui contribuent à notre choix. L'expérience ne favorise nullement la chimère d'une indifférence d'équilibre ; et l'on peut employer ici le raisonnement que M. Bayle employait lui-même contre la manière des cartésiens de prouver la liberté par le sentiment vif de notre indépendance. Car, quoique je ne voie pas toujours la raison d'une inclination qui me fait choisir entre deux partis qui paraissent égaux, il y aura toujours quelque impression, quoique imperceptible, qui nous détermine. Vouloir faire simplement usage de sa liberté n'a rien de spécifiant, ou qui nous détermine au choix de l'un ou de l'autre parti.

306. M. Bayle poursuit : « Il y a pour le moins deux voies, par « lesquelles l'homme se peut dégager des pièges de l'équilibre. L'une « est celle que j'ai déjà alléguée : c'est pour se flatter de l'agréable « imagination, qu'il est le maître chez lui, et qu'il ne dépend pas « des objets. » Cette voie se trouve bouchée : on a beau vouloir faire le maître chez soi, cela ne fournit rien de déterminant, et ne favorise pas un parti plus que l'autre. M. Bayle poursuit : « Il « ferait cet acte : je veux préférer ceci à cela, parce qu'il me plaît « d'en user ainsi. » Mais ces mots, parce qu'il me plaît, parce que tel est mon plaisir, renferment déjà un penchant vers l'objet qui plaît.

307. On n'a donc point droit de continuer ainsi : « Et alors « ce qui le déterminerait ne serait pas pris de l'objet ; le motif « ne serait tiré que des idées qu'ont les hommes de leurs propres « perfections, ou de leurs facultés naturelles. L'autre voie est « celle du sort ou du hasard : la courte paille déciderait. » Cette voie a issue, mais elle ne va pas au but : c'est changer de question, car ce n'est pas alors l'homme qui décide ; ou bien, si l'on prétend que c'est toujours l'homme qui décide par le sort, l'homme même n'est plus dans l'équilibre, parce que le sort ne l'est point, et l'homme s'y est attaché. Il y a toujours des raisons dans la nature, qui sont la cause de ce qui arrive par hasard ou par le sort. Je m'étonne un peu qu'un esprit aussi pénétrant que celui de M. Bayle ait pu tellement prendre le change ici. J'ai expliqué ailleurs la véritable réponse qui satisfait au sophisme de Buridan ; c'est que le cas du parfait équilibre est impossible, l'univers ne pouvant jamais être mi-parti, en sorte que toutes les impressions soient équivalentes de part et d'autre.

308. Voyons ce que M. Bayle lui-même dit ailleurs contre l'indifférence chimérique ou absolument indéfinie. Cicéron avait dit (dans son livre *De Fato*) que Carnéade avait trouvé quelque chose de plus subtil que la déclinaison des atomes, en attribuant la cause d'une prétendue indifférence absolument indéfinie aux mouvements volontaires des âmes, parce que ces mouvements n'ont point besoin d'une cause externe, venant de notre nature. Mais M. Bayle (*Dictionn.*, art. *Épicure*, p. 1143) réplique fort bien que tout ce qui vient de la nature d'une chose est déterminé : ainsi la détermination reste toujours, et l'échappatoire de Carnéade ne sert de rien.

309. Il montre ailleurs (*Rép. au Provinc.*, ch. xc, l. II, p. 229) « qu'une liberté fort éloignée de cet équilibre prétendu est incompara-

« blement plus avantageuse. J'entends, dit-il, une liberté qui suive
« toujours les jugements de l'esprit, et qui ne puisse résister à des
« objets clairement connus comme bons. Je ne connais point de
« gens qui ne conviennent que la vérité clairement connue nécessite
« (détermine plutôt, à moins qu'on ne parle d'une nécessité morale)
« le consentement de l'âme ; l'expérience nous l'enseigne. On enseigne
« constamment dans les écoles que, comme le vrai est l'objet de
« l'entendement, le bien est l'objet de la volonté; et que, comme l'en-
« tendement ne peut jamais affirmer que ce qui se montre à lui sous
« l'apparence de la vérité, la volonté ne peut jamais rien aimer qui
« ne lui paraisse bon. On ne croit jamais le faux en tant que faux, et
« on n'aime jamais le mal en tant que mal. Il y a dans l'entendement une
« détermination naturelle au vrai en général, et à chaque vérité par-
« ticulière clairement connue. Il y a dans la volonté une détermination
« naturelle au bien en général : d'où plusieurs philosophes concluent
« que, dès que les biens particuliers nous sont connus clairement,
« nous sommes nécessités à les aimer. L'entendement ne suspend
« ces actes que quand les objets se montrent obscurément, de sorte
« qu'il y a lieu de douter s'ils sont faux ou véritables : et de là plu-
« sieurs concluent que la volonté ne demeure en équilibre que lorsque
« l'âme est incertaine si l'objet qu'on lui présente est un bien à son
« égard : mais qu'aussi, dès qu'elle se range à l'affirmative, elle
« s'attache nécessairement à cet objet-là, jusqu'à ce que d'autres
« jugements de l'esprit la déterminent d'une autre manière. Ceux
« qui expliquent de cette sorte la liberté y croient trouver une
« assez ample matière de mérite et de démérite, parce qu'ils sup-
« posent que ces jugements de l'esprit procèdent d'une application
« libre de l'âme à examiner les objets, à les comparer ensemble, et à
« en faire le discernement. Je ne dois pas oublier qu'il y a de forts
« savants hommes (comme Bellarmin, lib. III, *De Gratia et libero
« Arbitrio*, ch. VIII et IX, et Cameron (1) *in Responsione ad Epis-
« tolam Viri Docti, id est Episcopii*) qui soutiennent, par des rai-
« sons très pressantes, que la volonté suit toujours nécessairement le
« dernier acte pratique de l'entendement. »

(1) CAMERON, théologien protestant, né à Glasgow vers 153), passa en France en 1600, fut professeur à Sedan et à Saumur, mourut à Montauban en 1676. — Ses principaux ouvrages sont : *Prælectiones theologicæ* (Saumur, 1626, 3 vol. in-4°); — *Defensio de gratiâ et libero arbitrio* (Saumur, 1674, in-8°); — *Du souverain Juge des controverses en matière des religions* (en anglais, Oxford, 1628, in-4°).

P. J.

310. Il faut faire quelques remarques sur ce discours. Une connaissance bien claire du meilleur détermine la volonté ; mais elle ne la nécessite point, à proprement parler. Il faut toujours distinguer entre le nécessaire et le certain ou l'infaillible, comme nous avons déjà remarqué plus d'une fois, et distinguer la nécessité métaphysique de la nécessité morale. Je crois aussi qu'il n'y a que la volonté de Dieu qui suive toujours le jugement de l'entendement ; toutes les créatures intelligentes sont sujettes à quelques passions, ou à des perceptions au moins, qui ne consistent pas entièrement en ce que j'appelle idées adéquates. Et quoique ces passions tendent toujours au vrai bien dans les bienheureux, en vertu des lois de la nature et du système des choses préétablies par rapport à eux, ce n'est pas pourtant toujours en sorte qu'ils en aient une parfaite connaissance. Il en est d'eux comme de nous, qui n'entendons pas toujours la raison de nos instincts. Les anges et les bienheureux sont des créatures aussi bien que nous où il y a toujours quelque perception confuse mêlée avec des connaissances distinctes. Suarès a dit quelque chose d'approchant à leur sujet. Il croit (*Traité de l'Oraison*, l. I, ch. II) que Dieu a réglé les choses par avance, en sorte que leurs prières, quand elles se font avec une volonté pleine, réussissent toujours ; c'est un échantillon d'une harmonie préétablie. Quant à nous, outre le jugement de l'entendement, dont nous avons une connaissance expresse, il s'y mêle des perceptions confuses des sens, qui font naître des passions et même des inclinations insensibles, dont nous ne nous apercevons pas toujours. Ces mouvements traversent souvent le jugement de l'entendement pratique.

311. Et quant au parallèle entre le rapport de l'entendement au vrai, et de la volonté au bien, il faut savoir qu'une perception claire et distincte d'une vérité contient en elle actuellement l'affirmation de cette vérité : ainsi l'entendement est nécessité par là. Mais, quelque perception qu'on ait du bien, l'effort d'agir après le jugement, qui fait à mon avis l'essence de la volonté, en est distingué ; ainsi, comme il faut du temps pour porter cet effort à son comble, il peut être suspendu, et même changé, par une nouvelle perception ou inclination qui vient à la traverse, qui en détourne l'esprit, et qui lui fait même faire quelquefois un jugement contraire. C'est ce qui fait que notre âme a tant de moyens de résister à la vérité qu'elle connaît, et qu'il y a un si grand trajet de l'esprit au cœur ; surtout lorsque l'entendement ne procède en bonne partie que par des pensées

sourdes, peu capables de toucher, comme je l'ai expliqué ailleurs. Ainsi la liaison entre le jugement et la volonté n'est pas si nécessaire qu'on pourrait penser.

312. M. Bayle poursuit fort bien (p. 224) : « Déjà ce ne peut pas « être un défaut dans l'âme de l'homme que de n'avoir point la « liberté d'indifférence quant au bien, en général ; ce serait plutôt « un désordre, une imperfection extravagante, si l'on pouvait dire « véritablement : peu m'importe d'être heureux ou malheureux ; je « n'ai pas plus de détermination à aimer le bien qu'à le haïr ; je « puis faire également l'un et l'autre. Or, si c'est une qualité louable « et avantageuse que d'être déterminé quant au bien en général, ce « ne peut pas être un défaut que de se trouver nécessité quant à « chaque bien particulier reconnu manifestement pour notre bien. « Il semble même que ce soit une conséquence nécessaire que, « si l'âme n'a point de liberté d'indifférence quant au bien en géné- « ral, elle n'en ait point quant aux biens particuliers, pendant « qu'elle juge contradictoirement que ce sont des biens pour elle. « Que penserions-nous d'une âme qui, ayant formé ce jugement-là, « se vanterait avec raison d'avoir la force de ne pas aimer ces biens, « et même de les haïr, et qui dirait : Je connais clairement que ce « sont des biens pour moi, j'ai toutes les lumières nécessaires sur « ce point-là ; cependant je ne veux point les aimer, je veux les « haïr ; mon parti est pris, je l'exécute ; ce n'est pas qu'aucune « raison (c'est-à-dire, quelque autre raison que celle qui est fondée « sur tel est mon bon plaisir) m'y engage, mais il me plaît d'en user « ainsi ; que penserions-nous, dis-je, d'une telle âme ? Ne la trou- « verions-nous pas plus imparfaite, et plus malheureuse, que si elle « n'avait pas cette liberté d'indifférence ? »

313. « Non seulement la doctrine qui soumet la volonté aux der- « niers actes de l'entendement donne une idée plus avantageuse de « l'état de l'âme ; mais elle montre aussi qu'il est plus facile de con- « duire l'homme au bonheur par ce chemin-là que par celui de l'in- « différence ; car il suffira de lui éclairer l'esprit sur ses véritables « intérêts, et tout aussitôt sa volonté se conformera aux jugements « que la raison aura prononcés. Mais s'il a une liberté indépendante « de la raison, et de la qualité des objets clairement connus, il sera « le plus indisciplinable de tous les animaux, et l'on ne pourra « jamais s'assurer de lui faire prendre le bon parti. Tous les con- « seils, tous les raisonnements du monde pourront être très inu-

« tiles ; vous lui éclairerez, vous lui convaincrez l'esprit ; et néan-
« moins sa volonté fera la fière, et demeurera immobile comme un
« rocher. (Virgil., *Æn.*, lib. VI, v. 470.

> Non magis incœpto vultum sermone movetur,
> Quam si dura silex, aut stet Marpesia cautes.)

« Une quinte, un vain caprice la fera raidir contre toutes sortes de
« raisons ; il ne lui plaira pas d'aimer son bien clairement connu, il
« lui plaira de le haïr. Trouvez-vous, Monsieur, qu'une telle faculté
« soit le plus riche présent que Dieu ait pu faire à l'homme, et l'ins-
« trument unique de notre bonheur ? N'est-ce pas plutôt un obstacle
« à notre félicité ? Est-ce de quoi se glorifier que de pouvoir dire :
« J'ai méprisé tous les jugements de ma raison, et j'ai suivi une
« route toute différente, par le seul motif de mon bon plaisir ! De quels
« regrets ne serait-on pas déchiré en ce cas-là, si la détermination
« qu'on aurait prise était dommageable ? Une telle liberté serait
« donc plus nuisible qu'utile aux hommes ; parce que l'entendement
« ne représenterait pas assez bien toute la bonté des objets, pour
« ôter à la volonté la force de la réjection. Il vaudrait donc infiniment
« mieux à l'homme qu'il fût toujours nécessairement déterminé par
« le jugement de l'entendement, que de permettre à la volonté de
« suspendre son action ; car, par ce moyen, il parviendrait plus faci-
« lement et plus certainement à son but. »

314. Je remarque encore sur ce discours, qu'il est très vrai qu'une liberté d'indifférence indéfinie, et qui fût sans aucune raison déterminante, serait aussi nuisible et même choquante qu'elle est impraticable et chimérique. L'homme qui voudrait en user ainsi, ou faire au moins comme s'il agissait sans sujet, passerait à coup sûr pour un extravagant. Mais il est très vrai aussi que la chose est impossible, quand on la prend dans la rigueur de la supposition ; et aussitôt qu'on en veut donner un exemple, on s'en écarte, et on tombe dans le cas d'un homme qui ne se détermine pas sans sujet, mais qui se détermine plutôt par inclination ou par passion que par jugement. Car aussitôt que l'on dit : « Je méprise les jugements de ma raison par le seul motif de mon bon plaisir ; il me plaît d'en user ainsi ; » c'est autant que si l'on disait : « Je préfère mon inclination à mon intérêt, mon plaisir à mon utilité. »

315. C'est comme si quelque homme capricieux, s'imaginant qu'il lui est honteux de suivre l'avis de ses amis ou de ses serviteurs,

préférait la satisfaction de les contredire à l'utilité qu'il pourrait retirer de leur conseil. Il peut pourtant arriver que, dans une affaire de peu de conséquence, un homme sage même agisse irrégulièrement et contre son intérêt, pour contrecarrer un autre qui le veut contraindre, ou qui le veut gouverner, ou pour confondre ceux qui observent ses démarches. Il est bon même quelquefois d'imiter Brutus en cachant son esprit, et même de contrefaire l'insensé, comme fit David devant le roi des Philistins.

316. M. Bayle ajoute encore bien de belles choses, pour faire voir que d'agir contre le jugement de l'entendement serait une grande imperfection. Il observe (p. 225) que même, selon les molinistes, l'entendement qui s'acquitte bien de son devoir marque ce qui est le meilleur. Il introduit Dieu (ch. xci, p. 227) disant à nos premiers pères dans le jardin d'Éden : « Je vous ai donné ma connaissance, la
« faculté de juger des choses, et un plein pouvoir de disposer de vos
« volontés. Je vous donnerai des instructions et des ordres ; mais le
« franc arbitre que je vous ai communiqué est d'une telle nature, que
« vous avez une force égale (selon les occasions) de m'obéir ou de
« me désobéir. On vous tentera ; si vous faites un bon usage de votre
« liberté, vous serez heureux ; et si vous en faites un mauvais usage,
« vous serez malheureux. C'est à vous de voir si vous voulez me
« demander comme une nouvelle grâce, ou que je vous permette
« d'abuser de votre liberté, lorsque vous en formerez la résolution,
« ou que je vous en empêche. Songez-y bien, je vous donne vingt-
« quatre heures..... Ne comprenez-vous pas clairement (ajoute
« M. Bayle) que leur raison, qui n'avait pas été encore obscurcie
« par le péché, leur eût fait conclure qu'il fallait demander à Dieu,
« comme le comble des faveurs dont il les avait honorés, de ne point
« permettre qu'ils se perdissent par le mauvais usage de leurs forces ?
« Et ne faut-il pas avouer que, si Adam, par un faux point d'honneur
« de se conduire lui-même, eût refusé une direction divine qui eût
« mis sa félicité à couvert, il aurait été l'original des Phaétons et des
« Icares ? Il aurait été presque aussi impie que l'Ajax de Sophocle,
« qui voulait vaincre sans l'assistance des dieux, et qui disait que les
« plus poltrons feraient fuir leurs ennemis avec une telle assistance. »

317. M. Bayle fait voir aussi (ch. lxxx) qu'on ne se félicite pas moins, ou même qu'on s'applaudit davantage d'avoir été assisté d'en haut, que d'être redevable de son bonheur à son choix. Et si on se trouve bien d'avoir préféré un instinct tumultueux, qui s'était élevé

tout d'un coup, à des raisons mûrement examinées, on en conçoit une joie extraordinaire; car on s'imagine, ou que Dieu, ou que notre ange gardien, ou qu'un je ne sais quoi, qu'on se représente sous le nom vague de fortune, nous a poussés à cela. En effet, Sylla et César se glorifiaient plus de leur fortune que de leur conduite. Les païens, et particulièrement les poètes, Homère surtout, déterminaient leurs héros par l'impulsion divine. Le héros de l'*Énéide* ne marche que sous la direction d'un dieu. C'était un éloge très fin de dire aux empereurs qu'ils vainquaient et par leurs troupes et par leurs dieux qu'ils prêtaient à leurs généraux, *Te copias, te consilium et tuos præbente Divos*, dit Horace. Les généraux combattaient sous les auspices des empereurs, comme se reposant sur leur fortune, car les auspices n'appartenaient pas aux subalternes. On s'applaudit d'être favori du ciel; on s'estime davantage d'être heureux que d'être habile. Il n'y a point de gens qui se croient plus heureux que les mystiques, qui s'imaginent se tenir en repos, et que Dieu agit en eux.

318. De l'autre côté, comme M. Bayle ajoute (ch. LXXXIII) : « Un « philosophe stoïcien, qui attache à tout une fatale nécessité, est « aussi sensible qu'un autre homme au plaisir d'avoir bien choisi. « Et tout homme de jugement trouvera que, bien loin de se plaindre « qu'on ait délibéré longtemps, et choisi enfin le parti le plus honnête, « c'est une satisfaction incroyable que de se persuader que l'on est « si affermi dans l'amour de la vertu, que sans résister le moins « du monde on rejetterait une tentation. Un homme, à qui l'on pro- « pose de faire une action opposée à son devoir, à son honneur et « à sa conscience, et qui répond sur-le-champ qu'il est incapable « d'un tel crime, et qui en effet ne s'en trouve point capable, est « bien plus content de sa personne que s'il demandait du temps pour « y songer, et s'il se sentait irrésolu pendant quelques heures quel « parti prendre. On est bien fâché en plusieurs rencontres de ne se « pouvoir déterminer entre deux partis, et l'on serait bien aise que « le conseil d'un bon ami, ou quelque secours d'en haut, nous « poussât à faire un bon choix. » Tout cela nous fait voir l'avantage qu'un jugement déterminé a sur cette indifférence vague qui nous laisse dans l'incertitude. Mais enfin nous avons assez prouvé qu'il n'y a que l'ignorance ou la passion qui puisse tenir en suspens, et que c'est pour cela que Dieu ne l'est jamais. Plus on approche de lui, plus la liberté est parfaite, et plus elle se détermine par le

bien et par la raison. Et l'on préférera toujours le naturel de Caton, dont Velléius disait qu'il lui était impossible de faire une action malhonnête, à celui d'un homme qui sera capable de balancer.

319. Nous avons été bien aise de représenter et d'appuyer ces raisonnements de M. Bayle contre l'indifférence vague, tant pour éclaircir la matière que pour l'opposer à lui-même, et pour faire voir qu'il ne devait donc point se plaindre de la prétendue nécessité imposée à Dieu de choisir le mieux qu'il est possible. Car ou Dieu agira par une indifférence vague et au hasard, ou bien il agira par caprice ou par quelque autre passion, ou enfin il doit agir par une inclination prévalente de la raison qui le porte au meilleur. Mais les passions, qui viennent de la perception confuse d'un bien apparent, ne sauraient avoir lieu en Dieu; et l'indifférence vague est quelque chose de chimérique. Il n'y a donc que la plus forte raison qui puisse régler le choix de Dieu. C'est une imperfection de notre liberté, qui fait que nous pouvons choisir le mal au lieu du bien, un plus grand mal au lieu du moindre mal, le moindre bien au lieu du plus grand bien. Cela vient des apparences du bien et du mal, qui nous trompent; au lieu que Dieu est toujours porté au vrai et au plus grand bien, c'est-à-dire au vrai bien absolument, qu'il ne saurait manquer de connaître.

320. Cette fausse idée de la liberté, formée par ceux qui, non contents de l'exempter, je ne dis pas de la contrainte, mais de la nécessité même, voudraient encore l'exempter de la certitude et de la détermination, c'est-à-dire de la raison et de la perfection, n'a pas laissé de plaire à quelques scolastiques, gens qui s'embarrassent souvent dans leurs subtilités, et prennent la paille des termes pour le grain des choses. Ils conçoivent quelque notion chimérique, dont ils se figurent de tirer des utilités, et qu'ils tâchent de maintenir par des chicanes. La pleine indifférence est de cette nature : l'accorder à la volonté, c'est lui donner un privilège semblable à celui que quelques cartésiens et quelques mystiques trouvent dans la nature divine, de pouvoir faire l'impossible, de pouvoir produire des absurdités, de pouvoir faire que deux propositions contradictoires soient vraies en même temps. Vouloir qu'une détermination vienne d'une pleine indifférence absolument indéterminée, est vouloir qu'elle vienne naturellement de rien. L'on suppose que Dieu ne donne pas cette détermination : elle n'a donc point de source dans l'âme, ni dans le corps, ni dans les circonstances, puisque tout est supposé

indéterminé ; et la voilà pourtant qui paraît et qui existe, sans préparation, sans que rien s'y dispose, sans qu'un ange, sans que Dieu même puisse voir ou faire voir comment elle existe. C'est non seulement sortir de rien, mais même c'est en sortir par soi-même. Cette doctrine introduit quelque chose d'aussi ridicule que la déclinaison des atomes d'Épicure dont nous avons déjà parlé, qui prétendait qu'un de ces petits corps, allant en ligne droite, se détournait tout d'un coup de son chemin sans aucun sujet, seulement parce que la volonté le commande. Et notez qu'il n'y a eu recours que pour sauver cette prétendue liberté de pleine indifférence, dont il paraît que la chimère a été bien ancienne, et l'on peut dire avec raison : *Chimæra chimæram parit*.

321. Voici comment M. Marchetti (1) l'a expliqué dans sa jolie traduction de Lucrèce en vers italiens, à laquelle on n'a pas encore voulu laisser voir le jour. (Lib. II.)

> Ma ch'i principj poi non corran punto
> Della lor dritta via, chi veder puote ?
> Si finalmente ogni lor moto sempre
> Insieme s'aggruppa ; e dall' antico
> Sempre con ordin certo il nuovo nasce ;
> Ne tracciando i primi semi, fanno
> Di moto un tal principio, il qual poi rompa
> I decreti del fato ; accio non segua
> L'una causa dell' altra in infinito ;
> Onde han questa, dich' io, del fato sciolta
> Libera voluntà, per cui ciascuno
> Va dove più l'agrada ? I moti ancora
> Si declinan sovente, e non in tempo
> Certo, ne certa region, ma solo
> Quando e dove commanda il nostro arbitrio ;
> Poiche senz' alcun dubbio a queste cose
> Dà sol principio il voler proprio, e quindi
> Van poi scorrendo per le membra i moti.

Il est plaisant qu'un homme comme Épicure, après avoir écarté les dieux et toutes les substances incorporelles, a pu s'imaginer que la volonté, que lui-même compose d'atomes, a pu avoir un empire sur

---

(1) MARCHETTI, traducteur italien de Lucrèce, né en 1633 à Pontormo (château en Toscane), mort dans ce même château en 1714, membre de l'Académie de la *Crusca*. Il s'est occupé aussi de mathématiques et de physique, et on cite de lui un traité *De Resistentia solidorum* (1669, in-4°). — Sa traduction de Lucrèce est très remarquable (Londres, 1717, in-8°). — Les poésies de Marchetti ont été publiées sous ce titre : *Saggio de rime eroico*, Florence, 1704, in-4°. P.J.

les atomes, et les détourner de leur chemin, sans qu'il soit possible de dire comment.

322. Carnéade, sans aller jusqu'aux atomes, a voulu trouver d'abord dans l'âme de l'homme la raison de la prétendue indifférence vague, prenant pour la raison de la chose, cela même dont Épicure cherchait la raison. Carnéade (1) n'y gagnait rien, sinon qu'il trompait plus aisément des gens peu attentifs, en transférant l'absurdité d'un sujet, où elle est un peu trop manifeste, à un autre sujet, où il est plus aisé d'embrouiller les choses, c'est-à-dire du corps sur l'âme; parce que la plupart des philosophes avaient des notions peu distinctes de la nature de l'âme. Épicure, qui la composait d'atomes, avait raison au moins de chercher l'origine de sa détermination dans ce qu'il croyait l'origine de l'âme même. C'est pourquoi Cicéron et M. Bayle ont eu tort de le tant blâmer, et d'épargner, et même de louer Carnéade, qui n'est pas moins déraisonnable; et je ne comprends pas comment M. Bayle, qui était si clairvoyant, s'est laissé payer d'une absurdité déguisée, jusqu'à l'appeler le plus grand effort que l'esprit humain puisse faire sur ce sujet; comme si l'âme, qui est le siège de la raison, était plus capable que le corps d'agir sans être déterminée par quelque raison ou cause interne ou externe; ou comme si le grand principe, qui porte que rien ne se fait sans cause, ne regardait que le corps.

323. Il est vrai que la forme ou l'âme a cet avantage sur la matière, qu'elle est la source de l'action, ayant en soi le principe du mouvement ou du changement; en un mot, τό αὐτοκίνητον, comme Platon l'appelle; au lieu que la matière est seulement passive, et a besoin d'être poussée pour agir, *agitur, ut agat*. Mais si l'âme est active par elle-même, comme elle l'est en effet, c'est pour cela même qu'elle n'est pas de soi absolument indifférente à l'action, comme la matière, et qu'elle doit trouver en soi de quoi se déterminer. Et selon le système de l'harmonie préétablie, l'âme trouve en elle-même, et dans sa nature idéale antérieure à l'existence, les raisons de ses déterminations, réglées sur tout ce qui l'environnera. Par là elle était déterminée de toute éternité dans son état de pure possibilité à agir librement, comme elle fera dans le temps, lorsqu'elle parviendra à l'existence.

---

(1) CARNÉADE de Cyrène, philosophe grec, né en 27, mort en 129. Il fut le disciple d'Arcésilas, fondateur de la nouvelle Académie, qui réduisit le platonisme à un demi-scepticisme. — Voir sur *Carnéade* le *Dictionnaire* de Bayle et Foucher (*Histoire des Académiciens*). P.J.

324. M. Bayle remarque fort bien lui-même que la liberté d'indifférence, telle qu'il faut l'admettre, n'exclut point les inclinations, et ne demande point l'équilibre. Il fait voir assez amplement (*Rép. au Provincial*, ch. CXXXIX, p. 748 et suiv.) qu'on peut comparer l'âme à une balance, où les raisons et les inclinations tiennent lieu de poids. Et, selon lui, on peut expliquer ce qui se passe dans nos résolutions par l'hypothèse que la volonté de l'homme est comme une balance qui se tient en repos, quand les poids de ses deux bassins sont égaux ; et qui penche toujours, ou d'un côté ou de l'autre, selon que l'un des bassins est plus chargé. Une nouvelle raison fait un poids supérieur, une nouvelle idée rayonne plus vivement que la vieille, la crainte d'une grosse peine l'emporte sur quelque plaisir ; quand deux passions se disputent le terrain, c'est toujours la plus forte qui demeure la maîtresse, à moins que l'autre ne soit aidée par la raison ou par quelque autre passion combinée. Lorsqu'on jette les marchandises pour se sauver, l'action que les écoles appellent mixte est volontaire et libre ; et cependant l'amour de la vie l'emporte indubitablement sur l'amour du bien. Le chagrin vient du souvenir des biens qu'on perd ; et l'on a d'autant plus de peine à se déterminer, que les raisons opposées approchent plus de l'égalité, comme l'on voit que la balance se détermine plus promptement, lorsqu'il y a une grande différence entre les poids.

325. Cependant, comme bien souvent il y a plusieurs partis à prendre, on pourrait au lieu de la balance comparer l'âme avec une force qui fait effort en même temps de plusieurs côtés, mais qui n'agit que là où elle trouve le plus de facilité ou le moins de résistance. Par exemple, l'air, étant comprimé trop fortement dans un récipient de verre, le cassera pour sortir. Il fait effort sur chaque partie, mais il se jette enfin sur la plus faible. C'est ainsi que les inclinations de l'âme vont sur tous les biens qui se présentent ; ce sont des volontés antécédentes ; mais la volonté conséquente, qui en est le résultat, se détermine vers ce qui touche le plus.

326. Cependant cette prévalence des inclinations n'empêche point que l'homme ne soit le maître chez lui, pourvu qu'il sache user de son pouvoir. Son empire est celui de la raison ; il n'a qu'à se préparer de bonne heure pour s'opposer aux passions, et il sera capable d'arrêter l'impétuosité des plus furieuses. Supposons qu'Auguste, prêt à donner des ordres pour faire mourir Fabius Maximus, se serve à son ordinaire du conseil qu'un philosophe lui avait

donné, de réciter l'alphabet grec, avant que de rien faire dans le mouvement de sa colère : cette réflexion sera capable de sauver la vie de Fabius et la gloire d'Auguste. Mais sans quelque réflexion heureuse, dont on est redevable quelquefois à une bonté divine toute particulière, ou sans quelque adresse acquise par avance, comme celle d'Auguste, propre à nous faire faire les réflexions convenables en temps et lieu, la passion l'emportera sur la raison. Le cocher est le maître des chevaux, s'il les gouverne comme il doit et comme il peut ; mais il y a des occasions où il se néglige, et alors il faudra pour un temps abandonner les rênes :

Fertur equis auriga, nec audit currus habenas.

327. Il faut avouer qu'il y a toujours assez de pouvoir en nous sur notre volonté, mais on ne s'avise pas toujours de l'employer. Cela fait voir, comme nous l'avons remarqué plus d'une fois, que le pouvoir de l'âme sur ses inclinations est une puissance qui ne peut être exercée que d'une manière indirecte ; à peu près comme Bellarmin voulait que les papes eussent droit sur le temporel des rois. A la vérité, les actions externes, qui ne surpassent point nos forces, dépendent absolument de notre volonté ; mais nos volitions ne dépendent de la volonté que par certains détours adroits qui nous donnent moyen de suspendre nos résolutions, ou de les changer. Nous sommes les maîtres chez nous, non pas comme Dieu l'est dans le monde, qui n'a qu'à parler ; mais comme un prince sage l'est dans ses États, ou comme un bon père de famille l'est dans son domestique. M. Bayle le prend autrement quelquefois, comme si c'était un pouvoir absolu, indépendant des raisons et des moyens, que nous devrions avoir chez nous pour nous vanter d'un franc arbitre. Mais Dieu même ne l'a point, et ne le doit point avoir dans ce sens par rapport à sa volonté ; il ne peut point changer sa nature ni agir autrement qu'avec ordre ; et comment l'homme pourrait-il se transformer tout d'un coup ! Je l'ai déjà dit, l'empire de Dieu, l'empire du sage, est celui de la raison. Il n'y a que Dieu cependant qui ait toujours les volontés les plus désirables, et par conséquent il n'a point besoin du pouvoir de les changer.

328. Si l'âme est la maîtresse chez soi (dit M. Bayle, p. 753), elle n'a qu'à vouloir, et aussitôt ce chagrin et cette peine qui accompagnent la victoire sur les passions s'évanouiront. Pour cet effet, il suffirait, à son avis, de se donner de l'indifférence pour les objets

des passions (p. 758). Pourquoi donc les hommes ne se donnent-ils pas cette indifférence, dit-il, s'ils sont les maîtres chez eux ? Mais cette objection est justement comme si je demandais pourquoi un père de famille ne se donne pas de l'or, quand il en a besoin ? Il en peut acquérir, mais par adresse, et non pas comme du temps des fées, ou du roi Midas, par un simple commandement de la volonté, ou par un attouchement. Il ne suffirait pas d'être le maître chez soi, il faudrait être le maître de toutes choses, pour se donner tout ce que l'on veut, car on ne trouve pas tout chez soi. En travaillant aussi sur soi, il faut faire comme en travaillant sur autre chose ; il faut connaître la constitution et les qualités de son objet et y accommoder ses opérations. Ce n'est donc pas en un moment, et par un simple acte de la volonté, qu'on se corrige et qu'on acquiert une meilleure volonté.

329. Il est bon cependant de remarquer que les chagrins et les peines, qui accompagnent la victoire sur les passions, tournent en quelques-uns en plaisirs, par le grand contentement qu'ils trouvent dans le sentiment vif de la force de leur esprit et de la grâce divine. Les ascétiques et les vrais mystiques en peuvent parler par expérience ; et même un véritable philosophe en peut dire quelque chose. On peut parvenir à cet heureux état, et c'est un des principaux moyens dont l'âme se peut servir pour affermir son empire.

330. Si les scotistes et les molinistes paraissent favoriser l'indifférence vague (ils le paraissent, dis-je, car je doute qu'ils le fassent tout de bon, après l'avoir bien connue), les thomistes et les augustiniens sont pour la prédétermination. Car il faut nécessairement l'un ou l'autre. Thomas d'Aquin est un auteur qui a coutume d'aller au solide ; et le subtil Scot, cherchant à le contredire, obscurcit souvent les choses, au lieu de les éclaircir. Les thomistes suivent ordinairement leur maître, et n'admettent point que l'âme se détermine sans qu'il y ait quelque prédétermination qui y contribue. Mais la prédétermination des nouveaux thomistes n'est peut-être pas justement celle dont on a besoin. Durand de Saint-Pourçain, qui faisait assez souvent bande à part, et qui a été contre le concours spécial de Dieu, n'a pas laissé d'être pour une certaine prédétermination ; et il a cru que Dieu voyait dans l'état de l'âme, et de ce qui l'environne, la raison de ses déterminations.

331. Les anciens stoïciens ont été à peu près en cela du sentiment des thomistes ; ils ont été en même temps pour la détermination,

et contre la nécessité ; quoiqu'on leur ait imputé qu'ils rendaient tout nécessaire. Cicéron dit, dans son livre *De Fato*, que Démocrite, Héraclite (1), Empédocle (2), Aristote ont cru que le destin emportait une nécessité ; que d'autres s'y sont opposés (il entend peut-être Épicure et les académiciens), et que Chrysippe a cherché un milieu. Je crois que Cicéron se trompe à l'égard d'Aristote, qui a fort bien reconnu la contingence et la liberté, et est allé même trop loin, en disant (par inadvertance, comme je crois) que les propositions sur les contingents futurs n'avaient point de vérité déterminée ; en quoi il a été abandonné avec raison par la plupart des scolastiques. Cléanthe même, le maître de Chrysippe, quoiqu'il fût pour la vérité déterminée des événements futurs, en niait la nécessité. Si les scolastiques, si bien persuadés de cette détermination des futurs contingents (comme l'étaient par exemple les pères de Coïmbre, auteurs d'un cours célèbre de philosophie), avaient vu la liaison des choses, telle que le système de l'harmonie générale la fait connaître, ils auraient jugé qu'on ne saurait admettre la certitude préalable, ou la détermination de la futurition, sans admettre une prédétermination de la chose dans ses causes et dans ses raisons.

332. Cicéron a tâché de nous expliquer le milieu de Chrysippe ; mais Juste Lipse (3) a remarqué dans sa philosophie stoïcienne que le passage de Cicéron était tronqué, et que Aulu-Gelle (4) nous a conservé tout le raisonnement du philosophe stoïcien (*Noct. Att.*,

---

(1) Héraclite, philosophe grec, surnommé l'*Obscur*, né à Éphèse vers 544 avant J.-C. On ignore l'époque de sa mort. Il avait composé un traité, Περὶ φύσεως, qui paraît avoir été le premier ouvrage philosophique écrit en prose. Sur Héraclite, voy. *Diog. Laert.*, l. IX ; et, chez les modernes, Schleiermacher (3º cahier du t. Iᵉʳ du *Museum der Alterthum Wissenschaft*, Berlin, 1808). J. P.

(2) Empédocle d'Agrigente florissait vers l'an 444 avant J.-C. Il avait écrit de nombreux poèmes, dont un Περὶ φύσεως : il nous en reste d'importants fragments réunis par Sturle en 1805 ; par Peyron en 1810 ; et enfin par Simon Karsten, dans son ouvrage intitulé : *Empedoclis Agrigentini carminum reliquiæ ; —De Vitâ ejus et studiis disseruit, fragmenta explicuit, philosophiam illustravit Simon Karsten*, Amst., 1838. P. J.

(3) Juste Lipse ou plutôt *Joost Lipos*, illustre érudit du xviᵉ siècle, né près de Bruxelles en 1547, mort en 1616. — Ses principaux écrits philosophiques sont le *De Constantiâ* (Francfort, 1591, in-4º) ;—*Manudductionis ad Stoïcam philosophiam tres libri ; — Physiologiæ stoïcorum tres libri* (Anvers et Paris, in-4º et in-8º) ; — *Politicorum sive civilis doctrinæ libri sex*, in-8º. — Ses œuvres complètes ont été publiées (Anvers, 4 vol. in-8º, et Vesel, 1675). P. J.

(4) Aulu-Gelle, grammairien et critique du iiiᵉ siècle, vivait à Rome sous es règnes d'Adrien et d'Antonin, et mourut au commencement du règne de Marc-Aurèle. — Son principal ouvrage est : *Noctes Atticæ* (Rome, 1469, in-fol.); on cite aussi une édition elzévirienne (Amsterdam 1651, in-12). P. J.

lib. VI, ch. II), le voici en abrégé : Le destin est la connexion inévitable et éternelle de tous les événements. On y oppose qu'il s'ensuit que les actes de la volonté seraient nécessaires, et que les criminels, étant forcés au mal, ne doivent point être punis. Chrysippe répond que le mal vient de la première constitution des âmes, qui fait une partie de la suite fatale ; que celles qui sont bien faites naturellement résistent mieux aux impressions des causes externes ; mais que celles dont les défauts naturels n'avaient pas été corrigés par la discipline se laissaient pervertir. Puis il distingue, suivant Cicéron, entre les causes principales et les causes accessoires ; et se sert de la comparaison d'un cylindre, dont la volubilité et la vitesse ou la facilité dans le mouvement viennent principalement de sa figure ; au lieu qu'il serait retardé, s'il était raboteux. Cependant il a besoin d'être poussé, comme l'âme a besoin d'être sollicitée par les objets des sens, et reçoit cette impression selon la constitution où elle se trouve.

333. Cicéron juge que Chrysippe s'embarrasse d'une telle manière, que bon gré mal gré il confirme la nécessité du destin. M. Bayle est à peu près du même sentiment (*Dictionn.*, art. *Chrysippe*, let. H). Il dit que ce philosophe ne se tire point du bourbier, puisque le cylindre est uni ou raboteux, selon que l'ouvrier l'a fait : et qu'ainsi Dieu, la providence, le destin, seront les causes du mal, d'une manière qui le rendra nécessaire. Juste Lipse répond que, selon les stoïciens, le mal venait de la matière ; c'est (à mon avis) comme s'il avait dit que la pierre sur laquelle l'ouvrier a travaillé était quelquefois trop grossière et trop inégale pour donner un bon cylindre. M. Bayle cite contre Chrysippe les fragments d'Onomaüs et de Diogénianus (1), qu'Eusèbe nous a conservés dans la *Préparation évangélique* (lib. VI, ch. VIII), et surtout il fait fond sur la réfutation de Plutarque dans son livre contre les stoïciens, rapportée article *Pauliciens*, let. G. Mais cette réfutation n'est pas grand'chose. Plutarque prétend qu'il vaudrait mieux ôter la puissance à Dieu, que de lui laisser permettre les maux ; et il ne veut point admettre que le mal puisse servir à un plus grand bien. Au lieu que nous avons déjà fait voir que Dieu ne laisse pas d'être tout-puissant, quoiqu'il ne puisse point faire mieux que de produire le meilleur, lequel contient la permission du mal ; et nous avons montré plus d'une fois que ce

---

(1) *Onomaüs* et *Diogénianus*, connus seulement par les fragments cités par Eusèbe. P. J.

qui est un inconvénient dans une partie prise à part peut servir à la perfection du tout.

334. Chrysippe en avait déjà remarqué quelque chose, non seulement dans son IV° livre de la *Providence* chez Aulu-Gelle (lib. VI, ch. 1), où il prétend que le mal sert à faire connaître le bien (raison qui n'est pas suffisante ici), mais encore mieux, quand il se sert de la comparaison d'une pièce de théâtre, dans son second livre de la nature (comme Plutarque le rapporte lui-même), disant qu'il y a quelquefois des endroits dans une comédie qui ne valent rien par eux-mêmes et qui ne laissent pas de donner de la grâce à tout le poëme. Il appelle ces endroits des épigrammes ou inscriptions. Nous ne connaissons pas assez la nature de l'ancienne comédie pour bien entendre ce passage de Chrysippe; mais puisque Plutarque demeure d'accord du fait, il y a lieu de croire que cette comparaison n'était pas mauvaise. Plutarque répond premièrement que le monde n'est pas comme une pièce de récréation; mais c'est mal répondre : la comparaison consiste seulement dans ce point qu'une mauvaise partie peut rendre le tout meilleur. Il répond, en deuxième lieu, que ce mauvais endroit n'est qu'une partie de la comédie, au lieu que la vie humaine fourmille de maux. Cette réponse ne vaut rien non plus : car il devait considérer que ce que nous connaissons est aussi une très petite partie de l'Univers.

335. Mais revenons au cylindre de Chrysippe. Il a raison de dire que le vice vient de la constitution originaire de quelques esprits. On lui objecte que Dieu les a formés, et il ne pouvait répliquer que par l'imperfection de la matière, qui ne permettait pas à Dieu de mieux faire. Cette réplique ne vaut rien, car la matière en elle-même est indifférente pour toutes les formes, et Dieu l'a faite. Le mal vient plutôt des formes mêmes, mais abstraites, c'est-à-dire des idées que Dieu n'a point produites par un acte de sa volonté, non plus que les nombres et les figures, et non plus (en un mot) que toutes les essences possibles, qu'on doit tenir pour éternelles et nécessaires; car elles se trouvent dans la région idéale des possibles, c'est-à-dire dans l'entendement divin. Dieu n'est donc point auteur des essences, en tant qu'elles ne sont que des possibilités; mais il n'y a rien d'actuel, à quoi il n'ait décerné et donné l'existence : et il a permis le mal, parce qu'il est enveloppé dans le meilleur plan qui se trouve dans la région des possibles et que la sagesse suprême ne pouvait manquer de choisir. C'est cette notion qui satisfait en même temps à la sagesse, à la puissance et

à la bonté de Dieu, et ne laisse pas de donner lieu à l'entrée du mal. Dieu donne de la perfection aux créatures, autant que l'univers en peut recevoir. On pousse le cylindre, mais ce qu'il a de raboteux dans sa figure donne des bornes à la promptitude de son mouvement. Cette comparaison de Chrysippe n'est pas fort différente de la nôtre, qui était prise d'un bateau chargé, que le courant de la rivière fait aller, mais d'autant plus lentement que la charge est plus grande. Ces comparaisons tendent au même but; et cela fait voir que, si nous étions assez informés des sentiments des anciens philosophes, nous y trouverions plus de raison qu'on ne croit.

336. M. Bayle loue lui-même le passage de Chrysippe (art. *Chrysippe*, let. T) qu'Aulu-Gelle rapporte au même endroit, où ce philosophe prétend que le mal est venu par concomitance. Cela s'éclaircit aussi par notre système; car nous avons montré que le mal que Dieu a permis n'était pas un objet de sa volonté, comme fin ou comme moyen, mais seulement comme condition, puisqu'il devait être enveloppé dans le meilleur. Cependant il faut avouer que le cylindre de Chrysippe ne satisfait point à l'objection de la nécessité. Il fallait ajouter premièrement que c'est par le choix libre de Dieu que quelques-uns des possibles existent; et secondement, que les créatures raisonnables agissent librement aussi, suivant leur nature originelle qui se trouvait dans les idées éternelles; et enfin que le motif du bien incline la volonté, sans la nécessiter.

337. L'avantage de la liberté qui est dans la créature, est sans doute éminemment en Dieu; mais cela se doit entendre autant qu'il est véritablement un avantage, et autant qu'il ne présuppose point une imperfection. Car de pouvoir se tromper et s'égarer est un désavantage; et d'avoir un empire sur les passions est un avantage à la vérité, mais qui présuppose une imperfection, savoir la passion même, dont Dieu est incapable. Scot a eu raison de dire que si Dieu n'était point libre et exempt de la nécessité, aucune créature ne le serait. Mais Dieu est incapable d'être indéterminé en quoi que ce soit : il ne saurait ignorer, il ne saurait douter, il ne saurait suspendre son jugement; sa volonté est toujours arrêtée, et elle ne le saurait être que par le meilleur. Dieu ne saurait jamais avoir une volonté particulière primitive, c'est-à-dire indépendante des lois ou des volontés générales; elle serait déraisonnable. Il ne saurait se déterminer sur Adam, sur Pierre, sur Judas, sur aucun individu, sans qu'il y ait une raison de cette détermination; et cette raison

mène nécessairement à quelque énonciation générale. Le sage agit toujours par principes ; il agit toujours par règles, et jamais par exceptions, que lorsque les règles concourent entre elles par des tendances contraires, où la plus forte l'emporte ; autrement, ou elles s'empêcheront mutuellement, ou il en résultera quelque troisième partie ; et dans tous ces cas, une règle sert d'exception à l'autre, sans qu'il y ait jamais d'exceptions originales, auprès de celui qui agit toujours régulièrement.

338. S'il y a des gens qui croient que l'élection et la réprobation se font du côté de Dieu par un pouvoir absolu despotique, non seulement sans aucune raison qui paraisse, mais véritablement sans aucune raison, même cachée ; ils soutiennent un sentiment qui détruit également la nature des choses et les perfections divines. Un tel décret absolument absolu (pour parler ainsi) serait sans doute insupportable : mais Luther et Calvin en ont été bien éloignés ; le premier espère que la vie future nous fera comprendre les justes raisons du choix de Dieu ; et le second proteste expressément que ces raisons sont justes et saintes, quoiqu'elles nous soient inconnues. Nous avons déjà cité pour cela le Traité de Calvin de la prédestination, dont voici les propres paroles : « Dieu avant la chute d'Adam « avait délibéré ce qu'il avait à faire, et ce pour des causes qui « nous sont cachées... Il reste donc qu'il ait eu de justes causes « pour réprouver une partie des hommes, mais à nous inconnues. »

339. Cette vérité, que tout ce que Dieu fait est raisonnable, et ne saurait être mieux fait, frappe d'abord tout homme de bon sens, et extorque, pour ainsi dire, son approbation. Et cependant c'est une fatalité aux philosophes les plus subtils d'aller choquer quelquefois sans y penser, dans le progrès et dans la chaleur des disputes, les premiers principes du bon sens, enveloppés sous des termes qui les font méconnaître. Nous avons vu ci-dessus comme l'excellent M. Bayle, avec toute sa pénétration, n'a pas laissé de combattre ce principe que nous venons de marquer, et qui est une suite certaine de la perfection suprême de Dieu : il a cru défendre la cause de Dieu, et l'exempter d'une nécessité imaginaire, en lui laissant la liberté de choisir entre plusieurs biens le moindre. On a déjà parlé de M. Diroys et d'autres, qui ont donné aussi dans cette étrange opinion, qui n'est que trop suivie. Ceux qui la soutiennent ne remarquent pas que c'est vouloir conserver, ou plutôt donner à Dieu une fausse liberté, qui est la liberté d'agir déraisonnablement. C'est

rendre ses ouvrages sujets à la correction, et nous mettre dans l'impossibilité de dire, ou même d'espérer qu'on puisse dire quelque chose de raisonnable sur la permission du mal.

340. Ce travers a fait beaucoup de tort aux raisonnements de M. Bayle, et lui a ôté le moyen de sortir de bien des embarras. Cela paraît encore par rapport aux lois du règne de la nature : il les croit arbitraires et indifférentes, et il objecte que Dieu eût pu mieux parvenir à son but dans le règne de la grâce, s'il ne se fût attaché à ces lois, s'il ne se fût point dispensé plus souvent de les suivre, ou même s'il en avait fait d'autres. Il le croyait surtout à l'égard de la loi de l'union de l'âme et du corps. Car il est persuadé, avec les cartésiens modernes, que les idées des qualités sensibles que Dieu donne (selon eux) à l'âme, à l'occasion des mouvements du corps, n'ont rien qui représente ces mouvements, ou qui leur ressemble ; de sorte qu'il était purement arbitraire que Dieu nous donnât les idées de la chaleur, du froid, de la lumière, et autres que nous expérimentons, ou qu'il nous en donnât de tout autres à cette même occasion. J'ai été étonné bien souvent que de si habiles gens aient été capables de goûter des sentiments si peu philosophes, et si contraires aux maximes fondamentales de la raison. Car rien ne marque mieux l'imperfection d'une philosophie que la nécessité où le philosophe se trouve d'avouer qu'il se passe quelque chose, suivant son système, dont il n'y a aucune raison ; et cela vaut bien la déclinaison des atomes d'Épicure. Soit que Dieu ou que la nature opère, l'opération aura toujours ses raisons. Dans les opérations de la nature, ces raisons dépendront ou des vérités nécessaires, ou des lois que Dieu a trouvées les plus raisonnables ; et dans les opérations de Dieu, elles dépendront du choix de la suprême raison qui le fait agir.

341. M. Régis, célèbre cartésien, avait soutenu dans sa métaphysique (part. II, liv. II, c. XXIX) que les facultés que Dieu a données à l'homme sont les plus excellentes dont il ait été capable suivant l'ordre général de la nature. « A ne considérer, dit-il, que la puis-
« sance de Dieu et la nature de l'homme en elles-mêmes, il est très
« facile de concevoir que Dieu a pu rendre l'homme plus parfait :
« mais si l'on veut considérer l'homme, non en lui-même, et sépa-
« rément du reste des créatures, mais comme un membre de
« l'univers, et une partie qui est soumise aux lois générales des
« mouvements, on sera obligé de reconnaître que l'homme est aussi
« parfait qu'il l'a pu être. » Il ajoute que « nous ne concevons pas

« que Dieu ait pu employer aucun autre moyen plus propre que la « douleur, pour conserver notre corps. » M. Régis a raison en général de dire que Dieu ne saurait mieux faire qu'il a fait, par rapport au tout. Et quoiqu'il y ait apparemment en quelques endroits de l'univers des animaux raisonnables plus parfaits que l'homme, l'on peut dire que Dieu a eu raison de créer toute sorte d'espèces, les unes plus parfaites que les autres. Il n'est peut-être point impossible qu'il y ait quelque part une espèce d'animaux fort ressemblants à l'homme, qui soient plus parfaits que nous. Il se peut même que le genre humain parvienne avec le temps à une plus grande perfection que celle que nous pouvons nous imaginer présentement. Ainsi les lois du mouvement n'empêchent point que l'homme ne soit plus parfait; mais la place que Dieu a assignée à l'homme dans l'espace et dans le temps borne les perfections qu'il a pu recevoir.

342. Je doute aussi, M. Bayle, que la douleur soit nécessaire pour avertir les hommes du péril. Mais cet auteur le pousse trop loin (*Rép. au Provinc.*, ch. LXXVII, t. II, p. 104). Il semble croire qu'un sentiment de plaisir pouvait avoir le même effet, et que, pour empêcher un enfant de s'approcher trop près du feu, Dieu pouvait lui donner des idées de plaisir à mesure de son éloignement. Cet expédient ne paraît pas bien praticable à l'égard de tous les maux, si ce n'est par miracle; il est plus dans l'ordre que ce qui causerait un mal, s'il était trop proche, cause quelque pressentiment du mal, lorsqu'il l'est un peu moins. Cependant j'avoue que ce pressentiment pourra être quelque chose de moins que la douleur, et ordinairement il en est ainsi. De sorte qu'il paraît en effet que la douleur n'est point nécessaire pour faire éviter le péril présent; elle a coutume de servir plutôt de châtiment de ce qu'on s'est engagé effectivement dans le mal, et d'admonition de n'y pas retomber une autre fois. Il y a aussi beaucoup de maux dolorifiques, qu'il ne dépend pas de nous d'éviter; et comme une solution de la continuité de notre corps est une suite de beaucoup d'accidents qui nous peuvent arriver, il était naturel que cette imperfection du corps fût représentée par quelque sentiment d'imperfection dans l'âme. Cependant je ne voudrais pas répondre qu'il n'y eût des animaux dans l'univers, dont la structure fût assez artificieuse, pour faire accompagner cette solution d'un sentiment indifférent, comme lorsqu'on coupe un membre gangrené; ou même d'un sentiment de plaisir, comme si l'on ne faisait que se gratter; parce que l'imperfection qui accompagne la

solution du corps pourrait donner lieu au sentiment d'une perfection plus grande, qui était suspendue ou arrêtée par la continuité qu'on fait cesser; et à cet égard, le corps serait comme une prison.

343. Rien n'empêche aussi qu'il n'y ait des animaux dans l'univers, semblables à celui de Cyrano que Bergerac rencontra dans le soleil; le corps de cet animal étant une manière de fluide composé d'une infinité de petits animaux, capables de se ranger suivant les désirs du grand animal, qui par ce moyen se transformait en un moment, comme bon lui semblait, et la solution de la continuité lui nuisait aussi peu qu'un coup de rame est capable de nuire à la mer. Mais enfin ces animaux ne sont pas des hommes, ils ne sont pas dans notre globe, au siècle où nous sommes; et le plan de Dieu ne l'a point laissé manquer ici-bas d'un animal raisonnable revêtu de chair et d'os, dont la structure porte qu'il soit susceptible de la douleur.

344. Mais M. Bayle s'y oppose encore par un autre principe : c'est celui que j'ai déjà touché. Il semble qu'il croie que les idées que l'âme conçoit par rapport aux sentiments du corps sont arbitraires. Ainsi Dieu pouvait faire que la solution de continuité nous donnât du plaisir. Il veut même que les lois du mouvement soient entièrement arbitraires. Je voudrais savoir, dit-il (ch. CLXVI, t. III, p. 1080), « si Dieu a établi par un acte de sa liberté d'indifférence
« les lois générales de la communication des mouvements et les lois
« particulières de l'union de l'âme humaine avec un corps organisé ?
« En ce cas, il pouvait établir de tout autres lois, et adopter un
« système dont les suites n'enfermassent ni le mal moral, ni le mal
« physique. Mais si l'on répond que Dieu a été nécessité par la souve-
« raine sagesse à établir les lois qu'il a établies, voilà le fatum des
« stoïciens, à pur et à plein. La sagesse aura marqué un chemin à
« Dieu, dont il lui aura été aussi impossible de s'écarter que de se
« détruire soi-même ». Cette objection a été assez détruite : ce n'est qu'une nécessité morale; et c'est toujours une heureuse nécessité, d'être obligé d'agir suivant les règles de la parfaite sagesse.

345. D'ailleurs, il me paraît que la raison qui fait croire à plusieurs que les lois du mouvement sont arbitraires vient de ce que peu de gens les ont bien examinées. L'on sait à présent que M. Descartes s'est fort trompé en les établissant. J'ai fait voir d'une manière démonstrative que la conservation de la même quantité de mouvement ne saurait avoir lieu; mais je trouve qu'il se conserve la même

quantité de la force, tant absolue que directive et que respective, totale et partielle. Mes principes, qui portent cette matière où elle peut aller, n'ont pas encore été publiés entièrement ; mais j'en ai fait part à des amis très capables d'en juger, qui les ont fort goûtés, et ont converti quelques autres personnes d'un savoir et d'un mérite reconnu. J'ai découvert en même temps que les lois du mouvement, qui se trouvent effectivement dans la nature, et sont vérifiées par les expériences, ne sont pas à la vérité absolument démontrables, comme serait une proposition géométrique : mais il ne faut pas aussi qu'elles le soient. Elles ne naissent pas entièrement du principe de la nécessité, mais elles naissent du principe de la perfection et de l'ordre ; elles sont un effet du choix et de la sagesse de Dieu. Je puis démontrer ces lois de plusieurs manières, mais il faut toujours supposer quelque chose qui n'est pas d'une nécessité absolument géométrique. De sorte que ces belles lois sont une preuve merveilleuse d'un être intelligent et libre, contre le système de la nécessité absolue et brute de Straton ou de Spinoza.

346. J'ai trouvé qu'on peut rendre raison de ces lois, en supposant que l'effet est toujours égal en force à sa cause, ou, ce qui est la même chose, que la même force se conserve toujours : mais cet axiome d'une philosophie supérieure ne saurait être démontré géométriquement. On peut encore employer d'autres principes, de pareille nature : par exemple ce principe que l'action est toujours égale à la réaction, lequel suppose dans les choses une répugnance au changement externe, et ne saurait être tiré ni de l'étendue ni de l'impénétrabilité ; et cet autre principe, qu'un mouvement simple a les mêmes propriétés que pourrait avoir un mouvement composé qui produirait les mêmes phénomènes de translation. Ces suppositions sont très plausibles, et réussissent pour expliquer les lois du mouvement : il n'y a rien de si convenable, d'autant plus qu'elles se rencontrent ensemble ; mais on n'y trouve aucune nécessité absolue qui nous force de les admettre, comme on est forcé d'admettre les règles de la logique, de l'arithmétique et de la géométrie.

347. Il semble, en considérant l'indifférence de la matière au mouvement et au repos, que le plus grand corps en repos pourrait être emporté sans aucune résistance par le moindre corps qui serait en mouvement ; auquel cas il y aurait action sans réaction, et un effet plus grand que sa cause. Il n'y a aussi nulle nécessité de dire du mouvement d'une boule qui court librement sur un plan horizon-

tal uni, avec un certain degré de vitesse appelé A, que ce mouvement doit avoir les propriétés de celui qu'elle aurait, si elle allait moins vite dans un bateau mû lui-même du même côté, avec le reste de la vitesse, pour faire que le globe regardé du rivage avançât avec le même degré A. Car quoique la même apparence de vitesse et de direction résulte par ce moyen du bateau, ce n'est pas que ce soit la même chose. Cependant il se trouve que les effets des concours des globes dans le bateau, dont le mouvement en chacun à part, joint à celui du bateau, donne l'apparence de ce qui se fait hors du bateau, donnent aussi l'apparence des effets que ces mêmes globes concourants feraient hors du bateau. Ce qui est beau, mais on ne voit point qu'il soit absolument nécessaire. Un mouvement dans les deux côtés du triangle rectangle compose un mouvement dans l'hypoténuse; mais il ne s'ensuit point qu'un globe mû dans l'hypoténuse doit faire l'effet de deux globes de sa grandeur mus dans les deux côtés : cependant cela se trouve véritable. Il n'y a rien de si convenable que cet événement, et Dieu a choisi des lois qui le produisent : mais on n'y voit aucune nécessité géométrique. Cependant c'est ce défaut même de la nécessité qui relève la beauté des lois que Dieu a choisies, où plusieurs beaux axiomes se trouvent réunis, sans qu'on puisse dire lequel y est le plus primitif.

348. J'ai encore fait voir qu'il s'y observe cette belle loi de la continuité, que j'ai peut-être mise le premier en avant, et qui est une espèce de pierre de touche, dont les règles de M. Descartes, du P. Fabry, du P. Pardies (1), du P. Malebranche et d'autres, ne sauraient soutenir l'épreuve, comme j'ai fait voir en partie autrefois dans les *Nouvelles de la République des Lettres*, de M. Bayle. En vertu de cette loi, il faut qu'on puisse considérer le repos comme un mouvement s'évanouissant après avoir été continuellement diminué; et de même l'égalité, comme une inégalité qui s'évanouit aussi, comme il arriverait par la diminution continuelle du plus grand de deux corps inégaux, pendant que le moindre garde sa grandeur; et il faut qu'ensuite de cette considération, la règle générale des corps inégaux, ou des corps en mouvement soit applicable aux corps égaux,

---

(1) PARDIES (le P.), géomètre du XVIIe siècle, né en 1636, à Pau, mort en 1673, à l'âge de trente-sept ans. On a de lui : *Dissertatio de motu et naturâ cometarum* (Bordeaux, 1665, in-12); — *Discours du mouvement social* (Paris, 1670); — *Discours de la connaissance des bêtes* (1672, in-12); — *Lettre d'un philosophe à un cartésien* (Paris, 1672, in-12); — *Statique ou la Science des forces mouvantes* (1673, in-12). P. J.

ou aux corps dont l'un est en repos, comme à un cas particulier de la règle; ce qui réussit dans les véritables lois des mouvements, et ne réussit point dans certaines lois inventées par M. Descartes et par quelques autres habiles gens, qui se trouvent déjà par cela seul mal concertées; de sorte qu'on peut prédire que l'expérience ne leur sera point favorable.

349. Ces considérations font bien voir que les lois de la nature qui règlent les mouvements ne sont ni tout à fait nécessaires, ni entièrement arbitraires. Le milieu qu'il y a à prendre, est qu'elles sont un choix de la plus parfaite sagesse. Et ce grand exemple des lois du mouvement fait voir le plus clairement du monde combien il y a de différence entre ces trois cas, savoir: premièrement, une nécessité absolue, métaphysique ou géométrique, qu'on peut appeler aveugle, et qui ne dépend que des causes efficientes; en second lieu, une nécessité morale, qui vient du choix libre de la sagesse par rapport aux causes finales; et enfin en troisième lieu, quelque chose d'arbitraire absolument, dépendant d'une indifférence d'équilibre qu'on se figure, mais qui ne saurait exister, où il n'y a aucune raison suffisante ni dans la cause efficiente, ni dans la finale. Et par conséquent on a tort de confondre, ou ce qui est absolument nécessaire, avec ce qui est déterminé par la raison du meilleur; ou la liberté qui se détermine par la raison, avec une indifférence vague.

350. C'est ce qui satisfait aussi justement à la difficulté de M. Bayle, qui craint que si Dieu est toujours déterminé, la nature se pourrait passer de lui, et faire le même effet, qui lui est attribué, par la nécessité de l'ordre des choses. Cela serait vrai, si, par exemple, les lois du mouvement, et tout le reste, avait sa source dans une nécessité géométrique de causes efficientes; mais il se trouve que dans la dernière analyse, on est obligé de recourir à quelque chose qui dépend des causes finales, ou de la convenance. C'est aussi ce qui ruine le fondement le plus spéciaux des naturalistes. Le Dr Jean-Joachim Becherus (1), médecin allemand, connu par des livres de chimie, avait fait une prière qui pensa lui faire des affaires. Elle commençait: *O sancta mater Natura, œterne rerum ordo.* Et elle aboutissait à dire que cette nature lui devait pardonner ses défauts, puisqu'elle en était cause elle-même. Mais la nature des choses, prise

(1) BECHERUS (Jean-Joachim), médecin, né à Spire en 1635, professeur de médecine à Mayence en 1660, mort à Londres en 1682. — Il a écrit sur toutes sortes de sujets: *Organon philologicum; — OEdipus chimicus; — Psychosophia; — Physica subterranea,* etc.

P. J.

sans intelligence et sans choix, n'a rien d'assez déterminant. M. Becher ne considérait pas assez qu'il faut que l'auteur des choses (*Natura naturans*) soit bon et sage ; et que nous pouvons être mauvais, sans qu'il soit complice de nos méchancetés. Lorsqu'un méchant existe, il faut que Dieu ait trouvé dans la région des possibles l'idée d'un tel homme, entrant dans la suite des choses, de laquelle le choix était demandé par la plus grande perfection de l'univers, et où les défauts et les péchés ne sont pas seulement châtiés, mais encore réparés avec avantage, et contribuant au plus grand bien.

351. M. Bayle cependant a un peu trop étendu le choix libre de Dieu ; et parlant du péripatéticien Straton (*Rép. au Provincial*, ch. CLXXX, p. 1239, t. III), qui soutenait que tout avait été produit par la nécessité d'une nature destituée d'intelligence, il veut que ce philosophe étant interrogé, pourquoi un arbre n'a point la force de former des os et des veines, aurait dû demander à son tour, « pour-
« quoi la matière a précisément trois dimensions, pourquoi deux ne
« lui auraient point suffi, pourquoi elle n'en a pas quatre ? Si l'on
« avait répondu qu'il ne peut y avoir ni plus ni moins de trois
« dimensions, il eût demandé la cause de cette impossibilité ». Ces paroles font juger que M. Bayle a soupçonné que le nombre des dimensions de la matière dépendait du choix de Dieu, comme il a dépendu de lui de faire ou de ne point faire que les arbres produisissent des animaux. En effet, que savons-nous, s'il n'y a point des globes planétaires, ou des terres placées dans quelque endroit plus éloigné de l'univers, où la fable des bernacles d'Écosse (oiseaux qu'on disait naître des arbres) se trouve véritable, et s'il n'y a pas même des pays, où l'on pourrait dire :

. . . . . . Populos umbrosa creavit
Fraxinus, et fœta viridis puer excidit alno ?

Mais il n'en est pas ainsi des dimensions de la matière ; le nombre ternaire y est déterminé, non pas par la raison du meilleur, mais par une nécessité géométrique ; c'est parce que les géomètres ont pu démontrer qu'il n'y a que trois lignes droites perpendiculaires entre elles qui se puissent couper dans un même point. On ne pouvait rien choisir de plus propre à montrer la différence qu'il y a entre la nécessité morale qui fait le choix du sage, et la nécessité brute de Straton et des spinosistes, qui refusent à Dieu l'entendement et la volonté, que de faire considérer la différence qu'il y a entre la raison des lois du mouvement et la raison du nombre ternaire des dimensions ; la première consistant dans le choix du meilleur, et la seconde dans une nécessité géométrique et aveugle.

352. Après avoir parlé des lois des corps, c'est-à-dire des règles du mouvement, venons aux lois de l'union de l'âme et du corps, où M. Bayle pense encore trouver quelque indifférence vague, quelque chose d'absolument arbitraire. Voici comme il en parle dans sa *Réponse aux questions d'un Provincial* (ch. LXXXIV, p. 163, t. 2) : « C'est une
« question embarrassante, si les corps ont quelque vertu natu-
« relle de faire du mal ou du bien à l'âme de l'homme. Si l'on répond
« que oui, l'on s'engage dans un furieux labyrinthe ; car, puisque
« l'âme de l'homme est une substance immatérielle, il faudra dire
« que le mouvement local de certains corps est une cause efficiente
« des pensées d'un esprit, ce qui est contraire aux notions les plus
« évidentes que la philosophie nous donne. Si l'on répond que non,
« on sera contraint d'avouer que l'influence de nos organes sur nos
« pensées ne dépend ni des qualités intérieures de la matière ni des
« lois du mouvement, mais d'une institution arbitraire du créateur.
« Il faudra qu'on avoue qu'il a dépendu absolument de la liberté de
« Dieu de lier telles pensées de notre âme à telles et à telles modifi-
« cations de notre corps, après avoir même fixé toutes les lois de
« l'action des corps les uns sur les autres. D'où il résulte qu'il n'y
« a dans l'univers aucune portion de la matière, dont le voisinage
« nous puisse nuire, qu'autant que Dieu le veut bien ; et par consé-
« quent, que la terre est aussi capable qu'un autre lieu d'être le
« séjour de l'homme heureux... Enfin, il est évident que pour empê-
« cher les mauvais choix de la liberté, il n'est point besoin de trans-
« porter l'homme hors de la terre. Dieu pourrait faire sur la terre,
« à l'égard de tous les actes de la volonté, ce qu'il fait quant aux
« bonnes œuvres des prédestinés, lorsqu'il en fixe l'événement,
« soit par des grâces efficaces, soit par des grâces suffisantes, qui,
« sans faire nul préjudice à la liberté, sont toujours suivies du
« consentement de l'âme. Il lui serait aussi aisé de produire sur la
« terre que dans le ciel la détermination de nos âmes à un bon choix. »

353. Je demeure d'accord avec M. Bayle, que Dieu pouvait mettre un tel ordre aux corps et aux âmes sur ce globe de la terre, soit par des voies naturelles, soit par des grâces extraordinaires, qu'il aurait été un paradis perpétuel, et un avant-goût de l'état céleste des

bienheureux ; et rien n'empêche même qu'il n'y ait des terres plus heureuses que la nôtre ; mais Dieu a eu de bonnes raisons pour vouloir que la nôtre soit telle qu'elle est. Cependant pour prouver qu'un meilleur état eût été possible ici, M. Bayle n'avait point besoin de recourir au système des cause occasionnelles, tout plein de miracles, et tout plein de suppositions, dont les auteurs mêmes avouent qu'il n'y a aucune raison ; ce sont deux défauts d'un système qui l'éloignent le plus de la véritable philosophie. Il y a lieu de s'étonner d'abord que M. Bayle ne s'est point souvenu du système de l'harmonie préétablie, qu'il avait examiné autrefois, et qui venait si à propos ici. Mais comme dans ce système tout est lié et harmonique, tout va par raisons, et rien n'est laissé en blanc ou à la téméraire discrétion de la pure et pleine indifférence, il semble que cela n'accommodait point M. Bayle, prévenu un peu ici de ces indifférences, qu'il combattait pourtant si bien en d'autres occasions. Car il passait aisément du blanc au noir, non pas dans une mauvaise intention, ou contre sa conscience, mais parce qu'il n'y avait encore rien d'arrêté dans son esprit sur la question dont il s'agissait. Il s'accommodait de ce qui lui convenait pour contrecarrer l'adversaire qu'il avait en tête ; son but n'étant que d'embarrasser les philosophes et faire voir la faiblesse de notre raison ; et je crois que jamais Arcésilas ni Carnéade n'ont soutenu le pour et le contre avec plus d'éloquence et plus d'esprit. Mais enfin il ne faut point douter pour douter, il faut que les doutes nous servent de planche pour parvenir à la vérité. C'est ce que je disais souvent à feu l'abbé Foucher, dont quelques échantillons font voir qu'il avait dessein de faire en faveur des académiciens ce que Lipse et Scioppius (1) avaient fait pour les stoïciens, et M. Gassendi pour Épicure, et ce que M. Dacier a si bien commencé de faire pour Platon. Il ne faut point qu'on puisse reprocher aux vrais philosophes ce que le fameux Casaubon répondit à ceux qui lui montrèrent la salle de la Sorbonne, et lui dirent qu'on y avait disputé durant quelques siècles : Qu'y a-t-on conclu ? leur dit-il.

354. M. Bayle poursuit (p. 166) : « Il est vrai que, depuis que les lois
« du mouvement ont été établies telles que nous les voyons dans le
« monde, il faut de toute nécessité qu'un marteau qui frappe une

---

(1) Scioppius ou Schoppe (Gaspard), né à New-Marck, dans le haut Palatinat, en 1576. — On a de lui : *Elementa philosophiæ stoïcæ moralis* ; in-8°, Mayence, 1606 ; — *Fragmenta pædagogiæ regiæ*, in-4°, Milan, 1621.   P. J.

« noix la casse, et qu'une pierre tombée sur le pied d'un homme y
« cause quelque contusion, ou quelque dérangement des parties.
« Mais voilà tout ce qui peut suivre de l'action de cette pierre sur le
« corps humain. Si vous voulez qu'outre cela elle excite un senti-
« ment de douleur, il faut supposer l'établissement d'un autre code
« que celui qui règle l'action et la réaction des corps les uns sur les
« autres; il faut, dis-je, recourir au système particulier des lois de
« l'union de l'âme avec certains corps Or, comme ce système n'est
« point nécessairement lié avec l'autre, l'indifférence de Dieu ne
« cesse point par rapport à l'un, depuis le choix qu'il a fait de
« l'autre. Il a donc combiné ces deux systèmes avec une pleine
« liberté, comme deux choses qui ne s'entre-suivaient point natu-
« rellement. C'est donc par un établissement arbitraire qu'il a
« ordonné que les blessures du corps excitassent de la douleur dans
« l'âme, qui est unie à ce corps. Il n'a tenu, donc, qu'à lui de choisir
« un autre système de l'union de l'âme et du corps. Il a donc pu en
« choisir un, selon lequel les blessures n'excitassent que l'idée du
« remède, et un désir vif, mais agréable, de l'appliquer. Il a pu
« établir, que tous les corps qui seraient prêts à casser la tête d'un
« homme, ou à lui percer le cœur, excitassent une vive idée du
« péril, et que cette idée fût cause que le corps se transportât
« promptement hors de la portée du coup. Tout cela se ferait sans
« miracle, puisqu'il y aurait eu des lois générales sur ce sujet. Le
« système que nous connaissons par expérience nous apprend que
« la détermination du mouvement de certains corps change en vertu
« de nos désirs. Il a donc été possible qu'il se fît une combinaison
« entre nos désirs et le mouvement de certains corps, par laquelle
« les sucs nutritifs se modifiassent de telle sorte, que la bonne dis-
« position de nos organes ne fût jamais altérée. »

355. L'on voit que M. Bayle croit que tout ce qui se fait par des fois générales se fait sans miracle. Mais j'ai assez montré, que, si la loi n'est point fondée en raison, et ne sert pas à expliquer l'événement part la nature des choses, elle ne peut être exécutée que par miracle. Comme, par exemple, si Dieu avait ordonné que les corps dussent se mouvoir en ligne circulaire, il aurait eu besoin de miracles perpétuels, ou du ministère des anges, pour exécuter cet ordre ; car il est contraire à la nature du mouvement, où le corps quitte naturellement la ligne circulaire pour continuer dans la droite tangente, si rien ne le retient. Il ne suffit donc pas que Dieu ordonne

simplement qu'une blessure excite un sentiment agréable, il faut trouver des moyens naturels pour cela. Le vrai moyen par lequel Dieu fait que l'âme a des sentiments de ce qui se passe dans le corps, vient de la nature de l'âme, qui est représentative des corps, et faite en sorte, par avance, que les représentations qui naîtront en elle les unes des autres, par suite naturelle de pensées, répondent au changement des corps.

356. La représentation a un rapport naturel à ce qui doit être représenté. Si Dieu faisait représenter la figure ronde d'un corps par l'idée d'un carré, ce serait une représentation peu convenable; car il y aurait des angles ou éminences dans la représentation, pendant que tout serait égal et uni dans l'original. La représentation supprime souvent quelque chose dans les objets, quand elle est imparfaite; mais elle ne saurait rien ajouter: cela la rendrait, non pas plus parfaite, mais fausse. Outre que la suppression n'est jamais entière dans nos perceptions, et qu'il y a dans la représentation, en tant que confuse, plus que nous n'y voyons. Ainsi il y a lieu de juger que les idées de la chaleur, du froid, des couleurs, etc., ne font aussi que représenter les petits mouvements excités dans les organes, lorsqu'on sent ces qualités, quoique la multitude et la petitesse de ces mouvements en empêchent la représentation distincte. A peu près comme il arrive que nous ne discernons pas le bleu et le jaune qui entrent dans la représentation; aussi bien que dans la composition du vert, lorsque le microscope fait voir que ce qui paraît vert est composé de parties jaunes et bleues.

357. Il est vrai que la même chose peut être représentée différemment; mais il doit toujours y avoir un rapport exact entre la représentation et la chose, et par conséquent entre les différentes représentations d'une même chose. Les projections de perspective, qui reviennent dans le cercle aux sections coniques, font voir qu'un même cercle peut être représenté par une ellipse, par une parabole, et par une hyperbole, et même par un autre cercle et par une ligne droite, et par un point. Rien ne paraît si différent, ni si dissemblable que ces figures; et cependant il y a un certain rapport exact de chaque point à chaque point. Aussi faut-il avouer que chaque âme se représente l'univers suivant son point de vue, et par un rapport qui lui est propre; mais une parfaite harmonie y subsiste toujours. Et Dieu, voulant faire représenter la solution de continuité du corps par un sentiment agréable dans l'âme, n'aurait point manqué de faire

que cette solution même eût servi à quelque perfection dans le corps, en lui donnant quelque dégagement nouveau, comme lorsqu'on est déchargé de quelque fardeau, ou détaché de quelque lien. Mais ces sortes de corps organisés, quoique possibles, ne se trouvent point sur notre globe, qui manque sans doute d'une infinité d'inventions que Dieu peut avoir pratiquées ailleurs : cependant c'est assez qu'eu égard à la place que notre terre tient dans l'univers, on ne peut rien faire de mieux pour elle que ce que Dieu y fait. Il use le mieux qu'il est possible des lois de la nature qu'il a établies, et (comme M. Régis l'a reconnu aussi au même endroit) « les lois que Dieu a établies « dans la nature sont les plus excellentes qu'il est possible de « concevoir. »

358. Joignons-y la remarque du *Journal des Savants* du 16 mars 1705, que M. Bayle a insérée dans le ch. CLXII de la *Réponse à un Provincial*, t. III, p. 1030. Il s'agit de l'extrait d'un livre moderne très ingénieux de l'origine du mal, dont nous avons parlé ci-dessus. L'on dit : « Que la solution générale à l'égard du mal « physique, que ce livre donne, est qu'il faut regarder l'univers « comme un ouvrage composé de diverses pièces, qui font un tout : « que, suivant les lois établies dans la nature, quelques parties « ne sauraient être mieux, que d'autres ne fussent plus mal, et qu'il « n'en résultât un système entier moins parfait. Ce principe, dit-on, « est bon : mais si l'on n'y ajoute rien, il ne paraît pas suffisant. Pour-« quoi Dieu a-t-il établi des lois, d'où naissent tant d'inconvénients ? « diront des philosophes un peu difficiles. N'en a-t-il point pu établir « d'autres, qui ne fussent sujettes à aucun défaut ? Et pour tran-« cher plus net, d'où vient qu'il s'est prescrit des lois ? que n'agit-il « sans lois générales, selon toute sa puissance et toute sa bonté ? « L'auteur n'a pas poussé la difficulté jusque-là : ce n'est pas qu'en « démêlant ses idées, on n'y trouvât peut-être de quoi la résoudre ; « mais il n'y a rien là-dessus de développé chez lui. »

359. Je m'imagine que l'habile auteur de cet extrait, lorsqu'il a cru qu'on pourrait résoudre la difficulté, a eu dans l'esprit quelque chose d'approchant en cela de mes principes; et s'il avait voulu s'expliquer dans cet endroit, il aurait répondu apparemment comme M. Régis, que les lois que Dieu a établies étaient les plus excellentes qu'on pouvait établir; et il aurait reconnu en même temps que Dieu ne pouvait manquer d'établir des lois et de suivre des règles, parce que les lois et les règles sont ce qui fait l'ordre et la

beauté ; qu'agir sans règles, serait agir sans raison ; et que c'est parce que Dieu a fait agir toute sa bonté, que l'exercice de sa toute-puissance a été conforme aux lois de la sagesse, pour obtenir le plus de bien qu'il était possible d'atteindre : enfin que l'existence de certains inconvénients particuliers qui nous frappent est une marque certaine que le meilleur plan ne permettait pas qu'on les évitât, et qu'ils servent à l'accomplissement du bien total ; raisonnement dont M. Bayle demeure d'accord lui-même en plus d'un endroit.

360. Maintenant que nous avons assez fait voir que tout se fait par des raisons déterminées, il ne saurait y avoir plus aucune difficulté sur ce fondement de la prescience de Dieu ; car quoique ces déterminations ne nécessitent point, elles ne laissent pas d'être certaines et de faire prévoir ce qui arrivera. Il est vrai que Dieu voit tout d'un coup toute la suite de cet univers, lorsqu'il le choisit ; et qu'ainsi il n'a pas besoin de la liaison des effets avec les causes, pour prévoir ces effets. Mais sa sagesse lui faisant choisir une suite parfaitement bien liée, il ne peut manquer de voir une partie de la suite dans l'autre. C'est une des règles de mon système de l'harmonie générale, que le présent est gros de l'avenir, et que celui qui voit tout voit dans ce qui est ce qui sera. Qui plus est, j'ai établi d'une manière démonstrative que Dieu voit dans chaque partie de l'univers, l'univers tout entier, à cause de la parfaite connexion des choses. Il est infiniment plus pénétrant que Pythagore, qui jugea de la taille d'Hercule par la mesure du vestige de son pied. Il ne faut donc point douter que les effets ne s'ensuivent de leurs causes d'une manière déterminée, nonobstant la contingence, et même la liberté, qui ne laissent pas de subsister avec la certitude ou détermination.

361. Durand de Saint-Portien, entre autres, l'a fort bien remarqué, lorsqu'il dit que les futurs contingents se voient d'une manière déterminée dans leurs causes et que Dieu, qui sait tout, voyant tout ce qui pourra inviter ou rebuter la volonté, verra là-dedans le parti qu'elle prendra. Je pourrais alléguer beaucoup d'autres auteurs qui ont dit la même chose, et la raison ne permet pas qu'on en puisse juger autrement. M. Jacquelot insinue aussi (*Conform.* p. 318, et seqq.), comme M. Bayle le remarque (*Rép. au Provincial*, ch. CXLII, t. III, p. 796), que les dispositions du cœur humain et celles des circonstances font connaître à Dieu infailliblement le choix que l'homme fera. M. Bayle ajoute que quelques molinistes le disent aussi et ren-

voie à ceux qui sont rapportés dans le *Suavis concordia* de Pierre de Saint-Joseph, feuillant pages 579, 580.

362. Ceux qui ont confondu cette détermination avec la nécessité ont forgé des monstres pour les combattre. Pour éviter une chose raisonnable qu'ils avaient masquée d'une figure hideuse, ils sont tombés dans de grandes absurdités. Crainte d'être obligés d'admettre une nécessité imaginaire, ou du moins autre que celle dont il s'agit, ils ont admis quelque chose qui arrive sans qu'il y en ait aucune cause, ni aucune raison ; ce qui est équivalent à la déclinaison ridicule des atomes, qu'Épicure faisait arriver sans aucun sujet. Cicéron, dans son livre de la *Divination*, a fort bien vu que si la cause pouvait produire un effet pour lequel elle fût entièrement indifférente, il y aurait un vrai hasard, une fortune réelle, un cas fortuit effectif ; c'est-à-dire qui le serait non seulement par rapport à nous et à notre ignorance, suivant laquelle on peut dire :

> Sed te
> Nos facimus, fortuna, Deam, cœloque locamus,

mais même par rapport à Dieu et à la nature des choses ; et par conséquent il serait impossible de prévoir les événements, en jugeant de l'avenir par le passé. Il dit encore fort bien au même endroit : « Qui potest provideri, quicquam futurum esse, quod neque causam « habet ullam, neque notam, cur futurum sit ? » Et un peu après : « Nihil est tam contrarium rationi et constantiæ, quam fortuna ; ut « mihi ne in Deum quidem cadere videatur, ut sciat quid casu et « fortuito futurum sit. Si enim scit, certe illud eveniet : sin certe « eveniet, nulla fortuna est. » Si le futur est certain, il n'y a point de fortune. Mais il ajoute fort mal. « Est autem fortuna ; rerum « igitur fortuitarum nulla præsensio est. » Il y a une fortune, donc les événements futurs ne sauraient être prévus. Il devait conclure plutôt, que les événements étant prédéterminés et prévus, il n'y a point de fortune. Mais il parlait alors contre les stoïciens, sous la personne d'un académicien.

363. Les stoïciens tiraient déjà des décrets de Dieu la prévision des événements. Car, comme Cicéron dit dans le même livre : « Sequitur porro nihil Deos ignorare, quod omnia ab iis sint consti- « tuta. » Et suivant mon système, Dieu, ayant vu le monde possible qu'il a résolu de créer, y a tout prévu : de sorte qu'on peut dire que la science divine de vision ne diffère point de la science de simple

intelligence qu'en ce qu'elle ajoute à la première la connaissance du décret effectif de choisir cette suite des choses que la simple intelligence faisait déjà connaître, mais seulement comme possible ; et ce décret fait maintenant l'univers actuel.

364. Ainsi les sociniens ne sauraient être excusables de refuser à Dieu la science certaine des choses futures, et surtout des résolutions futures d'une créature libre. Car, quand même ils se seraient imaginés qu'il y a une liberté de pleine indifférence, en sorte que la volonté puisse choisir sans sujet, et qu'ainsi cet effet ne pourrait point être vu dans sa cause (ce qui est une grande absurdité), ils devaient toujours considérer que Dieu avait pu prévoir cet événement dans l'idée du monde possible qu'il a résolu de créer. Mais l'idée qu'ils ont de Dieu est indigne de l'auteur des choses, et répond peu à l'habileté et à l'esprit que les écrivains de ce parti font souvent paraître en quelques discussions particulières. L'auteur du *Tableau du socinianisme* n'a pas tout à fait tort de dire que le dieu des sociniens serait ignorant, impuissant, comme le dieu d'Épicure, démonté chaque jour par les événements, vivant au jour la journée, s'il ne sait que par conjecture ce que les hommes voudront.

365. Toute la difficulté n'est donc venue ici que d'une fausse idée de la contingence et de la liberté, qu'on croyait avoir besoin d'une indifférence pleine ou d'équilibre : chose imaginaire, dont il n'y a ni idée ni exemple, et il n'y en saurait jamais avoir. Apparemment M. Descartes en avait été imbu dans sa jeunesse dans le collège de la Flèche : c'est ce qui lui fait dire (Ier part. de ses *Principes*, art. 41) : « Notre pensée est finie, et la science et toute-puissance de Dieu, « par laquelle il a non seulement connu de toute éternité tout ce « qui est, ou qui peut être, mais aussi l'a voulu, est infinie ; ce qui « fait que nous avons bien assez d'intelligence pour connaître claire- « ment et distinctement que cette puissance et cette science est en « Dieu ; mais que nous n'en avons pas assez pour comprendre « tellement leur étendue, que nous puissions savoir comment elles « laissent les actions des hommes entièrement libres et indéter- « minées. » La suite a déjà été rapportée ci-dessus. Entièrement libres, cela va bien ; mais on gâte tout, en ajoutant, entièrement indéterminées. On n'a pas besoin de science infinie, pour voir que la prescience et la providence de Dieu laissent la liberté à nos actions, puisque Dieu les a prévues dans ses idées, telles qu'elles sont, c'est-à-dire libres. Et quoique Laurent Valle, dans son *Dialogue* contre

Boëce (dont nous rapporterons tantôt le précis), qui entreprend fort bien de concilier la liberté avec la prescience, n'ose espérer de la concilier avec la providence, il n'y a pourtant pas plus de difficulté, parce que le décret de faire exister cette action n'en change pas plus la nature, que la simple connaissance qu'on en a. Mais il n'y a point de science, quelque infinie qu'elle soit, qui puisse concilier la science et la providence de Dieu avec les actions d'une cause indéterminée, c'est-à-dire avec un être chimérique et impossible. Celles de la volonté se trouvent déterminées de deux manières, par la prescience ou providence de Dieu, et aussi par les dispositions de la cause par les dispositions de la cause particulière prochaine, qui consistent dans les inclinations de l'âme. M. Descartes était pour les thomistes sur ce point ; mais il écrivait avec ses ménagements ordinaires, pour ne se point brouiller avec quelques autres théologiens.

366. M. Bayle rapporte (*Rép. au Provinc.*, ch. CXLII, p. 804, tom. III), que le P. Gibieuf, de l'Oratoire, publia un traité latin *De la Liberté de Dieu et de la créature*, l'an 1630 ; qu'on se récria contre lui, et qu'on lui fit voir un recueil de soixante-dix contradictions tirées du premier livre de son ouvrage ; et que vingt ans après, le P. Annat, confesseur du roi de France, lui reprocha dans son livre *De Incoacta libertate* (éd. Rom. 1654, in-4°), le silence qu'il gardait encore. Qui ne croirait, ajoute M. Bayle, après le fracas des congrégations *De Auxiliis* que les thomistes enseignent des choses touchant la nature du franc arbitre, entièrement opposées au sentiment des jésuites ? Et néanmoins quand on considère les passages que le P. Annat (1) a extraits des ouvrages des thomistes (dans un livre intitulé : *Jansenius a Thomistis, gratiæ per se ipsam efficacis defensoribus condemnatus*, imprimé à Paris, l'an 1654, in-4°), on ne saurait voir au fond que des disputes de mots entre les deux sectes. La grâce efficace par elle-même des uns laisse au franc arbitre tout autant de force de résister, que les grâces congrues des autres. M. Bayle croit qu'on en peut dire presque autant de Jansénius lui-même. C'était, dit-il, un habile homme, d'un esprit systématique et fort laborieux. Il a travaillé vingt-deux ans à son *Augustinus*. L'une de ses vues a été de réfuter les jésuites sur le

---

(1) ANNAT (le P.), jésuite célèbre, né à Rhodez en 1607, confesseur de Louis XIV en 1654, mort en 1670. Il fut le plus grand adversaire du jansénisme. — Ses œuvres latines et françaises ont été publiées en 1666 (Paris, 3 vol. in-4°). Le plus singulier de ses écrits est le *Rabat-Joie des Jansénistes*. — Pascal lui a adressé la 17e et la 18e *Provinciale*.   P. J.

dogme du franc arbitre ; cependant on n'a pu encore décider s'il rejette, ou s'il adopte la liberté d'indifférence. On tire de son ouvrage une infinité d'endroits pour et contre ce sentiment, comme le Père Annat a fait voir lui-même dans l'ouvrage qu'on vient de citer, *De Incoacta libertate*. Tant il est aisé de répandre des ténèbres sur cet article, comme M. Bayle le dit en finissant ce discours. Quant au Père Gibieuf (1), il faut avouer qu'il change souvent la signification des termes, et que par conséquent il ne satisfait point à la question en tout, quoiqu'il dise souvent de bonnes choses.

367. En effet, la confusion ne vient le plus souvent que de l'équivoque des termes et du peu de soin qu'on prend de s'en faire des notions distinctes. Cela fait naître ces contestations éternelles, et le plus souvent mal entendues, sur la nécessité et sur la contingence, sur le possible et sur l'impossible. Mais pourvu qu'on conçoive que la nécessité et la possibilité, prises métaphysiquement et à la rigueur, dépendent uniquement de cette question, si l'objet en lui, même, ou ce qui lui est opposé, implique contradiction ou non ; et qu'on considère que la contingence s'accorde fort bien avec les inclinations ou raisons qui contribuent à faire que la volonté se détermine ; pourvu encore qu'on sache bien distinguer entre la nécessité et entre la détermination ou certitude ; entre la nécessité métaphysique, qui ne laisse lieu à aucun choix, ne présentant qu'un seul objet possible, et entre la nécessité morale, qui oblige le plus sage à choisir le meilleur ; enfin, pourvu qu'on se défasse de la chimère de la pleine indifférence, qui ne se saurait trouver que dans les livres des philosophes et sur le papier (car ils n'en sauraient pas même concevoir la notion dans leur tête, ni en faire voir la réalité par aucun exemple dans les choses), on sortira aisément d'un labyrinthe, dont l'esprit humain a été le dédale malheureux, et qui a causé une infinité de désordres, tant chez les anciens que chez les modernes, jusqu'à porter les hommes à la ridicule erreur du sophisme paresseux, qui ne diffère guère du destin à la Turque. Je ne m'étonne pas si, dans le fond, les thomistes et les jésuites, et même les molinistes et les jansénistes, conviennent entre eux sur ce sujet plus qu'on ne croit. Un thomiste et même un janséniste sage se contentera de la détermination certaine, sans aller à la

---

(1) GIBIEUF (le P.), docteur en Sorbonne, prêtre de l'Oratoire. né à Bourges, mort en 1650. Il était ami de Descartes et du P. Mersenne. On a de lui : *De Libertate Dei et creaturæ* (in-4°, Paris, 1630).   P. J.

nécessité : et si quelqu'un y va, l'erreur peut-être ne sera que dans le mot. Un moliniste sage se contentera d'une indifférence opposée à la nécessité, mais qui n'exclura point les inclinations prévalentes.

368. Ces difficultés cependant ont fort frappé M. Bayle, plus porté à les faire valoir qu'à les résoudre, quoiqu'il y eût peut-être pu réussir autant que personne, s'il avait voulu tourner son esprit de ce côté-là. Voici ce qu'il en dit dans son *Dictionnaire* art. Jansénius, lett. G, p. 1626 : « Quelqu'un a dit que les matières de la « grâce sont un Océan qui n'a ni rive ni fond. Peut-être aurait-il « parlé plus juste, s'il les avait comparées au phare de Messine, où « l'on est toujours en danger de tomber dans un écueil, quand on « tâche d'en éviter un autre. »

> Dextrum Scylla latus, lævum implacata Charybdis
> Obsidet.

« Tout se réduit enfin à ceci : Adam a-t-il péché librement ? Si vous « répondez que oui ; donc, vous dira-t-on, sa chute n'a pas été « prévue. Si vous répondez que non ; donc, vous dira-t-on, il n'est « point coupable. Vous écrirez cent volumes contre l'une ou l'autre « de ces conséquences, et néanmoins vous avouerez, ou que la « prévision infaillible d'un événement contingent est un mystère « qu'il est impossible de concevoir, ou que la manière dont une « créature, qui agit sans liberté, pèche pourtant, est tout à fait « incompréhensible. »

369. Je me trompe fort, ou ces deux prétendues incompréhensibilités cessent entièrement par nos solutions. Plût à Dieu qu'il fût aussi aisé de répondre à la question, comment il faut bien guérir les fièvres, et comment il faut éviter les écueils de deux maladies chroniques qui peuvent naître, l'une en ne guérissant pas la fièvre, l'autre en la guérissant mal. Lorsqu'on prétend qu'un événement libre ne saurait être prévu, on confond la liberté avec l'indétermination, ou avec l'indifférence pleine et d'équilibre ; et lorsqu'on veut que le défaut de la liberté empêcherait l'homme d'être coupable, l'on entend une liberté exempte, non pas de la détermination ou de la certitude, mais de la nécessité et de la contrainte. Ce qui fait voir que le dilemme n'est pas bien pris, et qu'il y a un passage large entre les deux écueils. On répondra donc qu'Adam a péché librement, et que Dieu l'a vu péchant dans l'état d'Adam possible, qui est devenu actuel, suivant le décret de la permission divine. Il est

vrai qu'Adam s'est déterminé à pécher ensuite de certaines inclinations prévalentes ; mais cette détermination ne détruit point la contingence ni la liberté ; et la détermination certaine qu'il y a dans l'homme à pécher ne l'empêche point de pouvoir ne point pécher (absolument parlant), et puisqu'il pèche, d'être coupable et de mériter la punition ; d'autant que cette punition peut servir à lui ou à d'autres, pour contribuer à les déterminer une autre fois à ne point pécher. Pour ne point parler de la justice vindicative, qui va au-delà du dédommagement et de l'amendement, et dans laquelle il n'y a rien aussi qui soit choqué par la détermination certaine des résolutions contingentes de la volonté. L'on peut dire au contraire que les peines et les récompenses seraient en partie inutiles, et manqueraient l'un de leurs buts, qui est l'amendement, si elles ne pouvaient point contribuer à déterminer la volonté à mieux faire une autre fois.

370. M. Bayle continue : « Sur la matière de la liberté, il n'y a « que deux partis à prendre : l'un est de dire que toutes les causes « distinctes de l'âme, qui concourent avec elle, lui laissent la force « d'agir ou de n'agir pas ; l'autre est de dire qu'elles la déter- « minent de telle sorte à agir, qu'elle ne saurait s'en défendre. Le « premier parti est celui des molinistes, l'autre est celui des tho- « mistes et des jansénistes et des protestants de la confession de « Genève. Cependant les thomistes ont soutenu à cor et à cri, qu'ils « n'étaient point jansénistes ; et ceux-ci ont soutenu avec la même « chaleur, que, sur la matière de la liberté, ils n'étaient point calvi- « nistes. D'autre côté, les molinistes ont prétendu que saint Augus- « tin n'a point enseigné le jansénisme. Ainsi les uns ne voulant « point avouer qu'ils fussent conformes à des gens qui passaient « pour hérétiques, et les autres ne voulant point avouer qu'ils « fussent contraires à un saint docteur, dont les sentiments ont « toujours passé pour orthodoxes, ont joué cent tours de sou- « plesse, etc. »

371. Les deux partis que M. Bayle distingue ici n'excluent point un tiers parti, qui dira que la détermination de l'âme ne vient pas uniquement du concours de toutes les causes distinctes de l'âme, mais encore de l'état de l'âme même et de ses inclinations qui se mêlent avec les impressions des sens, et les augmentent ou les affaiblissent. Or, toutes les causes internes et externes prises ensemble font que l'âme se détermine certainement, mais non pas

qu'elle se détermine nécessairement, car il n'impliquerait point de contradiction, qu'elle se déterminât autrement ; la volonté pouvant être inclinée, et ne pouvant pas être nécessitée. Je n'entre point dans la discussion de la différence qu'il y a entre les jansénistes et les réformés sur cette matière. Ils ne sont pas peut-être toujours bien d'accord avec eux-mêmes, quant aux choses, ou quant aux expressions, sur une matière où l'on se perd souvent dans des subtilités embarrassées. Le P. Théophile Raynaud (1), dans son livre intitulé : *Calvinismus religio bestiarum*, a voulu piquer les dominicains, sans les nommer. De l'autre côté, ceux qui se disaient sectateurs de saint Augustin reprochaient aux molinistes le pélagianisme, ou du moins le semipélagianisme ; et l'on outrait les choses quelquefois des deux côtés, soit en défendant une indifférence vague et donnant trop à l'homme, soit en enseignant *determinationem ad unum secundum qualitatem actus licet, non quoad ejus substantiam*, c'est-à-dire, une détermination au mal dans les non-régénérés, comme s'ils ne faisaient que pécher. Au fond, je crois qu'il ne faut reprocher qu'aux sectateurs de Hobbes et de Spinosa qu'ils détruisent la liberté et la contingence ; car ils croient que ce qui arrive est seul possible et doit arriver par une nécessité brute et géométrique. Hobbes rendait tout matériel et le soumettait aux seules lois mathématiques; Spinosa aussi ôtait à Dieu l'intelligence et le choix, lui laissait une puissance aveugle, de laquelle tout émane nécessairement. Les théologiens des deux partis protestants sont également zélés pour réfuter une nécessité insupportable ; et, quoique ceux qui sont attachés au Synode de Dordrecht enseignent quelquefois qu'il suffit que la liberté soit exempte de la contrainte, il semble que la nécessité qu'ils lui laissent n'est qu'hypothétique, ou bien ce qu'on appelle plus proprement certitude et infaillibilité ; de sorte qu'il se trouve que bien souvent les difficultés ne consistent que dans les termes. J'en dis autant des jansénistes, quoique je ne veuille point excuser tous ces gens-là en tout.

372. Chez les cabalistes hébreux, Malcuth ou le Règne, la der-

---

(1) Le P. Raynaud (Théophile), jésuite, né à Sospello (comté de Nice) en 1583, mort à Lyon en 1663, après une vie assez agitée. — On a publié ses œuvres complètes en 20 vol. in-fol. (Lyon, 1665-1669). On y trouve quelques écrits singuliers : *De Ortu infantium contra naturam per sectionem cæsaream ; — Heteroclita spiritualia; — Prolemata de bonis et bonis libris*, livre curieux et plein d'érudition.
P. J.

nière des Séphiroth, signifiait que Dieu gouverne tout irrésistiblement, mais doucement et sans violence, en sorte que l'homme croit suivre sa volonté, pendant qu'il exécute celle de Dieu. Ils disaient que le péché d'Adam avait été *truncatio Malcuth a cœteris plantis*; c'est-à-dire qu'Adam avait retranché la dernière des Séphires, en se faisant un empire dans l'empire de Dieu et en s'attribuant une liberté indépendante de Dieu; mais que sa chute lui avait appris qu'il ne pouvait point subsister par lui-même, et que les hommes avaient besoin d'être relevés par le Messie. Cette doctrine peut recevoir un bon sens. Mais Spinosa, qui était versé dans la cabale des auteurs de sa nation, et qui dit (*Tr. polit.*, ch. II, n. 6) que les hommes concevant la liberté comme ils font, établissent un empire dans l'empire de Dieu, a outré les choses. L'empire de Dieu n'est autre chose, chez Spinosa, que l'empire de la nécessité, et d'une nécessité aveugle (comme chez Straton), par laquelle tout émane de la nature divine, sans qu'il y ait aucun choix en Dieu, et sans que le choix de l'homme l'exempte de la nécessité. Il ajoute que les hommes, pour établir ce qu'on appelle *imperium in imperio*, s'imaginaient que leur âme était une production immédiate de Dieu, sans pouvoir être produite par des causes naturelles, et qu'elle avait un pouvoir absolu de se déterminer, ce qui est contraire à l'expérience. Spinosa a raison d'être contre un pouvoir absolu de se déterminer, c'est-à-dire sans aucun sujet; il ne convient pas même à Dieu. Mais il a tort de croire qu'une âme, qu'une substance simple, puisse être produite naturellement. Il paraît bien que l'âme ne lui était qu'une modification passagère; et lorsqu'il fait semblant de la faire durable, et même perpétuelle, il y substitue l'idée du corps, qui est une simple notion, et non pas une chose réelle et actuelle.

373. Ce que M. Bayle raconte du sieur Jean Bredenbourg (1), bourgeois de Rotterdam (*Dictionn.* art. Spinosa, lett. H., p. 2774), est curieux. Il publia un livre contre Spinosa, intitulé : « Enervatio « Tractatus Theologico-politici, una cum demonstratione Geome- « trico ordine disposita, Naturam non esse Deum, cujus effati con- « trario prædictus Tractatus unice innititur. » On fut surpris de voir qu'un homme qui ne faisait point profession des lettres, et qui n'avait que fort peu d'étude (ayant fait son livre en flamand, et

---

(1) DE BREDENBOURG (Jean), de Rotterdam, a d'abord combattu Spinosa dans son *Enervatio tractatûs theologico-politici* (in-4°, Rotterdam, 1675). — Puis, converti aux idées qu'il avait combattues, il se réfuta lui-même dans un second ouvrage flamand.
P. J.

l'ayant fait traduire en latin), eût pu pénétrer si subtilement tous les principes de Spinosa et les renverser heureusement, après les avoir réduits par une analyse de bonne foi dans un état où ils pouvaient paraître avec toutes leurs forces. On m'a raconté, ajoute M. Bayle, que cet auteur ayant réfléchi une infinité de fois sur sa réponse, et sur le principe de son adversaire, trouva enfin qu'on pouvait réduire ce principe en démonstration. Il entreprit donc de prouver qu'il n'y a point d'autre cause de toutes choses, qu'une nature qui existe nécessairement, et qui agit par une nécessité immuable, inévitable et irrévocable. Il observa toute la méthode des géomètres, et, après avoir bâti sa démonstration, il l'examina de tous les côtés imaginables, il tâcha d'en trouver le faible, et ne put jamais inventer aucun moyen de la détruire, ni même de l'affaiblir. Cela lui causa un véritable chagrin ; il en gémit, et il priait les plus habiles de ses amis de le secourir dans la recherche des défauts de cette démonstration. Néanmoins il n'était pas bien aise qu'on en tirât des copies. François Cuper (1), Socinien (qui avait écrit *Arcana atheismi revelata* contre Spinosa, Roterodami, 1676, in-4°), en ayant eu une, la publia telle qu'elle était, c'est-à-dire en flamand, avec quelques réflexions, et accusa l'auteur d'être athée. L'accusé se défendit en la même langue. Orobio (2), médecin juif fort habile (celui qui a été réfuté par M. de Limborch (3) et qui a répondu, a ce que j'ai ouï dire, dans un ouvrage posthume non imprimé), publia un livre contre la démonstration de M. Bredenbourg, intitulé : « Cer-« tamen philosophicum propugnatæ veritatis divinæ ac naturalis, « adversus J. B. principia », Amsterdam, 1684. Et M. Aubert de Versé écrivit aussi contre lui la même année, sous le nom de *Latinus Serbatus Sartensis* (4). M. Bredenbourg protesta qu'il était per-

---

(1) CUPER (François), philosophe hollandais, partisan timide de Spinosa. — Il a écrit : *Arcana atheismi revelata*, in-4°, Rotterdam, 1676. Il a été combattu par Henri Morus (*OEuv. phil..* 1679, t. Ier, p. 596). P. J.

(2) OROBIO a écrit contre le second ouvrage de Bredenbourg : *Refutatio demonstrationum Joh. Bredenbourg*, petit écrit imprimé à la suite de la prétendue *Réfutation* de Boulainvilliers. P. J.

(3) DE LIMBORCH, théologien arminien, né à Amsterdam en 1633, mort dans cette ville en 1712. Il a publié : *Præstantium inter Remonstrantes virorum epistolæ theologicæ; — Theologia Christiana; — Amica collatio cum erudito Judæo de veritate religionis christianæ.* P. J.

(4) DE VERSÉ (Aubert), né au Mans, de parents catholiques, converti à la religion protestante, et reconverti en 1690 à la religion catholique, mort à Paris en 1714. On a de lui : *l'Impie convaincu, dissertation contre Spinosa; — l'Antisocinien.* P. J.

suadé du franc arbitre et de la religion, et qu'il souhaitait qu'on lui fournît un moyen de répondre à sa démonstration.

374. Je souhaiterais de voir cette prétendue démonstration et de savoir si elle tendait à prouver que la nature primitive, qui produit tout, agit sans choix et sans connaissance. En ce cas, j'avoue que la démonstration était spinosistique et dangereuse. Mais s'il entendait peut-être que la nature divine est déterminée à ce qu'elle produit, par son choix et par la raison du meilleur, il n'avait point besoin de s'affliger de cette prétendue nécessité immuable, inévitable, irrévocable. Elle n'est que morale, c'est une nécessité heureuse ; et, bien loin de détruire la religion, elle met la perfection divine dans son plus grand lustre.

375. Je dirai par occasion, que M. Bayle rapporte (p. 2773) l'opinion de ceux qui croient que le livre intitulé *Lucii Antistii Constantis de jure Ecclesiasticorum liber singularis*, publié en 1655, est de Spinosa ; mais que j'ai lieu d'en douter, quoique M. Colerus, qui nous a donné une relation qu'il a faite de ce juif célèbre, soit aussi de ce sentiment. Les lettres initiales L. A. C. me font juger que l'auteur de ce livre a été M. de la Court ou Van den Hoof (1) fameux par l'*Intérêt de la Hollande*, la *Balance politique*, et quantité d'autres livres qu'il a publiés (en partie en s'appelant V. D. H.), contre la puissance du gouverneur de Hollande, qu'on croyait alors dangereuse à la république, la mémoire de l'entreprise du prince Guillaume II sur la ville d'Amsterdam étant encore toute fraîche. Et comme la plupart des ecclésiastiques de Hollande étaient dans le parti du fils de ce prince, qui était mineur alors, et soupçonnaient M. de Witt, et ce qu'on appelait la faction de Louvestein, de favoriser les arminiens, les cartésiens et d'autres sectes qu'on craignait encore davantage, tâchant d'animer la populace contre eux, ce qui n'a pas été sans effet, comme l'événement l'a bien fait voir ; il était fort naturel que M. de la Court publiât ce livre. Il est vrai qu'on garde rarement un juste milieu dans les ouvrages que l'intérêt de parti fait donner au public. Je dirai en passant, qu'on vient de publier une version française de l'*Intérêt de la Hollande* de M. de la Court, sous le titre trompeur de *Mémoires de M. le grand pensionnaire de Witt*, comme si les pensées d'un particulier, qui était en effet

---

(1) VAN DEN HOOF, ou HOVEN; ou DE LA COURT (Pierre Emmanuel). — On a de lui : *Politike Weegschaal (La Balance politique)*; 1660 ; — *Politike reflexien*, Amst., in-8° ; — *Interest van Hollande*, 1669, in-4°, etc.   P. J.

du parti de Witt, et habile, mais qui n'avait pas assez de connaissance des affaires publiques, ni assez de capacité pour écrire comme aurait pu faire ce grand ministre d'État, pouvaient passer pour des productions de l'un des premiers hommes de son temps.

376. Je vis M. de la Court, aussi bien que Spinosa, à mon retour de France par l'Angleterre et par la Hollande, et j'appris d'eux quelques bonnes anecdotes sur les affaires de ce temps-là. M. Bayle dit, p. 2770, que Spinosa étudia la langue latine sous un médecin nommé François Van den Ende, et rapporte en même temps, après M. Sébastien Kortholt (1) (qui en parle dans la seconde édition du livre de feu M. son père, « *de Tribus Impostoribus*, L. B. Herberto « de Cherbury, Hobbio et Spinosa) » qu'une fille enseigna le latin à Spinosa, et qu'elle se maria ensuite avec M. Kerkerling, qui était son disciple en même temps que Spinosa. Là-dessus je remarque que cette demoiselle était fille de M. Van den Ende, et qu'elle soulageait son père dans la fonction d'enseigner. Van den Ende, qui s'appelait aussi *A finibus*, alla depuis à Paris, et y tint des pensionnaires au faubourg Saint-Antoine. Il passait pour excellent dans la didactique, et il me dit, quand je l'y allai voir, qu'il parierait que ses auditeurs seraient toujours attentifs à ce qu'il dirait. Il avait aussi alors avec lui une jeune fille qui parlait latin, et faisait des démonstrations de géométrie. Il s'était insinué auprès de M. Arnauld, et les jésuites commençaient d'être jaloux de sa réputation. Mais il se perdit un peu après, s'étant mêlé de la conspiration du chevalier de Rohan.

377. Nous avons assez montré, ce semble, que ni la prescience, ni la providence de Dieu ne sauraient faire tort ni à sa justice et à sa bonté, ni à notre liberté. Il reste seulement la difficulté qui vient du concours de Dieu avec les actions de la créature, qui semble intéresser de plus près, et sa bonté, par rapport à nos actions mauvaises, et notre liberté, par rapport aux bonnes actions, aussi bien qu'aux autres. M. Bayle l'a fait valoir aussi avec son esprit ordinaire. Nous tâcherons d'éclaircir les difficultés qu'il met en avant, et après cela nous serons en état de finir cet ouvrage. J'ai déjà

---

(1) KORTHOLT (Sébastien), fils de Christian Kortholt, célèbre théologien protestant (1633-1694), naquit à Kiel en 1670, mourut en 1740. — On a de lui : *Disquisitio de enthusiasmo poetico* (Kiel, 1696, in-fol.) ; — *De Poetis episcopis* (*Ib.*, 1699, in-47) ; — *De Puellis poeticis* (*Ib.*, 1700) ; — *De Studio senili* (1701, in-4°, etc.) ; et autres dissertations littéraires.   P. J.

établi que le concours de Dieu consiste à nous donner continuellement ce qu'il y a de réel en nous et en nos actions, autant qu'il enveloppe de la perfection ; mais que ce qu'il y a là dedans de limité et d'imparfait est une suite des limitations précédentes, qui sont originairement dans la créature. Et comme toute action de la créature est un changement de ses modifications, il est visible que l'action vient de la créature par rapport aux limitations ou négations qu'elle renferme, et qui se trouvent variées par ce changement.

378. J'ai déjà fait remarquer plus d'une fois dans cet ouvrage que le mal est une suite de la privation, et je crois avoir expliqué cela d'une manière assez intelligible. Saint Augustin a déjà fait valoir cette pensée, et saint Basile a dit quelque chose d'approchant dans son *Hexaëmeron*, Homil. 2, « que le vice n'est pas une substance « vivante et animée, mais une affection de l'âme contraire à la vertu, « qui vient de ce qu'on quitte le bien ; de sorte qu'on n'a point « besoin de chercher un mal primitif. » M. Bayle, rapportant ce passage dans son *Dictionnaire* (art. Pauliciens, let. D, p. 2325), approuve la remarque de M. Pfanner (1), (qu'il appelle théologien allemand, mais il est jurisconsulte de profession, conseiller des ducs de Saxe), qui blâme saint Basile de ne vouloir pas avouer que Dieu est l'auteur du mal physique. Il l'est sans doute lorsqu'on suppose le mal moral déjà existant ; mais absolument parlant, on pourrait soutenir que Dieu a permis le mal physique par conséquence, en permettant le mal moral qui en est la source. Il paraît que les Stoïciens ont aussi connu combien l'entité du mal est mince. Ces paroles d'Épictète le marquent : *Sicut aberrandi causâ meta non ponitur, sic nec natura mali in mundo existit.*

379. On n'avait donc point besoin de recourir à un principe du mal, comme saint Basile l'observe fort bien. On n'a pas non plus besoin de chercher l'origine du mal dans la matière. Ceux qui ont cru un chaos, avant que Dieu y ait mis la main, y ont cherché la source du dérèglement. C'était une opinion que Platon avait mise dans son *Timée*. Aristote l'en a blâmé (dans son 3e livre *Du Ciel*, ch. II), parce que, selon cette doctrine, le désordre serait original et naturel, et l'ordre serait introduit contre la nature. Ce qu'Ana-

---

(1) PFANNER (Tobie), jurisconsulte protestant, né à Augsbourg en 1641, mort en 1726. Il a écrit, entre autres ouvrages, *Historia pacis Westphulicæ ; — Systema theologiæ purioris*, etc.   P. J.

xagore (1) a évité, en faisant reposer la matière jusqu'à ce que Dieu l'a remuée ; et Aristote l'en loue au même endroit. Suivant Plutarque (*De Iside et Osiride*, et *Tr. De animæ procreatione ex Timæo*), Platon reconnaissait dans la matière une certaine âme ou force malfaisante, rebelle à Dieu : c'était un vice réel, un obstacle aux projets de Dieu. Les Stoïciens aussi ont cru que la matière était la source des défauts, comme Juste Lipse l'a montré dans le premier livre de la *Physiologie des stoïciens*.

380. Aristote a eu raison de rejeter le chaos ; mais il n'est pas aisé toujours de bien démêler le sentiment de Platon, et encore moins celui de quelques autres anciens dont les ouvrages sont perdus. Kepler, mathématicien moderne des plus excellents, a reconnu une espèce d'imperfection dans la matière, lors même qu'il n'y a point de mouvement déréglé : c'est ce qu'il appelle son inertie naturelle qui lui donne une résistance au mouvement, par laquelle une plus grande masse reçoit moins de vitesse d'une même force. Il y a de la solidité dans cette remarque, et je m'en suis servi utilement ci-dessus pour avoir une comparaison qui montrât comment l'imperfection originale des créatures donne des bornes à l'action du créateur, qui tend au bien. Mais comme la matière est elle-même un effet de Dieu, elle ne fournit qu'une comparaison et un exemple, et ne saurait être la source même du mal et de l'imperfection. Nous avons déjà montré que cette source se trouve dans les formes ou idées des possibles ; car elle doit être éternelle, et la matière ne l'est pas. Or Dieu ayant fait toute réalité positive qui n'est pas éternelle, il aurait fait la source du mal, si elle ne consistait pas dans la possibilité des choses ou des formes, seule chose que Dieu n'a point faite puisqu'il n'est point auteur de son propre entendement.

381. Cependant, quoique la source du mal consiste dans les formes possibles, antérieures aux actes de la volonté de Dieu, il ne laisse pas d'être vrai que Dieu concourt au mal dans l'exécution actuelle qui introduit ces formes dans la matière : et c'est ce qui fait la difficulté dont il s'agit ici. Durand de Saint-Portien, le cardinal Aureolus, Nicolas Taurellus, le Père Louis de Dole, M. Bernier, et quelque autres, parlant de ce concours, ne l'ont voulu que général, de

---

(1) ANAXAGORE de Clazomène florissait vers l'an 500. Il fut dit-on, le maître de Périclès : accusé d'impiété, il fut exilé d'Athènes, et il mourut à Lampsaque en 426. — Il est un des premiers philosophes qui aient écrit. — Il nous reste que des fragments réunis sous ce titre : *Anaxagoræ Clazomenii fragmenta* in-8°, Leipzig, 1827.

P. J.

peur de faire du tort à la liberté de l'homme et à la sainteté de Dieu. Il semble qu'ils prétendent que Dieu, ayant donné aux créatures la force d'agir, se contente de la conserver. De l'autre côté, M. Bayle, après quelques auteurs modernes, porte le concours de Dieu trop loin ; il paraît craindre que la créature ne soit pas assez dépendante de Dieu. Il va jusqu'à refuser l'action aux créatures ; il ne reconnaît pas même de distinction réelle entre l'accident et la substance.

382. Il fait surtout grand fonds sur cette doctrine reçue dans les écoles, que la conservation est une création continuée. En conséquence de cette doctrine, il semble que la créature n'existe jamais, et qu'elle est toujours naissante et toujours mourante, comme le temps, le mouvement, et autres êtres successifs. Platon l'a cru des choses matérielles et sensibles, disant qu'elles sont dans un flux perpétuel, *semper fluunt, nunquam sunt*. Mais il a jugé tout autrement des substances immatérielles, qu'il considérait comme seules véritables : en quoi il n'avait pas tout à fait tort. Mais la création continuée regarde toutes les créatures sans distinction. Plusieurs bons philosophes ont été contraires à ce dogme, et M. Bayle rapporte que David du Rodon, philosophe célèbre parmi les Français attachés à Genève, l'a refuté exprès. Les Arminiens aussi ne l'approuvèrent guère, ils ne sont pas trop pour ces substilités métaphysiques. Je ne dirai rien des Sociniens, qui les goûtent encore moins.

383. Pour bien examiner si la conservation est une création continuée, il faudrait considérer les raisons sur lesquelles ce dogme est appuyé. Les Cartésiens, à l'exemple de leur maître, se servent, pour le prouver, d'un principe qui n'est pas assez concluant. Ils disent « que les moments du temps n'ayant aucune liaison nécessaire l'un « avec l'autre, il ne s'ensuit pas de ce que je suis à ce moment, que « je subsisterai au moment qui suivra, si la même cause qui me « donne l'être pour ce moment ne me le donne aussi pour l'instant « suivant. » L'auteur de l'*Avis sur le tableau du socinianisme* s'est servi de ce raisonnement, et M. Bayle (auteur peut-être de ce même avis) le rapporte (*Rép. au Provincial*, ch. CXLI, p. 771, t. III). On peut répondre qu'à la vérité il ne s'ensuit point nécessairement de ce que je suis, que je serai ; mais cela suit pourtant naturellement, c'est-à dire de soi, *per se*, si rien ne l'empêche. C'est la différence qu'on peut faire entre l'essentiel et le naturel ; c'est comme naturellement le même mouvement dure, si quelque nouvelle cause ne

l'empêche ou le change, parce que la raison qui le fait cesser dans cet instant, si elle n'est pas nouvelle, l'aurait déjà fait cesser plus tôt.

384. Feu M. Erhard Weigel, mathématicien et philosophe célèbre à Jena, connu par son *Analysis Euclidea*, sa philosophie mathématique, quelques inventions mécaniques assez jolies, et enfin par la peine qu'il s'est donnée de porter les princes protestants de l'empire à la dernière réforme de l'almanach, dont il n'a pourtant pas vu le succès, M. Weigel, dis-je, communiquait à ses amis une certaine démonstration de l'existence de Dieu, qui revenait en effet à cette création continuée. Et comme il avait coutume de faire des parallèles entre compter et raisonner, témoin sa Morale arithmétique raisonnée (*rechenschaftliche Sittenlehre*), il disait que le fondement de la démonstration était ce commencement de la table pythagorique, une fois un est un. Ces unités répétées étaient les moments de l'existence de choses, dont chacun dépendait de Dieu, qui ressuscite, pour ainsi dire, toutes les choses hors de lui, à chaque moment. Et comme elles tombent à chaque moment, il leur faut toujours quelqu'un qui les ressuscite, qui ne saurait être autre que Dieu. Mais ou aurait besoin d'une preuve plus exacte pour appeler cela une démonstration. Il faudrait prouver que la créature sort toujours du néant, et y retombe d'abord ; et particulièrement il faut faire voir que le privilège de durer plus d'un moment, par sa nature, est attaché au seul être nécessaire. Les difficultés sur la composition du *continuum* entrent aussi dans cette matière. Car ce dogme paraît résoudre le temps en moments : au lieu que d'autres regardent les moments et les points comme de simples modalités du continu, c'est-à-dire comme des extrémités des parties qu'on y peut assigner, et non pas comme des parties constitutives. Ce n'est pas le lieu ici d'entrer dans ce labyrinthe.

385. Ce qu'on peut dire d'assuré sur le présent sujet, est que la créature dépend continuellement de l'opération divine, et qu'elle n'en dépend pas moins depuis qu'elle a commencé, que dans le commencement. Cette dépendance porte qu'elle ne continuerait pas d'exister, si Dieu ne continuait pas d'agir ; enfin que cette action de Dieu est libre. Car si c'était une émanation nécessaire, comme celle des propriétés du cercle, qui coulent de son essence, il faudrait dire que Dieu a produit d'abord la créature nécessairement ; ou bien, il faudrait faire voir comment, en la créant une fois, il s'est imposé la

nécessité de la conserver. Or rien n'empêche que cette action conservative ne soit appelée production, et même création, si l'on veut. Car la dépendance étant aussi grande dans la suite, que dans le commencement, la dénomination extrinsèque d'être nouvelle ou non, n'en change point la nature.

386. Admettons donc en un tel sens, que la conservation est une création continuée, et voyons ce que M. Bayle en paraît inférer (p. 774), d'après l'auteur de l'*Avis sur le tableau du socinianisme*, opposé à M. Jurieu. « Il me semble, dit cet auteur, qu'il en faut con-
« clure que Dieu fait tout, et qu'il n'y a point dans toutes les créa-
« tures de causes premières ni secondes, ni même occasionnelles,
« comme il est aisé de le prouver. Car en ce moment où je parle, je
« suis tel que je suis, avec toutes mes circonstances, avec telle
« pensée, avec telle action, assis ou debout. Que si Dieu me crée en
« ce moment tel que je suis, comme on doit nécessairement le dire
« dans ce système, il me crée avec telle action, tel mouvement et
« telle détermination. On ne peut dire que Dieu me crée première-
« ment, et qu'étant créé, il produise avec moi mes mouvements et
« mes déterminations. Cela est insoutenable pour deux raisons : la
« première est que, quand Dieu me crée ou me conserve à cet ins-
« tant, il ne me conserve pas comme un être sans forme, comme
« une espèce, ou quelque autre des universaux de logique. Je suis
« un individu ; il me crée et conserve comme tel, étant tout ce que
« je suis dans cet instant avec toutes mes dépendances. La seconde
« raison est que, Dieu me créant en cet instant, si l'on dit qu'ensuite
« il produise avec moi mes actions, il faudra nécessairement conce-
« voir un autre instant pour agir. Car il faut être certain avant d'agir.
« Or ce serait deux instants, où nous n'en supposons qu'un. Il est
« donc certain, dans cette hypothèse, que les créatures n'ont ni plus
« de liaison, ni plus de relation avec leurs actions, qu'elles en
« eurent avec leur production au premier moment de la première
« création. » L'auteur de cet avis en tire des conséquences bien dures, que l'on se peut imaginer, et témoigne à la fin, que l'on aurait bien de l'obligation à quiconque apprendrait aux approbateurs de ce système à se tirer de ces épouvantables absurdités.

387. M. Bayle le pousse encore davantage. « Vous savez, dit-il,
« (p. 775), que l'on démontre dans les écoles (il cite *Arriaga*,
« disp. 9, phys. sect. 6. *et præsertim sub*. sect. 3) « que la créature
« ne saurait être ni la cause totale, ni la cause partielle de sa con-

« servation ; car si elle l'était, elle existerait avant que d'exister,
« ce qui est contradictoire. Vous savez qu'on raisonne de cette
« façon : ce qui se conserve, agit ; or ce qui agit existe, et rien ne
« peut agir, avant que d'avoir son existence complète ; donc si une
« créature se conservait, elle agirait avant que d'être. Ce raisonne-
« ment n'est pas fondé sur des probabilités, mais sur les premiers
« principes de la métaphysique, « *non entis nulla sunt accidentia,*
« *operari sequitur esse,* » clairs comme le jour. Allons plus avant :
« Si les créatures concouraient avec Dieu (on entend ici un con-
« cours actif, et non pas un concours d'instrument passif) pour se
« conserver, elles agiraient avant que d'être ; l'on a démontré cela.
« Or si elles concouraient avec Dieu pour la production de quelque
« autre chose, elles agiraient aussi avant que d'être ; il est donc
« aussi impossible qu'elles concourent avec Dieu pour la produc-
« tion de quelque autre chose (comme le mouvement local, une
« affirmation, une volition, entités réellement distinctes de leur
« substance, à ce qu'on prétend) que pour leur propre conservation.
« Et puisque leur conservation est une création continuée, et que
« tout ce qu'il y a d'hommes au monde doivent avouer qu'elles ne
« peuvent concourir avec Dieu, au premier moment de leur exis-
« tence, ni pour se produire, ni pour se donner aucune modalité,
« car ce serait agir avant que d'être (notez que Thomas d'Aquin et
« plusieurs autres scolastiques enseignent que si les anges avaient
« péché au premier moment de leur création, Dieu serait l'auteur
« du péché : voyez le Feuillant Pierre de Saint-Joseph, p. 348, et
« seq. du *Suavis concordia humanæ libertatis;* c'est un signe qu'ils
« reconnaissent qu'au premier instant la créature ne peut point agir
« en quoi que ce soit, il s'ensuit évidemment qu'elles ne peuvent
« concourir avec Dieu dans nul des moments suivants, ni pour se
« produire elles-mêmes, ni pour produire quelque autre chose. Si
« elles y pouvaient concourir au second moment de leur durée, rien
« n'empêcherait qu'elles n'y pussent concourir au premier moment. »

388. Voici comment il faudra répondre à ces raisonnements. Supposons que la créature soit produite de nouveau à chaque instant,
accordons aussi que l'instant exclut toute priorité de temps, étant
indivisible : mais faisons remarquer qu'il n'exclut pas la priorité
de nature, ou ce qu'on appelle antériorité *in signo rationis*, et
qu'elle suffit. La production, ou action, par laquelle Dieu produit,
est antérieure de nature à l'existence de la créature qui est produite ;

la créature prise en elle-même, avec sa nature et ses propriétés nécessaires, est antérieure à ses affections accidentelles et à ses actions ; et cependant toutes ces choses se trouvent dans le même moment. Dieu produit la créature conformément à l'exigence des instants précédents, suivant les lois de sa sagesse ; et la créature opère conformément à cette nature, qu'il lui rend en la créant toujours. Les limitations et imperfections y naissent par la nature du sujet, qui borne la production de Dieu ; c'est la suite de l'imperfection originale des créatures : mais le vice et le crime y naissent par l'opération interne libre de la créature, autant qu'il y en peut avoir dans l'instant, et qui devient notable par la répétition.

389. Cette antériorité de nature est ordinaire en philosophie ; c'est ainsi qu'on dit, que les décrets de Dieu ont un ordre entre eux. Et lorsqu'on attribue à Dieu (comme de raison) l'intelligence des raisonnements et des conséquences des créatures, de telle sorte que toutes les démonstrations et tous leurs syllogismes lui sont connus, se trouvent éminemment en lui ; l'on voit qu'il y a, dans les propositions ou vérités qu'il connaît, un ordre de nature, sans aucun ordre ou intervalle du temps, qui le fasse avancer en connaissance, et passer des prémisses à la conclusion.

390. Je ne trouve rien, dans les raisonnements qu'on vient de rapporter, à quoi cette considération ne satisfasse. Lorsque Dieu produit la chose, il la produit comme un individu, et non pas comme un universel de logique, je l'avoue ; mais il produit son essence avant ses accidents, sa nature avant ses opérations, suivant la priorité de leur nature, et *in signo anteriore rationis*. L'on voit par là comment la créature peut être la vraie cause du péché, sans que la conservation de Dieu l'empêche ; qui se règle sur l'état précédent de la même créature pour suivre les lois de sa sagesse nonobstant le péché, qui va être produit d'abord par la créature. Mais il est vrai que Dieu n'aurait point créé l'âme au commencement dans un état où elle aurait péché dès le premier moment, comme les scolastiques l'ont fort bien observé : car il n'y a rien dans les lois de sa sagesse, qui l'y eût pu porter.

391. Cette loi de la sagesse fait aussi que Dieu reproduit la même substance, la même âme ; et c'est ce que pouvait répondre l'abbé que M. Bayle introduit dans son *Dictionnaire* art. Pyrrhon (1),

(1) PYRRHON, célèbre sceptique de l'antiquité, a donné son nom au scepticisme. — Il est né à Élis, et florissait vers l'an 340 avant J.-C. Il n'a rien écrit ; mais ses opinions ont passé à son école, qui nous les a transmises. P. J.

let. B., p. 2432). Cette sagesse fait la liaison des choses. J'accorde donc que la créature ne concourt point avec Dieu pour se conserver (de la manière qu'on vient d'expliquer la conservation); mais je ne vois rien qui l'empêche de concourir avec Dieu pour la production de quelque autre chose, et particulièrement de son opération interne, comme serait une pensée, une volition, choses réellement distinctes de la substance.

392. Mais nous voilà de nouveau aux prises avec M. Bayle. Il prétend qu'il n'y a point de tels accidents distingués de la substance. « Les raisons, dit-il, que nos philosophes modernes ont fait servir « à démontrer que les accidents ne sont pas des êtres réellement « distingués de la substance, ne sont pas de simples difficultés; ce « sont des arguments qui accablent et qu'on ne saurait résoudre. « Prenez la peine, ajoute-t-il, de les chercher dans le P. Maignan (1), « ou dans le P. Malebranche, ou dans M. Calli (professeur en phi- « losophie à Caen), ou dans les *Accidentia profligata* du P. Saguens, « disciple du P. Maignan, dont on trouve l'extrait dans les *Nou- « velles de la République des Lettres*, juin 1702; ou si vous voulez « qu'un seul auteur vous suffise, choisissez Dom François Lami, « religieux bénédictin, et l'un des plus forts cartésiens qui soient en « France. Vous trouverez parmi ses lettres philosophiques, imprimées « à Trévoux l'an 1703, « celle où, par la méthode des géomètres, il « démontre » que Dieu est l'unique vraie cause de tout ce qui est « réel. » Je souhaiterais de voir tous ces livres (2) : et pour ce qui est

---

(1) MAIGNAN (le P.), né à Toulouse en 1601, mort dans la même ville en 1676, a écrit : *Cursus philosophicus*; — *Philosophia sacra*; — *De Usu licito pecuniæ*.
P. J.

(2) Gehrardt donne ici en note le morceau suivant tiré des *Mémoires de Trévoux* (1712) :

Février 1711.

(1) « J'ai dit dans mes *Essais*, p. 592, que je désirais de voir les Démonstrations citées par M. Bayle et contenues dans la sixième lettre imprimée à Trévoux, en 1703. Le R. P. des Bosses m'a communiqué cette lettre, où l'on entreprend de démontrer, par la méthode des Géomètres, que Dieu est l'unique vraie cause de tout ce qui est réel : et la lecture que j'en ai faite m'a confirmé dans le sentiment que j'ai marqué au même endroit : que cette proposition peut être vraie dans un fort bon sens, Dieu étant la seule cause des réalités pures et absolues ou des perfections; mais que, lorsqu'on comprend les limitations ou les privations sous le nom de réalités, l'on peut dire que les causes secondes concourent à la production de ce qui est limité. Et qu'autrement Dieu serait la cause du péché, et même la cause unique. Et j'ai quelque penchant à croire que l'habile auteur de la lettre n'est pas fort éloigné de mon sentiment, quoiqu'il semble comprendre toutes les modalités sous les réalités dont il veut que Dieu seul soit la cause. Car, dans le fond, je crois qu'il n'admettra pas que Dieu est la cause et l'auteur du péché. Il s'explique même d'une manière qui semble renverser sa thèse et accorder une véritable action aux créatures, car dans la confir.

de cette dernière proposition, elle peut être vraie dans un fort bon sens ; Dieu est la seule cause principale des réalités pures et absolues, ou des perfections ; *Causæ secundæ agunt in virtute primæ.* Mais lorsqu'on comprend les limitations et les privations sous les réalités, l'on peut dire que les causes secondes concourent à la production de ce qui est limité. Sans cela, Dieu serait la cause du péché, et même la cause unique.

393. Il est bon d'ailleurs qu'on prenne garde qu'en confondant les substances avec les accidents, en ôtant l'action aux substances créées, on ne tombe dans le spinosisme, qui est un cartésianisme outré. Ce qui n'agit point ne mérite point le nom de substance : si les accidents ne sont point distingués des substances ; si la substance créée est un être successif, comme le mouvement ; si elle ne dure pas au-delà d'un moment, et ne se trouve pas la même (durant quelque partie assignable du temps), non plus que ses accidents ; si elle n'opère point, non plus qu'une figure de mathématique ou qu'un nombre, pourquoi ne dira-t-on pas comme Spinosa, que Dieu est la seule substance, et que les créatures ne sont que des accidents ou des modifications ? Jusqu'ici on a cru que la substance demeure et que les accidents changent ; et je crois qu'on doit se tenir encore à

mation de l'huitième Corollaire de sa seconde proposition, il y a ces mots : « Le « mouvement naturel de l'âme, quoique déterminé en lui-même, est indé- « terminé par rapport aux objets. Car c'est l'amour du bien en général. C'est « par les idées du bien qui paraît dans les objets particuliers que ce mouve- « ment devient particulier et déterminé par rapport à ces objets. Et ainsi, comme « l'esprit a le pouvoir de se diversifier ses idées, il peut aussi changer les dé- « terminations de son amour. Et il n'est point nécessaire, pour cela, qu'il « surmonte la puissance de Dieu, ni qu'il s'oppose à son action. Ces détermina- « tions des mouvements vers les objets particuliers ne sont point invincibles. « Et c'est leur non invincibilité qui fait que l'esprit est libre et capable de les « changer ; mais, après tout, il ne fait ces changements que par le mouvement « que Dieu lui donne et lui conserve. » Selon mon style, j'aurais dit que la perfection qui est dans l'action de la créature vient de Dieu, mais que les limitations qui s'y trouvent sont une suite de la limitation originale et des limitations précédentes survenues dans la créature. Et que cela a lieu non seulement dans les esprits, mais encore dans toutes les autres substances, qui sont par là des causes concourantes au changement qui arrive en elles-mêmes, car cette détermination dont l'auteur parle n'est autre chose qu'une limitation.

« Or, en repassant après cela, sur toutes les démonstrations ou corollaires de la lettre, on pourra accorder ou rejeter la plupart de ses assertions, suivant l'explication qu'on en pourra faire. Si par la réalité on n'entend que des perfections ou des réalités positives, Dieu en est la seule cause véritable ; mais si ce qui enveloppe des limitations est compris sous les réalités, on niera une bonne partie des thèses, et l'auteur lui-même nous en aura montré l'exemple. C'est pour rendre la chose plus concevable que je me suis servi, dans les *Essais*, de l'exemple d'un bateau chargé, que le courant emporte d'autant plus tard que le bateau est plus chargé. On y voit clairement que le courant est cause de ce qui est positif dans ce mouvement, de la perfection, de la force, de la vitesse cette ancienne doctrine, les arguments que je me souviens d'avoir lus ne prouvant point le contraire, et prouvant plus qu'il ne faut.

394. « L'une des absurdités, dit M. Bayle (p. 779), qui émanent
« de la prétendue distinction que l'on veut admettre entre les subs-
« tances et leurs accidents, est, que si les créatures produisent des
« accidents, elles auraient une puissance créatrice et annihilatrice ;
« de sorte qu'on ne saurait faire la moindre action sans créer un
« nombre innombrable d'être réels, et sans en réduire au néant
« une infinité. En ne remuant la langue que pour crier ou pour
« manger, on crée autant d'accidents qu'il y a de mouvements des
« parties de la langue, et l'on détruit autant d'accidents qu'il y a de
« parties de ce qu'on mange, qui perdent leur forme, qui deviennent
« du chyle, du sang, etc. » Cet argument n'est qu'une espèce d'épouvantail. Quel mal y a-t-il qu'une infinité de mouvements, une infinité de figures naissent et disparaissent à tout moment dans l'univers, et même dans chaque partie de l'univers ? On peut démontrer d'ailleurs que cela se doit.

395. Pour ce qui est de la prétendue création des accidents, qui ne voit qu'on n'a besoin d'aucune puissance créatrice pour changer de

---

du bateau, mais que la charge est cause de la restriction de cette force et qu'elle produit la tardité.

« On est louable de vouloir appliquer la méthode des géomètres aux matières métaphysiques. Mais il faut avouer qu'on y a rarement réussi jusqu'ici, et M. Descartes lui-même, avec toute cette très grande habilité qu'on ne peut lui refuser, n'a peut-être jamais eu moins de succès que lorsqu'il l'a entreprise dans une de ses réponses aux objections. Car dans les mathématiques il est plus aisé de réussir, parce que les nombres, les figures et les calculs suppléent aux défauts cachés dans les paroles ; mais dans la métaphysique, où l'on est privé de ce secours (au moins dans les manières de raisonner ordinaires), il faudrai que la rigueur employée dans la forme du raisonnement et dans les définitions exactes des termes suppléât à ce manquement. Mais l'on n'y voit ni l'un ni l'autre.

« L'auteur de la lettre, qui montre sans doute beaucoup de feu et de pénétration, va un peu trop vite quelquefois, comme lorsqu'il prétend prouver qu'il y a autant de réalité et de force dans le repos que dans le mouvement, au cinquième corollaire de la seconde proposition. Il allègue que la volonté de Dieu n'est pas moins positive dans le repos que dans le mouvement, et qu'elle n'est pas moins invincible. Soit ; mais s'ensuit-il qu'il y a autant de réalité et de force dans l'un et dans l'autre ? Je ne vois point cette conséquence, et par le même raisonnement on prouverait qu'il y a autant de force dans un mouvement fort et dans un mouvement faible. Dieu, en voulant le repos, veut que le corps soit au lieu A, où il a été immédiatement auparavant, et pour cela il suffit qu'il n'y ait point de raison qui porte Dieu au changement. Mais lorsque Dieu, veut que dans la suite, le corps soit au lieu B, il faut qu'il y ait une nouvelle raison qui détermine Dieu à vouloir qu'il soit en B et non pas en C, ou en tout autre lieu, et qu'il y soit plus ou moins promptement ; et c'est de ces raisons, des volontés de Dieu qu'il faut tirer l'estime de la force et de la réalité qui se trouve dans les choses. L'auteur parle assez de la volonté de Dieu, mais il ne parle guère, dans place ou de figure, pour former un carré ou un carré long, ou quelque autre figure de bataillon, par le mouvement des soldats qui font l'exercice; non plus que pour former une statue, en ôtant quelques morceaux d'un bloc de marbre; ou pour faire quelque figure en relief, en changeant, diminuant ou augmentant un morceau de cire! La production des modifications n'a jamais été appelée création, et c'est abuser des termes que d'en épouvanter le monde. Dieu produit des substances de rien, et les substances produisent des accidents par les changements de leurs limites.

396. Pour ce qui est des âmes ou des formes substantielles, M. Bayle a raison d'ajouter, « qu'il n'y a rien de plus incommode « pour ceux qui admettent les formes substantielles que l'objection « que l'on fait, qu'elles ne pourraient être produites que par une « véritable création, et que les scolastiques font pitié, quand ils « tâchent d'y répondre. » Mais il n'y a rien de plus commode pour moi, et pour mon système, que cette même objection, puisque je soutiens que toutes les âmes, entéléchies ou forces primitives, formes substantielles, substances simples ou monades, de quelque nom qu'on les puisse appeler, ne sauraient naître naturellement, ni périr. Et je conçois les qualités ou les forces dérivatives, ou ce qu'on

---

cette lettre, des raisons qui le portent à vouloir, et dont tout dépend. Et ces raisons sont prises des objets.

« Je remarque même d'abord au corollaire second de la première proposition qu'elle est bien vraie, mais qu'elle n'est guère bien prouvée. On affirme que, si Dieu cessait seulement de vouloir qu'un être existât, il ne serait plus; et on le prouve ainsi mot pour mot.

« *Démonstration.* — *Ce qui n'existe que par la volonté de Dieu, n'existe plus dès que cette volonté n'est plus.* (Mais c'est ce qu'on doit prouver. On tâche de le faire en ajoutant :) *Otez la cause, vous otez l'effet* (Il aurait fallu mettre cette maxime parmi les axiomes, mis au commencement. Mais par malheur cet axiome se peut compter parmi ces règles philosophiques qui sont sujettes à beaucoup d'exceptions.) *Or, par la précédente proposition et par son premier corollaire, nul être n'existe que par la volonté de Dieu. Donc, etc.* Il y a de l'ambiguïté dans cette expression, que rien n'existe que par la volonté de Dieu. Si l'on veut dire que les choses ne commencent à exister que par cette volonté, on a raison de se rapporter aux propositions précédentes ; mais si l'on veut que l'existence des choses est toujours une suite de la volonté de Dieu, l'on suppose à peu près ce qui est en question. Il fallait donc prouver d'abord que l'existence des choses dépend de la volonté de Dieu, et qu'elle n'en est pas seulement un simple effet, mais encore une dépendance, à proportion de la perfection qu'elles renferment, et cela posé, elles n'en dépendront pas moins dans la suite qu'au commencement. C'est ainsi que j'ai pris la chose dans mes *Essais.*

« Cependant je reconnais que la lettre, sur laquelle je viens de faire des remarques, est très belle et très digne d'être lue, et qu'elle contient des sentiments beaux et véritables, pourvu qu'on la prenne dans le sens que je viens de marquer. Et ces manières de raisonner peuvent servir d'introduction à des méditations un peu plus avancées. »

appelle formes accidentelles, comme des modifications de l'entéléchie primitive ; de même que les figures sont des modifications de la matière. C'est pourquoi ces modifications sont dans un changement perpétuel, pendant que la substance simple demeure.

397. J'ai fait voir ci-dessus (part. I, § 86 *et seqq.*) que les âmes ne sauraient naître naturellement, ni être tirées les unes des autres, et qu'il faut, ou que la nôtre soit créée, ou qu'elle soit préexistante. J'ai même montré un certain milieu entre une création et une préexistence entière, en trouvant convenable de dire que l'âme, préexistante dans les semences depuis le commencement des choses, n'était que sensitive ; mais qu'elle a été élevée au degré supérieur, qui est la raison, lorsque l'homme, à qui cette âme doit appartenir, a été conçu, et que le corps organisé, accompagnant toujours cette âme depuis le commencement, mais sous bien des changements, a été déterminé à former le corps humain. J'ai jugé aussi qu'on pouvait attribuer cette élévation de l'âme sensitive (qui la fait parvenir à un degré essentiel plus sublime, c'est-à-dire à la raison) à l'opération extraordinaire de Dieu. Cependant il sera bon d'ajouter que j'aimerais mieux me passer du miracle dans la génération de l'homme, comme dans celle des autres animaux ; et cela se pourra expliquer, en concevant que dans ce grand nombre d'âmes et d'animaux, ou du moins de corps organiques vivants qui sont dans les semences, ces âmes seules, qui sont destinées à parvenir un jour à la nature humaine, enveloppent la raison qui y paraîtra un jour, et que les seuls corps organiques sont préformés et prédisposés à prendre un jour la forme humaine ; les autres petits animaux ou vivants séminaux, où rien de tel n'est préétabli, étant essentiellement différents d'eux, et n'ayant rien que d'inférieur en eux. Cette production est une manière de traduction, mais plus traitable que celle qu'on enseigne vulgairement : elle ne tire pas l'âme d'une âme, mais seulement l'animé d'un animé ; et elle évite les miracles fréquents d'une nouvelle création, qui feraient entrer une âme neuve et nette dans un corps qui la doit corrompre.

398. Je suis cependant du sentiment du R. P. Malebranche, qu'en général la création, entendue comme il faut, n'est pas aussi difficile à admettre qu'on pourrait penser, et qu'elle est enveloppée en quelque façon dans la notion de la dépendance des créatures. « Que les philosophes sont stupides et ridicules ! s'écrie-t-il « (*Méditat. Chrétienne* 9, n. 3), ils s'imaginent que la création est

« impossible, parce qu'ils ne conçoivent pas que la puissance de
« Dieu soit assez grande pour faire de rien quelque chose. Mais
« conçoivent-ils mieux que la puissance de Dieu soit capable de
« remuer un fétu ? » Il ajoute encore fort bien (n. 5) : « Si la matière
« était incréée, Dieu ne pourrait la mouvoir, ni en former aucune
« chose. Car Dieu ne peut remuer la matière ni l'arranger avec
« sagesse sans la connaître. Or, Dieu ne peut la connaître, s'il ne lui
« donne l'être : il ne peut tirer ses connaissances que de lui-même.
« Rien ne peut agir en lui ni l'éclairer. »

399. M. Bayle, non content de dire que nous sommes créés continuellement, insiste encore sur cette autre doctrine, qu'il en voudrait tirer, que notre âme ne saurait agir. Voici comme il en parle (ch. CXLI, p. 765) : « Il a trop de connaissance du cartésianisme
« (c'est d'un habile adversaire qu'il parle), pour ignorer avec quelle
« force on a soutenu de nos jours qu'il n'y a point de créature qui
« puisse produire le mouvement, et que notre âme est un sujet
« purement passif à l'égard des sensations et des idées, et des senti-
« ments de douleur et de plaisir, etc. Si l'on n'a point poussé la
« chose jusqu'aux volitions, c'est à cause des vérités révélées ; sans
« cela les actes de la volonté se seraient trouvés aussi passifs que
« ceux de l'entendement. Les mêmes raisons qui prouvent que notre
« âme ne forme point nos idées, et ne remue point nos organes,
« prouveraient aussi qu'elle ne peut point former nos actes d'amour
« et nos volitions, etc. » Il pouvait ajouter, nos actions vicieuses, nos crimes.

400. Il faut bien que la force de ces preuves, qu'il loue, ne soit point telle qu'il croit, puisqu'elles prouveraient trop. Elles feraient Dieu auteur du péché. J'avoue que l'âme ne saurait remuer les organes par une influence physique, car je crois que le corps doit avoir été formé de telle sorte par avance, qu'il fasse en temps et lieu ce qui répond aux volontés de l'âme; quoiqu'il soit vrai cependant que l'âme est le principe de l'opération. Mais de dire que l'âme ne produit point ses pensées, ses sensations, ses sentiments de douleur et de plaisir, c'est de quoi je ne vois aucune raison. Chez moi, toute substance simple (c'est-à-dire toute substance véritable) doit être la véritable cause immédiate de toutes ses actions et passions internes; et, à parler dans la rigueur métaphysique, elle n'en a point d'autres que celles qu'elle produit. Ceux qui sont d'un autre sentiment, et qui font Dieu seul acteur, s'embarrassent sans sujet

dans des expressions dont ils auront bien de la peine à se tirer sans choquer la religion, outre qu'ils choquent absolument la raison.

401. Voici pourtant sur quoi M. Bayle se fonde. Il dit que nous ne faisons pas ce que nous ne savons pas comment il se fait. Mais c'est un principe que je ne lui accorde point. (Encore son discours, p. 767 *et seqq.*) « C'est une chose étonnante, que presque tous les
« philosophes (il en faut excepter les interprètes d'Aristote, qui ont
« admis un intellect universel, distinct de notre âme, et la cause de
« nos intellections : voyez dans le *Dictionn. histor. et crit.* la re-
« marque E de l'article *Averroës*) aient cru avec le peuple que nous
« formons activement nos idées. Où est l'homme, néanmoins, qui ne
« sache, d'un côté, qu'il ignore absolument comment se font les idées,
« et de l'autre, qu'il ne pourrait coudre deux points, s'il ignorait
« comment il faut coudre ? Est-ce que coudre deux points est en soi
« un ouvrage plus difficile que de peindre dans son esprit une rose,
« dès la première fois qu'elle tombe sous les yeux, et sans que l'on
« ait jamais appris cette sorte de peinture ? Ne paraît-il pas au con-
« traire que ce portrait spirituel est en soi un ouvrage plus difficile
« que de tracer sur la toile la figure d'une fleur, ce que nous ne
« saurions faire sans l'avoir appris ? Nous sommes tous convaincus
« qu'une clef ne nous servirait de rien à ouvrir un coffre, si nous
« ignorions comment il faut l'employer ; et cependant nous nous
« figurons que notre âme est la cause efficiente du mouvement de
« nos bras, quoiqu'elle ne sache ni où sont les nerfs qui doivent
« servir à ce mouvement, ni où il faut prendre les esprits animaux
« qui doivent couler dans ces nerfs. Nous éprouvons tous les jours
« que les idées que nous voudrions rappeler ne viennent point, et
« qu'elles se présentent d'elles-mêmes lorsque nous n'y pensons plus.
« Si cela ne nous empêche point de croire que nous en sommes la
« cause efficiente, quel fonds fera-t-on sur la preuve de sentiment,
« qui paraît si démonstrative à M. Jaquelot ? L'autorité sur nos idées
« est-elle plus souvent trop courte, que l'autorité sur nos volitions ?
« Si nous comptions bien, nous trouverions dans le cours de notre
« vie plus de velléités que de volitions, c'est-à-dire plus de témoi-
« gnages de la servitude de notre volonté que de son empire. Combien
« de fois un même homme n'éprouve-t-il pas qu'il ne pourrait faire
« un certain acte de volonté, (par exemple, un acte d'amour pour un
« homme qui viendrait de l'offenser ; un acte de mépris d'un beau
« sonnet qu'il aurait fait, un acte de haine pour une maîtresse, un

« acte d'approbation d'une épigramme ridicule. Notez que je ne parle
« que d'actes internes, exprimés par un je veux, comme je veux
« mépriser, approuver, etc.), y eût-il cent pistoles à gagner sur-le-
« champ, et souhaitât-il avec ardeur de gagner ces cent pistoles, et
« s'animât-il de l'ambition de se convaincre par une preuve d'expé-
« rience qu'il est le maître chez soi ?

402. « Pour réunir en peu de mots toute la force de ce que je viens
« de vous dire, je remarquerai qu'il est évident à tous ceux qui
« approfondissent les choses, que la véritable cause efficiente d'un
« effet doit le connaître, et savoir aussi de quelle manière il le faut
« produire. Cela n'est pas nécessaire quand on n'est que l'instrument
« de cette cause, ou que le sujet passif de son action ; mais l'on ne
« saurait concevoir que cela ne soit point nécessaire à un véritable
« agent. Or, si nous examinons bien, nous serons très convaincus,
« 1° qu'indépendamment de l'expérience, notre âme sait aussi peu ce
« que c'est qu'une volition, que ce que c'est qu'une idée ; 2° qu'après
« une longue expérience, elle ne sait pas mieux comment se forment
« les volitions, qu'elle le savait avant que d'avoir voulu quelque
« chose. Que conclure de cela, sinon qu'elle ne peut être la cause
« efficiente de ses volitions, non plus que de ses idées, et que du
« mouvement des esprits qui font remuer nos bras ? (Notez qu'on ne
« prétend pas décider ici absolument cela, on ne le considère que
« relativement aux principes de l'objection). »

403. Voilà qui est raisonner d'une étrange manière ! Quelle nécessité y a-t-il qu'on sache toujours comment se fait ce qu'on fait ? Les sels, les métaux, les plantes, les animaux, et mille autres corps animés ou inanimés, savent-ils comment se fait ce qu'ils font, et ont-ils besoin de le savoir ? Faut-il qu'une goutte d'huile ou de graisse entende la géométrie, pour s'arrondir sur la surface de l'eau ? Coudre des points est autre chose : on agit pour une fin, il faut en savoir les moyens. Mais nous ne formons pas nos idées parce que nous le voulons ; elles se forment en nous, elles se forment par nous, non pas en conséquence de notre volonté, mais suivant notre nature et celles des choses. Et comme le fœtus se forme dans l'animal, comme mille autres merveilles de la nature sont produites par un certain instinct que Dieu y a mis, c'est-à-dire en vertu de la préformation divine, qui a fait ces admirables automates, propres à produire mécaniquement de si beaux effets ; il est aisé de juger de même que l'âme est un automate spirituel, encore plus admirable ; et que c'est

par la préformation divine qu'elle produit ces belles idées, où notre volonté n'a point de part, et où notre art ne saurait atteindre. L'opération des automates spirituels, c'est-à-dire des âmes, n'est point mécanique ; mais elle contient éminemment ce qu'il y a de beau dans la mécanique : les mouvements, développés dans les corps, y étant concentrés par la représentation, comme dans un monde idéal, qui exprime les lois du monde actuel et leurs suites ; avec cette différence du monde idéal parfait qui est en Dieu, que la plupart des perceptions dans les autres ne sont que confuses. Car il faut savoir que toute substance simple enveloppe l'univers par ses perceptions confuses ou sentiments, et que la suite de ces perceptions est réglée par la nature particulière de cette substance; mais d'une manière qui exprime toujours toute la nature universelle ; et toute perception présente tend à une perception nouvelle, comme tout mouvement qu'elle représente tend à un autre mouvement. Mais il est impossible que l'âme puisse connaître distinctement toute sa nature, et s'apercevoir comment ce nombre innombrable de petites perceptions, entassées ou plutôt concentrées ensemble, s'y forme : il faudrait pour cela qu'elle connût parfaitement tout l'univers qui y est enveloppé, c'est-à-dire qu'elle fût un dieu.

404. Pour ce qui est des velléités, ce ne sont qu'une espèce fort imparfaite de volontés conditionnelles. Je voudrais, si je pouvais, *liberet, si liceret* : et dans le cas d'une velléité, nous ne voulons pas proprement vouloir, mais pouvoir. C'est ce qui fait qu'il n'y en a point en Dieu, et il ne faut point les confondre avec les volontés antécédentes. J'ai assez expliqué ailleurs que notre empire sur les volitions ne saurait être exercé que d'une manière indirecte, et qu'on serait malheureux, si l'on était assez le maître chez soi pour pouvoir vouloir sans sujet, sans rime et sans raison. Se plaindre de n'avoir pas un tel empire, ce serait raisonner comme Pline, qui trouve à redire à la puissance de Dieu, parce qu'il ne se peut point détruire.

405. J'avais dessein de finir ici, après avoir satisfait (ce me semble) à toutes les objections de M. Bayle sur ce sujet, que j'ai pu rencontrer dans ses ouvrages. Mais m'étant souvenu du dialogue de Laurent Valla sur le libre arbitre contre Boëce, dont j'ai déjà fait mention, j'ai cru qu'il serait à propos d'en rapporter le précis, en gardant la forme du dialogue, et puis de poursuivre où il finit, en continuant la fiction qu'il a commencée, et cela bien moins pour égayer la

matière que pour m'expliquer sur la fin de mon discours, de la manière la plus claire et la plus populaire qui me soit possible. Ce dialogue de Valla, et ses livres sur la volupté et le vrai bien, font assez voir qu'il n'était pas moins philosophe qu'humaniste. Ces quatre livres étaient opposés aux quatre livres de la Consolation de Boëce, et le dialogue au cinquième. Un certain Antoine Glarea, Espagnol, lui demande un éclaircissement sur la difficulté du libre arbitre, aussi peu connu qu'il est digne de l'être, d'où dépend la justice et l'injustice, le châtiment et la récompense dans cette vie et dans la future. Laurent Valla lui répond qu'il faut se consoler d'une ignorance qui nous est commune avec tout le monde, comme l'on se console de n'avoir point les ailes des oiseaux.

406. Antoine. Je sais que vous me pouvez donner ces ailes, comme un autre Dédale, pour sortir de la prison de l'ignorance et pour m'élever jusqu'à la région de la vérité, qui est la patrie des âmes. Les livres que j'ai vus ne m'ont point satisfait, pas même le célèbre Boëce, qui a l'approbation générale. Je ne sais s'il a bien compris lui-même ce qu'il dit de l'entendement de Dieu et de l'éternité supérieure au temps. Et je vous demande votre sentiment sur la manière d'accorder la prescience avec la liberté. Laurent. J'appréhende de choquer bien des gens, en réfutant ce grand homme ; je veux pourtant préférer à cette crainte l'égard que j'ai aux prières d'un ami, pourvu que vous me promettiez... Ant. Quoi? Laur. C'est que lorsque vous aurez dîné chez moi, vous ne demanderez point que je vous donne à souper ; c'est-à-dire, je désire que vous soyez content de la solution de la question que vous m'avez faite, sans m'en proposer une autre.

407. Ant. Je vous le promets. Voici le point de la difficulté : Si Dieu a prévu la trahison de Judas, il était nécessaire qu'il trahît, il était impossible qu'il ne trahît pas. Il n'y a point d'obligation à l'impossible. Il ne péchait donc pas, il ne méritait point d'être puni. Cela détruit la justice et la religion, avec la crainte de Dieu. Laur. Dieu a prévu le péché ; mais il n'a point forcé l'homme à le commettre, le péché est volontaire. Ant. Cette volonté était nécessaire, puisqu'elle était prévue. Laur. Si ma science ne fait pas que les choses passées ou présentes existent, ma prescience ne fera pas non plus exister les futures.

408. Ant. Cette comparaison est trompeuse ; le présent ni le passé ne sauraient être changés, ils sont déjà nécessaires ; mais le futur,

muable en soi, devient fixe et nécessaire par la prescience. Feignons qu'un dieu du paganisme se vante de savoir l'avenir ; je lui demanderai s'il sait quel pied je mettrai devant, puis je ferai le contraire de ce qu'il aura prédit. Laur. Ce dieu sait ce que vous voudrez faire. Ant. Comment le sait-il, puisque je ferai le contraire de ce qu'il aura dit, et je suppose qu'il dira ce qu'il pense? Laur. Votre fiction est fausse : Dieu ne nous répondra pas ; ou bien s'il vous répondait, la vénération que vous auriez pour lui, vous ferait hâter de faire, ce qu'il aurait dit; sa prédiction vous serait un ordre. Mais nous avons changé de question. Il ne s'agit point de ce que Dieu prédira, mais de ce qu'il prévoit. Revenons donc à la prescience, et distingnons entre le nécessaire et le certain. Il n'est pas impossible que ce qui est prévu n'arrive pas ; mais il est infaillible qu'il arrivera. Je puis devenir soldat ou prêtre, mais je ne le deviendrai pas.

409. Ant. C'est ici que je vous tiens. La règle des philosophes veut que tout ce qui est possible peut être considéré comme existant. Mais si ce que vous dites être possible, c'est-à-dire un événement différent de ce qui a été prévu, arrivait actuellement, Dieu se serait trompé. Laur. Les règles des philosophes ne sont point des oracles pour moi. Celle-ci particulièrement n'est point exacte. Les deux contradictoires sont souvent possibles toutes deux ; est-ce qu'elles peuvent aussi exister toutes deux? Mais pour vous donner plus d'éclaircissement, feignons que Sextus Tarquinius, venant à Delphes pour consulter l'oracle d'Apollon, ait pour réponse :

> Exul inopsque cades irata pulsus ab urbe.
> Pauvre et banni de ta patrie,
> On te verra perdre la vie.

Le jeune homme s'en plaindra: Je vous ai apporté un présent royal ô Apollon, et vous m'annoncez un sort si malheureux ? Apollon lui dira : Votre présent m'est agréable, et je fais ce que vous me demandez, je vous dis ce qui arrivera. Je sais l'avenir, mais je ne le fais pas. Allez vous plaindre à Jupiter et aux Parques. Sextus serait ridicule, s'il continuait après cela de se plaindre d'Apollon ; n'est-il pas vrai ? Ant. Il dira: Je vous remercie, ô saint Apollon, de ne m'avoir point payé de silence, de m'avoir découvert la vérité. Mais d'où vient que Jupiter est si cruel à mon égard, qu'il prépare un destin si dur à un homme innocent, à un adorateur religieux des dieux ? Laur. Vous, innocent, innocent ? dira Apollon. Sachez que vous serez superbe, que vous commettrez des adultères, que vous serez traître à la patrie. Sextus pourrait-il répliquer : C'est vous qui en êtes la cause, ô Apollon ; vous me forcez de le faire, en le prévoyant ? Ant. J'avoue qu'il aurait perdu le sens, s'il faisait cette réplique. Laur. Donc, le traître Judas ne peut point se plaindre non plus de la prescience de Dieu. Et voilà la solution de votre question.

410. Ant. Vous m'avez satisfait au delà de ce que j'espérais, vous avez fait ce que Boëce n'a pu faire ; je vous en serai obligé toute ma vie. Laur. Cependant poursuivons encore un peu notre historiette. Sextus dira : Non, Apollon, je ne veux point faire ce que vous dites. Ant. Comment ! dira le dieu, je serais donc un menteur ? Je vous le répète encore, vous ferez tout ce que je viens de dire. Laur. Sextus prierait peut-être les dieux de changer les destins, de lui donner un meilleur cœur. Ant. On lui répondrait :

Desine fata Deûm flecti sperare precando.

Il ne saurait faire mentir la prescience divine. Mais que dira donc Sextus ? n'éclatera-t-il pas en plaintes contre les dieux ? ne dira-t-il pas : Comment ? je ne suis donc point libre ? il n'est pas dans mon pouvoir de suivre la vertu ? Laur. Apollon lui dira peut-être : Sachez, mon pauvre Sextus, que les dieux font chacun tel qu'il est. Jupiter a fait le loup ravissant, le lièvre timide, l'âne sot, et le lion courageux. Il vous a donné une âme méchante et incorrigible ; vous agirez conformément à votre naturel, et Jupiter vous traitera comme vos actions le mériteront, il en a juré par le Styx.

411. Ant. Je vous avoue qu'il me semble qu'Apollon, en s'excusant, accuse Jupiter, plus qu'il n'accuse Sextus ; et Sextus lui répondrait : Jupiter condamne donc en moi son propre crime, et c'est lui qui est le seul coupable. Il me pouvait faire tout autre ; mais, fait comme je suis, je dois agir comme il a voulu. Pourquoi donc me punit-il ? Pouvais-je résister à sa volonté ? Laur. Je vous avoue que je me trouve arrêté ici, aussi bien que vous. J'ai fait venir les dieux sur le théâtre, Apollon et Jupiter, pour vous faire distinguer la prescience et la providence divine. J'ai fait voir qu'Apollon, que la prescience ne nuisent point à la liberté ; mais je ne saurais vous satisfaire sur les décrets de la volonté de Jupiter, c'est-à-dire sur les ordres de la providence. Ant. Vous m'avez tiré d'un abîme, et vous me replongez dans un autre abîme plus grand. Laur. Souvenez-vous de notre contrat : Je vous ai fait dîner, et vous me demandez de vous donner aussi à souper.

412. ANT. Je vois maintenant votre finesse ; vous m'avez attrapé, ce n'est pas un contrat de bonne foi. LAUR. Que voulez-vous que je fasse! je vous ai donné du vin et des viandes de mon crû, que mon petit bien peut fournir ; pour le nectar et l'ambroisie, vous les demanderez aux dieux ; cette divine nourriture ne se trouve point parmi les hommes. Écoutons saint Paul, ce vaisseau d'élection qui a été ravi jusqu'au troisième ciel, qui y a entendu des paroles inexprimables, il vous répondra par la comparaison du potier, par l'incompréhensibilité des voies de Dieu, par l'admiration de la profondeur de sa sagesse. Cependant il est bon de remarquer, qu'on ne demande pas pourquoi Dieu prévoit la chose, car cela s'entend ; c'est parce qu'elle sera : mais on demande pourquoi il en ordonne ainsi, pourquoi il endurcit un tel, pourquoi il a pitié d'un autre. Nous ne connaissons pas les raisons qu'il en peut avoir, mais c'est assez qu'il soit très bon et très sage, pour nous faire juger qu'elles sont bonnes. Et comme il est juste aussi, il s'ensuit que ses décrets et ses opérations ne détruisent point notre liberté. Quelques-uns y ont cherché quelque raison. Ils ont dit que nous sommes faits d'une masse corrompue et impure, de boue. Mais Adam, mais les anges étaient faits d'argent et d'or, et ils n'ont pas laissé de pécher. On est encore endurci quelquefois après la régénération. Il faut donc chercher une autre cause du mal, et je doute que les anges même la sachent. Ils ne laissent pas d'être heureux et de louer Dieu. Boëce a plus écouté la réponse de la philosophie, que celle de saint Paul ; c'est ce qui l'a fait échouer. Croyons à Jésus-Christ, il est la vertu et la sagesse de Dieu ; il nous apprend que Dieu veut le salut de tous ; qu'il ne veut point la mort du pécheur. Fions-nous donc à la miséricorde divine, et ne nous en rendons pas incapables par notre vanité et par notre malice.

413. Ce dialogue de Valla est beau, quoiqu'il y ait quelque chose à redire par-ci par-là, mais le principal défaut y est, qu'il coupe le nœud, et qu'il semble condamner la providence sous le nom de Jupiter, qu'il fait presque auteur du péché. Poussons donc encore plus avant la petite fable. SEXTUS, quittant Apollon et Delphes, va trouver Jupiter à Dodone. Il fait des sacrifices, et puis il étale ses plaintes. Pourquoi m'avez-vous condamné, ô grand Dieu, à être méchant, à être malheureux ? Changez mon sort et mon cœur, ou reconnaissez votre tort. JUPITER lui répondit : Si vous voulez renoncer à Rome, les Parques vous fileront d'autres destinées,

vous deviendrez sage, vous serez heureux. SEXTUS. Pourquoi dois-je renoncer à l'espérance d'une couronne? ne pourrai-je pas être bon roi? JUP. Non, Sextus, je sais mieux ce qu'il vous faut. Si vous allez à Rome, vous êtes perdu. SEXTUS ne pouvant se résoudre à un si grand sacrifice, sortit du temple, et s'abandonna à son destin. Théodore, le grand sacrificateur, qui avait assisté au dialogue du dieu avec Sextus, adressa ces paroles à Jupiter : Votre sagesse est adorable, ô grand maître des dieux. Vous avez convaincu cet homme de son tort; il faut qu'il impute dès à présent son malheur à sa mauvaise volonté, il n'a pas le mot à dire. Mais vos fidèles adorateurs sont étonnés; ils souhaiteraient d'admirer votre bonté, aussi bien que votre grandeur; il dépendait de vous de lui donner une autre volonté. JUPITER. Allez à ma fille Pallas, elle vous apprendra ce que je devais faire.

414. Théodore fit le voyage d'Athènes; on lui ordonna de coucher dans le temple de la déesse. En songeant, il se trouva transporté dans un pays inconnu. Il y avait là un palais, d'un brillant inconcevable et d'une grandeur immense. La déesse Pallas parut à la porte, environnée des rayons d'une majesté éblouissante.

Qualisque videri
Cœlicolis et quanta solet.

Elle toucha le visage de Théodore d'un rameau d'olivier, qu'elle tenait dans la main. Le voilà devenu capable de soutenir le divin éclat de la fille de Jupiter, et de tout ce qu'elle lui devait montrer. Jupiter qui vous aime, lui dit-elle, vous a recommandé à moi pour être instruit. Vous voyez ici le palais des Destinées, dont j'ai la garde. Il y a des représentations, non seulement de ce qui arrive, mais encore de tout ce qui est possible; et Jupiter, en ayant fait la revue avant le commencement du monde existant, a digéré les possibilités en mondes, et a fait le choix du meilleur de tous. Il vient quelquefois visiter ces lieux, pour se donner le plaisir de récapituler les choses et de renouveler son propre choix, où il ne peut manquer de se complaire. Je n'ai qu'à parler, et nous allons voir tout un monde, que mon père pouvait produire, où se trouvera représenté tout ce qu'on en peut demander; et par ce moyen, on peut savoir encore ce qui arriverait, si telle ou telle possibilité devait exister. Et quand les conditions ne seront pas assez déterminées, il y aura autant qu'on voudra de tels mondes différents entre eux, qui répondront différemment à la même question, en autant de manières qu'il est possible. Vous avez appris la géométrie, quand vous étiez encore jeune, comme tous les Grecs bien élevés. Vous savez donc que lorsque les conditions d'un point qu'on demande ne le déterminent pas assez, et qu'il y en a une infinité, ils tombent tous dans ce que les géomètres appellent un lieu, et ce lieu au moins (qui est souvent une ligne) sera déterminé. Ainsi vous pouvez figurer une suite réglée de mondes, qui contiendront tous et seuls le cas dont il s'agit et en varieront les circonstances et les conséquences. Mais si vous posez un cas qui ne diffère du monde actuel que dans une seule chose définie et dans ses suites, un certain monde déterminé vous répondra: Ces mondes sont tous ici, c'est-à-dire en idées. Je vous en montrerai où se trouvera, non pas tout à fait le même Sextus que vous avez vu (cela ne se peut, il porte toujours avec lui ce qu'il sera), mais des Sextus approchants, qui auront tout ce que vous connaissez déjà du véritable Sextus, mais non pas tout ce qui est déjà dans lui, sans qu'on s'en aperçoive, ni par conséquent tout ce qui lui arrivera encore. Vous trouverez dans un monde un Sextus fort heureux et élevé, dans un autre un Sextus content d'un état médiocre des Sextus de toute espèce, et d'une infinité de façons.

415. Là-dessus la déesse mena Théodore dans un des appartements; quand il y fut, ce n'était plus un appartement, c'était un monde,

Solemque suum, sua sidera norat.

Par ordre de Pallas, on vit paraître Dodone avec le temple de Jupiter, et Sextus qui en sortait; on l'entendait dire qu'il obéirait au dieu. Le voilà qui va à une ville placée entre deux mers, semblable à Corinthe. Il y achète un petit jardin; en le cultivant, il trouve un trésor; il devient un homme riche, aimé, considéré; il meurt dans une grande vieillesse, chéri de toute la ville. Théodore vit toute sa vie comme d'un coup d'œil, et comme dans une représentation de théâtre. Il y avait un grand volume d'écritures dans cet appartement; Théodore ne put s'empêcher de demander ce que cela voulait dire. C'est l'histoire de ce monde où nous sommes maintenant en visite, lui dit la déesse; c'est le livre de ses destinées. Vous avez vu un nombre sur le front de Sextus, cherchez dans ce livre l'endroit qu'il marque. Théodore le chercha et y trouva l'histoire de Sextus plus ample que celle qu'il avait vue en abrégé. Mettez le doigt sur la ligne qu'il vous plaira, lui dit Pallas, et vous verrez représenté effectivement dans tout son détail ce que la ligne marque en gros. Il obéit et il vit paraître toutes les particularités de la vie de ce Sextus. On passa dans un autre appartement, et voilà un autre monde, un autre Sextus, qui, sortant du temple, et résolu d'obéir à Jupiter, va en Thrace. Il y épouse la fille du roi, qui n'avait point d'autres enfants, et lui succède. Il est adoré de ses sujets. On allait en d'autres chambres, et on voyait toujours de nouvelles scènes.

416. Les appartements allaient en pyramide ; ils devenaient toujours plus beaux à mesure qu'on montait vers la pointe, et ils représentaient de plus beaux mondes. On vint enfin dans le suprême qui terminait la pyramide, et qui était le plus beau de tous ; car la pyramide avait un commencement, mais on n'en voyait point la fin ; elle avait une pointe, mais point de base ; elle allait croissant à l'infini. C'est (comme la déesse l'expliqua) parce qu'entre une infinité de mondes possibles, il y a le meilleur de tous, autrement Dieu ne se serait point déterminé à en créer aucun ; mais il n'y en a aucun qui n'en ait encore de moins parfaits au-dessous de lui ; c'est pourquoi la pyramide descend à l'infini. Théodore, entrant dans cet appartement suprême, se trouva ravi en extase ; il lui fallut le secours de la déesse ; une goutte d'une liqueur divine mise sur la langue le remit. Il ne se sentait pas de joie. Nous sommes dans le vrai monde actuel, dit la déesse, et vous y êtes à la source du bonheur. Voilà ce que Jupiter vous y prépare, si vous continuez de le servir fidèlement. Voici Sextus tel qu'il est et tel qu'il sera actuellement. Il sort du temple tout en colère, il méprise le conseil des dieux. Vous le voyez allant à Rome, mettant tout en désordre, violant la femme de son ami. Le voilà chassé avec son père, battu, malheureux. Si Jupiter avait pris ici un Sextus heureux à Corinthe, ou roi en Thrace, ce ne serait plus ce monde. Et cependant il ne pouvait manquer de choisir ce monde, qui surpasse en perfection tous les autres, qui fait la pointe de la pyramide ; autrement Jupiter aurait renoncé à sa sagesse, il m'aurait bannie, moi qui suis sa fille. Vous voyez que mon père n'a point fait Sextus méchant ; il l'était de toute éternité, il l'était toujours librement ; il n'a fait que lui accorder l'existence, que sa sagesse ne pouvait refuser au monde où il est compris ; il l'a fait passer de la région des possibles à celle des êtres actuels. Le crime de Sextus sert à de grandes choses ; il en naîtra un grand empire qui donnera de grands exemples. Mais cela n'est rien au prix du total de ce monde dont vous admirez la beauté, lorsque d'après un

heureux passage de cet état mortel à un autre meilleur, les dieux vous auront rendu capable de la connaître.

417. Dans ce moment, Théodore s'éveille, il rend grâces à la déesse, il rend justice à Jupiter, et, pénétré de ce qu'il a vu et entendu, il continue la fonction du grand sacrificateur, avec tout le zèle d'un vrai serviteur de son Dieu, avec toute la joie dont un mortel est capable. Il me semble que cette continuation de la fiction peut éclaircir la difficulté, à laquelle Valla n'a point voulu toucher. Si Apollon a bien représenté la science divine de vision (qui regarde les existences), j'espère que Pallas n'aura pas mal fait le personnage de ce qu'on appelle la science de simple intelligence (qui regarde tous les possibles), où il faut enfin chercher la sources des choses.

APPENDICES

INDEX

Le nombre est celui du paragraphe de l'ouvrage, mais celui qui est précédé immédiatement de la lettre D marque le paragraphe du Discours préliminaire. On a omis dans ce registre ce qui est plus éloigné de la matière.

Action, 32, 66 ; son principe, 323. — Action des créatures, 299, 300, 381, 399 ; combattue et défendue, 386 sq. — Actions viennent des substances, 400.

Ame, son origine, 86 sq., 397 ; son immortalité, D. 11 ; son union avec le corps, 400 ; son influence sur le corps (D. 55), 59 sq., 65 (Voy. *Harmonie préétablie*). — Les lois de son union avec le corps ne sont point arbitraires, 130, 352, 354. — Ames humaines ne sont point semblables en tout, 105 ; comment elles sont dans les semences, 86, 397. — Ame universelle, D. 7 sq., D. 11.

Arbitraire. Dieu n'a point déterminé arbitrairement ce qui serait bien ou mal, juste ou injuste, 176. — Les lois de la nature, 130 (Voy. *Pouvoir arbitraire*) ; la vérité, 185, la justice, 186.

M. Arnaud, 203, 211, 223.

S. Augustin, 82, 283, 287, 370 ; ceux qu'on appelle ses disciples, 280, 283.

Augustiniens, 330.

L'*Auteur*, 211 ; sa règle de la composition des mouvements, 22 ; ses lois du mouvement, 345 ; son système (Voy. *Harmonie préétablie*).

M. Bayle combat la raison, D. 46. — Combat la distinction entre, contre et au-dessus de la raison, D. 63 ; varie, D. 84; loué, D. 86; combattu, 135, ses objections, 107 sq. ; loué et blâmé, 353.

Bestes. leurs âmes, 89; leur bien ou mal, 250; comment elles imitent la raison, D. 65.

Bien (Voy. *Mal*) comprend un état sans mal, 254 ; caché dans le mal, 260 ; plus estimable par le mal, 12, 13 ; s'il prévaut au mal, 13, 123, 148, 217, 219 sq., 251, 253, 258 sq., 262 sq.; ses espèces, 209 (Voy. *Mal et ses espèces*). — Bien métaphysique, 118, 119, 209.

Bons quelquefois malheureux, 16, 205.

Bonté de Dieu, 116, 117 ; conférée avec sa puissance, 77, 135 (Voy. *Perfections*).

Buridan, son âme, 49, 306, 307 (Voy. *Indifférence d'équilibre*).

Calvin n'est pas tout à fait contre la réalité dans l'Eucharistie, D. 18 ; admet dans l'élection des raisons conformes à la justice, 79, 115, 176, 338.

Descartes semble admettre l'insolubilité des objections, D, 68. D. 70 ; ne parle pas juste de la liberté, 50, 292 ; son opinion sur l'union de l'âme et du corps, 60; veut que la vérité soit arbitraire, 180 ; parle comme si Dieu voulait le péché, 164.

Causes, leur enchaînement, 43, 53, 330 ; utiles, 55, 369 ; finales et efficientes font comme deux règnes, 247; occasionnelles. — Leur système est miraculeux, 61 sq.

Certitude, 374 (Voy. *Liberté,* distinguée de la nécessité).

Choix a toujours sa raison, se trouve partout (Voy. *Détermination*).

Chrysippe, 168, 169, 170, 209, 331, 332, 334.

Cicéron, 168, 331, 362.

Circonstances contribuent au salut, 99 sq., 105, 134.

M. le Clerc (D. 85), 17, 188.

Le *Comment* inexplicable dans les mystères (D. 54), 145.

Comprendre plus difficile que soutenir contre les objections, D. 5, D. 57. — On comprend ce qu'on prouve *a priori*, D. 59.

Concours de Dieu est de donner les perfections, 377; son concours au mal, 1, 3 ; au péché, 377 (Voy. *Péché et son auteur*); son concours moral, 4, 103, 107 sq., 121, 131; physique, 27 sq.

Connaissance, si elle est nécessaire pour la production, 188, 401, 403.

Conservation (Voy. *Création continuée*), 27, 28, 385.

Contents, préférables, 15, 134, 254 ; s'il y a moyen de l'être, 255.

Contingence, 302, 365. — Contingents ont leur origine d'un être nécessaire, 7. — Contingents futurs déterminés, 36, 37 ; parce qu'ils sont convenables, 121, 122 (Voy. *Nécessité morale*) ; conditionnels, 41.

Continuité, comment composée, D. 70 ; sa loi, 348.

Convenable est moyen entre nécessaire et arbitraire, 345, 349.

Création continuée, 382, 385 (Voy. *Conservation*).

Créatures, leur limitation, 20, 30, 32, 377, 389 (Voy. *Imperfection originale*) ; ne font jamais des esprits purs, 125 ; leur action contestée, 386 sq. ; intelligentes, combien Dieu veut leur bonheur, 118, 119, 120.

Damnation éternelle, 133, 266 sq. ; des enfants (D. 39), 92, 93, 283 ; de ceux qui manquent d'instruction, 95.

Damnés, 17, 113, 133, 270 sq.

Décrets de Dieu et leur ordre, 3, 52, 84 ; ne nécessitent point, 365. — Un décret unique pour l'univers, 52. — Décret absolu, 182 ; est fondé en raison, 79.

Despotisme (Voy. *Pouvoir arbitraire*).

Destin, fondé en raison, 121, 228, 231 ; non au-dessus de Dieu, 190, 191. — Destin à la turque, 55, 59, 367 ; néglige les causes et détruit la moralité, 369 (Voy. *Terme fatal*).

Détermination (Voy. *Indétermination, Liberté, Contingents, Certitude, Raison, Indifférence*). — Raison déterminante se trouve partout, 36, 43, 44, 48, 52, 54, 196, 201, 304 sq., 309, 360. — Détermination par les causes est utile, 369 ; vient en nous de l'intérieur et de l'extérieur pris ensemble, 371 ; se faisant par la raison nous approche de Dieu, 348.

Diable, Dieu de ce monde, 18 ; sa puissance, 136 ; sa chute, 18 ; si marquée dans l'Apocalypse, 274 ; traitant avec Dieu par un anachorète, 271.

Dieu (Voy. *Justice, Concours, Décrets, Perfections, Permission, Liberté, Volonté, Science, Sagesse*) ; est infini, 225 ; n'est point l'âme du monde, 195, 217. — Son existence contestée, 188 ; prouvée, 7. — Il donne les perfections, 377. — La nature ne suffit point sans lui, 350. — S'il est le seul acteur, 386 sq. ; s'il est plus prince ou principe, 247 ; ne saurait être indéterminé en rien, 337 ; est au-dessus de l'intérêt, 217. — Confiance en lui, 58 ; comment il doit être justifié (D. 34 sq.), 145 ; ses raisons cachées, mais bonnes, 338 ; ses bienfaits cachés, 260. — Comment il veut le mal, 23 ; n'est point cause du péché, 135. — Dieux blâmés des païens, 260.

Élection a toujours ses raisons, 309, 358 ; tirées de l'objet, 104. — Si elle se fait à cause de la foi, 83. — Allant au delà, on ne trouve point de règle que nous puissions reconnaître, 104. — S'il faut se croire élu, 107 (Voy. *Prédestination*).

Épicure, 109, 168, 321.

Equivoque dans les termes, 280, sq., 367.

Esclavage opposé à la liberté, 289, 295.

Exceptions (Voy. *Volontés particulières*) : Le sage n'agit point par exceptions primitives, mais par les règles ou principes, 337.

Fatalité (Voy. *Destin*).

Formes, 323, 381 ; leur origine, 87. — Formes possibles sont la source du mal, 20.

Foi a ses motifs (Voy. *Motifs de crédibilité*) ; est comparée avec l'expérience, D. 1 ; n'est combattue que par des apparences (D. 43) ; est contre les vraisemblances, D. 28 ; D. 34 ; D. 79 (D. 82), 85, 243 ; se peut soutenir contre les objections, D. 5 ; est contraire seulement aux vérités positives et à la nécessité physique, D. 3 ; est conforme avec la Raison (D. 1 sq., partout) 61.

Futurition, 36, 37.

Futurs (Voy. *Contingents*).

Godescale, 82, 272.

Grâce, ses aides, 40, 80, 85, 113, 126, 134. — Grâce congrue (Voy. *Circonstances*). — Grâce ne nécessite point, 279 ; préférable à la nature, 316 ; grâce suffisante si donnée à tous, 5, 95, 115, 134 ; suffisante occulte, 95, 283 ; efficace par elle-même 283.

Harmonie des choses, 9, 12, 74, 130 ; des esprits, 5, 13. — Harmonie universelle (D. 44), 18, 62, 119, 124, 200 ; des règnes de la nature et de la grâce, 18, 110, 340 (Voy. *Punition naturelle*). — Harmonie préétablie, D. 18 (D. 26), 18, 62, 188, 288, sq., 353 ; dans les bienheureux, 310.

Hobbes, 72, 172, 220.

Homme, si tout est pour lui, 194, 372 (Voy. *Créature intelligente*) ; peut être surpassé par d'autres animaux intelligents, 341 ; n'est pas tant mauvais, 220 ; peut devenir plus parfait, 341 ; si coupable avant la volonté, 5 ; comment il se distingue devant Dieu, 103, 104 ; s'aide de la grâce en résistant moins, 269. — Homme microcosme, 147. — Condition humaine si tant à plaindre, 13, 14. — Corps humain si fragile et si durable, 15.

Jansénius, 357.

Jansénistes, 280, 370.

M. Jaquelot, 63, 160, 268.

Imperfection (Voy. *Mal métaphysique*) originale, 20, 156 (Voy. *Péché et sa source*).

Impossible, pris diversement, 280 sq. ; s'il comprend tout ce qui n'existe jamais, 163, 168, 171 sq., 235.

Inclination non nécessitante (Voy. *Nécessité*).

Indifférence (Voy. *Liberté*), 302, 324 ; distinguée de l'indétermination 369. — Indifférence trop grande nous déplait, 318. — Indifférence d'équilibre fausse, 35, 46, 48, 132, 175, 176, 232, 303, 320, 365 ; sans exemple, 367 ; serait mauvaise et absurde, 312 ; impossible, 313 (Voy. *Buridan*).

Infini (D. 69, D. 70), 225 ; actuel véritable, 195, n'est pas un tout, 195.

Instinct, 403 ; mêlé avec la raison, 310 ; encore dans les bienheureux, 310.

Justice fondée dans la nature des choses, 182, sq., 240 (Voy. *Arbitraire*) ; vindicative (Voy. *Punition*) ; justice de Dieu, D. 34 sq. n'est pas sans règles et raisons (D. 37, D. 38), 177 sq. ; exclut le despotisme (Voy. *Pouvoir arbitraire*). — Justice de Dieu par rapport au mal, 1 ; justifiée 16, 106 ; si elle fait pécher pour pouvoir punir, 166.

M. King, de l'origine du mal, 240, 358.

Liberté (Voy. *Contingents, Prescience, Inclination, Volonté, Spontanéité, Indifférence, Nécessité*). — Difficultés qu'elle souffre, 2, 36. — Réponses, 6 sq. ; ses requisits, 302 ; exempte de la nécessité, 34 ; si elle est prouvée par le sentiment interne, 292, 293, 299. — Liberté d'indifférence comment vraie, 323 ; n'est pas ôtée par l'impression du bien, 45. — Servir à la raison est liberté, 228 ; consiste avec la détermination et avec la certitude, 36, 43, 45, 199 ; si elle a un empire sur la Volonté, 327, 328 (Voy. *Volonté*, si elle veut vouloir.) — Liberté en Dieu, 110, 232 ; en tant qu'elle est une perfection, 337. — Comment elle est dans les bienheureux et dans les damnés, 269 ; est comme un empire dans l'empire de Dieu, 372 ; n'est pas détruite par le concours de Dieu, 34 ; ni par les impressions d'en haut, 297 ; est la cause du péché, 277, 278, 288.

Luther, de la philosophie, D. 12, n'est point contre la raison, D. 49, D. 67, D. 86.

Mal, son origine, 1, 20 ; vient des formes possibles, 20, 156, 288,

335 ; qui sont dans l'entendement et non dans la volonté de Dieu, 149, 151 ; son principe (Voy. *Principe mauvais*) ; causé par le diable, 273, 275 ; vient par notre faute, 264. — Mal privatif (Voy. *Privation*), mal dans la partie (Voy. *Tout*), mal ne doit pas être trop regardé, 13, 15 ; n'est point nécessaire, 10 ; le moins bon préféré au plus grand bien, est un mal, 8, 194. — Mal requis au meilleur, 9, 145, 149, 155 ; faisant un plus grand bien, 10, 11, 114, 165, 211, 239, 334. — Mal cachant son bien, 260. — Mal arrivant par concomitance avec le meilleur, 237, 239, 336. — S'il prévaut au bien, 13 (Voy. *Bien*) ; même dans la vie future, 17. — Le plaisir excessif est un mal, 252, 259. Espèces du mal, 1, 21, 209. — Moral, physique, métaphysique, 241. — Mal moral (Voy. *Péché*) ; source du physique, 26. — Mal métaphysique 118, 119, 209 (Voy. *Imperfection*).

Le P. Malebranche, 185, 203, 204.

Manichéens, 136 (Voy. *Principe mauvais*).

Mathématique employée ici, 8, 18, 22, 30, 212, 214, 224, 234, 241, 242, 384.

Matière, son inertie, 30, 347 ; ses défauts, 370, 380, 382 ; n'est pas l'origine du mal, 20, 335, 379, 380.

Meilleur, toujours choisi de Dieu, 8, 23, 117, 119, 129, 130, 193 sq., 197, 200, 201, 203, 208, 248, 223 sq., 228, 339, 341. — Autant qu'on le pourrait souhaiter si on le pouvait connaître, 123, 135, 201.

Miracles (Voy. *Foi*), 248, 249 ; leurs degrés, D. 3 ; ne sont point détruits par la détermination des choses, 54 ; en quoi opposés au naturel, 207 ; sont dans l'ordre des volontés générales, 207 ; ne cessent point par une loi générale, 354.

Molina, 30, 135.

Molinistes, 48, 330, 361, 370.

Monde (Voy. *Univers*) si nécessaire, 189 ; n'est point animé, 105. — Mondes possibles, 42, 443, 426 ; vient d'une cause intelligente, 188.

Motifs de crédibilité. D. 1, D. 5, D. 29.

Moyen contient une partie des fins dans le sage, 208. — Le mal moral n'est point un moyen (Voy. *Péché*).

Mystères (Voy. *Foi*, *Miracles*) ; leur comment, D. 54 ; s'il y en a dans la religion, D. 60. — La preuve par la raison, D. 59.

Nature, ses lois ne sont point arbitraires ni nécessaires, mais convenables, 130, 208 ; sans Dieu ne suffit point, 350.

Nécessaire (Voy. *Contingent, Impossible*) pris diversement, 280 sq. — Etre nécessaire cause des autres, 7. — Nécessité distinguée de la certitude, 374 ; ne suit point des décrets, 365 ; ni de l'inclination prévalente, 34 sq., 43, 53, 230, 302 ; n'est point dans les impressions de la grâce ou de la corruption, 279. — Nécessité sage vaut mieux qu'indifférence absurde, 339 ; si elle détruirait la moralité, 67, 71. — La louange, 75 ; ses espèces, 168, 174 ; hypothétique et absolue, 37, 53, 67 ; logique, métaphysique ou géométrique opposée à la physique et à la morale, D. 2, D. 20. — Nécessité morale, 121, 132, 175, 228, 231, 234, 237 ; n'est point contraire à la liberté, 199. — Cette nécessité de vouloir le bien est heureuse, 312, 319, 343. — La nécessité brute est opposée à la liberté, 371.

Notions communes doivent être conservées (D. 4, D. 38, D. 55), 177.

Objections, leur utilité, D. 26, D. 40 ; y répondre est moins que prouver sa thèse, D. 58, D. 72 ; s'il est nécessaire d'y répondre D. 26, D. 40, D. 83. — La réponse est toujours possible, même à l'égard de celles qui se font contre la foi, D. 5, D. 24 sq., D. 39, D. 66, D. 68, D. 70.

Ordre, dépend des règles, 359.

Organiques, leur formation, 91 (Voy. *Semences*).

Partie (Voy. *Tout*), ce qui y est contraire l'est au tout, D. 61.

S. Paul n'est point pour le pouvoir arbitraire de Dieu, 179.

Péchés (Voy. *Mal, Concours au péché*) ; son origine 156 ; vient de l'imperfection originale des créatures, 288 ; son auteur, 135 ; s'il était évitable, 155, 160 ; n'est point nécessaire, 407 ; vient de la liberté, 277, 278, 288 ; n'est pas un moyen pour obtenir le bien, 23, 25, 158, 166, 230. — Péché heureux, 10, 11. — Péché comment désagréable à Dieu, 114, 117, 125, 151 ; permis par concomitance à la faveur du meilleur, 237, 239. — Comment Dieu y contribue, 99, 161, 162. — Dieu ne le veut pas, 158, 163, 164, 166 ; il ne le permet pas pour pouvoir pardonner et punir, 239. — Péché originel, 86 sq. ; sa propagation, 91, 112 ; s'il damne, 92.

Pensées confuses et distinctes, 124, 310 ; sourdes, 311.

Perceptions représentent les objets non arbitrairement mais, naturellement, 344, 352, 355.

Perfection vient de Dieu, 22, 29, 31, 66, 377 ; sentie dans le plaisir, 357. — Perfections de Dieu, 226 ; comparées, 247. — Il faut conserver tant sa bonté que sa grandeur, puissance et sagesse, 333

(Voy. *Bonté*) ; tant sa perfection morale que sa perfection métaphysique, 77.

Philosophie conforme avec la théologie, D. 1 sq.; par tout, D. 6 ; en quel état autrefois, D. 6 ; d'un livre qui la fait interprète de l'Écriture, D. 14 ; celle des Sociniens, D. 16.

Plaisir est le sentiment d'une perfection, 357. — Plaisir de la grâce opposé au mondain, 278 ; dans la victoire sur une grande difficulté, 329. — Trop grand est un mal, 252, 259. — Plaisirs de l'esprit durables, 254.

Possible, 74 (Voy. *Impossible*). — Conflit des possibles pour exister, 201.

Pouvoir pris diversement, 282.

Pouvoir arbitraire, son exercice contraire à la justice divine, 6, 79, 167, 176, 180.

Prédétermination (Voy. *Détermination*).

Prædestinatus, fur prædestinatus, livre, 167.

Prédestination (Voy. *Détermination, Prévision, Causes, Choix, Election, Terme fatal, Destin*) ; sa controverse en quoi fondée, 78 ; gratuite, 103, 104 ; n'est pas sans raisons, 79, 104 ; s'il y en a au mal, 81, 82, 167.

Préformation (Voy. *Organiques*).

Prévision, 37, 38 ; ne nécessite point, 365. — Prévision par les causes, 330, 361, 368 ; par les décrets, 363.

Principe exprès, peu propre à expliquer les phénomènes, 152. — Principe mauvais (Voy. *Manichéens, Zoroastre*) (D. 137), 26, 120, 136 sq., 152, 154, 156, 199, 379. — Principes (Voy. *Volontés générales, Exceptions*). — Le sage agit toujours par principes, 337. — Principes négligés dans les conséquences, 339.

Privation dans le mal, 20, 27, 32, 33, 153, 378.

Punition, sa justice ne dépend point de l'origine de la méchanceté, 264 ; si elle a lieu quand elle ne sert plus, 70, 73, 74, 126 ; doit être évitée si cela se peut, 125 ; naturelle, 112, 126. — Punitions cachées, 119.

Raison, enchaînement des vérités, D. 1 ; louable, D. 80. — Comment conforme avec la foi, D. 1 sq., *per totum* ; combattue, D. 4, D. 6 sq. ; ce qui est au-dessus et ce qui est contre, D. 23, D. 60, D. 63 sq., D. 66. — Combien le bonheur la passe, 316, 317. — Raison déterminante se trouve partout, 44 (Voy. *Détermination*). — Raison est en Dieu éminemment, 192. — Rationaux, espèce de Théologiens, 14.

Règles (Voy. *Volontés générales, Exceptions, Principes, Ordre*).

Règnes des finales et des efficientes, 247; de la nature et de la grâce, 18 (Voy. *Harmonie*).

Réprouvés, comment ils devraient prier selon quelques-uns, 272. — Prières pour eux, 272.

Royaume de Dieu, sa grandeur, 19, 122, 130.

Sagesse de Dieu, sa hauteur, 134, 179. — Paraît dans ce que nous en pouvons connaître, 134, 145 (Voy. *Meilleur*).

Sainteté de Dieu, 151 (Voy. *Péché désagréable à Dieu*).

Science de Dieu de trois sortes, 40 sq.; combattue, 192. — Science moyenne, 39 sq., 47, 94, 102; selon Grégoire le Grand, 267.

Semences renferment les corps organiques, 94; et les âmes, 397

Sfondrat (Cardinal), 11, 92.

Socinianisme, 386.

Sociniens, leur philosophie, D. 16; sont contre la justice vindicative, 74; nient la prévision, 364.

Spinosa, 173, 174, 372, 373, 376, 393; son sentiment sur l'âme, D. 9; il n'est point auteur du livre de *l'Interprète de l'Écriture*, D. 14.

Spontanéité, 34, 59, 64; non seulement apparente, 298; perfectionnée par l'harmonie préétablie, 288 sq.

Stoïciens, 217; leur âme du monde, D. 9; moins pour la nécessité qu'on ne croit, 331.

Straton philosophe, 187, 188, 354.

Substance créée distinguée des accidents, 32, 390, 391, 392; agit, 393, 400; ne commence que par création, 396; a un corps organique, 125.

Supralapsaires, 82, 167, 229, 238, 239.

Terme fatal de la vie, 56; de la pénitence, 57 (Voy. *Destin*).

Terre, fiction de son Ange président, 18; changement de son globe, 244, 245.

Théologie, conforme avec la philosophie, D. 1 sq., *per totum*; particulièrement, D. 6, D. 12, D. 14, D. 17. — Naturelle et révélée, 76, 115. — Astronomique imaginée, 18. — Théologiens rationaux, D. 14.

Thomistes, 39, 47, 330, 370.

Tout; au bien dans le tout peut contribuer un mal dans la partie, 128, 199, 211, 212 sq. — La beauté souvent ne paraît que dans le tout, 146.

Traduction des âmes (Voy. *Ame*), 88 ; comment raisonnable, 397.

Variété dans les biens; 124 ; requise, 246.

Vérité, sa source en Dieu, 184 ; non arbitraire, 185. — Vérités éternelles (D. 2), 184, 190, 191 ; positives, D. 2 (Voy. *Nature et ses lois*).

Vertu tend à la perfection, 180. — Vertus humaines, 15, 259 ; des païens, 283.

Univers (Voy. *Monde*), ce que c'est, 8 ; existant, 10 ; sa grandeur, 19 ; s'il croît en perfection, 202. — Universalisme (Voy. *Volonté de sauver tous*) ; universalité des dogmes, 90.

Volonté (Voy. *Liberté*) va au bien en soi, 154, 191, 240 ; sans être nécessitée par le bien, 230 (Voy. *Nécessité*) ; si elle est déterminée par l'entendement, 51, 309, 310, 311 : comparée avec une balance, 324 ; avec ce qui fait effort de plusieurs côtés, 325 ; si elle veut vouloir, 51, 234, 301, 326, 404 ; celle de Dieu va au vrai bien, 8, 29, 80, 116, 149 ; celle de sauver tous, 80, 133, 134 (Voy. *Créatures intelligentes, Punition évitée*); volonté prise diversement, 282 ; pleine ou moins pleine, 127, 134 ; antécédente et conséquente, 22, 81, 114, 119, 222 ; du signe et du bon plaisir, 162 ; générale et particulière de Dieu, 204 sq., 241. — Volontés générales (Voy. *Principes*) de Dieu si nécessaires, 358 ; ne font point cesser les miracles, 354, 355. — Volontés particulières (Voy. *Exceptions*) primitives ne sont point dans le sage, 337 ; dépendent toujours des lois ou règles, 358 (Voy. *Règles*).

Wiclef, 172, 235.

Zoroastre, 136 sq.

ABRÉGÉ
DE LA CONTROVERSE
RÉDUITE A DES ARGUMENTS EN FORME

Quelques personnes intelligentes ont souhaité qu'on fît cette addition, et l'on a déféré d'autant plus facilement à leur avis, qu'on a eu occasion par là de satisfaire encore à quelques difficultés, et de faire quelques remarques qui n'avaient pas encore été assez touchées dans l'ouvrage.

I. Objection. Quiconque ne prend point le meilleur parti, manque de puissance, ou de connaissance, ou de bonté.

Dieu n'a point pris le meilleur parti en créant ce monde.

Donc Dieu a manqué de puissance, ou de connaissance, ou de bonté.

Réponse. On nie la mineure, c'est-à-dire la seconde prémisse de ce syllogisme ; et l'adversaire la prouve par ce

Prosyllogisme. Quiconque fait des choses où il y a du mal, qui pouvaient être faites sans aucun mal, ou dont la production pouvait être omise, ne prend point le meilleur parti.

Dieu a fait un monde où il y a du mal ; un monde, dis-je, qui pouvait être fait sans aucun mal, ou dont la production pouvait être omise tout à fait.

Donc Dieu n'a point pris le meilleur parti.

Rép. On accorde la mineure de ce prosyllogisme ; car il faut avouer qu'il y a du mal dans le monde que Dieu a fait, et qu'il était possible de faire un monde sans mal, ou même de ne point créer de monde, puisque la création a dépendu de la volonté libre de Dieu ; mais on nie la majeure, c'est-à-dire la première des deux prémisses du pro-syllogisme, et on se pourrait contenter d'en demander la preuve; mais, pour donner plus d'éclaircissement à la matière, on a voulu justifier cette négation en faisant remarquer que le meilleur parti n'est pas toujours celui qui tend à éviter le mal, puisqu'il se peut que le mal soit accompagné d'un plus grand bien. Par exemple, un général d'armée aimera mieux une grande victoire avec une légère blessure, qu'un état sans blessure et sans victoire. On a montré cela plus amplement dans cet ouvrage, en faisant même voir par des instances prises des mathématiques et d'ailleurs, qu'une imperfection dans la partie peut être requise à une plus grande perfection dans le tout. On a suivi en cela le sentiment de saint Augustin, qui a dit cent fois que Dieu a permis le mal, pour en tirer un bien, c'est-à-dire un plus grand bien; et celui de Thomas d'Aquin (in libr. II, sent. dist. 32, q. I, art. 1), que la permission du mal tend au bien de l'univers. On a fait voir que chez les anciens, la chute d'Adam a été appelée *felix culpa*, un péché heureux, parce qu'il avait été réparé avec un avantage immense par l'incarnation du Fils de Dieu, qui a donné à l'univers quelque chose de plus noble que tout ce qu'il y aurait eu sans cela parmi les créatures. Et pour plus d'intelligence, on a ajouté après plusieurs bons auteurs, qu'il était de l'ordre et du bien général, que Dieu laissât à certaines créatures l'occasion d'exercer leur liberté, lors même qu'il a prévu qu'elles se tourneraient au mal, mais qu'il pouvait si bien redresser; parce qu'il ne convenait pas que, pour empêcher le péché, Dieu agît toujours d'une manière extraordinaire. Il suffit donc, pour anéantir l'objection, de faire voir qu'un monde avec le mal pouvait être meilleur qu'un monde sans mal; mais on est encore allé plus avant dans l'ouvrage, et l'on a même montré que cet univers doit être effectivement meilleur que tout autre univers possible.

II. OBJET. S'il y a plus de mal que de bien dans les créatures intelligentes, il y a plus de mal que de bien dans tout l'ouvrage de Dieu.

Or, il y a plus de mal que de bien dans les créatures intelligentes.

Donc, il y a plus de mal que de bien dans tout l'ouvrage de Dieu.

RÉP. On nie la majeure et la mineure de ce syllogisme conditionnel. Quant à la majeure, on ne l'accorde point, parce que cette prétendue conséquence de la partie au tout, des créatures intelligentes à toutes les créatures suppose tacitement et sans preuve, que les créatures destituées de raison ne peuvent point entrer en comparaison et en ligne de compte avec celles qui en ont. Mais pourquoi ne se pourrait-il pas que le surplus du bien dans les créatures non intelligentes qui remplissent le monde récompensât et surpassât même incomparablement le surplus du mal dans les créatures raisonnables ? Il est vrai que le prix des dernières est plus grand ; mais, en récompense, les autres sont en plus grand nombre sans comparaison ; et il se peut que la proportion du nombre et de la quantité surpasse celle du prix et de la qualité.

Quant à la mineure, on ne la doit point accorder non plus, c'est-à-dire, on ne doit point accorder qu'il y a plus de mal que de bien dans les créatures intelligentes. On n'a pas même besoin de convenir qu'il y a plus de mal que de bien dans le genre humain, parce qu'il se peut, et il est même fort raisonnable, que la gloire et la perfection des bienheureux soit incomparablement plus grande que la misère et l'imperfection des damnés, et qu'ici l'excellence du bien total dans le plus petit nombre prévaille au mal total dans le nombre plus grand. Les bienheureux approchent de la Divinité, par le moyen d'un Divin médiateur, autant qu'il peut convenir à ces créatures, et font des progrès dans le bien, qu'il est impossible que les damnés fassent dans le mal, quand ils approcheraient le plus près qu'il se peut de la nature des démons. Dieu est infini, et le démon est borné ; le bien peut aller et va à l'infini, au lieu que le mal a ses bornes. Il se peut donc, et il est à croire, qu'il arrive dans la comparaison des bienheureux et des damnés le contraire de ce que nous avons dit pouvoir arriver dans la comparaison des créatures intelligentes et non intelligentes ; c'est-à-dire, il se peut que dans la comparaison des heureux et malheureux, la proportion des degrés surpasse celle des nombres, et que, dans la comparaison des créatures intelligentes et non intelligentes, la proportion des nombres soit plus grande que celle des prix. On est en droit de supposer qu'une chose se peut, tant qu'on ne trouve point qu'elle est impossible ; et même ce qu'on avance ici passe la supposition.

Mais en second lieu, quand on accorderait qu'il y a plus de mal que de bien dans le genre humain, on a encore tout sujet de ne point accorder qu'il y a plus de mal que de bien dans toutes les créatures intelligentes. Car il y a un nombre inconcevable de génies, et peut-être encore d'autres créatures raisonnables. Et un adversaire ne saurait prouver que dans toute la Cité de Dieu, composée tant de génies que d'animaux raisonnables sans nombre et d'une infinité d'espèces, le mal surpasse le bien. Et quoiqu'on n'ait pas besoin pour répondre à une objection de prouver qu'une chose est, quand sa seule possibilité suffit, on n'a pas laissé de montrer dans cet ouvrage que c'est une suite de la suprême perfection du Souverain de l'univers, que le royaume de Dieu soit le plus parfait de tous les États ou gouvernements possibles, et que, par conséquent, le peu de mal qu'il y a, soit requis pour le comble du bien immense qui s'y trouve.

III. Object. S'il est toujours impossible de ne point pécher, il est toujours injuste de punir.

Or, il est toujours impossible de ne point pécher; ou bien tout péché est nécessaire.

Donc il est toujours injuste de punir.

On en prouve la mineure :

1. *Prosyllogisme*. Tout prédéterminé est nécessaire.

Tout événement (et par conséquent le péché aussi) est nécessaire.

On prouve encore ainsi cette seconde mineure :

2. *Prosyllog*. Ce qui est futur, ce qui est prévu, ce qui est enveloppé dans les causes est prédéterminé.

Tout événement est tel.

Donc tout événement est prédéterminé.

Rép. On accorde dans un certain sens la conclusion du second prosyllogisme, qui est la mineure du premier; mais on niera la majeure du premier prosyllogisme, c'est-à-dire que tout prédéterminé est nécessaire; entendant par la nécessité de pécher, par exemple, ou par l'impossibilité de ne point pécher, ou de ne point faire quelque action, la nécessité dont il s'agit ici, c'est-à-dire celle qui est essentielle et absolue, et la justice des châtiments. Car si quelqu'un entendait une autre nécessité ou impossibilité, c'est-à-dire une nécessité qui ne fût que morale, ou qui ne fût qu'hypothétique (qu'on expliquera tantôt), il est manifeste qu'on lui nierait la majeure de l'objection même. On se pourrait contenter de cette réponse et demander la preuve de la proposition niée; mais on a bien voulu encore rendre raison de ce procédé dans l'ouvrage présent, pour mieux éclaircir la chose et pour donner plus de jour à toute cette matière, en expliquant la nécessité qui doit être rejetée et la détermination qui doit avoir lieu. C'est que la nécessité, contraire à la moralité, qui doit être évitée, et qui ferait que le châtiment serait injuste, est une nécessité insurmontable qui rendrait toute opposition inutile, quand même on voudrait de tout son cœur éviter l'action nécessaire et quand on ferait tous les efforts possibles pour cela. Or, il est manifeste que cela n'est point applicable aux actions volontaires, puisqu'on ne les ferait point si on ne le voulait bien. Aussi leur prévision et prédétermination n'est point absolue, mais elle suppose la volonté : s'il est sûr qu'on les fera, il n'est pas moins sûr qu'on les voudra faire. Ces actions volontaires, et leurs suites, n'arriveront point, quoi qu'on fasse, ou soit qu'on les veuille ou non, mais parce qu'on fera, et parce qu'on voudra faire ce qui y conduit. Et cela est contenu dans la prévision et dans la prédétermination, et en fait même la raison. Et la nécessité de tels événements est appelée conditionnelle ou hypothétique, ou bien nécessité de conséquence, parce qu'elle suppose la volonté et les autres *requisits* ; au lieu que la nécessité qui détruit la moralité, et qui rend le châtiment injuste et la récompense inutile, est dans les choses qui seront, quoi qu'on fasse et quoi qu'on veuille faire ; et en un mot, dans ce qui est essentiel, et c'est ce qu'on appelle une nécessité absolue. Aussi ne sert-il de rien, à l'égard de ce qui est nécessaire absolument, de faire des défenses ou des commandements, de proposer des peines ou des prix, de blâmer ou de louer ; il n'en sera ni plus ni moins. Au lieu que dans les actions volontaires et dans ce qui en dépend, les préceptes, armés du pouvoir de punir et de récompenser, servent très souvent et sont compris dans l'ordre des causes qui font exister l'action. Et c'est par cette raison que non seulement les soins et les travaux, mais encore les prières sont utiles ; Dieu ayant encore eu ces prières en vue, avant qu'il ait réglé les choses, et y ayant eu l'égard qui était convenable. C'est pourquoi le précepte qui dit *ora et labora* (priez et travaillez) subsiste tout entier ; et non seulement ceux qui prétendent, sous le vain prétexte de la nécessité des événements, qu'on peut négliger les soins que les affaires demandent, mais encore ceux qui raisonnent contre les prières tombent dans ce que les anciens appelaient déjà *le sophisme paresseux*. Ainsi la prédétermination des événements par les causes est justement ce qui contribue à la moralité, au lieu de la détruire, et les causes inclinent la volonté, sans la nécessiter. C'est pourquoi la détermination dont il s'agit n'est point une nécessitation ; il est certain, à celui qui sait tout, que l'effet suivra cette inclination ; mais cet effet n'en suit point par une conséquence nécessaire, c'est-à-dire dont le contraire implique contradiction : et c'est aussi par une telle inclination interne que la volonté se détermine, sans qu'il ait de la nécessité. Supposez qu'on ait la plus grande passion du monde, par exemple, une grande soif, vous m'avouerez que l'âme peut trouver quelque raison pour y résister, quand ce ne serait que celle de montrer son pouvoir. Ainsi, quoiqu'on ne soit jamais dans une parfaite indifférence d'équilibre, et qu'il y ait toujours une prévalence d'inclination pour le parti qu'on prend, elle ne rend pourtant jamais la solution qu'on prend absolument nécessaire.

IV. OBJECT. Quiconque peut empêcher le péché d'autrui et ne le fait pas, mais y contribue plutôt, quoiqu'il en soit bien informé, en est complice.

Dieu peut empêcher le péché des créatures intelligentes ; mais il ne le fait pas, et il contribue plutôt par son concours et par les occasions qu'il fait naître, quoiqu'il en ait une parfaite connaissance.

Donc, etc.

RÉP. On nie la majeure de ce syllogisme. Car il se peut qu'on puisse empêcher le péché, mais qu'on ne doive point le faire, parce qu'on ne le pourrait sans commettre soi-même un péché, ou (quand il s'agit de Dieu) sans faire une action déraisonnable. On en a donné des instances, et on en a fait l'application à Dieu lui-même. Il se peut aussi qu'on contribue au mal et qu'on lui ouvre même le chemin quelquefois en faisant des choses qu'on est obligé de faire, et quand on fait son devoir, ou (en parlant de Dieu) quand, tout bien considéré, on fait ce que la raison demande, on n'est point responsable des événements, lors même qu'on les prévoit. On ne veut pas ces maux, mais on les veut permettre pour un plus grand bien, qu'on ne saurait se dispenser raisonnablement de préférer à d'autres considérations. Et c'est une volonté conséquente, qui résulte des volontés antécédentes, par lesquelles on veut le bien. Je sais que quelques-uns, en parlant de la volonté de Dieu antécédente et conséquente, ont entendu par l'antécédente celle qui veut que tous les hommes soient sauvés ; et par la conséquente, celle qui veut, en conséquence du péché persévérant, qu'il y en ait de damnés, la damnation étant une suite des péchés. Mais ce ne sont que des exemples d'une notion plus générale, et on peut dire par la même raison que Dieu veut par sa volonté antécédente que les hommes ne pèchent point, et que par sa volonté conséquente ou finale et décrétoire (qui a toujours son effet), il veut permettre qu'ils pèchent, cette permission étant une suite des raisons supérieures. Et on a sujet de dire généralement que la volonté antécédente de Dieu va à la production du bien et à l'empêchement du mal, chacun pris en soi, et comme détaché (*particulariter et secundum quid,* Thom. I. q. 19, art. 6), suivant la mesure du degré de chaque bien ou de chaque mal ; mais que la volonté divine conséquente, ou finale et totale, va à la production d'autant de biens qu'on en peut mettre ensemble, dont la combinaison devient par là déterminée, et comprend aussi la permission de quelques maux et l'exclusion de quelques biens, comme le meilleur plan possible de l'univers le demande. Arminius, dans son *Antiperkinsus*, a fort bien expliqué que la volonté de Dieu peut être appelée conséquente, non seulement par rapport à l'action de la créature considérée auparavant dans l'entendement divin, mais encore par rapport à d'autres volontés antérieures. Mais il suffit de considérer le passage cité de Thomas d'Aquin, et celui de Scot (I, dist. 46. q. xi), pour voir qu'ils prennent cette distinction comme on l'a prise ici. Cependant, si quelqu'un ne veut point souffrir cet usage des termes, qu'il mette volonté préalable, au lieu d'antécédente, et volonté finale ou décrétoire, au lieu de conséquente. Car on ne peut point disputer des mots.

V. OBJECT. Quiconque produit tout ce qu'il y a de réel dans une chose en est la cause.

Dieu produit tout ce qu'il y a de réel dans le péché.

Donc Dieu est la cause du péché.

Rép. On pourrait se contenter de nier la majeure, ou la mineure, parce que le terme de réel reçoit des interprétations qui peuvent rendre ces propositions fausses. Mais pour se mieux expliquer, on distinguera. Réel signifie ou ce qui est positif seulement, ou bien il comprend encore les êtres privatifs : au premier cas, on nie la majeure, et on accorde la mineure ; au second cas, on fait le contraire. On aurait pu se borner à cela ; mais on a bien voulu aller encore plus loin, pour rendre raison de cette distinction. On a donc été bien aise de faire considérer que toute réalité purement positive ou absolue est une perfection ; et que l'imperfection vient de la limitation, c'est-à-dire du privatif : car limiter est refuser le progrès, ou le plus outre. Or Dieu est la cause de toutes les perfections, et par conséquent de toutes les réalités, lorsqu'on les considère comme purement positives. Mais les limitations, ou les privations, résultent de l'imperfection originale des créatures qui borne leur réceptivité. Et il en est comme d'un bateau chargé, que la rivière fait aller plus ou moins lentement, à mesure du poids qu'il porte : ainsi la vitesse vient de la rivière ; mais le retardement qui borne cette vitesse vient de la charge. Aussi a-t-on fait voir dans cet ouvrage comment la créature, en causant le péché, est une cause déficiente ; comment les erreurs et les mauvaises inclinations naissent de la privation ; et comment la privation est efficace par accident ; et on a justifié le sentiment de saint Augustin (lib. I, ad Simpl., q. 2), qui explique, par exemple, comment Dieu endurcit, non pas en donnant quelque chose de mauvais à l'âme, mais parce que l'effet de sa bonne impression est borné par la résistance de l'âme, et par les circonstances qui contribuent à cette résistance ; en sorte qu'il ne lui donne pas tout le bien qui surmonterait son mal. *Nec, inquit, ab illo erogatur aliquid quo homo fit deterior, sed tantum quo fit melior non erogatur.* Mais si Dieu y avait voulu faire davantage, il aurait fallu faire ou d'autres natures de créatures ou d'autres miracles, pour changer leurs natures, que le meilleur plan n'a pu admettre. C'est comme il faudrait que le courant de la rivière fût plus rapide que sa pente ne permet, ou que les bateaux fussent moins chargés, s'il devait faire aller ces bateaux avec plus de vitesse. Et la limitation ou l'imperfection originale des créatures fait que même le meilleur plan de l'univers ne saurait être exempté de certains maux, mais qui y doivent tourner à un plus grand bien. Ce sont quelques désordres dans les parties, qui relèvent merveilleusement la beauté du tout ; comme certaines dissonances, employées comme il faut, rendent l'harmonie plus belle. Mais cela dépend de ce qu'on a déjà répondu à la première objection.

VI. OBJECT. Quiconque punit ceux qui ont fait aussi bien qu'il était en leur pouvoir de faire est injuste.

Dieu le fait.

Donc etc.

RÉP. On nie la mineure de cet argument. Et l'on croit que Dieu donne toujours les aides et les grâces qui suffiraient à ceux qui auraient une bonne volonté, c'est-à-dire qui ne rejetteraient pas ces grâces par un nouveau péché. Ainsi on n'accorde point la damnation des enfants morts sans baptême ou hors de l'église, ni la damnation des adultes qui ont agi suivant les lumières que Dieu leur a données. Et l'on croit que si quelqu'un a suivi les lumières qu'il avait, il en recevra indubitablement de plus grandes dont il a besoin, comme feu M. Hulseman, théologien célèbre et profond à Leipsig, a remarqué quelque part ; et si un tel homme en avait manqué pendant sa vie, il les recevrait au moins à l'article de la mort.

VII. Object. Quiconque donne à quelques-uns seulement, et non pas à tous, les moyens qui leur font avoir effectivement la bonne volonté et la foi finale salutaire, n'a pas assez de bonté.

Dieu le fait.

Donc, etc.

Rép. On en nie la majeure. Il est vrai que Dieu pourrait surmonter la plus grande résistance du cœur humain ; et il le fait aussi quelquefois, soit par une grâce interne, soit par les circonstances externes, qui peuvent beaucoup sur les âmes : mais il ne le fait point toujours. D'où vient cette distinction, dira-t-on, et pourquoi sa bonté paraît-elle bornée ? C'est qu'il n'aurait point été dans l'ordre d'agir toujours extraordinairement et de renverser la liaison des choses, comme on a déjà remarqué en répondant à la première objection. Les raisons de cette liaison, par laquelle l'un est placé dans des circonstances plus favorables que l'autre, sont cachées dans la profondeur de la sagesse de Dieu : elles dépendent de l'harmonie universelle. Le meilleur plan de l'univers, que Dieu ne pouvait point manquer de choisir, le portait ainsi. On le juge par l'événement même ; puisque Dieu l'a fait, il n'était point possible de mieux faire. Bien loin que cette conduite soit contraire à la bonté, c'est la suprême bonté qui l'y a porté. Cette objection avec sa solution pouvait être tirée de ce qui a été dit à l'égard de la première objection ; mais il a paru utile de la toucher à part.

VIII. Object. Quiconque ne peut manquer de choisir le meilleur, n'est point libre.

Dieu ne peut manquer de choisir le meilleur.

Donc Dieu n'est point libre.

Rép. On nie la majeure de cet argument : c'est plutôt la vraie liberté, et la plus parfaite, de pouvoir user le mieux de son franc arbitre, et d'exercer toujours ce pouvoir, sans en être détourné, ni par la force externe, ni par les passions internes, dont l'une fait l'esclavage des corps, et les autres celui des âmes. Il n'y a rien de moins servile et de plus convenable au plus haut degré de la liberté que d'être toujours mené au bien, et toujours par sa propre inclination, sans aucune contrainte et sans aucun déplaisir. Et d'objecter que Dieu avait donc besoin des choses externes, ce n'est qu'un sophisme. Il les a créées librement : mais s'étant proposé une fin, qui est d'exercer sa bonté, la sagesse l'a déterminé à choisir les moyens les plus propres à obtenir cette fin. Appeler cela besoin, c'est prendre le terme dans un sens non ordinaire qui le purge de toute imperfection à peu près comme l'on fait quand on parle de la colère de Dieu.

Sénèque dit quelque part, que Dieu n'a commandé qu'une fois, mais qu'il obéit toujours, parce qu'il obéit aux lois qu'il a voulu se prescrire ; *semel jussit, semper paret*. Mais il aurait mieux dit, que Dieu commande toujours, et qu'il est toujours obéi ; car en voulant, il suit toujours le penchant de sa propre nature, et tout le reste des choses suit toujours sa volonté. Et comme cette volonté est toujours la même, on ne peut point dire qu'il n'obéit qu'à celle qu'il avait autrefois. Cependant, quoique sa volonté soit toujours immanquable, et aille toujours au meilleur, le mal, ou le moindre bien qu'il rebute, ne laisse pas d'être possible en soi ; autrement la nécessité du bien serait géométrique (pour dire ainsi) ou métaphysique, et tout à fait absolue ; la contingence des choses serait détruite, et il n'y aurait point de choix. Mais cette manière de nécessité, qui ne détruit point la possibilité du contraire, n'a ce nom que par analogie ; elle devient effective, non pas par la seule essence des choses, mais par ce qui est hors d'elles, et au-dessus d'elles, savoir par la volonté de Dieu. Cette nécessité est appelée morale, parce que chez le sage, nécessaire et dû sont des choses équivalentes ; et quand elle a toujours son effet, comme elle l'a véritablement dans le sage parfait, c'est-à-dire en Dieu, on peut dire que c'est une nécessité heureuse. Plus les créatures en approchent, plus elles s'approchent de la félicité parfaite. Aussi cette manière de nécessité n'est-elle pas celle qu'on tâche d'éviter, et qui détruit la moralité, les récompenses, les louanges. Car ce qu'elle porte n'arrive pas, quoi qu'on fasse et quoi qu'on veuille, mais parce qu'on le veut bien. Et une volonté à laquelle il est naturel de bien choisir mérite le plus d'être louée : aussi porte-t-elle sa récompense avec elle, qui est le souverain bonheur. Et comme cette constitution de la nature divine donne une satisfaction entière à celui qui la possède, elle est aussi la meilleure et la plus souhaitable pour les créatures qui dépendent toutes de Dieu. Si la volonté de Dieu n'avait point pour règle le principe du meilleur, elle irait au mal, ce qui serait le pis ; ou bien elle serait indifférente en quelque façon au bien et au mal, et guidée par le hasard : mais une volonté qui se laisserait toujours aller au hasard ne vaudrait guère mieux pour le gouvernement de l'univers que le concours fortuit des corpuscules, sans qu'il y eût aucune divinité, et quand même Dieu ne s'abandonnerait au hasard qu'en quelques cas et en quelque manière ; (comme il ferait, s'il n'allait pas toujours entièrement au meilleur, et s'il était capable de préférer un moindre bien à un bien plus grand, (c'est-à-dire un mal à un bien, puisque ce qui empêche un plus grand bien est un mal), il serait imparfait, aussi bien que l'objet de son choix ; il ne mériterait point une confiance entière ; il agirait sans raison dans un tel cas, et le gouvernement de l'univers serait comme certains jeux mi-partis entre la raison et la fortune. Et tout cela fait voir que cette objection, qu'on fait contre le choix du meilleur, pervertit les notions du libre et du nécessaire, et nous représente le meilleur même comme mauvais : ce qui est malin, ou ridicule.

RÉFLEXIONS
SUR L'OUVRAGE QUE M. HOBBES
A PUBLIÉ EN ANGLAIS, DE LA LIBERTÉ, DE LA NÉCESSITÉ ET DU HASARD.

1. Comme la question de la nécessité et de la liberté, avec celles qui en dépendent, a été agitée autrefois entre le célèbre M. Hobbes et M. Jean Bramhall, évêque de Derry, par des livres publiés de part et d'autre, j'ai cru à propos d'en donner une connaissance distincte (quoique j'en aie déjà fait mention plus d'une fois), d'autant plus que ces écrits de M. Hobbes n'ont paru qu'en anglais jusqu'ici, et que ce qui vient de cet auteur contient ordinairement quelque chose de bon et d'ingénieux. L'évêque de Derry et M. Hobbes s'étant rencontrés à Paris chez le marquis, depuis duc de Newcastle, l'an 1646, entrèrent en débat sur cette matière. La dispute se passa avec assez de modération, mais l'évêque envoya un peu après un écrit à mylord Newcastle, et souhaita qu'il portât M. Hobbes à y répondre. Il répondit; mais il marqua en même temps qu'il désirait qu'on ne publiât point sa réponse, parce qu'il croyait que des personnes mal instruites peuvent abuser de dogmes comme les siens, quelque véritables qu'ils pourraient être. Il arriva cependant que M. Hobbes en fit part lui-même à un ami français, et permit qu'un jeune Anglais en fît la traduction en français en faveur de cet ami. Ce jeune homme garda une copie de l'original anglais, et le publia depuis en Angleterre à l'insu de l'auteur : ce qui obligea l'évêque d'y répliquer, et M. Hobbes de dupliquer et de publier toutes les pièces ensemble dans un livre de

3 48 pages, imprimé à Londres, l'an 1656, in-4°, intitulé : *Questions touchant la liberté, la nécessité et le hasard, éclaircies et débattues entre le docteur Bramhall, évêque de Derry, et Thomas Hobbes, de Malmesbury.* Il y a une édition postérieure de l'an 1684, dans un ouvrage intitulé *Hobbs's Tripos*, où l'on trouve son livre *De la Nature humaine* son traité *Du Corps politique*, et son traité *De la Liberté et de la Nécessité* ; mais le dernier ne contient point la réplique de l'évêque, ni la duplique de l'auteur. M. Hobbes raisonne sur cette matière avec son esprit et sa subtilité ordinaire : mais c'est dommage que, de part et d'autre, on s'arrête à plusieurs petites chicanes, comme il arrive quand on est piqué au jeu. L'évêque parle avec beaucoup de véhémence et en use avec quelque hauteur. M. Hobbes, de son côté, n'est pas d'humeur à l'épargner, et témoigne un peu trop de mépris pour la théologie et pour les termes de l'École, où l'évêque paraît attaché.

2. Il faut avouer qu'il y a quelque chose d'étrange et d'insoutenable dans les sentiments de M. Hobbes. Il veut que les doctrines touchant la Divinité dépendent entièrement de la détermination du souverain, et que Dieu n'est pas plus cause des bonnes que des mauvaises actions des créatures. Il veut que tout ce que Dieu fait est juste, parce qu'il n'y a personne au-dessus de lui qui le puisse punir et contraindre. Cependant il parle quelquefois comme si ce qu'on dit de Dieu n'était que des compliments, c'est-à-dire des expressions propres à l'honorer, et non pas à le connaître. Il témoigne aussi qu'il lui semble que les peines des méchants doivent cesser par leur destruction : c'est à peu près les sentiments des sociniens ; mais il semble que les siens vont bien plus loin. Sa philosophie, qui prétend que les corps seuls sont des substances, ne paraît guère favorable à la providence de Dieu et à l'immortalité de l'âme. Il ne laisse pas de dire sur d'autres matières des choses très raisonnables. Il fait fort bien voir qu'il n'y a rien qui se fasse au hasard, ou plutôt que le hasard ne signifie que l'ignorance des causes qui produisent l'effet, et que pour chaque effet il faut un concours de toutes les conditions suffisantes, antérieures à l'événement, dont il est visible que pas une ne peut manquer, quand l'événement doit suivre, parce que ce sont des conditions ; et que l'événement ne manque pas non plus de suivre, quand elles se trouvent toutes ensemble, parce que ce sont des conditions suffisantes. Ce qui revient à ce que j'ai dit tant de fois, que tout arrive par des raisons déterminantes, dont la connaissance, si nous

l'avions, ferait connaître en même temps pourquoi la chose est arrivée et pourquoi elle n'est pas allée autrement.

3. Mais l'humeur de cet auteur, qui le porte aux paradoxes et le fait chercher à contrarier les autres, lui en a fait tirer des conséquences et des expressions outrées et odieuses, comme si tout arrivait par une nécessité absolue. Au lieu que l'évêque de Derry a fort bien remarqué dans sa réponse à l'article 35, p. 327, qu'il ne s'ensuit qu'une nécessité hypothétique, telle que nous accordons tous aux événements par rapport a la prescience de Dieu ; pendant que M. Hobbes veut que même la prescience divine seule suffirait pour établir une nécessité absolue des événements : ce qui était aussi le sentiment de Wiclef, et même de Luther, lorsqu'il écrivit *de servo arbitrio* ; ou du moins ils parlaient ainsi. Mais on reconnaît assez aujourd'hui que cette espèce de nécessité qu'on appelle hypothétique, qui vient de la prescience ou d'autres raisons antérieures, n'a rien dont on se doive alarmer : au lieu qu'il en serait tout autrement, si la chose était nécessaire par elle-même, en sorte que le contraire impliquât contradiction. M. Hobbes ne veut pas non plus entendre parler d'une nécessité morale, parce qu'en effet tout arrive par des causes physiques. Mais on a raison cependant de faire une grande différence entre la nécessité qui oblige le sage à bien faire, qu'on appelle morale, et qui a lieu même par rapport à Dieu, et entre cette nécessité aveugle, par laquelle Épicure, Straton, Spinosa, et peut-être M. Hobbes, ont cru que les choses existaient sans intelligence et sans choix, et par conséquent sans Dieu, dont en effet on n'aurait point besoin, selon eux, puisque, suivant cette nécessité, tout existerait par sa propre essence, aussi nécessairement qu'il faut que deux et trois fassent cinq. Et cette nécessité est absolue, parce que tout ce qu'elle porte avec elle doit arriver, quoi qu'on fasse : au lieu que ce qui arrive par nécessité hypothétique arrive ensuite de la supposition que ceci ou cela a été prévu ou résolu, ou fait par avance ; et que la nécessité morale porte une obligation de raison, qui a toujours son effet dans le sage. Cette espèce de nécessité est heureuse et souhaitable, lorsqu'on est porté par de bonnes raisons à agir comme l'on fait ; mais la nécessité aveugle et absolue renverserait la piété et la morale.

4. Il y a plus de raison dans le discours de M. Hobbes, lorsqu'il accorde que nos actions sont en notre pouvoir, en sorte que nous faisons ce que nous voulons, quand nous en avons le pouvoir, et quand il n'y a point d'empêchement ; et soutient pourtant que nos

volitions même ne sont pas en notre pouvoir, en telle sorte que nous puissions nous donner sans difficulté, et suivant notre bon plaisir, des inclinations et des volontés que nous pourrions désirer. L'évêque ne paraît pas avoir pris garde à cette réflexion, que M. Hobbes aussi ne développe pas assez. La vérité est, que nous avons quelque pouvoir encore sur nos volitions; mais d'une manière oblique, et non pas absolument et indifféremment. C'est ce qui a été expliqué en quelques endroits de cet ouvrage. Enfin M. Hobbes montre, après d'autres, que la certitude des événements et la nécessité même, s'il y en avait dans la manière dont nos actions dépendent des causes, ne nous empêcherait point d'employer les délibérations, les exhortations, les blâmes et les louanges, les peines et les récompenses; puisqu'elles servent et portent les hommes à produire les actions ou à s'en abstenir. Ainsi, si les actions humaines étaient nécessaires, elles le seraient par ces moyens. Mais la vérité est, que ces actions ne sont point nécessaires absolument; et quoi qu'on fasse, ces moyens contribuent seulement à rendre les actions déterminées et certaines, comme elles le sont en effet, leur nature faisant voir qu'elles sont incapables d'une nécessité absolue. Il donne aussi une notion assez bonne de la liberté, en tant qu'elle est prise dans un sens général, commun aux substances intelligentes et non intelligentes; en disant qu'une chose est censée libre, quand la puissance qu'elle a n'est point empêchée par une chose externe. Ainsi l'eau qui est retenue par une digue a la puissance de se répandre, mais elle n'en a pas la liberté; au lieu qu'elle n'a point la puissance de s'élever au-dessus de la digue, quoique rien ne l'empêcherait alors de se répandre, et que même rien d'extérieur ne l'empêche de s'élever si haut; mais il faudrait pour cela qu'elle même vînt de plus haut ou qu'elle même fût haussée par quelque crue d'eau. Ainsi un prisonnier manque de liberté, mais un malade manque de puissance, pour s'en aller.

5. Il y a dans la préface de M. Hobbes un abrégé des points contestés, que je mettrai ici, en ajoutant un mot de jugement. D'un côté, dit-il, on soutient, qu'il n'est pas dans le pouvoir présent de l'homme de se choisir la volonté qu'il doit avoir. Cela est bien dit, surtout par rapport à la volonté présente; les hommes choisissent les objets par la volonté mais ils ne choisissent point leurs volontés présentes; elles viennent des raisons et des dispositions. Il est vrai cependant qu'on se peut chercher de nouvelles raisons; et se donner

avec le temps de nouvelles dispositions; et par ce moyen on se peut encore procurer une volonté qu'on n'avait pas, et qu'on ne pouvait pas se donner sur-le-champ. Il en est (pour me servir de la comparaison de M. Hobbes lui-même) comme de la faim ou de la soif. Présentement il ne dépend pas de ma volonté d'avoir faim, ou non; mais il dépend de ma volonté de manger ou de ne point manger; cependant, pour le temps à venir, il dépend de moi d'avoir faim ou de m'empêcher de l'avoir à une pareille heure du jour, en mangeant par avance. C'est ainsi qu'il y a moyen d'éviter souvent de mauvaises volontés; et quoique M. Hobbes dise dans sa réplique n° 14, p. 138, que le style des lois est de dire, vous devez faire, ou vous ne devez point faire ceci; mais qu'il n'y a point de loi qui dise, vous le devez vouloir, ou vous ne le devez point vouloir, il est pourtant visible qu'il se trompe à l'égard de la loi de Dieu, qui dit, *non concupisces*, tu ne convoiteras pas; il est vrai que cette défense ne regarde point les premiers mouvements qui sont involontaires. On soutient : 2° Que le hasard (*chance* en anglais, *casus* en latin) ne produit rien, c'est-à-dire, qu'il ne se produit rien sans cause ou raison. Fort bien, j'y consens, si l'on entend parler d'un hasard réel. Car la fortune et le hasard ne sont que des apparences qui viennent de l'ignorance des causes, ou de l'abstraction qu'on en fait. 3° Que tous les événements ont leurs causes nécessaires. Mal; ils ont leurs causes déterminantes, par lesquelles on en peut rendre raison, mais ce ne sont point des causes nécessaires. Le contraire pouvait arriver, sans impliquer contradiction. 4° Que la volonté de Dieu fait la nécessité de toutes choses. Mal; la volonté de Dieu ne produit que des choses contingentes, qui pouvaient aller autrement, le temps, l'espace et la matière étant indifférents à toute sorte de figures et de mouvements.

6. De l'autre côté, selon lui, on soutient : 1° Que non seulement l'homme est libre, absolument, pour choisir ce qu'il veut faire, mais encore pour choisir ce qu'il veut vouloir. C'est mal dit; on n'est pas maître absolu de sa volonté pour la changer sur-le-champ, sans se servir de quelque moyen ou adresse pour cela. 2° Quand l'homme veut une bonne action, la volonté de Dieu concourt avec la sienne, autrement non. C'est bien dit, pourvu qu'on l'entende que Dieu ne veut pas les mauvaises actions, quoiqu'il les veuille permettre, afin qu'il n'arrive point quelque chose qui serait pire que ces péchés 3° Que la volonté peut choisir, si elle veut vouloir, ou non. Mal; par rapport à la volition présente. 4° Que les choses arrivent sans néces-

sité par hasard. Mal ; ce qui arrive sans nécessité, n'arrive pas pour cela par hasard, c'est-à-dire sans causes et raisons. 5° Que nonobstant que Dieu prévoie qu'un événement arrivera, il n'est pas nécessaire qu'il arrive, Dieu prévoyant les choses, non pas comme futures et comme dans leurs causes, mais comme présentes. Ici on commence bien, et l'on finit mal. On a raison d'admettre la nécessité de la conséquence, mais on n'a point sujet ici de recourir à la question, comment l'avenir est présent à Dieu ; car la nécessité de la conséquence n'empêche point que l'événement ou le conséquent ne soit contingent en soi.

7. Notre auteur croit que la doctrine ressuscitée par Arminius, ayant été favorisée en Angleterre par l'archevêque Laud (1) et par la cour, et les promotions ecclésiastiques considérables n'ayant été que pour ceux de ce parti, cela a contribué à la révolte, qui a fait que l'évêque et lui se sont rencontrés dans leur exil à Paris chez mylord Newcastle, et qu'ils sont entrés en dispute. Je ne voudrais pas approuver toutes les démarches de l'archevêque Laud, qui avait du mérite, et peut-être aussi de la bonne volonté ; mais qui paraît avoir trop poussé les presbytériens. Cependant on peut dire que les révolutions, tant aux Pays-Bas que dans la Grande-Bretagne, sont venues en partie de la trop grande intolérance des rigides ; et l'on peut dire que les défenseurs du décret absolu ont été pour le moins aussi rigides que les autres, ayant opprimé leurs adversaires en Hollande par l'autorité du prince Maurice, et ayant fomenté les révoltes en Angleterre contre le roi Charles Ier. Mais ce sont les défauts des hommes, et non pas ceux des dogmes. Leurs adversaires ne les épargnent pas non plus ; témoin la sévérité dont on en a usé en Saxe contre Nicolas Crellius, et le procédé des Jésuites contre le parti de l'évêque d'Ypres (2).

8. M. Hobbes remarque, après Aristote, qu'il y a deux sources des arguments, la raison et l'autorité. Quant à la raison, il dit qu'il admet les raisons tirées des attributs de Dieu, qu'il appelle argumentatifs, dont les notions sont concevables ; mais il prétend qu'il y en a d'autres où l'on ne conçoit rien, et qui ne sont que des expressions par lesquelles nous prétendons l'honorer. Mais je ne vois pas

---

(1) Laud (Guillaume), archevêque de Cantorbéry, né à Reading en 1573, partagea le sort de Charles Ier, aux projets duquel il s'était associé : il eut la tête tranchée en 1645. On a de lui des sermons. Londres, 1651, in-8°.   P. J.

(2) L'évêque d'Ypres : Jansénius.

comment on puisse honorer Dieu par des expressions qui ne signifient rien. Peut-être que chez M. Hobbes, comme chez Spinosa, sagesse, bonté, justice ne sont que fictions par rapport à Dieu et à l'univers ; la cause primitive agissant, selon eux, par la nécessité de sa puissance, et non par le choix de sa sagesse ; sentiment dont j'ai assez montré la fausseté. Il paraît que M. Hobbes n'a point voulu s'expliquer assez, de peur de scandaliser les gens ; en quoi il est louable. C'est aussi pour cela, comme il le dit lui-même, qu'il avait désiré qu'on ne publiât point ce qui s'était passé à Paris entre l'évêque et lui. Il ajoute qu'il n'est pas bon de dire, qu'une action que Dieu ne veut point arrive ; parce que c'est dire en effet que Dieu manque de pouvoir. Mais il ajoute encore en même temps, qu'il n'est pas bon non plus de dire le contraire et de lui attribuer qu'il veut le mal, parce que cela n'est pas honorable et qu'il semble que c'est l'accuser de peu de bonté. Il croit donc qu'en ces matières la vérité n'est pas bonne à dire ; et il aurait raison, si la vérité était dans les opinions paradoxes qu'il soutient ; car il paraît, en effet, que, suivant le sentiment de cet auteur, Dieu n'a point de bonté, ou plutôt que ce qu'il appelle Dieu n'est rien que la nature aveugle de l'amas des choses matérielles, qui agit selon les lois mathématiques, suivant une nécessité absolue, comme les atomes le font dans le système d'Épicure. Si Dieu était comme les grands sont quelquefois ici-bas, il ne serait point convenable de dire toutes les vérités qui le regardent ; mais Dieu n'est pas comme un homme, dont il faut cacher souvent les desseins et les actions ; au lieu qu'il est toujours permis et raisonnable de publier les conseils et les actions de Dieu, parce qu'elles sont toujours belles et louables. Ainsi les vérités qui regardent la divinité sont toujours bonnes à dire, au moins par rapport au scandale ; et l'on a expliqué, ce semble, d'une manière qui satisfait la raison et ne choque point la piété, comment il faut concevoir que la volonté de Dieu a son effet et concourt au péché, sans que sa sagesse ou sa bonté en souffrent.

9. Quant aux autorités tirées de la sainte Écriture, M. Hobbes les partage en trois sortes ; les unes, dit-il, sont pour moi, les autres sont neutres, et les troisièmes semblent être pour mon adversaire. Les passages qu'il croit favorables à son sentiment sont ceux qui rapportent à Dieu la cause de notre volonté. Comme *Gen.* XLV, 5, où Joseph dit à ses frères : « Ne vous affligez point et n'ayez point de
« regret de ce que vous m'avez vendu pour être amené ici, puisque

« Dieu m'a envoyé devant vous pour la conservation de votre vie ;
« et, vers. 8: Vous ne m'avez pas amené ici, mais Dieu. Et Dieu
« dit, *Exod.* VII, 3 : J'endurcirai le cœur de Pharaon. Et Moïse
« dit, *Deuter.*, II, 30 : Mais Sihon, roi de Hesbon, ne voulut point
« nous laisser passer par son pays. Car l'Éternel, ton Dieu, avait
« endurci son esprit et roidi son cœur, afin de le livrer entre
« tes mains. » Et David dit de Séméï, 2. *Sam.* XVI, 10 : « Qu'il
« maudisse, car l'Éternel lui a dit, maudis David ; et qui lui dira,
« pourquoi l'as-tu fait ? Et, I, *Rois*, XII, 15 : Le roi (Roboham) n'écouta
« point le peuple, car cela était conduit ainsi par l'Éternel. *Job.* XII,
« 16 : C'est à lui qu'appartient tant celui qui s'égare, que celui qui le
« fait égarer, v. 17. Il met hors de sens les juges, v. 24. Il ôte le cœur
« aux chefs des peuples, et il les fait errer dans les déserts, v. 25.
« Il les fait chanceler comme des gens qui sont ivres. » Dieu dit du
roi d'Assyrie, *Esaï*, X, 6 : « Je le dépêcherai contre le peuple, afin
« qu'il fasse un grand pillage, et qu'il le rende foulé comme la boue
« des rues. » Et Jérémie dit, *Jérém.* X, 23 : « Éternel, je connais que
« la voie de l'homme ne dépend pas de lui, et qu'il n'est pas au pou-
« voir de l'homme qui marche d'adresser ses pas. » Et Dieu dit,
« *Ezéch.* III, 20 : « Si le juste se détourne de sa justice et commet
« l'iniquité, lorsque j'aurai mis quelque achoppement devant lui, il
« mourra. » Et le Sauveur dit, *Jean*, VI, 44 : « Nul ne peut venir à
« moi, si le Père qui m'a envoyé ne le tire. » Et saint Pierre, *Act.* II,
23 : « Jésus ayant été livré par le conseil défini et par la providence
« de Dieu, vous l'avez pris. » Et *Act.* IV, 27, 28, : « Hérode et Ponce
Pilate avec les Gentils et les peuples d'Israël se sont assemblés, pour
« faire toutes les choses que ta main et ton conseil avaient aupara-
« vant déterminées devoir être faites. » Et saint Paul, *Rom.* IX, 16.
« Ce n'est point du voulant, ni du courant, mais de Dieu qui fait
« miséricorde. Et v. 18. Il fait donc miséricorde à celui à qui il veut,
« et il endurcit celui qu'il veut. v. 19. Mais tu me diras : Pourquoi
« se plaint-il encore, car qui est-ce qui peut résister à sa volonté ?
« v. 20. Mais plutôt, ô homme, qui es-tu, toi qui contestes contre
« Dieu ? La chose formée dira-t-elle à celui qui l'a formée : Pourquoi
« m'as-tu faite ainsi ? Et I *Cor.* IV, 7. Qui est-ce qui met de la diffé-
« rence entre toi et un autre, et qu'as-tu que tu n'aies reçu ? Et
« I *Cor.* XII, 6 : Il y a diversité d'opérations, mais il y a un même Dieu
« qui opère toutes choses en tous. » Et *Ephes.* II, 10. « Nous sommes
« son ouvrage, étant créés en Jésus-Christ à bonnes œuvres, que Dieu

« a préparées afin que nous y marchions. » Et *Philipp.* ii, 13 :
« C'est Dieu qui produit en vous et le vouloir et le parfaire, selon
« son bon plaisir. » On peut ajouter à ces passages tous ceux qui font
Dieu auteur de toute grâce et de toutes les bonnes inclinations, et
tous ceux qui disent que nous sommes comme morts dans le péché.

10. Voici maintenant les passages neutres, selon M. Hobbes. Ce
sont ceux où l'Écriture sainte dit que l'homme a le choix d'agir, s'il
veut, ou de ne point agir, s'il ne veut point. Par exemple, *Deuter.*,
xxx, 19. « Je prends aujourd'hui à témoin le ciel et la terre contre
« vous, que j'ai mis devant toi la vie et la mort : choisis donc la vie
« afin que tu vives, toi et ta postérité. » Et *Jos.*, xxiv, 15. «. Choi-
« sissez aujourd'hui qui vous voulez servir. » Et Dieu dit à Gad, le
prophète, 2. *Sam.*, xxiv, 12. « Va, dis à David : Ainsi a dit l'Éter-
« nel : j'apporte trois choses contre toi ; choisis l'une des trois, afin
« que je te la fasse. » Et *Esaï*, vii, 16. « Jusqu'à ce que l'enfant sache
« rejeter le mal, et choisir le bien. » Enfin, les passages que
« M. Hobbes reconnaît paraître contraires à son sentiment, sont tous
ceux où il est marqué que la volonté de l'homme n'est point conforme à celle de Dieu ; comme, *Esaï*, v. 4. « Qu'y avait-il plus à faire
« à ma vigne, que je ne lui aie fait ? pourquoi ai-je attendu qu'elle
« produisît des raisins, et elle a produit des grappes sauvages ? »
« Et *Jérémie*, xix, 5. « Ils ont bâti de hauts lieux à Bahal, pour brûler
« au feu leurs fils pour holocaustes à Bahal, ce que je n'ai point
« commandé, et dont je n'ai point parlé, et à quoi je n'ai jamais
pensé. » Et *Osée*, xiii, 9. « O Israël, ta destruction vient de toi, mais
« ton aide est en moi. » Et, I, *Tim.*, ii, 4. « Dieu veut que tous les
« hommes soient sauvés, et qu'ils viennent à la connaissance de la
« vérité. » Il avoue pouvoir rapporter quantité d'autres passages,
comme ceux qui marquent que Dieu ne veut point l'iniquité, qu'il
veut le salut du pécheur, et généralement tous ceux qui font connaître que Dieu commande le bien et défend le mal.

11. Il répond à ces passages, que Dieu ne veut pas toujours ce
qu'il commande, comme lorsqu'il commanda à Abraham de sacrifier
son fils ; et que sa volonté révélée n'est pas toujours sa volonté pleine
ou son décret, comme lorsqu'il révéla à Jonas que Ninive périrait dans
quarante jours. Il ajoute aussi, que lorsqu'il est dit que Dieu veut le
salut de tous, cela signifie seulement que Dieu commande que tous
fassent ce qu'il faut pour être sauvés : et que lorsque l'Écriture dit
que Dieu ne veut point le péché, cela signifie qu'il le veut punir. Et

quant au reste, M. Hobbes le rapporte à des manières de parler humaines. Mais on lui répondra qu'il n'est pas digne de Dieu que sa volonté révélée soit opposée à sa volonté véritable : que ce qu'il fit dire aux Ninivites par Jonas était plutôt une menace qu'une prédiction, et qu'ainsi la condition de l'impénitence y était sous-entendue : aussi les Ninivites le prirent-ils dans ce sens. On dira aussi qu'il est bien vrai que Dieu, commandant à Abraham de sacrifier son fils, voulut l'obéissance, et ne voulut point l'action, qu'il empêcha après avoir obtenu l'obéissance ; car ce n'était pas une action qui méritât par elle-même d'être voulue. Mais qu'il n'en est pas de même dans les actions qu'il marque de vouloir positivement, et qui sont en effet dignes d'être l'objet de sa volonté. Telle est la piété, la charité, et toute action vertueuse que Dieu commande ; telle est l'omission du péché, plus éloigné de la perfection divine, que toute autre chose. Il vaut donc mieux incomparablement expliquer la volonté de Dieu comme nous l'avons fait dans cet ouvrage : ainsi nous dirons que Dieu, en vertu de sa souveraine bonté, a préalablement une inclination sérieuse à produire, ou à voir et à faire produire tout bien et toute action louable ; et à empêcher, ou à voir et à faire manquer tout mal, et toute action mauvaise : mais qu'il est déterminé par cette même bonté, jointe à une sagesse infinie, et par le concours même de toutes les inclinations préalables et particulières envers chaque bien, et envers l'empêchement de chaque mal, à produire le meilleur dessein possible des choses ; ce qui fait sa volonté finale et décrétoire ; et que ce dessein du meilleur étant d'une telle nature, que le bien y doit être rehaussé, comme la lumière par les ombrages de quelque mal, incomparablement moindre que ce bien. Dieu ne pouvait point exclure ce mal, ni introduire certains biens exclus dans ce plan, sans faire du tort à sa suprême perfection, et que c'est pour cela qu'on doit dire qu'il a permis le péché d'autrui, parce qu'autrement il aurait fait lui-même une action pire que tout le péché des créatures.

12. Je trouve que l'évêque de Derry a au moins raison de dire, article xv, dans sa réplique, p. 153, que le sentiment des adversaires est contraire à la piété, lorsqu'ils rapportent tout au seul pouvoir de Dieu ; et que M. Hobbes ne devait point dire que l'honneur ou le culte est seulement un signe de la puissance de celui qu'on honore, puisqu'on peut encore et qu'on doit reconnaître et honorer la sagesse, la bonté, la justice et autres perfections : *Magnos facile laudamus, bonos libenter*. Que cette opinion, qui dépouille Dieu de

toute bonté et de toute justice véritable, qui le représente comme un tyran, usant d'un pouvoir absolu, indépendant de tout droit et de toute équité, et créant des millions de créatures pour être malheureuses éternellement, et cela sans autre vue que celle de montrer sa puissance ; que cette opinion, dis-je, est capable de rendre les hommes très mauvais ; et que, si elle était reçue, il ne faudrait point d'autre diable dans le monde pour brouiller les hommes entre eux et avec Dieu, comme le serpent fit en faisant croire à Ève que Dieu lui défendant le fruit de l'arbre ne voulait point son bien. M. Hobbes tâche de parer ce coup dans sa duplique (p. 160), en disant que la bonté est une partie du pouvoir de Dieu, c'est-à-dire le pouvoir de se rendre aimable. Mais c'est abuser des termes par un faux-fuyant, et confondre ce qu'il faut distinguer ; et dans le fond, si Dieu n'a point en vue le bien des créatures intelligentes, s'il n'a point d'autres principes de la justice que son seul pouvoir qui le fait produire ou arbitrairement ce que le hasard lui présente, ou nécessairement tout ce qui se peut, sans qu'il y ait du choix fondé sur le bien, comment peut-il se rendre aimable ? C'est donc la doctrine ou de la puissance aveugle, ou du pouvoir arbitraire, qui détruit la piété : car l'une détruit le principe intelligent ou la providence de Dieu, l'autre lui attribue des actions qui conviennent au mauvais principe. La justice en Dieu, dit M. Hobbes (p. 161), n'est autre chose que le pouvoir qu'il a, et qu'il exerce en distribuant des bénédictions et des afflictions. Cette définition me surprend : ce n'est pas le pouvoir de les distribuer, mais la volonté de les distribuer raisonnablement, c'est-à-dire la bonté guidée par la sagesse, qui fait la justice de Dieu. Mais, dit-il, la justice n'est pas en Dieu comme dans un homme, qui n'est juste que par l'observation des lois faites par son supérieur. M. Hobbes se trompe encore en cela, aussi bien que M. Puffendorf, qui l'a suivi. La justice ne dépend point des lois arbitraires des supérieurs, mais des règles éternelles de la sagesse et de la bonté, dans les hommes, aussi bien qu'en Dieu. M. Hobbes prétend au même endroit, que la sagesse qu'on attribue à Dieu ne consiste pas dans une discussion logique du rapport des moyens aux fins, mais dans un attribut incompréhensible, attribué à une nature incompréhensible, pour l'honorer. Il semble qu'il veut dire, que c'est un je ne sais quoi, attribué à un je ne sais quoi, et même une qualité chimérique donnée à une substance chimérique, pour intimider et pour amuser les peuples par le culte qu'ils lui rendent. Car, dans le fond, il est difficile que M. Hobbes ait une autre opinion de Dieu et de sa sagesse, puisqu'il n'admet que des substances matérielles. Si M. Hobbes était en vie, je n'aurais garde de lui attribuer des sentiments qui lui pourraient nuire ; mais il est difficile de l'en exempter : il peut s'être ravisé dans la suite, car il est parvenu à un grand âge ; ainsi j'espère que ses erreurs n'auront point été pernicieuses pour lui. Mais comme elles le pourraient être à d'autres, il est utile de donner des avertissements à ceux qui liront un auteur qui, d'ailleurs, a beaucoup de mérite, et dont on peut profiter en bien des manières. Il est vrai que Dieu ne raisonne pas, à proprement parler, employant du temps comme nous, pour passer d'une vérité à l'autre ; mais, comme il comprend tout à la fois toutes les vérités et toutes les liaisons, il connaît toutes les conséquences, et il renferme éminemment en lui tous les raisonnements que nous pouvons faire, et c'est pour cela même que sa sagesse est parfaite.

REMARQUES

SUR LE LIVRE DE L'ORIGINE DU MAL

PUBLIÉ DEPUIS PEU EN ANGLETERRE

---

1. C'est dommage que M. Bayle n'ait vu que les recensions de ce bel ouvrage qui se trouvent dans les journaux; car en le lisant lui-même et en l'examinant comme il faut, il nous aurait fourni une bonne occasion d'éclaircir plusieurs difficultés qui naissent et renaissent comme la tête de l'hydre, dans une matière où il est aisé de se brouiller, quand on n'a pas en vue tout le système, et quand on ne se donne pas la peine de raisonner avec rigueur. Car il faut savoir que la rigueur du raisonnement fait dans les matières qui passent l'imagination, ce que les figures font dans la géométrie; puisqu'il faut toujours quelque chose qui puisse fixer l'attention et rendre les méditations liées. C'est pourquoi lorsque ce livre latin, plein de savoir et d'élégance, imprimé premièrement à Londres, et puis réimprimé à Brême, m'est tombé entre les mains, j'ai jugé que la dignité de la matière et le mérite de l'auteur exigeaient des considérations que même des lecteurs me pourraient demander; puisque nous ne sommes de même sentiment que dans la moitié du sujet. En effet, l'ouvrage contenant cinq chapitres, et le cinquième avec l'appendice égalant les autres en grandeur, j'ai remarqué que les quatre premiers, où il s'agit du mal en général et du mal physique en particulier, s'accordent assez avec mes principes (quelques endroits particuliers exceptés), et qu'ils développent même quelquefois avec éloquence

quelques points, où je n'avais fait que toucher, parce que M. Bayle n'y avait point insisté. Mais le cinquième chapitre, avec ses sections (dont quelques-unes égalent des chapitres entiers) parlant de la liberté et du mal moral qui en dépend, est bâti sur des principes opposés aux miens, et même souvent à ceux de M. Bayle, s'il y avait moyen de lui en attribuer de fixes. Car ce cinquième chapitre tend à faire voir (si cela se pouvait) que la véritable liberté dépend d'une indifférence d'équilibre, vague, entière et absolue; en sorte qu'il n'y ait aucune raison de se déterminer, antérieure à la détermination, ni dans celui qui choisit, ni dans l'objet; et qu'on n'élise pas ce qui plaît, mais qu'en élisant sans sujet on fasse plaire ce qu'on élit.

2. Ce principe d'une élection sans cause et sans raison, d'une élection, dis-je, dépouillée du but de la sagesse et de la bonté, est considéré par plusieurs comme le grand privilège de Dieu et des substances intelligentes et comme la source de leur liberté, de leur satisfaction, de leur morale et de leur bien ou mal. Et l'imagination de se pouvoir dire indépendant, non seulement de l'inclination, mais de la raison même en dedans, et du bien ou du mal au dehors, est peint quelquefois de si belles couleurs, qu'on la pourrait prendre pour la plus excellente chose du monde; et cependant ce n'est qu'une imagination creuse, une suppression des raisons du caprice dont on se glorifie. Ce qu'on prétend est impossible; mais s'il avait lieu, il serait nuisible. Ce caractère imaginaire pourrait être attribué à quelque don Juan dans un Festin de Pierre, et même quelque homme romanesque pourrait en affecter les apparences et se persuader qu'il en a l'effet : mais il ne se trouvera jamais dans la nature une élection où l'on ne soit porté par la représentation antérieure du bien ou du mal, par des inclinations ou par des raisons; et j'ai toujours défié les défenseurs de cette indifférence absolue d'en montrer un exemple. Cependant si je traite d'imaginaire cette élection où l'on se détermine par rien, je n'ai garde de traiter les défenseurs de cette supposition, et surtout notre habile auteur, de chimériques. Les péripatéticiens enseignent quelques opinions de cette nature, mais ce serait la plus grande injustice du monde de vouloir mépriser pour cela un Occam, un Suisset, un Césalpin, un Conringius, qui soutenaient encore quelques sentiments de l'École, qu'on a réformés aujourd'hui.

3. Un de ces sentiments, mais ressuscité et introduit par la basse école et dans l'âge des chimères, est l'indifférence vague dans les

élections, ou le hasard réel, imaginé dans les âmes ; comme si rien ne nous donnait de l'inclination, lorsqu'on ne s'en aperçoit pas distinctement : et comme si un effet pouvait être sans causes, lorsque ces causes sont imperceptibles : c'est à peu près comme quelques-uns ont nié les corpuscules insensibles, parce qu'ils ne les voient point. Mais, comme les philosophes modernes ont réformé les sentiments de l'école, en montrant selon les lois de la nature corporelle, qu'un corps ne saurait être mis en mouvement que par le mouvement d'un autre qui le pousse, de même il faut juger que nos âmes (en vertu des lois de la nature spirituelle) ne sauraient être mues que par quelques raisons du bien ou du mal, lors même que la connaissance distincte n'en saurait être démêlée, à cause d'une infinité de petites perceptions qui nous rendent quelquefois joyeux, chagrins, et différemment disposés, et nous font plus goûter une chose que l'autre, sans qu'on puisse dire pourquoi. Platon, Aristote, et même Thomas d'Aquin, Durand, et autres scolastiques des plus solides, raisonnent là-dessus comme le commun des hommes et comme des gens non prévenus ont toujours fait. Ils mettent la liberté dans l'usage de la raison et des inclinations, qui font choisir ou rebuter les objets; et ils prennent pour constant que notre volonté est portée à ses élections par les biens ou les maux, vrais ou apparents, qu'on conçoit dans les objets. Mais enfin, quelques philosophes un peu trop subtils ont tiré de leur alambic une notion inexplicable d'une élection indépendante de quoi que ce soit, qui doit faire merveille pour résoudre toutes les difficultés. Mais elle-même donne d'abord dans une des plus grandes, en choquant le grand principe du raisonnement, qui nous fait toujours supposer que rien ne se fait sans quelque cause ou raison suffisante. Comme l'école oubliait souvent l'application de ce grand principe, en admettant certaines qualités occultes primitives, il ne faut point s'étonner si cette fiction de l'indifférence vague y a trouvé de l'applaudissement, et si même des excellents hommes en ont été imbus. Notre auteur, désabusé d'ailleurs de beaucoup d'erreurs de l'école vulgaire, donne encore dans cette fiction; mais il est sans doute un des plus habiles qui l'aient encore soutenue.

> Si Pergama dextrâ
> Defendi possent, etiam hâc defensa fuissent.

Il lui donne le meilleur tour possible, et ne la montre que de son beau côté. Il fait dépouiller la spontanéité et la raison de leurs avantages, et les donne tous à l'indifférence vague : ce n'est que par cette indifférence qu'on est actif, qu'on résiste aux passions, qu'on se plaît à son choix, qu'on est heureux : et il semble qu'on serait misérable, si quelque heureuse nécessité nous obligeait à bien choisir. Notre auteur avait dit de belles choses sur l'origine et sur les raisons des maux naturels, il n'avait qu'à appliquer les mêmes principes au mal moral ; d'autant qu'il juge lui-même que le mal moral devient un mal, par les maux physiques qu'il cause ou tend à causer. Mais je ne sais comment il a cru que ce serait dégrader Dieu et les hommes, s'ils devaient être assujettis à la raison ; qu'ils en deviendraient tous passifs, et ne seraient point contents d'eux-mêmes ; enfin que les hommes n'auraient rien à opposer aux malheurs qui leur viennent de dehors, s'ils n'avaient en eux ce beau privilège de rendre les choses bonnes ou tolérables en les choisissant, et de changer tout en or, par l'attouchement de cette faculté surprenante.

4. Nous l'examinerons plus distinctement dans la suite ; mais il sera bon de profiter auparavant des excellentes pensées de notre auteur sur la nature des choses et sur les maux naturels : d'autant qu'il y a quelques endroits où nous pourrons aller un peu plus avant : nous entendrons mieux aussi par ce moyen toute l'économie de son système. Le chapitre premier contient les principes. L'auteur appelle substance un être dont la notion ne renferme point l'existence d'un autre. Je ne sais s'il y en a de tels parmi les créatures, à cause de la liaison des choses ; et l'exemple d'un flambeau de cire n'est point l'exemple d'une substance, non plus que le serait celui d'un essaim d'abeilles. Mais on peut prendre les termes dans un sens étendu. Il observe fort bien qu'après tous les changements de la matière, et après toutes les qualités dont elle peut être dépouillée, il reste l'étendue, la mobilité, la divisibilité et la résistance. Il explique aussi la nature des notions, et donne à entendre que les universaux ne marquent que les ressemblances qui sont entre les individus ; que nous ne concevons par idées que ce qui est connu par une sensation immédiate, et que le reste ne nous est connu que par des rapports à ces idées. Mais lorsqu'il accorde que nous n'avons point d'idée de Dieu, de l'esprit, de la substance, il ne paraît pas avoir assez observé que nous nous apercevons immédiatement de la substance et de l'esprit, en nous apercevant de nous-mêmes ; et que l'idée de Dieu est dans la nôtre par la suppression des limites de nos perfections, comme l'étendue prise absolument est comprise dans l'idée d'un

globe. Il a raison aussi de soutenir que nos idées simples au moins sont innées, et de rejeter la table rase d'Aristote, et de M. Locke : mais je ne saurais lui accorder que nos idées n'ont guère plus de rapport aux choses, que les paroles poussées dans l'air, ou que les écritures tracées sur le papier, en ont à nos idées ; et que les rapports des sensations sont arbitraires et *ex instituto*, comme les significations des mots. J'ai déjà marqué ailleurs pourquoi je ne suis point en cela d'accord avec nos cartésiens.

5. Pour passer jusques à la cause première, l'auteur cherche un *criterion*, une marque de la vérité ; et il la fait consister dans cette force, par laquelle nos propositions internes, lorsqu'elles sont évidentes, obligent l'entendement à leur donner son consentement : c'est par là, dit-il, que nous ajoutons foi aux sens ; il fait voir que la marque des cartésiens, savoir une perception claire et distincte, a besoin d'une nouvelle marque pour faire discerner ce qui est clair et distinct, et que la convenance ou la disconvenance des idées (ou plutôt des termes, comme on parlait autrefois), peut encore être trompeuse, parce qu'il y a des convenances réelles et apparentes. Il paraît reconnaître même que la force interne, qui nous oblige à donner notre assentiment, est encore sujette à caution, et peut venir des préjugés enracinés. C'est pourquoi il avoue que celui qui fournirait un autre *criterion*, aurait trouvé quelque chose de fort utile au genre humain. J'ai tâché d'expliquer ce *criterion* dans un petit discours sur la vérité et les idées, publié en 1684 ; et quoique je ne me vante point d'y avoir donné une nouvelle découverte, j'espère d'avoir développé des choses qui n'étaient connues que confusément. Je distingue entre les vérités de fait et les vérités de raison. Les vérités de fait ne peuvent être vérifiées que par leur confrontation avec les vérités de raison, et par leur réduction aux perceptions immédiates, qui sont en nous, et dont saint Augustin et M. Descartes ont fort bien reconnu qu'on ne saurait douter, c'est-à dire, nous ne saurions douter que nous pensons, et même que nous pensons telles ou telles choses. Mais pour juger si nos apparitions internes ont quelque réalité dans les choses, et pour passer des pensées aux objets, mon sentiment est qu'il faut considérer si nos perceptions sont bien liées entre elles et avec d'autres que nous avons eues, en sorte que les règles des mathématiques et autres vérités de raison y aient lieu : en ce cas, on doit les tenir pour réelles, et je crois que c'est l'unique moyen de les distinguer des imaginations, des songes et des visions.

Ainsi la vérité des choses hors de nous ne saurait être reconnue que par la liaison des phénomènes. Le *criterion* des vérités de raison, ou qui viennent des conceptions, consiste dans un usage exact des règles de la logique. Quant aux idées ou notions, j'appelle réelles toutes celles dont la possibilité est certaine ; et les définitions qui ne marquent point cette possibilité ne sont que nominales. Les géomètres versés dans une bonne analyse savent la différence qu'il y a en cela entre les propriétés par lesquelles on peut définir quelque ligne ou figure. Notre habile auteur n'est pas allé si avant, peut-être ; on voit cependant par tout ce que nous venons de rapporter de lui ci-dessus, et par ce qui suit, qu'il ne manque point de profondeur ni de méditation.

6. Après cela, il va examiner si le mouvement, la matière et l'espace viennent d'eux-mêmes, et pour cet effet, il considère s'il y a moyen de concevoir qu'ils n'existent point ; et il remarque ce privilège de Dieu, qu'aussitôt qu'on suppose qu'il existe, il faut admettre qu'il existe nécessairement. C'est un corollaire d'une remarque que j'ai faite dans le petit discours cité ci-dessus, savoir, qu'aussitôt qu'on admet que Dieu est possible, il faut admettre qu'il existe nécessairement. Or, aussitôt qu'on admet que Dieu existe, on admet qu'il est possible. Donc, aussitôt qu'on admet que Dieu existe, il faut admettre qu'il existe nécessairement. Or, ce privilège n'appartient pas aux trois choses dont nous venons de parler. L'auteur juge aussi particulièrement du mouvement, qu'il ne suffit point de dire, avec M. Hobbes, que le mouvement présent vient d'un mouvement antérieur, et celui-ci encore d'un autre, et ainsi à l'infini. Car, remontez tant qu'il vous plaira, vous n'en serez pas plus avancé pour trouver la raison qui fait qu'il y a du mouvement dans la matière. Il faut donc que cette raison soit au dehors de cette suite ; et quand il y aurait un mouvement éternel, il demanderait un moteur éternel : comme les rayons du soleil, quand ils seraient éternels avec le soleil, ne laisseraient pas d'avoir leur cause éternelle dans le soleil. Je suis bien aise de rapporter ces raisonnements de notre habile auteur, afin qu'on voie de quelle importance est, selon lui-même, le principe de la raison suffisante. Car, s'il est permis d'admettre quelque chose dont on reconnaît qu'il n'y a aucune raison, il sera facile à un athée de ruiner cet argument, en disant qu'il n'est point nécessaire qu'il y ait une raison suffisante de l'existence du mouvement. Je ne veux point entrer dans la discussion de la réalité et de l'éternité de l'espace,

de peur de me trop éloigner de notre sujet. Il suffit de rapporter que l'auteur juge qu'il peut être anéanti par la puissance divine, mais tout entier et non pas par parties; et que nous pourrions exister seuls avec Dieu, quand il n'y aurait ni espace, ni matière, puisque nous ne renfermons point en nous la notion de l'existence des choses externes. Il donne aussi à considérer que, dans les sensations des sons, des odeurs et des saveurs, l'idée de l'espace n'est point renfermée. Mais quelque jugement qu'on fasse de l'espace, il suffit qu'il y a un Dieu, cause de la matière et du mouvement, et enfin de toutes choses. L'auteur croit que nous pouvons raisonner de Dieu, comme un aveugle-né raisonnerait de la lumière. Mais je tiens qu'il y a quelque chose de plus en nous, car notre lumière est un rayon de celle de Dieu. Après avoir parlé de quelques attributs de Dieu, l'auteur reconnaît que Dieu agit pour une fin, qui est la communication de sa bonté, et que ses ouvrages sont bien disposés. Enfin il conclut ce chapitre comme il faut, en disant que Dieu, créant le monde, a eu soin de lui donner la plus grande convenance des choses, la plus grande commodité des êtres doués de sentiment, et la plus grande compatibilité des appétits qu'une puissance, sagesse et bonté infinies et combinées pouvaient produire; et il ajoute que s'il y est resté néanmoins quelque mal, il faut juger que ces perfections divines infinies ne pouvaient (j'aimerais mieux dire ne devaient) point l'en ôter.

7. Le chapitre II fait l'anatomie du mal. Il le divise comme nous en métaphysique, physique et moral. Le mal métaphysique est celui des imperfections; le mal physique consiste dans les douleurs et autres incommodités semblables; et le mal moral dans les péchés. Tous ces maux se trouvent dans l'ouvrage de Dieu ; et Lucrèce en a conclu qu'il n'y a point de providence, et il a nié que le monde puisse être un effet de la divinité,

> Naturam rerum divinitùs esse creatam,

parce qu'il y a tant de fautes dans la nature des choses,

> Quoniam tantâ stat prædita culpâ.

D'autres ont admis deux principes, l'un bon, l'autre mauvais; et il y a eu des gens qui ont cru la difficulté insurmontable, en quoi notre auteur paraît avoir eu M. Bayle en vue. Il espère de montrer dans son ouvrage, que ce n'est point un nœud gordien qui ait besoin d'être coupé ; et il a raison de dire que la puissance, la sagesse et la bonté de Dieu ne seraient point infinies et parfaites dans leur exercice, si ces maux avaient été bannis. Il commence par le mal d'imperfection dans le chapitre iii, et remarque, après saint Augustin, que les créatures sont imparfaites, puisqu'elles sont tirées du néant ; au lieu que Dieu produisant une substance parfaite de son propre fonds en aurait fait un Dieu, ce qui lui donne occasion de faire une petite digression contre les sociniens. Mais quelqu'un dira : pourquoi Dieu ne s'est-il point abstenu de la production des choses, plutôt que d'en faire d'imparfaites ? L'auteur répond fort bien que l'abondance de la bonté de Dieu en est la cause. Il y a voulu se communiquer aux dépens d'une délicatesse que nous nous imaginons en Dieu, en nous figurant que les imperfections le choquent. Ainsi il a mieux aimé qu'il y eût l'imparfait, que le rien. Mais on aurait pu ajouter que Dieu a produit en effet le tout le plus parfait qui se pouvait et dont il a eu sujet d'être pleinement content, les imperfections des parties servant à une plus grande perfection dans l'entier. Aussi remarque-t-on un peu après, que certaines choses pouvaient être mieux faites, mais non pas sans d'autres incommodités nouvelles, et peut-être plus grandes. Ce peut-être pouvait être omis : l'auteur aussi posant pour certain, et avec raison, à la fin du chapitre, qu'il est de la bonté infinie de choisir le meilleur, il en a pu tirer cette conséquence un peu auparavant, que les choses imparfaites seront jointes aux plus parfaites, lorsqu'elles n'empêcheront point qu'il y en ait des dernières tout autant qu'il se peut. Ainsi les corps ont été créés aussi bien que les esprits, puisque l'un ne fait point obstacle à l'autre ; et l'ouvrage de la matière n'a pas été indigne du grand Dieu, comme ont cru des anciens hérétiques qui ont attribué cet ouvrage à un certain Démogorgon.

8. Venons au mal physique, dont il est parlé dans le chapitre iv. Notre célèbre auteur, après avoir remarqué que le mal métaphysique, c'est-à-dire l'imperfection, vient du néant, juge que le mal physique, c'est-à-dire l'incommodité, vient de la matière, ou plutôt de son mouvement ; car, sans le mouvement, la matière serait inutile ; et même il faut qu'il y ait de la contrariété dans ces mouvements ; autrement, si tout allait ensemble du même côté, il n'y aurait point de variété, ni de génération. Mais les mouvements, qui font les générations, font aussi les corruptions, puisque de la variété des mouvements naît le choc des corps, par lesquels ils sont souvent

dissipés et détruits. Cependant l'auteur de la nature, pour rendre les corps plus durables, les a distribués en systèmes, dont ceux que nous connaissons sont composés de globes lumineux et opaques, d'une manière si belle et si propre à faire connaître et admirer ce qu'ils renferment, que nous ne saurions rien concevoir de plus beau. Mais le comble de l'ouvrage était la structure des animaux, afin qu'il y eût partout des créatures capables de connaissance,

Ne regio foret ulla suis animalibus orba.

Notre judicieux auteur croit que l'air, et même l'éther le plus pur, ont leurs habitants aussi bien que l'eau de la terre. Mais quand il y aurait des endroits sans animaux, ces endroits pourraient avoir des usages nécessaires pour d'autres endroits qui sont habités; comme par exemple les montagnes, qui rendent la surface de notre globe inégale et quelquefois déserte et stérile, sont utiles pour la production des rivières et des vents : et nous n'avons point sujet de nous plaindre des sables et des marais, puisqu'il y a tant d'endroits qui restent encore à cultiver. Outre qu'il ne faut point s'imaginer que tout soit fait pour l'homme seul; et l'auteur est persuadé non seulement qu'il y a des esprits purs, mais aussi qu'il y a des animaux immortels approchant de ces esprits, c'est-à-dire des animaux dont les âmes sont jointes à une matière éthérienne et incorruptible. Mais il n'en est pas de même des animaux dont le corps est terrestre, composé de tuyaux et de fluides qui y circulent, et dont le mouvement cesse par la rupture des vaisseaux : ce qui fait croire à l'auteur que l'immortalité accordée à Adam, s'il avait été obéissant, n'eût pas été un effet de sa nature, mais de la grâce de Dieu.

9. Or, il était nécessaire, pour la conservation des animaux corruptibles, qu'ils eussent des marques qui leur fissent connaître un danger présent et leur donnassent l'inclination de l'éviter. C'est pourquoi ce qui est sur le point de causer une grande lésion doit causer la douleur auparavant, qui puisse obliger l'animal à des efforts capables de repousser ou de fuir la cause de cette incommodité et de prévenir un plus grand mal. L'horreur de la mort sert aussi à l'éviter; car si elle n'était point si laide, et si les solutions de la continuité n'étaient point si douloureuses, bien souvent les animaux ne se soucieraient point de périr, ou de laisser périr les parties de leur corps, et les plus robustes auraient de la peine à subsister un jour entier.

Dieu a donné aussi la faim et la soif aux animaux, pour les obliger de se nourrir et de s'entretenir, en remplaçant ce qui s'use et qui s'en va insensiblement. Ces appétits servent aussi pour les porter au travail, afin d'acquérir une nourriture convenable à leur constitution et propre à leur donner de la vigueur. Il a même été trouvé nécessaire par l'auteur des choses, qu'un animal bien souvent servît de nourriture à un autre, ce qui ne le rend guère plus malheureux, puisque la mort causée par les maladies a coutume d'être autant et plus douloureuse qu'une mort violente; et ces animaux sujets à la proie des autres, n'ayant point la prévoyance ni le soin de l'avenir, n'en vivent pas moins en repos, lorsqu'ils sont hors du danger. Il en est de même des inondations, des tremblements de terre, des coups de foudre et d'autres désordres, que les bêtes brutes ne craignent point, et que les hommes n'ont point sujet de craindre ordinairement, puisqu'il y en a peu qui en souffrent.

10. L'auteur de la nature a compensé ces maux et autres, qui n'arrivent que rarement, par mille commodités ordinaires et continuelles. La faim et la soif augmentent le *plaisir* qu'on trouve en prenant de la nourriture. Le travail modéré est un exercice agréable des puissances de l'animal, et le sommeil est encore agréable d'une manière tout opposée, en rétablissant les forces par le repos. Mais un des plaisirs les plus vifs est celui qui porte les animaux à la propagation. Dieu ayant pris soin de procurer que les espèces fussent immortelles, puisque les individus ne le sauraient être ici-bas, il a voulu aussi que les animaux eussent une grande tendresse pour leurs petits, jusqu'à s'exposer pour leur conservation. De la douleur et de la volupté naissent la crainte, la crainte et les autres passions utiles ordinairement, quoiqu'il arrive par accident qu'elles tournent quelquefois au mal : il en faut dire autant des poisons, des maladies épidémiques et d'autres choses nuisibles, c'est-à-dire que ce sont des suites indispensables d'un système bien conçu. Pour ce qui est de l'ignorance et des erreurs, il faut considérer que les créatures les plus parfaites ignorent beaucoup sans doute, et que les connaissances ont coutume d'être proportionnées aux besoins. Cependant il est nécessaire qu'on soit sujet à des cas qui ne sauraient être prévus, et ces sortes d'accidents sont inévitables. Il faut souvent qu'on se trompe dans son jugement, parce qu'il n'est point toujours permis de le suspendre jusques à une discussion exacte. Ces inconvénients sont inséparables du système de

choses; il faut qu'elles se ressemblent bien souvent dans une certaine situation, et que l'une puisse être prise pour l'autre. Mais les erreurs inévitables ne sont pas les plus ordinaires ni les plus pernicieuses. Celles qui nous causent le plus de mal ont coutume de venir de notre faute; et par conséquent, on aurait tort de prendre sujet des maux naturels, de s'ôter la vie, puisqu'on trouve que ceux qui l'ont fait y ont été portés ordinairement par des maux volontaires.

11. Après tout, on trouve que tous ces maux, dont nous avons parlé, viennent par accident de bonnes causes; et il y a lieu de juger par tout ce que nous connaissons, de tout ce que nous ne connaissons pas, qu'on n'aurait pu les retrancher sans tomber dans des inconvénients plus grands. Et pour le mieux reconnaître, l'auteur nous conseille de concevoir le monde comme un grand bâtiment. Il faut qu'il y ait non seulement des appartements, des salles, des galeries, des jardins, des grottes; mais encore la cuisine, la cave, la basse-cour, des étables, des égouts. Ainsi il n'aurait pas été à propos de ne faire que des soleils dans le monde, ou de faire une terre toute d'or et de diamants, mais qui n'aurait point été habitable. Si l'homme avait été tout œil ou tout oreille, il n'aurait point été propre à se nourrir. Si Dieu l'avait fait sans passions, il l'aurait fait stupide: et s'il l'avait voulu sans erreur, il aurait fallu le priver des sens, ou le faire sentir autrement que par des organes, c'est-à-dire, il n'y aurait point eu d'homme. Notre savant auteur remarque ici un sentiment que des histoires sacrées et profanes paraissent enseigner, savoir que les bêtes féroces, les plantes venimeuses et autres natures qui nous sont nuisibles ont été armées contre nous par le péché. Mais comme il ne raisonne ici que suivant les principes de la raison, il met à part ce que la Révélation peut enseigner. Il croit cependant qu'Adam n'aurait été exempté de maux naturels (s'il avait été obéissant) qu'en vertu de la grâce divine et d'un pacte fait avec Dieu, et que Moïse ne marque expressément qu'environ sept effets du premier péché. Ces effets sont :

1. La révocation du don gracieux de l'immortalité.

2. La stérilité de la terre, qui ne devait plus être fertile par elle-même qu'en herbes mauvaises ou peu utiles.

3. Le travail rude qu'il faudrait employer pour se nourrir.

4. L'assujettissement de la femme à la volonté du mari.

5. Les douleurs de l'enfantement.

6. L'inimitié entre l'homme et le serpent.

7. Le bannissement de l'homme du lieu délicieux où Dieu l'avait placé.

Mais il croit que plusieurs de nos maux viennent de la nécessité de la matière ; surtout depuis la soustraction de la grâce ; outre qu'il semble à l'auteur qu'après notre exil, l'immortalité nous serait à charge, et que c'est peut-être plus pour notre bien que pour nous punir, que l'arbre de la vie nous est devenu inaccessible. Il y a par-ci par-là quelque chose à dire, mais le fond du discours de l'auteur, sur l'origine des maux, est plein de bonnes et solides réflexions, dont j'ai jugé à propos de profiter. Maintenant, il faudra venir au sujet qui est en controverse entre nous, c'est-à-dire à l'explication de la nature de la *liberté*.

12. Le savant auteur de cet ouvrage de l'origine du mal, se proposant d'expliquer celle du mal moral dans le cinquième chapitre, qui fait la moitié de tout le livre, croit qu'elle est toute différente de celle du mal physique, qui consiste dans l'imperfection inévitable des créatures. Car, comme nous verrons tantôt, il lui paraît que le mal moral vient plutôt de ce qu'il appelle une perfection, et que la créature a de commun, selon lui, avec le Créateur, c'est-à-dire, dans le pouvoir de choisir sans aucun motif et sans aucune cause finale ou impulsive. C'est un paradoxe bien grand, de soutenir que la plus grande imperfection, c'est-à-dire le péché, vienne de la perfection même ; mais ce n'est pas un moindre paradoxe, de faire passer pour une perfection la chose du monde la moins raisonnable, dont l'avantage serait d'être privilégiée contre la raison. Et dans le fond, bien loin que ce soit montrer la source du mal moral, c'est vouloir qu'il n'y en ait aucune. Car si la volonté se détermine sans qu'il y ait rien, ni dans la personne qui choisit, ni dans l'objet qui est choisi, qui puisse porter au choix, il n'y aura aucune cause ni raison de cette élection ; et comme le mal moral consiste dans le mauvais choix, c'est avouer que le mal moral n'a point de source du tout. Ainsi, dans les règles de la bonne métaphysique, il faudrait qu'il n'y eût point de mal moral dans la nature ; et aussi, par la même raison, il n'y aurait point de bien moral non plus, et toute la moralité serait détruite. Mais il faut écouter notre habile auteur, à qui la subtilité d'un sentiment soutenu par des philosophes célèbres de l'école, et les ornements qu'il y a ajoutés lui-même par son esprit et par son éloquence, ont caché les grands inconvénients qu'il renferme. En expliquant l'état de la question, il partage les auteurs en

deux partis. Les uns, dit-il, se contentent de dire que la liberté de la volonté est exempte de la contrainte externe ; et les autres soutiennent qu'elle est encore exempte de la nécessité interne. Mais cette explication ne suffit pas, à moins qu'on ne distingue la nécessité absolue et contraire à la moralité, de la nécessité hypothétique et de la nécessité morale, comme nous l'avons déjà expliqué en plusieurs endroits.

13. La section première de ce chapitre doit faire connaître la nature des élections. L'auteur expose premièrement le sentiment de ceux qui croient que la volonté est portée par le jugement de l'entendement, ou par des inclinations antérieures des appétits, à se déterminer pour le parti qu'elle prend. Mais il mêle ces auteurs avec ceux qui soutiennent que la volonté est portée à la résolution par une nécessité absolue, et qui prétendent que la personne qui veut n'a aucun pouvoir sur ses volitions ; c'est-à-dire qu'il mêle un thomiste avec un spinosiste. Il se sert des aveux et des déclarations odieuses de M. Hobbes et de ses semblables, pour en charger ceux qui en sont infiniment éloignés et qui prennent grand soin de les réfuter : et il les en charge, parce qu'ils croient, comme M. Hobbes et comme tout le monde (quelques docteurs exceptés, qui s'enveloppent dans leurs propres subtilités), que la volonté est mue par la représentation du bien et du mal ; d'où il leur impute qu'il n'y a donc point de contingence, et que tout est lié par une nécessité absolue. C'est aller bien vite en raisonnement ; cependant il ajoute encore qu'à proprement parler, il n'y aura point de mauvaise volonté, puisque ainsi tout ce qu'on y pourrait trouver à redire serait le mal qu'elle peut causer ; ce qui, dit-il, est éloigné de la notion commune, le monde blâmant les méchants, non parce qu'ils nuisent, mais parce qu'ils nuisent sans nécessité. Il tient ainsi que les méchants seraient seulement malheureux et nullement coupables ; qu'il n'y aurait point de différence entre le mal physique et le mal moral, puisque l'homme lui-même ne serait point la vraie cause d'une action qu'il ne pourrait point éviter ; que les malfaiteurs ne seraient point blâmés ni maltraités, parce qu'ils le méritent, mais parce que cela peut détourner les gens du mal, et que ce serait pour cette raison seulement qu'on gronderait un fripon, et non pas un malade, parce que les reproches et les menaces peuvent corriger l'un, et ne peuvent point guérir l'autre ; que les châtiments, suivant cette doctrine, n'auraient pour but que l'empêchement du mal futur, sans

quoi la seule considération du mal déjà fait ne suffirait point pour punir : et que de même, la reconnaissance aurait pour but unique, de procurer un bienfait nouveau, sans quoi la seule considération du bienfait passé n'en fournirait pas une raison suffisante. Enfin l'auteur croit que si cette doctrine, qui dérive la résolution de la volonté de la représentation du bien et du mal était véritable, il faudrait désespérer de la félicité humaine, puisqu'elle ne serait point en notre pouvoir et dépendrait des choses qui sont hors de nous. Or, comme il n'y a pas lieu d'espérer que les choses de dehors se règlent et s'accordent suivant nos souhaits, il nous manquera toujours quelque chose et il y aura toujours quelque chose de trop. Toutes ces conséquences ont lieu, selon lui, encore contre ceux qui croient que la volonté se détermine suivant le dernier jugement de l'entendement ; opinion qu'il croit dépouiller la volonté de son droit et rendre l'âme toute passive. Et cette accusation va contre une infinité d'auteurs graves et approuvés, qui sont mis ici dans la même classe avec M. Hobbes et Spinosa et avec quelques auteurs réprouvés, dont la doctrine est jugée odieuse et insupportable. Pour moi, je n'oblige point la volonté de suivre toujours le jugement de l'entendement, parce que je distingue ce jugement des motifs qui viennent des perceptions et inclinations insensibles. Mais je tiens que la volonté suit toujours la plus avantageuse représentation, distincte ou confuse, du bien et du mal, qui résulte des raisons, passions et inclinations, quoiqu'elle puisse aussi trouver des motifs pour suspendre son jugement. Mais c'est toujours par motifs qu'elle agit.

14. Il faudra répondre à ces objections contre notre sentiment, avant que de passer à l'établissement de celui de l'auteur. L'origine de la méprise des adversaires vient de ce qu'on confond une conséquence nécessaire par une nécessité absolue, dont le contraire implique contradiction, avec une conséquence qui n'est fondée que sur des vérités de convenance, et qui ne laisse pas de réussir, c'està-dire, qu'on confond ce qui dépend du principe de contradiction, qui fait les vérités nécessaires et indispensables, avec ce qui dépend du principe de la raison suffisante, qui a lieu encore dans les vérités contingentes. J'ai déjà donné ailleurs cette remarque, qui est une des plus importantes de la philosophie, en faisant considérer qu'il y a deux grands principes, savoir celui des identiques ou de la contradiction, qui porte que de deux énonciations contradictoires, l'une est

vraie, et l'autre fausse ; et celui de la raison suffisante, qui porte qu'il n'y a point d'énonciation véritable, dont celui qui aurait toute la connaissance nécessaire pour l'entendre parfaitement ne pourrait voir la raison. L'un et l'autre principe doit avoir lieu non seulement dans les vérités nécessaires, mais encore dans les contingentes, et il est nécessaire même que ce qui n'a aucune raison suffisante n'existe point. Car l'on peut dire en quelque façon, que ces deux principes sont renfermés dans la définition du vrai et du faux. Cependant, lorsqu'en faisant l'analyse de la vérité proposée, on la voit dépendre des vérités dont le contraire implique contradiction, on peut dire qu'elle est absolument nécessaire. Mais lorsque poussant l'analyse tant qu'il vous plaira, on ne saurait jamais parvenir à de tels éléments de la vérité donnée, il faut dire qu'elle est contingente, et qu'elle a son origine d'une raison prévalente qui incline sans nécessiter. Cela posé, l'on voit comment nous pouvons dire avec plusieurs philosophes et théologiens célèbres, que la substance qui pense est portée à sa résolution par la représentation prévalente du bien ou du mal, et cela certainement et infailliblement, mais non pas nécessairement; c'est-à-dire par des raisons qui l'inclinent sans la nécessiter. C'est pourquoi les futurs contingents, prévus et en eux-mêmes et par leurs raisons, demeurent contingents ; et Dieu a été porté infailliblement par sa sagesse et par sa bonté à créer le monde par sa puissance, et à lui donner la meilleure forme possible; mais il n'y était point porté nécessairement, et le tout s'est passé sans aucune diminution de sa liberté parfaite et souveraine. Et sans cette considération que nous venons de faire, je ne sais s'il serait aisé de résoudre le nœud gordien de la contingence et de la liberté.

15. Cette explication fait disparaître toutes les objections de notre habile adversaire. Premièrement, on voit que la contingence subsiste avec la liberté. 2° Les mauvaises volontés sont mauvaises, non seulement parce qu'elles nuisent, mais encore parce qu'elles sont une source de choses nuisibles, ou de maux physiques, un esprit méchant étant dans la sphère de son activité, ce que le mauvais principe des Manichéens serait dans l'univers. Aussi l'auteur a-t-il remarqué, ch. iv, s. 4, § 8, que la sagesse divine a défendu ordinairement des actions qui causeraient des incommodités, c'est-à-dire des maux physiques. On convient que celui qui cause du mal par nécessité n'est point coupable. Mais il n'y a aucun législateur, ni jurisconsulte, qui entende par cette nécessité la force des raisons du bien

et du mal, vrai ou apparent, qui ont porté l'homme à mal faire ; autrement celui qui dérobe une grande somme d'argent, ou qui tue un homme puissant pour parvenir à un grand poste, serait moins punissable que celui qui déroberait quelques sols pour boire chopine, ou qui tuerait un chien de son voisin de gaieté de cœur ; parce que ces derniers ont été moins tentés. Mais c'est tout le contraire dans l'administration de la justice autorisée dans le monde, et plus la tentation de pécher est grande, plus elle a besoin d'être réprimée par la crainte d'un grand châtiment. D'ailleurs, plus on trouvera de raisonnement dans le dessein d'un malfaiteur, plus on trouvera que sa méchanceté a été délibérée, et plus on jugera qu'elle est grande et punissable. C'est ainsi qu'un vol trop artificieux fait le crime aggravant appelé stellionat, et qu'un trompeur devient faussaire, quand il a la subtilité de saper les fondements mêmes de notre sûreté dans les actes par écrit. Mais on aura plus d'indulgence pour une grande passion, parce qu'elle approche plus de la démence. Et les Romains punirent d'un supplice des plus rigoureux les prêtres du dieu Apis, qui avaient prostitué la chasteté d'une dame distinguée à un chevalier qui l'aimait éperduement, en le faisant passer pour leur Dieu ; et on se contenta de bannir l'amant. Mais si quelqu'un avait fait de mauvaises actions sans raison apparente et sans apparence de passion, le juge serait tenté de le prendre pour un fou, surtout s'il se trouvait qu'il était sujet à faire souvent de telles extravagances ; ce qui pourrait aller à la diminution de la peine, bien loin de fournir la véritable raison de la méchanceté et du punissement. Tant les principes de nos adversaires sont éloignés de la pratique des tribunaux et du sentiment commun des hommes.

16. 3° La distinction entre le mal physique et le mal moral subsistera toujours, quoiqu'il y ait cela de commun, qu'ils ont leurs raisons et causes. Et pourquoi se forger de nouvelles difficultés touchant l'origine du mal moral, puisque le principe de la résolution de celles que les maux naturels ont fait naître suffit encore pour rendre raison des maux volontaires ? C'est-à-dire, il suffit de montrer qu'on ne pouvait empêcher que les hommes fussent sujets à faire des fautes, sans changer la constitution du meilleur des systèmes, ou sans employer des miracles à tout bout de champ. Il est vrai que le péché fait une grande partie de la misère humaine, et même la plus grande ; mais cela n'empêche point qu'on ne puisse dire que les hommes sont méchants et punissables; autrement il faudrait dire que

les péchés actuels des non régénérés sont excusables, parce qu'ils viennent du principe de notre misère, qui est le péché originel. 4o De dire que l'âme devient passive, et que l'homme n'est point la vraie cause du péché, s'il est porté à ses actions volontaires par les objets, comme l'auteur le prétend en beaucoup d'endroits, et particulièrement, ch. v, s. I, subsect. 3, § 18, c'est se faire de nouvelles notions des termes. Quand les anciens ont parlé de ce qui est ἐφ' ἡμῖν, ou lorsque nous parlons de ce qui dépend de nous, de la spontanéité, du principe interne de nos actions, nous n'excluons point la représentation des choses externes; car ces représentations se trouvent aussi dans nos âmes, elles font une partie des modifications de ce principe actif qui est en nous. Il n'y a point d'acteur qui puisse agir sans être prédisposé à ce que l'action demande; et les raisons ou inclinations tirées du bien ou du mal sont les dispositions, qui font que l'âme se peut déterminer entre plusieurs partis. On veut que la volonté soit seule active et souveraine, et on a coutume de la concevoir comme une reine assise sur son trône, dont l'entendement est le ministre d'État, et dont les passions sont les courtisans, ou les demoiselles favorites, qui par leur influence prévalent souvent sur le conseil du ministère. On veut que l'entendement ne parle que par ordre de cette reine, qu'elle peut balancer entre les raisons du ministre et les suggestions des favoris, et même rebuter les unes et les autres, enfin qu'elle les fait taire ou parler et leur donne audience ou non, comme bon lui semble. Mais c'est une prosopopée ou fiction un peu mal entendue. Si la volonté doit juger, ou prendre connaissance des raisons et des inclinations que l'entendement ou les sens lui présentent, il lui faudra un autre entendement dans elle-même, pour entendre ce qu'on lui présente. La vérité est que l'âme, ou la substance qui pense, entend les raisons, et sent les inclinations, et se détermine selon la prévalence des représentations qui modifient sa force active, pour spécifier l'action. Je n'ai point besoin d'employer ici mon système de l'harmonie préétablie, qui met notre indépendance dans son lustre et qui nous exempte de l'influence physique des objets. Car ce que je viens de dire suffit pour résoudre l'objection. Et notre auteur, quoiqu'il admettre avec le commun cette influence physique des objets sur nous, remarque pourtant fort ingénieusement, que le corps ou les objets des sens ne nous donnent point les idées, et encore moins la force active de l'âme, et servent seulement à développer ce qui est en nous; à peu près comme

M. Descartes a cru que l'âme ne pouvant point donner de la force au corps lui donnait au moins quelque direction. C'est un milieu de l'un et de l'autre côté, entre l'influence physique et l'harmonie préétablie.

17. 5° On objecte que, selon nous, le péché ne serait point blâmé ni puni parce qu'il le mérite, mais parce que le blâme et le châtiment servent à l'empêcher une autre fois ; au lieu que les hommes demandent quelque chose de plus, c'est-à-dire une satisfaction pour le crime, quand même elle ne servirait point à l'amendement, ni à l'exemple. Tout comme les hommes demandent avec raison que la véritable gratitude vienne d'une véritable reconnaissance du bienfait passé, et non pas de la vue intéressée d'escroquer un nouveau bienfait. Cette objection contient de belles et bonnes réflexions, mais elles ne nous frappent point. Nous demandons qu'on soit vertueux, reconnaissant, juste, non seulement par intérêt, par espérance, ou par crainte ; mais encore par le plaisir qu'on doit trouver dans les bonnes actions ; autrement on n'est pas encore parvenu au degré de la vertu qu'il faut tâcher d'atteindre. C'est ce qu'on signifie, quand on dit qu'il faut aimer la justice et la vertu pour elles-mêmes ; et c'est encore ce que j'ai expliqué en rendant raison de l'*Amour désintéressé*, un peu avant la naissance de la controverse qui a fait tant de bruit. Et de même nous jugeons que la méchanceté est devenue plus grande, lorsqu'elle a passsé en plaisir, comme lorsqu'un voleur de grands chemins, après avoir tué les hommes parce qu'ils résistent, ou parce qu'il craint leur vengeance, devient enfin cruel et prend plaisir à les tuer, et même à les faire souffrir auparavant. Et ce degré de méchanceté est jugé diabolique, quoique l'homme qui en est atteint trouve dans cette maudite volupté une plus forte raison de ses homicides, qu'il n'en avait lorsqu'il tuait seulement par espérance ou par crainte. J'ai aussi remarqué, en répondant aux difficultés de M. Bayle, que, suivant le célèbre M. Conring, la justice qui punit par des peines médicinales, pour ainsi dire, c'est-à-dire pour amender le criminel, ou du moins pour donner exemple aux autres, pourrait avoir lieu dans le sentiment de ceux qui détruisent la liberté, exempte de la nécessité ; mais que la véritable justice vindicative, qui va au delà du médicinal, suppose quelque chose de plus, c'est-à-dire l'intelligence et la liberté de celui qui pèche, parce que l'harmonie des choses demande une satisfaction, un mal de passion, qui fasse sentir sa faute à l'esprit, après le mal d'action

volontaire où il a donné son agrément. Aussi M. Hobbes, qui renverse la liberté, a-t-il rejeté la justice vindicative, comme font les sociniens, réfutés par nos docteurs, quoique les auteurs de ce parti-là aient coutume d'outrer la notion de liberté.

18. 6° On objecte enfin, que les hommes ne peuvent point espérer la félicité, si la volonté ne peut être mue que par la représentation du bien et du mal. Mais cette objection me paraît nulle de toute nullité, et je crois qu'on aurait bien de la peine à deviner quelle couleur on lui a pu donner. Aussi raisonne-t-on, pour cet effet, de la manière la plus surprenante du monde. C'est que notre félicité dépend des choses externes, s'il est vrai qu'elle dépend de la représentation du bien ou du mal. Elle n'est donc point en notre pouvoir, dit-on, car nous n'avons aucun sujet d'espérer que les choses externes s'accorderont pour nous plaire. Cet argument cloche de tous pieds : il n'y a point de force dans la conséquence ; on pourrait accorder la conclusion ; l'argument peut être rétorqué contre l'auteur. Commençons par cette rétorsion, qui est aisée. Car les hommes sont-ils plus heureux ou plus indépendants des accidents de la fortune par ce moyen, ou parce qu'on leur attribue l'avantage de choisir sans sujet ? Souffriront-ils moins les douleurs corporelles ? Ont-ils moins de penchant pour les biens vrais ou apparents, moins de crainte des maux véritables ou imaginaires ? Sont-ils moins esclaves de la volupté, de l'ambition, de l'avarice ? moins craintifs ? moins envieux ? Oui, dira notre habile auteur ; je le prouverai par une manière de compte, ou d'estime. J'aurais mieux aimé qu'il l'eût prouvé par l'expérience ; mais voyons ce compte. Supposé que, par mon choix, qui fait que je donne la bonté, par rapport à moi, à ce que je choisis, je donne à l'objet choisi six degrés de bonté, et qu'il y eût auparavant deux degrés de mal dans mon état ; je deviendrai heureux tout d'un coup, et à mon aise, car j'aurais quatre degrés de revenant bon, ou bien franc. Voilà qui est beau, sans doute ; mais, par malheur, il est impossible. Car quel moyen de donner ces six degrés de bonté à l'objet ? Il nous faudrait pour cela la puissance de changer notre goût, ou les choses comme bon nous semble. Ce serait, à peu près, comme si je pouvais dire efficacement au plomb : Tu seras or ; au caillou, Tu seras diamant ; ou du moins, vous me ferez le même effet. Ou ce serait comme on explique le passage de Moïse, qui paraît dire que la manne du désert avait le goût que les Israélites lui voulaient donner. Ils n'avaient qu'à dire à leur Gomor : Tu seras chapon, Tu seras perdrix.

Mais s'il m'est libre de donner ces six degrés de bonté à l'objet, ne m'est-il point permis de lui en donner davantage? Je pense que oui. Mais si cela est, pourquoi ne donnerons-nous pas à l'objet toute la bonté imaginable? Pourquoi n'irons-nous pas à vingt-quatre carats de bonté? Et par ce moyen nous voilà pleinement heureux, malgré les accidents de la fortune ; qu'il vente, qu'il grêle, qu'il neige, nous ne nous en soucierons pas ; par le moyen de ce beau secret, nous serons toujours à l'abri des cas fortuits. Et l'auteur accorde (dans cette 1re section du ch. v, subsect. 3, § 12) que cette puissance surmonte tous les appétits naturels, et ne peut être surmontée par aucun d'eux ; et il la considère (§§ 20, 21, 22) comme le plus solide fondement du bonheur. En effet, comme il n'y a rien qui puisse limiter une puissance aussi indéterminée que celle de choisir sans sujet, et de donner de la bonté à l'objet par le choix, il faut ou que cette bonté passe infiniment celle que les appétits naturels cherchent dans les objets, puisque ces appétits et ces objets sont limités, pendant que cette puissance est indépendante ; ou du moins, il faut que cette bonté que la volonté donne à l'objet choisi soit arbitraire, et telle qu'elle la veut. Car d'où prendrait-on la raison des bornes, si l'objet est possible, s'il est à la portée de celui qui veut, et si la volonté lui peut donner la bonté qu'elle veut, indépendamment de la réalité et des apparences? Il me semble que cela peut suffire pour renverser une hypothèse si précaire, où il y a quelque chose de semblable aux contes des fées, *optantis ista sunt, non invenientis*. Il ne demeure donc que trop vrai que cette belle fiction ne saurait nous rendre plus exempts de maux : nous allons voir plus bas que, lorsque les hommes se mettent au-dessus de certains appétits ou de certaines aversions, c'est par d'autres appétits, qui ont toujours leur fondement dans la représentation du bien et du mal. J'ai dit aussi, qu'on pouvait accorder la conclusion de l'argument, qui porte qu'il ne dépend pas absolument de nous d'être heureux, au moins dans l'état présent de la vie humaine ; car qui doute que nous ne soyons sujets à mille accidents, que la prudence humaine ne saurait éviter? Comment m'empêcherai-je, par exemple, d'être englouti, par un tremblement de terre, avec une ville où je fais ma demeure, si tel est l'ordre des choses? Mais enfin je puis encore nier la conséquence dans l'argument, qui porte que si la volonté n'est mue que par la représentation du bien et du mal, il ne dépend pas de nous d'être heureux. La conséquence serait bonne, s'il n'y avait point de Dieu, si tout était gouverné par des causes brutes ; mais Dieu fait que pour être heureux il suffit d'être vertueux. Ainsi, si l'âme suit la raison et les ordres que Dieu lui a donnés, la voilà sûre de son bonheur, quoiqu'on ne le puisse point trouver assez dans cette vie.

19. Après avoir tâché de montrer les inconvénients de notre hypothèse, l'habile auteur étale les avantages de la sienne. Il croit donc qu'elle est seule capable de sauver notre liberté, qu'elle fait toute notre félicité, qu'elle augmente nos biens et diminue nos maux, et qu'un agent qui possède cette puissance en est plus parfait. Ces avantages presque tous ont déjà été réfutés. Nous avons montré que, pour être libre, il suffit que les représentations des biens et des maux, et autres dispositions internes ou externes, nous inclinent sans nous nécessiter. On ne voit point aussi comment l'indifférence pure pourrait contribuer à la félicité; au contraire, plus on sera indifférent, plus on sera insensible et moins capable de goûter les biens. Outre que l'hypothèse fait trop d'effet. Car si une puissance indifférente se pouvait donner le sentiment du bien, elle se pourrait donner le bonheur le plus parfait, comme on a déjà montré. Et il est manifeste qu'il n'y a rien qui lui donnerait des limites, puisque les limites la feraient sortir de cette indifférence pure, et dont on prétend qu'elle ne sort que par elle-même, ou plutôt dans laquelle elle n'a jamais été. Enfin on ne voit point en quoi consiste la perfection de la pure indifférence; au contraire, il n'y a rien de plus imparfait; elle rendrait la science et la bonté inutiles et réduirait tout au hasard, sans qu'il y eût des règles ou des mesures à prendre. Il y a pourtant encore quelques avantages que notre auteur allègue, qui n'ont pas été débattus. Il lui paraît donc que ce n'est que par cette puissance que nous sommes la vraie cause de nos actions, à qui elles puissent être imputées, puisque autrement nous serions forcés par les objets externes; et que c'est aussi seulement à cause de cette puissance qu'on se peut attribuer le mérite de sa propre félicité, et se complaire en soi-même. Mais c'est tout le contraire; car, quand on tombe sur l'action par un mouvement absolument indifférent, et non pas en conséquence de ses bonnes ou mauvaises qualités, n'est-ce pas autant que si l'on y tombait aveuglément par le hasard ou par le sort? Pourquoi donc se glorifierait-on d'une bonne action, ou pourquoi serait-on blâmé d'une mauvaise, s'il en faut remercier ou accuser la fortune ou le sort? Je pense qu'on est plus louable quand on doit l'action à ses bonnes qualités, et plus coupable à mesure

qu'on y a été disposé par ses qualités mauvaises. Vouloir estimer les actions, sans peser les qualités dont elles naissent, c'est parler en l'air, et mettre un je ne sais quoi imaginaire à la place des causes. Aussi, si ce hasard ou ce je ne sais quoi était la cause de nos actions, à l'exclusion de nos qualités naturelles ou acquises, de nos inclinations, de nos habitudes, il n'y aurait point moyen de se promettre quelque chose de la résolution d'autrui, puisqu'il n'y aurait pas moyen de fixer un indéfini, et de juger à quelle rade sera jeté le vaisseau de la volonté par la tempête incertaine d'une extravagante indifférence.

20. Mais, mettant les avantages et les désavantages à part, voyons comment notre savant auteur établira cette hypothèse, dont il promet tant d'utilité. Il conçoit qu'il n'y a que Dieu et les créatures libres qui soient véritablement actives, et que pour être actif on ne doit être déterminé que par soi-même. Or ce qui est déterminé par soi-même ne doit point être déterminé par les objets; et par conséquent il faut que la substance libre, en tant que libre, soit indifférente à l'égard des objets, et ne sorte de cette indifférence que par son choix, qui lui rendra l'objet agréable. Mais presque tous les pas de ce raisonnement sont sujets à des achoppements. Non seulement les créatures libres, mais encore toutes les autres substances et natures composées de substances sont actives. Les bêtes ne sont point libres, et cependant elles ne laissent pas d'avoir des âmes actives; si ce n'est qu'on s'imagine avec les cartésiens que ce sont de pures machines. Il n'est point nécessaire aussi que pour être actif on soit seulement déterminé par soi-même, puisqu'une chose peut recevoir de la direction, sans recevoir de la force. C'est ainsi que le cheval est gouverné par le cavalier, et que le vaisseau est dirigé par le gouvernail; et M. Descartes a cru que notre corps gardant sa force reçoit seulement quelque direction de l'âme. Ainsi une chose active peut recevoir de dehors quelque détermination ou direction, capable de changer celle qu'elle aurait d'elle-même. Enfin, lors même qu'une substance active n'est déterminée que par elle-même, il ne s'ensuit point qu'elle ne soit point mue par les objets; car c'est la représentation de l'objet qui est en elle-même, qui contribue à la détermination; laquelle ainsi ne vient point de dehors, et par conséquent la spontanéité y est tout entière. Les objets n'agissent point sur les substances intelligentes comme causes efficientes et physiques, mais comme causes finales et morales. Lorsque Dieu agit

suivant sa sagesse, il se règle sur les idées des possibles qui sont ses objets, mais qui n'ont aucune réalité hors de lui avant leur création actuelle. Ainsi cette espèce de motion spirituelle et morale n'est point contraire à l'activité de la substance, ni à la spontanéité de son action. Enfin, quand la puissance libre ne serait point déterminée par les objets, elle ne saurait pourtant jamais être indifférente à l'action lorsqu'elle est sur le point d'agir; puisqu'il faut bien que l'action y naisse d'une disposition d'agir; autrement on fera tout de tout, *quidvis ex quovis*, et il n'y aura rien d'assez absurde qu'on ne puisse supposer. Mais cette disposition aura déjà rompu le charme de la pure indifférence, et si l'âme se donne cette disposition, il faut une autre prédisposition pour cet acte de la donner; et par conséquent, quoi qu'on remonte, on ne viendra jamais à une pure indifférence dans l'âme pour les actions qu'elle doit exercer. Il est vrai que ces dispositions l'inclinent sans la nécessiter; elles se rapportent ordinairement aux objets, mais il y en a pourtant aussi qui viennent autrement à *subjecto* ou de l'âme même, et qui font qu'un objet est plus goûté que l'autre, ou que le même est autrement goûté dans un autre temps.

21. Notre auteur persiste toujours de nous assurer que son hypothèse est réelle, et il entreprend de faire voir que cette puissance indifférente se trouve effectivement en Dieu, et même qu'on la lui doit attribuer nécessairement. Car, dit-il, rien ne lui est bon, ni mauvais, dans les créatures. Il n'a point d'appétit naturel, qui se trouve rempli par la fruition de quelque chose hors de lui; il est donc absolument indifférent à toutes les choses externes, puisqu'il n'en saurait être aidé, ni incommodé; et il faut qu'il se détermine et se fasse quasi un appétit en choisissant. Et après avoir choisi, il voudra maintenir son choix, tout comme s'il y avait été porté par une inclination naturelle. Ainsi la divine volonté sera la cause de la bonté dans les êtres. C'est-à-dire, il y aura de la bonté dans les objets, non pas par leur nature, mais par la volonté de Dieu, laquelle étant mise à part, on ne saurait trouver ni bien ni mal dans les choses. Il est difficile de concevoir comment les auteurs de mérite ont pu donner dans un sentiment si étrange; car la raison qu'on paraît alléguer ici n'a pas la moindre force. Il semble qu'on veut prouver ce sentiment, de ce que toutes les créatures ont tout leur être de Dieu, et qu'elles ne peuvent donc point agir sur lui, ni le déterminer. Mais c'est prendre visiblement le change. Lorsque nous disons qu'une subs-

tance intelligente est mue par la bonté de son objet, nous ne prétendons point que cet objet soit nécessairement un être existant hors d'elle, et il nous suffit qu'il soit concevable ; car c'est sa représentation qui agit dans la substance, ou plutôt la substance agit sur elle-même, autant qu'elle est disposée et affectée par cette représentation. En Dieu, il est manifeste que son entendement contient les idées de toutes les choses possibles ; et c'est par là que tout est en lui éminemment. Ces idées lui représentent le bien et le mal, la perfection et l'imperfection, l'ordre et le désordre, la congruité et l'incongruité des possibles ; et sa bonté surabondante le fait choisir le plus avantageux. Dieu donc se détermine par lui-même ; sa volonté est active en vertu de la bonté, mais elle est spécifiée et dirigée dans l'action par l'entendement rempli de sagesse. Et comme son entendement est parfait, ses pensées toujours distinctes, ses inclinations toujours bonnes, il ne manque jamais de faire le meilleur ; au lieu que nous pouvons être trompés par les fausses apparences du vrai et du bon. Mais comment est-il possible qu'on puisse dire, qu'il n'y a point de bien ou de mal dans les idées avant la volonté de Dieu? Est-ce que la volonté de Dieu forme les idées qui sont dans son entendement? Je n'ose point attribuer à notre savant auteur un sentiment si étrange, qui confondrait entendement et volonté, et détruirait tout l'usage des notions. Or si les idées sont indépendantes de la volonté, la perfection ou l'imperfection qui y est représentée le sera aussi. En effet, est-ce par la volonté de Dieu, par exemple, ou n'est-ce pas plutôt par la nature des nombres, que certains nombres sont plus capables que les autres de recevoir plusieurs divisions exactes? que les uns sont plus propres que les autres à former des bataillons, à composer des polygones, et d'autres figures régulières? que le nombre six a l'avantage d'être le moindre de tous les nombres qu'on appelle parfaits? que dans un plan six cercles égaux peuvent toucher un septième ? que de tous les corps égaux la sphère a le moins de surface? que certaines lignes sont incommensurables, et par conséquent peu propres à l'harmonie? Ne voit-on pas que tous ces avantages ou désavantages viennent de l'idée de la chose, et que le contraire impliquerait contradiction ? Pense-t-on aussi que la douleur et l'incommodité des créatures sensitives, et surtout la félicité et l'infélicité des substances intelligentes sont indifférentes à Dieu? Et que dira-t-on de sa justice? Est-elle aussi quelque chose d'arbitraire, et aurait-il fait sagement et justement, s'il avait résolu de damner des innocents? Je sais qu'il y a eu des auteurs assez malavisés pour soutenir un sentiment si dangereux, et si capable de renverser la piété. Mais je suis assuré que notre célèbre auteur en est bien éloigné. Cependant, il semble que cette hypothèse y mène, s'il n'y a rien dans les objets qui ne soit indifférent à la volonté divine avant son choix. Il est vrai que Dieu n'a besoin de rien; mais l'auteur a fort bien enseigné lui-même, que sa bonté, et non pas son besoin, l'a porté à produire des créatures. Il y avait donc en lui une raison antérieure à la résolution; et, comme je l'ai dit tant de fois, ce n'est ni par hasard ou sans sujet, ni aussi par nécessité, que Dieu a créé ce monde, mais c'est par inclination qu'il y est venu, et son inclination le porte toujours au meilleur. Aussi il est surprenant que notre auteur soutienne ici (ch. v, sect. 1, subsect. 4, § 5) qu'il n'y a point de raison qui ait pu porter Dieu absolument parfait et heureux en lui-même, à créer quelque chose hors de lui; ayant enseigné lui-même auparavant (ch. i, sect. iii, §§ 8, 9) que Dieu agit pour une fin, et que son but est de communiquer sa bonté. Il ne lui était donc pas absolument indifférent de créer ou de ne point créer, et néanmoins la création est un acte libre. Il ne lui était pas non plus indifférent de créer un tel ou tel monde, de créer un chaos perpétuel, ou de créer un système plein d'ordre. Ainsi les qualités des objets, comprises dans leurs idées, ont fait la raison de son choix.

22. Notre auteur, qui avait dit de si bonnes choses ci-dessus, sur la beauté et sur la commodité des ouvrages de Dieu, a cherché un tour, pour les concilier avec son hypothèse, qui paraît ôter à Dieu tous les égards pour le bien et pour la commodité des créatures. L'indifférence de Dieu n'a lieu, dit-il, que dans ses premières élections; mais aussitôt que Dieu a élu quelque chose, il a élu virtuellement en même temps tout ce qui est lié nécessairement avec elle. Il y avait une infinité d'hommes possibles également parfaits : l'élection de quelques-uns d'entre eux est purement arbitraire, selon notre auteur. Mais Dieu les ayant élus, il ne pouvait point y vouloir ce qui fût contraire à la nature humaine. Jusqu'ici l'auteur parle conformément à son hypothèse; mais ce qui suit va plus loin : car il avance que, lorsque Dieu a résolu de produire certaines créatures, il a résolu en même temps, en vertu de sa bonté infinie, de leur donner toute la commodité possible. Il n'y a rien de si raisonnable, en effet : mais aussi il n'y a rien de si contraire à l'hypothèse qu'il a posée, et il a raison de la renverser, plutôt que de la laisser subsister chargée d'inconvénients contraires à la bonté et à la sagesse de Dieu. Voici

comment on verra manifestement qu'elle ne saurait s'accorder avec ce qu'on vient de dire. La première question sera : Dieu créera-t-il quelque chose ou non, et pourquoi ? L'auteur a répondu qu'il créera quelque chose pour communiquer sa bonté. Il ne lui est donc point indifférent de créer ou de ne point créer. Après cela on demande : Dieu créera-t-il telle chose, ou bien une autre, et pourquoi ? Il faudrait répondre (pour parler conséquemment) que la même bonté le fait choisir le meilleur ; et en effet, l'auteur y retombe dans la suite : mais, suivant son hypothèse, il répond qu'il créera telle chose, mais qu'il n'y a point de pourquoi, parce que Dieu est absolument indifférent pour les créatures, qui n'ont leur bonté que de son choix. Il est vrai que notre auteur varie un peu là-dessus, car il dit ici (ch. v, sect. 5, subsect. 4, § 12) qu'il est indifférent à Dieu de choisir entre des hommes égaux en perfection, ou entre des espèces également parfaites de créatures raisonnables. Ainsi, suivant cette expression, il choisirait plutôt l'espèce la plus parfaite ; et comme des espèces également parfaites s'accordent plus ou moins avec d'autres, Dieu choisira les plus accommodantes ; il n'y aura donc point d'indifférence pure et absolue, et l'auteur revient ainsi à nos principes. Mais parlons comme il parle selon son hypothèse, et posons avec lui que Dieu choisit certaines créatures, quoiqu'elles lui soient absolument indifférentes. Il choisira donc aussi bien des créatures irrégulières, mal bâties, malheureuses, des chaos perpétuels, des monstres partout, des scélérats seuls habitants de la terre, des diables remplissant tout l'univers ; que de beaux systèmes, des espèces bien faites, des gens de bien, de bons anges. Non, dira l'auteur : Dieu ayant résolu de créer des hommes, a résolu en même temps de leur donner toutes les commodités dont le monde fût capable ; et il en est autant des autres espèces. Je réponds que, si cette commodité était liée nécessairement avec leur nature, l'auteur parlerait suivant son hypothèse ; mais cela n'étant point, il faut qu'il accorde que c'est par une nouvelle élection, indépendante de celle qui a porté à faire des hommes, que Dieu a résolu de donner toute la commodité possible aux hommes. Mais d'où vient cette nouvelle élection ? Vient-elle aussi d'une pure indifférence ? Si cela est, rien ne porte Dieu à chercher le bien des hommes, et s'il y vient quelquefois, ce sera comme par hasard. Mais l'auteur veut que Dieu y a été porté par sa bonté : donc le bien et le mal des créatures ne lui sont point indifférents ; il y a en lui des élections primitives, où il est porté par la bonté de l'objet. Il choisit non seulement de créer des hommes, mais encore de créer des hommes aussi heureux qu'il se peut dans ce système. Après cela, il ne restera aucune indifférence pure ; car nous pouvons raisonner du monde tout entier, comme nous avons raisonné du genre humain. Dieu a résolu de créer un monde ; mais sa bonté l'a dû porter en même temps à le choisir tel, qu'il y ait le plus d'ordre, de régularité, de vertu, de bonheur qui soit possible. Car je ne vois aucune apparence de dire que Dieu soit porté par sa bonté à rendre les hommes, qu'il a résolu de créer, aussi parfaits qu'il se peut dans ce système, et qu'il n'ait point la même bonne intention envers l'univers tout entier. Nous voilà donc revenus à la bonté des objets ; et l'indifférence pure, où Dieu agirait sans sujet, est absolument détruite par la procédure même de notre habile auteur, chez qui la force de la vérité, quand il a fallu venir au fait, a prévalu à une hypothèse spéculative, qui ne saurait recevoir aucune application à la réalité des choses.

23. Rien n'étant donc absolument indifférent à Dieu, qui connaît tous les degrés, tous les effets, tous les rapports des choses, et qui pénètre tout d'un coup toutes les liaisons possibles, voyons si au moins l'ignorance et l'insensibilité de l'homme le peuvent rendre absolument indifférent dans son choix. L'auteur nous régale de cette indifférence pure, comme d'un beau présent. Voici les preuves qu'il en donne : 1° nous la sentons en nous ; 2° nous en expérimentons en nous les marques et les propriétés ; 3° nous pouvons faire voir que d'autres causes qui puissent déterminer notre volonté sont insuffisantes. Quant au premier point, il prétend qu'en sentant en nous la liberté, nous y sentons en même temps l'indifférence pure. Mais je ne demeure point d'accord que nous sentions une telle indifférence, ni que ce sentiment prétendu suive de celui de la liberté. Nous sentons ordinairement en nous quelque chose qui nous incline à notre choix ; et lorsqu'il arrive quelquefois que nous ne pouvons point rendre raison de toutes nos dispositions, un peu d'attention pourtant nous fait connaître que la constitution de notre corps, et des corps ambiants, l'assiette présente ou précédente de notre âme, et quantité de petites choses enveloppées dans ces grands chefs, peuvent contribuer à nous faire plus ou moins goûter les objets, et à nous en faire former des jugements divers en différents temps ; sans qu'il y ait personne qui attribue cela à une pure indifférence, ou à une je ne sais quelle force de l'âme, qui fasse sur les

objets ce qu'on dit que les couleurs font sur le caméléon. Ainsi l'auteur n'a point sujet ici d'appeler au jugement du peuple : il le fait, en disant qu'en bien des choses le peuple raisonne mieux que les philosophes. Il est vrai que certains philosophes ont donné dans des chimères, et il semble que la pure indifférence est du nombre des notions chimériques. Mais quand quelqu'un prétend qu'une chose n'existe point, parce que le vulgaire ne s'en aperçoit point, le peuple ne saurait passer pour un bon juge, puisqu'il ne se règle que sur les sens. Bien des gens croient que l'air n'est rien, quand il n'est point agité par le vent. La plupart ignorent les corps insensibles, le fluide qui fait la pesanteur, ou le ressort, la matière magnétique ; pour ne rien dire des atomes (1), et d'autres substances indivisibles. Dirons-nous donc que ces choses ne sont point, parce que le vulgaire les ignore ? En ce cas, nous pourrons dire aussi que l'âme agit quelquefois sans aucune disposition ou inclination qui contribue à la faire agir, parce qu'il y a beaucoup de dispositions et d'inclinations qui ne sont pas assez aperçues par le vulgaire, faute d'attention et de méditation. 2° Quant aux marques de la puissance en question, j'ai déjà réfuté l'avantage qu'on lui donne de faire qu'on soit actif, et qu'on soit la véritable cause de son action, qu'on soit sujet à l'imputation et à la moralité : ce ne sont pas de bonnes marques de son existence. En voici une que l'auteur allègue, qui ne l'est pas non plus : c'est que nous avons en nous une puissance de nous opposer aux appétits naturels, c'est-à-dire non seulement aux sens, mais encore à la raison. Mais je l'ai déjà dit, on s'oppose aux appétits naturels par d'autres appétits naturels. On supporte quelquefois des incommodités, et on le fait avec joie ; mais c'est à cause de quelque espérance ou de quelque satisfaction qui est jointe au mal, et qui le surpasse : on en attend un bien, ou on l'y trouve. L'auteur prétend que c'est par cette puissance transformative des apparences qu'il a mise sur le théâtre, que nous rendons agréable ce qui nous déplaisait au commencement ; mais qui ne voit que c'est plutôt parce que l'application et l'attention à l'objet, et la coutume, changent notre disposition, et par conséquent nos appétits naturels ? L'accoutumance aussi fait qu'un degré de froid ou de chaleur assez considérable ne nous incommode plus, comme il faisait auparavant, et il n'y a personne qui attribue cet effet à notre puissance élective. Aussi

---

(1) Gehrardt donne ici : des *âmes* ; il me semble que *atomes* est plus dans le sens général de la phrase ; Erdmann donne *atomes*.

faut-il du temps pour venir à cet endurcissement, ou bien à ce calus qui fait que les mains de certains ouvriers résistent à un degré de chaleur qui brûlerait les nôtres. Le peuple, à qui l'auteur appelle, juge fort bien de la cause de cet effet, quoiqu'il en fasse quelquefois des applications ridicules. Deux servantes étant auprès du feu dans la cuisine, l'une s'étant brûlée dit à l'autre : O ma chère, qui pourra supporter le feu du purgatoire? L'autre lui répondit : Tu es folle, mon amie, on se fait à tout.

24. Mais, dira l'auteur, cette puissance merveilleuse qui nous rend indifférents à tout, ou inclinés à tout, suivant notre pur arbitre, prévaut encore à la raison même. Et c'est sa troisième preuve, savoir, qu'on ne saurait expliquer suffisamment nos actions, sans recourir à cette puissance. On voit mille gens qui méprisent les prières de leurs amis, le conseil de leurs proches, les reproches de leurs consciences, les supplices, la mort, la colère de Dieu, l'enfer même, pour courir après des sottises qui n'ont du bon et du supportable que par leur pure et franche élection. Tout va bien dans ce raisonnement, jusques aux dernières paroles exclusivement. Car, quand on viendra à quelque exemple, on trouvera qu'il y a eu des raisons ou causes, qui ont porté l'homme à son choix, et qu'il y a des liens bien forts qui l'y attachent. Une amourette, par exemple, ne sera jamais venue d'une pure indifférence; l'inclination, ou la passion, y aura joué son jeu : mais l'accoutumance et l'obstination pourront faire dans certains naturels qu'on se ruinera plutôt que de s'en détacher. Voici un autre exemple que l'auteur apporte : un athée, un Lucilio Vanini (1), c'est ainsi que plusieurs l'appellent, au lieu que lui-même prend le nom magnifique de Giulio Cesare Vanini dans ses ouvrages, souffrira plutôt le martyre ridicule de sa chimère qu'il ne renoncera à son impiété. L'auteur ne nomme point Vanini, et la vérité est que cet homme désavoua ses mauvais sentiments, jusqu'à ce qu'il fût convaincu d'avoir dogmatisé, et d'avoir fait l'apôtre de l'athéisme. Quand on lui demanda s'il y avait un Dieu, il arracha de l'herbe, en disant :

Et levis est cespes qui probet esse Deum.

(1) VANINI (Jules-César), ou plutôt LUCILIO (Pompeio) philosophe de la première partie du XVIIe siècle, né en 1584, mort sur le bûcher, après avoir eu la langue coupée, en 1619. — Il n'a laissé que deux ouvrages : *Amphitheatrum æternæ providentiæ* (in-12, Lyon, 1615) ; — *De admirandis naturæ arcanis libri quatuor* (in-12, Paris, 1616). — Ces deux ouvrages contiennent des doctrines contradictoires; mais c'est le second qui exprime la vraie doctrine de l'auteur.

P. J.

Mais le procureur général au Parlement de Toulouse, voulant chagriner le premier président (à ce qu'on dit), chez qui Vanini avait beaucoup d'accès, et enseignait la philosophie aux enfants de ce magistrat, s'il n'était pas tout à fait son domestique, l'inquisition fut poussée avec rigueur, et Vanini, voyant qu'il n'y avait point de pardon, se déclara en mourant ce qu'il était, c'est-à-dire athée, en quoi il n'y a rien de fort extraordinaire. Mais quand il y aurait un athée qui s'offrirait au supplice, la vanité en pourrait être une raison assez forte en lui aussi bien que dans le gymnosophiste Calanus, et dans le sophiste dont Lucien nous rapporte la mort volontaire par le feu. Mais l'auteur croit que cette vanité même, cette obstination, ces autres vues extravagantes des gens, qui d'ailleurs paraissent de fort bon sens, ne sauraient être expliquées par les appétits qui viennent de la représentation du bien et du mal, et qu'elles nous forcent de recourir à cette puissance transcendante qui transforme le bien en mal, et le mal en bien, et l'indifférent en bien ou en mal. Mais nous n'avons point besoin d'aller si loin, et les causes de nos erreurs ne sont que trop visibles. En effet, nous pouvons faire ces transformations; mais ce n'est pas comme chez les fées, par un simple acte de cette puissance magique; mais parce qu'on obscurcit et supprime dans son esprit les représentations des qualités bonnes ou mauvaises, jointes naturellement à certains objets; et parce qu'on n'y envisage que celles qui sont conformes à notre goût ou à nos préventions; ou même parce qu'on y joint, à force d'y penser, certaines qualités qui ne s'y trouvent liées que par accident, ou par notre coutume de les envisager. Par exemple, j'abhorre toute ma vie une bonne nourriture, parce qu'étant enfant j'y ai trouvé quelque chose de dégoûtant, ce qui m'a laissé une grande impression. De l'autre côté, un certain défaut naturel me plaira, parce qu'il réveillera en moi quelque chose de l'idée d'une personne que j'estimais ou aimais. Un jeune homme aura été charmé des grands applaudissements qu'on lui a donnés après quelque action publique heureuse : l'impression de ce grand plaisir l'aura rendu merveilleusement sensible à la gloire, il ne pensera jour et nuit qu'à ce qui nourrit cette passion, et cela lui fera mépriser même la mort pour arriver à son but. Car, quoiqu'il sache bien qu'il ne sentira point ce qu'on dira de lui après sa mort, la représentation qu'il s'en fait par avance fait un grand effet sur son esprit. Et il y a toujours des raisons semblables, dans les actions qui paraissent les plus vaines et les plus extravagantes à ceux qui n'entrent point dans ces raisons. En un mot, une impression forte, ou souvent répétée, peut changer considérablement nos organes, notre imagination, notre mémoire, et même notre raisonnement. Il arrive qu'un homme, à force d'avoir souvent raconté un mensonge qu'il a peut-être inventé, vient à le croire enfin lui-même. Et comme on se représente souvent ce qui plaît, on le rend aisé à concevoir, et on le croit aussi aisé à effectuer ; d'où vient qu'on se persuade facilement ce qu'on souhaite.

Et qui amant ipsi sibi somnia fingunt.

23. Les erreurs ne sont donc jamais volontaires, absolument parlant, quoique la volonté y contribue bien souvent d'une manière indirecte, à cause du plaisir qu'on prend à s'abandonner à certaines pensées, ou à cause de l'aversion qu'on se sent pour d'autres. La belle impression d'un livre contribuera à la persuasion du lecteur. L'air et les manières de celui qui parle lui gagneront l'auditoire. On sera porté à mépriser des doctrines qui viennent d'un homme qu'on méprise ou qu'on hait, ou d'un autre qui lui ressemble en quelque chose qui nous frappe. J'ai déjà dit pourquoi on se dispose aisément à croire ce qui est utile ou agréable, et j'ai connu des gens qui au commencement avaient changé de religion par des considérations mondaines, mais qui ont été persuadés, et bien persuadés, depuis, qu'ils avaient pris le bon parti. On voit aussi que l'obstination n'est pas simplement une mauvaise élection qui persévère, mais aussi une disposition à y persévérer, qui vient de quelque bien qu'on s'y figure ou de quelque mal qu'on se figure dans le changement. La première élection a peut-être été faite par légèreté ; mais le dessein de la maintenir vient de quelques raisons ou impressions plus fortes. Il y a même quelques auteurs de morale, qui enseignent qu'on doit maintenir son choix, pour ne pas être inconstant, ou pour ne le point paraître. Cependant une persévérance est mauvaise, quand on méprise les avertissements de la raison, surtout quand la matière est assez importante pour être examinée avec soin : mais quand la pensée du changement est désagréable, on en détourne facilement l'attention ; et c'est par là le plus souvent qu'on s'obstine. L'auteur, qui a voulu rapporter l'obstination à son indifférence pure prétendue, pouvait considérer qu'il fallait autre chose pour s'attacher à une élection, que l'élection toute seule, ou qu'une indifférence pure ; surtout si cette élection s'est faite légèrement, et d'autant plus légè-

rement qu'elle s'est faite avec plus d'indifférence ; auquel cas on viendra facilement à la défaire, à moins que la vanité, l'accoutumance, l'intérêt ou quelque raison ne nous y fassent persévérer. Il ne faut point aussi s'imaginer que la vengeance plaise sans sujet. Les personnes dont le sentiment est vif y pensent jour et nuit, et il leur est difficile d'effacer l'image du mal ou de l'affront qu'ils ont reçu. Ils se figurent un très grand plaisir à être délivrés de l'idée du mépris, qui leur revient à tout moment, et qui fait qu'il y en a à qui la vengeance est plus douce que la vie :

Queis vindicta bonum vità jucundius ipsa.

L'auteur nous voudrait persuader qu'ordinairement, lorsque notre désir ou notre aversion va à quelque objet qui ne le mérite pas assez, on lui a donné le surplus de bien ou de mal dont on est touché, par la prétendue puissance élective, qui fait paraître les choses bonnes ou mauvaises comme l'on veut. On a eu deux degrés de mal naturel, on se donne six degrés de bien artificiel, par la puissance qui peut choisir sans sujet : ainsi on aura quatre degrés de bien franc (ch. v, sect. II, § 7). Si cela se pouvait pratiquer, on irait loin, comme je l'ai dit ci-dessus. Il croit même que l'ambition, l'avarice, la manie du jeu, et autres passions frivoles empruntent tout leur pouvoir de cette puissance (ch. v, sect. v, subsect. 6) ; mais il y a d'ailleurs tant de fausses apparences dans les choses, tant d'imaginations capables de grossir ou de diminuer les objets, tant de liaisons mal fondées dans nos raisonnements, qu'on n'a point besoin de cette petite fée, c'est-à-dire de cette puissance interne qui opère comme par enchantement, et à qui l'auteur attribue tous ces désordres. Enfin j'ai déjà dit plusieurs fois que, lorsque nous nous résolvons à quelque parti contraire à la raison reconnue, nous y sommes portés par une autre raison plus forte en apparence, comme est par exemple le plaisir de paraître indépendants, et de faire une action extraordinaire. Il y eut autrefois à la cour d'Osnabrug un précepteur des pages, qui, comme un autre Mucius Scævola, mit le bras dans la flamme et pensa gagner une gangrène, pour montrer que la force de son esprit était plus grande qu'une douleur fort aiguë. Peu de gens l'imiteront, je pense ; et je ne sais même si l'on trouverait aisément un auteur qui, après avoir soutenu une puissance capable de choisir sans sujet, ou même contre la raison, voudrait prouver son livre par son propre exemple, en renonçant à quelque bon bénéfice ou à quelque belle charge, purement pour montrer cette supériorité de la volonté sur la raison. Mais je suis sûr au moins qu'un habile homme ne le ferait pas; qu'il s'apercevrait bientôt qu'on rendrait son sacrifice inutile, en lui remontrant qu'il n'aurait fait qu'imiter Héliodore (1), évêque de Larisse, à qui son livre de *Théagène et Chariclée* fut (à ce qu'on dit), plus cher que son évêché : ce qui se peut facilement, quand un homme a de quoi se passer de sa charge, et quand il est fort sensible à la gloire. Aussi trouve-t-on tous les jours des gens qui sacrifient leurs avantages à leurs caprices, c'est-à-dire des biens réels à des biens apparents.

26. Si je voulais suivre pas à pas les raisonnements de notre auteur, qui reviennent souvent à ce que nous avons déjà examiné, mais qui y reviennent ordinairement avec quelque addition élégante et bien tournée, je serais obligé d'aller trop loin : mais j'espère de pouvoir m'en dispenser, après avoir satisfait, ce semble, à toutes ces raisons. Le meilleur est que la pratique chez lui corrige et rectifie ordinairement la théorie. Après avoir avancé dans la seconde section de ce chapitre cinquième que nous approchons de Dieu par le pouvoir de choisir sans raison, et que cette puissance étant la plus noble, son exercice est le plus capable de rendre heureux; choses les plus paradoxales du monde, puisque nous imitons plutôt Dieu par la raison, et que notre bonheur consiste à la suivre : après cela, dis-je, l'auteur y apporte un excellent correctif, car il dit fort bien, § 5, que pour être heureux nous devons accommoder nos élections aux choses, puisque les choses ne sont guère disposées à s'accommoder à nous; et que c'est en effet s'accommoder à la volonté divine. C'est bien dit, sans doute; mais c'est dire en même temps qu'il faut que notre volonté se règle, autant qu'il est possible, sur la réalité des objets, et sur les véritables représentations du bien et du mal ; et par conséquent que les motifs du bien et du mal ne sont point contraires à la liberté, et que la puissance de choisir sans sujet, bien loin de servir à notre félicité, est inutile, et même très dommageable. Aussi se trouve-t-il heureusement qu'elle ne subsiste nulle part, et que c'est un être de raison raisonnante, comme quelques scolastiques appellent les fictions qui ne sont pas même possibles. Pour moi, j'aurais

---

(1) HÉLIODORE, écrivain grec contemporain d'Héliodore, auteur d'un célèbre roman grec : *Théagène et Chariclée* (éd. gr.-lat., 1596, in-8°, Paris, 1619, in-8°; Paris, 1804, in-8°; celle-ci, de Coraï, est la meilleure de toutes). — Ce roman a été traduit par Amyot (1549, in-fol.). P. J.

mieux aimé les appeler des êtres de raison non raisonnante. Je trouve aussi que la section III (des *Élections indues*) peut passer, puisqu'elle dit qu'on ne doit point choisir des choses impossibles, inconsistantes, nuisibles, contraires à la volonté divine, préoccupées par d'autres. Et l'auteur remarque très bien qu'en dérogeant sans besoin à la félicité d'autrui on choque la volonté divine, qui veut que tous soient heureux autant qu'il se peut. J'en dirai autant de la IVe section, où il est parlé de la source des élections indues, qui sont l'erreur ou l'ignorance, la négligence, la légèreté à changer trop facilement, l'obstination à ne pas changer à temps, et les mauvaises habitudes; enfin l'importunité des appétits, qui nous poussent souvent mal à propos vers les choses externes. La cinquième section est faite pour concilier les mauvaises élections ou les péchés avec la puissance et la bonté de Dieu; et comme cette section est prolixe, elle est partagée en subsections. L'auteur s'est chargé lui-même sans besoin d'une grande objection : car il soutient que sans la puissance de choisir, absolument indifférente dans le choix, il n'y aurait point de péché. Or il était fort aisé à Dieu de refuser aux créatures une puissance si peu raisonnable; il leur suffisait d'être mues par les représentations des biens et des maux : il était donc aisé à Dieu d'empêcher le péché, suivant l'hypothèse de l'auteur. Il ne trouve point d'autre ressource pour se tirer de cette difficulté que de dire que, cette puissance étant retranchée des choses, le monde ne serait qu'une machine purement passive. Mais c'est qu'on a réfuté assez. Si cette puissance manquait au monde, comme elle y manque en effet, on ne s'en plaindrait guère. Les âmes se contenteront fort bien des représentations des biens ou des maux, pour faire leurs élections, et le monde demeurera aussi beau qu'il est. L'auteur revient à ce qu'il avait avancé ci-dessus que, sans cette puissance, il n'y aurait point de félicité; mais on y a répondu suffisamment, et il n'y a pas la moindre apparence dans cette assertion, et dans quelques autres paradoxes qu'il avance ici pour soutenir son paradoxe principal.

27. Il fait une petite digression sur les prières (subsect. 4) et dit que ceux qui prient Dieu espèrent un changement de l'ordre naturel; mais il semble qu'ils se trompent, selon son sentiment. Dans le fond, les hommes se contenteront d'être exaucés, sans se mettre en peine si le cours de la nature est changé en leur faveur ou non. En effet, s'ils sont aidés par le secours des bons anges, il n'y aura point

de changement dans l'ordre général des choses. Aussi est-ce un sentiment très raisonnable de notre auteur, qu'il y a un système des substances spirituelles, aussi bien qu'il y en a un des corporelles, et que les substances spirituelles ont un commerce entre elles, comme les corps. Dieu se sert du ministère des anges pour gouverner les hommes, sans que l'ordre de la nature en souffre. Cependant il est plus aisé d'avancer ces choses que de les expliquer, à moins que de recourir à mon système de l'harmonie. Mais l'auteur va un peu plus avant. Il croit que la mission du Saint-Esprit était un grand miracle au commencement, mais qu'à présent ses opérations en nous sont naturelles. Je lui laisse le soin d'expliquer son sentiment et d'en convenir avec d'autres théologiens. Cependant je remarque qu'il met l'usage naturel des prières dans la force qu'elles ont de rendre l'âme meilleure, de surmonter les passions et de s'attirer un certain degré de grâce nouvelle. Nous pouvons dire les mêmes choses à peu près dans notre hypothèse, qui fait que la volonté n'agit que suivant des motifs; et nous sommes exempts des difficultés où l'auteur s'est engagé par sa puissance de choisir sans sujet. Il se trouve encore bien embarrassé par la prescience de Dieu; car, si l'âme est parfaitement indifférente dans son choix, comment est-il possible de prévoir ce choix, et quelle raison suffisante pourra-t-on trouver de la connaissance d'une chose, s'il n'y en a point de son être? L'auteur remet à un autre lieu la solution de cette difficulté, qui demanderait, selon lui, un ouvrage entier. Au reste, il dit quelquefois de bonnes choses sur le mal moral, et assez conformes à nos principes. Par exemple, lorsqu'il dit (subsect. 6) que les vices et les crimes ne diminuent point la beauté de l'univers, mais l'augmentent plutôt; comme certaines dissonances offenseraient l'oreille par leur dureté, si elles étaient écoutées toutes seules, et ne laissent point de rendre l'harmonie plus agréable dans le mélange. Il remarque aussi plusieurs biens renfermés dans les maux, par exemple l'utilité de la prodigalité dans les riches et de l'avarice dans les pauvres; en effet, cela sert à faire fleurir les arts. Il fait considérer ensuite aussi que nous ne devons point juger de l'univers par la petitesse de notre globe, et de tout ce qui nous est connu, dont les taches ou défauts peuvent être aussi utiles à relever la beauté du reste, que les mouches, qui n'ont rien de beau par elles-mêmes, sont trouvées propres par le beau sexe à embellir le visage entier, dont elles enlaidissent pourtant la partie qu'elles couvrent. Cotta chez Cicéron avait comparé la providence, lorsqu'elle donne la raison aux hommes, à un médecin, qui accorde le vin à un malade, nonobstant qu'il prévoit l'abus qu'il en fera aux dépens de sa vie. L'auteur répond que la providence fait ce que la sagesse et la bonté demandent, et que le bien qui en arrive est plus grand que le mal. Si Dieu n'avait point donné la raison à l'homme, il n'y aurait point d'homme du tout, et Dieu serait comme un médecin qui tuerait quelqu'un pour l'empêcher de devenir malade. On peut ajouter que ce n'est pas la raison qui est nuisible en soi, mais le défaut de la raison; et quand la raison est mal employée, on raisonne bien sur les moyens, mais on ne raisonne pas assez sur le but ou le mauvais but qu'on se propose. Ainsi c'est toujours faute de raison qu'on fait une mauvaise action. Il propose aussi l'objection d'Épicure chez Lactance, dans son livre de la *Colère de Dieu*, dont voici les termes à peu près : Ou Dieu veut ôter les maux, et ne peut pas en venir à bout, en quel cas il serait faible; ou il peut les ôter, et ne veut pas, ce qui marquerait de la malignité en lui; ou bien il manque de pouvoir et de volonté tout à la fois, ce qui le ferait paraître faible et envieux tout ensemble; ou enfin il peut et veut, mais en ce cas on demandera pourquoi il ne le fait donc pas, s'il existe? L'auteur répond que Dieu ne peut pas ôter les maux, et qu'il ne le veut pas non plus, et que cependant il n'est point malin, ni faible. J'aurais mieux aimé dire qu'il peut les ôter, mais qu'il ne le veut pas absolument, et que c'est avec raison; parce qu'il ôterait les biens en même temps et qu'il ôterait plus de bien que de mal. Enfin notre auteur ayant fini son savant ouvrage, il y joint un appendice, où il parle des lois divines. Il distingue fort bien ces lois en naturelles et positives. Il remarque que les lois particulières de la nature des animaux doivent céder aux lois générales des corps; que Dieu n'est pas proprement en colère, quand ces lois sont violées, mais que l'ordre a voulu que celui qui pêche s'attirât un mal, et que celui qui fait violence aux autres en souffre à son tour. Mais il juge que les lois positives de Dieu indiquent et prédisent plutôt le mal qu'elles ne le font infliger. Et cela lui donne occasion de parler de la damnation éternelle des méchants, qui ne sert plus à l'amendement, ni à l'exemple, et qui ne laisse pas de satisfaire à la justice vindicative de Dieu, quoiqu'ils s'attirent leur malheur eux-mêmes. Il soupçonne pourtant que ces peines des méchants apportent quelque utilité aux gens de bien, et il doute encore s'il ne vaut pas mieux être damné qu'être rien;

puisqu'il se pourrait que les damnés fussent des gens insensés capables de s'obstiner à demeurer dans leur misère, par un certain travers d'esprit, qui fait, selon lui, qu'ils s'applaudissent dans leurs mauvais jugements au milieu de leur misère, et se plaisent à contrôler la volonté de Dieu. Car on voit tous les jours des gens chagrins, malins, envieux, qui prennent plaisir à penser à leurs maux, et cherchent à s'affliger eux-mêmes. Ces pensées ne sont pas à mépriser, et j'en ai eu quelquefois d'approchantes; mais je n'ai garde d'en juger décisivement. J'ai rapporté dans le § 271, des essais opposés à M. Bayle, la fable du diable refusant le pardon qu'un ermite lui offre de la part de Dieu. Le baron André Taifel, seigneur autrichien, cavallerizzo maggior de Ferdinand, archiduc d'Autriche, depuis empereur, second du nom, faisant allusion à son nom (qui semble signifier un diable en allemand), prit pour symbole un diable ou satyre, avec ce mot espagnol : *mas perdido y menos arrepentido*, plus perdu, et moins repentant : ce qui marque une passion sans espérance et dont on ne se peut détacher. Et cette devise a été répétée depuis par le comte de Villamediana espagnol, quand on le disait amoureux de la reine. Venant à la question, pourquoi il arrive souvent du mal aux bons, et du bien aux méchants, notre illustre auteur croit qu'on y a assez satisfait, et qu'il ne reste point de scrupule là-dessus. Il remarque cependant, qu'on peut douter souvent si les bons qui sont dans la misère n'ont pas été rendus bons par leur malheur même, et si les méchants heureux n'ont peut-être pas été gâtés par la prospérité. Il ajoute que nous sommes de mauvais juges, quand il s'agit de connaître non seulement un homme de bien, mais encore un homme heureux. On honore souvent un hypocrite, et l'on méprise un autre dont la solide vertu est sans affectation. On se connait peu aussi en bonheur, et souvent la félicité est méconnue sous les haillons d'un pauvre content, pendant qu'on la cherche en vain dans les palais de quelques grands. Enfin l'auteur remarque que la plus grande félicité ici-bas consiste dans l'espérance du bonheur futur, et qu'ainsi on peut dire qu'il n'arrive rien aux méchants qui ne serve à l'amendement ou au châtiment, et qu'il n'arrive rien aux bons qui ne serve à leur plus grand bien. Ces conclusions reviennent entièrement à mon sens, et on ne saurait rien dire de plus propre à finir l'ouvrage.

CAUSA DEI

ASSERTA PER JUSTITIAM EJUS

CUM CÆTERIS EJUS PERFECTIONIBUS CUNCTISQUE ACTIONIBUS

CONCILIATAM (1)

---

1. Apologetica Causæ Dei tractatio non tantum ad divinam gloriam, sed etiam ad nostram utilitatem pertinet, ut tum magnitudinem ejus, id est potentiam sapientiamque colamus, tum etiam bonitatem et quæ ex ea derivantur, justitiam ac sanctitatem amemus, quantumque in nobis est imitemur. Hujus tractationis duæ sunt partes : prior præparatoria magis, altera principalis censeri potest ; prior spectat Divinam Magnitudinem, Bonitatemque separatim ; posterior pertinentia ad utramque junctim, in quibus sunt Providentia circa omnes creaturas, et Regimen circa intelligentes, præsertim in negotio pietatis et salutis.

2. Magnitudinis divinæ potius quam Bonitatis rationem habuere Theologi rigidiores ; at laxiores contra : utraque perfectio æque curæ est vere Orthodoxis. Error magnitudinem Dei infringentium Anthropomorphismus, bonitatem tollentium Despotismus appellari posset.

3. Magnitudo Dei studiose tuenda est contra Socinianos inprimis, et quosdam Semisocinianos, in quibus Conradus Vorstius hic maxime peccavit. Revocari autem illa potest ad duo capita summa, Omnipotentiam et Omniscientiam.

4. Omnipotentia complectitur tum Dei Independentiam ab aliis, tum omnium Dependentiam ab ipso.

---

(1) Amstælodami, apud Isaacum Trojel bibliopolam, MDCCX.

5. Independentia Dei in existendo elucet, et in agendo. Et quidem in existendo, dum est necessarius et æternus, et, ut vulgo loquuntur, Ens a se : Unde etiam consequens est immensum esse.

6. In agendo independens est naturaliter et moraliter. Naturaliter quidem, dum est liberrimus, nec nisi a se ipso ad agendum determinatur ; moraliter vero, dum est ἀνυπεύθυνος, seu superiorem non habet.

7. Dependentia rerum a Deo extenditur tum ad omnia possibilia, seu quæ non implicant contradictionem ; tum etiam ad omnia actualia.

8. Ipsa rerum possibilitas, cum actu non existunt, realitatem habet fundatam in divina existentia : nisi enim Deus existeret, nihil possibile foret, et possibilia ab æterno sunt in ideis Divini Intellectus.

9. Actualia dependent a Deo tum in existendo tum in agendo, nec tantum ab Intellectu ejus, sed etiam a Voluntate. Et quidem in existendo, dum omnes res a Deo libere sunt creatæ, atque etiam a Deo conservantur ; neque male docetur, conservationem divinam esse continuatam creationem, ut radius continue a sole prodit, etsi creaturæ neque ex Dei essentia neque necessario promanent.

10. In agendo res dependent a Deo, dum Deus ad rerum actiones concurrit, quatenus inest actionibus aliquid perfectionis, quæ utique a Deo manare debet.

11. Concursus autem Dei (etiam ordinarius seu non miraculosus) simul et immediatus est et specialis. Et quidem immediatus, quoniam effectus non ideo tantum a Deo dependet, quia causa ejus a Deo orta est, sed etiam quia Deus non minus neque remotius in ipso effectu producendo concurrit, quam in producenda ipsius causa.

12. Specialis vero est concursus, quia non tantum ad existentiam rei actusque dirigitur, sed et ad existendi modum et qualitates, quatenus aliquid perfectionis illis inest, quod semper a Deo profluit, patre luminum omnisque boni datore.

13. Hactenus de potentia Dei, nunc de sapientia ejus, quæ ob immensitatem vocatur Omniscientia. Hæc cum et ipsa sit perfectissima (non minus quam Omnipotentia) complectitur omnem ideam et omnem veritatem, id est omnia tam incomplexa quam complexa quæ objectum intellectus esse possunt : et versatur itidem tam circa possibilia, quam circa actualia.

14. Possibilium [est, quae vocatur Scientia simplicis intelligentiae, quae versatur tam in rebus, quam in earum connexionibus, et utraeque sunt tam necessariae quam contingentes.

15. Possibilia contingentia spectari possunt tum ut sejuncta, tum ut coordinata in integros mundos possibiles infinitos, quorum quilibet Deo est perfecte cognitus, etsi ex illis non nisi unicus ad existentiam perducatur : neque enim plures Mundos actuales fingi ad rem facit, cum unus nobis totam Universitatem Creaturarum cujuscunque loci et temporis complectatur, eoque sensu hoc loco *mundi* vocabulum usurpetur.

16. Scientia Actualium seu mundi ad existentiam perducti, et omnium in eo praeteritorum, praesentium et futurorum, vocatur Scientia visionis, nec differt a scientia simplicis intelligentiae hujus ipsius mundi, spectati ut possibilis, quam quod accedit cognitio reflexiva, qua Deus novit suum decretum de ipso ad existentiam perducendo. Nec alio opus est divinae praescientiae fundamento.

17. Scientia vulgo dicta Media sub scientia simplicis intelligentiae comprehenditur eo quem exposuimus sensu. Si quis tamen scientiam aliquam mediam velit inter scientiam simplicis intelligentiae et scientiam visionis, poterit et illam et mediam aliter concipere quam vulgo solent, scilicet ut media non tantum de futuris sub conditione, sed et in universum de possibilibus contingentibus accipiatur. Ita scientia simplicis intelligentiae restrictius sumetur, nempe ut agat de veritatibus possibilibus et necessariis, scientia media de veritatibus possibilibus et contingentibus, scientia visionis de veritatibus contingentibus et actualibus. Et media cum prima commune habebit, quod de veritatibus possibilibus agit, cum postrema, quod de contingentibus.

18. Hactenus de divina Magnitudine : nunc agamus etiam de divina Bonitate. Ut autem sapientia seu veri cognitio est perfectio intellectus, ita Bonitas seu boni appetitio est perfectio voluntatis. Et omnis quidem Voluntas bonum habet pro objecto, saltem apparens, at divina Voluntas non nisi bonum simul et verum.

19. Spectabimus ergo et Voluntatem et objectum ejus, nempe Bonum et Malum, quod rationem praebet volendi et nolendi. In voluntate autem spectabimus et naturam ejus et species.

20. Ad voluntatis naturam requiritur Libertas, quae consistit in eo, ut Actio Voluntaria sit spontanea ac deliberata, atque adeo ut excludat necessitatem, quae deliberationem tollit.

21. Necessitas excluditur Metaphysica, cujus oppositum est impossibile, seu implicat contradictionem ; sed non Moralis, cujus oppositum est inconveniens. Etsi enim Deus non possit errare in eligendo, adeoque eligat semper quod est maxime conveniens, hoc tamen ejus libertati adeo non obstat, ut eam potius maxime perfectam reddat. Obstaret, si non nisi unum foret voluntatis objectum possibile, seu si una tantum possibilis rerum facies fuisset, quo casu cessaret electio, nec sapientia bonitasque agentis laudari posset.

22. Itaque errant aut certe incommode admodum loquuntur, qui ea tantum possibilia dicunt, quæ actu fiunt, seu quæ Deus elegit ; qui fuit lapsus Diodori Stoici apud Ciceronem et inter Christianos Abailardi, Wiclefi, Hobbii. Sed infra plura de libertate dicentur, ubi humana tuenda erit.

23. Hæc de Voluntatis natura ; sequitur Voluntatis divisio, quæ in usum nostrum præsentem est potissimum duplex : una in antecedentem et consequentem, altera in productivam et permissivam.

24. Prior divisio est, ut Voluntas sit vel Antecedens seu prævia, vel Consequens seu finalis ; sive quod idem est, ut sit vel inclinatoria vel decretoria ; illa minus plena, hæc plena vel absoluta. Equidem solet aliter (prima quidem specie) explicari hæc divisio a nonnullis, ut antecedens Dei voluntas (verbi gratia, omnes salvandi) præcedat considerationem facti creaturarum ; consequens autem (verbi gratia, quosdam damnandi) eam sequatur. Sed illa præcedit etiam alias Dei voluntates, hæc sequitur ; cum ipsa facti creaturarum consideratio, non tantum a quibusdam Dei voluntatibus præsupponatur, sed etiam quasdam Dei voluntates, sine quibus factum creaturarum supponi nequit, præsupponat. Itaque Thomas et Scotus, aliique divisionem hanc eo quo nunc utimur sensu sumunt, ut voluntas antecedens ad Bonum aliquod in se et particulariter, pro cujusque gradu, feratur, unde hæc voluntas est tantum secundum quid ; voluntas autem consequens spectet totale et ultimam determinationem contineat ; unde est absoluta et decretoria ; et cum de divina sermo est, semper effectum plenum obtinet. Cæterum si quis nostram explicationem nolit, cum eo de vocabulis non litigabimus : pro antecedente et consequente substituat, si volet, præviam et finalem.

25. Voluntas antecedens omnino seria est et pura, non confundenda cum Velleitate (ubi quis vellet si posset, velletque posse) quæ in Deum non cadit ; nec cum Voluntate conditionali, de qua hic non agitur. Tendit autem voluntas antecedens in Deo ad procurandum

omne bonum, et ad repellendum omne malum, quatenus talia sunt, et proportione gradus quo bona malave sunt. Quam seria autem hæc voluntas sit, Deus ipse declaravit, cum tanta asseveratione dixit, se nolle mortem peccatoris, velle omnes salvos, odisse peccatum.

26. Voluntas consequens oritur ex omnium voluntatum antecedentium concursu, ut scilicet, quando omnium effectus simul stare non possunt, obtineatur inde quantus maximus effectus per sapientiam et potentiam obtineri potest. Hæc voluntas etiam Decretum appellari solet.

27. Unde patet voluntates etiam antecedentes non omnino irritas esse, sed efficaciam suam habere; qui etsi effectus earum obtinetur, non semper sit plenus, sed per concursum aliarum voluntatum antecedentium restrictus. At voluntas decretoria ex omnibus inclinatoriis resultans, semper plenum effectum sortitur, quoties potentia non deest in volente, quemadmodum certe in Deo deesse nequit. Nempe in sola voluntate decretoria locum habet Axioma : qui potest et vult ille facit; quippe cum eo ipso scientiam requisitam ad agendum sub potentia comprehendendo, jam nihil intus extraque actioni deesse ponatur. Neque vero aliquid felicitati perfectionique volentis Dei decedit, dum non omnis ejus voluntas effectum plenum sortitur; quia enim bona non vult nisi pro gradu bonitatis quæ in unoquoque est, tum maximè ejus voluntati satisfit, cum optimum resultans obtinetur.

28. Posterior voluntatis divisio est in productivam circa proprios actus et permissivam circa alienos. Quædam enim interdum permittere licet (id est non impedire) quæ facere non licet, velut peccata, de quo mox. Et permissivæ voluntatis objectum proprium non id est quod permittitur, sed permissio ipsa.

29. Hactenus de Voluntate, nunc de ratione volendi seu Bono et Malo. Utrumque triplex est, Metaphysicum, Physicum et Morale.

30. Metaphysicum generatim consistit in rerum etiam non intelligentium perfectione et imperfectione. Liliorum campi et passerum curam a Patre cœlesti geri Christus dixit, et brutorum animantium rationem Deus habet apud Jonam.

31. Physicum accipitur speciatim de substantiarum intelligentium commodis et incommodis, quo pertinet Malum Pœnæ.

32. Morale de earum actionibus virtuosis et vitiosis, quo pertinet Malum Culpæ : et malum physicum hoc sensu a morali oriri solet, etsi non semper in iisdem subjectis; sed hæc tamen quæ videri

possit aberratio cum fructu corrigitur, ut innocentes nollent passi non esse. Add. infra § 55.

33. Deus vult bona per se, antecedenter ad minimum, nempe tam rerum perfectiones in universum, quam speciatim substantiarum intelligentium omnium felicitatem et virtutem, et unumquodque bonorum pro gradu suae bonitatis, ut jam dictum est.

34. Mala etsi non cadant in Voluntatem Dei antecedentem, nisi quatenus ea ad remotionem eorum tendit, cadunt tamen interdum, sed indirecte, in consequentem, quia interdum majora bona ipsis remotis obtineri non possunt, quo casu remotio malorum non plane perducitur ad effectum, et consistens intra Voluntatem antecedentem non prorumpit in consequentem. Unde Thomas de Aquino post Augustinum non incommode dixit, Deum permittere quaedam mala fieri, ne multa bona impediantur.

35. Mala Metaphysica et Physica (veluti imperfectiones in rebus, et mala poenae in personis) interdum fiunt bona subsidiaria, tanquam media ad majora bona.

36. At Malum morale seu malum culpae nunquam rationem medii habet, neque enim (Apostolo monente) facienda sunt mala, ut eveniant bona; sed interdum tantum rationem habet conditionis quam vocant sine qua non, sive colligati et concomitantis, id est sine qua bonum debitum obtineri nequit, sub bono autem debito etiam privatio mali debita continetur. Malum autem admittitur non ex principio necessitatis absolutae, sed ex principio convenientiae. Rationem enim esse oportet, cur Deus malum permittat potius quam non permittat : ratio autem Divinae Voluntatis non nisi a bono sumi potest.

37. Malum etiam Culpae nunquam in Deo objectum est voluntatis productivae, sed tantum aliquando permissivae, quia ipse nunquam peccatum facit, sed tantum ad summum aliquando permittit.

38. Generalis autem Regula est permittendi peccati Deo hominique communis, ut nemo permittat peccatum alienum, nisi impediendo ipsemet actum pravum exerciturus esset. Et ut verbo dicam, peccatum permitti nunquam licet, nisi cum debet, de quo distinctius infra § 66.

39. Deus itaque inter objecta voluntatis habet optimun ut finem ultimum, sed bonum ut qualemcunque, etiam subalternum, res vero indifferentes, itempe Mala Poenae saepe ut media; at Malum Culpae non nisi ut rei alioqui debitae conditionem sine qua non esset, eo sensu quo Christus dixit oportere ut scandala existant.

40. Hactenus de Magnitudine et de Bonitate separatim ea diximus, quæ præparatoria hujus Tractationis videri possunt; nunc agamus de pertinentibus ad utramque junctim. Communia ergo magnitudinis et bonitatis hic sunt quæ non ex sola bonitate, sed etiam ex magnitudine (id est sapientia et potentia) proficiscuntur: facit enim magnitudo, ut bonitas effectum suum consequatur. Et bonitas refertur vel ad Creaturas in universum vel speciatim ad intelligentes. Priore modo cum magnitudine constituit providentiam in universo creando et gubernando, posteriore justitiam in regendis speciatim substantiis ratione præditis.

41. Quia bonitatem Dei in creaturis sese generatim exerentem dirigit sapientia, consequens est providentiam divinam sese ostendere in tota serie universi, dicendumque Deum ex infinitis possibilibus seriebus rerum elegisse optimam, eamque adeo esse hanc ipsam quæ actu existit. Omnia enim in universo sunt harmonica inter se, nec sapientissimus nisi omnibus perspectis decernit, atque adeo non nisi de toto. In partibus singulatim sumtis, voluntas prævia esse potest, in toto decretoria intelligi debet.

42. Unde accurate loquendo non opus est ordine decretorum divinorum, sed dici potest unicum tantum fuisse decretum Dei, ut hæc scilicet series rerum ad existentiam perveniret, postquam scilicet omnia seriem ingredientia fuere considerata, et cum rebus alias series ingredientibus comparata.

43. Itaque etiam Decretum Dei est immutabile, quia omnes rationes quæ ei objici possunt jam in considerationem venere: sed hinc non alia oritur Necessitas quam consequentiæ seu quam Hypotheticam vocant, ex supposita scilicet prævisione et præordinatione; nulla autem subest necessitas absoluta seu consequentis, quia alius etiam rerum ordo possibilis erat, et in partibus, et in toto, Deusque contingentium seriem eligens, contingentiam eorum non mutavit.

44. Neque ob rerum certitudinem preces laboresque fiunt inutiles ad obtinenda futura quæ desideramus. Nam in hujus seriei rerum, tanquam possibilis repræsentatione apud Deum, antequam scilicet decerni intelligeretur, utique et preces in ea (si eligeretur) futuræ, et aliæ effectuum in ea comprehendendorum causæ inerant, et ad electionem seriei adeoque et ad eventus in ea comprehensos, ut par erat, valuere. Et quæ nunc movent Deum ad agendum aut permittendum, jam tum eum moverunt ad decernendum quid acturus esset aut permissurus.

45. Atque hoc jam supra monuimus, res ex divina præscientia et providentia esse determinatas, non absolute, seu quicquid agas aut non agas, sed per suas causas rationesque. Itaque sive quis preces sive studium et laborem inutiles diceret, incideret in Sophisma, quod jam veteres ignavum appellabant. Add. infra §§ 106, 107.

46. Sapientia autem infinita Omnipotentis, Bonitati ejus immensæ juncta, fecit, ut nihil potuerit fieri melius omnibus computatis, quam quod a Deo est factum ; atque adeo, ut omnia sint perfecte harmonica conspirentque pulcherrime inter se, causæ formales seu animæ cum causis materialibus seu corporibus, causæ efficientes seu naturales cum finalibus seu moralibus, regnum gratiæ cum regno naturæ.

47. Et proinde quotiescunque aliquid reprehensibile videtur in operibus Dei, judicandum est id nobis non satis nosci, et sapientem qui intelligeret, judicaturum ne optari quidem posse meliora.

48. Unde porro sequitur nihil esse felicius quam tam bono Domino servire, atque adeo Deum super omnia esse amandum eique penitus confidendum.

49. Optimæ autem seriei rerum (nempe hujus ipsius) eligendæ maxima Ratio fuit Christus Θεάνθρωπος, sed qui, quatenus Creatura est ad summum provecta, in ea Serie nobilissima contineri debebat, tanquam Universi creati pars, imo caput; cui omnis tandem potestas data est in cœlo et in terra, in quo benedici debuerunt omnes gentes, per quem omnis creatura liberabitur a servitute corruptionis, in libertatem gloriæ filiorum Dei.

50. Hactenus de Providentia, nempe generali : porro Bonitas relata speciatim ad creaturas intelligentes, cum Sapientia conjuncta Justitiam constituit, cujus summus gradus est Sanctitas. Itaque tam lato sensu Justitia non tantum jus strictum, sed et æquitatem atque adeo et misericordiam laudabilem comprehendit.

51. Discerni autem Justitia generatim sumta potest in justitiam specialius sumtam et sanctitatem, Justitia specialius sumta versatur circa bonum malumque physicum, aliorum nempe intelligentium, sanctitas circa bonum malumque morale.

52. Bona malaque physica eveniunt tam in hac vita quam in futura. In hac vita multi quæruntur in universum quod humana natura tot malis exposita est, parum cogitantes magnam eorum partem ex culpa hominum fluere, et revera non satis grate agnosci divina in nos beneficia, magisque attentionem ad mala quam ad bona nostra verti.

53. Aliis displicet inprimis quod bona malaque physica non sunt distributa secundum bona malaque moralia, seu quod saepe bonis est male, malis est bene.

54. Ad has querelas duo responderi debent : unum, quod Apostolus attulit, non esse condignas afflictiones hujus temporis ad futuram gloriam quae revelabitur in nobis; alterum, quod pulcherrima comparatione Christus ipse suggessit, nisi granum frumenti cadens in terram mortuum fuerit, fructum non feret.

55. Itaque non tantum large compensabuntur afflictiones, sed et inservient ad felicitatis augmentum ; nec tantum prosunt haec mala, sed et requiruntur. Add. § 22.

56. Circa futuram vitam gravior adhuc est difficultas : nam objicitur ibi quoque bona longe vinci a malis, quia pauci sunt electi. Origines quidem aeternam damnationem omnino sustulit; quidam veterum paucos saltem aeternum damnandos credidere, quorum in numero fuit Prudentius ; quibusdam placuit omnem Christianum tandem salvatum iri, quorsum aliquando inclinasse visus est Hieronymus.

57. Sed non est cur ad haec paradoxa et rejicienda confugiamus : Vera responsio est, totam amplitudinem regni coelestis non esse ex nostra cognitione aestimandam : nam tanta esse potest beatorum per Divinam Visionem gloria, ut mala damnatorum omnium comparari huic bono non possint, et Angelos beatos incredibili multitudine agnoscit Scriptura, et magnam Creaturarum varietatem ipsa nobis aperit natura, novis inventis illustrata; quod facit ut commodius quam Augustinus et alii veteres praevalentiam boni prae malo tueri possimus.

58. Nempe tellus nostra non est nisi satelles unius Solis, et tot sunt Soles quot stellae fixae ; et credibile est maximum esse spatium trans omnes fixas. Itaque nihil prohibet, vel Soles, vel maxime regionem trans Soles habitari felicibus creaturis. Quanquam et planetae esse possint aut fieri ad instar Paradisi felices. In domo Patris nostri multas esse mansiones, de coelo beatorum proprie Christus dixit, quod Empyreum vocant Theologi quidam, et trans sidera seu soles collocant, etsi nihil certi de loco beatorum affirmari possit : interim et in spectabili mundo multas Creaturarum rationalium habitationes esse verisimile judicari potest, alias aliis feliciores.

59. Itaque argumentum a multitudine damnatorum non est fundatum nisi in ignorantia nostra, unaque responsione dissolvitur,

quam supra innuimus, si omnia nobis perspecta forent, appariturum ne optari quidem posse meliora quam quæ fecit Deus. Pœnæ etiam damnatorum ob perseverantem eorum malitiam perseverant : unde insignis Theologus Joh. Fechtius in eleganti libro de Statu damnatorum eos bene refutat, qui in futura vita peccata pœnam demereri negant, quasi justitia Deo essentialis cessare unquam posset.

60. Gravissimæ tandem sunt difficultates circa Sanctitatem Dei, seu circa perfectionem ad bona malaque moralia aliorum relatam, quæ eum amare virtutem, odisse vitium etiam in aliis facit, et ab omni peccati labe atque contagio quam maxime removet; et tamen passim scelera regnant in medio potentissimi Dei imperio. Sed quicquid hoc est difficultatis, Divini Luminis auxilio etiam in hac vita ita superatur, ut pii et Dei amantes sibi, quantum opus est, satisfacere possint.

61. Objicitur nempe Deum nimis concurrere ad peccatum, hominem non satis. Deum autem nimis concurrere ad malum morale physice et moraliter, voluntate et productiva et permissiva peccati.

62. Concursum moralem locum habiturum observant, etsi Deus nihil conferret agendo ad peccatum, saltem cum permitteret seu non impediret cum posset.

63. Sed revera Deum concurrere ajunt moraliter et physice simul, quia non tantum non impedit peccantes, sed etiam quodammodo adjuvat, vires ipsis occasionesque præstando. Unde phrases Scripturæ Sacræ, quod Deus induret incitetque malos.

64. Hinc quidam inferre audent Deum vel utroque vel certe alterutro modo, peccati complicem, imo autorem esse atque adeo divinam sanctitatem, justitiam, bonitatem evertunt.

65. Alii malunt Divinam omniscientiam et omnipotentiam, verbo, magnitudinem labefactare, tanquam aut nesciret minimeve curaret mala, aut malorum torrenti obsistere non posset. Quæ Epicureorum Manichæorumve sententia fuit; cui cognatum aliquid etsi alio mitiore modo, docent Sociniani, qui recte quidem cavere volunt, ne divinam sanctitatem polluant, sed non recte alias Dei perfectiones deserunt.

66. Ut primum ad Concursum Moralem permittentis respondeamus, prosequendum est quod supra dicere cœpimus, permissionem peccati esse licitam (seu moraliter possibilem) cum debita (seu moraliter necessaria) invenitur : scilicet cum non potest peccatum alienum impediri sine propria offensa,   est sine violatione ejus,

quod quis aliis vel sibi debet. Exempli gratia miles in statione locatus, tempore præsertim periculoso, ab eo decedere non debet, ut duos amicos inter se duellum parantes a pugnando avertat. Add. supra § 36. Deberi autem aliquid apud Deum intelligimus non humano more sed Θεοπρεπῶς, quando aliter suis perfectionibus derogaret.

67. Porro si Deus optimam Universi Seriem (in qua peccatum intercurrit) non elegisset, admisisset aliquid pejus omni creaturarum peccato; nam propriæ perfectioni, et quod hinc sequitur, alienæ etiam derogasset : divina enim perfectio a perfectissimo eligendo discedere non debet, cum minus bonum habeat rationem mali. Et tolleretur Deus, tollerentur omnia, si Deus vel laboraret impotentia, vel erraret intellectu, vel laberetur voluntate.

68. Concursus ad peccatum physicus fecit ut Deum peccati causam autoremque constituerent quidam : ita malum Culpæ etiam objectum productivæ in Deo voluntatis foret : ubi maxime insultant nobis Epicurei et Manichæi. Sed hic quoque Deus mentem illustrans sui est vindex in anima pia et veritatis studiosa. Explicabimus igitur quid sit Deum concurrere ad peccati materiale, seu quod in malo bonum est, non ad formale.

69. Respondendum est scilicet, nihil quidem perfectionis et realitatis pure positivæ esse in creaturis earumque actibus bonis malisque, quod non Deo debeatur; sed imperfectionem actus in privatione consistere, et oriri ab originali limitatione creaturarum, quam jam tum in statu puræ possibilitatis (id est in Regione Veritatum æternarum seu ideis Divino intellectui obversantibus) habent ex essentia sua : nam quod limitatione careret, non creatura, sed Deus foret. Limitata autem dicitur Creatura, quia limites seu terminos suæ magnitudinis, potentiæ, scientiæ, et cujuscunque perfectionis habet. Ita fundamentum mali est necessarium, sed ortu tamen contingens, id est necessarium est ut mala sint possibilia, sed contingens est ut mala sint actualia : non contingens autem per harmoniam rerum a potentia transit ad actum, ob convenientiam cum optima rerum serie, cujus partem facit.

70. Quod autem de privativa mali constitutione post Augustinum, Thomam, Lubinum, aliosque veteres et recentiores afferimus, quia multis vanum, aut certe perobscurum habetur, ita declarabimus ex ipsa rerum natura, ut nihil solidius esse appareat : adhibentes in similitudinem sensibile quiddam et materiale, quod etiam in priva-

tivo consistit, cui inertiæ corporum naturalis nomen Keplerus, insignis naturæ indagator, imposuit.

71. Nimirum (ut facili exemplo utamur) cum flumen naves secum defert, velocitatem illis imprimit, sed ipsarum inertia limitatam, ut quæ (cæteris paribus) oneratiores sunt tardius ferantur. Ita fit ut celeritas sit a flumine, tarditas ab onere; positivum a virtute impellentis, privativum ab inertia impulsi.

72. Eodem plane modo Deum dicendum est Creaturis perfectionem tribuere, sed quæ receptivitate ipsarum limitetur : ita bona erunt a Divino vigore, mala a torpore creaturæ.

73. Sic defectu attentionis sæpe errabit intellectus, defectu alacritatis sæpe refringetur voluntas; quoties mens, cum ad Deum usque seu ad summum Bonum tendere debeat, per inertiam creaturis adhærescit.

74. Huc usque iis responsum est, qui Deum nimis ad malum concurrere putant : nunc illis satisfaciemus, qui hominem ajunt concurrere non satis, aut non satis culpabilem esse in peccando, ut scilicet rursus accusationem in Deum refundant. Id ergo probare contendunt Antagonistæ tum ex imbecillitate humanæ naturæ, tum ex defectu divinæ gratiæ ad juvandam nostram naturam necessariæ. Itaque in natura hominis spectabimus tum corruptionem, tum et reliquias imaginis divinæ ex statu integritatis.

75. Corruptionis humanæ considerabimus porro tum ortum, tum et constitutionem. Ortus est tum a lapsu Protoplastorum, tum a contagii propagatione. Lapsus spectanda est causa et natura.

76. Causa lapsus, cur homo scilicet lapsus sit, sciente Deo, permittente, concurrente, non quærenda est in quadam despotica Dei potestate, quasi justitia vel sanctitas attributum Dei non esset, quod in effectu verum foret, si nulla apud eum juris et recti ratio haberetur.

77. Neque quærenda est lapsus causa in quadam Dei ad bonum malumque, justum et injustum indifferentia, quasi hæc ipse pro arbitrio constituisset; quo posito sequeretur quidvis ab eo constitui posse, pari jure aut ratione, id est nulla; quod rursus omnem justitiæ atque etiam sapientiæ laudem in nihilum redigeret, siquidem ille nullum delectum haberet in suis actionibus, aut delectus fundamentum.

78. Neque etiam in voluntate quadam Deo afficta, minime sancta, minimeque amabili, causa lapsus ponenda est : tanquam nihil aliu

quam magnitudinis suæ gloriam spectans, bonitatisque exors, crudeli misericordia miseros fecerit, ut esset quorum misereretur; et perversa justitia peccantes voluerit, ut essent quos puniret : quæ omnia tyrannica et a vera gloria perfectioneque alienissima sunt, cujus decus non tantum ad magnitudinem, sed etiam ad bonitatem refertur.

79. Sed vera radix lapsus est in imperfectione seu imbecillitate creaturarum originali, quæ faciebat ut peccatum optimæ seriei rerum possibili inesset, de quo supra. Unde jam factum est, ut lapsus, non obstante divina virtute et sapientia, recte permitteretur, imo his salvis non posset non permitti.

80. Natura lapsus non ita concipienda est cum Bailio, quasi Deus Adamum in pœnam peccati condemnaverit ad porro peccandum cum posteritate, eique (exequendæ sententiæ causa) peccaminositatem infuderit ; cum potius ipsa vi primi peccati, velut physico nexu, consecuta sit peccaminositas, quemadmodum ex ebrietate multa alia peccata nascuntur.

81. Sequitur Propagatio Contagii a lapsu Protoplastorum orti perveniens in animas posterorum. Ea non videtur commodius explicari posse quam statuendo animas posterorum in Adamo jam fuisse infectas. Quod ut intelligatur rectius, sciendum est ex recentiorum observatis rationibusque apparere, animalium et plantarum formationem non prodire ex massa quadam confusa, sed ex corpore jam nonnihil præformato in semine latente et dudum animato. Unde consequens est, vi benedictionis divinæ primævæ, omnium viventium rudimenta quædam organica (et pro animalibus quidem, animalium licet imperfectorum forma) animasque quodammodo ipsas dudum in Protoplasto cujusque generis exstitisse; quæ sub tempore omnia evolverentur. Sed animas animantiaque seminum humanis corporibus destinatorum, cum cæteris animalculis seminalibus talem destinationem non habentibus, intra gradum naturæ sensitivæ substitisse dicendum est, donec per ultimam conceptionem a cæteris discernerentur, simulque corpus organicum ad figuram humanam disponeretur, et anima ejus ad gradum rationalitatis (ordinaria an extraordinaria Dei operatione non definio) eveheretur.

82. Unde etiam apparet, non statui quidem rationalitatis præexistentiam; censeri tamen posse, in præexistentibus præstabilita jam divinitus et præparata esse proditura aliquando, non organismum tantum humanum, sed et ipsam rationalitatem, signato, ut sic di-

cam, actu exercitum præveniente; simulque et corruptionem animæ, etsi nondum humanæ lapsu Adami inductam, postea accedente rationalitatis gradu, demum in peccaminositatis originalis vim transisse. Cæterum apparet ex novissimis inventis, a solo patre animans animamque esse, at a matre in conceptu, velut indumentum (ovuli forma, ut arbitrantur) incrementumque ad novi corporis organici perfectionem necessarium præberi.

83. Ita tolluntur difficultates tum philosophicæ de origine formarum et animarum, animæque immaterialitate adeoque impartiabilitate, quæ facit ut anima ex anima nasci non possit.

84. Tum theologicæ de animarum corruptione, ne Anima rationalis pura, vel præexistens, vel noviter creata, in massam corruptam, corrumpenda et ipsa, intrudi a Deo dicatur.

85. Erit ergo Tradux quidam, sed paulo tractabilior quam ille quem Augustinus aliique viri egregii statuerunt, non animæ ex anima (rejectus veteribus, ut ex Prudentio patet, nec naturæ rerum consentaneus) sed animati ex animato.

86. Hactenus de causa, nunc de natura et constitutione corruptionis nostræ; ea consistit in peccato originali et derivativo. Peccatum Originale tantam vim habet, ut homines reddat in naturalibus debiles, in spiritualibus mortuos ante regenerationem; intellectu ad sensibilia, voluntate ad carnalia versis, ita ut natura filii iræ simus.

87. Interim Bailio aliisque adversariis divinam benignitatem impugnantibus, aut saltem per objectiones quasdam suas obnubilantibus, concedere non oportet, eos qui soli peccato originali obnoxii sine actuali ante sufficientem rationis usum moriuntur (veluti infantes ante baptismum et extra Ecclesiam decedentes) necessario æternis flammis addici: tales enim clementiæ Creatoris relinqui præstat.

88. Qua in re etiam Iohannis Hulsemanni, Iohannis Adami Osiandri, aliorumque nonnullorum insignium Augustanæ Confessionis Theologorum moderationem laudo, qui subinde huc inclinarunt.

89. Neque etiam exstinctæ sunt penitus scintillæ imaginis divinæ, de quibus paulo post; sed per gratiam Dei prævenientem etiam ad spiritualia rursus excitari possunt, ita tamen ut sola gratia conversionem operetur.

90. Sed nec originale peccatum corruptam generis humani massam a Dei benevolentia universali penitus alienam reddit. Nam nihilominus sic Deus dilexit mundum, licet in malo jacentem, ut Filium suum unigenitum pro hominibus daret.

91. Peccatum derivativum duplex est, Actuale et Habituale, in quibus consistit exercitium corruptionis, ut scilicet hæc gradibus modificationibusque variet, varieque in actione prorumpat.

92. Et actuale quidem consistit tum in actionibus internis tantum, tum in actionibus compositis ex internis et externis ; et est tum commissionis, tum omissionis : et tum culposum ex naturæ infirmitate, tum et malitiosum ex animi pravitate.

93. Habituale ex actionibus malis vel crebris vel certe fortibus oritur, ob impressionum multitudinem vel magnitudinem. Et ita habitualis malitia aliquid originali corruptioni pravitatis addit.

94. Hæc tamen peccati servitus, etsi sese per omnem irregeniti vitam diffundat, non eousque extendenda est, tanquam nullæ unquam irregenitorum actiones sint vere virtuosæ, imo nullæ innocentes, sed semper formaliter peccaminosæ.

95. Possunt enim etiam irregeniti in civilibus agere aliquando amore virtutis et boni publici, impulsuque rectæ rationis, imo et intuitu Dei, sine admista aliqua prava intentione ambitionis, commodi privati, aut affectus carnalis.

96. Semper tamen ex radice infecta procedunt quæ agunt, et aliquid pravi (etsi interdum habitualiter tantum) admiscetur.

97. Cæterum hæc corruptio depravatioque humana, quantacunque sit, non ideo tamen hominem excusabilem reddit, aut a culpa eximit, tanquam non satis sponte libereque agat ; supersunt enim reliquiæ divinæ imaginis quæ faciunt ut justitia Dei in puniendis peccatoribus salva maneat.

98. Reliquiæ divinæ imaginis consistunt tum in lumine innato intellectus, tum etiam in libertate congenita voluntatis. Utrumque ad virtuosam vitiosamque actionem necessarium est, ut scilicet sciamus velimusque quæ agimus ; et possimus etiam ab hoc peccato quod committimus abstinere, si modo satis studii adhibeamus.

99. Lumen innatum consistit tum in ideis incomplexis, tum in nascentibus inde notitiis complexis. Ita fit ut Deus et Lex Dei æterna inscribantur cordibus nostris, etsi negligentia hominum et affectibus sensualium sæpe obscurentur.

100. Probatur autem hoc lumen contra quosdam nuperos scriptores, tum ex Scriptura Sacra, quæ cordibus nostris legem Dei inscriptam testatur, tum ex ratione, quia veritates necessariæ ex solis principiis menti insitis, non ex inductione sensuum demonstrari pos-

sunt. Neque enim inductio singularium unquam necessitatem universalem infert.

101. Libertas quoque in quantacunque humana corruptione salva manet, ita ut homo, etsi haud dubie peccaturus sit, nunquam tamen necessario committat hunc actum peccandi quem committit.

102. Libertas exemta est tam a necessitate, quam a coactione. Necessitatem non faciunt futuritio veritatum, nec præscientia et præordinatio Dei, nec prædispositio rerum.

103. Non futuritio : licet enim futurorum contingentium sit determinata veritas, certitudo tamen objectiva, seu infallibilis determinatio veritatis, quæ illis inest, minime necessitati confundenda est.

104. Nec præscientia aut præordinatio Dei necessitatem imponit, licet ipsa quoque sit infallibilis. Deus enim vidit res in serie possibilium ideali, quales futuræ erant, et in iis hominem libere peccantem, neque hujus seriei decernendo existentiam, mutavit rei naturam, aut quod contingens erat necessarium fecit.

105. Neque etiam prædispositio rerum aut causarum series nocet libertati. Licet enim nunquam quicquam eveniat, quin ejus ratio reddi possit, neque ulla unquam detur indifferentia æquilibrii (quasi in substantia libera et extra eam omnia ad oppositum utrumque se æqualiter unquam haberent) cum potius semper sint quædam præparationes in causa agente, concurrentibusque, quas aliqui prædeterminationes vocant : dicendum tamen est has determinationes esse tantum inclinantes, non necessitantes, ita ut semper aliqua indifferentia sive contingentia sit salva. Nec tantus unquam in nobis affectus appetitusve est, ut ex eo actus necessario sequatur : nam quamdiu homo mentis compos est, etiamsi vehementissime ab ira, a siti vel simili causa stimuletur, semper tamen aliqua ratio sistendi impetum reperiri potest, et aliquando vel sola sufficit cogitatio exercendæ suæ libertatis, et in affectus potestatis.

106. Itaque tantum abest ut prædeterminatio seu prædispositio ex causis qualem diximus necessitatem inducat contrariam contingentiæ vel libertati aut moralitati : ut potius in hoc ipso distinguatur Fatum mahometanum a christiano, absurdum a rationali, quod Turcæ causas non curant, Christiani vero et quicunque sapiunt, effectum ex causa deducunt.

107. Turcæ scilicet, ut fama est (quanquam non omnes sic desipere putem) frustra pestem et alia mala evitari arbitrantur, idque eo prætextu quod futura vel decreta eventura sint, quidquid agas

aut non agas, quod falsum est : cum ratio dictet eum qui certo peste moriturus est, etiam certissime causas pestis non esse evitaturum. Nempe, ut recte Germanico proverbio dicitur, mors vult habere causam. Idemque in aliis omnibus eventis locum habet. Add. supra § 45.

108. Coactio etiam non est in voluntariis actionibus : etsi enim externorum repraesentationes plurimum in mente nostra possint, actio tamen nostra voluntaria semper spontanea est, ita ut principium ejus sit in agente. Id quod per harmoniam inter corpus et animam ab initio a Deo praestabilitam luculentius quam hactenus explicatur.

109. Hucusque de Naturae Humanae imbecillitate actum est, nunc de Gratiae Divinae auxilio dicendum erit, cujus defectum objiciunt Antagonistae, ut rursus culpam ab homine transferant in Deum. Duplex autem concipi gratia potest, una sufficiens volenti, altera praestans ut velimus.

110. Sufficientem volenti gratiam nemini negare dicendum est. Facienti quod in se est non defore gratiam necessariam vetus dictum est, nec Deus deserit nisi deserentem, ut post antiquiores notavit ipse Augustinus. Gratia haec sufficiens est vel ordinaria per verbum et sacramenta, vel extraordinaria, Deo relinquenda, quali erga Paulum est usus.

111. Etsi enim multi populi nunquam salutarem Christi doctrinam acceperint, nec credibile sit praedicationem ejus apud omnes quibus defuit irritam futuram fuisse, Christo ipso de Sodoma contrarium affirmante : non ideo tamen necesse est aut salvari aliquem sine Christo, aut damnari, etsi praestitisset quicquid per naturam potest. Neque enim nobis omnes viae Dei exploratae sunt, neque scimus an non aliquid extraordinaria ratione praestetur vel morituris. Pro certo enim tenendum est, etiam Cornelii exemplo, si qui ponantur bene usi lumine quod accepere, eis datum iri lumen quo indigent, quod nondum accepere, etiamsi in ipso mortis articulo dandum esset.

112. Quemadmodum enim Theologi Augustanae Confessionis fidem aliquam agnoscunt in fidelium infantibus baptismo ablutis, etsi nulla ejus appareant vestigia, ita nihil obstaret, Deum iis quales diximus, licet hactenus non Christianis, in agone ipso lumen aliquod necessarium tribuere extra ordinem, quod per omnem vitam antea defuisset.

113. Itaque etiam οἱ ἔξω, quibus sola praedicatio externa negata

est, clementiæ justitiæque Creatoris relinquendi sunt, etsi nesciamus quibus aut quanam forte ratione Deus succurrat.

114. Sed cum saltem certum sit non omnibus dari ipsam volendi gratiam, præsertim quæ felici fine coronetur : hic jam in Deo vel misanthropiam vel certe prosopolepsiam arguunt adversarii veritatis, quod miseriam hominum procuret, quodque non omnes salvet cum possit, aut certe non eligat merentes.

115. Et sane, si Deus maximam hominum partem ideo tantum creasset, ut æterna eorum malitia miseriaque justitiæ sibi gloriam vindicaret, neque bonitatis in eo, neque sapientia, neque ipsa vera justitia laudari posset.

116. Et frustra regeritur, nos apud eum nihili, nec pluris quam vermiculi apud nos esse ; excusatio enim ista non minueret, sed augeret duritatem, omni utique philanthropia sublata, si non magis Deus hominum curam gereret, quam nos vermiculorum, quos curare nec possumus nec volumus. Dei vero providentiam nihil exiguitate sua latet, aut multitudine confundit ; passerculos alit, homines amat, illis de victu prospicit, his, quantum in se est, felicitatem parat.

117. Quod si quis longius provectus contenderet, tam solutam esse Dei potestatem, tam exortem regulæ gubernationem, ut innocentem quoque et quidem jure damnet : jam non appareret, aut quæ apud Deum foret justitia, aut quid a Malo Principio rerum potiente distaret talis Universi Rector, cui etiam merito misanthropia et tyrannis tribueretur.

118. Hunc enim Deum timendum ob magnitudinem, sed non amandum ob bonitatem manifestum foret. Certe tyrannicos actus non amorem sed odium excitare constat, quantacunque sit potentia in agente, imo tanto magis quanto hæc major est, etsi demonstrationes odii metu supprimantur.

119. Et homines talem dominum colentes imitatione ejus a caritate ad duritiem crudelitatemque provocarentur. Itaque male quidam prætextu absoluti in Deo juris talia ei acta tribuerunt, ut fateri cogerentur hominem si sic ageret pessime facturum esse : quemadmodum et nonnullis elapsum est, quæ in aliis prava sint, in Deo non fore, quia ipsi non sit lex posita.

120. Longe alia nos de Deo credere ratio, pietas, Deus jubent. Summa in illo sapientia, cum maxima bonitate conjuncta, facit ut abundantissime justitiæ, æquitatis, virtutisque leges servet ; ut omnium curam habeat, sed maxime intelligentium creaturarum, quas

ad imaginem condidit suam, et ut tantum felicitatis virtutisque producat, quantum capit optimum exemplar universi; vitium autem miseriamque non alia admittat, quam quæ in optima serie admitti exigebantur.

121. Et licet præ ipso Deo infinito nos nihili videamur, hoc ipsum tamen infinitæ ejus sapientiæ privilegium est, infinite minora perfectissime curare posse : quæ etsi nulla assignabili ipsum proportione respiciant, servant tamen inter se proportionalitatem exiguntque ordinem, quem Deus ipsis indit.

122. Eaque in re quodam modo Deum imitantur Geometræ per novam infinitesimorum analysim ex infinite parvorum atque inassignabilium comparatione inter se, majora atque utiliora quam quis crederet in ipsis magnitudinibus assignabilibus inferentes.

123. Nos igitur, rejecta illa odiosissima misanthropia, tuemur merito summam in Deo philanthropiam, qui omnes ad veritatis agnitionem pervenire, omnes a peccatis ad virtutem converti, omnes salvos fieri serio voluit, voluntatemque multiplicibus gratiæ auxiliis declaravit. Quod vero non semper facta sunt, quæ hic voluit, utique repugnanti hominum malitiæ attribui debet.

124. At hanc, inquies, superare potuit summa potentia sua. Fateor, inquam ; sed ut faceret, nullo jure obligabatur, neque id ratio aliunde ferebat.

125. Instabis : tantam benignitatem, quantam Deo merito tribuimus, progressuram fuisse ultra ea, quæ præstare tenebatur ; imo optimum Deum teneri ad optima præstanda, saltem ex ipsa bonitate naturæ suæ.

126. Hic ergo tandem ad Summæ Sapientiæ divitias cum Paulo recurrendum est, quæ utique passa non est, ut Deus vim ordini rerum naturisque sine lege mensuraque inferret, ut turbaretur harmonia universalis, ut alia ab optima rerum series eligeretur. In hac autem continebatur, ut omnes libertati, atque adeo quidam improbitati suæ relinquerentur, quod vel inde judicamus, quia factum est. Add. § 142.

127. Interim philanthropia Dei universalis, seu voluntas salvandi omnes ex auxiliis ipsis elucet, quæ omnibus, etiam reprobis, sufficientia, imo persæpe abundantia præstita sunt, etsi in omnibus gratia victrix non sit.

128. Cæterum non video, cur necesse sit gratiam, ubi effectum plenum consequitur, consequi eum semper natura sua, seu esse per

se effectricem ; cum fieri queat ut eadem mensura gratiæ in uno ob repugnantiam vel circumstantias effectum non consequatur, quem in alio obtinet. Nec video quomodo vel ratione vel revelatione probari possit, gratiam victricem semper tantam esse, ut quantamcunque resistentiam, et quantascunque circumstantiarum incongruentias esset superatura. Sapientis non est superfluas vires adhibere.

129. Non tamen nego aliquando evenire, ut Deus contra maxima obstacula acerrimamque obstinationem gratia illa triumphatrice utatur, ne de quoquam unquam desperandum putemus, etsi regula inde constitui non debeat.

130. Errant multo gravius, qui solis electis tribuunt gratiam, fidem, justificationem, regenerationem, tanquam (repugnante experientia) πρόσκαιροι omnes hypocritæ essent ; nec a Baptismo nec ab Eucharistia, et in universum nec a verbo nec a sacramentis spirituale juvamen accepturi ; aut tanquam nullus electus semelque vere justificatus in crimen seu in peccatum proæreticum relabi posset ; vel, ut alii malunt, tanquam in mediis sceleribus gratiam regenerationis electus non amitteret. Iidem a fideli certissimam finalis fidei persuasionem exigere solent, vel negantes reprobis fidem imperari, vel statuentes falsum eos credere juberi.

131. Sed hæc doctrina rigidius accepta, mere quidem arbitraria, nulloque fundamento nixa, et ab antiquæ Ecclesiæ sententiis, ipsoque Augustino plane aliena, in praxin influere, et vel temerariam futuræ salutis etiam in improbo persuasionem, vel anxiam de præsente in gratiam receptione etiam in pio dubitationem, utramque non sine securitatis aut desperationis periculo, generare posset : itaque post Despotismum hanc Particularismi speciem maxime dissuaserim.

132. Feliciter autem evenit, ut plurimi temperent tantæ tamque paradoxæ novitatis rigorem, et ut qui supersunt, lubricæ adeo doctrinæ defensores, intra nudam theoriam subsistant, nec pravis ad praxin consequentiis indulgeant ; dum pii inter eos, ut ex meliori dogmate par est, filiali timore et plena amoris fiducia, salutem suam operantur.

133. Nos fidei, gratiæ, justificationisque præsentis certi esse possumus, quatenus conscii sumus eorum quæ nunc in nobis fiunt; futurut emæa perseverantiæ bonam spem habemus, sed cura temperatam, monente Apostolo, ut qui stat videat ne cadat : sed electionis

persuasione remittere de studio pietàtis, et futuræ pœnitentiæ confidere minime debemus.

134. Hæc contra misanthropiam Deo imputatam suffecerint; nunc ostendendum est, nec prosopolepsiam jure exprobrari Deo, tanquam scilicet electio ejus ratione careret. Fundamentum electionis Christus est, sed quod quidam minus Christi participes fiunt, ipsorum finalis malitia in causa est, quam reprobans prævidit Deus.

135. At hic rursus quæritur cur diversa auxilia, vel interna, vel certe externa, diversis data sint, quæ in uno vincant malitiam, in alio vincantur? Ubi sententiarum divortia nata sunt : nonnullis enim visum est Deum minus malos, aut certe minus restitaturos magis juvisse; aliis placet, æquale auxilium in his plus effecisse; alii contra nolunt hominem quodammodo se discernere apud Deum, prærogativa naturæ melioris aut certe minus malæ.

136. Equidem indubium est, in rationes eligendi apud Sapientem ingredi considerationem qualitatum objecti. Non tamen semper ipsa absolute sumta objecti præstantia rationem eligendi facit, sed sæpe convenientia rei ad certum finem in certa rerum hypothesi magis spectatur.

137. Ita fieri potest, ut in structura vel in ornatu non eligatur lapis pulcherrimus, aut pretiosissimus, sed qui locum vacantem optime implet.

138. Tutissimum autem est statuere omnes homines, cum sint spiritualiter mortui, æqualiter esse, at non similiter malos. Itaque pravis inclinationibus different, evenietque ut præferantur, qui per seriem rerum circumstantiis favorabilioribus objiciuntur; in quibus minorem (certe in exitu) exerendæ peculiaris pravitatis, majorem recipiendæ gratiæ congruæ occasionem invenere.

139. Itaque nostri quoque Theologi experientiam secuti, in externis certe salutis auxiliis, etiam cum æqualis esset interna gratia agnoverunt differentiam hominum insignem, et in circumstantiarum extranearum nos afficientium œconomia confugiunt ad βάθος Pauli; dum sorte nascendi, educationis, conversationis, vitæ generis, casuumque fortuitorum, sæpe homines aut pervertuntur aut emendantur.

140. Ita fit ut præter Christum, et prævisam status salutaris ultimam perseverantiam qua ipsi adhæretur, nullum electionis aut dandæ fidei fundamentum nobis innotescat, nulla regula constitui debeat, cujus applicatio a nobis agnosci queat, per quam scilicet homines aut blandiri sibi aut insultare aliis possint.

141. Nam interdum insolitam pravitatem summamque resistendi obstinationem vincit Deus, ne quisquam de Misericordia desperet, quod de se Paulus innuit; interdum diu boni in medio cursu deficiunt, ne quis sibi nimium fidat; plerumque tamen ii, quorum minor est reluctandi pravitas et majus studium veri bonique, majorem divinæ gratiæ fructum sentiunt, ne quis ad salutem nihil interesse putet, quomodo se homines gerant. Add. § 112.

142. Ipsum autem βάθος in divinæ sapientiæ thesauris, vel in Deo abscondito, et (quod eodem redit) in universali rerum harmonia latet, quæ fecit ut hæc series Universi, complexa eventus quos miramur, judicia quæ adoramus, optima præferendaque omnibus a Deo judicaretur. Add. § 126.

143. Theatrum mundi corporei magis magisque ipso naturæ lumine in hac vita elegantiam suam nobis ostendit, dum Systemata Macrocosmi et Microcosmi recentiorum inventis aperiri cœpere.

144. Sed pars rerum præstantissima, Civitas Dei, spectaculum est cujus ad pulchritudinem noscendam aliquando demum illustrat divinæ gloriæ lumine propius admittemur. Nunc enim solis fide oculis, id est divinæ perfectionis certissima fiducia attingit potest : ubi quanto magis non tantum potentiam et sapientiam, sed et bonitatem Supremæ Mentis exerceri intelligimus, eo magis incalescimus amore Dei, et ad imitationem quamdam divinæ bonitatis justitiæque inflammamur.

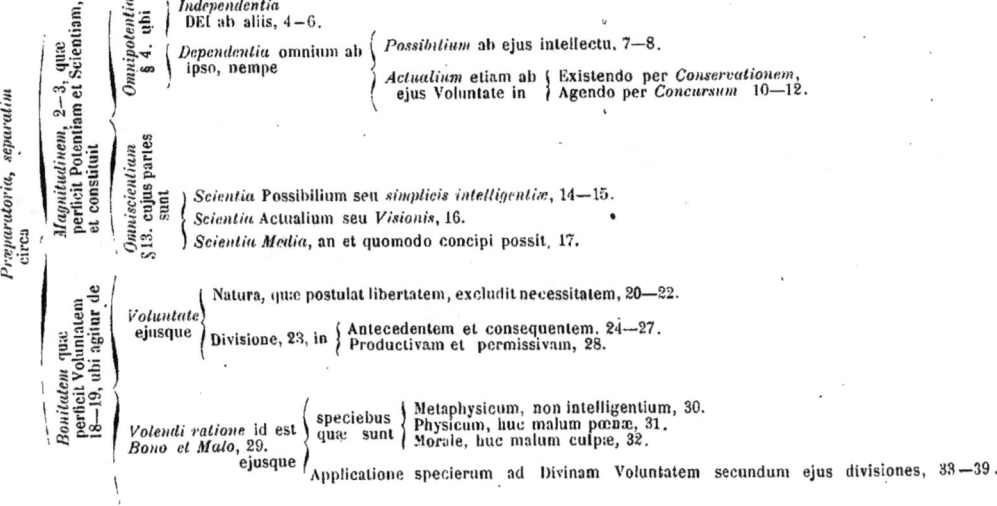

Principalis circa Magnitudinem et Bonitatem junctim vid. TAB. II.

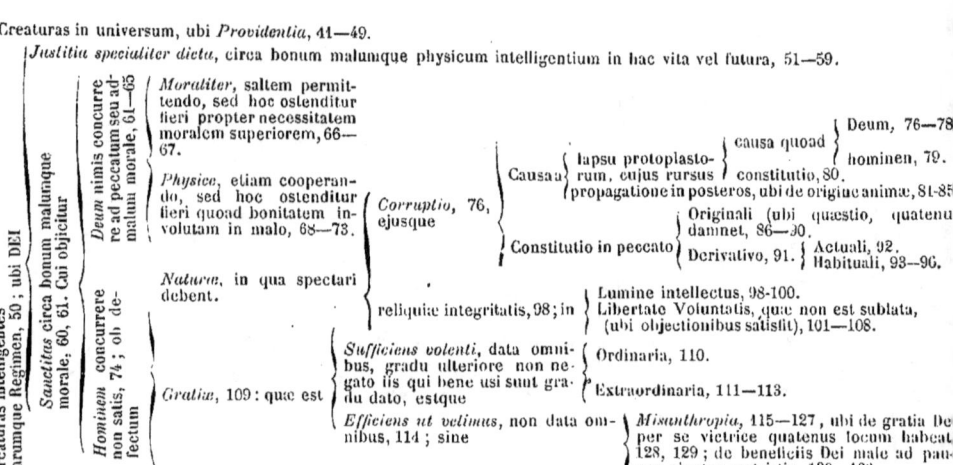

FINIS

CORRESPONDANCE
DE LEIBNIZ ET DU P. DES BOSSES

(1706-1716)

(PARTIE PHILOSOPHIQUE)

I

DES BOSSES A LEIBNIZ (1)

. . . .

. . . Ausim dicere, si Hermolao Barbaro Genius olim tuus astitisset, super Entelechiæ notione, sine cujus vocis intellectu Aristotelis systema merum esse ænigma pervidebat, dæmonem nunquam fuerat consulturus. Tua vocabuli istius interpretatio magis ad Philosophiæ veteris et novæ consensum profutura videtur quam opera quæcumque ab aliis hoc fine tituloque conscripta. Hoc habent nempe Cartesiani, qui Formarum ideam quotidiano eoque permolesto convitio flagitabant a nobis, hanc demum ipsam eamque quam vellent clariorem aggeri sibi vicissim sentient. Ut plane in eos quadrare videatur illud Aristotelis de quibusdam sui temporis philosophis an sophistis effatum lib. 4 Metaphysicorum textu 9, quod Fonseca noster his verbis latine reddidit : Non ex ea parte peccant ii (Cartesiani) qui ea (principia geometrica) tractant, quasi non phi-

---

(1) Nous donnons d'après Gerhardt (p. 287, t. 2) la courte biographie suivante du P. Des Bosses. Il est né à Limbourg. Il fut appelé comme professeur de théologie au collège des Jésuites de Hildesheim à la fin de 1709. Il fut professeur de mathématiques à Cologne jusqu'à la fin de 1711 et de nouveau professeur de théologie à Paderborn jusqu'en 1713. Cette année même il retourna à Cologne. Il traduisit en latin la *Théodicée* de Leibniz ; cette traduction a paru en 1716 sous le nom du traducteur.

losophentur, sed quia prius quoddam est substantia, de qua nihil sciunt.

Atque fuit hoc olim judicium meum, cum ex Diario solum Parisiensi mihi notus eras, in quo ubi philosophiam tuam semel degustavi, quidquid erat a te profectum et charactere tuo insignitum, avide semper pro modulo meo sum venatus . . . .

. . . . Nunc vero tantum abest ut mentem mutaverim, ut potius quo plura tua videre contingit (vidi autem hic Acta Lipsiensia quæ alibi non videram) eo magis in mea sententia confirmer, magisque incredibilem in rebus philosophicis perspicaciam tuam (quod pace Cartesianorum dictum sit) admirer. Videram olim obiter ea quæ in novissima Dictionarii sui editione ad articulos de Pereira et Rorario addiderat Cl. Bailius e fonte tuo hausta, quæ mihi magnopere placuerant multasque dubitationes exemerant, sed nunc ad manum est sola prior illius Dictionarii editio, in qua pleraque ista desiderari comperio. Si qua præterea edidisti ad hoc forum spectantia, ea nec vidi, et videre magnopere cupio. . . . .

. . . . Quæ si nactus essem, sine dubio plerique scrupuli mei dudum evanuissent, nec enim diffiteor aliquos esse qui negotium mihi facessant, quibus proponendis, ne epistolæ modum excedam, hac vice supersedebo, unum duntaxat adduxisse contentus circa virtutem quam ponis activam.

Si virtus illa sita sit in ipso conatu ad agendum semper in actum prorupturo, si non aliarum virtutum conatus impedirent, quæro an et quomodo id conciliari possit cum necessitate divini concursus immediati ad quamlibet actionem creaturæ? Si enim ad actionem creaturæ concursus hujusmodi divinus requiritur, conatus ille nullatenus differet a potentia agendi, quam Scholæ hactenus recepere, cum conatus ille sic modificatus ab aliis agentibus non trahat post se actionem, nisi Deus pro libero suo arbitrio concurrerit. Sin vero concursus ille Dei nihil est aliud quam virtus agentis, vel conatus per aliorum agentium conatum modificatus, jam quoad rem ipsam recidimus in sententiam Durandi, negantis immediatum influxum Dei in actiones creaturarum; non enim negat Durandus concursum Dei ab ipsa virtute causæ creatæ utcumque modificata et temperata indistinctum. Hanc vero Durandi sententiam sequi nobis non est integrum, sed et ex Protestantium scholis exulat, uti insinuat Sturmius, cujus tamen argumentum pro sententia sua hinc petitum vim nullam habet, patitur enim manifestam instantiam in animabus, in quibus vim activam agnoscit ; quod enim ipse dicet de animabus, hoc dicere potero de aliis formis, ut patet.

Atque ex hoc scrupulo meo consilium meum, quale sit, dispicis : nempe ut notiones tuas salva, quantam fieri potest, earum substantia phrasibus Aristotelicis, aut potius has illis, et utrasque dogmatibus ecclesiasticis accommodem. Quod consilium ubi tibi probari intellexero, aggrediar magnis animis, auspice te, meditatam Philosophiæ Peripateticæ ad principia ex Aristotelis metaphysicis petita reductionem, si modo imposita Theologiæ lectio tantum otii mihi concedat. Tu vero, Illustrissime Domine, conatuum patrone meritissime, conatus meos non despicies, et ignosces longiusculæ epistolæ meæ ; mittam alias specimen aliquod analyseos quam concepi. Interea sum eroque semper, etc.

Hildesii 25 Januarii 1706.

II

LEIBNIZ A DES BOSSES

Cum maximo in veritatem affectu feriar, valde omnes complector, quibus illa curæ est. Eoque magis lætor te vicinum et amicum, cui amica est veritas, et mea nonnullius ad eam constituendam usus videntur.

. . . .

Cum non pauci egregii viri ex vestro Ordine aliisque laudabilem operam posuerint in concilianda vetere et nova philosophia, tecum tamen sentio quædam desiderari adhuc, aliqua non recte exponi. Nam Honoratus Fabri (quicum aliquod mihi juveni commercium fuit), vir utique in naturæ quoque cognitione plurimum versatus (quod miratus sum) nimium et tamen non satis concessit recentioribus aut asseruit Scholæ. Nam arcem Peripati, quam debebat tueri maxime, nempe animas brutorum analogasque illis Entelechias, una excepta humana, prodidit adversariis, dum interea exteriora quædam propugnacula longe remota nec defensionis patientia, nempe quasdam qualitates ἀρρήτους, quas tanquam primitivas assumsit, velut gravitatem et tensionem, magna cura servavit, cum tamen in promptu sit salva summa peripateticæ doctrinæ utramque petere a motu insensibilis materiæ, corporumque raritatem et densitatem (unde vis tensorum, vulgo elastica) ad instar spongiæ concipere animo, cujus spatia fluidum pervadit, quod ægre patitur consuetos sibi meatus mutari.

Te vero, Vir eximie, cum rectum iter ingredi videam emendandæ atque exponendæ Philosophiæ ad usum scholæ, ut juventus non pœnitendis principiis imbuatur, etiam atque etiam (pro ea quam mihi indulges libertate) hortari audeo, ne in re tanta Reipublicæ, imo Ecclesiæ desis. Et Theologiam docenti ubique sese offerret philosophia. Pro cursu philosophiæ ampliore, quem nunc non patitur tempus tuum, Breviarium philosophicum condi suaderem, quale olim Eustachius a S. Paulo confecit ; id auditoribus Theologiæ tuis προχείρου loco foret, aliquando et in cæteros iturum.

Fateor me adolescentem etiam Scholæ spinas attigisse nonnihil (præter morem nostrorum) neque id fecisse unquam pœnituit, et alioqui eo semper animo fui, ut mallem recepta emendari quam everti. Inde natæ sunt mihi conciliatoriæ meditationes, quibus pro humanitate tua tantopere faves. In quibus ad usum transferendis si quæ tibi occurrunt dubitationes, conabor satisfacere aut certe ita exponere mentem meam, ut pro acerrimo judicio tuo ipse commodius de iis constituere possis.

Et jam nunc accedo ad quæstionem quam proponis, an et quomodo conciliari possit virtus activa Creaturarum cum concursu Dei immediato ad quamvis actionem Creaturæ. Nam hoc concursu admisso, vereris ne virtus activa creaturæ redigatur ad meros terminos facultatis. Ego agnosco concursum Dei ita necessarium esse, ut posita quantacunque virtute creaturæ, non esset secutura actio, si Deus subtraheret concursum : sentio etiam nec ipsam vim activam, imo nec facultatem nudam exstituram in rebus sine concursu divino, quoniam in genere statuo, quantum in rebus est perfectionis, tantum a Deo perpetua operatione profluere. Non tamen video, quomodo hinc virtus ad facultatem nudam redigatur : nam in virtute activa arbitror esse quandam actionis atque adeo concursus ad actionem divini exigentiam (ut vestri loquuntur) quamvis resistibilem, fundatam in legibus naturæ per sapientiam divinam constitutis quæ exigentia in nuda facultate non inest. Ex vi activa (quæ scilicet, conatum involvit) sive ex Entelechia sequitur actio, si modo accedat concursus Dei ordinarius ; ex facultate vero, accedente licet eo concursu qui requiritur ad virtutem, actio non sequetur. Itaque concursus Dei, actioni creaturæ necessarius, qui sufficit ad virtutem, non sufficit ad facultatem, quia scilicet virtus ipsa jam constituta fuit per anteriorem quendam Dei concursum, qualem non habuit nuda facultas.

In mea responsione aliqua Sturmio data Actis Lipsiensibus inserta, reperies demonstrationem (ut mihi videtur) Geometricis parem, quæ ostendit, posita (quam statuunt Cartesiani) plenitudine rerum et uniformitate materiæ, motuque solo accedente, semper æquivalentia sibi substitui, perinde ac si tantum rota perfecte uniformis circa suum axem ageretur, aut orbes concentrici ex materia perfecte similari volverentur, atque ita statum unius momenti a statu alterius momenti distingui non posse, ne ab Angelo quidem ; ergo nec in phænomenis varietas existere posset : adeoque præter figuram, magnitudinem et motum admittendas esse formas, per quas distinctio apparentiarum in materia oriatur, quæ non video unde intelligibiliter peti queant nisi ab Entelechiis.

. . . .

Cum Gallus vestræ Societatis, vir doctus et ingeniosus, quædam contra meam explicationem consensus inter animam et corpus objecerit, quod scilicet proprie non explicet ipsam unionem, respondi, consilium mihi fuisse tantum phænomena explicare, unionem autem neque ex numero esse phænomenorum, nec satis haberi descriptam, ut ejus interpretationem aggredi audeam. Quod superest, vale et fave.

Dabam Hanoveræ 2 Febr. 1705.

III

DES BOSSES A LEIBNIZ

Dum Hildesium mittebar a majoribus, hæc me cogitatio recreabat inprimis, hanc urbem esse vicinam Hanoveræ, et fore fortassis ut tui, quem tantopere suspiciebam, coram intuendi copiam aliquando nanciscerer. Supra spem accidit quod et præsentem alloquio, et nunc absentem litterario commercio sis dignatus. Quid dicam ? beasti me humanissima epistola tua, stimulumque ingentem addidisti ad meditatum mihi curriculum iis fere quos præscribis et ego ante informaram animo, limitibus auspicandum. Sed ne a principio ipso aberrem, patere, Vir illustrissime, ut tibi pauca quædam axiomata proponam quibus Aristotelicam niti philosophiam arbitror, ne si forte infirma sint fundamenta, ego turpiter me dem molem eis cæteram superstruendo.

1. Ens et unum convertuntur. 2. Continuum est divisibile in infinitum. 3. Infinitum actu non datur in natura. 4. Unitas est principium numeri. 5. In causis et principiis non progrediendum in infinitum, sed standum alicubi. Quæ axiomata ex Aristotelis Metaphysica deprompta satis consona systemati tuo existimo, tertium si demas, de quo dubito, nam visus es alicubi mihi infinitum actu asserere. Puto tamen mentem tuam per infinitum in potentia satis explicari posse, qua de re judicium tuum exspectabo.

De Honorato Fabrio tibi prorsus assentior, nimium concessisse illum recentioribus. Qui licet satis peripatetice de substantia disserere incepisset, ubi tamen denique formam substantialem ad instar modorum resultantem asseruit, omnia pessundedit. Nam modos activos esse posse negat ipse passim. Unde fit ut ejus sententia vel solis accidentibus vel ipsi etiam materiæ tribuenda sit activitas. Quorum utrumque absurdum est, postremum ex atomis consequitur, in quibus ipse materiæ collocat essentiam.

Dubitationem, quam nuper attuleram, penitus exemisti mihi. Tenere mihi nunc videor quid conatum inter et potentiam nudam intersit. Interim Scholasticos sub nomine potentiæ (licet virtus et conatus magis proprie dicatur) rem ipsam admisisse reor, dum potentiam necessariam definiverunt : quæ positis omnibus ad agendum prærequisitis agit necessario. Quod cum in natura fiat semper (de rationali non loquor), locum in ea non habebunt potentiæ nudæ quoad actiones naturales, sed solum quoad actiones quas vocamus supernaturales, ad quas utique substantiæ illa quam dicis excitatione indigent. Quod cum Theologia nostra apprime consonat. Progredior nunc ad alias dubitationes.

1. Et imprimis aveo scire an et quid juxta systema tuum dici proprie violentum possit in natura, nam vulgatam violenti definitionem : *quod fit a principio extrinseco, passo non conferente vim*, non admittes, cum omnis actio juxta te sit proprie a principio intrinseco.

2. Si motus, ut dicis, consistat in vi ipsa ad mutationem nitente, ergo forma sive virtus nihil efficiet, cum ipsa sit vis ad mutationem nitens.

3. Estne vera substantialis unitas in aqua tota quæ e. g. continetur in urna ?

4. Vel formæ inanimes proprie producunt aliquid in materia vel non : si producunt, quid vetat quominus etiam anima rationalis aliquid proprie producat in corpore, cum aliis formis conveniat activitas propria in materiam, in quantum Entelechiæ sunt, quod attributum anima quoque rationalis habet. Si non producunt, ergo materiæ ipsi concedenda erit activitas quoad motum e. g., nam nemo dicet materiam non moveri per se, motu in materia ipsa recepto.

Aliis quos habeo scrupulis proponendis supersedebo usque ad Pascha, cum Hanoveram veniens eorum dissolutionem ex ore tuo excepturum me spero, quanquam metuo, ne domo rursus absis uti accidit in festis natalitiis.

Legeram ante cum attentione et voluptate rursusque legi pulcherrimam tuam contra Cartesianos demonstrationem, quam inseruisti tuæ contra Cl. Sturmium dissertationi. Quid quæris? me quidem certe penitus convicit. Nec miror intactam ab adversario respondente relictam esse : non habebat scilicet quod reponeret. Plane ostendis, si præter materiam uniformem, figuram et motum nihil admittatur in natura, nullam quoque in rebus varietatem notatum iri. Imo nec figuram, opinor, aut motum localem esse posse. Nam et figura superficiem intrinsecam corporis figurati et motus localis superficiem extrinsecam corporis locantis postulant, quarum neutra saltem ante mentis divisionem intelligitur : ex quo pulchre colligis statuendum esse motum alterationis a locali diversum. Nil poterat verius et ad sensum peripateticum accommodatius (dici).

Responsum ad objectionem P. Turnaminii, quod cum gratiarum actione remitto, exscripsi, uti soleo omnia tua, quæ ad manus meas perveniunt, et si plura communicaveris, restituam fideliter ubi exemplum descripsero. Multiplici ex capite gratum mihi fuit videre schedam illam. Primum hinc disco non interruptum esse Trivultiense Diarium. . . . .

Alterum est quod ex hoc scripto tuo lux mihi quædam affulsit ad introspiciendam melius mentem tuam; nam, ne quid dissimulem, hærebam perinde atque Gallus ille noster ad scopulum istum, subveritus ut unione metaphysica carere possemus, non quod eam cum principiis tuis hucusque visis pugnare existimarem, sed quia timebam ne me principium aliquod tuum lateret quod unionis istius necessitatem tolleret.

Cæterum quantumlibet μυστηριώδης sit unio illa, hoc mihi certum est, non posse eam *in modo relativo constitui*; relationes enim, uti alia accidentia substantiam jam constitutam supponunt, et hinc est quod Aristoteles partes substantiæ ante mentis opus negat esse relatas sive ad totum sive ad se invicem. Sane cum relatio sit quidam ordo unius ad alterum, ordo realis esse qui potest, ubi duntaxat est unum? non igitur statuenda est relatio realis inter animam et corpus, sed tantum relatio secundum dici, ut vocant, quæ a mentali corporis et animæ a se invicem præcisione primum exoritur. Quare dicendum mihi videtur, hoc quidquid est quod præter animam et corpus substantiam individuam constituit ipsam esse existentiam absolutam totius substantiæ concretæ quam Aristoteles et S. Thomas a materia et forma (quæ scilicet substantiæ essentia sunt) distinctam, unamque utrique communem statuunt; atque hinc sententia Alberti, quem laudas, formas, imo totum animal, secundum essentiam in materia semper fuisse ponens non modicam lucem accipere posse videtur, idque prorsus ad mentem tuam, ni fallor, accommodate. Qua de re videri potest S. Thomæ liber de natura materiæ, qui exstat tomo 2 editionis Parisiensis anni 1660, in quo capite 8 et 9, pagina 367, examinat, *quomodo in homine sint plures formæ secundum essentiam, sed una tantum secundum esse, et quomodo impossibile est, duo esse substantialia simpliciter esse in eodem composito materiali*, quæ omnia satis ad gustum tuum fore confido. Hæc si vera essent (Aristotelem quidem sic sensisse mihi persuasum est), non esset quod ultra unionis explicationem quæreremus, cum existentia cuique sua prima sit notio.

. . . .

Vale, etc.   Hildesii 12 Februarii 1706.

IV

LEIBNIZ A DES BOSSES

Vereor, ut quem mihi defers honorem, dum de abstrusioribus quæris, mereri satis possim. Dico tamen sententiam, quia jubes, et boni consules. Ens et unum converti tecum sentio; Unitatemque esse principium numeri, si rationes spectes, seu prioritatem naturæ, non si magnitudinem, nam habemus fractiones unitate utique minores in infinitum.

Continuum in infinitum divisibile est. Idque in Linea Recta vel ex eo constat, quod pars ejus est similis toti. Itaque cum totum dividi possit, poterit et pars, et similiter quævis pars partis. Puncta non sunt partes continui, sed extremitates, nec magis minima datur pars lineæ, quam minima fractio unitatis.

Infinitum actu in natura dari non dubito, positaque plenitudine mundi, et æquabili divisibilitate materiæ, sequitur ex legibus motus varii, quodvis punctum moveri motu diverso a quovis alio assignabili puncto. Sed nec aliter sibi pulchritudo rerum ordoque constaret. Neque video, cur hoc refugere debeamus. Quæ contra objiciuntur, responsionem ni fallor patiuntur, et falsis hypothesibus niti solent.

Non datur progressus in infinitum in rationibus universalium seu æternarum veritatum, datur tamen in rationibus singularium. Ideo singularia a mente creata perfecte explicari aut capi non possunt, quia infinitum involvunt. Majora pendent a minoribus, et hæc ab aliis adhuc minoribus. Scholastici aliquando fortasse potentiam intellexere, quæ esset cum conatu; communiter tamen rem aliter accepisse putem. Sic Risivitas in homine (vulgo Risibilitas) non significat risurum hominem si nemo impediat, sed risurum si occasio ridendi offeratur. Itaque cum potentiam requisitis omnibus positis necessario agere dixere, inter requisita, credo, posuere occasionem sollicitantem.

Violentum admitto utique, neque a communi sermone recedendum puto, qui ad apparentia refertur, eo fere modo, quo Copernicani de motu Solis loquuntur cum vulgo. Simili modo loquimur de casu et fortuna.

In motu concedo utique esse aliquid ultra vim ad mutationem nitentem, nempe ipsam mutationem. In aqua non magis substantialem unitatem esse puto, quam in grege piscium eidem piscinæ innatantium.

Cum animam nihil in materia producere ajo, tantum intelligo per animam non mutari leges motuum materiales. Alioqui Anima est Entelechia seu potentia activa primitiva in substantia corporea per quam Materia seu ejusdem substantiæ potentia passiva primitiva perficitur, et horum primitivorum modificatione in ipsa substantia corporea actiones passionesque nascuntur.

Sturmium puto fuisse amantem veritatis, sed præjudiciis occupatum mea non satis attente considerasse.

Gaudeo consilium de condendo Breviario Philosophico tuis destinatis consentire. Et omnino sentio de multis non bene decerni, nisi omnia sint in conspectu. . . . .

Dabam Hanoveræ 14 Febr. 1706.

P. S. Cum ubique Monades seu principia unitatis substantialis sint in materia, consequitur hinc quoque infinitum actu dari, nam nulla pars est aut pars partis quæ non monades contineat.

V

DES BOSSES A LEIBNIZ

Posterioribus litteris tuis mihi longe gratissimis distuli respondere, quod te brevi profecturum putarem ; nunc cum intelligam iter tuum non tam cito processurum, audeo novas circa responsum tuum dubitationes proponere, quibus, si ejusmodi videbuntur quæ alios quoque remorari queant, tu, cum erit commodum tuum, respondebis ; nolo enim abuti humanitate tua, aut pretiosissimum tempus tuum mea causa inutilibus officiis impendi. Interim dubiis hisce meis, sive ex præjudiciis nascantur, sive ex non satis percepta mente tua, eluctari non possum, cum tamen, ut sapienter mones, de multis non bene decernatur nisi omnia sint in conspectu.

1. Ac imprimis, si ens et unum convertuntur, nihil igitur simpliciter et actu extat a parte rei nisi quod est unum actu simpliciter; sed fractio unitatis sive unius actu simpliciter, non est unum actu simpliciter, alioqui unum ex Materia et Entelechia constans, cujus fractionem accipimus, esset aggregatum unitatum, adeoque non unum ; erunt igitur fractiones unitatis cujusque simplicis entia tantum mathematica quæ abstractionem mentis consequuntur.

Rursus : quælibet pars materiæ existit, ergo quælibet pars materiæ est una vel multæ : si multæ, pars partis est una, nam ubi non est unum, neque sunt multa. Porro hoc quod unum est, non est multa. Ergo materia, quatenus substat uni entelechiæ, non est multa actu.

2. Aveo scire an infinitum actu in magnitudine perinde atque in multitudine admittere necesse sit in natura ? Ptolemæus quidem primum respuit, asserto secundo : sed an ejus sententiam ac solutiones probas? Si non, suggere mihi, obsecro, autorem quempiam, quem in propugnando infinito ducem sequi tuto possim, aut saltem clavem difficultatis verbo indica, nam falsas hypotheses, quibus infiniti adversarios niti ais, non deprehendo, nec quenquam vidi qui mihi satisfaciat.

Monebas alias in Trivultiano Diario, ubi de calculo differentiali sermo erat, necesse non esse ut rigide sumatur infinitum, et in Specimine tuo Dynamico postquam de infinitis impetus gradibus locutus es, subdis: *quanquam non ideo velim hæc entia mathematica reapse sic reperiri in natura, sed tantum ad accuratas æstimationes abstractione animi faciendas prodesse.* Ex quo duplici loco ansam ceperam opinandi infinitum quod adstruis intra syncategorematici fines contineri posse ; quid enim vetat quominus id quod de impetus gradibus dicitur, ad substantiarum multitudinem transferamus ? an plenitudinem mundi et æquabilem materiæ divisibilitatem legesque motus varii explicari pariter non posse censes citra infinitum, actu stricte sumptum ?

3. Cum ais nullam partem substantiæ corporeæ, imo nec partem partis esse quæ monadas non contineat, vel vis eandem præcise materiam pluribus simul Entelechiis informari, vel aliam materiæ partem alii Entelechiæ, singulas singulis, nullamque pluribus subesse ? non primum opinor, alioquin dici posset quamlibet materiæ partem omnes formarum saltem inanimatarum species continere, sicque materiæ homogeneitas statueretur, et varietas tolleretur. Ergo secundum asserendum ; at Entelechiæ (utpote infinitæ), cum in materia sint, singulæ singulas materiæ particulas infinite parvas sortientur, quæ tamen ipsæ divisibiles rursus erunt. Dividatur ergo earum aliqua : sane cum Entelechiæ istæ nec destrui possint nec dividi, sed nec nova possi produci a natura, alterutrum consequetur ut ea, cujus materia separata est, Entelechia unam ex partibus a se invicem separatis sequente, remaneat altera materiæ pars sine Entelechia, vel ut pars illa deserta accrescat aliis monadibus vicinis, sicque mutetur unitatum substantialium essentia.

4. Animantia bruta non intereunt, alioquin animæ eorum, quæ non intereunt, remanerent in natura inutiles. Quid ergo fiet, si, ut fieri potest, partes machinæ organicæ, cui animæ illæ affixæ sunt, separentur ab invicem ?

5. In Dissertatione contra Cl. Sturmium negas dari potentiam quæ non sit active motrix ; quid igitur fiet materia, quæ utique potentia passiva est ?

Denique, cum ais causas secundas acturas, si nullum adsit impedimentum, vel intelligis impedimentum negativum vel positivum : si ais acturas si nullum adsit impedimentum negativum, jam requiris occasionem sive conditionem positivam ad hoc ut homo rideat, nam impedimentum negativum tollitur tantum per aliquid positivum. Si dicis acturas si nullum adsit impedimentum positivum, ponamus igitur nihil extare in rerum natura præter unicam substantiam corpoream constantem materia et Entelechia unica, hoc casu substantia ista infinitas actiones ponet simul, non enim habebit impedimentum positivum, nec erit ratio quare pauciores ponat, aut quare unam potius ponat, quam aliam.

Præterea sola anima in homine libera est ; igitur machina illius organica producit motum sui liberum aut spontaneum occasione motus spiritualis ab anima producti, quæ tamen occasio non sollicitat ut causa, sed ut conditio.

. . . .

Dabam Hildesii 2 Martii 1706.

VI

LEIBNIZ A DES BOSSES

Hoc incommodo tempore valetudinis causa nonnihil distuli iter. Cum dubitationes tuæ res gravissimas et difficillimas attingant, æqui bonique consules, si præstem, non quæ postulat rei dignitas exigitque acumen tuum, sed quæ ferunt vires meæ.

Ens et unum convertuntur, sed ut datur Ens per aggregationem, ita et unum, etsi hæc Entitas Unitasque sit semimentalis.

Numeri, unitates, fractiones naturam habent Relationum. Et eatenus aliquo modo Entia appellari possunt. Fractio unitatis non minus est unum Ens, quam ipsa unitas. Nec putandum est, unitatem formalem esse aggregatum fractionum, cum simplex sit ejus notio, conveniens divisibilibus et indivisibilibus, et indivisibilium nulla sit fractio. Etsi materialis unitas seu in actu exercito (sed in genere sumta) apud Arithmeticos ex duabus medietatibus, cum subjectum earum capax est, componatur, ut sit $2 \times \frac{1}{2} = 1$, seu ita verbi gratia, ut valor grossi sit aggregatum valoris duorum semigrossorum. Cæterum ego de substantiis loquebar. Animalis igitur fractio seu dimidium animal non est unum per se Ens, quia non nisi de animalis corpore intelligi potest, quod unum per se Ens non est, sed aggregatum, unitatemque Arithmeticam habet, Metaphysicam non habet. Ut autem ipsa materia, si Entelechia adæquata absit, non facit unum

Ens, ita nec ejus pars. Nec video, quid impediat, multa actu subjici uni Entelechiæ ; imo hoc ipsum necesse est. Materia (nempe secunda) aut pars materiæ existit, ut grex aut domus, seu ut Ens per aggregationem.

Infinitum actu in magnitudine non æque ostendi potest ac in multitudine.

Argumenta contra infinitum actu supponunt, hoc admisso dari Numerum infinitum, item infinita omnia esse æqualia. Sed sciendum, revera aggregatum infinitum neque esse unum totum, aut magnitudine præditum, neque numero constare. Accurateque loquendo, loco numeri infiniti dicendum est plura adesse, quam numero ullo exprimi possint ; aut loco lineæ rectæ infinitæ, productam esse rectam ultra quamvis magnitudinem, quæ assignari potest, ita ut semper major et major recta adsit. De essentia numeri, lineæ et cujuscunque totius est, esse terminatum. Hinc etsi magnitudine infinitus esset mundus, unum totum non esset, nec cum quibusdam veteribus fingi posset Deus velut anima mundi, non solum quia causa mundi est, sed etiam quia mundus talis unum corpus non foret, nec pro animali haberi posset, neque adeo nisi verbalem haberet unitatem. Est igitur loquendi compendium, cum unum dicimus, ubi plura sunt quam uno toto assignabili comprehendi possunt, et magnitudinis instar efferimus, quod proprietates ejus non habet. Quemadmodum enim de Numero infinito dici nequit, par sit an impar, ita nec de recta infinita, utrum datæ rectæ sit commensurabilis an secus ; ut adeo impropriæ tantum hæ de infinito velut una magnitudine sint locutiones, in aliqua analogia fundatæ, sed quæ si accuratius examines, subsistere non possunt. Solum absolutum et indivisibile infinitum veram unitatem habet, nempe Deus. Atque hæc sufficere puto ad satisfaciendum omnibus argumentis contra infinitum actu, quæ etiam ad infinitum potentiale suo modo adhiberi debent. Neque enim negari potest, omnium numerorum possibilium naturas revera dari, saltem in divina mente, adeoque numerorum multitudinem esse infinitam.

Ego philosophice loquendo non magis statuo magnitudines infinite parvas quam infinite magnas, seu non magis infinitesimas quam infinituplas. Utrasque enim per modum loquendi compendiosum pro mentis fictionibus habeo, ad calculum aptis, quales etiam sunt radices imaginariæ in Algebra. Interim demonstravi, magnum has expressiones usum habere ad compendium cogitandi adeoque ad inventionem, et in errorem ducere non posse, cum pro infinite parvo substituere sufficiat tam parvum quam quis volet, ut error sit minor dato, unde consequitur errorem dari non posse. R. P. Gouye, qui objecit, non satis videtur mea percepisse.

Cæterum ut ab ideis Geometriæ ad realia Physicæ transeam, statuo materiam actu fractam esse in partes quavis data minores, seu nullam esse partem, quæ non actu in alias sit subdivisa diversos motus exercentes. Id postulat natura materiæ et motus et tota rerum compages, per physicas, mathematicas et metaphysicas rationes.

Cum dico, nullam partem materiæ esse, quæ non monades contineat, exemplo rem illustro corporis humani vel alterius animalis, cujus quævis partes solidæ fluidæque rursus in se continent alia animalia et vegetabilia. Et hoc puto iterum dici debere de parte quavis horum viventium et sic in infinitum.

Nullam Entelechiam puto affixam esse certæ parti materiæ (nempe secundæ) aut quod eodem redit, certis aliis Entelechiis partialibus. Nam Materia instar fluminis mutatur, manente Entelechia, dum machina subsistit. Machina habet Entelechiam sibi adæquatam, et hæc machina alias continet machinas primariæ quidem Entelechiæ inadæquatas, sed propriis tamen sibi adæquatis præditas, et a priore totali separabiles. Sane et Schola formas partiales admittit. Itaque eadem materia substat pluribus formis, sed diverso modo pro ratione adæquationis. Secus est si intelligas materiam primam seu τὸ δυναμικόν πρῶτον παθητικόν, πρῶτον ὑποκείμενον, id est potentiam primitivam passivam seu principium resistentiæ, quod non in extensione, sed extensionis exigentia consistit, entelechiamque seu potentiam activam primitivam complet, ut perfecta substantia seu Monas prodeat, in qua modificationes virtute continentur. Talem materiam, id est passionis principium perstare suæque Entelechiæ adhærere intelligimus, atque ita ex pluribus monadibus resultare materiam secundam, cum viribus derivatis, actionibus, passionibus, quæ non sunt nisi entia per aggregationem, adeoque semimentalia, ut Iris aliaque phænomena bene fundata. Cæterum vides hinc non putandum, Entelechiæ cuivis assignandam portionem materiæ infinite parvam (qualis nec datur) etsi in tales conclusiones soleamus ruere per saltum. Comparatione utar : finge circulum, et in hoc describe tres alios maximos quos potes circulos inter se æquales, et in quovis novo circulo et inter circulos interstitio rursus tres maximos æquales circulos, quos potes, et sic finge in infinitum esse processum, non ideo sequetur dari circulum infinite parvum, aut dari centrum quod habeat circulum proprium, cui (contra hypothesim) nullus alius inscribatur.

Quod statuo non interire Animam animalque, rursus comparatione explicabo. Finge animal se habere ut guttam olei, et animam ut punctum aliquod in gutta. Si jam divellatur gutta in partes, cum quævis pars rursus in guttam globosam abeat, punctum illud existet in aliqua guttarum novarum. Eodem modo animal permanebit in ea parte, in qua anima manet, et quæ ipsi animæ maxime convenit. Et uti natura liquidi in alio fluido affectat rotunditatem, ita natura materiæ a sapientissimo auctore constructæ semper affectat ordinem seu organisationem. Hinc neque animæ neque animalia destrui possunt, etsi possint diminui atque obvolvi, ut vita eorum nobis non appareat. Nec dubium est ut in nascendo, ita et in denascendo naturam certas leges servare, nihil enim divinorum operum est ordinis expers. Præterea qui considerat sententiam de conservatione animalis, considerare etiam debet, quod docui, infinita esse organa in animalis corpore, alia aliis involuta, et hinc machinam animalem et in genere machinam naturæ non prorsus destructibilem esse.

Cum dixi omnem potentiam esse active motricem, intellexi haud dubie potentiam activam, et indicare volui, semper actionem aliquam actu sequi ex potentia conatum involvente, etsi contrariis aliarum potentiarum conatibus refractam.

Causæ secundæ agent, si nullum sit impedimentum positivum; imo, etsi adsit, ut dixi, quamvis tunc minus agant.

Ais substantiam unam, si sola poneretur, habituram infinitas actiones simul, quia nil impediat. Respondeo etiam nunc, ubi impeditur, eam infinitas actiones simul exercere : nam, ut jam dixi, nullum impedimentum actionem prorsus tollit. Nec mirum est, quod substantia quævis infinitas exercet actiones ope partium infinitarum diversos motus exercentium; cum quævis substantia totum quodammodo repræsentet universum, prout ad ipsam refertur, et quævis pars materiæ a quavis alia aliquid patiatur. Sed non putandum est, ideo, quia infinitas exercet actiones, quamlibet actionem, et quamlibet æque exercere, cum unaquæque substantia determinatæ sit naturæ. Unam autem substantiam solam existere ex iis est, quæ non conveniunt divinæ sapientiæ, adeoque non fient, etsi fieri possint.

Paragraphi postremæ, cujus initium est : *Sola anima in homine libera est*, non satis scopum percipio. Quod anima non volvendo id est qua spiritualis seu libera est, sed ut Entelechia corporis primitiva, adeoque non nisi secundum Leges Mechanicas influat in actiones corporis, jam monui litteris præcedentibus. In Schedis autem Gallicis de Systemate Harmoniæ præstabilitæ agentibus, Animam tantum ut substantiam spiritualem, non ut simul corporis Entelechiam consideravi, quia hoc ad rem, quam tunc agebam, ad explicandum nimirum consensum inter Corpus et Mentem, non pertinebat; neque aliud a Cartesianis desiderabatur. Præterea ad actiones mechanica lege exercitas, non Entelechia tantum adæquata corporis organici, sed omnes etiam concurrunt Entelechiæ partiales. Nam vires derivativæ cum suis actionibus sunt modificationes primitivarum, quod in Latinis meis cum Sturmio Collationibus explicatum est; alterum alteri conjungi debet.

Intelligis, plerisque objectionibus facile satisfieri, si ad leges formæ revocentur. Rem ipsam autem tum maxime patere arbitror, cum in Breviario totius doctrinæ conspectus aliquis ob oculos ponitur, qui haberi potest, licet nondum omnes difficultates ad vivum resectæ habeantur, cum potius illa ipsa collatione maxime tollantur. Ut taceam vulgo salvis multis difficultatibus systemata stare. Tali ergo operæ manus admoliri fructuosissimum putem, et tum appariturum, quid adhuc potissimum desideratur.

. . . .

Quod superest, vale et fave. Dabam Hanoveræ 14 Martii 1706.

P. S. Cum tempestas in melius mutata videatur hodie, Brunsvigam mox rediturus sum. 17 Martii 1706.

. . . .

VII

DES BOSSES A LEIBNIZ

Remitto libros quos mihi nuper commodaras, pro quibus ingentes habeo gratias. . . . .

. . . Pervolvi eos magna cum voluptate, illum maxime qui tuas in Pelissonii librum notas ejusque responsa complectitur, in quo si aliud nihil profectum est, luculentum certe controversiæ moderate tractandæ specimen utriusque partis disputatoribus exhibuistis, quanquam nec multum a nobis abesse mihi visus es, nam difficultates si quæ restant, admissa semel infallibilitate ecclesiæ, ut plurimum evanescunt. Si enim in philosophia, uti me alias verissime monebas, salvis multis difficultatibus systemata stare possunt, id ipsum in religione quæ obscuritatem cum certitudine conjunctam habet, multo magis valere debet. Quod etiam scutum prophanorum philosophorum telis aliquoties opponit Jaquelotius in hoc ipso, quem remitto, libro. Præiverat illustris Huetius, amicus tuus, in Demonstratione evangelica, cujus hæc verba sunt propositione quarta initio capitis decimi quarti : ea est demonstrationum ratio, ut veritatis inquisitione ac inventione contentæ contrariis argumentis respondere negligant, idque merito quoniam simplex est ac unica veritas, eaque reperta ac demonstrata, quæcumque opponantur falsa esse necesse est. . . . .

In tua ad Nizolii librum dissertatione præliminari notisque sparsas hinc inde definitiones reperi, quæ mihi salivam moverunt, cæterasque quas a te confectas ajebas, videndi desiderium excitarunt. Pace tua, Vir Illustrissime, parum abest quin irascar historiæ isti tuæ, quæ profundioribus scientiis ad quas illustrandas natus es, te subducit, magna cum jactura boni publici, imo si ausim dicere, gloriæ tuæ. Nam si de gloria agitur, cedo mihi præstantissimum, quem voles, hujus ævi historicum, cujus cum laude Cartesius philosophicam suam famam permutare vellet si viveret ? Scio alios aliter affectos esse, sed et scio plurimos sentire mecum.

A nupero colloquio nostro duæ in mentem venere dubitationes quas hic subnecto, tuque pro tua humanitate boni consules.

1. Admissis diversæ naturæ entelechiis, quid opus est cognitione in brutis ? an non diversitas motuum, quam in illis cernimus, in diversas sed perceptionis expertes entelechias refundi poterit, ad eum fere modum quo motus humani corporis negas pendere ab influxu animæ saltem ut perceptiva est ?

2. Cum cæteris paribus diversus corporis motus prodire non possit nisi a diversa entelechia, sequi videtur, *legem* illam quam S. Paulus *videbat in membris suis, repugnantem legi mentis suæ, et captivantem se in lege peccati quæ erat in membris ejus*, hanc inquam legem, imo ipsum peccatum originale, quod vel hæc ipsa lex est, uti a multis protestantibus asseritur, vel hujus legis radix est, esse Entelechiam quandam, adeoque substantiam vel substantialem uti Flaccius Illyricus asserebat. Sane motus illi concupiscentiæ, imo nec concupiscentia ipsa inordinata futura erat in natura integra. Quid quod, cum anima ita corpori attemperata sit ut cuilibet motu

corporis saltem a nobis perceptibili alius in anima respondeat non liber, fiet, ut animam hominis labe originali inquinandi et lege peccati quæ est in membris nostris captivandi, aliam omnino esse ab ea necesse sit quæ in statu naturæ integræ creanda fuisset, adeoque neminem omnium qui nunc creantur creandum fuisse, imo nec creari potuisse si Adam non peccasset, imo nec Adamum fortasse potuisse condi eumdem si peccaturus non fuerat.

Hildesiæ 21 Maji 1706.

VIII

LEIBNIZ A DES BOSSES

Libros quos remiseras recte accepi. Utinam esset in quo tibi utilior esse possem! Hactenus, distractissimus, nunc primum respondendi officio satisfacio, et moræ veniam peto.

. . . .

Fateor demonstratione certa nobis data, non esse necesse nostri gratia (sed tantum propter alios) ut objectionibus respondeamus : sed hoc tamen nobis semper prodesse puto, cum difficilis objectio est, neque unquam esse defugiendum a peritis ; sublata enim speciosa difficultate nova lux affulget. Itaque ego, etsi passim certus sententiarum, tamen objectiones amo plausibiles, et puto semper satisfieri posse : nam si qua esset invicta, ea demonstrationem in contrarium non faceret. Nec video, cur argumentum magis sit demonstratio affirmationis, quam objectio negationis. Itaque non largior Baylio, aut alteri cuiquam, posse rationem fidei argumenta insolubilia opponere, neque cum Huetio et Jaquelotio (etsi viris insignibus et mihi amicis) tantum adversariis concedere velim.

Do operam, ut, quam primum licebit, Deo volente, campo historico excedam, opere effecto.

Ad binas dubitationes tuas venio. Cum perceptio nihil aliud sit quam multorum in uno expressio, necesse est omnes Entelechias seu Monades perceptione præditas esse, neque ulla naturæ Machina sua Entelechia propria caret. Meæ enuntiationes universales esse solent, et servare analogiam.

Peccatum originale nec Entelechia nec substantia esse potest : cum non sit aliquod animal, vel quasi animal, nec Anima ejus, sed imperfectio quædam nostræ Animæ, cui et imperfectio in corpore nostro respondet. Quemadmodum Horologii vel alterius Machinæ imperfectio orta, si placet, ex clasmate debilitato, Machina utique non est (1).

Vale et me ama.

Dabam Hanoveræ 11 Jul. 1706.

IX

DES BOSSES A LEIBNIZ

Roma intelligimus proscriptas nuper e scholis nostris esse triginta propositiones philosophicas, e Cartesio Malebranchioque fere depromptas, quarum aliquas quia circa materiam a te præclare elucidatam versantur, et censura jam pridem tuo calculo comprabata est, hic a me adduci non ægre feres.

6ª. Modi vel Accidentia, in aliquo subjecto semel producta non amplius indigent actione positiva cujusquam Causæ ipsa conservantis, sed tamdiu durare debent donec positiva actione Causæ alicujus externæ destruantur.

7ª. Ut aliquid de Quantitate Motus a Deo primum indita Materiæ periisse crederetur, Deum oporteret fingi mutabilem et inconstantem.

10ª. Essentia Materiæ seu Corporis in Extensione consistit externa et actuali.

16ª. Est in Mundo certa ac definita Quantitas Motus, quæ nec aucta unquam nec imminuta fuit.

19ª. Solus Deus est qui movere potest corpora; Angeli vero, Anima rationalis, ipsaque corpora non sunt causæ motus efficientes, sed occasionales tantum.

(1) Ici Gerhart donne en note quelques lignes qui sont entre parenthèses dans le manuscrit original et que le copiste a omises :

Puto non tantum motui corporis a nobis apperceptibili sed et alteri cuicunque perceptionem in nobis respondere, sed quam non animadvertimus ob talium perceptionum multitudinem, exiguitatem et confusionem. Uti assueti strepitus (qualis molendini vicini nostris ædibus) apperceptione carere solemus.

Primus homo utique alius condi poterat, et posteri ejus, sed Deus eam seriem possibilium elegit, in qua peccatum prævidebat, quod ea aliunde præstaret. Nam etsi quidam vestrorum dubitent, ego pro certo habendum censeo, Deum fecisse quod optimum erat factu. Nunc autem electa serie, in uno quoque individuo omnia alia sed salva libertate involvuntur.

20ᵃ. Creaturæ non producunt efficienter ullos effectus, sed solus Deus illos ad præsentiam illarum efficit : loca vero Scripturæ, in quibus creaturis tribuitur actio, intelligenda sunt sensu figurato.

21ᵃ. Belluæ sunt mera Automata, omni sensu et cognitione carentia.

22ᵃ. Animæ Rationalis unio cum corpore in eo solum consistit, quod Deus voluerit ad certas mutationes corporis certas in anima perceptiones aut motus excitari, et vice versa pro certis animæ cogitationibus seu voluntatibus certos in corpora motus sequi.

23ᵃ. Hanc motuum et affectionum communicationem non exigit ipsa corporis animæque natura, sed solum decretum Dei liberum.

25ᵃ. Corpora Mixta, etiam Brutorum non aliter differunt inter se, quam ex varia magnitudine, situ, figura, textura, quiete vel motu atomorum sive particularum materiæ insensibilium quibus constant.

28ᵃ. Nullæ sunt formæ substantiales corporeæ a materia distinctæ.

. . . .

Vale etc. Dabam Hildesii 20 Augusti 1706.

P. S. Inter relegendum video omissam esse a me propositionem 4ᵃᵐ quæ sic habet : *Mens nostra eo quod finita sit, nihil certi de infinito potest scire, proindeque a nobis disputari de illo nunquam debet.* Cujus falsitatem utinam aliquando in promisso a te *de scientia infiniti* libro demonstratam legamus.

X

LEIBNIZ A DES BOSSES

. . . .

Gratias ago quod mecum communicasti propositiones quasdam ex illis quas in vestris Collegiis doceri superiores nolunt. Quod si omnes obtinere licet, gratissimum hoc mihi foret. Memini videre olim editum similium propositionum indiculum, quas P. Mutius Vitellescus, si bene memini, censura notari curaverat. Ego libenter has censuras vel vestras vel aliorum cognosco, neque contemno : pertinet enim ea res ad formulas caute loquendi, et offensiones non necessariæ merito vitantur.

Ut paucula annotem ad eas quas communicasti mecum, dixerim ad sextam, Verum quidem esse quod modus semel inductus per se duret, sed cum substantia ; quoniam tamen non per se subsistit, semper emanabit ex substantia. Ad 7. Puto ego non quidem quantitatem motus, sed tamen virium a Deo conservari, naturaliter scilicet agendo. Interim hoc non ducitur ex constantia Dei, nec ideo Deus est inconstans, quod aliquid mutat, cum constans esse possit in aliqua ratione vel lege superiore, ex qua mutatio fluit in negotio inferiore. Ad 10. jam dudum exposui mentem meam. Prop. 16. etjam ipse refutavi publice, sed pro quantitate motus substituo, ut dixi, quantitatem virium eamque (naturaliter) conservari censeo.

Ad 19. Sentio motum et Entelechiam omnem secundam ex prima fluere, adeoque creaturas esse activas. Etsi interim leges cogitationum et leges motuum a se invicem sint independentes.

Ad 20. Idem dico quod ad 19.

Ad 21. Bruta puto perfecta esse Automata, et tamen simul habere perceptionem.

Ad 22. Cum Anima sit Entelechia primitiva corporis, utique in eo consistit Unio ; sed consensus inter perceptiones et motus corporeos ex harmonia præstabilita intelligibiliter explicatur.

Ad 23. Valde improbavi in Cartesianis quod putant inter objecta et nostras de iis sensiones arbitrariam tantum esse connexionem, et in Dei fuisse arbitrio, an odores vellet repræsentare per perceptiones, quæ nunc sunt colorum ; quasi non Deus omnia summa ratione faciat, aut quasi circulum per triangulum repræsentaturus sit, naturaliter operando.

Ad 25. Verum est omnia phænomena corporum naturalia (præter perceptiones) posse explicari per magnitudinem, figuram et motum. Sed ipsi motus (qui sunt causæ figurarum) non possunt explicari nisi advocatis Entelechiis.

Ad 29. Nullas esse formas substantiales corporeas a materia distinctas, recte rejicitur, si per formas corporeas intelligantur quales sunt animæ Brutorum, quæ scilicet reflexivo mentis actu seu cogitatione proprie dicta carent. Interim si quis exigeret formas corporeas interitui naturaliter obnoxias, ei fateor non possem adhærere. Nam cum Thomistis sentio omnes Entelechias primitivas indivisibiles esse, seu quod appello Monades. Talium autem neque origo neque interitus naturaliter intelligi potest.

Quartam, ni fallor, jam refutarunt Mathematici, et non pauca ipse edidi scientiæ infiniti specimina. Interim sentio, proprie loquendo, infinitum ex partibus constans neque unum esse neque totum, nec nisi per fictionem mentis concipi ut quantitatem. Solum infinitum

impartibile unum est, sed totum non est ; id infinitum est DEUS (1).
Vale et fave. Dabam Hanoveræ 1 Septembr. 1706.

XI

DES BOSSES A LEIBNIZ

Mitto propositiones quas cupis, missurus etiam non petenti, ut tuum de reliquis judicium intelligam : tantum ne facile divulgentur. Valde mihi gratæ fuerunt breves illæ notæ tuæ, tametsi quoad plerasque sententiam tuam habere perspectam videbar. Nec dubito quin illo fere sensu, quem tu quoque improbas, censoribus nostris displicuerint, decimam nonam si excepero. Nam dum Angelos, qui Entelechiæ corporis non sunt, causas motus plus quam occasionales esse volunt, motuum a cogitationibus dependentiam exigere aliquam videntur ; nisi tamen forte efficientia ista angelica per quamdam cum Entelechiis analogiam explicari posset, nam Animas rationales quod attinet, satis erit, opinor, si ut entelechiæ motum efficiant. Atque hic scire aveo, quid de nupera Turneminii hypothesi sentias ; tum etiam, ecquid tibi videatur de ratione qua Aristoteles contra philosophos antiquos vacuum ad motum esse necessarium contendentes demonstrare nititur potius, corpus si in vacuo moveretur, in instanti movendum esse, atque adeo motum in vacuo esse non posse.

. . . .

Dicebas in penultimis tuis Peccatum Originale nec Entelechiam esse nec substantiam, sed imperfectionem quamdam animæ nostræ, cui et imperfectio in corpore nostro respondet. Duo regero :

1. Si peccatum originale in imperfectione quadam animæ nostræ situm est, ergo nihil positivum impedit animam quominus agat, ut

---

(1) Note ajoutée par Leibniz sur un papier détaché :
Datur infinitum syncategorematicum seu potentia passiva partes habens, possibilitas scilicet ulterioris in dividendo, multiplicando, subtrahendo, addendo progressus. Datur et infinitum hypercategorematicum seu potestativum, potentia activa habens quasi partes, eminenter, non formaliter aut actu. Id infinitum est ipse Deus. Sed non datur infinitum categorematicum seu habens actu partes infinitas formaliter.
Datur etiam infinitum actuale per modum totius distributivi, non collectivi. Ita de omnibus numeris aliquid enuntiari potest, sed non collective. Sic dici potest cuilibet pari respondere suum imparem, et vicissim ; sed non ideo accurate dicitur æqualem esse multitudinem parium et imparium.

actura fuerat si non peccasset. Loquor de motibus indeliberatis, non de liberis.

2. Imperfectio corporea quæ respondet imperfectioni animæ infectæ peccato originali, negatio esse non potest, quia causat vere motus in natura lapsa, non orituros in natura integra; debet igitur esse substantia vel Entelechia, cum sit virtus agendi.

Contra profundam tuam definitionem perceptionis : *multorum in uno expressio*, occurrit, quod videantur aliquæ perceptiones circa unum tantum objectum versari; quomodo ergo erunt expressiones multorum? Adde quod creaturæ irrationales non percipiant universalia, ad quod nihil requiri videtur quam ut haberent perceptiones multa in uno exprimentes. Denique si omnis machina naturæ Entelechiam habet perceptione præditam, erit igitur animal, quid enim est aliud animal quam machina naturæ habens Entelechiam perceptione præditam? Alia quædam in mentem veniunt quibus supersedeo quod mentem tuam non satis assecutum me censeam. Vale, etc.

Dabam Hildesiæ 17 Septembris 1706.

XII

LEIBNIZ A DES BOSSES

Gratias ago pro communicatione propositionum apud vestros nuper reprobatarum, quarum indiculum utique tam mature in vulgus spargi necesse non est. Angeli non sunt Entelechiæ corporum, sed ipsi et Entelechias, nempe Mentes, et Corpora etiam, meo judicio habent, quæ etiam antiquorum Ecclesiæ Doctorum non paucorum sententia fuit, a qua præter necessitatem recessum est ; et quasi non satis esset, veram in perplexitatem accersitæ sunt fictitiæ. Angeli ergo corpora movent prorsus, ut nos facimus, nec definitio vestrorum decima nona mihi adversa est. Illud verum est, solum Deum novas vires novasque directiones materiæ posse dare, seu motus qui ex pristinis ejus Entelechiis non consequantur, idque ad miracula pertinere (1). Nosse velim an apud vos contraria meæ opinio de Angelis

(1) Dans le brouillon primitif, on lisait : « Et substantiæ creatæ a materiæ prorsus secretæ meo judicio non nisi per miracula perpetua locum habere possunt. Si quis apud vos, sive proprio, sive alieno constrictus judicio, angelos prorsus corporis expertes tueri, debeat poterit tamen in aliis compluribus mecum consentire. »

definita habeatur. Merito rejecti sunt qui Angelos omnes creaturam corpoream esse statuerunt; sed hoc ad eos non pertinet, qui omnes mentes, imo Entelechias, incorporeas esse agnoscunt.

Difficultatem quam adhuc moves de peccato originis, non satis intelligo. Non est virtus agendi, sed virtutis agendi impedimentum, ut ignorantia, vitium. Per impedimenta autem prodeunt actiones, quæ sine ipsis non prodirent, ut frigoris exemplo patet. Nec majorem distantiam concipio inter peccatum originis et vitium, quam inter habitum innatum et acquisitum. Vitium intelligo quale Aristoteles virtuti morali opponit.

Nunquam versatur Perceptio circa objectum, in quo non sit aliqua varietas seu multitudo : quod cum tibi sit exploratissimum, miror hic difficultatem repertam.

Miror etiam quod Universalia huc afferas. Universale est unum in multis, seu multorum similitudo, sed cum percipimus, exprimuntur multa in uno, nempe ipso percipiente. Vides quam hæc distent.

Miror etiam cur dicas animal esse machinam naturæ, quæ habeat Entelechiam perceptione præditam : nam ex mea definitione patet omnem Entelechiam (primitivam scilicet) perceptione præditam esse; at ideo animal semper prodire non est cur admittam.

Videris nimium tibi ipsi diffidere, et solutiones a me petere, quas pro insigni acumine tuo, nullo negotio, dare ipse posses. Et, ut sæpe dixi, si quis Breviarium Philosophiæ conficere tentet, nebulæ quæ superesse videntur mutua collustratione rerum dissipabuntur.

. . . .

Vale. Dabam Hanoveræ 20 Septembr. 1706.

P. S. Argumentum Aristotelis contra vacuum, quod in vacuo motus futurus esset instantaneus, non satis firmum est, absolute loquendo : nam finge, dum corpus in motu est, circumsita a Deo annihilari, non utique inde motus ipsius augeretur. Fatendum est nihilominus, etsi non ad necessitatem, tamen ad congruentiam pertinere, ut celeritas corporum limites habeat pro medio in quo versantur. Itaque non prorsus de nihilo est Aristotelis consideratio.

Veniam peto perturbatæ scriptionis.

XIII

DES BOSSES A LEIBNIZ

Plurimum semper ex litteris tuis proficio, sive me doces, sive amanter objurgas. Quod in dubitationibus alioqui facilibus hæream, noli mirari : nosti quam vim habeant hausta ex scholis præjudicia, quibus fit ut ea quæ scimus vel scire saltem possemus, sæpe nesciamus.

Universale cum multorum in uno expressione confundendi ansam mihi dedit familiaris scholis nostris partitio, qua universale in objectivum et formale seu mentale dividimus, quod postremum in ipsa perceptione confusa multorum similium a plurimis constitui solet. Hujusmodi perceptionem Entelechiis a te tribui non sane rebar, sed solum acutissimam tuam definitionem ad captum meum elucidari cupiebam, ut discrimen animam rationalem inter et cæteras Entelechias appareret.

Utrum Angelos esse incorporeos definitum apud nos habeatur, malo ex Patre Martino de Esparsa, magni nominis Theologo Romano, quam ex me intelligas. Ex eo, si forte ad manum autor ille non esset, ea quæ in adjecta schedula invenies, ad verbum descripsi. Rationes philosophicas, quas pro sententia affirmativa affert, perlustravi, quæ meo judicio, si quid evincunt, hoc duntaxat probant, esse angelos quosdam incorporeos, non vero omnes, videnturque posse omnes eæ rationes cum doctrina tua conciliari, si modo in subsidium vocare libuerit S. Thomam ejusque sequaces, qui Angelos *ministrantes* distinguunt ab *assistentibus*, atque ministrantibus quidam actionem physicam in corpora tribuunt, assistentibus vero negant. De quo videri potest S. Thomas prima parte qu. 112, articulis 2, 3 et 4.

Breviarium Philosophicum, cujus conficiendi jam dudum autor hortatorque es, lente procedit quidem ob temporis penuriam, procedit tamen, et quantum quotidianæ lectiones sinunt. Quidquid occurrit quod ad scopum illum faciat, colligo digeroque indies, atque verissime dictum, experior nebulas quæ restant, mutua rerum collustratione dissipari ; sed multo magis colloquio tuo, si eo frui interdum liceret, dissipatum iri confiderem, nam fatale tibi est novam rebus istis lucem afferre.

. . . .

Dabam Hildesiæ 29 Septembris 1706.

XIV

LEIBNIZ A DES BOSSES

Rogo ne quæ a me excitandi animi gratia dicta sunt, in sequiorem partem accipias.

Gratias ago pro loco Patris Martini Esparsæ exscripto ; ejus quædam olim legere memini, et visus est peracutus. Sententia de omnimoda sejunctione Angelorum a corporibus, non rationem, non Scripturam, sed solam opinionem communem scholarum pro fundamento habet. Concilium Lateranense loqui non definitive, sed discursive ex recepto tunc sensu, verba satis ostendunt. Ut aliqui Angeli, quos cum Thoma assistentes vocas, a corporibus sejuncti sint prorsus, meæ, ni fallor, demonstrationes non admittunt, et facile id fateor de omnibus, quod de aliquibus ferri posset.

Eum tamen corporis usum Angelis tribui posse arbitror, ut non inepte dicantur Formæ Assistentes potius, quam inhærentes, non quod Entelechiarum officium non faciant, sed quod corpori non sint affixæ. Arbitror enim (cum naturaliter possibile sit et ad perfectionem Universi faciat) esse Entelechias, quæ facillime mutent corpus, seu de corpore in corpus transeant, non momento quidem (nihil enim sic fit naturaliter) sed brevi tamen tempore, licet per gradus. Uti pars quam retinent, servit mutandæ parti, quam deponunt, etsi etiam ipsa deinde pro re nata mutetur, uti nos manus ope possumus pedem mutare, et ligneum carneo substituere : imo ope unius manus possemus mutare alteram manum, et ope novæ manus rursus priorem, si novam satis nobis unire liceret. Ita semper aget Angelus per corpora, semperque locum habebit Harmonia præstabilita, seu ut, quæ vult Angelus, fiant ex ipsa corporum lege, fere ut Suaresium vestrum dicere memini ex quorundam sententia res ita præordinatas esse, ut voluntatibus precibusque beatorum sponte satisfaciant.

Assistentes igitur Formas voco quæ pro arbitrio corpus sumunt aut deponunt, et quod habent transformant ; inhærentes atque animantes, quæ tale arbitrium non habent, etsi hoc arbitrium suis limitibus coerceatur, ut cuncta naturali ordine procedant. Solius enim Dei est quidvis facere ex quovis, nuda voluntate. Et priores putem a corpore secretas dici posse, posteriores vero corpori affixas. Fatendum tamen est ambas corpori unitas esse, ut rationem habeant Entelechiæ. Et hoc videtur esse ad mentem Augustini Lib. XXI de

Civitate Dei Cap. X, a Thoma citatam quæstionem 16, de Malo, Artic. I : *Posse scilicet Dæmones* (vel Angelos) *dici Spiritus, quod corpora sibi magis subdita habeant.* Itaque neque intelligentiis istis Animarum, neque Angelis ipsis Animalium appellationem tribuemus. Cæterum Corporis mutatio nihil habet, quod non receptis consentiat : nam et nos corpus mutamus, ut fortasse senes nihil materiæ infantis retineamus ; tantum hoc interest, quod neque subito neque, pro arbitrio corpus exuimus.

Quod superest, vale et fave.

Dabam Hanoveræ 4 Octobr. 1706.

XV

DES BOSSES A LEIBNIZ

Dierum aliquot excursione impeditus sum, quominus gratissimis tuis litteris citius responderem. Nuperam excitatiunculam tuam adeo non tuli moleste, ut vel corripi a te malim quam ab alio laudari.

Omnimodam Angelorum sejunctionem a corporibus ne Esparsa quidem ipse, quem nuper laudavi, probaverit ; nam in illo ipso quem citavi tractatu quæstione 5, Articulo 5, sic loquitur : *Unusquisque Angelus, saltem tertiæ Hierarchiæ* (et idem dici potest de duabus reliquis) *refertur ad determinatum corpus, aut ad determinatam corporum collectionem, atque cum illo aut illis peculiariter connectitur in ratione motoris aut directoris : habetque in se intrinsece aliquid, per quod a Deo est permanenter destinatus ad talem determinate corporis vel corporum curam et regimen.* Et post pauca : *Sicut animæ rationales referuntur singulæ ad singula corpora tanquam eorum formæ, ita singuli ex prædictis Angelis referuntur ad singula corpora vel corporum collectiones tanquam motores aut directores eorum.* Hucusque Esparsa. Ubi vides ipsum Angelis tribuere officium Entelechiæ analogum. Et hanc doctrinam tradit hoc loco Esparsa, ut ostendat Angelos ab invicem solo numero differre posse, quamvis individuatio vel numerica substantiarum diversitas per respectum ad materiam desumenda sit juxta veterum Peripateticorum sententiam.

Itaque totum postremæ epistolæ tuæ ratiocinium bellissime procedere reor, etiam ad mentem hujus autoris, si modo per Entelechiæ munus quod Angelis attribuis, ejusmodi vim motricem corporum intelligas, ob quam Angelica tamen intelligentia dicenda non sit incompleta substantia, nec ex intelligentia Angelica et corpore cui conjungitur unum per se suppositum fieri dicatur, uti fit ex anima humana et corpore. Hanc enim incompletionem non facile admittent Theologi nostri. Sit ergo sane Angelicas intelligentias inter et corpora ab ipsis mota, unio vera ac intima illa quidem sed accidentalis, non faciens ex illis junctis unum per se ens, cujusmodi est Verbum Divinum unitum humanitati, ut altero exemplo eoque theologico utar. Id si admiseris, uti stante etiam discrimine quod inter Animalia et Angelos, Animam hominis inter et intelligentiam Angelicam statuis, admittere posse videris, nihil video in quo sententia tua a probata et recepta in scholis doctrina recedat. Cæterum rationes quæ suadent substantias aliquas creatas penitus a corporibus separatas concedendas esse, hæ fere sunt, quas subdo ut demonstrationes tuas in contrarium eliciam.

1. Ad perfectionem universi spectat existere hujusmodi substantias, si quidem possibiles sunt. At possibiles esse quid vetat? an non Deus ipse talis substantia est? neque enim opinor Deum etiam esse Entelechiam dices. Quod esset Deum facere animam mundi, eamque necessario affixam corporibus omnibus extantibus, cum Deus necessario agat in illa quamdiu existunt. Quidni ergo Deus communicare possit cum creatura aliqua quantumvis sejuncta a corpore, virtutem quam ipse habet movendi corpora? Nec dicas potestatem hanc Deo ut Spiritui infinito convenire, nam non satis apparet, quid hic faciat infinitas, et hinc colligo non repugnare Spiritui puro qua purus est, virtutem movendi corpora, alioquin nec spiritui puro infinito id conveniret (per purum intelligo spiritum qui simul Entelechia non sit). Sane si ad agendum in corpus oporteret esse corpus, ne spiritus quidem infinitus in corpus agere posset, ergo pariter si ad agendum in corpus oporteret non esse spiritum purum, nec spiritus purus infinitus tali virtute gaudebit.

2. Admisso etiam spiritum creatum qui Entelechiæ munus non habeat, agere in corpora non posse, cur impossibilis erit spiritus creatus, qui Entelechia non sit, nec adeo movere corpora possit? Certe S. Thomas aliquibus Angelorum ordinibus omne circa creaturam corpoream ministerium exterius et sensibile sive omnem in corpora actionem abjudicat, non solum de lege communi sed etiam extraordinaria, hosque ipsos, ut sic loquar, inertes Angelos assis-

tentes vocat, distinguitque a ministrantibus ad quos duntaxat pertineat circa corporeum ministerium occupari. Juvat inspicere hunc Doctorem citata parte prima qu. 112, articulis 1, 2, 3 et 4, ut in qua significatione vocem assistere in priori epistola usurpaveram agnoscas. Tu de Angelis corpori assistentibus loqueris, Ego de Angelis Deo assistentibus cum S. Thoma loquebar.

Quod in fine insinuas, nos corpus mutare, ut fortasse senes nihil materiæ infantilis habeamus, scio quidem plurimorum philosophorum sententiam. Sed si sit etiam tua, profecto mentem tuam non recte explicavit Baylius in Dictionario Historico-Critico, Artic. Rorarius, littera I, ubi ait : « L'hypothèse de M. de L. nous porte à croire... 2° que ces âmes subsistent toujours depuis ce temps-là unies, inséparablement au premier corps organisé dans lequel Dieu les a logées. Cela nous épargne la Métempsychose, qui sans cela seroit un asyle où il faudrait nécessairement se sauver ». Nam quomodo verum erit, animas semper unitas primis suis corporibus subsistere, nisi dicatur aliquid materiæ primigeniæ semper adhærere Entelechiis? Si bene memini, cum in superioribus litteris aliquid ea de re movissem, respondisti : nullam Entelechiam esse certæ parti materiæ, nempe secundæ, affixam ; secus vero si sermo sit de materia prima, talem enim materiam, id est passionis principium, etc., perstare suæque Entelechiæ adhærere. Porro si materiam hujusmodi primigeniam, Entelechiæ adhærentem, quam cæteris formis concedis, Angelicis intelligentiis denegas, optime ni fallor vel ex hoc capite dici potest, Spiritus Angelicos non formas esse sed motores duntaxat corporum in sensu quo voces has Peripatetici usurpant.

Duo restant in præsenti materia, de quibus mentem tuam intelligere cupio :

1. Utrum censeas animæ etiam rationali post mortem hominis aliquam materiam adhærere comitem individuam usque ad resurrectionem?

2. Cum omnis Entelechia sit spiritus, cur igitur etiam omnis Entelechia non erit rationis particeps, intellectu et voluntate prædita, facta ad imaginem Dei, capax beatitudinis sempiternæ, perinde ac nostræ? cum ejusmodi attributa a spiritualitate sive immaterialitate tanquam a radice adæquata oriri passim censeantur.

Dabam Hildesiæ 14 Octobris 1706.

XVI

LEIBNIZ A DES BOSSES

Valde placet Esparsæ vestri locus, et pergratum erit, quoties indicabis autoritates mihi faventes. Neque ego illud Peripateticorum dogma sperno, qui relationem ad determinatam materiam (etsi pro tempore aliam atque aliam) ad numericam distinctionem substantiarum requirunt. De Deo res secus habet, qui sufficiens sibi causaque est materiæ et aliorum omnium; itaque non est anima mundi, sed autor. Naturale vero est creaturis materiam (secundam scilicet) habere, neque aliter possibiles sunt, nisi Deus per miraculum suppleat materiæ munus. Atque non nisi miraculo præstari possunt, non sunt regulariter necessaria ad perfectionem Universi. Spiritus infinitus in corpora agit creando et conservando, quod quædam creandi continuatio est; hoc finito Spiritui communicari non potest.

Cum de assistentibus Formis locutus sum, non ad Thomæ distinctionem, quam memoras, respexi inter angelos Deo assistentes et ministrantes (quanquam Scriptura omnes appellet ministratores Spiritus), sed ad Peripateticas phrases. Deo assistentes Intelligentias, quæ nihil aliud agant, neque Deo sint administræ, convenire rerum ordini non puto. Has enim removere a corporibus et loco, est removere ab universali connexione atque ordine Mundi, quem faciunt relationes ad tempus et locum.

Quod ad quæstionem attinet, utrum Entelechia materiam mutet, distinguo, ut me jam fecisse scribis : Entelechia corpus suum organicum mutat seu materiam secundam, at suam propriam materiam primam non mutat. Dominus Bayle mentem meam in his satis percepisse non videtur. Materia prima cuilibet Entelechiæ est essentialis neque unquam ab ea separatur, cum eam compleat et sit ipsa potentia passiva totius substantiæ completæ. Neque enim materia prima in mole seu impenetrabilitate et extensione consistit etsi eam exigat: materia vero secunda, qualis corpus organicum constituit, resultatum est ex innumeris substantiis completis, quarum quævis suam habet Entelechiam, et suam materiam primam, sed harum nulla nostræ perpetuo affixa est. Materia itaque prima cujuslibet substantiæ in corpore ejus organico existentis, alterius substantiæ materiam primam involvit, non ut partem essentialem, sed ut requisitum immediatum, at pro tempore tantum, cum unum alteri succedat. Etsi ergo Deus per potentiam absolutam possit substantiam creatam privare materia secunda, non tamen potest eam privare materia prima; nam faceret inde Actum purum qualis ipse est solus. An vero necesse sit Angelum esse formam informantem seu Animam corporis organici eique personaliter unitam, alia quæstio est, et certo sensu in præcedente epistola exposito negari potest. Vides etiam hinc tolli substantias incompletas, monstrum in vera philosophia.

De statu animæ humanæ separatæ nihil certi definire possum, cum præter Regnum Naturæ hic influat Regnum Gratiæ. Cur autem certa materia secunda ei perpetuo affigatur usque ad resurrectionem, causam nullam video.

Non memini dicere quod omnis Entelechia sit spiritus, malimque hanc appellationem servare rationalibus Entelechiis. Sane quod non omnis Entelechia rationis sit capax, jam dudum dixi, cum non omnis sit sui conscia seu reflexivo actu prædita. Hoc ni fallor Peripatetici (Thomistæ inprimis, qui indivisibiles agnoscunt etiam brutorum animas) jam observarunt. Hinc brutorum animæ personam non habent, ac proinde solus ex notis nobis animalibus homo habet personæ immortalitatem, quippe quæ in conscientiæ sui conservatione consistit, capacemque pœnæ et præmii reddit.

Vale et me ama. Dabam Hanoveræ 16 Octobr. 1706.

XVII

LEIBNIZ A DES BOSSES

Billet, daté d'Helmstadt, le 13 *novembre* 1706, *sans intérêt philosophique.*

XVIII

DES BOSSES A LEIBNIZ

Billet, daté d'Hildesheim, le 1*er décembre* 1706, *sans intérêt philosophique.*

XIX

LEIBNIZ A DES BOSSES

Paulo serius gratissimæ tuæ ad me sunt perlatæ. . . . . .
. . . .
De infallibilitate Ecclesiæ in rebus facti doce me quæso aliquando : ego enim fateor me semper Bellarmini et aliorum sententiam magis probasse, qui ipsa Generalia Concilia in eo genere labi posse putant, et nollem commodis præsentibus affectibusque doctrinas imposterum pœnitendas dari. Imponere etiam omnibus, ut in rebus hujusmodi de interiore assensu jurare debeant, iniquum arbitror, cum ille hic non sit in potestate nec adsint quæ sufficiant ad persuadendum. Ecclesiæ autoritas (quam ego, si justis limitibus coerceatur, venerandam arbitror) perinde ut principum non augetur abusu et prolatationibus nimiis, sed tandem etiam intra æquum periclitatur, quod experientia plus semel docuit. Utinam præclari homines et in vestro ordine et alibi passim vel ponerent vel coercerent hos affectus, quibus non raro boni viri gravantur. Ego nec Sorbonicorum in vestros acta nupera nec vestrorum in Jansenii memoriam laudare potui, et damnatas propositiones nasi cerei similes puto, cum nemo nesciat, quam varie Possibilitatis Necessitatisque nomina accipiantur.

Quæ inter nos acta sunt de philosophicis rebus, non puto communicationi in publicum qualicunque apta esse, divulsa scilicet et non in systema collecta, quale a te sperabam. Tibi ea, sapienti scilicet, non quibusvis scripsi. Itaque minime conveniunt Collectaneis Trivultianis, ad popularia magis destinatis, et spero te pro tua erga me benevolentia non permissurum ut tam alieno loco prodeant. Ipsos Trivultianos Collectores, viros quidem eleganter doctos, rogandos putem, ut inter recensendum malint indicare quæ eximia aut profutura extent in libris, quam quæ vana aut spernenda. Humana mens in satyram et contemtum aliorum prona est ; huic vitio lectorum nolim indulgeri, præsertim a viris religiosis. Homo aliquis bonus et doctus magno studio opus elaboravit, et in usum publicum nova sua impendit : præmium inde nullum expectat aliud, quam laudem : cur nos bene animato malum reddemus pro bono, et contemtu ac risu (si qua forte lapsus est) hominem ad pœnitentiam laudabilis facti adigemus ? Quod si qua moneri operæ pretium sit, hoc velim ita fieri, ut autor sibi de nostra censura gratuletur.

. . . .

Cl. Hartsoekerus Batavus Conjecturas suas physicas nuper editas ad me misit, quibus novum systema tentat vel potius ante paucos annos publicatum prosequitur. Multa habet ingeniosa, sed profundius adhuc latent interiora naturæ, quam ut certas causas effectuum compositorum in hac infantia philosophiæ sperare fas sit.

. . . .

Ubi Hanoveram reversus fuero, quod mox fiet, facilius ad commercia tua litteraria aliquid conferre potero. Interea vale, etc. Dabam Berolini 1 Febr. 1707.

XX

LEIBNIZ A DES BOSSES

Billet, daté du 23 juin 1707, où Leibniz annonce son retour à Hanovre.

XXI

DES BOSSES A LEIBNIZ

Tandem aliquando Hanoveram te salvum incolumemque rediisse gaudeo et gratulor. Litteræ tuæ Berolino pridem datæ tanto mihi fuere cariores, quanto minus a te tam procul commorante multisque negotiis distracto aliquid exspectandum putabam. Sed cum hoc ipsum, tum spes quam faciebas propinqui reditus tui, suaserunt ut responsum in reditum illum tuum differrem.

. . . .

Quod odiosis abstinendum utrinque caves, amicum pacis et boni communis consilium exosculor. Optimum sane erat, si modo utrinque, nam si justa defensio exigat, odiosam licet veritatem cum inculpatæ tutelæ moderamine manifestari, non, opinor, improbabis.

. . . .

De iis quæ circa philosophiam mecum communicasti per litteras, quæso ne sollicitus sis; an ego quæ te inscio vulgare nolui, vulgarem invito ? mihi satis est intellexisse mentem tuam. Tu vero dabis veniam inconsultæ petitioni meæ. Seduxerant me Schediasmata mathematica in Diariis passim reperta, quæ non minus quam metaphysica vulgi captum superant. Plane expedit ea non nisi systemati quale meditor, inclusa prodire, quanquam vereor ne materiam tuam artificis inscitia deleat.

Trivultianis collectoribus, cum opportunum erit, sensa tua perscribam, nec dubito quin pro ea in qua te apud eos esse novi veneratione, æquissimum tuum consilium libenter accipiant. Scio satyricum salem qui primis Diarii Parisiensis tomis aspersus multorum palato sapuerat, in posterioribus desideratum esse a nonnullis; sed tanti non est, ut cum caritatis et æquitatis dispendio lectoris maligni stomachum pervellendum putem, quanquam fateberis, difficile quandoque esse satyram non scribere, ut ex. g. si quis S. Bernardum protestantem fuisse probet ex eo quod in Christi meritis fiduciam omnem suam posuerit.

. . . .

Philosophia vera quæ nuper sub ficto nomine Aloysii Temmick prodiit, de qua in penultimis tuis memineras, fœtus est cujusdam e nostris ante duos circiter annos Aschaffenburgi defuncti. Mihi inter cætera non placet, quod tantopere contendit formas omnes humana excepta meros esse materiæ modos, nam quomodo rei mere passivæ modus activa vi pollere possit, juxta tecum non video. Deo vero soli actionem tribuere quid aliud est quam philosophiam evertere? Ac quoniam modorum mentio incidit, aveo scire quid sentias de quantitate molis sive extensione quam alicubi dicis nil aliud esse quam jam præsuppositæ intendentis renitentisque id est resistentis substantiæ continuationem sive diffusionem. Hæc ipsa continuatio sive diffusio, estne modus tantum substantiæ, an aliquid plus quam modaliter ab ipsa distinctum, id est accidens absolutum?

Quod modus merus esse non possit, probare videtur argumentum simile illi quod formas materiæ modos non esse evincit, nam sicut modus rei ex se non activæ actionem præstare non potest, ita modus rei ex se non extensæ, qualis est substantia, nec ipse per se extensionem præstabit.

Quæsivi in libro Newtoni locum, in quo nititur probare admittendum esse vacuum, sed reperire non potui. Gratum facies si paginam indicaveris, simulque verbo unico mentem tuam de illo argumento insinuaveris.

. . . .

Dabam Hildesiæ 25 Junii 1707.

XXII

DES BOSSES A LEIBNIZ

Quo die perferendas ad te tradidi litteras, quibus et de reditu prospero tibi gratulabar et ad tuas Berolino pridem datas respondebam, gratissimas tuas Hanovera scriptas accipio, officiumque tuum humanitate tua præventum video ac erubesco.

. . . .

Cum alias significares, non ingratum fore si quæ ad sententias tuas confirmandas occurrunt idonea, tibi indicarem, non possum quin exhibeam tibi verba paucula Antonii Perez nostri, Theologi, si quis alius acuti, excerpta e Tractatu de Virtutibus Theologicis disputatione sexta capite 3, numero 2, pagina mihi 280 : *Infinitam multitudinem punctorum actualium aut instar mathematicorum in quantitate et tempore existimo esse impossibilem, etiam de potentia absoluta; nam licet continuum sit in infinitum divisibile, ut ego existimo, et* NB. *infinita contineat indivisibilia metaphysica, mathematica tamen actualia non potest continere infinita actu, sed solum in potentia. Quomodo autem differat indivisibile metaphysicum, et indivisibile mathematicum actuale, et indivisibile mathematicum potentiale alibi explicui, et in hac distinctione existimo consistere solutionem difficultatis continui.* Hucusque Perez. Ego in indivisibilibus istis metaphysicis quæ adstruit, aliqua systematis tui lineamenta agnoscere mihi videor.

Dabam Hildesiæ 26 Junii 1707.

XXIII

LEIBNIZ A DES BOSSES

A reditu meo valde distractus fui. Itaque humanissimis tuis non prius, ut par est, respondere licuit. Gratias ago, quod indicas, Aloysium Temmick nomen esse fictum, et peto ut verum me doceas. Etsi autem non probem primarias sententias autoris, optarem tamen concedi doctis, etiam vestris, philosophandi libertatem, quæ æmulationem parit et ingenia excitat : contra animi servitute dejiciuntur, neque aliquid egregii ab iis exspectes, quibus nihil indulgeas. Itaque

Itali et Hispani, quorum excitata sunt ingenia, tam parum in Philosophia præstant, quia nimis arctantur. Quæ Temmigius ille Pseudonymus sensit, publice in Gallia tuentur multi eruditi.

Scripsit olim aliquis *Concordiam Scientiæ cum Fide* sub nomine Thomæ Bonartis Nordtani Angli. Eum ex vestro fuisse ordine, et ob librum reprehensiones sustinuisse didici : ipsum viri nomen vellem discere beneficio tuo. Habemus librum ejus scriptum eleganter et ingeniose, sed obscuriuscule : itaque non satis excutere licuit. Si tibi lectus non est, et legi dignus videtur, mittam.

. . . .

Non bene capio, quid P. Perez, cujus notum mihi ingenium est, per Metaphysica indivisibilia intelligat, quod ex aliis ejus loci facile erues. Si intelligeret Monades, mihi consentiret. Et spatium sane ex monadibus non componitur : quæ an et Perezii de suis indivisibilibus Metaphysicis sententia sit scire e re erit, certe Mathematicis opponit. Possem interim hac ejus phrasi ad monades meas designandas uti : quas et aliquando Atomos Metaphysicas vocare memini, item substantiales. Spatium per se est indeterminatum ad quascunque possibiles divisiones; res enim est idealis, ut unitas numerica, quam pro arbitrio in fractiones secare possis, at massa rerum actu divisa est.

Hartsoekeri liber, quem ad me misit, jacet in cista, quem adhuc Berolino exspecto ; acceptum mittam. Duo ponit principia, nempe partes materiæ alias perfecte fluidas, et alias perfecte firmas. Hanc hypothesim vulgares Philosophorum notiones non facile refutaverint ; apud me stare non potest.

Newtonus (quantum nunc judicare possum, dum librum percurrere non vacat) videtur demonstrationem vacui suam non tam absolutam exhibuisse, quam insinuasse p. 346 Principiorum Naturæ Mathematicorum, ubi experimenta exhibet, ex quibus putat pendere demonstrationem vacui. Ego vero non video, quomodo possibile sit experimenta excogitari, unde hæc controversia accurate definiatur, quam a rationibus unice pendere censeo. Inspicies hunc locum, quem quærebas, et si videtur examinabis.

Venio ad controversias vestrorum, optaveramque odiosis utrinque abstineri. Id tu, admodum Reverende Pater, valde laudas, modo fiat utrinque. Fortasse tamen laudabilior erit, qui a sua parte faciet, quamvis mutua humanitas non reddatur : et religiosis hominibus, imo virtutem colentibus omnibus dictum ego putem illud Virgilianum :

> Tuque prior, tu parce genus qui ducis Olympo,
> Projice telu manu, sanguis meus.

Porro quæ ad irrisionem faciunt, pejora dictis injuriosis censeo; nam magis mordent, et minus facile depelluntur.

Persecutiones autem ob sententias, quæ crimina non docent, pessimas censeo, a quibus non tantum abstinendum sit probis, sed et abhorrendum, et in id laborandum, ut alii, apud quos nobis aliqua est auctoritas, ab iis deterreantur. Honores et commoda, quæ non debentur, iis negare permissum est, qui sententias fovent, quæ nobis incommodæ videntur : sua auferre, et magis etiam proscriptionibus, vinculis, remis, gravioribusque adhuc malis sævire, permissum non puto. Quid hoc enim aliud est quam violentiæ genus, a quo nisi per crimen (abjurando quæ vera putas), tutus esse non possis? Itaque quanto quisque melior est, tanto magis sub hac tyrannide laborat. Et sane si mihi esset facultas persuadendi, Gerberonius et similes plenissima libertate fruerentur : fac (quod objicis) redituros in antiquam sylvam, fac scribere, fac tueri sententiam; æquis armis, non vi metuque errores subverti debent; imo fac stare errores, id levius in talibus malum est, quam sic agi. Quin cadunt plerumque neglecti facilius quam pressi. Nullus hodie esset, quem vocatis, Jansenismus, nisi tantum contra Jansenii opus strepitum homines infesti excitassent, quibus factionis, non veritatis cura erat. Jansenii *Augustinum* aliquando non sine cura inspexi : egregium opus esse deprehendi, et magno doctrinæ theologicæ malo eruditorum manibus excussum, etsi sententias ejus plurimas non probem. Notare mihi visus sum, consilium ei fuisse non tantum Systema Theologicum Augustini revocare in scholas, quod improbari non poterat, sed et contraria dogmata tanquam Pelagiana aut Semipelagiana ejicere, quod probare non possum. Valde noxium est constringi indies sentiendi libertatem non necessariis definitionibus. Fac quædam esse, in quibus Scholastici quidam Pelagianis consentiant, an ideo statim damnandi sunt? Ipse Augustinus quasdam suas priores sententias, Pelagiana controversia invalescente, mutavit. Sufficit conclusiones Pelagianas et Semipelagianas primarias et ab Ecclesia antiqua rejectas vitari. Itaque ita sentio : Si Jansenius aut Janseniana pars scopum obtinuisset, multo adhuc graviorem futuram fuisse servitutem, et in Jansenio reprehendi merito poterat condemnandi alios inconsulta vehementia. Sed evenit, nescio quo fato, ut reprehensa sint tanquam

Janseniana, quæ mihi, ut verum fatear, Jansenius docuisse non videtur, nam plus simplice vice protestatur, a se et Augustino vocabula libertatis, necessitatis, possibilitatis, impossibilitatis longe alio sensu sumi, quam qui in scholis est receptus; in quo Theses receptas se non negare ait, sed tamen de iis nec laborare. Itaque vereor, ne irrita sint illa Vaticana in eum fulmina, verissimæque exceptiones amicorum Jansenii, quidvis potius in animo fuisse viro, quam sensum illud obvium censorum Romanorum. Nam sensus verborum hodie obvius in scholis, apud veteres obvius non erat. Et sæpissime expertus ipse sum, quam varie ea ipsa verba ab hominibus sumantur inter loquendum pariter et scribendum, idque in populari sermone non minus quam inter eruditos. Itaque miratus sum, Dumasium vestræ partis scriptorem Historiæ Jansenismi suæ non addidisse, quod basis operis esse debebat, indicem locorum Jansenii in quibus extent propositiones demnatæ, ut facilius conferri possent. An putat in re, quæ oculari inspectione constat, Vaticanorum censorum autoritatem et extortas subscriptiones sufficere posse? Archiepiscopi Cameracensis, viri certe magni et ob alia mihi valde æstimati, subtilitates miras, quibus in facti quæstionibus infallibilitatem Ecclesiæ vindicat, discutere non vacat, neque mihi certe eo labore opus est, qui sentio nullam Ecclesiæ infallibilitatem esse, nisi in conservandis dogmatibus salutaribus, dudum a Christo traditis; cætera ad disciplinam pertinere, ubi reverentia sufficit, assensus necessarius non est. Si Roma definisset, Antipodes non esse, si hodie motum terræ damnaret, an infallibilem habendam putaremus? Et licet mos ille malus in Ecclesia invaluerit, nova dogmata fidei producendi et alios condemnandi præter necessitatem, non ideo minus improbari aliisque abusibus, qui irrepsere, computari debet. Articulus certe salvificæ fidei non est, Jansenium aliquid docuisse : quæ hæc ergo est κακοζηλία, velle exprimere omnibus inanis sententiæ professionem? Ita dum iniquum petunt homines, nec æquumferunt. Vellem demonstrari ab aliquo, quæ vera fuerit Jansenii sententia, quod homini diligenti et perito non difficile puto : sed utilius adhunc erit discutere, quid senserit Augustinus, ob viri merita et autoritatem; quanquam verear ne Augustinum Jansenio plerumque ὁμόψηφον reperturi simus, tanto ille studio excussit, et ut arbitror, non minori etiam fide repræsentavit. Ab Augustino postea schola recessit, nec, ut mihi videtur, male in multis. Vellem tamen systema tanti viri notius esse, quam esse video. Dum distinguis duas propositiones, unam quam autor in mente habuerit, alteram quam expresserit, et posteriorem ad doctrinalia facta pertinere putas, de quibus infallibiliter statuere possit Ecclesia, videris mihi agnoscere, non debuisse aliquid definiri de sensu ab auctore intento, quod tamen, ni fallor, a Pontificibus tandem factum est, parum, ut arbitror, consulte et per sollicitantium importunitates. Vides quo tandem alios coercendi nimio studio deveniatur.

Philosophica meletemata non minus quam mathematica vulgi captum superant, sed magis interpretationibus iniquis obnoxia sunt. Itaque mallem connexa aliquando dari, quam disjecta et ictibus exposita, dum se mutuo non tuentur.

Cum dico extensionem esse resistentis continuationem, quæris, an ea continuatio sit modus tantum? Ita putem : habet enim se ad res continuatas seu repetitas, ut numerus ad res numeratas : substantia nempe simplex, etsi non habeat in se extensionem, habet tamen positionem, quæ est fundamentum extensionis, cum extensio sit positionis repetitio simultanea continua, ut lineam fluxu puncti fieri dicimus, quoniam in hoc puncti vestigio diversæ positiones conjunguntur. At activum repetitione seu continuatione rei non activæ nasci non potest. Quod superest, vale et fave.

Dabam Hanoveræ, 21 Julii 1707.

XXIV - XXV - XXVI

LEIBNIZ A DES BOSSES

Billets datés de Hanovre, les 18 août, 11 et 31 octobre 1707, où il n'est pas question de philosophie.

XXVII

LEIBNIZ A DES BOSSES

Inveni Thomæ Bonartis Nordtani Angli (ut se vocat) *Concordiam scientiæ cum fide* eamque mox transmittam. Volo tamen ipse prius percurrere obiter, ut sententias ejus nonnihil recolam animo. Ingeniosus est et in dicendo non inelegans, sed paradoxologus, et habet non pauca quæ ferri nullo modo possunt ; ex quibus illud est, quod futurorum contingentium conditionalium cognitionem ipsi Deo adimit. In Scholasticos perpetuo nec sine acerbitate declamat. Itaque non miror, si male acceptus est, ubi hoc Theologiæ genus dominatur.

Quod superest, vale et fave. Dabam Hanoveræ, 29 Novembris 1707.

XXVIII

LEIBNIZ A DES BOSSES

Billet daté de Hanovre, le 15 décembre 1789, qui n'est guère qu'une reproduction du précédent.

XXIX

DES BOSSES A LEIBNIZ

Billet daté d'Hildesheim, le 23 décembre 1707, où le père Des Bosses annonce à Leibniz qu'il ne pourra se rendre à Hanovre.

XXX

LEIBNIZ A DES BOSSES

Magna spe decidi, non secuto adventu tuo. Mitto ecce tandem librum Thomæ Bonartis, expectoque ut, ubi vacaverit, sententiam aliquando tuam mihi de eo exponas. Sed inprimis nomen viri et fortunam beneficio tuo nosse optem.

. . . .

Gratias ago, quod excerptum Perezii sane ingeniosum mihi misisti. Optime judicavit Perezius : incrementum caritatis novum, quod ipsa meretur caritas, non esse ejusdem cum ipsa dimensionis. Si fuisset versatus in meo calculo infinitesimali, dixisset incrementa esse infinite parva vel infinitesima respectu caritatis quæ ea meretur. Notandum est, cum incrementa in gravibus descendentibus quovis momento sint æqualia, hoc loco caritatis incrementa esse ipsamet continue crescentia. Nam major caritas etiam majus meretur augmentum. Itaque lineam, quæ velocitates gravis ad quodvis temporis momentum repræsentat, esse rectam, sed lineam quæ caritates completas quovis momento acquisitas repræsentaret (fingendo augmentum non interruptum) fore curvam cujus constructio penderet ex Logarithmis.

Sæpe dixi ad eos qui non nisi recentioris philosophiæ sectatores probant, non esse prorsus spernendos Scholasticos sæpeque in eorum luto aurum latere ut adeo operæ pretium ingens facturus sit, qui selecta inde in usum publicum aliquando congereret. Doleo deesse Theologiæ et Philosophiæ Scholasticæ Historiam, et vellem oriretur aliquando qui, quæ Petavius et Thomasinus de Dogmatis Theologicis cœpere ex Patribus, ex Scholasticis absolveret. Ita Historiam dogmatum ad nostra usque tempora nancisceremur.

. . . .

Quod superest, vale et fave. Dabam Hanoveræ 24 Decembr. 1707. Instantem annum cum multis aliis faustum et felicem precor.

. . . .

XXXI

DES BOSSES A LEIBNIZ

. . . .

In litteris æstate præterita datis ad me ajebas extensionem esse modum resistentis et extensi, et habere se ad res continuatas seu repetitas uti se habet numerus ad res numeratas, substantiam nempe simplicem, etsi non habeat in se extensionem, habere tamen positionem, quæ est fundamentum extensionis, etc. Scire nunc velim, an positio illa, quam statuis, sit idem cum substantia cujus positio est, an vero modus illius, aut aliud accidens non modale? Et quid si puncto mathematico concederetur talis positio, an non etiam plura puncta mathematica extensionem facere possent?

Vale, etc. Dabam Hildesiæ, 16 Januarii 1708.

XXXII

DES BOSSES A LEIBNIZ

. . . .

. Ante dies aliquot commodatos accepi libros *Magisterium artis et naturæ* inscriptos autore Francisco Lana nostro. Quos dum evolvo, incido in argumentum, quo ex motu penduli demonstrare se putat, quantitatem physice consideratam non esse in infinitum divisibilem, sed post finitas ejus divisiones tandem deveniri ad partes adeo exiguas, quæ natura sua sint physice seu realiter indivisibiles, quamvis non concedat esse metaphysice divisibiles, uti sunt puncta quæ vocant inflata. Verba ejus quæ pagina 371 Tomi primi inveniuntur, non refero, quod autorem illum in bibliotheca tua esse non dubitem. In omnem tamen eventum pono primum ejus syllogismum, ex quo totius argumenti summa perspici potest : Remoto pendulo a situ, in quo naturaliter quiescat, seu a linea directionis, post determinatum numerum semi-vibrationum iterum acquirit quietem in eadem qua prius erat linea : sed si spatium, per quod movetur, esset divisibile in infinitum, nunquam posset quiescere, ergo illud spatium non est ita divisibile. Supposito jam spatium locale componi ex punctis physicis, ex eodem motu penduli morulas in motu locali admittendas esse arguit.

Ego ex principiis, quæ a te doctus sum, censeo negandam esse syllogismi propositionem, cujus veritatem autor supponit potius quam probat. Gratum mihi erit intelligere, an mentem hac in re tibi meditatissima sim assecutus. Nam quod morulas spectat, doctus sum satis ex scheda quadam tua ad Clarissimum Foucher Diario Parisiensi inserta, te as perinde eac saltum in natura respuere.

. . . .

Vale, etc. Dabam Hildesiæ, 30 Januarii 1708.

XXXIII

LEIBNIZ A DES BOSSES

. . . .

Positio haud dubie nihil aliud est quam modus rei, ut prioritas aut posterioritas. Punctum mathematicum ipsum non est nisi modus, nempe extremitas. Itaque cum duo corpora se tangere concipiuntur adeoque conjunguntur duo puncta mathematica, non fit ex illis nova positio seu totum, quod foret utique parte majus, cum tamen conjunctio duarum extremitatum non sit major una extremitate, non magis quam binæ perfectæ tenebræ sunt unis tenebrosiores. Punctum habere positionem nihid aliud est quam positionem designari posse ubi corpus desinit.

Lanæ vestri *Magisterium artis et naturæ* Weltebyti exstat, Hanoveræ non habemus. Multa sunt in illo scriptore egregia, ubi ad Physicam specialem descendit, sed in speculationibus non æque valet. Vim argumenti ejus ex iis quæ ponis non satis intelligo.

Vellem explicarent distincte mentem suam qui puncta inflata nobis venditant, physice indivisibilia, metaphysice divisibilia. Quærerem quid mathematice divisibiliane an indivisibilia arbitrentur?

Rigorose loquendo nullum in natura corpus unquam ad perfectam quietem reducitur, atque adeo ne pendulum quidem. Si tamen fingamus (abstrahendo ab aliis impulsibus) pendulum quavis semi-vibratione (ob resistentiam scilicet aëris) determinatam amittere virium partem, et quidem semper æqualem, quæ præcise metiatur totam vim penduli, utique novissima aliqua semi-vibratione exhaurire necesse est. Sed etsi vis amittenda non metiatur vim penduli, tamen hæc destruetur. Ponamus in aëre esse quandam (exiguam licet) tenacitatem, et ut sic dicam viscositatem, ad quam superandam vi aliqua opus sit, ut revera rem se habere puto : manifestum est, impetum penduli eo usque posse debilitari, ut non amplius aërem perrumpere queat, idque continget aliquando, licet non perfecte situm verticalem acquisierit, cum scilicet ab eo tam parum abest, ut nimis oblique descendentis gravitatio tenacitatem vincere nequeat, tunc enim intercipientur quæ superessent vibrationes, si minor aëris tenacitas foret. Sed si vis quavis semi-vibratione amittenda metiretur exacte vim penduli, seu haberet sese ad eam ut unitas ad numerum rationalem integrum, exhauriretur vis penduli in ipso situ verticali præcise. Itaque etiam in eo erronea est Lanæ positio, quod vult necessario quietem fieri debere in situ verticali, cum fortasse raro revera situs penduli perfecte sit talis. Abstraho nunc animum ab alia quadam aëris resistentia, quæ est, sic dicam, respectiva, et tanto major, quanto major corporis celeritas. Ea enim nunquam motum plane sistet, etsi semper imminuat. Quod si vibrationes ponamus fieri in vacuo, id est in medio cujus resistentia nulla fingatur, erunt tamen aliæ causæ vim penduli diminuentes, velut flexus ipse fili, qui quantulacunque vi, aliqua tamen opus habet, aliæque id genus causæ, quæ idem efficiunt, quod aëris tenacitas.

Dabam Brunsvigæ, 8 Febr. 1708.

XXXIV - XXXV - XXXVI - XXXVII - XXXVIII - XXXIX

LEIBNIZ A DES BOSSES

Billets datés de Hanovre, les 5 avril, 3 mai, 2, 13 et 30 juillet, sans intérêt philosophique.

XL

DES BOSSES A LEIBNIZ

. . . .

De nostris qui eruditionis laude nunc in Gallia florent, nunc tandem aliquid me posthac intellecturum spero, postquam a Turnamino litteras accepi . . . Paucula ex datis ad me excerpta hæc habe, nam tibi debentur : « Sero venit in manus meas R. V. epistola humanitatis plenissima. Libentissime accipimus quod offert subsidium ex septentrione ad illustrandum Diarium nostrum. . . . . . Maximo nobis erit usui R^{æ} V^{æ} commercium cum D. de Leibnitz omnigenæ eruditionis magistro et sæculi nostri ornamento singulari. Si via nobis indicetur, qua Diaria nostra ad vos perferri tuto queant, curabimus ut grati animi testimonium hoc non desit. Vellem etiam R^{am} V^{am} satagere, ut a Dno. de Leibnitz obtineret aliqua præstantissimi ingenii sui monumenta nostris Diariis inserenda. Fecimus antequam rogaremur quidquid a nobis optare poterat, ut ipse discet, si Diaria nostra perlegat ad mensem Martium hujus anni et ad mensem Martium anni proxime præteriti. . . . . . » Hæc Turnaminus, ex quibus me tacente satis intelligis, quam gratum facturus sis Diarii auctoribus si symbolam tuam subinde conferas. . . . .

Argumentum P. Francisci Lanæ, de quo alias, funditus evertisse videris responsione tua dudum ad me perscripta, de qua nescio an gratias egerim. Interim aliæ quædam dubitationes philosophicæ mihi natæ sunt, super quibus te consulere animus est; sed hac vice supersedeo, ne litterarum prolixitate molestus sim. Vale, etc.

Dabam Hildesiæ, 10 Augusti 1708.

XLI

LEIBNIZ A DES BOSSES

Absens aliquamdiu et distractus justo serius respondeo, eoque nomine veniam peto, ac ne nunc quidem omnibus tuarum epistolarum argumentis satisfacio, quod mox fiet. . . . .
. Gaudeo esse tibi cum adm. R. P. Turnemino commercium, ingenio, doctrina cæterisque etiam laudibus cumulato. Puto ad eum tuo favore pervenisse schedam meam, qua ad Notationem ejus circa Unionem animæ et corporis meæ Hypothesi nonnihil oppositam respondi. Unde intelliget me per harmoniam præstabilitam explicare phænomenorum consensum, sed non ideo negare metaphysicam unionem suppositi, quæ altioris est indaginis et per phænomena explicari nequit, sed et vicissim phænomenorum rationem non reddit. Petii autem, ut Diario Trivultiensi declaratio mea insereretur, si fieri commode posset. An factum sit, non intellexi.

. . . .

Cum olim Berolini totam pene æstatem cum Regina agerem, curiosa lectrice Baylianorum ac similium operum et meditationibus delectata, plerasque difficultates quas Baylius contra religionem movet, primum inter alloquendum, deinde invitante regina annotationibus sustuleram. Eas ut in ordinem redigerem, petiere amici. Feci et nunc recenseo, et videbo an tibi legendas dare possim ante discessum tuum, libenter enim etiam vestrorum fruor judicio, sed tuo inprimis, cujus eruditio facit, ut possis, benevolentia erga me, ut velis, in meis examinandis rite versari. Etsi enim non dissimulem cujus sim partis, libenter tamen ita scribo quantum licet, ut vestros a sententiis meis circa res, quæ controversias nostras non tangunt, abhorrere necesse non sit. . . . .

Quod superest, etc. Dabam Hanoveræ, 3 Septembr. 1708.

XLII

LEIBNIZ A DES BOSSES

Billet daté de Hanovre, le 4 septembre 1708, où il n'est pas question de philosophie.

XLIII

DES BOSSES A LEIBNIZ

Binas a te litteras intra biduum accepi. . . . . , . . .

Non pauca loca adduci possent ex quibus Jansenius nullum beatorum inter et viatorum libertatem discrimen fecisse colligitur. Unum produco : Tomo 3, lib. 1, cap. 4, col. 16, editionis primæ Lovaniensis Jacobi Zegeri Anno 1640 sic habet : « Voluntas concupiscentiæ terrenæ visco intime penetrata semper et in omni actu motibus ejus fertur et refertur, imperio ejus et ponderi indesinenter inserviens, eodem plane modo quo voluntas Beatorum in omnibus omnino motibus servit divinæ caritati. »

. . . Annotationes vero tuas ad Bailianas objectiones mihi si legendas miseris, rem facies mihi longe gratissimam. Ego hactenus universim censui fidem multa rationis humanæ captum excedentia, nihil tamen eidem rationi contrarium statuere. Campum hic habes ingenio isto dignissimum. Si profecturus sum, quod adhuc incertum est, vix ante festum S. Michaelis proficiscar. Interea si miseris scriptum tuum, perlegere me posse confido; at mihi nunquam hoc sumam ut illius examen instituam. Si quid tamen mihi pro tenui captu meo occurrerit quod Theologorum nostrorum aures offendere posse videatur, id me sincere tibi indicaturum profiteor, ut pro sapientissimo consilio tuo quod videbitur statuas.

. . . .

Vale, etc. Dabam Hildesiæ, 11 Septembris 1708.

XLIV

LEIBNIZ A DES BOSSES

Pro litteris curatis curandisque gratias ago... Jansenius forte analogiam inter caritatem beatorum et concupiscentiam non regeneratorum considerare voluit ex Augustini sententia, cui omnis actus in non regeneratis est peccaminosus, et virtutes non nisi splendida peccata. Ita etiam non regenerati semper determinati forent ad unum quoad qualitatem, licet non quoad substantiam actus, quod ego quidem non probo, quemadmodum nec damnationem infantium non baptizatorum, aliaque Augustini dura, neque video, cur necessaria sit illa gratia per se victrix, quam passim inculcant qui Augustinum sequi profitentur, aut cur non eadem mensura gratiæ in uno effectrix esse possit salutis, quamvis in alio non sit. Puto Deum voluntate antecedente omnes salvos velle, neque eam otiosam esse, sed demonstrari per auxilia abundantia gratiæ quæ sit sufficiens, ubi bona voluntas accedat, et hanc etiam interdum producat. Cum quæritur an electio, et quatenus sit gratuita, sentio Deum non quidem ad prævisas bonas qualitates aut minorem resistentiam, vel simile aliquid futurum absolutum, vel conditionale se adstringere, nec disputandum esse de ordine decretorum, utrum salutis an fidei vivæ dandæ decretum prius sit in intentione Dei, sed Deum ex infinitis mundis possibilibus optimum elegisse, omnibus ingredientibus spectatis. Itaque revera non nisi unicum Dei decretum erit de existentia talis rerum seriei, et cum mala quædam optimam seriem ingrediantur, hinc admitti. Libertatem non tantum a coactione, sed et a necessitate eximendam censeo, non tamen ab infallibilitate seu determinatione : semper enim ratio esse debet, cur unum potius quam aliud fiat, nec ulla datur indifferentia perfecti æquilibrii. Interim ratio determinans inclinando determinat, non necessitando, cum aliter fieri non implicet contradictionem. Multa alia observavi, quibus difficultates plerasque satis clare expediri puto, et quantum judico, sententiæ meæ non abhorrent in hac parte a decretis vestræ Ecclesiæ, nec a vestri Ordinis placitis potioribus : nam doctrinas illas, sub quibus Divina Bonitas laborare videri possit, minus amo, etsi alias Augustinum, Arnaldum et Quenellium magnifaciam. Itaque aliquem mihi etiam apud vestros applausum promitto. Nunc in eo sum ut quædam turbatiora in mundum redigantur.

Dabam Hanoveræ, 12 Sept. 1708.

XLV

DES BOSSES A LEIBNIZ

Mitto litteras Orbani quas ante triduum accepi. Legi cum voluptate postremas tuas litteras quibus de variis Theologiæ controversiis sententiam tuam aperis. Inde natæ sunt annotatiunculæ sequentes, quas ut æqui bonique consulas rogo.

Censeo in non regeneratis actum omnem sine adjutorio gratiæ factum hoc solum sensu dici ab Augustino peccaminosum, quod cum homo ad æternæ vitæ finem elevatus omnes actus suos eo dirigere debeat, hoc ipso per se loquendo contra obligationem suam agat ille quidem, si id non faciat. Sed tamen non ideo semper actus qui ad finem illum non refertur, agenti etiam non regenerato si gratia omni destituatur, imputari ad culpam dementumve potest, uti Jansenius contendit. Cæterum nec Augustinus negat non regeneratos gratia adjuvari et elicere quandoque actus bonos et supernaturales, saltem inchoatos, licet ad gratiam justificationis non perveniant, quales in actis Apostolorum Cornelius Centurio ante fidem a Petro prædicatam habuisse censetur.

Quæ de gratia per se victrice, de voluntate antecedente deque electione gratuita subdis, cum communi nostrorum doctrinæ prorsus consentiant, iis immorari non lubet.

Ordinem decretorum rejiciunt multi etiam e nostris Theologis insignes, interque reliquos Martinus de Esparza : aiuntque Deum unico virtualiter indivisibili decreto quidquid libere statuit, statuisse. Oppositam tamen sententiam inter alios acriter defendit Joannes Baptista Gormaz, nuper in collegio nostro Romano Theologiæ Professor, in cursu suo Theologico recens edito Augustæ Vindelicorum. Mihi tua sententia jamdudum arrisit, et de Deo præclarius sentire visa est. Antonius Perez noster, de quo alias scripsisse memini, ingeniose tuetur Deum ex infinitis mundis possibilibus optimum elegisse, et cum ei objicitur, mundum optimum uti et creaturam perfectissimam implicare contradictionem, respondet Deum semper optimum eligere, quandocumque ex tali electione non sequitur processus in infinitum, quod fieret si statueretur Deum perfectissimum E. G. Angelum condendum elegisse. Id responsum an meditatis tuis consonet scire aveo.

Cum libertatem a coactione et necessitate, non tamen ab infallibilitate et determinatione eximendam ais, hoc, opinor, innuis ex duobus motivis contrariis voluntati propositis alterum semper altero fortius esse, non quidem invincibile, sed tamen invictum, id est cui resisti possit licet nunquam ei resistatur. Quam sententiam multi insignes Theologi S. Augustino tribuunt, in eaque fundari putant discrepantiam, si quæ est, Augustiniani Systematis in materia gratiæ a Systemate aliorum Patrum ac nominatim Chrysostomi, uti videre est in Actis Trivultianis mense Julio Anni 1704, pagina 47 editionis Batavæ. Eam porro sententiam Vasquez etiam noster, imo et Bellarminus ipse tueri videntur.

Dabam Hildesiæ, 5 Octobris 1708.

XLVI

LEIBNIZ A DES BOSSES

Gratias ago pro Orbanianis curatis; sed magis quod indicasti ex vestris viros doctos et ingeniosos, qui meis sententiis conspirant. Meæ certe ita cohærent inter se, ut nullus annulus salva catena avelli possit. Et ipsa consideratione mundorum possibilium, indeque facta electione Dei consequitur, eum et optimum elegisse et uno decreto, cujus scilicet objectum est mundus electus. Mundi autem nomine intelligo totam seriem rerum in æternum procedentem, nempe a parte posteriore seu in futurum quæ non est una creatura, sed aliquod infinitum, quasi aggregatum. Creaturam autem perfectissimam non dari concedo.

Dabam Hanoveræ, 2 Octobr. 1708.

De virtutibus aut bonis actibus paganorum ita sentio. Multas eorum quæ ad Summum Bonum non diriguntur actiones nihilominus formaliter ut sic dicam bonas et innocuas esse, ita tamen ut omnes sint culpæ cujusdam tinctura sed virtuali tantum ratione infectæ, eo plane sensu, quo intentionem virtualem tribuitis sacerdoti consecranti, etsi in momento ipso consecrationis forte alia cogitet, et quomodo vester Fredericus Spee elegantissimo libello modum docuit indesinenter laudandi Deum, si nempe semel, serio, fortiter huc dirigatur animi intentio, ut omnia imposterum aut etiam quædam peculiariter in hoc destinata decernamus agere ad gloriam Dei vel reddere significativa divinæ laudis, atque hæc ut ita dicam protestatio data occasione subinde pari animi firmitate expresse repetatur. Nempe philosophi alicujus aut herois veteris Ethnici actio poterit esse tam bona, ut quæ ipsi insunt formaliter, ea omnia sine culpa ulla esse possint in homine Christiano quam maxime pio. Sed hoc deerit virtuale, sive si malis intentionale et imputativum, quod Ethnicus ille non antea direxit intentionem suam in Summum Bonum cæteraque huc referre decrevit, Christianus vero vere pius hoc fecit. Itaque ut alias quasdam actiones intentio virtualis commendat aut reddit efficaces, ita hic privatio intentionis debitæ inficit actiones et vituperabiles reddit. Quantus tamen sit is gradus culpæ vel certe imperfectionis, ex gradu malitiæ vel culpæ et vincibilitate vel erroris vel ignorantiæ æstimari debet. Et quatenus ei pœna debeatur, divino judicio reliquendum est.

. . . .

XLVII

DES BOSSES A LEIBNIZ

Ex itinere Hildesiam revertens Hanoveram transii conveniendi tui gratia, sed abesse te intelligens spe decidi. . . . . . .

Initium facio ab autore *Consensus scientiæ cum fide*, quem esse Thomam Bartonum sub anagrammate Thomæ Bonartis latentem, edocuit me P. Eduardus Slaughter, in Anglicano nostro collegio Leodii Theologiæ professor, a quo et sequentia de ejus fortuna intellexi.

Fuit Thomas Bartonus Anglus Societatis nostræ et quidem Collegii quod apud Eburones est, alumnus. Præpositus Generalis noster (ni fallor Joannes Paulus Oliva) cum eum opiniones paradoxas et a doctrina catholica alienas fovere et fortasse jam in publicum protrusisse

comperisset, hominem ad sacræ inquisitionis tribunal detulit, jamque eum in Italiam pellexerat ; sed Bartonus, ubi id agi sensit, mutata veste clam profugit in Hiberniam, ubi tandem a Talboto regionis illius Episcopo catholico, qui olim et ipse Jesuita fuerat, saniora sapere doctus, tandem pœnitens obiit. . . . .
. . . .

Dum Leodii occasione operum Bailii de quibus sermo erat, tuarum quibus difficultates ab illo motas diluis annotationum meminissem, Joannes Franciscus Bronckart urbis istius Typographus operam suam typosque quos habet elegantes illi excudendo per me tibi offerri voluit, de quo quid sentias, et an illas quod efflicte cupio visurus sim aliquando, nosse aveo ; ea saltem quæ Ptolemæo impertiturus es mecum quæso communica, si cætera renuis.

Ut aliquid dicam de sententia tua super virtutibus et actibus paganorum, dum ais multas eorum quæ ad summum bonum non dirigantur actiones nihilominus formaliter ut sic dicam bonas et innocuas esse, ita tamen ut omnes sint culpæ cujusdam tinctura, sed virtuali tantum ratione infectæ, quod exemplo intentionis virtualis sacerdoti consecranti a nostris Theologis tribui solitæ aptissime illustras : assentiar tibi plerumque ita esse, sed non semper : nam ut exemplo hoc utar, quemadmodum intentio ipsa virtualis bona nisi actualis sæpe repetatur, intermoritur tandem et influere in actiones consequentes, illasque bonas reddere cessat : ita pariter quid vetabit quominus intentio prava ethnici quod actualis repetita non sit, tractu temporis ita deficiat, ut ea consecutæ actiones non polluantur ne virtualiter quidem ? hoc sane casu aliqua infidelium opera haberemus ab omni culpæ tinctura etiam virtuali immunia, quod plane requiritur ut actus infidelibus sibi non imputentur ad culpam, nam virtualitas illa in utramque partem (meriti et demeriti) valere debet. Sed dato actiones infidelium omnes, quæ ad bonum summum non diriguntur, virtuali illa tinctura prava imbutas, necdum conficietur omnes infidelium actus malos esse ac formaliter aut virtualiter peccaminosos, si gratiam universalem admittas, uti admittere te opinor. Quis enim dicat tot gratiæ illius auxilia tam multis concessa omni semper effectu caruisse, licet ad fidem usque perfectam non perduxerint. Hanc porro gratiam universalem, fatente Nicolio, negavit Jansenius. Salernum, cum Dresdæ agat, tibi jam innotuisse confido. Vale, etc. Dabam Hildesiæ, 28 Novembris 1708.

XLVIII

LEIBNIZ A DES BOSSES

Gaudeo te salvum rediisse domum, gratias etiam ago quod Historiam Bonartis vel Bartoni Angli, societatis quondam vestræ scriptoris, eruisti et mecum communicasti.

Gratias ago, quod mihi Bibliopolam Editorem procurare studes. Videre memini Leodienses typos, et perplacent ; nec displicet Editor. Unam conditionem exigo, ut centena minimum exempla mihi mittat ; cogar enim passim dispergere inter amicos magno numero, nolimque redimere sæpius proprium opus. Tibi non tantum omnia hujusmodi libenter communico, sed etiam judicio tuo utiliter fruor, nec displicet quod de infectione actuum virtuosorum ab infidelibus exercitorum statuis : et malim hac in causa inclinare ad partem humaniorem.

Dabam Berolini, 2 Febr. 1709.

XLIX

DES BOSSES A LEIBNIZ

Statim atque litteras tuas exspectatissimas accepi, scripsi ad notum Typographum Leodiensem, qui sane conditionem quam proponis non recusabit, si sapit, et compendii sui satagit. Itaque nunc responsum ejus exspecto, quod ubi accepero, confestim ad te perscribam, quod ipsum tibi significandum interea duxi ne nescires. Ne pagina vacet, addo dubitationem philosophicam ortam inter relegendum litteras tuas olim ad me scriptas.

Juxta te nulla Entelechia destruitur, et omnis materiam primam propriam et inseparabilem habet. Materia vero omnis statim ab initio mundi condita est, ergo et omnes Entelechias cum materia statim ab initio concreatas esse necesse fuerit, quod de animabus humanis dici nequit, imo nec de aliis Entelechiis multis quas efficacia benedictionis divinæ quarto demum aut quinto die creationis productas esse contendis in dissertatione contra Sturmium. Nec dici posse videtur quod materia prima prius condita postmodum suo tempore animam humanam, aut Entelechiam hujusmodi ab initio non creatam accipiat ;

nam antequam anima humana crearetur, materia ejus postea futura exstabat utique, et habebat aliquam Entelechiam, nam sine principio unitatis existere non poterat, vel ergo postquam anima creata fuit, materia prima retinet priorem vel non ; si non retinet, prior destruitur ; si retinet, jam eadem materia prima habebit duas Entelechias sibi adæquatas, adeoque erit animæ humanæ propria, et non erit propria, etc. Loquor ubique de materia prima, τῷ δυναμικῷ πρώτῳ παθητικῷ, πρώτῳ ὑποκειμένῳ.

Dabam Hildesiæ, 14 Februarii 1709.

L

LEIBNIZ A DES BOSSES

Domum ante paucos dies redux nolui responsionem ad ornatissimas tuas literas differre. Multum sane tibi debeo, quod rerum mearum satagis, et cum Typographo Leodiensi agere voluisti.

Quod ad dubitationes tuas attinet, sane subtiles et te dignas, arbitror Entelechias naturaliter oriri non posse, atque adeo aut initio rerum fuisse creatas aut postea creari. Porro Entelechia nova creari potest, etsi nulla nova pars massæ creetur, quia etsi massa jam habeat ubique unitates, tamen novas semper capit, pluribus aliis dominantes : ut si fingas Deum ex massa quoad totum non organica v. g. ex saxo rudi, facere corpus organicum, eique suam Animam præficere : tot nempe Entelechiæ sunt quot corpora organica. Cæterum materia prima propria, id est potentia passiva primitiva, ab activa inseparabilis, ipsi Entelechiæ (quam complet, ut Monada seu substantiam completam constituat) concreatur. Ea vero massam, seu Phænomenon ex Monadibus resultans, non auget, non magis quam punctum lineam. Vale et fave. Dabam Hanoveræ, 16 Martii 1709.

LI

DES BOSSES A LEIBNIZ

Circa ea quibus dubitationi meæ nuperæ occurrebas unus superest scrupulus, cui mederi non possum. Animas brutorum non statim ab initio creatas esse censere videris, sed tunc primum cum Deus animalia produxit, eaque benedictione sua impertitus est. Igitur et materiam primam singulis animabus propriam non prius creari oportuit, utpote ab illis inseparabilem. Atqui animæ brutorum creatæ sunt infinitæ, ergo et materia brutorum animabus propria infinita concreata fuit, quæro nunc, hæc infinita materia si in cumulum unum redigatur, facietne molem aliquam an non? Si faciat, ergo et dispersa molem faciet : si congregata molem non faciat, quomodo ergo verum est, quod alias me docebas, ex solo situ partium materiæ molem sive extensionem consurgere ?

Vale, etc. Hildesiæ, 22 Aprilis 1709.

LII

LEIBNIZ A DES BOSSES

Nunc ad quæstionem philosophicam venio. Utrum Animæ brutorum quarta demum die sint creatæ, non definio : saltem innumeras Entelechias statim ab initio creatas fuisse oportet : sed volui tantum explicare, quomodo novæ animæ existere possint, etsi nulla creetur nova pars materiæ. Et hoc, ni fallor, nupera epistola præstitit. Per Materiam autem hic intelligo Massam seu materiam secundam, ubi est extensio cum resistentia. Nec recordor me (sumendo materiam hoc sensu) ulli animæ assignasse materiam propriam ; imo omnis pars corporis organici alias entelechias continet. Equidem verum est, animam non transire de uno corpore organico in aliud, sed semper in eodem corpore organico manere, ne morte quidem hanc legem violante. Verum considerandum est, hoc ipsum corpus organicum dem manere, ut navis Thesei, seu ut flumen, id est esse in fluxu perpetuo, nec fortasse ullam materiæ portionem assignari posse, quæ eidem semper animali vel animæ propria maneat. Si rem scrupulosius consideres, fortasse tentabis dicere, animæ saltem certum assignari posse punctum. Sed punctum non est certa pars Materiæ, nec infinita puncta in unum collecta extensionem facerent. Quod sic probo.

Sume triangulum ABC, ejus latus AC biseca in D, et AD in E, et AE in F, et AF in G, et ita porro. Pone ita factum esse in infinitum, habemus triangula infinita BCD, BDE, BEF, BFG, etc. Horum quodlibet (dando ipsis crassitiem, ut fiant corpora, vel ab initio sumendo trian-

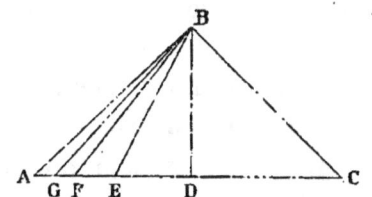

gulum crassum, id est pyramidem) potest existere separatim. Et ita unumquodque suum habebit proprium apicem. Finge deinde omnia componi inter se, ut fiat pyramis vel triangulum totale ABC, patet omnes illos apices infinitos hoc modo compositos non facere nisi unum apicem communem B. Quod si nolis adhibere triangula infinita, saltem vides hoc verum esse generaliter de triangulis quotcumque. Extensio quidem exsurgit ex situ, sed addit situi continuitatem. Puncta situm habent, continuitatem non habent nec componunt, nec per se stare possunt. Itaque nihil impedit, infinita continue puncta nasci et interire (vel saltem coincidere aut extra se invicem poni) sine augmento et diminutione materiæ et extensionis, cum non sint nisi ejus modificationes, non partes nempe, sed terminatione. Interim non puto convenire, ut animas tanquam in punctis consideremus. Fortasse aliquis diceret, eas non esse in loco nisi per operationem, nempe loquendo secundum vetus systema influxus, vel potius (secundum novum systema harmoniæ præstabilitæ) esse in loco per corresponsionem, atque ita esse in toto corpore organico quod animant. Non nego interim unionem quandam realem metaphysicam inter Animam et Corpus organicum (ut Turneminio etiam respondi), secundum quam dici possit, anima vere esse in corpore. Sed quia ea res ex Phænomenis explicari non potest, nec quicquam in iis variat, ideo in quo formaliter consistat, ultra distincte explicare non possum. Sufficit corresponsioni esse alligatam. Vides autem me hic loqui hactenus non de unione Entelechiæ seu principii activi cum materia prima seu potentia passiva, sed de unione Animæ, seu ipsius Monadis (ex utroque principio resultantis) cum massa seu cum aliis monadibus.

At, inquies, quid de ipsa materia prima animæ propria dicemus? Respondeo, eam utique animæ concreari, seu monadem creari totam. Ergone sic materia prima augetur et minuitur? Fateor, cum non sit nisi potentia passiva primitiva. Ergo, inquies, et massa augetur. Concedo augeri numerum Monadum, quarum resultatum utique est massa, sed non extensionem, et resistentiam, aut phænomena, non magis quam cum nova puncta oriuntur. Deus infinitas Monades novas creare posset, non augendo Massam, si ad novæ Monadis corpus organicum non nisi veteres monades adhiberet. Massa est phænomenon reale, nec in phænomenis (exceptis iis quæ apparent ipsi novæ monadi utique nove) quicquam mutatur ob novæ Monadis ortum, nisi forte miraculo. Nam putandum est, Monades antiquas jam ab initio ita ordinatas fuisse a Deo, cum eas crearet, ut phænomena earum responderent aliquando Monadi adhuc creandæ, nisi malimus Deum cæteras omnes monades miraculo immutare, cum novam creat, ut eas novæ accommodet, quod minus verisimile est.

Cæterum hæc omnia huc tendunt, possibile esse ut Deus creet novas Monades. Sed non tamen definio, a Deo novas Monades creari. Imo putem defendi posse et probabilius esse contrarium, adeoque præexistentiam Monadum. Et pro creatione absoluta animæ rationalis defendi posset Transcreatio animæ non rationalis in rationanalem, quod fieret addito miraculose gradu essentiali perfectionis. Id etiam defendo in dissertatione Antibayliana, tanquam mihi probabilius visum creatione omnimoda, et verius traduce.

. . . .

Dabam Hanoveræ, 24 April. 1709.

P. S. Ante multos annos, cum nondum satis matura esset philosophia mea, locabam Animas in punctis, et ita putabam multiplicationem animarum per Traducem explicari posse, dum ex uno puncto fieri possunt plura, ut ex apice trianguli unius per divisionem fieri possunt apices plurium triangulorum. Sed factus consideratior, deprehendi non tantum ita nos in difficultates innumeras indui, sed etiam esse hic quandam, ut sic dicam, Κατάβασιν εἰς ἄλλο γένος. Neque animabus assignanda esse quæ ad extensionem pertinent, unitatemque earum aut multitudinem sumendam non ex prædicamento quantitatis sed ex prædicamento substantiæ, id est non ex punctis, sed ex vi primitiva operandi. Operatio autem animæ propria est perceptio, et unitatem percipientis facit perceptionum nexus, secundum quem sequentes ex præcedentibus derivantur.

LIII

DES BOSSES A LEIBNIZ

. . . .

Circa ea quæ postrema Epistola tua de animabus et substantiis simplicibus earumque extensione disserebas, nonnulla adhuc occurebant, quæ in aliud tempus differre cogor, quia noster qui hasce Hanoveram perferet festinat. Vale, etc. Dabam Hildesii, 17 Maji 1709.

LIV

LEIBNIZ A DES BOSSES

Ante septimanas complures litteras ad te responsivas dare memini, quibus difficultatibus nonnullis philosophicis satisfacere conabar. Redditas non dubito ; an satisfecerint, pro parte saltem, scire aveo.

. . . .

Dabam Hanoveræ, 9 Julii 1709.

LV

DES BOSSES A LEIBNIZ

. . . .

Amicus Leodiensis cui Typographi negotium mandaveram, nihil ab eo aliud responsi tulit nisi se editionem suscipere nolle, et hanc fuisse causam, cur binis meis litteris respondere supervacuum putarit. Satis profecto inurbane. Addit tamen amicus idem se, si manuscriptum mittatur, alium Typographum, qui opus edendum suscipiat, facile reperturum. Verum cum de exemplis quæ exigis ad eum nihil ante scripsissem, alteris litteris ei mandavi, ut eam conditionem proponeret. Insuper cum caveret, ne quid in edendo opere Ecclesiæ Catholicæ dogmatis contrarium contineretur, hoc eum metu fidenter exsolvi: nihil dubitans te fidem meam liberaturum, ne ob præstitam qualemcunque operam apud nostros vapulem, et alioqui cautelam istam instituto tuo necessariam esse pro tua sapientia intelligis.

Venio nunc ad philosophicas in postremam pænultimæ epistolæ tuæ partem animadversiones meas, quas ut æqui bonique consulas rogo.

Animas brutorum quinto demum die creatas a te statui colligebam ex tuæ de ipsa Natura adversus Sturmium dissertationis n° 6, ubi per divinum mandatum: producat terra, etc., contendis insitam esse quandam rebus efficaciam, formam seu vim, qualis naturæ nomine accipi solet, ex qua series φαινομένων ad primi jussus effectum consequebantur. Atque in his quidem postremis verbis, linea subductis, innuere mihi videbaris ob novarum istarum Monadum exortum mutata fuisse Phænomena, et alioqui dicendum, eadem futura fuisse in natura Phænomena, quamvis animantium animæ creatæ nunquam fuissent. Unde ergo illas creatas fuisse evinces? ex rationibus metaphysicis, inquies : fateor; sed an ex iis solis? quid? nihilne Physica hic poterit? nihil sane pollent, si ad explicanda quæ cernuntur Phænomena, necessariæ non sunt animæ brutorum. Necessariæ autem non erunt, si nullam in Phænomenis mutationem inducunt. Certe ipse animæ adeo rationali officium formæ sive Entelechiæ tribuis, quæ utique qua talis est, non minus phænomena propria habebit quam formæ sive entelechiæ reliquæ.

Quod ais, Animam non transire de uno corpore organico in aliud, sed semper in eodem corpore organico manere ne morte quidem intercedente, sed corpus organicum manere idem solum ut navis Thesei vel flumen, nisi quod animæ certum assignari possit punctum, etc., de brutorum animabus non magnopere pugnabo ; de humanis an id admittere tuto possim, equidem nescio, nec video quare. Si transcreationem tuam recte percipio, hominis anima cum sine omni materiæ cujuscunque adminiculo operari possit, ab omni materia etiam prima seu πρώτῳ ὑποκειμένῳ absolvi post mortem nequeat. At quid igitur fiet ipsa materia prima sive propria quacum anima humana monadem constituebat? dicerem, satis illi de unitate provisum per Entelechiam illam ipsam cui anima humana tanquam gradus essentialis perfectionis addita fuerat. Quod si ante animæ rationalis infusionem materia illa prima exstare sine ipsa potuit, quidni et post ejus jacturam? Dico si recte percipio transcreationem animæ non rationalis in rationalem quam ais fieri posse addito miraculose gradu essentiali perfectionis, id est rationalitatis. Nam non voles, opinor, animam non rationalem adveniente gradu rationalitatis per transcreationem perire penitus : sed tantum, animæ non rationali præexistenti et perseveranti supervenire gradum, quem ais essentialem perfectionis sive rationalitatis, qui gradus tam parum sit modus animæ præexistentis quam parum anima præexistens erat modus materiæ propriæ sive corporis organici, ita ut gradus ille essentialis seorsum sumptus vera sit Entelechia realissime distincta a priori illa, afficiens tamen eandem prorsus materiam primam propriam sive potentiam passivam, imo corpus idem organicum, quam et quod afficiebat præexistens anima non rationalis. Hoc ita posito, variæ occurrent quæstiones : 1mo quare miraculose superaddi dicatur ille gradus ? An non inde consequetur naturæ conformiorem et verisimiliorem esse animarum humanarum propagationem per traducem ? 2° quomodo una eadem materia a duabus Entelechiis adæquatis informari possit ? aut 3° quomodo in homine admitti possint duæ animæ, quod Synodi generalis 8, act. 10, Canoni 11 adversari videtur. Verum hæc postrema difficultas tibi cum Gassendo aliisque communis erit. Ad quam uti et ad 2dam respondebis fortasse, animam præexistentem et gradum illum supervenientem, licet realiter diversos, non facere tamen nisi unam animam. Sed hoc regeram : anima præexistens etiam post factam cum gradu superveniente unionem manet vera anima, ergo a fortiori et gradus ille perfectionis superveniens, utpote dignior, vere anima erit. Ergo duæ erunt animæ, duæ formæ dominantes sive adæquatæ, duæ unitates.

 Accedo nunc ad controversiæ caput. In priori epistola mea urgebam : si monades infinitæ quinto primum die creatæ fuissent, fore ut vel ex illis additis moles seu massa sive extensio cresceret, aut si non inde cresceret, ex monadibus nunquam exsurgere possit extensio. Ais singulas monadas tantum addere singula puncta quæ non sunt certa pars materiæ, nec infinita puncta in unum collecta extensionem factura, cum puncta non sint nisi terminationes materiæ, atque adeo situm quidem habere, continuitatem non item, sed nec componere nec stare per se posse. Evincis, fateor, et demonstras puncta mathematica terminationes sive modificationes nudas esse materiæ, nec ex ipsis etiam infinities repetitis exsurgere extensionem posse, denique ea continuitatem non habere nec componere, nec stare per se posse. Sed puto monadas ipsas, de quibus sermo erat, ut meras Materiæ modificationes aut terminationes considerari non posse, cum potius principia sint et fundamenta massæ sive extensionis, imo potius extensio juxta te est modificatio monadum seu substantiarum. Sed et monades continuitatem habent, extensio enim et continuatio ex repetitione substantiæ oritur, aut velim mihi dicas quid continuitas superaddat repetitioni monadum juxta se positarum sub eadem Entelechia dominante? Monades etiam componunt, nam in eas tanquam principia tota extensio resolvitur; denique monades etiam stare per se possunt, sunt enim substantiæ. Hæc si ita se haberent, extensio seu quantitas continua aliquid a substantia realiter diversum non mera substantiæ modificatio erit, uti alias arguebam, nam massa nullam materiam continet, nisi eam quæ ex monadum collectione consurgit.

. . . .

Dabam Hildesii, 30 Julii 1709.

. . . .

LVI

LEIBNIZ A DES BOSSES

Typographum Leodiensem non est ut magnopere curemus. Interim multas tibi gratias debeo. In libello nihil a me defendi puto dogmatis, quod non et vestrum aliquis tueri possit, Protestantem tamen non dissimulo.

Equidem divino illo mandato; *producat terra* insita rebus efficacia indicatur; non potuit tamen in illis fuisse ab initio creationis, etsi postea magis ad operationes disponeretur. Novas animas tunc creari necesse non erat, cum veteres sufficerent. Brutum animatum esse demonstrari, ne quidem probari nequit, cum ne hoc quidem possit, alios homines non nudas machinas esse, quando in ipsorum mentes introspicere non possumus. Sed hæc sunt moraliter certa, quemadmodum aliquas esse creaturas præter me. Etsi ergo absoluta non sit necessitas, ut omne corpus organicum sit animatum, judicandum tamen est animæ occasionem a Deo non neglectam, cum sapientia ejus producat quantum plurimum perfectionis potest.

Anima interne quidem sine corporum adminiculo operari potest, sed non extra. Semper tamen ejus actionibus internis externa in corporibus respondent. Equidem per miraculum a Deo anima constitui potest extra corpus, sed hoc non convenit ordini rerum. A primo passivo separata non faciet rem completam seu Monada. Si tantum major gradus additur, nulla est nova animæ infusio. Gradus ille essentialis seorsum subsistere non potest, neque est Entelechia, cum non sit principium actionis, sed tantum Animæ Facultas. Constat inter Philosophos, facultatem sentiendi et ratiocinandi in nobis non facere diversas animas, sed eidem animæ inesse. Unde miror te hic hærere. Eamdem materiam a diversis Entelechiis adæquate informari, non est cur dicamus. Gradum novum addi Animæ sensitivæ congruentis putavi, quam animas rationales innumeras latere in seminibus quæ non perveniant ad maturitatem humanæ naturæ. Si quis ostendat modum naturalem exaltationis, non dicam, hunc modum addi miraculose. Vides ergo hæc a me dici per modum hypotheseos proferendæ. Animam ex anima nasci, si id Traducem appellas, explicabile non est, et longe absum ab his qui talia concipiunt.

Etsi monadum loca per modificationes seu terminationes partium spatii designentur, ipsæ tamen Monades non sunt rei continuæ modificationes. Massa ejusque diffusio resultat ex monadibus, sed non spatium. Nam spatium, perinde ac tempus, ordo est quidam, nempe (pro spatio) coëxistendi, qui non actualia tantum, sed et possibilia complectitur. Unde indefinitum est quiddam, ut omne continuum cujus partes non sunt actu, sed pro arbitrio accipi possunt, æque parta situ unites seu fractiones. Si aliæ essent in natura rerum subdivisiones corporum organicorum in corpora organica, aliæ essent Monades, alia massa, etsi idem foret spatium quod impleretur. Nempe spatium est continuum quoddam, sed ideale, Massa est discretum, nempe multitudo actualis, seu Ens per aggregationem, sed ex unitatibus infinitis. In actualibus simplicia sunt anteriora aggregatis, in idealibus totum est prius parte. Hujus considerationis neglectus illum continuum labyrinthum peperit.

. . . Est quidam in Batavis Typographus vel Bibliopola, qui operam suam sub præscripta conditione obtulit. Videbimus, quo successu. Quod superest, vale et fave, etc.

Dabam Hanoveræ, 31 Julii 1709.

LVII

LEIBNIZ A DES BOSSES

In schedis meis reperi, quod anno (si bene memini) superiore, cursorio calamo, annotaveram occasione oblata circa Sinensium cultum religionemque. Hoc (quia describere nunc non vacat) legendum tibi mittere volui, petereque ut remittas, quando tibi commodum fuerit.

R. P. Bouveto suasi olim, ut perspecto invento Arithmeticæ Dyadicæ in Fohianis figuris latente, faceret ut Missionarii uterentur tam plausibili argumento ad ostendendum Imperatori et Sinarum sapientibus adumbratam antiquissimis creationem, seu originem rerum ex unitate et nihilo. De cætero me ad priores refero. Vale et fave. Dabam Hanoveræ, 12 Aug. 1709.

APPENDICE

Cum nuper in Diario Eruditorum Gallico quod Parisiis a multis annis editur quærerem aliquid, forte oculis se iterum obtulere lectæ jam dudum mihi recensiones Librorum quorundam de Sinensium cultu pridem editorum, quos Directores Seminarii Missionum Exoticarum Parisiis recudi curaverant. In Diario XI. April. 1701 recensetur tractatus P. Longobardi, Soc. Jes. qui Passium, Ruizium et Sabbatinum ejusdem Societatis Missionarios secutus, dissentientibus Pantoja et Banonio statuit, Sinenses nullam rerum incorporalium notitiam habuisse, itaque Deum, Angelos, animam ipsis fuisse ignotos, substantiamque quam illi Xangti vocant non esse pro Deo nostro habendam. Omnia ipsis venire ex quodam Principio dicto Taikie, quod in se contineat Li, materiam primam ac velut substantiam rerum, et Aerem primitivum tanquam materiam proximam. Ex ipso Li per se sumto emanare velut justitiam, prudentiam, cæterasque virtutes; sed ex Li magis affecto et aeri primitivo jam unito prodire quinque elementa et figuras corporales. Sinenses inde ab initio Imperii Spiritus adorasse, iisque sacrificasse, primum cœlorum spiritui sex causarum, nempe calidi, frigidi, sicci, humidi, solis, stellarum; tertio spiritibus montium et fluviorum; quarto spiritibus virorum illustrium. Hos spiritus eamdem substantiam constituere cum rebus quibus uniti sunt, principium habere, finem quoque cum mundo habituros, denique æqualis esse perfectionis, exiguæ sane, cum sint expertes vitæ, scientiæ, libertatis. Litteratos Sinenses Atheos esse, mundum casu factum credere, fortuito corporum concursu (secundum ipsos) omnia regi, animas mortuorum in vacuum primi principii redire.

XVIII. April. sequitur Appendix, quæ continet P. Dominici Sarpetri Ord. Prædic. tr. de Deo uno, vivo, vero a veteribus. Sinensibus cognito adversus scripta P. Longobardi. Sarpetro verisimile videtur Xamgti veteribus Sinensibus nomen solius veri Dei fuisse, et primum ante 500 annos idolo Chum-ti attributum, idem judicasse eruditos quosdam Sinenses, lecto Matthæi Riccii libro. Riccium, judiciosissimum Virum, nihil eorum quæ Longobardus, successor ejus, attulit ignorasse. Cum nomina nova fingi non possint, receptis Sinensium vocabulis, sed purgato sensu utendum. Male Longobardum Zoroastrem cum Fo-hi Imperator antiquissimo confudisse. Hæc Sarpetrus, quem alii Dominicani tanquam Jesuitis faventiorem contemnunt.

XXV. April. recensetur tr. Antonii de S. Maria Franciscani ibidem recusus. Is narrat tres apud Sinenses Legislatores coli, Confutium, Foë, et senem qui canus (an candidus) ex utero prodiit. Musicam, odores, vini effusionem, victimas, denique gratiarum actiones in sacrificiis adhiberi ; novos etiam doctores prostrato in terram corpore Confutium honorare. Martinium Romæ anno 1656 veritatem dissimulasse. Templa et sacrificia bis mille annis ante Confutium exstitisse, instituta ab Imperatore Kun, qui fuerit ab imperii fundatione quintus ; tunc et honores majoribus defunctis decretos, id Confucium postea valde probasse. Lumina ibi et flores et vini effusiones et crebras genuflexiones orationesque adhiberi, quæ ad felicitatem temporalem obtinendam tendant. Finito sacro præfectum ceremoniæ gratias agere auditorio nomine majorum, et prospera omnia spondere. Idem Autor P. Antonii de Govea sententiam, quod Xamgti verum Deum denotet, non quidem spernendam putat, contrariam, tamen verisimiliorem et tutiorem judicat. Xamgti videri vim esse dominantem in cœli corpore et per virtutes aereas generationis et corruptionis se exserentem. In generatione spiritus dici excuntes, in corruptione redeuntes. Neque aliud hos esse spiritus quam qualitates motus et quietis τοῦ Li. Sinenses sibi patronum quemdam spiritum sumere, Stoicis autem assimilari, quibus deus quidam corporeus per omnia diffundebatur. P. Emanuelem Diaz etiam cultui Sinensium adversum fuisse, et imprimis sacrificia improbasse quæ soli Deo debeantur.

Hæc habent recensiores Autorum, de quibus dicam quid mihi videatur verisimilius.

Quousque extendi possint ceremoniæ civiles, et qua gratitudinis religione (ut sic dicam) heroes aut homines bene meriti honorari possint, Theologis discutiendum relinquo. Constat olim inter Christianos in festo S. Catharinæ philosophis celebrato, multa in Aristotelis honorem dici solita, etsi ceremoniæ abfuerint, sed nullam gentem Sinensibus ceremoniosiorem esse scimus, nec mores eorum ad nostros exigendi sunt. Cultus non tam in ritibus, quam in animo consistit. Itaque dispiciendum fuerit quo animo majores aut bene meritos colant Sinenses, et inprimis utrum se intelligi putent ab his quos colunt, et utrum aliquid ab illis flagitent aut expectent. Nam quod cultores majorum prospera expetunt, quod mysta promittit, non est necesse ut expectent a defunctis, cum a majore causa proficisci hæc bona possint, cui placet gratitudo, quemadmodum apud Mosem Deus patrem matremque honorantibus longævitatem spondet.

Illud examinare malim, quod magis ad philosophum (id est ad Theologiam naturalem) pertinet, quid de Xamgti et Spiritibus Sinensium statuendum videatur. Quid veteres senserint Mystæ et philosophi Sinarum, res non est facilis discussionis. Scimus quantum apud nos sæpe in tanta luce Historiæ et Critices et philosophiæ de Mente Platonis, Aristotelis atque etiam D. Augustini litigetur. Apud Sinenses nec Historiam, nec Criticen, nec philosophiam satis constitutas puto, Nondum quisquam extitit, qui Historiam Sinensium litterariam dederit et cuique autori vera sua opera, sententias, mentem assignarit. Et vereor ne vetera valde sint interpolata. Itaque nil prohibet ex generali regula, bene sentire nos de veterum doctrina, donec in alia omnia ire cogamur. Certe sanctissima vitæ præcepta bonam spem præbent etiam doctrinæ de religione salutaris. Et quod Longobardus negat ex Confutii scriptis substantias incorporales aut præmia pœnasque post hanc vitam doceri posse, non admodum movere debet considerantem, non extare opus viri dogmaticum, sed collecta a discipulis, quæ Confutiana dicere possis, tantum pertinentia ad regulas vitæ. Et sane nec in Mosis scriptis nec in cæteris Veteris Testamenti libris satis aut substantiæ incorporales aut alterius vitæ præmia declarantur.

Litteratos Sinenses qui Athei sunt omniaque casu agi ferrique arbitrantur, ego a religione publice recepta menteque eorum a quibus instituta est, dissentire non dubito, usque adeo ut dubitem an sua satis proferre ausuri sint, præsertim sub Cam-hio Imperatore. Quid enim spiritibus, quid spirituum cultu opus erat, si omnia nudo materiæ impetu fiunt, si nihil cognitionis spiritibus inest? Et licet Epicurus deos reliquerit inertes, hoc magis verbo quam animo fecisse putandus est. Publicus cultus nunquam in gente Epicurea instituetur. Nec majores aut bene meritos coluissent Sinenses, nisi majori potestati hoc gratum putassent.

Facile crediderim multos Orientalium philosophos non minus quam Platonicos et Stoicos deum habuisse pro Anima Mundi seu natura universali rebus immanente; cæteros etiam spiritus corporibus induisse, et nonnullos etiam animam considerasse ut divinæ particulam auræ, quæ corpore extincto rediret in Oceanum animarum : neque ego negarim multorum Sinensium philosophorum hanc fuisse mentem, sed cum philosophia Sinensium nunquam in formam scientiæ redacta fuerit et quantum suspicor, etiam verba illis philosophica desint, nihil prohibet in meliorem partem accipi quæ antiqui apud ipsos de rebus divinis et spiritualibus docent.

Favent quæ ipse affert Longobardus de Taikie et Li, et Aere primitivo seu spiritu quæ sive Christianorum sive Platonicorum saltem Trinitati nonnihil respondent. Ut Taikie sit potentia seu primum principium, Li sapientia quæ continet ideas seu essentias rerum, Aer primitivus sit Voluntas seu Amor, quod spiritum dicimus, unde proceditur ad operationem et productionem. Nec de nihilo est quod ex Li dicuntur emanare virtutes, unde fontem in eo veri et boni esse intelligas. Quod vero vel Li vel spiritum concipiunt tanquam Materiam rerum, ex incommodis phraseologicis nasci potest apud gentem vocabulis metaphysicis destitutam, et fortasse agnoscebant autores antiqui res omnem suam realitatem perfectionemque a deo habere, etsi non potuerint distincte exponere originationis modum.

Itaque quantum hactenus intelligo, putem salva substantia veteris Sinensium Theologiæ excludi errores additios, adjungi magnas Christianæ religionis veritates posse. Fohium, antiquissimum Sinensium principem et philosophum, agnovisse originem rerum ex Unitate et Nihilo, id est aliquid Creationi Analogum ostendunt arcanæ ejus Figuræ, Arithmeticam Dyadicam, a me post tot annorum millia restitutam continentes, quanquam et majora innuentes, ubi omnes numeri scribuntur per binas tantum notas 0 et 1. Et

$$\begin{array}{cccccc} 0 & 10 & 100 & 1000 & 10000 & \text{etc.} \end{array}$$
significant 1   2   4   8   16   etc.

Et numeri ita exprimuntur

0	0		Fohii Figuræ.		
1	1				
10	2	0	– – –	0	0
11	3	1	———	1	1
100	4				
101	5	00	= =	0	0
110	6	01	= —	1	1
111	7	10	— =	10	2
1000	8	11	— —	11	3
1001	9				
1010	10	000	≡ ≡	0	0
1011	11	001	≡ =	1	1
1100	12	010	= ≡	10	2
1101	13	011	= =	11	3
1110	14	100	≡ —	100	4
1111	15	101	= —	101	5
10000	16	110	— ≡	110	6
etc.	etc.	111	— —	111	7

Quod Fohii quoque figuræ notant binæ, quaternæ, octonæ, sedecim, triginta duæ, sexaginta quatuor, a Kirchero et aliis exhibitæ, ex quibus hic ascripsi tantum binas, quaternas et octonas, quas omnes Sinenses ipsi hactenus non intellexere, sed R. P. Bouvetus Arithmeticæ meæ dyadicæ convenire recte animadvertit.

Quodsi ergo obtineri possit, ut Imperator consultis gentis sapientibus declaret, Xamgti esse Ens supremum, sapientiæ, bonitatis, cæterarumque perfectionum fontem, sacrificia potissimum ad omnis boni autorem dirigi, prospera non a defunctis, sed ab ipso expectari, spiritus cæteros ab ipso produci, animas immortales esse, aut certe qui hæc omnia doceant, doctrinæ Sinensi publice probatæ non contrarie, vicerimus opinor, et frustra tunc putem nodum in scirpo quæri aut objicii sententias privatorum. Fac aliam fuisse aut esse mentem Sinensium philosophis, at tanti erit, publica autoritate sanum dogma stabiliri. Eoque opinor consilio et Riccius, Sinensis missionis princeps autor, vir utique sapiens, omnia in melius retulit, Pauli Apostoli apud Athenienses versantis exemplum secutus.

LVIII

DES BOSSES A LEIBNIZ

Gratias ago maximas pro communicato insigni tuo de ritibus Sinensibus ratiocinio. . . . .
. . . .

Prioribus litteris tuis philosophiam spectantibus respondere vetant quædam occupatiunculæ, quibus distrahor; faciam autem proxime. Vale, etc. Dabam Hildesii, 16 Augusti 1709.

LIX

DES BOSSES A LEIBNIZ

Remitto tandem scriptum tuum de rebus Sinicis, quod omnibus quotquot legerunt magnopere placuit. . . . .
. . . .

Accedo jam ad argumentum philosophicum in penultimis tuis litteris tractatum. Ac inprimis scire velim quid sit illud, per quod res ab initio creatæ ad operationem magis postea disponantur. Non aliquid substantiale, quia non Entelechia; ergo accidens, at quale illud? an modus, an qualitas, quales Schola admittit? Quidcumque tandem sit, permanens aliquid esse debet, et cum monadibus semper duraturum, quod ab accidentis natura alienum esse videtur.

Fateor Physicam non demonstrare corpora, uti nec phænomena, sed utrorumque notitiam partim a sensibus partim a Metaphysica accipere ; sed suppositis corporibus et phænomenis quæ extra nostram mentem apparent, Phænomenorum causam demonstrare potest esse variam pro diversitate illorum juxta illud axioma : idem manens idem semper facit idem. — Cum Phænomena effecta sint virium derivatarum, vires autem derivatæ ex primitivis constituantur, ubi erunt diversæ vires derivatæ diversas esse quoque vires primitivas necesse erit; atque adeo ex eo quod in massa aliqua determinata jam phænomena appareant quæ stantibus præcise viribus derivatis ab initio exstantibus non apparuissent, colligi posset mutationem aliquam factam esse in viribus primitivis, earumque aliquas aut demptas aut additas. Hoc volebam, dum dixi ob novarum monadum exortum aliquid in Phænomenis mutandum videri.

Ipsæ animæ hominum æque ac brutorum nunquid aliquam actionem exerceant in materiam non primam tantum, sed etiam secundam sive in ipsam massam? hæc actio porro æque ac aliarum Entelechiarum actiones ad phænomena facere videtur. Ad hæc nonne contra Sturmium demonstrasti, posita quam Cartesiani statuunt plenitudine rerum et uniformitate materiæ motuque solo accedente semper æquivalentia sibi substitui, perinde ac si tantum rota perfecte uniformis circa suum axem ageretur, etc., atque ita statum unius momenti distingui non posse, ergo nec in phænomenis varietatem existere posse adeoque præter figuram, magnitudinem et motum admittendas esse formas, per quas distinctio apparentiarum in materia oriatur? Ergo phænomenorum varietas ab Entelechiarum varietate petenda est.

Si mentem tuam recte percipio, transcreatio animæ irrationalis in rationalem esset substitutio animæ rationalis in vicem irrationalis quæ antea erat et jam desinit, atque adeo gradus essentialis ille perfectionis additus animæ non erit facultas accidentalis, sed idem realiter cum ipsa animæ de novo creatæ et in prioris locum substitutæ substantia. Sicque transcreatio miraculosa erit certe, cum afferat destructionem animæ saltem prioris, si non materiæ primitivæ quacum ista monadem constituebat, Contra quod nihil habeo quod reponam nisi hoc unum : paradoxum multis fortasse visum iri, hominem, rebus ut nunc sunt ita constitutis, non posse sine miraculo generari.

De cætero facultatem sentiendi et ratiocinandi philosophi quidam inter se distinxerunt, atque inter eos Gassendus aut certe Bernerius qui tomo 5 *Gassendianæ epitomes* libro 6 pag. mihi 495 cæteris opinionibus repudiatis hanc ipsam amplectitur : animam nempe hominis ex duabus constare partibus, altera irrationali quæ vegetativum et sensitivum includens corporea sit ac veluti medium quoddam aut vinculum rationalis animæ cum corpore, altera rationali vel intellectuali quæ incorporea sit, a Deo creata, infusa et tanquam vera forma corpori media irrationali unita, pro qua sententia nonnullos Scholasticos adducit.

Honoratus Fabri libro 2 de Homine Propositione 41 asserit potentiam sensitivam in homine realiter distingui ab anima rationali, et libro 7 propos. 11 statuit nihilominus in quolibet homine unam duntaxat esse animam, nempe rationalem, quia scilicet esse sentientis et vegetantis; ait ipse : includuntur in ipso esse hominis quid iis accidit tanquam forma materiæ. Subdit : hinc facultas sentiens in homine est potentia quia subordinatur alteri formæ quæ dat esse hominis ; in bruto est forma, quia constituit brutum.

Quod arguebam : Si miraculose superaddi dicatur gradus perfectionis ad animam rationalem requisitus, inde fore ut naturæ conformior et verisimilior (philosophice loquendo) sit animarum humanarum propagatio per traducem, sic explico : animas humanas in seminibus latentes se tandem exerere, uti se exerunt animæ brutorum. Hoc enim traducem volo quod sine miraculo futurum esset, naturæ conformius videtur quam transcreatio utpote miraculosa, nam natura miracula non exigit. Fateor durum esse animas humanas in seminibus latentes astruere quæ nunquam ad humanæ naturæ maturitatem perveniant ; sed hoc parum reformidabit philosophus aliquis profanus qui nullo autoritatis divinæ respectu ducitur, dicetque non magis id in rationalibus quam irrationalibus absurdum esse aut saltem tanti non esse ut propterea analogia inter utrasque tollenda sit aut ad miracula confugiendum. Hanc ob causam mihi magis probabatur altera productionem animæ rationalis explicandi ratio quam in priori epistola suggerebas, ut nempe dicatur novi quidpiam ita creari et ante creatis addi, ut tamen nihil ex natura sua indestructibile interire necesse sit.

Spatium ideale quid ac indefinitum esse facile tibi assentior; at massa, quæ realis est et realem diffusionem sive extensionem habet, quomodo ex monadibus solis diffusione et extensione carentibus resultare possit, necdum assequor ex iis quæ hactenus disseruisti, sive quod ea non satis penetrem sive quod principium quodpiam mihi ignotum supponas. Quod si Deus infinitas Monades novas creare posset non augendo massam (nempe ad novæ monadis corpus organicum non nisi veteres monades adhibendo) videtur etiam infinitas Monades novas colligere et sibi invicem ita subordinare posse ut diffusio et extensio nulla oriatur. Quod enim sparsim massam non auget, hoc nec collectum extensionem per se faciet. Vide quæso num operæ pretium sit rem hanc maximi in philosophia momenti explanari dilucide magis ad meum meique similium captum. Sed imprimis juverit nosse quomodo realem corporis Christi in Eucharistia præsentiam juxta principia tua propugnes, quo de argumento nonnihil credo disserueris in opere tuo Anti-Bayliano. Vale, Vir illustrissime, et dubitatiunculas meas boni consule. Dabam Hildesiæ, 6 Septembr. 1709.

LX

LEIBNIZ A DES BOSSES

. . . .
Quæro an tot animas in nobis ponere liceat, quot gradus essentiales : v. g. an tres animas habebimus, quia (ex vulgari saltem sententia) habemus vegetativæ, sensitivæ, et rationalis perfectiones in eodem subjecto. Negabis opinor. Non ergo dicemus, dato novo gradu essentiali, novam animam dari. Hos gradus appellare licebit Facultates. Intelligo autem primitivas, aliquo modo non invicem dependentes, ut sensitivitas est independens a rationalitate, etsi fortasse in creaturis non contra. Putem autem gradus essentiales non nisi a Deo dari et tolli posse, quod secus est in qualitatibus seu derivativis. Ego alioqui non soleo curare has de Entitatibus seu abstractis quæstiones, diceremque tali casu, substantiam quæ antea ratiocinari non poterat, nunc posse, idque non naturæ vi, sed Dei. Dicis : « Si mentem tuam recte percipio, animæ irrationalis in rationalem transcreatio esset pro anima irrationali, quæ desiit, substituere rationalem. » Sed vides ex dictis, hanc mentem meam non esse. Qui duplicem statuunt in nobis animam, velut Gassendistæ, animam immaterialem brutis non tribuunt. Itaque illi mihil ad sententias meas. Si paradoxum putas, hominem non posse sine miraculo generari, paradoxa etiam erit doctrina ominum vestrarum Scholarum de creatione animæ rationalis, et recurrendum erit ad ejus præexistentiam. Nam si animæ rationales in seminibus latent, talis tradux revera est præexistentia. Quod si id malis, quam animas a Deo ex irrationalibus reddi rationales, adeo non repugno, ut potius faveam. Et sane aliquando cogitavi, innumeras quidem animas sensitivas esse in seminibus humanis, ut omnium animalium ; sed eas solas habere rationalitatem, etsi nondum se exerentem, quarum corpus organicum in id destinatum est, ut aliquando sit humanum, quod jam in eo perspici posset a satis perspicaci. Ita transcreatione opus non erit. Adscribam verba Schediasmatis cujusdam mei Latini : «Propagatio contagii a lapsu primorum parentum, in animas posterorum non melius videtur explicari posse, quam statuendo, animas

posterorum in Adamo non fuisse infectas, sed eas tunc in seminibus (aliquo modo jam organicis et viventibus) existentes, fuisse sensitivas tantum, donec in conceptu novissimo simul corpus aliquod seminale ad hominis formationem determinaretur, et anima sensitiva ad gradum rationalitatis eveheretur, sive is statuatur miraculose a Deo superaddi, sive in illis animabus seminalibus, quæ ad humanitatem destinatæ sunt, jam lateat, in actu signato ; sed evolvatur demum et sese exserat, cum corpus organicum tali animæ proprium per ultimum conceptum etiam in humanum partim evolvitur partim transformatur, humano organismo etiam non nisi in harum animarum corporibus præstabilito, aliis infinitis animabus animalculisque seminalibus (si talia admittimus) vel certe præformatis corporibus organicis viventibus intra sensitivum naturæ gradum subsistentibus, tam in actu signato quam in exercito, ut Scholæ loquuntur. Erit ergo Tradux quidam, sed paulo tractabilior quam quem Augustinus aliique viri egregii statuerunt, non animæ ex anima (rejectus veteribus, ut ex Prudentio patet, nec naturæ rerum consentaneus) sed animati ex animato. »

Massa nihil aliud est quam phænomenon, ut Iris. Si Deus novam creet animam vel Monada potius, et faciat priora organica coire in novum corpus organicum, non ideo auxerit massam seu quantitatem phænomeni, ut patet. Suspicor tamen hoc vix a Deo unquam fieri, cum nullam ejus necessitatem videam. Disputationes de his quæ Deo possibilia sunt, multis tricis obnoxiæ sunt.

Quod de Eucharistia quæris meum explicandi modum, respondeo apud nos nullum esse locum neque transsubstantioni neque consubstantiationi panis, tantumque pane accepto simul percipi corpus Christi, ut adeo sola explicanda sit corporis Christi præsentia. Et jam Turnemino respondi, præsentiam esse aliquid Metaphysicum, ut unionem : quod non explicatur per phænomena. An et quomodo transsubstantiatio vestra explicari possit, in Philosophia mea altior disquisitio foret. Si accidentia realia vultis restare sine subjecto, dicendum est, sublatis monadibus panem constituentibus, quoad vires primitivas activas et passivas, substitutaque præsentia Monadum corpus Christi constituentium, restare solum vires derivativas, quæ in pane fuere, eadem phænomena exhibentes quæ monades panis exhibuissent. Quod superest, vale, etc. Dabam Hanoveræ, 8 Sept. 1709.

LXI

DES BOSSES A LEIBNIZ

Billet daté d'Hildesheim, le 20 septembre 1709, sans intérêt philosophique.

LXII

LEIBNIZ A DES BOSSES

. . . .

Mitto hic partem opusculi mei jam editam, rogoque, ut lecta cum judicio tuo ad me remittas, nondum enim aliud exemplum habeo. Quod superest, vale et fave. Dabam Hanoveræ, 27 Septemb. 1709.

LXIII

DES BOSSES A LEIBNIZ

Remitto cum plurima gratiarum actione partem operis tui, quam maxima cum aviditate nec minori cum voluptate semel, iterum, imo sæpius perlegi, dudumque remissurus fueram nisi Hanovera transire tibique coram illam tradere sperassem, nam (ut te de meo ex his oris abitu ariolatum noris) hodie hinc Coloniam migrare jubeor, ut ibi aliquantis per mathesin doceam. Quid porro futurum sit, scribam alias ubi Coloniam advenero. Summopere doleo non obtigisse mihi copiam salutandi tui, ac consulendi quomodo mathematicum studium instituendum sit, nam adhuc valde rudis sum, et præter Elementa Patris Amici Gallice conscripta, mathesin recentiorem illam a te tantopere illustratam vix a limine salutavi.

De eruditissimo tuo opere multa scribere vetat temporis brevitas; pauca nolo. Unum probare non possum quod laudes in me congeris, quibus respondere non possum. Quoad cætera soliditatem cum humanitate certare video, et Baylium opinor, si adhuc superstes esset, de tali sibi adversario gratulaturum fuisse. Plura, ut dixi, spatiis disclusus iniquis nunc quidem non addo. Scribam autem, ubi

Coloniam venero, quod paulo post initium Novembris fore reor, nam prius in patriam meam mihi proficiscendum est. Vale, Illustrissime vir, iterumque vale, et si quid in regionibus istis curatum voles, jube, etc. Dabam Hildesiæ, 15 Octobris 1709.

LXIV

LEIBNIZ A DES BOSSES

Quantum te nobis elapsum doleo, tantum te iter ex sententia peregisse et alibi etiam florere gaudebo. . . . Gratum est, quod non displicuit semi-theologici laboris initium. Vellem omnia censuræ tuæ subjici potuissent ; nam etsi typis edita, tamen emendationem, imo retractationem paterentur. Spero etiam, tibi meam ad difficultates tuas nuperas responsionem, etsi fortasse non omnino satisfecerit, non tamen omnino displicuisse, quod intelligere aliquando gratum erit.

. . . .

Ubi opusculum meum absolutum erit, faxo ut exempla bina, unum tibi, alterum magno Ptolemæo vestro destinatum nanciscare.

Quod superest, vale et fave. Dabam Hanoveræ 25 Octobr. 1709.

LXV

DES BOSSES A LEIBNIZ

Hildesio recta Limburgum patriam meam petii negotiorum causa. Inde Coloniam 9 Novembris perveni. Postero die redditæ mihi sunt honoratissimæ litteræ tuæ 25 Octobris datæ, quibus serius respondeo.

. . . .

Ac imprimis Scholæ nomine gratias habeo quod omnes, quæ contra religionem Christianam militant, difficultates, Aristotelicæ Logicæ solius ope, quantum satis est expediri posse statuis. Sed verissimum hoc effatum tuum vide quæso an non accomodari possit etiam ad ea quæ contra Catholicorum cultum adducuntur speciatim ? Hoc enim agit Veronius, cujus Methodus Bellarminianæ quidem dissimilis, non tamen contraria est, nec si justis coërceatur limitibus, spernenda videtur, nam et ab Augustino (uti demonstrant ex professo Walemburgii Fratres) aliisque viris eruditis atque Nicolio nominatim usurpata est, et hoc saltem evincit, invicta insolubiliaque non esse ea quæ contra nos proferuntur argumenta, eo fere pacto quod adversus Baylium contendis invicta non esse quæ contra Christianos universim intorqueantur. Confer si placet utrorumque robur, fallor aut non magis hæc quam illa methodo illac tua elidi posse deprehendes. Prodest insuper ad ostendendum eos, qui Ecclesiæ autoritatem falli nesciam rejiciunt, principiis destitui sæpe, quibus dogmatum certitudinem superstruant. Quod si ad scepticismum hac ratione deducuntur, videant methodine culpa ea sit an sua, qui id inficiantur quod si verum non sit, multa fluctuare necesse sit. Apud nos equidem nullus scepticismo locus est, qui principium aliunde firmum habere nos profitemur, quo solo nixi (saltem in multis) an et quo sensu revelatum quidpiam sit, agnoscamus, et ad inconcussam in articulis controversis veritatem perveniamus, auctoritatem scilicet Ecclesiæ contra quam quantumvis speciosum sit quod objicitur non majus pondus habere debet, quam ea quæ contra Mathematicarum disciplinarum certitudinem Sextus Empiricus, Hobbius aliique congessere.

Dallæi opus quod memoras, non vidi, at vidi Calixti digressionem de arte nova. Vidi etiam Bartholdi Nihusii *Artem Novam* ipsam et *Apologeticum,* quem posteriorem a Baylio desideratum fuisse ex Dictionario suo comperio, atqui non pauca ejus exemplaria in Hildesiensi nostro collegio etiamnum non compacta supersunt. Propositum habeat Nihusius ostendere, quod nullæ contra nos a Protestantibus afferantur demonstrationes, quod Baylius non diffitetur in articulo *Nihusius*.

Tuam de animæ origine sententiam ingeniosam certe, et explicando originali contagio ut videtur accommodam quod attinet, malim dicas gradum illum ac facultatem primitivam rationalitatis (quæ utique substantialis est, utpote hominem constituens et a non-homine distinguens) in conceptu novissimo superaddi primum potius quam in animabus sensitivis in semine . . . jam existentibus latuisse jam tum in actu signato ; hoc enim posterius non ferent Theologorum nostrorum aures. Prius illud facilius fortasse digerent. Nec video cur miraculose superaddi dici necesse sit, cum ab additione illa tam facile miraculum excludere possis quam philosophi passim alii a creatione. Sed hæc de vocabulo solo controversia erit. Unum adhuc moneo : vetitam a nobis defendi propositionem hanc : Possibilis est potentia quæ quamvis naturaliter sit incapax operandi libere, divinitus tamen elevata libere operetur.

Dum hæc meditor, forte se mihi offert Fortunii Liceti Genuensis Philosophi et Medici in Pisana Academia quondam Professoris opus de *Ortu humanæ animæ*, libris tribus comprehensum, centum et octo abhinc annis excusum Genuæ, sed (quod dolendum est) integro alphabeto mancum, cujus epilogum totius operis hic verbotenus referre juvat, ut, quatenus tibi consentiat, intelligas, si forte liber ille ad manum non esset. « Ex traditis ergo liquido constare potest animam humanam quantum ad sui partes ratione carentes, vegetalem, inquam, et sensitivam prodire omnino a patre mediante semine, nimirum anima patris penes partem vegetalem ac sensitivam divisa in coitu ad partitionem subjecti, multiplicataque et in semine ejaculato permanente, ipsaque eadem numero semini sanguinique fœmineo communicata nono circiter die a coitu, quo tempore fit conceptio ; at quantum ad partem rationalem, proxime a Deo optimo eodem instanti creari et infundi corpori organizato non ante quadragesimam diem a conceptione. Quæ omnia mihi a principio proposita fuerant disquirenda. » Sic ille. Subiit cogitatio num fortasse tractatus hic censuram aliquam Romæ passus esset ; consului Sotomajoris Indicem librorum prohibitorum, nec Liceti nomen in illo reperi. Credo tuam sententiam cum exceptione a me addita non magis periclitaturam quam illam Liceti. Sed ulterius mihi disquirendum puto, an liber iste confixus non sit.

Venio nunc ad Eucharistiam. Communis equidem, ut nosti, Theologorum nostrorum sententia est, manere in ea accidentia realia et physica sine subjecto, cui doctrinæ belle consonat ea quam suggeris de viribus primitivis sublatis et derivativis manentibus hypothesis. Verum cum vires derivativæ juxta te nihil aliud sint quam virium primitivarum modificationes, quo pacto sublatis primitivis manere derivatæ possint, non capio, nisi forte modos cum accidentibus quæ vocamus absoluta confundis. De cætero in Protestantium omnium, cum pane accepto simul percipi Christi corpus asserentium æque ac Catholicorum sententia, restat adhuc explicandum, qua ratione sacrosanctum corpus illud cum panis dimensionibus penetrari possit. Hanc enim penetrationem postulant, ni fallor, omnes ii qui nobiscum contra Reformatos realem Christi præsentiam tuentur. Non, opinor, dices substantias panis et corporis salva utriusque extensione se mutuo penetrare. Atqui licet substantiæ corpore conceptum in extensione non consistere demonstres, a substantia tamen corporea continuata et repetita (qualis utique semper erit Christi corpus) extensio abesse non posse videbitur, cum extensio juxta te sit substantiæ nitentis et renitentis repetitio quædam ac continuatio, nisus autem iste ab ipsa substantia nitente separari nequeat.

Quod de Angelorum corporibus alicubi innuis, non renuo, modo (ut olim ad te scripsisse memini) una ex spiritu et corpore substantia personave ne coalescat. Habeant sane angeli corpus per relationem, imo et per unionem qualis intelligentias inter et orbes cælestes a Peripateticis veteribus statuebatur, at non qualis animam inter et corpus hominis intercedit. . . . Dabam Coloniæ Agrippinæ, 18 Januarii, Anno 1710. . . . .

LXVI

LEIBNIZ A DES BOSSES

Hanoveræ, Januar. 1710.

Dubitabam de valetudine tua, nunc gaudeo te valere et mei meminisse. Novum munus, novum locum maximam temporis partem sibi vindicare facile intelligo. . . . .

In controversiam de auctoritate Ecclesiæ ingredi nolim, ne in prolixam discussionem venire necesse sit, multasque ambiguitates evolvere. Ars nova Veronii, Nihusii et similium mihi olim inanis visa est, neque operæ pretium fuerit ista retexere. Et frustra Walenburgii talia defendere conati sunt, quorum olim in hanc rem opellas legi. Baylio credo placuissent, Scepticismi amatori, sed qui contrariam inde conclusionem duxisset.

Si rationalitas animæ sensitivæ præexistenti non superadditur miraculose, sequitur inde sponte prodire per evolutionem naturalem, atque hoc volui, cum dicerem inesse in actu signato. Si hanc phrasin minus commodam putas, aliam substituere licebit.

Ex Liceti loco quædam probo, alia non probo, nempe illud, animam parentis penes partem vegetalem aut sensitivam dividi. Nam una est anima quævis et indivisibilis, neque anima quæ semini inest, animæ paternæ portio est. Liceti librum censura aliqua confixum non puto.

Cum panis revera non sit substantia, sed ens per aggregationem seu substantiatum resultans ex innumeris monadibus per superadditam quandam Unionem, ejus substantialitas in hac unione consistit; itaque non necesse est secundum vos a Deo monades illas aboleri vel mutari, sed tantum subtrahi id per quod ens novum producunt, nempe Unionem illam; ita cessabit substantialitas in ea consistens, etsi maneat phænomenon quod jam ex monadibus illis non orietur, sed ex aliquo divinitus substituto unioni illarum monadum æquivalente. Ita nullum aderit revera subjectum substantiale. Sed talibus nos non indigemus qui transsubstantiationem rejicimus.

Multipræsentia ejusdem corporis non habet opus replicatione aut penetratione dimensionum, sed explicanda est per præsentiæ genus nullam habens ad dimensiones relationem. Et revera si Deus efficeret ut aliquid immediate operaretur in distans, eo ipso ejus multipræsentiam efficeret sine omni penetratione aut replicatione. Secundum nostros non dicitur includi pani corpus Christi, sed cum eo accipi, ubi nulla ad dimensiones alligatio necessaria est.

Non video quid prohibeat genios esse ζῶα, sed multo his quæ novimus nobiliora. An personam cum corpore suo constituant, pendet a natura unionis, quæ est aliquid μεταφυσικὸν, nec a nobis semper satis explicari potest.

. . . .

LXVII

DES BOSSES A LEIBNIZ

Lettre datée de Cologne, le 15 mai 1710, où il n'est pas question de philosophie, sauf dans le post-scriptum.

P. S. Vidi ante dies aliquot Responsum tuum ad motas a Patre Lami Benedictino difficultates contra Systema tuum uti extat in Diario Parisiensi anni præteriti. Si judicium meum audire sustines arbitror adversario prorsus satisfactum.

LXVIII

DES BOSSES A LEIBNIZ

. . . .

Dum solidissimum tuum ad motas ab Amico Benedictino difficultates contra Harmoniam præstabilitam relego responsum, incidit forte dubitatio quam nec ab Amico nec a Baylio tangi video, nempe : Ex Harmonia corporis et animæ præstabilita prorsus sequi videtur : si creatura quæpiam tam perfecta condita foret, ut totius universi mechanismum perspectum haberet, fore ut non præsentia duntaxat arcana cordium sed et futura quæcumque libera (saltem ea quæ naturæ ordinem minime transcendunt) certo et infaillibiliter cognosceret ac præsciret.

Vale, etc. Dabam Coloniæ Agrippinæ, 25 Martii 1710.

LXIX

LEIBNIZ A DES BOSSES

Miraberis quod tamdiu officio defui, et me quoque pene pudet, aliquid negligentiæ fateri, sed cui accessere partim absentia, partim incommoda valetudo. Spectabam etiam absolutionem libri mei in Batavis nuntiare posse, de qua tamen ab aliquot septimanis nihil intelligo, etsi maximam partem impressam acceperim.

. . . Veroniana methodus non meretur, ut quisquam ejus tutelam suscipiat. Est merus Logicæ abusus. Nicolius eam nonnihil immutavit, quamquam et revera in suo de Ecclesia opere nihil magni præstiterit. Si argumenta hujusmodi Aristotelico more ad formam logicam redigantur, statim concidunt. Atque ideo Logicam Aristotelicam merito laudo.

. . . .

Liceti librum *De ortu animæ humanæ*, nunquam censura confixum puto. Si rationalitas animæ sensitivæ præexistenti non superadditur miraculose, sequitur sponte, inde prodire per evolutionem naturalem. In Liceto non probo, quod dicere videtur, animam parentis penes partem vegetalem aut sensitivam dividi, nam quævis anima est indivisibilis.

Cum panis revera sit ens per aggregationem seu substantiatum, ejus substantialitas in monadum unione consistet. Itaque ad eam abolendam vobis non necesse est monades ipsas abolere.

Multipræsentia non habet opus explicatione aut penetratione dimensionum, sed explicanda est per genus præsentiæ nullam habens relationem ad dimensiones, velut si Deus efficeret, ut aliquid immediate operaretur in distans.

Non video quid prohibeat genios esse Ζῶα sed multos his quæ novimus, nobiliora. Animalium tamen nomen non bene convenit, quia ea speciem propagant.

. . . .

Quod superest, vale et fave. Dabam Hanoveræ, 2 Maji 1710.

. . . .

LXX

DES-BOSSES A LEIBNIZ

Cum expectatissimas tuas litteras accepi 2 Maji datas (nam alias a te vidi nullas), ad academicos me gradus comparabam, et futurum videtur ut a mathematicis carceribus vice digressus cursum abrumpere, et ad Theologiam animum appellere cogar. . . . . .

. . . .

Licetus circa compositionem quandam animæ humanæ e partibus seu gradibus tibi consonat. Divisionem animæ, quam astruit, in sensu metaphysico intellectam tibi non probari sciebam, sed si physice et ad sensum sumatur, non repugnabit placitis tuis, sic enim et anima plantæ matricis dividi censetur in animas propaginum, quia hæ in matrice latentes tandem se exserunt.

Cum panis substantiam in Eucharistia interire profitemur, non solum ejus formam quæ utique in modalitate quadam consistit, cum panis ens sit per aggregationem, destrui volumus, sed etiam propriam panis materiam. Itaque et monades saltem tritico propriæ interire dicendæ erunt, quod a principiis tuis non discrepat, cum monades illæ quantumvis multæ massam non faciant. His monadibus sublatis si corporis Christi monadas substituas easque extensione sua quæ ipsis essentialis non est spoliatas, habebimus opinor hoc pacto panis in Christi corpus conversionem sat catholice explicatam. Vide si placet ea quæ contra Cartesii ad quartas hac de re objectiones responsionem obmovet autor *Itineris per mundum Cartesii* prope finem partis secundæ pag. mihi 132 et seqq. quæ quantumlibet valida adversus Cartesium censeam, non tamen contra sententiam tuam hoc modo explicatam militant.

Circa multipræsentiam hæc occurrunt. Primo si ad præsentiam sufficiat operatio sine respectu ad dimensiones, efficere Deus non poterit ut aliquid operetur in distans, nam operatio hoc ipso rem operantem præsentem sistet. Deinde spiritus vel animæ rationalis præsentia sine respectu ad corpus vel ejus dimensiones explicari non posse videtur, igitur nec unius corporis ad alterum præsentia. Adde quod unius corporis in alterum operatio tuis principiis dissonat. Præterea, si recte memini, Newtoni et aliorum operationem in distans admittentium sententiam alicubi improbas. Denique similem multipræsentiam sustinere poterit Cartesius (imo et Calvinus), cum tamen in quadam ad Pelissonium Epistola, Cartesii principiis realem præsentiam everti censeas.

Memini in alterutro epistolio meo postremo tuam de quodam Harmoniæ præstabilitæ consectario quæsivisse sententiam, de quo quid tibi videatur, gratum erit intelligere.

Dabam Coloniæ Agrippinæ 14 junii 1710.

LXXI

LEIBNIZ A DES BOSSES

Corpus quod in distans immediate operaretur, esset præsens alteri non dimensionaliter seu circumscriptive, sed ubicative et substantialiter; immedietatem substantiæ, non dimensionum quarum distantia conservaretur, id mihi videtur commodius quam statuere multipræsentiam replicativam, cujus de possibilitate nolim disputare; nec tamen video cur huc confugere necesse sit. Operationem corporis naturalem in distans utique improbo, supernaturalem non æque.

Non memini quale sit Harmoniæ præstabilitæ corollarium, de quo meam sententiam quæsisse dicis. Quod superest, etc. Dabam Hanoveræ, 2 Julii 1710.

LXXII

DES BOSSES A LEIBNIZ

. . . .

Ad tuam multipræsentiæ explicationem nihil ultra habeo quod regeram, neque nos Christi corpori in Eucharistia circumscriptivam præsentiam tribuimus, sed cum replicari idem nobis sit quod plura disparata ubi quocunque modo habere, et Christi corpus substantialiter et ubicative replicatum et cum panis dimensionibus penetratum dicere.

Consectarium quod ex Harmonia præstituta deduci posse videbatur, hoc erat : si liberis nostræ mentis actionibus motus corporis sola necessitate mechanica sine ullo mentis influxu consequentes ad amussim respondeant, jam soli Deo propria non erit humani cordis arcanorum et futurorum libere contingentium scientia, cum mens aliqua creata tam vasta tamque nobilis extare possit, quæ totius universi mechanismum penitus et adæquate perspectum habeat. Ex hac notitia omnes qui sunt quique erunt motus corporum pervidebit ac prævidebit, non aliter atque astronomi quibus cœli mechanismus ex pacto perspectus est, futuros planetarum motus exacte præsagiunt. Hoc si dederis, jam certe et omnes mentium humanarum actiones liberas, etiam futuras, utpote motibus illis corporeis respondentes prospicere certo poterit, sicuti si constaret duo Horologia, alterum Europæum, Americanum alterum accurate sibi invicem congruere semper, ubi Europæi statum novero, ejus quoque quod in America est, constitutionem habuero perspectam.

. . . .

Vale, etc. Dabam Coloniæ, 18 Julii 1710.

. . . .

LXXIII

LEIBNIZ A DES BOSSES

Placet quod Replicationem Multipræsentiæ ita exponis, ut rei non sit, sed ubietatis, sed ita, ni fallor, non admodum commode mentem loquentium exprimis. Nec video etiam cur opus sit penetratum cum panis dimensionibus corpus Christi dicere, cum dimensiones hanc ubicationem non ingrediantur. Sed, re commode explicata, de phrasibus possumus esse faciles.

Objectionem, quam nuperrimæ tuæ contra Harmoniam præstabilitam continent, in prioribus non observaveram; nam alioqui respondissem statim, cum ex earum sit numero, quibus maxime delector, quod rei uberius illustrandæ occasionem præbent. Id ipsum nempe quod Mundus, materia, mens, a finita mente perfecte comprehendi non debent, inter cætera argumenta mea est, quibus probo, materiam non ex atomis componi sed actu subdividi in infinitum, ita ut in qualibet materiæ particula sit mundus quidam infinitarum numero creaturarum. Si vero Mundus esset Aggregatum Atomorum, posset accurate pernosci a mente finita satis nobili. Porro quia nulla pars materiæ perfecte cognosci a creatura potest, hinc apparet, nullam etiam Animam perfecte ab ea cognosci posse, cum per Harmoniam illam præstabilitam exacte materiam repræsentet. Itaque quod objectio tibi visum est, argumentum videri potest in rem meam.

. . . .

Quod superest, vale, etc. Dabam Hanoveræ, 4 Augusti 1710.

LXXIV

DES BOSSES A LEIBNIZ

Billet daté d'Hildesheim, le 10 octobre 1710, sans intérêt philosophique.

LXXV

DES BOSSES A LEIBNIZ

. . . .

Quod ad objectionem nuperam respondes, mihi non penitus improvisum accidit et perplacet. At vereor exstiturum aliquem, qui tuis ingratiis copulet illa duo principia, et Harmoniam quidem præstitutam a te mutuetur, cum aliis vero sat multis incomprehensibilitatis attributum soli Deo tribuentibus creaturam quamlibet corpoream ab alia creata mente satis nobili comprehendi, et penitus pernosci posse contendat. Sed vitio tibi dandum non est, neque novum, ex opinionum quæ seorsim spectatæ probabilitatem habent conjunctione monstra nasci. Præterea, quid si dicat aliquis infinitatem creaturæ nihil obstare quominus a creata mente, quæ et ipsa infinita sit, comprehendi queat?

De replicatione quantum assequor, nihil habeo quod disputem, quando in re ipsa convenimus. Vale, etc. Dabam Coloniæ Agrippinæ, 11 Octobris 1710.

LXXVI

LEIBNIZ A DES BOSSES

Placet, quod objectioni tuæ responsio mea, præsertim non omnino improvisa, satisfecit. Qui Harmoniam præstabilitam admittet, non poterit non etiam admittere doctrinam de divisione Materiæ actuali in partes infinitas. Sed idem aliunde consequitur, nempe ex natura motus fluidorum, et ex eo quod corpora omnia gradum habent fluiditatis.

Incomprehensibilitatis attributum utinam soli Deo proprium esset, major nobis spes esset noscendæ naturæ, sed nimis verum est nullam esse partem naturæ, quæ a nobis perfecte comprehendi possit, idque ipsa rerum περιχώρησις probat. Nulla creatura quantumvis nobilis, infinita simul distincte percipere seu comprehendere potest ; quin imo qui vel unam partem materiæ comprehenderet, idem comprehenderet totum Universum ob eandem περιχώρησιν quam dixi. Mea principia talia sunt, ut vix a se invicem divelli possint. Qui unum bene novit, omnia novit.

Quasdam objectiones Dno. Hartsoekero, rogatus olim misi. Eæ partem illarum faciunt, quibus in suis declarationibus (*Éclaircissements*) respondit, sed nomine meo non adjecto, quod nec desiderabam. At nuper in aliam controversiam implicati fuimus. Statuit ille, duas esse partes materiæ, unam conflatam ex Atomis perfecte duris, alteram ex fluido perfecto. Ego materiam ubique sua natura divisibilem statuo, nec Atomos nisi per miraculum induci posse, fluiditatem etiam transire in quosdam connexionis gradus per motus varios in materia inter se conspirantes. Inde fit ut separatio non fiat sine quadam motuum perturbatione, cui proinde resistitur. Hanc censeo ultimam rationem cohæsionis in materia. Nam unci, hami, funes, tabulæ ab aere vel æthere compressæ, aliaque id genus firmitatem aliquam jam præsupponunt. Nec puto aliam rationem ultimam cohæsionis reddi posse, cum materia non nisi motibus variari possit. Occasionem mihi dederat Dn. Hartsoekerus, ut tale quid ei insinuarem. Videtur motum conspirantem a me adhibitum non satis intellexisse, unde nonnulla objicit, aliaque affert, quibus prolixius respondi quam constitueram. Currente rota pro urceo amphora exiit.

Hanc epistolam quam ei scripsi ad te mittere volui, etiam ut judicium tuum subeat. Inde si videbitur, Dno. Hartsoekero mittere poteris.

Tandem aliquando absolutum est in Batavis opusculum meum, et cum vos Batavis sitis viciniores, et in crebro cum iis commercio, facile per amicum inde habebis, schedula ad Bibliopolam Troyelium missa quam hic adjungo. Interea vale et fave.

Dabam Hanoveræ. 7 Novembr. 1710.

LXXVII

LEIBNIZ A DES BOSSES

Lettre datée de Hanovre, le 18 novembre 1710, où il n'est question que des affaires de Chine, sans intérêt philosophique, sauf que Leibniz y annonce l'envoi de deux nouveaux exemplaires de sa Théodicée.

LXXVIII

DES BOSSES A LEIBNIZ

Binis litteris tuis 7 et 18 Novembris datis, tametsi amplum scribendi argumentum suppetebant, non respondendum duxi prius quam desiderati dudum Theodicæi exemplum vidissem. Allata sunt denique Amstelodamo, uti jusseras, exempla tria, pro quo munere sane luculento mihique acceptissimo gratias tibi quas possum ago maximas.

. . . .

Litteras quas ad me direxeras, ad quos spectabant curavi statim. Datas ad Hartsoeckerum legi magna cum voluptate, Duo eas legenti in mentem venere mihi, quæ ex te quæro. Primum : cum conspirantes dissonantesque motus, quos statuis, vires in Entelechiis inæquales heterogeneasque arguere videantur, quo pacto explicandam putes hanc virtutum motivarum ἑτερογένειαν, an hæc in nuda earumdem virium ad motum ciendum inæqualitate consistet? Alterum : cum virtutes agant nisi impediantur, agantque magis ubi minus impediuntur, quid causæ erit cur ea quæ extimam universi superficiem constituunt corpora ita sibi mutuo adhæreant, ut nec vacuum intra mundi massam admittant, nec motu suo majus quam ante spatium expleant. Finge globum cujus extimæ partes nullum reperiant motus impedimentum, utique omnes extimæ illæ partes cum resistentiam inveniant ex ea parte qua cum exteris conjunguntur partibus linea recta vel per tangentem vel potius per radium a centro se removere incipient, quod sine vacui intromissione vel corporum ut vocant inflatione fieri posse non videtur. Nescio an mentem meam satis clare explicem, sed hæc hactenus.

Redeo ad Theodicæum tuum, quem dum obiter pervolvo, tantisper dum meditatius eum perlegendi otium fuerit, video *Litteras philosophicas Trivultii* editas anno 1703 a te desiderari, atqui Forsterus a quo emi ipse ante triennium venales habebat. Eccam tibi ruditer ab adolescente descriptam quam laudat Baylius ; quod si et cæteras quarum titulos adscripsi videre velis, faxo ut et illæ describantur et librum ipsum mitterem si per tabellarium commode posset.

. . . .

Alia paucula a me nunc quidem notata subjicio. Num P. Fridericus Spee noster origine Westphalus fuerit, dubito ; in Bibliotheca certe scriptorum Societatis nostræ, ... Cæsaris insulanus patria fuisse perhibetur. — Cæterum cum autor hic merito a te laudatus caritate perfecta etiam sine sacramento hominem justificari docet, habet conspirantes secum theologos nostros omnes utpote qui sequentium Baji propositionum damnationi unanimes subscribunt : 70. Homo existens in peccato mortali sive in reatu æternæ damnationis potest habere veram caritatem, et caritas etiam perfecta potest consistere cum reatu æternæ damnationis. 71. Per contritionem, etiam cum caritate perfecta et cum voto suscipiendi sacramentum conjunctum non remittitur crimem extra casum necessitatis aut martyrii sine actuali susceptione sacramenti.—Itaque qui contritionem ad justificationem in sacramento consequendam requirunt, ab adversariis in hoc solum discrepant : quid hic suo nomine Caritatis perfectæ veniat intelligendum, dum hi ad perfectam caritatem sufficere volunt actum qui intuitu divinæ bonitatis super omnia amabilis eliciatur ; illi contra ad caritatis, de qua hic sermo est, perfectionem, certam quamdam in actu intensionem aut aliquid hujusmodi requirunt, ex quo patet argumentum quod olim Pelissonio obmovebas, et cujus nunc iterum meministi, ex aliquorum Theologorum nostrorum sententia de solius caritatis ad justificationem sufficientia petitum ab aliis quoque qui contrarium sentiunt esse diluendum. Nec vero ex hoc principio sequi arbitramur eos qui extra Ecclesiæ communionem degunt, salutem consequi posse, negamus enim omnes, eos ad caritatem perfectam quamdiu ab Ecclesia segregati sunt, posse pertingere. Nempe caritatem perfectam necesse est præcedat fides, eaque non late dicta aut implicata, qualem ex testimonio creaturarum haustam habere potuerant philosophi, sed stricte sumpta et explicita (saltem aliquorum articulorum) quæ Dei revelantis verbo nititur unice. Hac porro fide caret qui orthodoxæ Ecclesiæ repugnat autoritati, quam ita perspicuam esse contendimus ut nemo saltem eruditus, si ut debet implorato lumine divino notas ejus accurate perpenderit, eam sine pertinaciæ culpa ignorare queat. Jam vero hac cum culpa stare nequit ullius articuli fides Theologica, quia per cujuslibet articuli fidem ita comparatur credentis animus, ut si alii articuli quicumque a Deo revelati sibi innotescerent ac credendi proponerentur, ab iis assensum cohibere, vel saltem dissentire stante quam habebat fide non posset, et hæc quidem ex parte fidei quæ caritatis fundamentum est. In ipsa caritatis natura secundum se considerata difficultas occurrit similis ; nam caritas ea quam justificatio requirit, virtuale votum sive propositum includit adimplendi ea omnia quæ divinæ amicitiæ leges exigunt. Exigunt autem ut orthodoxa cum Ecclesia communicemus, quam sine culpa, quæ caritati repugnat, ignorare non possumus. Certe Speus ipse ad caritatem justificantem virtuale saltem propositum peccata sua clavibus Ecclesiæ subjiciendi diserte postulat. Itaque sicubi caritatem dixit sine sacramento sufficere, talem intellexit, vi cujus animus ad adhibendum suo tempore sacramentum comparatus esset. Atque hanc ejus esse mentem demonstrant cum alia ejusdem manuscripta, quæ hic reperi, anecdota, tum imprimis scriptæ ad tres prænobiles sorores epistolæ duæ, quarum scopus est ostendere quod salus extra veram Ecclesiam nulla sit. libens consulam, et quid responderint edocebo. . . . .

Quod scientiam conditionatam quam mediam vocamus ad simplicis intelligentiæ scientiam revocas, non repugnamus. Audi Franciscum Suarium in Prolegomenis secundi Tomi de gratia, cap. 6, n. 7. « Divisio « Scientiæ divinæ in scientiam simplicis intelligentiæ et scientiam « visionis est adæquata ; et scientia conditionata simpliciter loquendo « sub scientia simplicis intelligentiæ continetur,..... quia licet per illam « videatur effectus contingens non tantum ut contingens, sed etiam ut « determinatum ad alteram partem ex hypothesi, tamen quia illa « hypothesis nondum supponitur futura ex aliquo decreto Dei, totum « id manet subesse possibili, et ideo tota illa cognitio ad simplicem « intelligentiam pertinet. » Hucusque Suarez. Satis itaque habemus quod juxta te Scientia illa conditionata decretum nullum divinum prærequirat subjective absolutum et objective conditionatum quale Thomistæ statuunt, in quo maxima nobis cum illis controversia sita est. Prædeterminationem moralem quam ponis cum libertate posse consistere certum habeo, nec aliquem ex nostris facile reperies qui neget ; plurimos reperies qui id ex professo asserant. Fatemur insuper quotquot sumus, e Societate saltem, voluntatem nisi aliqua causa motam agere non posse, alioquin extra objecti sui sphæram quæ bonum ut sic est, ageret. An vero semper et ubique prædeterminationem admittere necesse sit, necdum statuere possum. An dices Adamo innocenti moralem peccandi necessitatem fuisse impositam, quæ imposita sane fuit si prædeterminat ; atqui si Augustinum audimus, peccandi necessitas non nisi a malo est, bonum certe Deum autorem habere non posse videtur.

Præterea, dum potentiam sui determinativam esse chimæricam contendis, visne potentiam hujus modi implicare contradictionem ? non opinor ; alioqui metaphysicam necessitatem omnium effectorum induceres ; at moralis necessitas potentiam se determinandi non destruit. Quis enim determinaret voluntatem nisi ipsa sese, si, quod fieri potest, rationi prævalenti non cederet ? Quod tu hic respondebis, respondere poterit et Molina, cui objicis fieri non posse ut determinatio resultet ubi nulla determinationis radix. « On leur demandoit..... comment il étoit possible qu'il y résultât enfin une détermination dont il n'y a aucune source, car de dire que c'est le privilège de la cause libre..... c'est luy donner le privilège d'être chimérique. » Atque hæc in præsenti sufficiant ; plura alias ubi totum opus meditate expendero. De quo universim judico non frustra commotam esse Gallorum Italorumque exspectationem. Cæterum præclara quæ in eo ubique emicant cogitata non recensebo, nec pulcherrimo Systemati tuo depraedicando immorabor, contentus ea subinde proferre a te si videbitur elucidanda quae negotium mihi facessunt.

Vale, Vir illustrissime, et novum quem auspicati sumus annum quam felicissime age. Dabam Coloniae Agrippinae, 6ª Anni 1711.

LXXIX

LEIBNIZ A DES BOSSES

Gratias ago maximas, quod curasti litteras meas, quod Epistolam sextam Lamii apud Trivultienses editam mecum communicas.

Nunc ad tuas quaestiones venio. Et primum, cum Entelechiae repraesentent materiae organicae constitutionem, tantam in ipsis varietatem necesse est esse, quantam in ipsa materia percipimus, nec una Entelechia alteri perfecte similis esse potest : et Entelechia agit in materia secundum ipsius exigentiam, ita ut status materiae novus sit consequens status prioris, secundum leges naturae; leges autem naturae per Entelechias effectum suum consequuntur. Sed et ipsius Entelechiae status praesens consequitur ex statu ejus priore. De extima materiae superficie quod dicam non habeo, nisi vel negandum, ullam talem esse superficiem, vel ad miraculum confugiendum, quo massa intra certos limites coerceatur.

Pergrata sunt quae de rejectis quibusdam Baji propositionibus memoras, quas ego etiam rejecero. Nec P. Spejum allegavi, quasi nova inter vos docentem, sed tanquam vestra pulchre explicantem. Caeterum utrum aliquis extra vestram Ecclesiam caritatem veram habere possit, facti est quaestio, quod possibile praesumitur, donec contrarium probetur.

Moralem in Adamo aut alio quocunque peccandi necessitatem fuisse, ego quoque non dixerim, sed hoc tantum : praevaluisse in eo inclinationen ad peccandum, et adeo praedeterminationen aliquam fuisse, etsi non necessitatem. Illud agnosco, in Deo optime agendi, in confirmatis spiritibus bene agendi, moralem esse necessitatem. Et in universum vocabula ita interpretari malim, ne quid consequatur, quod male sonet. Itaque præstat, nunquam moralem agnoscere necessitatem nisi ad bonum quia quæ mala sunt, sapientem nec facere posse credendum est. Nescio an aliter aliquando locutus sim ; si feci, incauta fuerit locutio et emendenda, etsi non in rebus, sed in phrasibus fuerit lapsus.

Omnino statuo potentiam se determinandi sine ulla causa, seu sine ulla radice determinationis implicare contradictionem uti implicat relatio sine fundamento ; neque hinc sequitur metaphysica omnium effectuum necessitas. Sufficit enim, causam vel rationem non esse necessitantem metaphysice, etsi metaphysice necessarium sit, ut aliqua sit talis causa.

. . . .

Quod superest, vale et fave. Dabam Hanoveræ, 8 Febr. 1711.

LXXX

LEIBNIZ A DES BOSSES

Billet daté de Berlin, le 2 mars 1711, sans intérêt philosophique.

LXXXI

DES BOSSES A LEIBNIZ

Cum te salvum et incolumem Hanoveram rediisse jam confidam, mitto nunc tandem litteras Clarissimi Hartsœkeri.

Venio nunc ad argumentum penultimæ epistolæ tuæ. Loca in quibus moralem in Adamo aliisque peccantibus necessitatem peccandi innuere videbaris, hæc fere sunt.

Pag. 628, 3ª objectione, 1 prosyllogismo : Tout «prédéterminé est nécessaire, tout événement est prédéterminé, donc tout événement et par conséquent le péché (d'Adam) aussi est nécessaire... on répond si quelqu'un entendoit une.. nécessité.. qui ne fût que morale... il est manifeste qu'on luy nieroit la majeure. »

Pag. 468, n. 282 : « L'on peut dire dans un certain sens qu'il est nécessaire.. que les diables et les damnez péchent. . . . que l'homme suive le parti qui après tout le frappe le plus, mais cette nécessité n'est point opposée à la contingence, etc. »

Pag. 497 : « Nécessité détermine plutôt, à moins qu'on ne parle d'une nécessité morale. »

Quod vero nec admitti debere videatur prædeterminatio moralis ad malum directe saltem a Deo proveniens (qualis esse videretur ea quæ Adamum initio peccare fecit), inde probari videtur quod Deus ab initio fecerit hominem rectum ; sed qui habet majorem inclinationem ad malum quam bonum, non est rectus ergo. Idem dici potest de angelis peccantibus.

Fateor potentiam se determinandi sine ulla causa sive sine ulla radice determinationis implicare contradictionem, neque enim voluntas eligere sive determinare sese potest absque motivo, quod semper est bonum aliquod ipsi propositum. Sed nego voluntatem, si bonum minus efficaciter propositum prosequeretur, determinaturam se sine ulla causa, et ajo bonum etiam minus efficaciter propositum sufficientem esse causam, metaphysice saltem loquendo, ad hoc ut amplectantur illud ipsum minus bonum, alioquin sequeretur Adamum sine contradictione non potuisse obedire Deo dum peccavit, quod sic probo : determinare se sine causa implicat contradictionem; sed Adamus obediens Deo determinasset se sine causa, nam, ut suppono, proponebatur ipsi motivum peccandi fortius quam motivum obediendi. Motivum autem minus efficaciter propositum amplecti est se sine causa determinare.

Vasquius noster qui tecum sentit voluntatem non posse eligere aliquid præ alio nisi intellectus proponat efficacius, etc., ait voluntatem posse suspendere electionem objecti efficacius propositi, et tum intellectum hoc ipso determinari ad consideranda motiva pro parte inefficacius proposita, ex qua meliori consideratione sequitur tandem ut intellectus proponat efficacius motiva contraria, adeoque ut voluntas possit eligere oppositum. Sed hoc responsum quantum video, principia a te posita non admittunt.

Pag. 66 sic ais : « Nous nous devons contenter de dire que l'incarnation est l'union la plus étroite qui puisse exister entre le créateur et la créature sans qu'il soit besoing d'aller plus loing. Les Nestoriens ne pouvoient-ils point être contens de cette explication ? Ouy sans doute, ils en devoient être contens, car ils nioient que l'union plus que morale entre le créateur et la créature pust exister. Il semble donc qu'il soit besoing de dire quelque chose de plus. »

Dum opus S. Thomæ Aquinatis contra Gentiles pervolvo, incidi forte in caput 93 libri 4ti, in quo nisi fallor eam ipsam rationem perpetuitatis pœnarum quas damnati tolerant, quam adducis et ex Drexelio confirmas insinuat: ait enim « pœnam animarum quæ damnantur, non fore perpetuam si voluntatem in melius mutare possent quia iniquum esset, quod ex quo bonam voluntatem haberent, perpetuo punirentur ». Paulo infra dicit : « Voluntatem a peccato mutari in bonum non contingit, nisi per gratiam Dei, damnatorum autem animæ a gratia totaliter excluduntur. »

Vale, etc. Dabam Coloniæ Agrippinæ, 25 Aprilis 1711.

LXXXII

LEIBNIZ A DES BOSSES

Post longam absentiam demum simul et ad commercium nostrum litterarium redeo.

. Cum visus sum attribuisse necessitatem moralem eventibus, mallem explicuisse mentem distinctius. Electio totius seriei contingentium tanquam convenientissimæ habet necessitatem moralem, sed hoc non æque commode enuntiatur de peccatis eam ingredientibus et per concomitantiam admissis.

Adamus non habet initio majorem inclinationem ad malum, quam ad bonum, cum creabatur, sed tunc cum peccatum instabat.

Cum quis eligit hoc modo, non implicaret contradictionem, si elegisset alio modo, quia rationes determinantes non necessitant.

Vasquii sententia, quam in tua epistola exhibes, videtur conciliabilis cum mea.

Cum sufficere dico unionem arctissimam inter Deum et Creaturam, plus quam moralem intelligo, et intelligent qui me legent; alioqui in verbis luderem, qui non est mos meus.

Dabam Hanoveræ, 8 Julii 1711.

LXXXIII

LEIBNIZ A DES BOSSES

. . . .

Cum Adamus creabatur, prævalebat quidem inclinatio ad bonum, sed suberant tamen semina futuræ inclinationis ad malum : nam omnia in rebus quodammodo præstabilita sunt, et præteritum est prægnans futuri. Ut autem Adamus talis, qualis futurus erat, ad existentiam admitteretur, causa fuit, quod partes faceret optimæ seriei possibilis. Ptolemæus vester, vir insignis, videtur dubitare, an optima series rerum possibilis admitti possit, quia non datur perfectissima creatura. Atque id ego quoque concedo, sed nego seriem rerum pro creatura haberi posse, nam series infinitorum non potest pro uno toto haberi, ut alias demonstravi. Est autem series rerum infinita certe a parte posteriore, ut vocant, seu caret fine, etsi non careat initio. Meo judicio, nisi daretur series optima, nihil plane crearet Deus quia non potest agere præter rationem, aut præferre minus perfectum alteri perfectiori. Cæterum gaudeo, tanto viro cogitationes meas probari, quas non dubito quin multis modis emendare et perficere possit. Sunt qui a me desiderant, ut libellum Theodicææ meæ Latine edi curem, sed versionem adornare non vacat.

. . . .

Quod superest, vale et fave. Dabam Hanoveræ, 7 Septembr. 1711.

. . . .

LXXXIV

DES BOSSES A LEIBNIZ

Litteras tuas 7 Septembris datas accepi..... Reperi et ego nonnullos gallici sermonis imperitos qui Theodicæam tuam latinam optarent. Post tres septimanas hinc Paderbornam migrabo, Theologiæ scholasticæ curriculum a Deo Uno et Trino auspicaturus ; si minus istud mihi tantulum otii concedet et tu indulges, versionem horis subsecivis aggrediar, sed ea lege ut tu revideas, errata corrigas et elucidationes addas sicubi necessariæ aut utiles videbuntur.

Vale, etc. Dabam Coloniæ Agrippinæ, 6 Octobris 1711.

LXXXV

LEIBNIZ A DES BOSSES

Ex Gallia accipio, rigidiores meo Tentamini Theodicææ non valde favere. Dicere potero, ut Cupido apud Ovidium :
Bella mihi, video, bella parantur, ait.
Si dignum tibi translatione tua videatur, poteris, quæ voles, per notas marginales admonere ; quædam enim fortasse non simpliciter transmittere poteris. Quod superest, scias me valde gaudere, quod nobis propior factus es. Vale et fave. Dabam Hanoveræ, 7 Decembr. 1711.

LXXXVI

DES BOSSES A LEIBNIZ

Theodicæo tuo rigidiores non valde favere scribis. Bene est, at favent alii, fortasse meliores. Turnamino certe placere, ex verbis ejus cognosces quæ hic transcribo : « Vous pouvez mander par avance à M. de Leibniz que j'ai lu avec beaucoup de plaisir son Théodicée et qu'il en verra dans notre Journal un extrait qui lui plaira ; j'aurai l'honneur de lui en écrire au long par la première occasion. » Et fortasse jam promissis steterit, nam litteræ, quarum hoc fragmentum est, 30 Octobris datæ sunt.

Dum rem propius reputo, Theodicæi versionem aggredi vix audeo. Interpretem postulat non elegantem minus quam otiosum ; mihi otium vix suppetit, facultas ne vix quidem. At ne me causari putes, en specimen in annexa scheda. Id si non respuis, eodem filo cætera persequi conabor, et satius erit, rudem ejus versionem extare quam nullam.

Vale, etc. Dabam Paderbornæ pridie Calendas Januarias Anni 1712.

LXXXVII

LEIBNIZ A DES BOSSES

Plane ad votum meum est versionis tuæ specimen, modo fas foret tantillæ rei tempus tantum a te impendi. Remitto igitur, nec, quod admoneam, habeo, simulque gratias ago. Non assentirer hoc a te melioribus destinato agi, nisi scirem eadem opera rem a te peritissime discussum iri.

Autor recensionis Gallicæ in Batavis Bernardus *Essais de Théodicée* sic interpretatus est, quasi vellem dicere Tentamina Theodicæi, aut me Theodicæum appellassem; sed mihi animus fuit doctrinam ipsam seu materiam dissertationis Theodicæam appellare, ita ut Theodicæa sit doctrina de jure et justitia Dei.

Datum Hanoveræ, 6 Januar. 1712.

LXXXVIII

DES BOSSES A LEIBNIZ

Meldensis Episcopi librum Hildesia jam ad te pervenisse confido una cum litteris Clarissimi Hartsoekeri, qui chorda semper aberrat eadem. Obstant videlicet Atomi carissimæ, ne principium tuum magnarum veritatum sane fecundun videat. Et qui potest novi systematis parens abdicare partum suum et immitibus objectationibus tuis in prædam relinquere? A voluntate ad intellectum dum transfert libertatem, transfert et difficultatem, imo auget, nec capio quid hoc ad Providentiæ divinæ cum hominis libero arbitrio dissidium faciat. Suspicor eum per præscientiam vel providentiam intelligere actum humani intellectus qui voluntatis actum præcedere debet. Sed quis ista vocabula illo in sensu usurpavit unquam? An verum est quod tam fidenter objicit, corpus a motu, etiam celerrimo ad quietem omnimodam in instanti transire? et frustra ad experientiam provocat, cum melior judex ratio contrarium probare videtur, saltem in elasticis, imo et forsitan in aliis; de quo te audire cupio, nam Hartsoekero te (de hoc saltem) respondere nec operæ pretium censeo nec ipse cupit. Mallet te ad certamen de Kepleri Ellipsibus allicere, ubi quia te cum Newtono sentire putat, feliciter pugnare se posse auguratur, atqui in dissertatione quam Theodicææ tuæ præmisisti, principium Newtoni tibi non probari diserte profitebaris. Quæ omnia argumento sunt, non visam ab illo Theodicæam. At saltem Diarium Lipsiense lustrasset, ad quod remittebas : an Diaria illa non habet, aut Latine nescit ? Et mihi nonnihil controversiæ nuper cum illo fuit, cujus te arbitrum facio. Rem totam utriusque verbis recenseo. « Vous dites, Monsieur, inquiebam, que votre Elément liquide n'est pas matière, cependant ce doit être un corps, autrement vous n'éviterez pas le vuide, ce ne sera donc point une substance dont sont pris les êtres qu'on appelle esprits ; ce qui est corps ou étendue ne pouvant être changé en esprit et si ce changement se faisoit, il faudroit dire que votre Elément liquide viendroit à se diviser, puis qu'il est constant que les esprits sont divisez l'un de l'autre, mon âme par exemple de la vôtre. » Respondit Cl. Hartsoekerus in hæc verba : « Je ne vois pas, Mon R. P., pourquoi les esprits ne pourroient être divisés l'un de l'autre, quoique mon premier élément d'où ils seroient pris ne le fust pas. Selon vous la matière est aussi indivisible que mon premier élément, puisque vous soutenez qu'il y a de la matière partout où il y a de l'étendue et que l'étendue est infinie. Cependant vous direz que de cette matière se font une infinité de choses qui sont véritablement divisées l'une de l'autre. » Habeo, captus sum.

Reposui : « Il me paroit, Monsieur, qu'il n'y a point de vuide dans l'univers, mais il n'est pas besoing pour cela de dire avec des Cartes que l'étendue soit infinie. Je soutiens cependant qu'elle est divisée. L'un n'est pas contraire à l'autre. Vous avez autrefois fort bien prouvé contre Mr. La Montre dans le Journal des Sçavans de Paris que, suivant les principes des Cartésiens, il n'y pouvoit avoir de la division dans la matière, mais je ne vois point que vos preuves aient la même force contre nous qui soutenons avec Aristote et avec Mr. de Leibniz que dans la matière il y a des formes ou Entéléchies, lesquelles sans être de pures modifications de la matière la divisent et la diversifient. Vos deux Elémens, Monsieur, ne sont-ils point divisés l'un de l'autre ? ils ne sont donc point continus, mais bien contigus. Il n'y a point de continuité où il y a une division entière. Toute la matière de l'univers est contiguë, non pas toute continue. » Hæc ego : audi nunc quid vir clarissimus responderit. « Je vous avoue M. R. P. que mon premier élément n'est que contigu avec l'autre, mais je vous diroi en même tems que ce premier élément, quoi qu'il soit contigu, pourrait pourtant être modifié en mille manières différentes et inconnues à nos foibles lumières, de sorte que je ne vois pas, pourquoi les esprits n'en pourroient être pris : il est, par exemple, tout autre dans le corps d'un homme, que dans celui d'une bête, tout autre dans celui d'un animal que dans celui d'une plante, tout autre dans un espace cubique que dans un espace sphérique ou cylindrique, etc., et cela seul suffit, ce me semble, pour lui faire avoir des modifications différentes. Mais véritablement ces choses et une infinité d'autres de cette nature sont au delà de notre portée. » Ita ille.

Quid censes de hac mundi anima, imo forma potius ? nam et corporibus inorganicis, cubicis puta sphæricisque, cum organicis communis est. An hunc oceanum quo atomi veluti totidem insulæ natantes circumcinguntur, ulterius explorando operæ pretium fecero ? an modi isti liquidum elementum non dividentes, res ipsas divident ? Sed de Hartsoekero satis.

Quod superi bene vertant, spatiis quamvis disclusus iniquis, Theodicæam tandem vertendam suscepi auspice te ; quid enim tui causa non faciam ? Elegantiam a me non exiges, opinor; sensum tuum si non ubique reddidero fideliter (quod pro captu meo præstare nitar sedulo) tu pro jure tuo errantem in viam revocabis. En alterum specimen quod revideas. Notas addam non opere isto dignas quidem (nam qui possim) sed quales ab homine (si dicere audeo) tibi usque ad arcas amicissimo, tui certe amantissimo exspectare fas sit, quanquam suppetias ab aliis eruditis tibi perinde addictis exquiro, quos facile divinabis. Subjiciam, si ita pateris, *Dissertationis peripateticæ de substantia corporea* breve quoddam specimen mihi dudum animo, te hortatore, designatum, jamque suis utcumque partibus informatum, usitatarum in scholis locutionum retinens illud quidem, sed a sensu tuo quem ab Aristotelico in plerisque minimum abesse arbitror, vix recessurum. Faxo ut aliquando videas at ea lege ut quæ addi vel corrigi debebunt, moneas. Litteras a te et Hartsoekero ultro citroque scriptas a Trivultianis vulgatas intellexi.

Miserat ad me Turnaminus Diarii Trivultiani partem illam, in qua Theodicæa recensebatur, sed de illa cum libris aliquot ad me ante tres septimanas Ubiis directa nihildum rescire licuit. Nollem periisse. Mittam si recuperavero. Titulum libri quomodo concipiendum censeas, a te erudiri cupio. Mihi non displicebat *Causa Dei asserta*

Apologia, etc., sic enim libri scopus a quovis intelligeretur; sed hunc occupaverat Epitome subjecta quæ a toto opere discriminanda videtur.

. . . .

Muysii *Elementa Physica* nactus dum indicem lustro, incidi in locum ubi rationes explicat a te dissentiendi circa vim creatam motricem pag. 623 et seqq. quæ vim prorsus nullam habere mihi videntur. Argumentum vero tuum Sturmio propositum olim quod in scholio pag. 938 solvendum suscipit plane in robore suo perstat. Aut enim efficacia illa permanens entis increati est ipse Deus, aut aliquid quod Deus non sit. Si Deus ipse non est, igitur aliquid esse creatum oportebit uti contendis; sin ipse Deus est, cum in Deo utpote simplicissimo ente nulla omnino varietas sit, sed in eo omnia ubique uniformia et identificata at (nisi cum Vorstio modos et accidentia in Deum inducere voluerit) quomodo varietatis in materia causa formalis sive varietas ipsa formaliter esse poterit? ut taceam eam denominationem fore prorsus extrinsecam materiæ, nisi Deum esse materiæ formam statuat.

Sed nec solide probat corpoream substantiam in extensione consistere. Argumenta etiam contra hanc suam sententiam militantia, quæ solvere nititur, lustravi obiter. Miror tua esse præterita cæteris ut mihi quidem videtur longe potiora et nulla ratione diluenda.

Ut tamen fatear quod res est, illud interim ex hujus libro percipio commodi, quod in sententia passim apud nos recepta confirmer, nempe : extensionem accidens esse reale, non modale tantum; accidens quidem, quia ens primum sive substantiam jam constitutam supponit, nec illud constituit uti materiæ et Entelechia constituunt; reale vero, non modale, quia sicuti nihil quod activum de se non sit modificatione sola, activum fieri non potest. Ita concipere non possum, quomodo id quod de se extensum non est (uti de se extensæ non sunt materia et formæ) a modo solo habere possit ut fiat extensum. Hoc unum accidens reale ac materiæ coævum si mihi concesseris, reliqua ad modos relegare non verebor. Vale, etc. Dabam Paderbornæ, 28 Januarii 1712.

. . . .

LXXXIX

LEIBNIZ A DES BOSSES

Mire satisfacit tua versio, et originalem textum passim vincit. Paucissima quædam notavi, qualia et in meis soleo, ubi relego. Et cum tam fideliter, tam eleganter exprimas, atque etiam interdum illustres sensa, non est cur crebro per particulas subnata mittas, sufficeritque aliquando justam partem, ubi vacaverit, venire. Unum addidero, interdum fugientiores videri litterarum characteres, quod ideo dico, ne fortasse nova sit descriptione opus : neque enim descriptiones illæ ab hominibus mercenariis sine mendis fieri solent quæ interdum fugiunt revidentem. Et vero pleraque omnia hactenus ita scripta sunt, ut novo exemplari non videatur opus.

Quæ Dno. Hartsoekero nostro responderim, in adjecta epistola vides. Probat ille, et non probat meum Rationis sufficientis principium ; probat generatim, non probat exertim ; diceret aliquis de schola, probare in signato, non in exercito actu. Dicerem (si mavis) probare magis, quam adhibere. Itaque non potui quin ei paulo clarius et per exempla similia ostenderem, quantum ab eo, id est a recta ratione decedat. Perplacet quod contra meum principium Transitus non saltantis id ipsum allegat, quo pulchre atomi impugnantur. Et præclare, prævidisti, experientiam quam affert, veram non esse. Omnia corpora dura nobis nota elastica sunt, adeoque cedunt, et vim incurrentis per gradus et paulatim infringunt ; etsi hoc non semper satis sensibile sit, cum scilicet valde dura sunt corpora, et magna se promptitudine restituunt. Sed si dantur atomi, transitus fit in instanti contra ordinem rerum. Argumentum quidem hoc olim adhibitum contra Atomos non fuit, sed tamen non spernendæ est efficaciæ apud intelligentes.

De primo suo Elemento, seu materia summe fluida, ita interdum loquitur, ac si corpus non esset, sed hoc fortasse in logomachiam abibit. Nam movetur, et impellit impelliturque, et extensionem habet, et partes etiam aliæ ab aliis discedunt. Sed quamdiu in hoc suo fluido nihil agnoscit nisi extensionem, figuram et harum variationem in motu, non poterit inde educere perceptionem. Ait quidem nos non posse scire quarum rerum tale fluidum sit capax, sed quamdiu in eo nihil aliud quam dicta collocamus, optime perspicimus quorum capax sit. Nec modificatio perfectiones modificato addere potest, cum harum tantum limites variare possit. Quod si in illo fluido collocat aliquod attributum altius, ad nostra vel eis vicina redibit. Sed ipse discrimen rei substantialis et modificationum, aliaque non imaginatione sed intelligentia comprehendenda, non satis inspexisse videtur aut curare.

Amicus qui in Actis Lipsiensibus Muysii librum recensuit, ostendit etiam, eum plane intactam relinquere vim argumenti mei pro necessitate Entelechiæ materiam diversificantis, et nonnulla affert tuis plane consentientia.

His et similibus facile convinci posset Dn. Hartsoekerus, nisi invictus esset. Si spiritus nihil aliud sunt quam collectio quædam, et ut sic dicam gutta fluidi, non magis apparet, quomodo perceptionem producant, quam si eos cum Epicuro ex atomis globularibus composuisset, nec unquam reddet rationem diversitatis. Sed postquam semel sibi persuasit, duo esse primaria, materiam perfecte duram et perfecte fluidam, quæ scilicet imaginationi blandiuntur, pulchrum putavit, ex uno corpore ducere spiritus, ex altero corpora; quomodo inde ducantur spiritus, non est sollicitus. Ita scilicet solent qui hypotheses suas amant. Non potui non hunc parentis amorem in fœtum, in novissima epistola ei nonnihil objicere, et quia liticulæ tædio captus videtur, finem ei simul imponere. . . . .

Dissertationem tuam de substantia corporea legam lubentissime. Si substantia corporea aliquid reale est præter monades, uti linea aliquid esse statuitur præter puncta, dicendum erit, substantiam corpoream consistere in unione quadam, aut potius uniente reali a Deo superaddito monadibus, et ex unione quidem potentiæ passivæ monadum oriri materiam primam, nempe extensionis et antitypiæ, seu diffusionis et resistentiæ exigentiam ; ex unione autem Entelechiarum monadicarum oriri formam substantialem, sed quæ ita nasci et extingui possit, et cessante illa unione extinguetur, nisi a Deo miraculose conservetur. Talis autem forma tunc non erit anima, quæ est susbtantia simplex et indivisibilis. Et forma ista, proinde ac materia, est in fluxu perpetuo, cum nullum punctum revera in materia assignari possit, quod ultra momentum eumdem locum servet, et quod non a quantumvis vicinis recedat. Sed anima in suis mutationibus eadem persistit, manente eodem subjecto, quod secus est in corporea substantia. Itaque alterutrum dicendum est: vel corpora mera esse phænomena, atque ita extensio quoque non nisi phænomenon erit, solæque erunt monades reales, unio autem animæ percipientis operatione in phænomeno supplebitur, vel si fides nos ad corporeas substantias adigit, substantiam illam consistere in illa realitate unionali, quæ absolutum aliquid (adeoque substantiale) etsi fluxum uniendis addat. Et in hujus mutatione collocanda esset transsubstantiatio vestra, monades enim revera non sunt hujus additi ingredientia, sed requisita, etsi non absoluta metaphysicaque necessitate, sed sola exigentia ad id requirantur. Itaque mutata licet substantia corporis, monades salvæ esse poterunt, fundataque in iis phænomena sensibilia. Accidens non modale videtur aliquid difficile explicatu, nec de extensione id capio. Illud dici potest, etsi monades non sint accidentia, accidere tamen substantiæ unionali, ut eas habeat (physica necessitate), uti corpori accidit, ut a corpore tangatur, cum corpus tamen accidens non sit. Extensio corporis nihil aliud esse videtur quam materiæ continuatio per partes extra partes, seu diffusio. Ubi autem supernaturaliter cessabit τὸ extra partes, cessabit etiam extensio quæ ipsi corpori accidit: solaque supererit extensio phænomena, in monadibus fundata, cum cæteris quæ inde resultant, et quæ sola existerent, si non daretur substantia unionalis. Si abesset illud monadum substantiale vinculum, corpora omnia cum omnibus suis qualitatibus nihil aliud forent quam phænomena bene fundata, ut iris aut imago in speculo, verbo, somnia continuata perfecte congruentia sibi ipsis; et in hoc uno consisteret horum phænomenorum realitas. Monades enim esse partes corporum, tangere sese, componere corpora, non magis dici debet, quam hoc de punctis et animabus dicere licet. Et Monas, ut anima, est velut mundus quidam proprius, nullum commercium dependentiæ habens nisi cum Deo. Corpus ergo si substantia, est realisatio phænomenorum ultra congruentiam procedens.

Quodsi omnino nolis Accidentia hæc Eucharistica esse mera phænomena, poterit dici esse fundata in Accidentali aliquo primario, nempe non quidem in Extensione, quæ manere non potest, sed in punctis hujus Extensionis ad monades respondentibus, sublata unione continuum ex punctis constituente; atque adeo sublatis Lineis et Figuris continuis, qualitatibus autem et cæteris realibus accidentibus manentibus, ope remanentium punctorum accidentalium, demta continuitate, quæ a realitate unionali seu vinculo substantiali pendebat. Et cessante ejus diffusione per partes extra partes, cessabat. Itaque puncta accidentalia possunt considerari ut primarium accidens quod sit cæterorum basis, et quodammodo non modale, quod de Extensione seu diffusione materiæ continua dicit nequit.

Imo re magis expensa, video jam et ipsam Extensionem salvari, atque adeo tuam vestra explicandi sententiam admitti posse, si quis phænomena nolit. Nam ut puncta accidentalia admitti possunt, ita poterit etiam, imo fortasse tunc etiam debebit admitti eorum Unio. Ita habemus Extensionem accidentalem absolutam, sed talis Extensio formaliter quidem dicet diffusionem partium extra partes, id autem quod diffundetur, non erit materia seu substantia corporis formaliter, sed tantum exigentialiter. Ipsum autem Formale quod diffunditur erit localitas, seu quod facit situm, quod ipsum opus erit concipere tanquam aliquid absolutum. Itaque jam, credo, non pugnabimus, modo monades mutationi illi substantiæ corporis supernaturali non involvas, præter ullam necessitatem, cum eam, ut dixi, non ingrediantur. Uti etiam secundum vos ipsos Anima Christi in Transsubstantiatione non mutatur, nec succedit in substantiæ panis locum. Idem dixerim de cæteris Sanctissimi Corporis Monadibus. Interim, ut verum dicam, mallem Accidentia Eucharistica explicari per phænomena ; ita non erit opus accidentibus non modalibus, quæ parum capio.

. . . .

Titulum Tentaminum Theodicææ, nisi aliter judicas, servari posse putem ; est enim Theodicæa quasi scientiæ quoddam genus, doctrina scilicet de justitia (id est sapientia simul et bonitate) Dei.

. . . .

Quod superest, vale et fave. Dabam Hanoveræ, 5 Febr. 1712.

. . . .

APPENDICE

Si corpora sunt phænomena et ex nostris apparentiis æstimantur, non erunt realia, quia aliter aliis appareant. Itaque realitas corporum, spatii, motus, temporis videtur consistere in eo ut sint phænomena Dei, seu objectum scientiæ visionis. Et inter corporum apparitionem erga nos et apparitionem erga Deum discrimen est quodammodo, quod inter scenographiam et ichnographiam. Sunt enim scenographiæ diversæ pro spectatoris situ, ichnographia seu geometrica repræsentatio unica est ; nempe Deus exacte res videt quales sunt secundum Geometricam veritatem, quanquam idem etiam scit, quomodo quæque res cuique alteri appareat, et ita omnes alias apparentias in se continet eminenter.

Porro Deus non tantum singulas monades et cujuscunque Monadis modificationes spectat, sed etiam earum relationes, et in hoc consistit relationum ac veritatum realitas. Ex his una ex primariis est duratio seu ordo successivorum, et situs seu ordo coexistendi, et commercium seu actio mutua, dum nempe concipitur Monadum dependentia invicem idealis, situs autem immediatus est præsentia, Ultra præsentiam et commercium accedit connexio, quando invicem moventur. Per quæ res nobis unum facere videntur, et revera veritates de toto pronuntiari possunt, quæ etiam apud Deum valent. Sed præter has relationes reales concipi una potest perfectior, per quam ex pluribus substantiis oritur una nova. Et hoc non erit simplex resultatum, seu non constabit ex solis relationibus veris sive realibus, sed præterea addet aliquam novam substantialitatem seu vinculum substantiale, nec solius divini intellectus, sed etiam voluntatis effectus erit. Hoc additum monadibus non fit quovis modo, alioqui etiam dissita quævis in novam substantiam unirentur, nec aliquid oriretur determinati in corporibus contiguis, sed sufficit eas unire monades, quæ sunt sub dominatu unius seu quæ faciunt unum corpus organicum seu unam Machinam naturæ. Et in hoc consistit vinculum metaphysicum animæ et corporis, quæ constituunt unum suppositum, et huic analoga est unio naturarum in Christo. Et hæc sunt quæ faciunt unum per se seu unum suppositum.

Res sunt aut concreta aut abstracta. Concreta sunt substantiæ aut substantiata. Omnis substantia vivit. Substantiæ sunt simplices aut compositæ. Substantiæ simplices seu Monades sunt intelligentes vel irrationales. Intelligentes dicuntur Spiritus et sunt vel increatus vel creatus. Creatus est vel Angelicus vel humanus, qui et Anima appellatur. Rursus Monades intelligi possunt separatæ, ut Deus, et quorundum ex sententia Angelus, vel accorporatæ, seu Animæ, et sunt nobis notæ Anima rationalis et irrationalis. Monades irrationales sunt vel sentientes vel tantum vegetantes. Substantiæ compositæ sunt quæ unum per se constituunt ex anima et corpore organico, quod est Machina naturæ ex Monadibus resultans. Substantiata sunt aggregata sive naturalia sive artificialia, connexa vel inconnexa. Plures substantiæ possunt constituere unum suppositum, imo et plura substantiata, aut substantiæ cum substantiatis, v. g. animæ cum organis corporis. Res abstractæ sunt absolutæ aut respectivæ, absolutæ essentiales aut adjectitiæ. Essentiales sunt primitivæ ut vis activa et passiva, vel derivatæ seu affectiones quæ prioribus non nisi relationes addunt. Adjectitiae sunt per se seu naturales (quod res exigit et habet nisi impediatur) vel quae tribuuntur per accidens. Et tales sunt modificationes, nempe qualitates et actiones. Respectivae sunt relationes. Sunt quaedam entia composita ex abstractis praecedentibus, velut ex essentialibus, naturalibus, modificationibus, relationibus, ita erunt accidentia aggregata.

Termini latius patent quam res, nam eidem rei plures termini tribuuntur, veluti Homo est doctus, prudens, ridens.

Cur homo magis substantia quam doctus, aut cur animal magis substantia quam rationale. Nempe rem involvit, ut si dicam Animal id est res rationalis. Sed haec non omnibus tribui solent, nec ex omnibus facimus vocabula substantiva, etsi possemus pro Albus facere albion id est res alba. Sed an Albion in praedicamento substantiae? Non putem, neque enim omnia quae subjecto albo tribui possunt, sunt modificationes albedinis, sed quae homini, sunt modificationes humanitatis.

XC

DES BOSSES A LEIBNIZ

. . . .

Accepto quod mihi Bacchanales feriae praebebant otio, deproperavi reliquam dissertationem praeviam, et partem primam Theodicaei, jamque magnis animis in altera parte pergo, laborem edulcantibus sublimibus meditationibus tuis. Varia occurrunt, partim cogitatis tuis apprime consona, partim adnotanda, quae videbis aliquando. Ut se initia dant, totam versionem circa Pentecosten absolutum iri confido.

. . . .

Vale, etc. Dabam Paderbornae, 18 Februarii 1712.

XCI

LEIBNIZ A DES BOSSES

Simple billet, daté de Hanovre le 17 mars 1712, sans intérêt philosophique.

XCII

DES BOSSES A LEIBNIZ

Nunc demum respondeo litteris tuis mense Februario ad me datis, quæ tanto gratiores fuere quanto prolixiores. Incipio a quæstione de corporibus, quam in tuis maxima cum satisfactione perlegi, nec minore cum attentione meditatus sum. Ais alterutrum dicendum, vel corpora mera esse phænomena, atque ita extensio non nisi phænomenon erit; vel monadibus superaddi realitatem quandam unionalem quæ absolutum aliquid (adeoque substantiale) etsi fluxum uniendis (monadibus) addat. Hanc disjunctivam admitto quoad rem ipsam, sed subsumo atqui non prius, ergo posterius.

Et quidem si corpora mera sint phænomena, verum erit Zenonis Paradoxum omnem verum propriumque motum negantis, nam si nulla sese tangant, neque movebuntur. Ad hoc disjunctivæ membrum negandum satis esse mihi fundamenti videtur philosophorum omnium juxta ac rudium præjudicium, qui non dubitant in corpore aliquid amplius esse quam phænomena, id est somnia continuata, quantumvis perfecte sibi congruentia, quod adeo verum est ut Malbranchius qui corporum existentiam demonstrari posse negat, nec ipse diffiteri id videatur: nam dum istud inficiatur, non de phænomenis istis oquitur, quæ tam certa sunt nobis quam sua cuique perceptio; protestatur autem diserte se non dubitare quin dentur corpora illa quæ demonstrari non posse contendit. « Je le crois comme bien prouvé, inquit, mais mal démontré. Je le crois même comme démontré, mais supposant la foy » : censesne illum de solis phænomenis hic loqui?

Superest itaque ut absolutum aliquid admittamus, in quo phænomenorum realisatio consistat. Id tu substantiam vocas, ego accidens; sed de re credo non erit litigium. Accidens voco quidquid substantiam completam per se præsupponit, ita ut sine illa saltem naturaliter esse non possit; atqui unionale illud absolutum præsupponit substantiam completam sive monadas sine quibus naturaliter esse non potest, nam juxta te « monades revera non sunt hujus additi ingredientia, sed requisita non quidem absoluta metaphysicaque necessitate sed sola exigentia » quod interpretor quasi diceres monadas isti addito prærequiri tanquam aliquid natura prius illo. Hanc interpretationem si non respuis (nec respuere posse videris, nam quod unitatis principium in se non continet, illud præsupponere aliunde debet), jam planum est, additum illud non esse substantiam in sensu Peripateticorum qui per substantiam aliud nihil intelligunt, quam ens primum, cæteris substratum et præsuppositum. Jam ergo habebimus in corporibus aliquid absolutum, distinctum a monadibus, quod non sit substantia, atque ita corpus cum nihil monadibus superaddat nisi illud absolutum, solum accidens illis superaddet.

Porro absolutum illud nollem statuere in solis punctis accidentalibus ad monadas respondentibus, nam eadem videtur manere difficultas circa illa quæ circa monadas ipsas, quo pacto videlicet cum extensa non sint, facere extensum possint. Itaque prorsus necesse videtur ad unionale aliquod confugere, quod dici possit extensio accidentalis absoluta. De cætero si per phænomena sola naturalis corporum constitutio explicari posset, fateor nullum philosophicum fore fundamentum reccurrendi ad accidentia non modalia in explicandis Eucharistiæ accidentibus. Sed ut supra dixi communis hominum sensus in corpore sensibili aliquid amplius quam phænomena in animæ percipientis operatione consistentia intelligere videtur, et naturaliter loquendo perceptioni illi debet aliquod objectum respondere distinctum ab ipsa perceptione, alioqui Harmonia non esset.

. . . .

Theodiceæ versionem ad paginam usque 540 promovi; ubi absoluta fuerit quoad Tentamina (quod intra quindecim dies fore confido) describere aggrediar; et descriptionem ad te mittam. Per singulas saltem dissertationes sive partes subsequentur notæ, quibus manum non adjiciam nisi finita versione. Tum paulatim cogitandum erit de editione, quæ tamen vix ante nundinas autumnales Francofurtenses speranda est.

. . . .

Dabam Paderbornæ, 20 Maji 1712.

XCIII

LEIBNIZ A DES BOSSES

Si id quod monadibus superadditur ad faciendam unionem substantiale esse negas, jam corpus substantia dici non potest; ita enim merum erit monadum aggregatum, et vereor ne in mera corporum phænomena recidas. Monades enim per se ne situm quidem inter se habent, nempe realem, qui ultra phænomenorum ordinem porrigatur. Unaquæque est velut separatus quidam mundus et hi per phænomena sua consentiunt inter se, nullo alio per se commercio nexuque.

Si accidens vocas, quicquid substantiam completam ita supponit, ut naturaliter sine ipsa esse nequeat, non explicas in quo consistit id quod accidenti est essentiale, et quo etiam in statu supernaturali a substantia distingui debet. Peripatetici omnino aliquid substantiale agnoscunt præter monades, alioqui secundum ipsos nullæ substantiæ præter monades forent. Et monades non constituunt substantiam completam compositam, cum non faciant unum per se, sed merum aggregatum, nisi aliquod substantiale vinculum accedat.

Ex Harmonia non potest probari, aliquid aliud esse in corporibus quam phænomena. Nam aliunde constat harmoniam phænomenorum in animabus non oriri ex influxu corporum, sed esse præstabilitam. Idque sufficeret si solæ essent animæ vel monades quo casu etiam omnis evanesceret extensio realis, nedum motus, cujus realitas ad meras phænomenorum mutationes redigeretur.

Multas utique habeo Meditationes Philosophicas, sed nondum editioni paratas. Ex iis eæ quæ pertinent ad Leges motus, maxime ad elucidanda naturæ principia inservire possunt.

Multum tibi debeo, quod tanto studio in libello meo vertendo versaris. Vellem invenisses in eo quæ operæ pretium facere possent.

. . . .

Dabam Hanoveræ, 26 Maji 1742.

XCIV

DES BOSSES A LEIBNIZ

Gratissimas tuas litteras ante biduum accepi . . . . . .

Aggredior nunc epistolæ tuæ capita philosophica. Si id quod monadibus superadditur, inquis, ad faciendam unionem, substantiale esse negas, jam corpus substantia dici non potest, ita enim merum erit monadum aggregatum. Respondeo, duplex a Peripateticis statui corpus, alterum quod in prædicamento substantiæ ponitur, et hoc substantia est modo a me paulo post explicando, alterum mathematicum, et hoc in quantitate dimensiva consistit quam accidens esse merum fateor; de hoc in postremis meis agebam duntaxat. Fateor enim corpus priori modo acceptum merum monadum aggregatum fore, si nulla inter monadas daretur substantialis unitas. Hanc porro unitatem sic concipio et explico phrasibus peripateticis, quibus systema tuum ad usum Scholæ aptare conabor utcumque.

Formæ adeoque monades ipsæ (rationalem animam excipio) quoad essentiam sive quoad actum metaphysicum semper sunt, non item quoad existentiam sive quoad actum physicum, ad eum fere modum quod apud Peripateticos complures, partes dicuntur esse in toto potentia duntaxat, aut sicut. Averroes et Zabarella putant elementa manere in mixto, refracta scilicet. In animali v. g. equo existentiam sive actum physicum sola habet forma dominans, nempe anima equi. Cum ens et unum convertantur, per illud ipsum res fiet una, per quod fiet existens, atque ita cum animal totum sit existens per existentiam ab anima emanantem, corpus animalis constituetur unum per istam existentiam. Porro hæc existentia modus quidam est substantialis ab anima sive forma totali ac dominante emanans atque cæteras partiales monadas afficiens et sibi subordinans, vi cujus fit ut ex his monadibus subordinatis et illa dominante existat una substantia corporea quæ equus dicitur.

Ex jam positis fit, monadas quoad essentiam suam spectatas præscindendo ab existentia omni sive actu physico esse quidem substantias et entia prima metaphysice completa, quia actum metaphysicum habent, nempe entelechiam, non tamen esse completas in ratione substantiæ physicæ, nisi quatenus et quando entelechia dominans existentiam atque adeo unitatem tribuit toti massæ organicæ v. g. corpori equino, ita ut hæc ipsa nulli alteri entelechiæ surbordinata sit.

Hæc porro existentia sive unitas ac vinculum substantiale, fateor, per se ne situm quidem realem tribuit monadibus inter se, posset enim existentia sive unitas illa haberi, quamvis omnes corporis equini monades in unum punctum confluxissent. Appono verba Perezii nostri de Incarnatione disputatione 1, cap. 4, n. 29, pag. 323 : « Duæ sunt uniones continuativæ, alia accidentalis et pendens a quantitate accidentali, et hæc potest habere illum ordinem, ratione cujus assignato certo puncto partes illud respiciunt propinquius vel remotius proportionaliter ad certum situm et figuram externam; hæc unio potest esse violenta, ut in monstris. Alia est substantialis, et in hac nullus est ordo formaliter reddens partes dispariter se habentes, sed similiter continuat singulas partes singulis, quare monstruosa continuatio nullo modo includitur in illa unione et modo integritatis substantialis, et hoc est quod multi Autores dicunt, in substantia materiali antecedenter ad quantitatem accidentalem, nullam dari partium distinctionem, sed illam provenire a quantitate. Non est id accipiendum de distinctione opposita simplicitati et identitati, sed de distinctione ordinata afficiente dissimiliter partes et cum certo ordine respectu unius puncti. Atque hinc obiter constat, fixuram clavorum perseverantem in manibus Christi nullam facere rupturam substantialem et substantiam eodem modo manere substantialiter continuatam in Christo atque si nulla esset ruptura, itaque illa ruptio manuum Christi solum est accidentalis, et idem dicendum est in similibus. » Hucusque Perez. Assentior itaque, dum dicis : « Peripatetici omnino aliquid substantiale (modale non absolutum, Physicum non metaphysicum) agnoscunt præter monadas, alioqui secundum ipsos nullæ substantiæ (physicæ) præter monadas forent. Et Monades non constituunt substantiam completam compositam (physicam), cum non faciant unum per se (physicum), sed merum aggregatum nisi aliquod substantiale vinculum accedat. » His, inquam, omnibus assentior, ad quorum veritatem sufficit quod substantia physica metaphysicis sive monadibus superaddat modum aliquem substantialem qualem supra dixi.

Ais : « Si accidens vocas, quidquid substantiam completam ita supponit ut naturaliter sine ipsa esse nequeat, non explicas in quo consistat id quod accidenti est essentiale, et quo etiam in statu supernaturali a substantia distingui debet. » Respondeo, accidenti essentiale esse quod exigat inesse substantiæ, cum pars substantiæ non sit, sed illi prorsus completæ tam in esse metaphysico quam physico, hoc est tam quoad essentiam quam existentiam constitutæ adveniat eaque connaturaliter saltem indigeat. Hæc exigentia in accidente permanet etiam in statu supernaturali et per illam exigentiam distinguitur ab omni substantia. Videri potest S. Th., 3 parte, qu. 77, artic. 1 ad 2. Hanc accidentis notionem peripateticam, imo Aristotelicam esse ostendit Martinus Smigletius, subtilis peripateticus, Logicæ suæ disputatione 8 quæstione prima per totam, pagina mihi 543 editionis Ingolstadiensis.

« Ex Harmonia, inquis, non potest probari aliud esse in corporibus quam phænomena, nam aliunde constat Harmoniam phænomenorum in animabus non oriri ex influxu corporum, sed esse præstabilitam, idque sufficeret si solæ essent animæ vel monades, quo casu etiam omnis evanesceret extensio realis, nedum motus cujus realitas ad meras phænomenorum mutationes redigeretur. »

Quamvis Harmonia præstabilita sit, hoc ipso tamen quod harmonia est, exigit perceptionibus quæ in anima sunt respondere ea quæ extra animam geruntur, alioqui dicam ad veritatem perceptionum sive cognitionum mearum sufficere, ut anima mea sola existat una cum perceptionibus suis. Nam cognitiones meæ verificabuntur per phænomena, quæ intra animam sunt. Præter seriem ordinatam perceptionum in anima existentium requiritur ad veritatem propositionis qua v. g. affirmo Socratem sedere, respectus aliquis ad objectum distinctum ab ipsis perceptionibus, qui respectus sine objecto ipso esse non potest; ab eo enim quod res est, dicitur propositio vera vel falsa. Aut quid deerat veritati judicii illius qui apud Horatium existimabat se *miros audire tragœdos* ac scite concinnatos? Censesne cognitiones quas nunc habemus veras fore, si totius mundi monades in unum veluti punctum compactæ forent aut in vacuo secretæ ab invicem degerent? Id si ita sit, quid opus materia inerti quæ motum retardet, quid opus entelechia quæ motus sit principium, aut quo pacto una monas alterius actionem impediet? Alii Philosophi recentiores duce Cartesio per solum motum localem omnes alias affectiones explicari posse voluerunt, nunc contra motus ipse localis per alias affectiones explicandus veniet. Denique aut perceptiones sive cognitiones nostras per mera phænomena non verificari dicendum est, aut cum antiquis illis dicendum erit omnia esse vera quæ apparent: solem e. g. esse sesquipedalem, ut taceam, hac explicandi corpora ratione Physices et Matheseos concretæ objecta tolli videri.

Atque ex his dubitationibus meis vides, Vir Illustrissime, necdum satis a me percipi sententiam tuam nec ea quæ dicis in notis ad librum *de Origine Mali* n. 5, incommodare arbitror realitati corporis mathematici sive quantitatis dimensivæ ultra phænomena progressæ. Sed tamen, uti nuper dixi, si verum esset, id totum per phænomena sola explicari posse, hoc opinor non obstaret dogmati de transsubstantiatione. At cum multos semper fore philosophos arbitrer qui in corpore sic sumpto aliquid esse præter phænomena judicabunt, satis mihi erit, si in hac saltem via quantitatem dimensivam absolutum aliquid esse a substantia distinctum concedatur.

. . . .

Opportune accidit, ut hoc ipso tempore quo Theodicæam verto,

Tractatum de Deo præ manibus habeam, nam dum autores nostros hoc de argumento evolvo, plurima occurrerunt quæ cum meditationibus tuis egregie conspirant. Speciminis loco sit excerptum ex Izquierdo, quo sententia tua de necessitate morali Dei ad optimum plane exprimitur, atqui jurare pæne ausim opus illud nunquam a te visum. Operosum esset omnia perscribere quæ tuis consentientia habet. Objectionibus quæ contra sententiam utrique communem militant, et quarum non paucæ mihi occurrebant, scite respondet. Excerptum illud pagina hujus folii extrema reperies. Hujusmodi excerpta, si probas, non pauca subjungere potero versioni Theodicææ, quam quo magis volvo, eo amplius placet, si paucula quædam excepero quæ nihil ad summam faciunt. Reperi tandem locum, in quo spem facis aliquando videndi a te quædam de Continuitate et Indivisibilibus ac Infinito. Exstat is in præfatione Theodicææ, quam necdum verti, dignus profecto te vindice nodus, quem nisi solveris, nemo arbitror unquam solvet. Itaque hanc de Philosophia bene merendi occasionem ne quæso negligas.

. . . .

Dabam Paderbornæ, 12 Junii 1712.

P. S. Dum litteras tuas relego, unum invenio cui non respondi. Turnaminus indicavit mihi Theodicæam in Actis Trivultianis esse recensitam teque judicio de ea lato fore contentum ; quin et Diarii exemplum ad me miserat, sed illud in via periit. Itaque novum poposci ; ubi accepero, tecum communicabo.

XCV

LEIBNIZ A DES BOSSES

Nova semper beneficia in me cumulas, in quibus non postrema sunt quod Recensionem Trivultianam procurasti, quam legere aveo.

. . . .

Beneficium etiam tribuis, dum doctorum ex sacra schola virorum sententias meis qualibuscunque conspirantes notas. Id enim tum ad confirmandum tum ad intelligendum plurimum valet. R. P. Sebastiani Izquierdo nihil aliud me inspicere memini, quam librum inscriptum *Pharus Scientiarum* quem juvenis vidi, sed ideam ejus pæne amisi ; quædam phrases Izquierdinæ in locis a te excerptis nonnihil a meis dissonant, sed in re consentire videmur. Ex. gr. cum ait Deum necessitatum fuisse moraliter, non physice ad mundum creandum ; ego dicere malui moraliter non metaphysice ; physicam enim necessitatem in libello meo sic explicui, ut sit consequens moralis.

Explicationem phænomenorum omnium per solas monadum perceptiones inter se conspirantes, seposita substantia corporea, utilem censeo ad fundamentalem rerum inspectionem. Et hoc exponendi modo spatium fit ordo coexistentium phænomenorum, ut tempus successivorum ; nec ulla est monadum propinquitas aut distantia spatialis vel absoluta, dicereque, esse in puncto conglobatas, aut in spatio disseminatas, est quibusdam fictionibus animi nostri uti, dum imaginari libenter vellemus, quæ tantum intelligi possunt. In hac etiam consideratione nulla occurrit extensio aut compositio continui, et omnes de punctis difficultates evanescunt. Atque hoc est, quod dicere volui alicubi in mea Theodicæa, difficultates de compositione continui admonere nos debere, res longe aliter esse concipiendas. Videndum deinde quid necesse sit superaddi, si addamus unionem substantialem, seu ponamus substantiam dari corpoream, adeoque materiam ; et an tunc necesse sit recurri ad corpus mathematicum. Certe monades non ideo proprie erunt in loco absoluto, cum revera non sint ingredientia, sed tantum requisita materiæ. Itaque non ideo necesse erit indivisibilia quædam localia constitui, quæ in tantas difficultates conjiciunt. Sufficit, substantiam corpoream esse quiddam phænomena extra animas realizans ; sed in quo nolim concipere partes actu, nisi quæ actuali divisione fiunt, nec indivisibilia, nisi ut extrema.

Monades puto existentiam semper habere plenam, nec concipi posse, ut partes potentia dicuntur esse in toto. Nec video quid monas dominans aliarum monadum existentiæ detrahat, cum revera inter eas nullum sit commercium, sed tantum consensus. Unitas substantiæ corporeæ in equo non oritur ab ulla refractione monadum, sed a vinculo substantiali superaddito, per quod in ipsis monadibus nihil prorsus immutatur. Vermis aliquis potest esse pars corporis mei, et sub mea monade dominante, qui idem alia animalcula in corpore suo habere potest sub sua monade dominante. Dominatio autem et subordinatio monadum considerata in ipsis monadibus non consistit nisi in gradibus perfectionum.

Si definiatur accidens id esse, quod exigat inexistere substantiæ, vereor ut formalem rationem ejus satis explicemus, unde ratio apparere deberet, cur exigat. Sane etiam substantia sæpe exigit aliam substantiam ; explicandum foret, quid proprie sit illud τὸ inesse in quo accidentis natura collocari solet : ego ad hoc retulerim, ut sit modificatio absoluti alieni.

Verum est, consentire debere, quæ fiunt in anima, cum iis quæ extra animam geruntur ; sed ad hoc sufficit, ut quæ geruntur in una anima respondeant tum inter se, tum iis quæ geruntur in quavis alia anima ; nec opus est poni aliquid extra omnes animas vel monades; et in hac hypothesi, cum dicimus Socratem sedere, nihil aliud significatur, quam nobis aliisque, ad quos pertinet, hæc apparere, quibus Socratem sessumque intelligimus.

Quia judicas, Transsubstantiationis doctrinam cum hypothesi vel fictione corporum ad phænomena redactorum conciliari posse, rogo ut hac de re mentem tuam mihi exponas. Quod superest, vale et fave. Dabam Hanoveræ, 16 Junii 1712.

XCVI

DES BOSSES A LEIBNIZ

Mitto Illustrissimæ Dominationi tuæ 15 philyras versionis Theodicææ, quibus dissertatio præliminaris et prima pars absolvitur. Rogo enixe ut pro otio recenseas, et si qua in re sensum tuum assecutus non sum, emendes. . . . .
. . . .

XCVII

DES BOSSES A LEIBNIZ

Tametsi de procuranda Theodicææ recensione Trivultiana multum sollicitus fui, necdum tamen eam nancisci potui. Suspicor fasciculum aliquem a Turnamino ad me missum et mercibus Coloniam destinatis inclusum alicubi detineri, uti jam aliquoties contigit. . . . . .
. . . .

Explicationem phænomenorum per monadum perceptiones utilem esse tecum censeo, ut philosophia naturalis a mathematica discriminetur. Et quamvis corpus mathematicum superaddatur, non ideo monades erunt in loco absolute et proprie. Aristoteles ipse docuit, indivisibile non moveri per se adeoque non esse in loco per se, sed tantum per accidens. Tecum etiam sentio in eo quod phænomena extra animas realizat, non concipiendas esse partes actu, nisi quæ actuali divisione fiunt, nec indivisibilia nisi ut extrema. Sed Animal v. g. equum aliter quid unum esse existimo, quam totus mundus quid unum sit, idque ob vinculum substantiale quod monadas equum constituentes quodammodo actuat, nec concipere possum quomodo monades eædem prorsus immutatæ jam equum constituant, jam non constituant, cum ens et unum convertantur. Ubi nova unitas sive unio exurgit, ibi et nova quædam existentia intercedere debere videtur. In quo porro unio illa sive unitas aut existentia consistat, non definio, uti tu de unione animæ cum corpore respondebas Turnamino.

Ratio quare accidens exigat inexistere substantiæ est, quia non est ens primum sive ens substratum cæteris entibus, sicut ratio cur creatura exigat a Deo pendere est, quia non est ens a se vel illimitatum. Nulla substantia tota exigit aliam substantiam adæquate a se distinctam, nisi forte concomitanter et Harmoniæ gratia. De cætero Accidentis. naturam per hoc quod sit absoluti alieni modificatio explicari posse, non diffiteor, nam etiam S. Thomas Accidens definit modum entis sive substantiæ; at nolim accidens merum semper modum esse, id est talem qui ne divinitus quidem sine substantia esse queat, nec ullam video contradictionem in eo quod aliquod ens medium datur inter substantiam et merum modum, quod medium ens an accidens vocandum sit lis erit de voce.

In hypothesi corporum ad phænomena redactorum transsubstantiationem sic explicare conor.

Ponamus primo Deum aliqua ratione superiori motum in hoc universo monadas aliquammultas destruere et alias prorsus novas substituere. Ponamus deinde residuas omnes monadas earumque perceptiones phænomenis naturalibus respondentes manere invariatas, non aliter atque si nulla fuisset facta destructio substitutioque monadum. Ponamus denique perceptiones istas invariatas a Deo conservari eo tantum fine ut symbolice repræsentent virtutem aliquam monadum earum quæ de novo advenerunt, et per solam fidem innotescunt. His positis.

Ajo si corpora quatenus sensibilia mera sint phænomena, nihil ad veram transsubstantiationem in posito casu deforet; ad hanc enim sufficit ut aliqua substantia desinat esse in rerum natura, alia incipiat esse sub remanente communi accidenti sive phænomeno uno vel pluribus, sub quo vel sub quibus erat illa substantia quæ desiit, atqui substantiæ illæ novæ sive monades inciperent existere sub iisdem accidentibus sive phænomenis, sub quibus erant priores quæ destructæ sunt, ergo, etc.

Dices fortasse casum esse impossibilem, nam variato objecto sive termino cognitionis variari perceptionem ipsam necesse est. Respondeo, variato objecto immediato et motivo, ut vocamus, variari quoque debere perceptionem, non item variato objecto mediato et pure terminante. Perceptio autem illa pro objecto motivo et immediato habet aliquid in anima, non enim anima perceptiones suas accipit ab objecto extra animam. Itaque objecta extra animam sunt pure terminativa perceptionis.

Hinc fit, dum experimentali aliqua cognitione designo aliquod corpus dicendo hoc corpus sive hæc res, non esse necesse ut pronomen demonstrativum hoc afficiat ipsam individualitatem substantiæ, sed sufficere ut cadat supra individualitatem phænomeni; nam hoc corpus idem significat ac res substans his accidentibus sive phænomenis, ubi individualitas se tenet ex parte phænomenorum. Unde quandiu manebit res aliqua sive eadem sive diversa substans, his phænomenis manebit semper hæc res sive hoc.

At dices necdum intelligi quare monades recens natæ incipiant subesse his phænomenis sive perceptionibus; quid enim eas determinat ut subsint potius quam non subsint, ut subsint potius novæ illæ quam remanentes? Respondeo quærendo, quare monades quæ destructæ sunt, phænomenis sive perceptionibus illis subesse prius dicerentur? nunquid ob hanc aliamve similem causam, quia monadum illarum jam destructarum existentia erat causa saltem idealis in mente Dei, cur Deus tales perceptiones animæ meæ indiderit? atqui juxta tertiam suppositionem initio postulatam recentes monades sunt pariter causa idealis conservationis illarum perceptionum sive phænomenorum in mente mea, ergo et hæ recentes jam dictis perceptionibus subesse dicendæ erunt non minus quam destructæ ante suberant, cum hoc tamen discrimine quod monades destructæ naturaliter istis phænomenis suberant, unde et ipsas sive ipsarum complexum denominabant extensum coloratum, etc. At monades illæ de novo advenientes earumve complexus non denominabitur extensum coloratum, etc., quia phænomena non possunt illas denominationes præstare nisi subjectis propriis et connaturalibus, ad denominationem enim extensi, etc., requiritur subjectum capax et proprium ; nihil tamen vetabit quominus illæ novæ monades designari ac demonstrari per illa phænomena possint ac dici hoc, quia cum phænomena ex natura sua ordinentur ad designandas substantias, et propria substantia absit, unice illam designabunt ad quam symbolice repræsentandam a Deo conservantur, utpote quæ in absentia propriæ et connaturalis substantiæ jus ad illa phænomena proximum habet.

Venio nunc ad transsubstantiationem Eucharisticam, quæ juxta hactenus dicta facile explicari potest. Nam transsubstantiatio hucusque posita ab ea, quam in Eucharistia tuetur Ecclesia Romana, in eo solum differt, quod monades novas creari supra supposuerim, in Eucharistia vero monades ad Christi corpus pertinentes jam prius exstiterint et solum incipiant subesse phænomenis alienis, in quo difficultas esse nulla videtur, quæ quidem sit catholicis propria. Nam si Deus possit per phænomena monadibus destructis respondentia repræsentare symbolice monadas destructis substitutas ac de novo creatas, cur non poterit eodem modo repræsentare aliquas ex præexistentibus et remanentibus, quales erant monades substantiam corporis Christi constituentes? Existet ergo Christi corpus sub his phænomenis, atque adeo in hoc spatio, nam juxta definitionem quam in postrema tua epistola ponis, spatium in hac hypothesi nihil aliud est quam ordo coexistentium phænomenorum.

Nec vero ita proprie intelligetur designari et demonstrari per hæc phænomena corpus Christi, si monades panem ante constituentes, quarum phænomena hæc propria erant, non interierunt, quia quamdiu manent monades panis, phænomena illis respondentia proprie in monadas suas cadunt easque duntaxat proprie loquendo designant. Ex quo fiet, ut si monades panis maneant, hæc propositio : Hoc est Corpus meum, si intelligenda sit in sensu proprio (uti intelligendos esse textus fundamentales ad mysteria pertinentes in confesso est) faciet hunc sensum : Panis est Corpus Christi.

Habes, Illustrissime Domine, cogitata mea de conciliatione doctrinæ transsubstantiationis cum hypothesi vel fictione corporum ad phænomena redactorum. Tu si quid novisti rectius istis, candidus imperti : si non, his utere mecum.

Izquierdus cum ait, Deum necessitatum fuisse moraliter, non

physice ad mundum creandum, nihil aliud vult quam non esse necessitatum metaphysice, uti expresse profitetur paulo ante, et argumenta quibus assertiones suas probat, ostendunt. De cætero physicam in rebus creatis necessitatem prout a metaphysica distinguitur, ex morali consequi tum ipse tum Esparsa aliique egregie explicant et tecum sentiunt.

Gratissimum mihi fuit, quod percipiendo illi Theodicææ loco, ubi ais difficultates de compositione continui admonere nos debere res longe aliter esse concipiendas, lucem mihi aliquam attulisti, nec diffiteor quod inquis illam explicationem utilem esse posse ad multas difficultates removendas. Patere tamen ut quædam adhuc obmoveam contra hypothesin illam.

1. Si reali extensione opus non est ad explicanda phænomena, cur opus erit materia sive πρώτῳ ὑποκειμένῳ, aut quare sola Entelechia monadem facere non poterit? 2. Cur opus erit infinitis actu monadibus? 3. Si pomum e. g. realiter extensum non est, cur potius rotundum apparet quam quadratum? etc.

. . . .

Dabam Paderbornæ, 28 Augusti 1712.

P. S. Missam ad te aliquot abhinc hebdomadis partem translationis meæ tibi traditam fuisse confido.

XCVIII

LEIBNIZ A DES BOSSES

Primum versionis tuæ partem . . . accepi . . . .
. . . .

Versio tua pulchra est, et lucem dabit operi : utor tamen in re, pro parte mea, concessa a te libertate, et cum te arctius originali astrinxeris, quo fidelior interpres esses ; ego nonnulla clarius explico quam sunt in Gallico ; quædam interdum enuntio rotundius, ut facturus fuissem, si Latine scripsissem . . . .

Nunc ad litteras tuas philosophicas venio. Ego quoque sentio, admissis Substantialibus præter monades, seu admissa unione quadam reali, aliam longe esse unionem, quæ facit ut animal vel quodvis corpus naturæ organicum sit Unum substantiale, habens unam monada dominantem, quam unionem, quæ facit simplex aggregatum, quale est in acervo lapidum : hæc consistit in mera unione præsentiæ seu locali, illa in unione substantiatum novum constituente, quod Scholæ vocant unum per se, cum prius vocent unum per accidens. Nuspiam dixi, monades prorsus non mutatas modo equum constituere, modo non constituere ; nam cum Monas semper intra se exprimat suas ad cætera omnia relationes, longe alia percipiet cum in equo erit, quam cum in cane. Ad accidentis naturam non sufficit, ut sit dependens a substantia, nam et substantia composita dependet a simplicibus seu monadibus ; sed addendum est dependere a substantia tanquam subjecto, et quidem subjecto ultimo ; nam potest accidens esse affectio alterius accidentis, v. g. magnitudo caloris vel impetus, ita ut impetus sit subjectum et magnitudo ei insit tanquam abstractum prædicati, cum impetus dicitur fieri magnus vel tantus. Sed calor vel impetus est in corpore tanquam in subjecto ; et ultimum subjectum semper est substantia. Et omne accidens est abstractum quoddam, sola vero substantia est concretum ; et licet accidentia etiam possint habere prædicata concreta, velut cum impetus dicitur magnus, ipsamet tamen concreta non sunt, sed abstracta a prædicatis substantiarum.

Porro substantiam compositam, seu rem illam quæ facit vinculum Monadum, cum non sit mera modificatio monadum, nec quiddam illis inexistens tanquam subjectis (neque enim simul pluribus subjectis inesse eadem modificatio posset), statuerem dependere a monadibus non dependentia logica (ita scilicet ut nec supernaturaliter ab iis separari possit), sed tantum naturali, nempe ut exigat illa unire in substantiam compositam, nisi Deus aliter velit ; nam potest Deus eamdem aliis monadibus uniendis applicare, ita ut priores unire desinat, potest etiam ipsam plane tollere, et aliam alias monades unientem huic substituere, idque vel ita ut alias monades unire desinat, et transferatur de monadibus in monades, vel ita ut suas monades quas naturaliter unit, retineat, nunc vero supernaturaliter uniat etiam novas. Et hoc videtur secundum vestros dicendum de mutatione totius substantiæ corporis in totam substantiam alterius corporis, quod tamen suam priorem naturam retineat.

Veniamus jam ad accidentia realia, quæ huic Rei unitivæ inerant tanquam subjecto. Et convenies, opinor, quædam esse non nisi ejus modificationes, quæ proinde cum ipsa sublata tollentur. Sed quæritur, an non sint accidentia quædam, quæ sint plus quam modificationes. Videntur autem hæc esse plane superflua, et quicquid ipsis præter modificationem inest, videtur ad ipsam pertinere rem substantialem. Nec video quomodo possimus abstractum distinguere a concreto seu subjecto cui inest, aut explicare intelligibiliter quid sit τό inesse vel inhærere subjecto, nisi considerando inhærens ut modum seu statum subjecti : qui vel essentialis est, nec nisi mutata substantiæ natura mutari potest, nec revera ab ea nisi respectu differt ; vel est accidentalis, et appellatur modificatio, qui nasci et interire potest manente subjecto. Quodsi alium modum nosti explicandi inhærentiam, hunc suggere quæso, ab eo enim res pendebit. Quod si fieri non potest, verendum est ne accidentia realia conservari dicendo, revera conservetis substantiam, et ita revera tota substantia non transmutetur. Unde etiam Græci quidam, si bene memini, accidentia realia conservari negant, quia verentur ne simul conservetur natura et substantia.

Ais videri Ens medium dari posse inter substantiam et modificationem. Ego vero putem, id medium esse ipsum unum per se substantiatum, seu substantiam compositam ; ea enim media est inter substantiam simplicem (quæ præcipue nomen substantiæ meretur) et modificationem. Substantia simplex (1) est perpetua ; substantiatum nasci et interire potest, et mutari ; accidens est id quod nascitur aut desinit substantia mutata, sed manente. Cæterum accidens non est capax novæ modificationis, per se scilicet, sed tantum per accidens, quatenus inest substantiæ per alia etiam accidentia modificatæ ; v. g. Impetus vel Calor idem in corpore A, nunc est præsens corpori B, nunc ab eo remotus ob præsentiam vel remotionem corporis A ; sed idem impetus non potest esse major et minor, manenti etiam priori minori accessit novus gradus, et totalis sequens est alius a totali præcedente. Similiter idem impetus non potest dirigi nunc in hanc, nunc in illam plagam, sed novus impetus aliam habens directionem, priori additus, facit novam directionem totalem, partiali utraque manente. Totalis autem impetus etiam ipse alteri compositus novum totalem parit.

His positis, putem Transsubstantiationem vestram explicari posse retentis monadibus (quod magis rationi et ordini Universi consentaneum videtur), sed vinculo substantiali corporis Christi ad monades panis et vini substantialiter uniendas a Deo adhibito, destructo autem

---

(1) Concretum distingui potet in accidentale, velut Calidum, Homo Calidus, et substantiale Porro substantialia divido in substantias simplices, ut Deus, Angelus, anima et substantiata; substantiatum in unum per se seu substantiam compositam, et unum per accidens seu aggregatum (*Note marginale de Leibniz*).

priore vinculo substantiali, et cum eo ipsius modificationibus seu accidentibus. Ita sola supererunt phænomena monadum panis et vini, quæ futura fuissent, si nullum vinculum substantiale horum monadibus a Deo additum fuisset. Etsi autem panis vel vinum non sit substantiatum constituens unum per se, nec proinde uno vinculo substantiali connectatur, est tamen aggregatum ex corporibus organicis seu substantiatis constituentibus unum per se, quorum vincula substantialia tollerentur, et a vinculo substantiali corporis Christi supplerentur. Cum dicitur *hoc est corpus*, tunc admissis substantiis compositis, non monades designantur, vel per *hoc*, vel per *corpus* (quotusquisque enim de illis cogitavit?), sed substantiatum per vincula substantialia ortum seu compositum.

Venio nunc ad tuam explicationem Transsubstantiationis, instituendam si nulla essent vincula substantialia et substantiata mera essent phænomena. Ais monades panis et vini destrui, aliasque illis substitui, manentibus tamen in animabus omnibus panis et vini perceptionibus, perinde ac si monades earum mansissent : porro substitutas panis esse monades corporis Christi. Sed ipse quæris merito, cur dicamus alias monades prioribus substitutas, aut in quo consistat illa substitutio, nec video quomodo id explicari possit, eo casu quo nihil in natura ponitur nisi monades et monadum perceptiones, nisi monadibus corporis Christi tribuamus perceptiones respondentes perceptionibus monadum destructarum. Sed ita revera dicendum foret accidentia panis et vini fore in corpore Christi, quod merito improbatur. Neque τὸ *Hoc est* illis corporis Christi monadibus recte tribueremus, ex hoc solo quod fuerint causæ ideales in mente Dei harum in nobis perceptionum : causæ ideales rationem causandi habent perceptionum alienarum per perceptiones suas illis respondentes. Neque itaque monades corporis Christi causa idealis essent phænomenorum nostrorum, nisi aliquid in se haberent respondens, quod causalitatem fundaret, id est nisi perceptiones eorum tales essent, quales fuerant in monadibus panis et vini, ut causæ tales ideales nostrarum perceptionum, atque adeo subjecta accidentium apparentium appellari mererentur. Vix itaque video, quomodo res ex meris monadibus et phænomenis sufficienter explicari possit; sed addendum est aliquid realisans. Admissa autem realisatione phænomenorum et substantiis compositis, putem non esse opus sublatione monadum, sed sufficere sublationem et substitutionem ejus, quod substantiam compositam formaliter constituit, quod monades non faciunt, quæ manente substantia composita adésse vel abesse possunt.

Quæris, si reali extensione opus non est, cur opus sit materia prima, nec sola Entelechia monadem constituat? Responderem, si solæ sunt monades cum suis perceptionibus, materiam primam nihil aliud fore quam potentiam monadum passivam, et Entelechiam fore eandem activam; sin addas substantias compositas, dicerem in ipsis principium resistentiæ accedere debere principio activo, sive virtuti motivæ. Quæris porro, cur infinitæ actu monades? Respondeo, ad hoc suffecturam earum possibilitatem, cum præstat quam ditissima esse opera Dei : sed idem exigit rerum ordo, alioqui non omnibus assignabilibus percipientibus phænomena responderent. Et sane in nostris perceptionibus, utcunque distinctis, intelligimus confusas inesse ad quantamlibet parvitatem : itaque his monades respondebunt, ut majoribus distinctioribusque respondent. Quæris denique, si pomum realiter extensum non est, cur rotundum apparet potius quam quadratum? Respondeo, pomum ipsum, cum sit ens per aggregationem, non nisi phænomenon esse.

Dabam Guelfebyti, 20 Sept. 1712.

XCIX

LEIBNIZ A DES BOSSES

Prodit hic præclara versio tua, in qua recensenda plusculum mihi alicubi indulsi, quod tu quidem tanquam in alieno arctius te verbis astrinxeris, ego vero liberius quædam expressi, ut minus Gallicas origines in Latino sapiant.

Si ratio excogitari posset, corporibus licet ad sola phænomena redactis, explicandi possibilitatem τοῦ μετουσιασμοῦ vestri, id pridem mallem. Nam hypothesis illa multis modis placet. Nec aliqua alia re, quam monadibus earumque modificationibus internis, ad Philosophiam oppositis supernaturalibus, indigemus. Sed vereor, ut mysterium Incarnationis aliaque explicare possimus, nisi vincula realia seu uniones accedant.

Dabam Hanoveræ, 10 Octobr. 1712.

C

DES BOSSES A LEIBNIZ

Venio jam ad capita philosophica litterarum tuarum, quas, ut clarius mentem meam explicem, in periodos membratim dispertior, ac responsionem meam subjungo. Tu conatus meos qualescumque boni consule.

1. « Putem, inquis, μετουσιασμὸν vestrum explicari posse retentis monadibus (quod magis rationi et ordini universi consentaneum videtur), sed vinculo substantiali corporis Christi ad monades panis et vini substantialiter uniendas a Deo adhibito, destructo autem priore vinculo substantiali, et cum eo ipsius modificationibus seu accidentibus. Ita sola supererunt phænomena monadum panis et vini quæ futura fuissent, si nullum vinculum substantiale horum monadibus a Deo additum fuisset. Et si autem panis vel vinum non sit substantiatum constituens unum per se, nec proinde uno vinculo substantiali connectatur, est tamen aggregatum ex corporibus organicis seu substantiatis constituentibus unum per se, quorum vincula substantialia tollerentur et a vinculo corporis Christi supplerentur. »

Fateor sane explicationem hanc ingeniosissimam esse, sed hoc pacto videntur non sola accidentia sive phænomena panis et vini esse mansura, sed etiam magna, imo potissima pars substantiæ, scilicet ipsæ monades, quæ quomodo a constitutione panis et vini excludi possint, non satis video. Dogma Ecclesiæ est, ut nosti, substantiam totam panis et vini perire. Vinculum illud monadum tam parum videtur esse posse tota substantia panis quam parum vinculum inter animam et corpus est tota substantia hominis. — Quod ais, magis rationi et ordini universi consentaneum videri ut retineantur monades, verum est de ordine quatenus nobis notus est, sed quis novit num Deus rationes altissimas non habuerit ipsas etiam monadas destruendi? nempe quemadmodum in Mysterio ncarnationis Deus voluit ut humana natura, licet substantia in se sit, habeat tamen in Christo modum essendi similem accidenti, cum ad personæ constitutionem non pertineat, ita e contra ob rationes nobis incognitas voluerit, ut in Eucharistia quæ mirabilium Dei mnemosynon est, accidens sive phænomenon haberet modum essendi quasi per se.

2. « Monades puto existentiam semper habere plenam nec concipi posse, ut partes potentia dicuntur esse in toto. » Monades semper habent unitatem plenam simplicem, sed non semper eamdem compositam, quia nunc sunt partes hujus substantiæ compositæ, nunc illius. Unitas simplex est monadibus adæquate identificata, unitas composita non item, sed identificatur toti complexo monadum ita modificatarum ut substantiam compositam constituant.

3. « Nec video quid monas dominans aliarum monadum existentiæ detrahat, cum revera inter illas nullum sit commercium, sed tantum consensus. » Cum monadas mutari debere concedas, dum equum modo constituunt modo non constituunt, id quod de novo positum in monadibus efficit ut equum constituant, dicam esse partem ejus unitatis sive existentiæ substantialis equinæ ; non enim vinculum illud substantiale absolutum se solo facit ut monas aliqua subordinata sit pars actualis equini compositi, cum vinculum illud nunquam destruatur, et tamen monades illæ non semper maneant partes actuales illius compositi equini, sed jam hæ jam illæ illud constituant, jam hæ jam illæ recedant, manente solum eadem monade dominante.

4. « Unitas substantiæ non oritur ab aliqua refractione monadum, sed a vinculo substantiali superaddito, per quod in monadibus nihil prorsus immutatur. » Vinculum illud substantiale absolutum se solo adæquate non facit, ut monas aliqua subordinata sit pars actualis compositi equini, alioqui monas quæ semel fuit subordinata, sive semel fuit pars equini compositi, semper deberet manere talis, cum vinculum illud semper maneat : atqui potest Deus, ut infra dicis, illud vinculum aliis monadibus uniendis applicare, ita ut priores unire desinat, imo transferre de monadibus in monadas, etc. Quo posito sic argumentor: Exstiterunt a mundi creatione omnes monades tam dominans quam subordinatæ equinum compositum heri natum constituentes; exstitit etiam a mundi creatione vinculum substantiale absolutum illarum, nihil enim absolutum nascitur aut interit. Nec tamen a mundi creatione exstitit equinum compositum quod heri natum, ergo equinum compositum quod heri natum est non

potest adæquate consistere in monadibus illis vinculo illo substantiali absoluto, sed debet præterea includere aliquem modum his absolutis affixum. Quæ enim adæquate sunt eadem, eorum unum non potest existere vel exstitisse, quin alterum pariter existat vel exstiterit. Jam vero per refractionem monadum nihil aliud intellexi quam modum sive modos monadum quæ ante sui juris erant dum dominabantur, nunc autem subordinantur alteri dominanti v. g. equinæ, a qua compositum totum sumit denominationem.

5. « Nuspiam dixi, monadas prorsus non mutatas modo equum constituere, modo non constituere, nam cum monas semper intra se exprimat suas ad cætera omnia relationes, longe alia percipiet in equo quam in cane. » Censeo mutationem monadum in casu præsenti non consistere solum in perceptionum diversitate quæ accidentalis est, sed involvere præterea substantialem aliquam diversitatem ipsis novis perceptionibus priorem, nam perceptionum novarum diversitas notabilis oritur ex diversitate saltem modali substantiali principii.

6. « Porro substantiam compositam seu rem illam quæ fuit vinculum monadum, cum non sit mera modificatio monadum, nequaquam in illis existens tanquam in subjectis, neque enim pluribus subjectis, inesse eadem modificatio posset. » « Ajo modos illos substantiales, quorum singuli singulis monadibus, tam dominanti quam subordinatis insunt, esse vinculum substantiale monadum inter se in ordine ad faciendum compositum equinum ; nec refert quod idem modus pluribus simul subjectis inesse non possit. Nam sicut πρῶτον ὑποκείμενον et ἐντελέχεια unum simplex efficiunt quia licet realiter distincta invicem non tamen indifferentia sunt ad efficiendam monada, ita nec istæ monades compositi equini, postquam modis illis substantialibus affectæ sunt indifferentes sunt ad efficiendam substantiam compositam adeoque ad id munus nullo alio vinculo substantiali indigebunt. Porro unitas compositi illius consistet in eo quod omnes illæ monades per modos substantiales singulis proprios subordinentur uni monadi dominanti, quæ monas dominans denominabit compositum unum, atque ita compositum unum nihil aliud erit quam una monas sibi reliquas substantialiter subordinans.

6..... « Statuerem dependere (vinculum substantiale) a monadibus non dependentia logica, ita scilicet ut nec supernaturaliter ab iis separari possit, sed tantum naturali, nempe ut exigat illa unire in substantiam compositam nisi Deus aliter velit. » Si vinculum illud monadum pendeat a monadibus dependentia saltem naturali, vide quæso an non ipsi convenire possit Aristotelica definitio accidentis prout a Smigletio explicatam reperies in adjecta huic epistolæ pagina ; certe substantia composita sufficienter constituetur per modos illos substantiales singulis monadibus proprios. Erit itaque vinculum illud vel realizatio phænomenorum in substantia composita non ut pars, ita tamen ut sit impossibile esse (saltem naturaliter) sine illa. Ergo erit accidens Aristotelicum; cum vero supernaturaliter existere possit sine illo, jam non est modus, ergo accidens absolutum.

7. « Potest Deus eamdem aliis monadibus uniendis applicare, ita ut priores unire desinat, potest etiam ipsam plane tollere, et aliam alias monadas unientem huic substituere, idque vel ita ut alias monadas unire desinat et transferatur de monadibus in monadas, velita ut suas monadas quas naturaliter unit retineat, nunc vero supernaturaliter uniat etiam novas. » Hæc omnia quæ de vinculo substantiali dicis, dicam cum proportione pariter de meo ente realizante phænomena, et præsupponente substantiam compositam per modos completam.

8. « Et hoc (postremum) videtur dicendum secundum Vestros de mutatione totius substantiæ corporis in totam substantiam alterius corporis, quod tamen propriam suam naturam retineat. » Dicerem ergo consequenter ad ea quæ superius dixi, illud quod phænomena panis realizat, manere destructis panis monadibus et applicari monadibus corporis Christi.

9. « Convenies, opinor, accidentia quædam realia esse non nisi modificationes quæ proinde cum ipsa substantia sublata tolluntur. » Convenio.

10. « Sed quæritur an non sint accidentia quædam quæ sint plus quam modificationes, videntur autem hæc esse plane superflua, et quidquid ipsis præter modificationem inest, videtur ad ipsam pertinere rem substantialem. » Certum est, in sententia astruente corpora (loquor de mathematicis) aliquid esse præter phænomena, non esse superfluum ens absolutum quod phænomena illa realizet, id ergo tantum quærendum superest, an realizatio illa sit accidens an substantia. Ego ajo esse accidens absolutum, absolutum quidem quia nulla modalitas rerum per se inextensarum et immobilium potest reddere res illas vere extensas et vere mobiles, etc., accidens vero quia præsupponit substantiam compositam jam in esse suo constitutam per monadas earumque modos substantiales (de quibus

mumeris 4, 5, 6), atque hic valet illud axioma Peripateticorum : quidquid ex natura sua advenit enti substantialiter constituto et completo, est accidens.

11. « Nec video quomodo possimus abstractum distinguere a concreto seu subjecto cui inest, aut explicare intelligibiliter quid sit τό inesse vel inhærere subjecto, nisi considerando inhærens ut modum seu statum subjecti, qui vel essentialis est, nec nisi mutata substantiæ natura mutari potest, nec revera ab ea nisi respectu differt, vel accidentalis et appellatur modificatio, qui nascitur et interit manente subjecto. » Ἐντελέχεια sive vis activa inest τῷ πρώτῳ ὑποκειμένῳ sive subjecto passivo monadum, nec tamen est modus illius subjecti passivi, sed aliquid absolutum et plus quam modaliter ab illo distinctum. Potest ergo aliquid concipi inesse quodammodo subjecto, etiamsi non concipiatur inhærens ut modus. Hoc tamen discrimen interest inter ἐντελέχειαν et absolutum accidens nostrum, quod illa constituat substantiam, non item hoc. Per esse in subjecto quatenus proprium est accidentibus, intelligo cum Aristotele : quod in re aliqua inest non tanquam pars, nec potest sejunctum ab eo in quo est consistere. Vide si placet explicationem Smigletii. Hoc totum conveniret absoluto illi realizanti phænomena, nam imprimis esset in substantia composita, nam denominaret illam intrinsece extensam, etc., et dependeret ab illa saltem naturaliter ac exigeret illi uniri, deinde non esset par illius, ut sæpius jam dixi, denique impossibile esset illud consistere sine illa, saltem naturaliter; ergo.

12. « Ais videri Ens medium dari posse inter substantiam et modificationem. Ego vero putem, id medium esse ipsum unum per se substantiatum seu substantiam compositam, ea enim media est inter substantiam simplicem quæ præcipue nomen substantiæ meretur, et modificationem. » Censeo non tantum inter substantiam simplicem, sed etiam inter substantiam compositam et modificationem medium dari posse, nempe ens realizans phænomena superveniens substantiæ compositæ substantialiter completæ, et monadibus ipsis coævum, prorsus sicut vinculum tuum substantiale.

13. « Substantia simplex est perpetua, substantiatum nasci et interire potest et mutari. » Non video quomodo substantiatum nasci et interire possit nisi quatenus includit modos substantiales qui soli nasci et interire possunt. His autem admissis nihil necesse est vinculum illud absolutum substantiati constitutionem ingredi.

14. « Accidens non est capax novæ modificationis per se scilicet sed tantum per accidens, quatenus inest substantiæ per alia etiam accidentia modificatæ, etc. » Largior id esse verum de accidentibus modalibus et corruptibilibus, non item de absolutis et incorruptibilibus, quale est meum, quod in nihilo fere discrepabit a vinculo Tuo substantiali, nisi quod substantiæ constitutionem non ingrediatur. .

15. « Quæris merito (circa explicationem μετουσιασμοῦ instituendam, si nulla essent vincula substantialia et substantiata mera essent phænomena) cur dicamus alias monadas prioribus substitutas, aut in quo consistat illa substitutio, nec video quomodo id explicari possit eo casu quo nihil in natura ponitur nisi monades et monadum perceptiones, nisi monadibus corporis Christi tribuamus perceptiones respondentes perceptionibus monadum destructarum. » Dixeram illam substitutionem in eo consistere quod Deus perceptiones omnium monadum non destructarum versantes circa monadas destructas conservet intuitu monadum corporis Christi. Id jam variis viis explicare conabor. 1mo multi Theologi cum Suarez docent variationem voluntatis in Deo non semper inferre variationem in natura. Juxta hanc sententiam videtur posse fieri ut conserventur illæ priores perceptiones monadum permanentium intuitu monadum corporis Christi symbolice figurandi, quamvis nihil in natura poneretur nisi monades et perceptiones, etiamsi monadibus corporis Christi non tribueremus perceptiones monadum destructarum perceptionibus respondentes. Tunc enim voluntas Dei censeri poterit sufficiens applicativum perceptionum remanentium ad ipsum Christi corpus sive ejus monadas. — 2° Si altera sententia vera est, scilicet quod omnis varietas voluntatis in Deo inferat varietatem aliquam in creaturis, jam admitti poterunt in monadibus corporis Christi modi accidentales modis itidem accidentalibus monadum destructarum respondentes, sive illi modi sint perceptiones sive fundamentum perceptionum; nam sicut supra n. 5, substantias compositas constitui per modos substantiales a perceptionibus utpote fluxis distinctos, ita nihil vetat in præsenti hypothesi corporum ad mera phænomena redactorum concedere modos accidentales distinctos ab ipsis perceptionibus. Quod si tamen hos modos accidentales omnino repudias et solas monades cum suis perceptionibus in natura ponis quod mihi difficile esse videtur, age sane ; 3° tribuamus monadibus corporis Christi perceptiones aliquas respondentes perceptionibus monadum destructarum.

16. « Sed ita dicendum foret accidentia panis fore in corpore Christi, quod merito improbatur. » Aloysius Temmick in *Philosophia vera* cujus libri notitiam beneficio tuo adeptus sum, p. 117 asserit, accidentia subsistere in corpore Christi. Objicit sibi : hoc posito accidentia illa non erunt panis accidentia sed Christi, cui insunt. Respondet negando consequentiam, nam ejus sunt et dicuntur esse, inquit, cujus sunt propria per naturam, vel ait esse accidentia Christi ut Eucharistice existentis, panis autem naturaliter existentis. Ita qui in scena paludamentum gestat a principe commodatum, nonne gestat quod principis est proprium, dicit tamen esse suum, ut in scena principem agit. Denique concedit etiam illa accidentia ut individua sunt non esse panis, sed ut sunt eadem specie. Porro de individuationibus rerum, inquit, nulla est cognitio sensibilis, nulla proinde quæstio, nulla propositio, unde cum sint specie eadem quæ ante, rigidissime et propriissime dicuntur absolute esse accidentia panis, sicut in Geometria quæ eadem specie sunt, simpliciter et absolute eadem asseruntur. Ita Temmick.

Sed et via suppetit eadem individua accidentia conservandi, si cum Philosophis recentioribus asserat quis, accidentia utpote phænomena primario in mente percipientis illa residere et dicere in recto ipsam cognitionem nostram, quæ cum individualiter invariata maneat uti supponitur, manebunt accidentia invariata, nam recto phænomeni invariato manet simpliciter invariatum phænomenon. Cæterum accidentia panis in corpore Christi ut in subjecto sustentationis esse communiter docent Scholastici, et eatenus corpus Christi ut illis substans posse denominari hoc, sed quia non sunt in eo connaturaliter, hinc non tribuere denominationem albi, sapidi, etc., corporis Christi. Sicut si Angelo inquiunt uniretur albedo, possem albedinis subjectum designando dicere : Angelus est hoc, non tamen possem dicere angelus est albus ob incapacitatem subjecti quod totum accommodari potest cognitioni quam in recto dicerent accidentia.

17. « Neque τὸ *hoc est* illis corporis Christi monadibus recte tribueremus, ex hoc solo quod fuerint causæ ideales in mente Dei harum in nobis perceptionum ; causæ ideales habent rationem causandi alienas perceptiones per suas perceptiones illis respondentes, neque itaque monades corporis Christi causa idealis essent phænomenorum nostrorum, nisi aliquid in se haberent respondens, quod causalitatem fundaret, id est nisi perceptiones eorum tales

essent quales fuerant in monadibus panis et vini ut causæ tales ideales nostrarum perceptionum atque adeo subjecta accidentium apparentium appellari mereantur. » Juxta dicta num. 16 admitti possunt hic dicta maxime juxta viam accidentia constituentium primario in cognitione. Itaque corpus Christi quatenus habens perceptiones respondentes perceptionibus panis sustentabit, id est erit causa idealis conservatæ cognitionis in mente mea, et hoc sufficiet ut corpus illud indigitari possit, hoc non tamen denominabitur illa cognitione album, sapidum, quia ad tales denominationes requiritur capacitas subjecti, ad hanc vero requiritur connaturalitas. De cætero causæ ideales mihi non videntur habere rationem causandi perceptionum alienarum præcise per perceptiones illis respondentes. Sic enim perceptiones illæ in causis idealibus v. g. in monadibus A existentes, et alienis scilicet monadum B respondentes essent natura priores perceptionibus alienis; atqui monades B vicissim sunt causæ ideales perceptionum existentium in monadibus A per perceptiones suas perceptionibus monadum A respondentes, ergo perceptiones monadum B vicissim essent natura priores perceptionibus monadum A, sicque daretur mutua prioritas in eodem genere. Dicendum ergo arbitror causas ideales habere rationem causandi perceptionum alienarum per aliquid aliud quam per perceptiones illis respondentes, puta per modos aliquos accidentales ipsis perceptionibus priores.

Hoc ipsum in hac hypothesi magnum incommodum censeo, quod vis activa ab ipsa potentia passiva non distingueretur. Et jam in universo nil nisi entia immaterialia fore viderentur. Deinde in eadem hypothesi evanescent omnia argumenta metaphysica et mathematica infinitatem partium continui probatura, restabuntque sola moralia desumpta ex ratione optimi. Vale, Illustrissime Domine, et scripti inconcinni prolixitatem pro tua humanitate excusa. Dabam Paderbornæ, 12 Decembris 1712.

APPENDICE [1]

Cognoscibilia sunt incomplexa vel complexa.

Incomplexa sunt categorematica seu Termini, vel syncategoremata, vel ex his conflata.

Termini sunt significationes vocabulorum in recto.

---

(1) Ecrit de la main de Leibniz sur la lettre précédente du P. Des Bosses.

Syncategoremata sunt significationes particularum.

Conflata ex his sunt terminorum inflexiones, dum scilicet ex termino et particula fit compositum obliquum, v. g. cum dico, hominis, quod idem est ac τοῦ homo ubi τοῦ est particula, Homo terminus.

Termini sunt vel impossibiles vel possibiles.

Termini possibiles sunt Entia realia, impossibiles sunt Entia rationis.

Interim aliud sunt Termini quam Entia, v. g. Triangulum et Trilaterum sunt idem Ens, sed sunt termini diversi differuntque formaliter, non materialiter. Sic reduplicativi, veluti homo quatenus est scientiæ capax, non est res alia quam homo, sed alius terminus.

Termini igitur sunt mere reales vel connotionales. Termini reales sunt ipsæ Res, cum nihil exprimitur præter ipsam; connotionales sunt res cum addito, v. g. Homo est Terminus mere realis, Homo rationalis est terminus connotionalis essentialis, et est in eo superfluitas, quia pars una ex alia sequitur. Homo doctus est terminus connotionalis accidentalis; idem enim nunc est doctus, nunc indoctus, manetque eadem res, sed accidentibus variata. Quodsi conciperemus, idem Ens posse esse nunc hominem nunc non-hominem, etiam homo foret terminus connotionalis accidentalis. Sic quadratum non est terminus realis, nam potest aliquid ex non-quadrato fieri quadratum, et dantur quadrata diversissimæ naturæ, velut aureum, argenteum, etc. Sic doctus est terminus connotionalis, non enim datur certum genus Entis, quod nil sit nisi doctum, aut docti modificationes.

Termini sunt Concreti vel Abstracti.

Concreti mere reales sunt Substantiæ.

Concreti connotionales sunt essentiales aut accidentales ut jam dixi.

Abstracti sunt itidem aut Entia, aut prædicata. Sic Virtus est Ens, rationalitas non est Ens.

Abstracta quæ sunt Entia, sunt absoluta aut relationes. Relationes nullius propriæ mutationis sunt capaces, sed resultant ex absolutis. Videamus an præstet Relationes removere a numero Entium.

Absoluta sunt Formæ quæ sunt Entia durabilia, et transitiones (id est Actiones vel Passiones) seu accidentia successiva.

Sunt autem Formæ aliæ Essentiales, seu constitutivæ, aliæ accidentales.

Sed fortasse formis essentialibus careri potest, ut sint nudæ notiones.

Prædicata Abstracta quæ non sunt Entia, sunt vel essentialia (nempe attributa vel affectiones ; attributa, primitiva; affectiones, derivativæ) vel Accidentalia, qualia sunt relationes accidentales.

Sunt et abstracta composita, v. g. animali-rationalitas, id est animalitas rationalitas, id est humanitas.

Interdum oblique conjunguntur, et Unum abstractum est alterius accidens, ut cum dicitur v. g. doctrina salutifera, ubi salutiferum esse est accidens doctrinæ.

Dantur scilicet accidentia accidentium, etsi non dentur substantiæ substantiarum, id est potest substare accidens accidenti, non substantia substantiæ.

Cum abstracta non sunt Entia, reducuntur ad veritates, verb. g. Rationalitas hominis nihil aliud est quam veritas hujus Enuntiationis : homo est rationalis. Unde patet incomplexa sæpe fundari in ipsis complexis, quæ tamen per se natura posteriora sunt ipsis incomplexis, quorum scilicet faciunt nexum.

Et revera omnis propositio seu omne complexum potest vicissim reduci ad incomplexum per *est* primi Adjecti ut vocant. Ut si loco propositionis : homo est rationalis, dicam τὸ Hominem esse rationalem, est. Rosam esse odoratam, est. Nempe est verum, etsi forte non existat rosa, ut in hyeme.

Complexa seu propositiones sunt absolutæ vel hypotheticæ, vel ex his conflatæ (1).

Absolutæ, ut homo est beabilis; hypotheticæ, veluti si homo est beabilis, sequitur quod anima ejus sit immortalis; nam in hac vita nulla est vera beatitudo.

Propositiones omnes rursus sunt rationis vel facti, Rationis, veluti homo est beabilis ; Facti, omnis homo meretur damnari, hoc scilicet casu factum est. per peccatum.

Omnes propositiones universales reduci possunt ad hypotheticas, veluti omnis homo est beabilis, idem est ac si dicas : si quis est homo, sequitur quod sit beabilis. Vicissim hypotheticæ reduci possunt ad absolutas eo modo quo reduximus complexas ad incomplexas, v. g. si homo est beabilis, sequitur quod anima ejus sit immortalis, hæc propositio reduci potest ad hanc : hominem esse

---

(1) Uti omnis terminus dicit possibilitatem, ita omnis propositio dicit veritatem. Et tamen ut terminus dividi potest in possibilem et impossibilem, ita propositio in veram et falsam. Nempe terminus vel propositio tunc falso dicit, quod dicit. Hinc patet etiam quod omnis terminus incomplexus concipi possit ut involvens aliquid complexi, quatenus affirmat possibilitatem.

beabilem est animam hominis esse immortalem. Ita etiam omnes syllogismi hypothetici reducuntur ad leges categoricorum.

A Terminis et Enuntiationibus præstat omnia transferre ad res, et veritates.

Ex hypothesi, quod nihil aliud existat, quam Monades, et quod eæ modificentur varie et consentienter, fit ut omnia cætera Entia quæ concipimus non sint nisi phænomena bene fundata.

Ita corpora omnia non magis erunt substantiæ quam iris, et omnes qualitates corporeæ non magis erunt reales, quam colores iridis. Nec magis sensus tactus quam visus nobis probat corpora esse substantias.

Spatium non magis est substantia quam tempus.

Extensio ipsa tantum abest, ut sit aliquid primitivum, quemadmodum concipiunt quidam, præsertim Cartesiani, ut potius nihil aliud sit quam multitudo comperceptionum coordinatarum seu phænomenorum, quatenus habent ordinem coexistendi communem. Simul percipio A, B, C, et alia est comperceptio ipsorum A et B, quam ipsorum A et C, aut ipsorum B et C, non considerando licet quid sit in ipsis varium, seu in quo differant intrinsecus A, B, C. Atque hoc observando, dico me percipere spatium et extensionem. Ipsa autem A et B et C considero ut puncta, seu ea in quibus nihil observari potest, quam situs, seu quod simul percipiantur, cum aliquo discrimine comperceptionis.

Moveri dicitur situm habens in quo causa est mutati situs, seu ex quo mutati ejus cum alio situs ratio redditur. Quod si sufficiens ex ipso ratio redditur, hoc unum movetur, cæteris quiescentibus; sin minus, plura simul moventur.

CI

LEIBNIZ A DES BOSSES

Quæritur, quomodo sententia vestra περὶ τοῦ μετουσιασμοῦ explicari possit, tum secundum hypothesin merarum monadum, tum secundum hypothesin substantiarum compositarum. Secundum priorem hypothesin quæritur in quo consistat substantia corporis compositi, an in monadibus, an vero in ipsis phænomenis. Id est, quæritur (exempli causa) an anima vermis in corpore hominis existentis sit pars substantialis humani corporis, an vero nudum requisitum et quidem non metaphysicæ necessitatis, sed quod in cursu solum naturæ requiratur, quod ego malim. Quod si prius statuitis, utique dicendum est monades panis et vini tolli, et monades corporis Christi earum esse loco. Sin vero monades non sint pars substantialis corporum, et composita sint mera phænomena, dicendum foret corporum substantiam consistere in phænomenis veris, quæ nempe ipse Deus in iis per scientiam visionis percipit, itemque Angeli et Beati, quibus res vere videre datum est; itaque Deum cum Beatis percipere Corpus Christi, ubi nobis panis et vinum apparent.

Quodsi vulgarem sequamur hypothesin de substantiis corporeis vel compositis, dicerem (ut jam præcedente epistola mentem meam exposui) vinculum substantiale seu additum monadibus substantiale, quod substantiam compositam formaliter constituit et phænomena realisat, posse mutari salvis monadibus, quia, ut dixi, anima vermiculi non est de substantia corporis, in quo est vermiculus, nec multiplicanda sunt miracula præter necessitatem. Vinculum substantiale superadditum monadibus, mea sententia, est absolutum quoddam, quod etsi in naturæ cursu accurate respondeat monadum affectionibus, nempe perceptionibus et appetitionibus, ita ut in monade legi possit, cui corpori corpus ejus insit; supernaturaliter tamen vinculum substantiale potest esse a monadibus independens, et manentibus prioribus monadibus mutari, et aliis Monadibus accommodari. Ita monades panis et vini omni vinculo substantiali carerent, re quoad ipsas reducta ad statum hypotheseos merarum monadum. Accidentia autem panis et vini, seu phænomena manebunt, sed non in corpore Christi, tanquam in subjecto; idque etiam Theologorum doctrinæ convenit, ne album et rotundum coli dicatur, quod annoto ad num. 16 epistolæ tuæ nuperæ, ubi etiam non video quomodo albedo uniri possit angelo, nisi fiat albus, vel album ei uniatur. Porro vincula substantialia videris, numero 5 et alibi in epistola tua, aliter quam a me fit accepisse, quasi ego, dum ea pro entibus absolutis habeo, semper inde ab initio creationis exstitisse putem. Sed mea sententia, admissis substantiis corporeis seu vinculis substantialibus, fatendum est, ea generationi et corruptioni subjacere. Nullam etiam novi monadum modificationem vel substantialem vel accidentalem, quæ constituat substantiam compositam, prout rem accepisse videris numero tuo sexto; nec quicquam in monadibus agnosco, nisi perceptiones et appetitiones.

Vinculum quod substantiam compositam facit, nolim appellare Accidens absolutum, quia mihi omne absolutum est substantiale. Quod si accidens inde facere velis, lis erit de nomine, incongrua tamen locutio erit, substantiam compositam per accidentalia constitui ; cum Smiglecius Aristotelem secutus dicat, accidens non esse sine subjecto, ostendit ens absolutum a se non admitti. Nolim etiam Ens realisans phænomena distinguere a vinculo substantiali, ut facere videris num. 7. Hæc duo enim mihi revera sunt idem, et dicendum est, nasci ea et interire. Positis ergo substantiis compositis, mihi incomparabiliter facilius videtur et convenientius destruere Ens realisans phænomena, servatis monadibus, quam contra, ut videris malle num. 8.

Modificationes unius monadis sunt causæ ideales modificationum alterius monadis (de quo agis num. 17), quatenus in una monade apparent rationes, quæ Deum ad modificationes in alia monade constituendas ab initio rerum moverunt.

Infinitudo continui physici, in hypothesi merarum monadum, non tam penderet ex ratione optimi, quam ex principio rationis sufficientis, quia nulla est ratio limitandi seu finiendi, sive alicubi sistendi. Continuum vero mathematicum consistit in mera possibilitate, ut numeri; ideo in eo necessaria est infinitudo ex ipsa ejus notione.

Dabam Viennæ Austriacæ, 24 Januar. 1713.

CII - CIII

Billets du Père Des Bosses à Leibniz, datés de Paderborn les 30 janvier et 11 février 1713, sans intérêt philosophique.

CIV - CV

Billets de Leibniz au Père Des Bosses, datés de Venise les 4 mars et 24 avril 1713, sans intérêt philosophique.

CVI

DES BOSSES A LEIBNIZ

Ad epistolam tuam philosophicam 24 Januarii scriptam adnotabo pauca. Censes vincula substantialia quæ admissis substantiis corporeis statuenda sunt, quamvis absoluta sint, non tamen semper inde ab initio exstitisse, sed generationi corruptionique subjacere. At ego naturæ, imo principiis tuis consentaneum magis esse putaveram, si generatim quidquid absolutum est, ingenerabile incorruptibileque esse, atque adeo vel ab initio exstitisse vel successu temporis a Deo creari debere poneretur. Nam si semel admittamus ens quodpiam absolutum generari corrumpique naturaliter, quid vetabit quominus Peripatetici recte statuere possint substantiales formas, quæ quantumvis absolutæ sint, naturaliter tamen oriantur et intereant. In *Tentaminibus* tuis § 88, postquam ad explicandam generationem formarum dixisses Peripateticos uti comparatione statuæ quæ superflui marmoris ademptione perficitur, subdis : « Comparatio ista locum habere posset, si forma, uti figura, in nuda limitatione consisteret : nempe ut addis § 89 modificationum origo per eductionem sive limitum variationem explicari facile potest : at longe aliud est ubi de substantia (utique absoluta) sermo est, cujus ortus perinde ac interitus difficiles sunt explicatu » : nempe ad fluxa illa vincula substantialia absoluta producenda perpetuis opus erit miraculis, quæ caveri possunt, si duntaxat modalia ponantur, quibus habitis non difficile, opinor, erit absolutum illud quod ad realizanda phænomena aliunde requiritur a substantiæ compositæ constitutione secludere, atque adeo ad accidentium classem relegare, si per accidens intelligatur id quod nec est substantia simplex nec substantiæ compositæ constitutionem ingreditur, neque sine alterutra connaturaliter existere potest.

Quidquid sit an monades subordinatæ monadi prædominanti sint pars substantialis id est essentialis, corporum physicorum, quod non assero, at saltem substantia corporea complete sumpta (v. g. homo aut equus) monadem sibi propriam, nempe prædominantem essentialiter includit ; homo enim constat essentialiter non e solo corpore, sed etiam ex anima ; cæteræ vero sive Entelechiæ sive monades subordinatæ, non quidem pars substantialis essentialis, sed integralis esse possunt.

De cætero si monades, uti censes, nullam aliam modificationem quam perceptiones et appetitiones admitterent (cujus placiti rationem Te intelligere cuperem), dici fortasse posset juxta hucusque a me disputata, vinculum substantiale modale consistere in quibusdam substantialibus perceptionibus aut appetitionibus aut certe in utrisque, quibus fit ut cæteræ monades uni prædominanti subordinentur substantialiter, quæque essentialiter existentes simul sint ipsa monadum subordinatio.

Accedit alia ratio cur vinculum substantiale monadum ad constituendam substantiam compositam requisitum modum esse mallem, quam entitatem absolutam, nempe quod omnis substantia dicat, essentialiter simultatem omnium suarum partium, omnis autem entitas absoluta sine quavis alia entitate creata absoluta a se distincta existere posse videtur, ergo nulla entitatum absolutarum solarum collectio puta collectio animæ monadis humanæ et vinculi substantialis absoluti) constituere potest adæquate substantiam completam quæ homo dicitur. Sed de his satis.

Dabam Paderbornæ 8 Augusti 1713.

CVII

LEIBNIZ A DES BOSSES

Quæ de vinculis substantialibus olim ad te scripsi, nunc non invenio. Si admittimus substantias corporeas, seu aliquid substantiale præter monades, ita ut corpora non sint mera phænomena, necesse est vincula substantialia non esse meros modos monadum. Præterea si vinculum substantiale sit accidens seu modus, non poterit esse simul in pluribus subjectis, et proinde nullum revera dabitur vinculum substantiale plurium monadum, sed in qualibet monade erit modalitas propria ad aliam monadem relativa; et ita rursus corpora mera erunt phænomena. Et cum monades nihil aliud sint quam repræsentationes phænomenorum cum transitu ad nova phænomena, patet in iis ob repræsentationem esse perceptionem, ob transitum esse appetitionem; nec dantur principia, unde aliquid aliud peti possit.

Interim objectio tua, Reverendissime Pater, mihi consideratione digna visa est, ex eo sumta, quod vincula substantialia generabilia et corruptibilia dixeram. Id vero Modalium proprium videtur, ex meis etiam principiis, nec convenire absolutis. Et ideo re expensa hactenus sententiam muto, ut putem jam nihil oriri absurdi, si etiam vinculum substantiale, seu ipsa substantia compositi dicatur ingenerabilis et incorruptibilis ; quoniam revera nullam substantiam corpoream admittendam puto, nisi ubi est corpus organicum cum monade dominante, seu vivum, animal scilicet, vel animali analogum, cæteraque esse aggregata pura, seu unum per accidens, non unum per se. Cum ergo, ut scis, non tantum animam, sed etiam animal interire negem, dicam igitur nec vinculum substantiale, seu substantiam corporis animati naturaliter oriri et occidere, sed cum aliquid absolutum sit, tantum variari secundum mutationes animalis. Hinc substantia corporea vel vinculum substantiale monadum, etsi naturaliter seu physice exigat monades, quia tamen non est in illis tanquam in subjecto, non requiret eas metaphysice, adeoque salvis monadibus tolli vel mutari potest, et monadibus naturaliter non suis accommodari ut vinculum earum fiat. Nec ulla monas præter dominantem etiam naturaliter vinculo substantiali affixa est, cum monades cæteræ sint in perpetuo fluxu. Substantiam non putem simultatem suarum partium dicere, alioqui enim foret aggregatum. Partes quarum est vinculum, etsi sint ei connaturales, non tamen sunt ei essentiales ; itaque salve vinculo absoluto naturaliter tolluntur paulatim, et ordinate, sed miraculose statim et per saltum distingui a vinculo possunt, et vinculum ipsum tolli.

Etsi autem panis et vinum non sint viventia, tamen ut omnia corpora, sunt ex viventibus aggregata, et vincula substantialia singulorum viventium componentium, substantiam eorum componunt. At corpus Christi vinculum substantiale totale habet, cum sit corpus vivum ; denique si quid est quod substantiam corpoream constituit, in eo vobis quærenda est possibilitas transsubstantiationis ; sin nihil tale sit, et corpora sint mera phænomena, substantia corporis quærenda erit in solis phænomenis. At non nostris, quibus manent priores species, sed in his quæ Menti Divinæ et iis quibus revelat Deus, obversantur.

. . . .

Dabam Viennæ, 23 Augusti 1713.

CVIII

DES BOSSES A LEIBNIZ

Billet du Père Des Bosses à Leibniz, daté de Cologne le 9 décembre 1713, sans intérêt philosophique.

CIX

LEIBNIZ A DES BOSSES

Iter meum duæ magnæ causæ distulere, obsepta ob contagii metum itinera, neque enim libenter sesquimestre in nescio quo loco incommodo inutiliter nec sine periculo perdere volebam ; et deinde, appetente hyeme, non optima valetudo, arthriticis insultibus, non acutis quidem, sed tamen ideo gravibus, quod agendi libertatem adimerent, me invadentibus, necdum plane omnem vigorem recepi. Itaque iter nonnihil adhuc differe cogor.

Intelligo recensionem Theodicææ meæ tandem aliquando in Diario Trivultiano comparuisse, quamquam non sine nota, haud tamen, ut spero, acerba. Hanc recensionem videre aliquando aveo. Si Rmi. Patris Orbani fasciculus non est insolitæ magnitudinis, recta Viennam mitti posset.

Scire aveo quid de meo nupero temperamento judices ; cum perscripsi re magis expensa, si quod detur vinculum substantiale compositi, id fore non minus perpetuum naturaliter, quam ipsam monadem, compositi dominatricem, salvis ante monadibus ingredientibus mutari, et aliis atque aliis monadibus accommodari posse ; naturaliter quidem paulatim, supernaturaliter autem per saltum, quemadmodum et supernaturaliter produci ac tolli potest.

. . . .

Dabam Viennæ, 10 Januarii 1714.

CX

DES BOSSES A LEIBNIZ

Fidem in nuperis meis datam libero tardius quod speraveram indies certi quidpiam de Theodicææ recensione posse nunciare, nec me mea spes usquequaque fefellit, nam quamvis Diarium Trivultianum nondum ad me pervenerit, binas tamen a Tournamino nostro litteras accepi, ex quarum excerptis in paginam posteriorem rejectis, quanto apud Gallos in pretio sit Theodicæa tua, facile colliges. Animos mihi fecit quod Versionem quoque latinam egregii operis tui non ingratam fore auguratur. Memineris opinor non nisi præliminarem dissertationem et partem primam a te hucusque fuisse recensitas, alias duas partes paulo post discessum tuum Hanoveram missas. Præfatio una cum duabus appendicibus adhuc penes me est nutumque tuum exspectat.

Perplacet temperamentum tuum quo statuis, si quod detur realizans phænomena id fore non minus perpetuum quam ipsam monada compositi dominatricem ; consonat cogitatio illa tua sententiæ philosophorum plurimorum qui cum Averroe dimensionem interminatam materiæ coævam statuunt, licet contrarium sentiat S. Thomas Aquinus, magis consequenter ille quidem fortasse quam Averroes, sed nixus tamen principio quod certum non est nec a te admittitur, nempe accidentia, quale est dimensio, subjectari in toto composito, atque adeo eadem intereunte composito interire. Si compositum semper manere censuisset S. Thomas, ut tu Monada et animal ipsum, nil dubium quin etiam dimensiones manere posuisset.

De cætero adhuc sentio realizans illud phænomena supervenire toti composito sive animali jam sufficienter constituto per vincula modalia, nam talia vincula admitti debere mihi persuadent metaphysicæ rationes quas quominus hic deducam prohibet inopinatum impedimentum. De his proxime.

Si quid Parisienses Theodicææ editores monitos voles, aut si quid de cætero sit quod Diario dignum sit, ad me mittere quæso ne graveris . . . . Dabam Coloniæ Agrippinæ, 22 Martii 1714.

CXI

Billet du Père Des Bosses à Leibniz, daté de Cologne le 3 Avril 1714, sans intérêt philosophique.

CXII

LEIBNIZ A DES BOSSES

Inquisitione dignum est, quidnam excogitari possit, quod sit aptum ad realitatem phænomenis extra percipientia conciliandam, seu quid constituat substantiam compositam. Quantum judicare possum, debedit consistere in potentia activa et passiva primitivii compositi, idque erit quod Materiam primam et formam substantialem vocant. Et oportebit, ut accidentia compositi sint ejunt modificationes; quæ quidem transitoriæ sunt, ipsa autem substantia composita durabit æque ac monas dominatrix. Nulla autem est substantia composita seu revera constituens unum per se, nisi ubi est monas dominatrix cum corpore vivo organico.

Quod ais substantiale illud vinculum supervenire composito jam constituto per vincula modalia, hoc ita interpretor, ut præscindendo a substantia composita, monades constituant tantum unum per accidens, sed illud unum per accidens, ni fallor, erit merum phænomenum. Cum enim nulla modificatio per se subsistere possit, sed essentialiter postulet subjectum substantiale, ideo vincula illa, quod habent reale, habebunt in modificatione cujuslibet monadis, et harmonia seu consensu monadum inter se. Neque enim admittes credo accidens, quod simul sit in duobus subjectis. Ita de Relationibus censeo, aliud esse paternitatem in Davide, aliud filiationem in Salomone, sed relationem communem utrique esse rem mere mentalem, cujus fundamentum sint modificationes singulorum.

Optarem valde discere quam primum, in quo consistant monita Trivultiana circa ea quæ in meo libro Theodicææ erronea vel obscura videri possint. Fortasse enim explicando mentem meam, possem tollere erroris speciem epistola scripta, quæ adjici novæ editioni posset, nisi id serum est. Quamquam etiam absoluta editione, nondum distractis pro parte exemplaribus, posset abjici hæc declaratio. Itaque si saltem periodi monita illa continentes ex Trivultiana recensione descriptæ mecum quam primum communicarentur, posset fortasse satisfieri et Trivultianis vestris, et lectori et mihi.

Viennæ, 21 Aprilis 1714.

CXIII

DES BOSSES A LEIBNIZ

. . . .

Scribit Turnaminus Editionem Theodicææ Parisiensem vulgatam jam esse, optimeque distrahi : idem fortasse de Versione sperare fas esset, si lucem videret.

Cæterum distuli responsum ad postremas tuas 4. Aprilis datas, quod Vienna discessurum te putarem ; nunc cum et aliunde, et ex novellis publicis didicerim Academiæ tandem novæ sub Cæsareis auspiciis condendæ initium te fecisse, de quo ex animo gratulor, non audebo posthac litteris meis gravissimas curas tuas interpellare. Liceat mihi tamen hâc etiam vice ac postremum de veteri controversia nostra saltem verbulo meminisse.

Equidem, Illustrissime Domine, hypothesin corpora ad sola phænomena redigentem tanquam ingeniosum paradoxum suscipio, sed ut candide fatear, absolute admittere non posse videor; illam ab Anglo philosopho nuper acute propugnatam, a multis eruditis male exceptam intellexi.

Itaque communi et hominibus quasi innatæ hypothesi corporibus realitatem tribuendi standum esse arbitrarer, maxime cum suspicer omnia commoda quæ ex priori eliciantur, huic quoque non difficulter fortasse, si rite explanetur, accommodari posse.

Juxta hanc ergo hypothesin communem dubium non est, quin illud realizans phænomena varietatem in se aliquam patiatur, cum manifestum sit variari phænomena. At quæ hujus varietatis causa ? non solus Deus ; id enim foret perpetuum miraculum, non ipsum realizans phænomena utpote minime activum. Restant itaque solæ monades subordinatæ et subordinans, quæ si in corpus agant, corpus pendebit ab illis ; et illæ erunt priores corpore. Et statuis, ni fallor, alicubi ne Deum quidem ipsum agere posse in materiam, si materia a Deo tanquam causa non penderet. . . . .

Dabam Coloniæ, 20 Septembr. 1714.

CXIV

DES BOSSES A LEIBNIZ

Billet du Père Des Bosses à Leibniz, daté de Cologne le 30 Octobre 1714, sans intérêt philosophique.

CXV

LEIBNIZ A DES BOSSES

. . . .

Nunc ad tuam erga me immeritam benevolentiam venio, cui fateor pro officio debito respondere non potui, nec beneficium tuum hactenus satis vertere in rem meam, vel potius publicam. Nam præclarus labor tuus collocatus in re mediocri, quia mea, pervenit ad me non nisi reducem, neque enim longissimo itineri committere ausus fueram, et ne nunc quidem in rebus post tantum temporis intervallum recomponendis occupatissimo recensere licuit; faciam tamen quam primum ubi nonnihil respirare licebit, diesque increverint.

R. P. Turneminus vester, vir summus, per Germanum quendam Parisiis Viennam venientem mihi significavit Theodicæam Parisiis recusam esse; ejus editionis optem aliquando exemplum nancisci. Audio quosdam paratragœdiari in Gallia circa promotionem physicam et circa vim agendi creaturarum, sed in quo consistant eæ lites non comperi. Plerumque in evolvendis notionibus ad fundum non itur, inde controversiæ non tam rebus quam expressionibus inextricabiles habentur.

. . . .

Dabam Hanoveræ, 30 Decembr. 1714.

CXVI

DES BOSSES A LEIBNIZ

. . . .

Optaveras antehac suggeri tibi si quid haberem quod faceret

ad defensionem eorum quæ a Trivultianis improbari viderentur.

Præcipue duo capita esse video quæ a censoribus in dubium revocantur. Alterum necessitas moralis in Deo ad optimum : alterum necessitas in homine itidem moralis ad agendum secundum rationem prævalentem.

Dabam Coloniæ, 5 Januarii 1715.

CXVII

DES BOSSES A LEIBNIZ

Controversias quas memoras, suscitavit liber quidam anno priori vulgatus in Batavia sub titulo : *De l'action de Dieu sur les créatures,* qui nova via aggressus propugnare prædeterminationem physicam pro principio statuit, quod actus voluntatis nostræ ressint, non meri modi.

Dabam Coloniæ, 19 Januarii 1715.

CXVIII

A LEIBNIZ DES BOSSES

Hanc hyemem satis gravem malis arthriticis expertus sum necdum plane sum liberatus; itaque ægre necessariis laboribus satisfeci, quæ dilationem nullam patiebantur; quia tamen spes semper in fundo remanet, non despero de recuperatione sanitatis.

Vereor, ne qui de actione Dei in creaturas pro prædeterminatione physica scripsit, involvat magis notiones, quam in lucem producat. Actus non esse res absolutas, sed modificationes Entelechiæ seu conatus primitivi, manifestum esse arbitror, idque dicendum non tantum de voluntate, sed et de facultate agendi quacumque.

Recte tuemur corpora esse res, nam et phænomena sunt realia, Sed si quis tueri velit corpora esse substantias, indigebit, credo, novo quodam principio unionis realis.

Qui in Hybernia corporum realitatem impugnat, videtur nec rationes afferre idoneas, nec mentem suam satis explicare. Suspicor. esse ex eo hominum genere, qui per Paradoxa cognosci volunt.

Dabam Hanoveræ, 15 Martii 1715.

CXIX

DES BOSSES A LEIBNIZ

Videris non observasse objectiunculam in aliqua priorum epistolarum mearum propositam, cujus solutionem a te desidero st autem hæc : In hypothesi, quod detur aliquid realizans phænomena distinctum a monadibus earumque perceptionibus, quæro quis efficiat mutationem phænomenorum in ipso corpore? Si Deus, perpetuum erit miraculum ; si monades, ergo corpus quodammodo pendebit a monadibus etc.

Subjungo alterum circa Harmoniam præstitutam : Si monades universæ ex propria penu, ut sic loquar, et sine ullo physico unius in aliam influxu perceptiones suas habent, si præterea cujuslibet monadis perceptiones cæteris quæ nunc a Deo creatæ sunt monadibus earumque perceptionibus præcise repondent et attemperantur eas repræsentando, non potuit ergo Deus ullam ex his quæ modo existunt monadibus creare quin alias omnes quæ nunc pariter existunt conderet, Deus enim nullo pacto efficere potest ut naturalis monadum perceptio ac repræsentatio fallatur, falleretur autem si ferretur in monadas non existentes tanquam existentes. At si verum est Deum id non potuisse, non video cur magnopere laudanda sit sapientia divina in delectu et compositione harum rerum cum illis. Electa enim semel minima quacumque monade, quam produceret, necessitabatur Deus reliquas omnes producere, sicut necessitatur non decipere creaturas rationales, aut non infundere illis errorem, aut sicut necessitatur promissis suis attemperare eventum.

Dabam Coloniæ, 6 Aprilis 1715.

CXX

LEIBNIZ A DES BOSSES

. . . .
Acutæ solent esse objectiones tuæ mihique semper sunt gratæ. Si qua detur Unio Realis, realisans vel potius substantialisans phænomena, quæris quid efficiat mutationes in ipso corpore? Respondeo, cum corpus, si pro substantia habeatur, nihil aliud esse possit, quam quod ex unione reali monadum resultat, resultabunt inde etiam modificationes quas habebit, monadum mutationibus respondentes, et fient hactenus quæ vulgo docentur. Monades influent in hoc realisans, ipsum tamen in ipsarum Legibus nil mutabit, cum quicquid modificationum habet ab ipsis habeat quasi Echo, naturaliter scilicet, non tamen formaliter seu essentialiter, cum Deus ei tribuere possit quæ monades non dant, aut auferre quæ dant. Quæ contra proferri possunt, valebunt omnia in communem doctrinam substantiæ corporeæ, seu in id omne quod substantiale monadibus superaddi potest. Sane si quid in corpore est substantiale præter monades, suarum propriarum modificationum capax esse debet, easque habebit naturaliter pendentes a monadibus quas unit, supernaturaliter a Deo, qui ab ipsis disjungere potest. Itaque cum ais debere aut a Deo per miraculum perpetuum habere modificationes suas, aut a monadibus, dico a monadibus habere naturaliter et plerumque, a Deo miraculose et raro, qui poterit efficere, ut monadibus respondeat prius non suis. Si quod vinculum reale possibile est, oportet ut possibilis sit unitorum in ipsum influxus, alioqui non erit cur vinculum eorum dici possit. Cæterum non opus erit poni nisi in corporibus quæ habent monadem dominantem, seu quæ sunt unum per se ut organica, et huic semper hoc vinculum adhærebit monadi.

Altera objectio hæc est : Si monades omnes ex propria penu, ut sic loquar, et sine ullo physico unius in aliam influxu perceptiones suas habent, si præterea cujuslibet monadis perceptiones cæteris quæ nunc a Deo creatæ sunt monadibus earumve perceptionibus præcise respondent, non potuit ergo Deus ullam ex his quæ nunc existunt monadibus creare, quin alias omnes conderet, etc. Responsio est facilis et dudum data. Potuit absolute, non potuit hypothetice, ex quo decrevit omnia sapientissime agere et ἁρμονικωτάτως.

Deceptio autem creaturarum rationalium nulla foret, etsi phænomenis earum non omnia extra ipsas exacte responderent, immo si nihil : veluti si mens aliqua sola esset ; quia omnia perinde evenirent, ac si essent alia omnia, neque illa cum ratione agens sibi damnum accerseret. Hoc enim est non falli. Ut autem judicium probabile quod formaret de existentia aliarum creaturarum, verum esset, non magis necessarium foret, quam necesse fuit ut terra quiesceret, quia paucis exceptis totum genus humanum ita merito olim judicavit. Non igitur ex necessitate, sed ex sapientia Dei fit, ut judicia ex maxime verisimilibus post plenam discussionem formata sint vera.

. . . .

Dabam Hanoveræ, 29 Aprilis 1715.

P. S. Exemplum Theodicææ meæ in Gallia editæ in duodecima quam vocant forma, nuper nescio cujus missu, ex Batavis accepi. Suspicor R. Patris Turnemini munus esse, cui gratias debeo, et ut meo nomine per occasionem agas peto.

CXXI

LEIBNIZ A DES BOSSES

Diu jam præclarum laborem tuum apud me servo, et de die in diem distuli, quod ægre ea, quæ ad me pertinent, relego. Tandem mihi ipsi vim feci, et tuam versionem perlegi studiose. Visa est elegans, ingeniosa, sæpe melior originali. Quia tamen ut fidus interpres Gallico strictius institeras, qua ratione nescio quid Latino subinde hærere videbatur, unde versionem esse appareret, putavi mihi autori libertatem datam, quam alius sibi non æque sumeret, passim mutandi phrasim sensaque ipsa, ut Latinum ad authentici speciem proprius admoveretur.

. . . .

An novissima mea responsio de monadibus tibi placuerit, haud scio. Vereor ne, quæ diversis temporibus hac de re ad te scripsi, non satis bene cohæreant inter se, quoniam scilicet hoc argumentum de phænomenis ad realitatem evehendis, seu de substantiis compositis non nisi per occasionem tuarum litterarum tractavi. Theodicææ meæ in Galliis editæ exemplum nescio cujus missu accepi ; et plurimum R. P. Tournemino debeo, cujus favore hoc contigit, ut libellus ille meus in Gallia magis nosceretur. Sunt ibi viri aliquot egregii, quibus meum systema non parum probatur. Vellem vacares mihi redigere totam meam Metaphysicem in disciplinæ formam, ad eum modum quo Theodicæam sub finem brevi libello Latino methodice tractavi, quod tum demum rite fit, cum totam tractationis formam in tabula spectandam exhibere licet. Quod superest, vale et fave. Dabam Hanoveræ 30 Jun. 1715.

CXXII

DES BOSSES A LEIBNIZ

. . . .
Ut aliquid ad postrema tua reponam : Tecum sentio, si quod in corpore vinculum reale a monadibus plus quam modaliter distinctum detur aut possibile sit, oportere ut detur aut possibilis sit unitorum in ipsum influxus, alioquin, ut ais, non erit cur vinculum eorum dici possit. Sentio pariter opus non esse ut vinculum illud ponatur, nisi in corporibus quæ habent monada dominantem seu quæ sunt unum per se, ut organica, cui monadi seu toti semper adhæreat vinculum. Monades ergo influent in illud realizans, ipsum tamen in illarum legibus nihil mutabit, cum quidquid modificationum habet, ab illis habeat, quasi Echo, ut tute ipse explicas.

Verum ex his ipsis colligere posse videor quod vinculum illud quantumvis reale non possit esse substantiale. Substantiale enim (saltem quod modale non est) statuis esse virtutem sive principium actionis, quod non videtur convenire reali illi vinculo, cujus modificationes se habent instar Echus. Porro si semel detur vinculum illud non esse substantiale, confecta res est, et plana ad explicandam μετουσίωσιν via sternitur. Nec video cur possibile non sit reale aliquod, quod substantiale non sit; si autem possibile est, a Deo utique in rerum productione neglectum non est, ne vacuum formarum, ut vocant, admittamus.

Ad alterius argumenti mei solutionem, mihi non improvisam, duo regero.

Ac primo quidem, etiam præscindendo a Dei existentia sapientiaque videmur judicare posse plus quam probabiliter, quod creaturæ aliæ a nobis existunt. An enim Atheum negabis habere scientiam existentiæ : sui corporis ? Memini, me olim communicasse tecum aliquas propositiones nostris in Scholis prohibitas a Michaele Angelo Tamburino qui hodie Societati nostræ præest. Earum aliquas ad rem præsentem facientes juvat hic subjicere.

1ª. Mens humana de omnibus dubitare potest ac debet, præterquam quod cogitet.

2ª. Reliqua non prius nobis certa et explorata esse possunt, quam clare innotuerit Deum existere, summeque bonum esse, non fallacem qui mentem nostram inducere in errorem velit.

3ª. Ante certam notitiam Divinæ existentiæ dubitare semper quisque posset ac deberet, an non talis naturæ conditus fuerit ut in omni judicio suo fallatur, etiam in iis quæ certissima et evidentissima ispi apparent.

5ª. Non nisi per fidem divinam certo cognoscere quisquam potest quod aliqua exstent corpora, ne suum quidem.

Secundum pertinet ab sapientiam divinam, de qua aliquid in argumento meo obiter innuebam, quod non observasti, intactum certe reliquisti. Hoc ut explicem, quæro an sit possibile necne systema quodpiam præsenti mundo quoad omnia phænomena simile, in quo substantiæ agant in se mutuo ? Si negas, ostende implicantiam ; si ais, jam sic argumentor : Convenientius divinæ sapientiæ fuisse videtur, hujusmodi systema eligi præ altero ex meris monadibus in se invicem non influentibus composito ; ergo Deus revera illum, non hunc condidit. Consequentia tenet in principiis tuis ; antecedens vero sic suadeo : In Systemate Harmoniæ præstitutæ tota divinæ sapientiæ Architectonicæ ratio (saltem si in naturalibus hæreamus) consistit in delectu materiæ operis ; in systemate autem communi versatur etiam circa operis formam ac compositionem a delectu ipso materiæ distinctum, ita ut dici possit : Materiam superabat opus, atqui hoc postremum præstantius et infinita sapientia dignius videtur. Quod ut exemplis illustrem, quæro rursus : Uter Architectus majorem in arte sua sapientiæ laudem merebitur, an is cujus ars tota staret in eo quod lapides non modo quadros dumtaxat deligeret, sed etiam ita sibi mutuo ex natura sua attemperatos, ut eo ipso quo locum in unum comportarentur, sine ulteriori architecti aut fabri industria magnificentissimum ex iis palatium exurgeret, uti ad Amphionis lyram Thebanos muros exstitisse narrant poetæ ; an potius ille qui ex saxis natura quidem sua rudibus, nec ita harmonice sib respondentibus, sed ab artifice aptatis et loco ac tempori attemperatis, æque pulchrum palatium construeret ? Aliud exemplum : uter poeta cedro dignior? an qui poema conflarete meris v. g. dactylis ita constitutis, ut hoc ipso quo in chartam conjicerentur, simul pulcherrimum melos exhiberent ; an potius ille qui Homeri aut Maronis instar materiam rudem adhuc et indigestam industria sua in formam redigeret elegantia et proportione non imparem priori ?

Unum addo pro auctario : Monades illæ, quæ ex propria penu et sine physico unius in aliam influxu habent omnes modificationes suas, gratis poni videntur perinde ac gratis poneretur aliqua qualitas scholastica, cujus natura esset produci et producere omnes effectus v. g. caloris independenter a Mechanismo et concursu reliquorum corporum ambientium, etc., cujusmodi qualitatis Philosophi recentiores exsibilare solent. Sed de his hactenus.

. . . .

Dabam Coloniæ, 20 Julii 1715.

CXXIII

LEIBNIZ A DES BOSSES

Acutæ sunt instantiæ tuæ, atque ideo cum voluptate ad eas respondeo, nam et me docent, et rem illustrant. Incipiam a parte posteriore. Maxima verisimilitudine judicamus, nos non solos existere non tantum ex principio Divinæ Sapientiæ, sed etiam ex principio illo communi quod passim inculco, quod nihil fit sine ratione, nec ratio apparet, cur tot possibilibus aliis nos soli præferamur. Alia autem quæstio est, an corpora sint substantiæ. Licet enim corpora substantiæ non essent, tamen omnes homines proni erunt ad judicandum, corpora esse substantias, ut omnes proni sunt ad judicandum tellurem quiescere, etsi revera moveatur.

Propositiones a Præposito generali Tamburino prohibitas mihi a te communicari non memini ; hæ quas nunc communicas, videntur Cartesio oppositæ, et mihi satis probantur. Quintam ponis, quartam omisisti. Omnes nancisci gratum erit. Honoratus Fabrius in epistola quadam edita recensuit prohibitas, tunc cum ipse floreret.

Non credo systema esse possibile, in quo monades in se invicem agant, quia non videtur possibilis explicandi modus. Addo, et superfluum esse influxum, cur enim det monas monadi quod jam habet? Nempe hæc ipsa natura substantiæ est, ut præsens sit gravidum futuro et ut ex uno intelligi possint omnia, saltem ni Deus miraculo intercedat.

Ad similitudinem tuam fateor majore arte agere architectum, qui lapides recte componat quam qui lapides tam doctos aliunde nactus sit, ut ipsi tantum comportati semet in ordinem redigant. Sed vicissim credo fatebere infinities artificiosiorem fore Architectum, qui lapides tam doctos fabricare possit.

Addis pro auctario : monades quæ ex propria penu habeant modificationes poni gratis, ut gratis ponitur calor agens sine mechanismo. Hoc non auctarium est, sed primarium ; si ita sentis, nobis ad initia redeundum est, quasi nihil scripsissem. Cæterum monades omnia ex penu sua ducunt, non ut calor scholasticus ἀῤῥήτως suos effectus producit, sed mechanismo quodam eminente, ut sic dicam, qui fundamentum est et concentratio mechanismi corporei, ita ut modus quo unum ex aliquo sequitur, explicari possit.

Hæc merito præmisi ; nam si nullæ sunt monades quales concipio, frustra de earum vinculo deliberamus. Nunc ad quæstionem venio, utrum hoc vinculum, si datur, sit aliquid substantiale. Ita mihi visum est, et alioqui inutile judico ; quomodo enim alias substantiam compositam faciet, cujus gratia unice introducitur ? Sed objicis primo non esse principium actionis, cum sit instar Echus Respondeo etiam : corpus Echo reddens est principium actionis. Hoc vinculum erit principium actionum substantiæ compositæ ; et qui eam admittit (ut facit ni fallor omnis schola), etiam hoc vinculum admittet. Nonne Schola hactenus principia substantialia compositi unum per se constituentis agnovit, per quæ partes uniantur ? Cur ergo nobis negaret ?

Ais non videre te, cur non possit aliquid reale esse, quod substantiale non sit. Hic forte de nomine ligitamus. Potest Substantiale dici, quicquid modificatio non est ; modificatio autem essentialiter connexa est ei, cujus est modificatio. Itaque modificatio non potest esse sine subjecto, verbi gratia, sessio sine sedente : potest tamen etiam aliter substantiale definiri, ut sit fons modificationum. Hoc posito quæri potest, an possit res dari, quæ neque sit modificatio, neque fons modificationum, qualia accidentia Scholastici concipiunt, quæ dicunt esse naturaliter in subjecto, non tamen essentialiter, cum per absolutam Dei potentiam possint esse sine subjecto. Sed nondum video quomodo tale quid explicari possit, si differt a meo vinculo substantiali, quod revera in subjecto est; non tamen ut accidens, sed ut forma substantialis apud Scholam, seu ut fons modificationum, licet per modum Echus. Itaque nescio an detur accidens praedicamentale realiter distinctum a subjecto, quod non sit accidens praedicabile ; et an detur accidens praedicabile quod non sit modificatio; quemadmodum jam dubitavi, an detur accidens praedicamentale distinctum a subjecto, quod modificatio non sit. Nisi quis velit substantiale compositi accidentale facere, quia non est fons primitivus, sed Echo. Sed ita nescio an sustinere possimus substantiam compositi, nisi velimus eam resultare ex accidentibus. Sed quomodo tunc possit a vobis explicari μετουσίωσις, non video. Malim ergo dici, superesse quidem non substantias, sec species, eas autem non esse illusorias, ut somnium, aut ut gladius ex speculo concavo in nos porrectus, aut ut Doctor Faustus comedebat currum foeno plenum, sed vera phaenomena, id est eo sensu ut Iris vel Parelium est species ; imo, ut secundum Cartesianos et secundum veritatem colores sunt species. Et potest dici Entia composita, quae non sint unum per se, seu vinculo substantiali (sive ut Alfenus Ictus in digestis, more Stoicorum, loquitur) uno spiritu non continentur, esse semientia ; aggregata substantiarum simplicium, ut exercitum, vel acervum lapidum, esse semisubstantias ; colores, odores, sapores, etc., esse semiaccidentia. Haec omnia, si solae essent monades sine vinculis substantialibus, forent mera phaenomena, etsi vera.

Porro hoc ipsum : monades habere vel tales habere monades, est naturale quidem, non tamen essentiale, sed accidentale substantiae compositae. Nam fieri potest, ut per absolutam Dei potentiam cesset esse Echo, et Monades ab ipsa separentur. Itaque si secundum hypotheses vestras vincula substantialia corporum organicorum, seu per se unorum in pane et vino inclusorum, a Deo tollantur, relictis monadibus et phaenomenis, accidentia panis et vini supererunt, sed tanquam mera phaenomena, non illusione quadam, sed ita ut fieret ubique, si nulla in natura essent vincula substantialia. Nam certe respectu harum monadum panis et vini res se perinde habebit ac si nulla vincula substantialia unquam in illis fuissent. Sed vincula substantialia monadum Corporis Christi eum in vincula substantialia monadum corporis nostri influxum habebunt, quem alias in ea habuissent vincula substantialia monadum panis, et vini, et ita substantia Corporis et Sanguinis Christi a nobis percipietur. Nam vincula substantialia earum monadum erunt sublata, et post cessationem phænomenorum panis et vini, seu species destructas, restituenda non quidem qualia fuerant, sed qualia prodissent, si nulla fuisset facta destructio.

. . . .

Præclara tua Theodicææ versio in itinere versatur; jam enim Hildesiam misi, ut oblata occasione certa ad vos deferatur. Quod superest, vale et fave. Dabam Hanoveræ, 19 August. 1745.

CXXIV

LEIBNIZ A DES BOSSES

Literas meas non unas cum versione tua præclara recte redditas spero, idque aliquando libenter intelligam. Spero autem, dilucidationes meas tibi, si non plane satisfecere, certe aliquam ad majorem lucem de tuo afferendam occasionem dedisse, cujus aliquando particeps fieri desidero.

. . . .

Dabam Hanoveræ, 34 Dec. 1715.

CXXV

LEIBNIZ A DES BOSSES (1)

Magnopere gaudeo te valere, et rem, ut soles, pulchre gerere. Ego litteras tuas accipiens commodum absolvi dissertationem de Theologia Sinensium naturali, Gallico sermone conscriptam in gratiam amici Galli, viri insignis nec partibus addicti, in qua de Deo, Spiritibus et anima humana ex Sinensium doctrina ago; utorque illis ipsis auctoritatibus, quas Nicolas Longobardus ex vestro ordine et Antonius de S. Maria Franciscanus attulere, ut Sinenses etiam antiquos Atheismi convincerent : in quo tantum abest ut successum ha-

---

(1) Cette lettre répond à une lettre du Père Des Bosses que nous n'avons plus.

APPENDICE A LA LETTRE CXXIII

Creatura permanens absoluta, quæ adeo nec est actio-passio neque relatio, est

- **Unum per se, Ens plenum**
  - **Substantia**
    - simplex, Monas ut Mentes, Animæ, quæ nulli aliarum creaturarum influxui obnoxiæ sunt.
    - composita, velut Animal vel aliud organicum, quæ semper perstat et adhæret Monadi dominanti, sed ab influxu aliarum substantiarum compositarum patitur. Consistit in potentia activa et passiva primitivis seu consistit in materia prima, id est principio resistentiæ et in forma substantiali, id est principio impetus, nam sciendum est corporibus revera vim novam non dari, sed in iis existentem tantum ab aliis determinari seu modificari. Et cum corpus incurrit in aliud, impellit ipsum determinando vim elasticam inexistentem a motu intestino ortam, quemadmodum visibile est, si duæ vesicæ inflatæ æquales æquali celeritate concurrant, ubi per concursum rediguntur ad quietem, et deinde per insitam vim elasticam resumunt motum. Idem fit in omnibus concursibus, neque enim natura unquam agit per saltum, seu nullum corpus momento transit a quiete ad motum, vel a motu majore ad minorem, aut contra, sed transit per intermedia, et hoc fit ope vis Elasticæ seu motus insiti a fluido permeante.
  - **Modificatio**
    - Monadis, quæ oritur ex propria penu ejus et consistit unice in perceptione et appetitu.
    - Substantiæ compositæ, quæ oritur ex influxu carum mutuo, et consistit in potentiis activis et passivis derivativis, cum corpora concurrunt secundum leges motus, nempe in viribus et resistentiis per magnitudines et figuras.
- **Unum per aggregationem Semiens, phænomenon**
  - Semisubstantia collecta ex substantiis ut chorus angelorum, exercitus hominum, grex animalium, piscina, domus, lapis, cadaver, itaque sunt cohæsione
    - destituta grex, strues
      - naturalia, arenæ cumulus, lapis, truncus arboris.
    - prædita piscina, domus
      - artificialia, exercitus, domus.
    - utraque
  - semiaccidens, species, collectum ex modificationibus substantiarum
    - primarium, seu unicum, nempe potentia derivativa
      - passiva resistentia per magnitudinem et figuram, uno verbo per texturam determinatam.
      - activa impetus
    - secundarium seu physicum, cujus ratio ex mechanismo occulto po[tens]det, velut accidens sensibile, [co]lor, odor, sapor, item sympathi[a], antipathia, etc. Talis qualitas rursus est
      - passiva, ut firmitas, liquiditas, asperitas, malleabilitas, perceptibiles
        - immediate, ut calor, gravitas, durities.
        - per effectum, vis magnetica, electrica volatilitas.
      - activa, ut [co]lor, trig[or], gravitas, elastica[.]

buerint, ut potius contraria omnia mihi verisimillima videantur. Quin Sinenses veteres ultra Græciæ philosophos veritati accessisse et docuisse videntur, materiam ipsam esse productionem Dei.

. . . .

Elegans est locus Sfortiæ Pallavicini vestri, nondum credo Cardinalis cum scriberet, quem mecum communicasti, et omnino ad sensum meum ; si vera esset Astrologia judiciaria, si Chiromantia, si quas jactant quidam, signaturæ rerum, res ascribenda esset harmoniæ divinitus præstabilitæ. In ipsa Theodicæa locum notavi P. Francisci Suarez de orationibus beatorum, quas successum habere putat per harmoniam præstabilitam.

. . . .

Dabam Hanoveræ, 14 Januarii 1716.

P. S. Philosophica peculiari scheda complecti volui ; ac primum testor me rem quasi de integro considerasse, sepositis, quantum liceret, præjudiciis ; ita tua jam perlustro.

Cum dico materiam esse indifferentem, intelligo quod in ea pure passivum est. Elegans est tua objectio circa indifferentiam temporis; quæ enim sic ratio dabitur, cur mundus tunc primum creatur? Ego fateor nullam esse, sed respondeo etiam nullum esse reale discrimen, nunc an mille ante annis creatus fingatur, cum tempus non sit nisi ordo rerum, non aliquid absolutum. Atque idem de spatio censeo. Eadem sunt, quorum discrimen a nemine, ne ab omniscio quidem, assignari potest.

Non bene memini, quo argumento usus sim in epistola, Diario Gallico A. D. 1691 inserta, pro stabiliendo discrimine Extensionis et materiæ ; cæterum extensionem concipio ut ordinem coexistendi partium extra partes, qui per distantias explicatur, seu magnitudinem viæ brevissimæ ab uno distantium ad aliud. Quæris deinde utrum extensio sit modus corporis, an aliquid absolutum ? Et posterius tibi magis placet. Nam corpus consistere in inertia naturali, formaliter inextensum esse. Jam ut virtus activa non est modificatio rei passivæ, ita extensio non erit modificatio rei per se inextensæ. Hoc argumentum a simili hic non nisi ad verisimilitudinem valere ipse haud dubie agnoscis. Videamus, an aliqua subsit sufficiens. Ac primum comparationi objici posse videtur, virtutem activam esse novam perfectionem; sed extensio seu positio partium extra partes potius imperfectio est, cum faciat rem obnoxiam destructioni naturali. Deinde materia seu passivum non exigit virtutem activam, ita ut materia naturaliter in virtutem activam prorumpat, nisi miraculo impediatur. Sed talis est materia, ut naturaliter habitura si extensionem, nisi impediatur per divinam omnipotentiam. Unde etiam confirmari videtur esse modificationem; nam nihil aliud substantia exigit, quam sui modificationes. Denique si extensio nihil aliud est, quam ordo, secundum quem partes sunt extra partes, profecto nihil aliud est, quam modificatio materiæ. Extensionem concipere ut absolutum ex eo fonte oritur, quod spatium concipimus per modum substantiæ, cum non magis sit substantia quam tempus. Itaque recte Scholastici olim spatium sine rebus imaginarium dixere, qualis res est numerus sine re numerata. Secus sentientes in miras se inducunt difficultates. Sublatis monadibus manere extensionem non magis verum puto, quam sublatis rebus manere numeros.

Non video, quomodo concipi possit, realizans phænomena esse extra substantiam. Nam istud realizans efficere debet, ut substantia composita contineat aliquid substantiale præter monades, alioqui nulla dabitur substantia composita, id est, composita erunt mera phænomena. Et in hoc me prorsus cum Scholasticis sentire arbitror, eorumque materiam primam, et formam substantialem, potentias nempe passivam et activam, primitivas compositi, et completum ex iis resultans revera arbitror esse illud vinculum substantiale quod urgeo.

Cum dixi vinculum substantiale esse principium actionis compositi, objicis primo, substantiam compositam sitam esse in monadibus substantialiter modificatis. Sed hoc non admitto, et quid est monades substantialiter modificari? Ego putem nihil modificari substantialiter. Et profecto cum verum substantiæ indicium sit actio, nisi ipsa substantia composita, quatenus composita est, agit, non erit substantia composita, sed merum phænomenon, nihil habens præter monades et singularum modificationes, nulla invicem reali connexione, neque physica (quam dudum excludo) neque metaphysica, quæ fit per unionem. Objicis secundo, vinculum substantiale esse principium resistentiæ; ita est, nempe compositi, est enim ipsa, ut sic dicam, potentia passiva compositi. Sed ita, inquies, extensio erit principium resistentiæ. Ego vero nego hoc sequi, extensio enim longissime differt a potentia passiva, cum nihil nisi situm exprimat ejus, quod jam potentiam passivam habet. Ita candide dicere possum, nihil esse in objectionibus istis quod memorari posse videatur. Et ex adverso, non videre me quomodo substantia nova formaliter oriatur, nisi per nova quædam substantialia attributa. Mea igitur doctrina de substantia composita videtur esse ipsa doctrina Scholæ Peripateticæ, nisi quod illa monades non agnovit. Sed has addo, nullo ipsius doctrinæ detrimento. Aliud discrimen vix invenies, etsi animum intendas.

CXXVI

DES BOSSES A LEIBNIZ

Paucis antequam postremas litteras tuas mihi sane jucundissimas acciperem diebus, nescio unde auditione acceperam te pejuscule valere; sed falsum fuisse rumorem illum pene persuaserunt et dolorem meum absterserunt litteræ illæ tuæ quæ non modo nihil tale indicant, sed potius alia omnia. Dissertationem tuam de Theologia naturali Sinensium ubi lucem aspexerit, lubentissime videbo; respondebit utique illa tuis de Philosophia Fo-hiana cogitatis, et eruditorum omnium saltem eorum qui nulli parti addicti sunt suffragia auferret.

. . . .

Statueram hisce meis addere separatim (exemplo tuo) quædam ad philosophicas tuas meditationes posteriores adnotata, sed cum ea necdum in mundum redigere licuerit, differenda erunt ad proximum usque cursorem. Vale, etc. Dabam Coloniæ 7 Martii 1716.

P. S. Theodicææ negotium belle procedit; revident eam viri eruditissimi quos maxime optabam. . . . .

CXXVII

LEIBNIZ A DES BOSSES

Billet de Leibniz à des Bosses, daté de Hanovre le 11 *Avril* 1716, *sans intérêt philosophique.*

CXXVIII

LEIBNIZ A DES BOSSES

Uti in Geometria interdum contingit, ut ex eo ipso quod supponitur aliquid esse diversum, inde non esse diversum consequatur, de quo genere ratiocinandi apud Euclidem aliquando reperto Cardanus,

Clavius aliique egere: ita si quis fingat, mundum creatum fuisse citius, reperiet non esse factum citius, quia tempus absolutum non datur, sed nihil aliud est quam ordo successionum. Eodem modo si quis fingat, totum Universum loco moveri servatis omnium rerum inter se distantiis, nihil actum erit, quià spatium absolutum aliquid imaginarium est, et nihil ei reale inest, quam distantia corporum; verbo, sunt ordines, non res. Tales suppositiones oriuntur ex falsis ideis. Itaque nisi æternus sit mundus, quocunque tempore cœpisse dicatur, perinde est: et nisi hoc statuamus, in absurdum incidemus, nec poterimus satisfacere arguentibus pro æternitate Mundi. Sequeretur enim Deum aliquid præter rationem fecisse, neque enim possibile est rationem dari hujus potius quam alterius temporis initialis, cum discrimen ullum assignari non possit. Sed ex hoc ipso, quod discrimen assignari non potest, judico etiam nullam esse diversitatem. Potuit ergo citius oriri mundus, sed tunc statuendus erit æternus.

Materiam naturaliter exigere extensionem, est partes ejus naturaliter exigere inter se ordinem coexistendi. An hoc negabis?

Eo ipso, dum puncta ita sita ponuntur, ut nulla duo sint, inter quæ non detur medium, datur extensio continua.

In tuo arbitrio est, vinculum realizans composita appellare modum substantialem. Sed tunc modum usurpas alio sensu, quam solemus. Revera enim substantiæ compositæ basis erit. Sed iste modus est res durabilis, non modificatio quæ nascitur et perit. Non tamen est modus monadum, quia sive ponas sive tollas, nihil in monadibus mutatur.

Non dico inter materiam et formam dari medium vinculum, sed ipsam compositi formam substantialem, et materiam primam sensu scholastico sumtam, id est potentiam primitivam, activam, et passivam, ipsi vinculo tanquam essentiæ compositi inesse. Interim vinculum hoc substantiale naturaliter, non essentialiter vinculum est. Exigit enim monades, sed non essentialiter involvit, quia existere potest sine monadibus, et monades sine ipso.

Si realizans phænomena præsupponeret aliquid præter monades, jam compositum esse realizatum contra hypothesin. Quicquid existit præter monades et monadum modificationes, realizantis phænomena consectarium est.

Etiam veræ substantiæ compositæ non gignuntur, nisi ad sensum; nam, ut sæpe dixi, non tantum anima, sed et animal manet. Non oriuntur vel occidunt nisi modificationes et (ex substantiatis) aggregata, id est accidentia vel entia per accidens.

At ratione rerum (etiam sine respectu ad sapientiam divinam) judicamus, nos non solos existere, quia nulla apparet privilegii pro uno ratio. Nec ipse aliter ratione convincere poteris aliquem, qui contenderet se solum existere, alios a se tantum somniari. Sed ratio datur privilegii existentium præ non existentibus, seu cur non omnia possibilia existant. Cæterum etsi nullæ existerent creaturæ præter percipientem, ordo perceptus ostenderet sapientiam divinam. Itaque nullus hic circulus, quamquam etiam sapientia Dei a priori, non ex solo phænomenórum ordine habeatur. Ex eo enim, quod contingentia reperiuntur, reperitur Ens necessarium, id intelligens, ut in Theodicæa ostendi. Si corpora mera essent phænomena, non ideo fallerentur sensus. Neque enim sensus pronuntiant aliquid de rebus metaphysicis. Sensuum veracitas in eo consistit, ut phænomena consentiant inter se, neque decipiamur eventibus, si rationes experimentis inædificatas probe sequamur.

Substantia agit quantum potest, nisi impediatur ; impeditur autem etiam substantia simplex, sed naturaliter non nisi intus a se ipsa. Et cum dicetur monas ab alia impediri, hoc intelligendum est de alterius repræsentatione in ipsa. Autor rerum eas sibi invicem accommodavit, altera pati dicitur, dum ejus consideratio alterius considerationi cedit.

Aggregatum resolvitur in partes, non substantia composita ; quæ partes componentes exigit tantum, verum non ex iis essentialiter constituitur, alioqui foret aggregatum. Agit mechanice, quia in se habet vires primitivas seu essentiales et derivativas seu accidentales.

Est Echo monadum, ex sua constitutione, qua semel posita exigit monades, sed non ab iis pendet. Etiam anima est Echo externorum, et tamen ab externis est independens.

Quia nec monades, nec substantiæ compositæ partiales de substantia composita totalis essentia sunt, ideo salvis monadibus, vel aliis ingredientibus, substantia composita tolli potest, et vice versa.

Si corpora mera essent phænomena, existerent tamen ut phænomena, velut Iris.

Ais, corpora posse esse aliud quam phænomena, etsi non sint substantiæ. Ego puto, nisi dentur substantiæ corporeæ, corpora in phænomena abire. Et ipsa aggregata nihil aliud sunt quam phænomena cum præter monades ingredientes, cætera per solam perceptionem addantur, eo ipso dum simul percipiuntur. Præterea si solæ monades essent substantiæ, alterutrum necessarium esset, aut corpora esse mera phænomena, aut continuum oriri ex punctis, quod absurdum esse constat. Continuitas realis non nisi a vinculo substantiali oriri potest. Si nihil existeret substantiale præter monades, seu si composita essent mera phænomena, extensio ipsa nihil foret nisi phænomenon resultans ex apparentiis simultaneis coordinatis, et eo ipso omnes controversiæ de compositione continui cessarent. Quod vero additur monadibus ut phænomena realizentur, non est modificatio monadum, quia nihil in earum perceptionibus mutat. Ordines enim, seu relationes, quæ duas monades jungunt, non sunt in alterutra monade, sed in utraque æque simul, id est, revera in neutra, sed in sola mente; hanc relationem non intelliges, nisi addas vinculum reale, seu substantiale aliquid, quod sit subjectum communium, seu conjungentium prædicatorum et modificationum. Neque enim puto a te statui accidens, quod simul insit duobus subjectis, et unum, ut sic dicam, pedem in uno, alterum in altero habeat.

Quantitas continua non addit impenetrabilitatem (nam ea etiam loco tribuitur) sed materia. Et vos ipsi statuitis impenetrabilitatem exigi tantum a materia, non esse de ejus essentia.

Substantia composita non consistit formaliter in monadibus et earum subordinatione, ita enim merum foret aggregatum seu ens per accidens, sed consistit in vi activa, et passiva primitiva, ex quibus oriuntur qualitates et actiones passionesque compositi, quæ sensibus deprehenduntur, si plus quam phænomena esse ponantur.

Dicis, modificari substantialiter esse monades habere modum, qui eas faciat naturale principium operationum. Sed quid, quæso, ille modus, estne qualitas? estne actio? Mutatne monadum perceptiones? Nihil tale dici debet; revera substantia est, non monadum modus, etsi naturaliter ei monades respondeant. Monades non sunt principium operationum ad extra. Nescio quid te adigat, ut substantialitatem compositi facias monadum modum, id est, revera accidens. Non est opus ut statuamus substantias oriri interireque; imo si statuimus, evertemus substantiæ naturam, recidemusque in aggregata seu Entia per accidens. Quod vulgo substantias dicunt, revera non sunt nisi substantiata. Philosophi Peripatetici dum generationem et corruptionem veram substantiarum crediderunt, in difficultates inexplicabiles inciderunt circa originem formarum aliaque, quæ omnia meo explicandi modo cessant.

Ita est, ut ais, ubi substantia illa absoluta realizans phænomena ponitur, statim habetur substantia compositi, sed a Deo regulariter agente non ponitur, nisi dentur ingredientia, nempe monades, aut aliæ substantiæ compositæ partialesque. Interim hæc ingredientia formaliter non insunt; exiguntur, non necessario requiruntur. Itaque miraculo abesse possunt, id est, ista ingredientia non sunt formaliter constitutiva; sunt constitutiva in aggregatis, non in veris substantiis. Dices, cum substantia composita abest, monades vero vel ingredientia non adsunt, nemo dicet adesse compositum. Respondeo : nemo dicet nisi edoctus sit, esse miraculum ; sic nemo dicet, Corpus Christi adesse in Eucharistia, nisi edoctus hoc miraculo fieri.

Ignosce, quod saltatim scribo, et ideo fortasse non semper satisfacio; nam ad anteriora scripta recurrere non possum. Inde interdum quædam species contradictionis fortasse orietur. Re tamen excussa erit magis in modo enuntiandi, quam rebus. Nescio, an, ubi et quomodo dixerim modificationem rei non extensæ facere rem extensam.

Omnis perfectio meo judicio ad lineam sapientiæ pertinet. Porro linea sapientiæ eo tendit, ut perfectio maxima introducatur, quam res capit. Itaque si quæ perfectiones sunt aliis compatibiles, non omittentur. Et talis est perfectio harmoniæ præstabilitæ, quæ etiam altioribus rationibus nititur. Cæterum ipsa cujusque monadis relatio facit, ut in se invicem non agant, cum unaquæque sufficiat omnibus, quæ in ipsa contingunt ; quicquid in ipsis addes, inane est.

Quæris tandem, per quod mea substantia composita differat ab Entelechia. Dico ab ea non differre, nisi ut totum a parte, seu Entelechiam primam compositi esse partem constitutivam substantiæ compositæ, nempe vim activam primitivam. Sed differt a monade, quia est realizans phænomena; monades vero existere possunt, etsi corpora non essent, nisi phænomena. Cæterum Entelechia compositæ substantiæ semper monadem suam dominantem naturaliter comitatur : et ita, si monas sumatur cum Entelechia, continebit formam substantialem animalis.

Nil prohibet quin Echo possit esse fundamentum aliorum, præsertim si sit Echo originaria.

Si monades, rigorose loquendo, substantiis compositis accidunt, etsi sint naturaliter iis connexæ, velle ut hæ tollantur, est scrupulositatem Græcorum quorumdam renovare, qui etiam accidentia panis et vini sublata esse contendunt. Denique non sunt augenda miracula præter necessitatem. Revera monades pertinent ad quantitatem quam superesse Scholastici ipsi volunt. Non est parvum, id omne adesse unius substantiæ, abesse alterius, quod phænomena realizet. Breviter : ex his duabus positionibus, dari substantiam compositam, phænomenis realitatem tribuentem, et substantiam naturaliter nec oriri nec occidere, mea cuncta hic consequuntur, quamquam revera ex sola prima positione seu ex solo postulato, quod phænomena habeant realitatem extra percipiens, videatur tunc demonstrari posse Philosophia Peripatetica emendata. Nam quod substantia non oriatur nec occidat, vel ex eo confici potest, quia alias incidemus in perplexitates. Ex his porro oritur discrimen formale inter substantiam compositam et monadem, rursusque inter substantiam compositam et aggregatum, atque etiam independentia substantiæ compositæ ab ingredientibus, a quibus composita dicitur, etsi ex iis non sit aggregata. Atque hinc etiam substantiam ac ipsam compositam (verbo gratia hominis, animalis) eamdem numero manere dicimus, non tantum apparenter, sed et vere, etsi ingredientia perpetuo mutentur et sint in continuo fluxu. Et cum sic ingredientia ipsa ponamus a substantia per naturam separari paulatim et particulatim, quidni admittas per miraculum separationem ut sic loquar, totatim et simul, sublata omni substantia composita, seu phænomena realizante, quæ est in re terrena, substituto realizante phænomena in re cœlesti. Itaque non puto, me a doctrina scholarum circa substantias corporeas abire, nisi in hoc uno, quod veræ substantiæ sive simplicis sive compositæ generationem et corruptionem tollo, quia nec necessarias nec explicabiles esse reperio, atque ita philosophiam istam innumeris difficultatibus libero. Sed ita substantiam corpoream seu compositam restringo ad sola viventia, seu ad solas machinas naturæ organicas. Cætera mihi sunt mera aggregata substantiarum, quæ appello substantiata; aggregatum vero non constituit nisi unum per accidens.

Ad ea, quæ de punctis Zenoniis dixisti, addo, ea non esse nisi terminos, itaque nihil componere posse : sed et monades solæ continuum non component, cum per se careant omni nexu, quælibet monas est tanquam mundus separatus. At in materia prima (nam secunda aggregatum est) seu in passivo substantiæ compositæ involvitur continuitatis fundamentum, unde verum oritur continuum ex substantiis compositis juxta se positis, nisi a Deo supernaturaliter tollatur extensio, ordine inter coexistentia illa quæ se penetrare censentur sublato. Et hoc sensu fortasse dixi, extensionem esse modificationem materiæ primæ, seu formaliter non extensi. Sed hoc genus modalitatis medium est inter attributa essentialia et accidentia, consistit enim in attributo naturali perpetuo, quod non nisi supernaturaliter mutari potest.

. . . .

Quod hominem in conversione glaciei quæ frangitur comparavi, accipiendum est pro natura cujusque subjecti. resistentia, quæ in homine per gratiam separatur, est vitalis, cum consistat in præjudiciis intellectus et passionibus voluntatis.

. . . .

Cogitavi aliquando quid uni ex vestris dicendum foret, qui omnem substantiam compositam, seu omne realizans phænomena, tanquam superfluum tollere vellet. Hoc posito, substantia corporis ipsius consisteret in phænomenis constitutivis, ut accidentia consistunt in phænomenis resultantibus, quemadmodum natura albi consistit in bullis, instar spumæ, vel simili aliqua contextura, cujus perceptio est in nobis inobservata. Accidens vero alibi consisteret in perceptione illa observata, per quam album agnoscimus. Itaque si Deus vellet pro albo substituere nigrum, servatis accidentibus albi, efficeret, ut omnes percipientes (in mutuo enim percipientium consensu consistit phænomeni veritas) retinerent perceptionem albi observatam et ejus effectus, seu perceptionem resultantis ex constitutivo; sed perceptionem inobservatam haberent non spumarum seu monticulorum (id est texturæ album facientis), sed vallium seu texturæ facientis nigrum. Itaque omnes perceptiones observabiles panis manerent, sed pro phænomenis constitutivis (quæ etiam a nobis percipiuntur, sed inobservabiliter) phænomenorum constitutivorum seu inobservabilium carnis perceptio universalis substitueretur. Vale. Ita precatur etc., Hanoveræ, 29 Maji 1716.

P. R. Ignosce, quæso, perturbatissimæ scriptioni meæ.

Has litteras multo citius mittere constitueram, sed varia intercessere.

. . . .

TABLE DES MATIÈRES

ESSAIS DE THÉODICÉE

	Pages
Préface.	1
Discours de la conformité de la foi avec la raison.	27
Essais de la justice de Dieu et de la liberté de l'homme dans l'origine du mal.	83
Première partie.	83
Deuxième partie.	146
Troisième partie.	245
Appendices.	349
Index.	349
Abrégé de la controverse réduite à des arguments en forme.	359
Réflexions sur l'ouvrage de M. Hobbes : *De la liberté, de la nécessité et du hasard.*	370
Remarques sur le livre *De l'Origine du mal.*	382
La cause de Dieu plaidée par sa justice, conciliée avec ses autres perfections et toutes ses actions.	419
Correspondance de Leibniz et du P. des Bosses (partie philosophique), 1706-1716	443
Table des matières.	604

FÉLIX ALCAN, ÉDITEUR
108, BOULEVARD SAINT-GERMAIN, PARIS

OCTOBRE 1899

BIBLIOTHÈQUE
DE
PHILOSOPHIE CONTEMPORAINE

Liste des ouvrages par ordre de matières

Anthropologie criminelle............ 1	Philosophie scientifique............ 8
Esthétique....................... 2	Psychologie expérimentale......... 9
Histoire et Systèmes philosophiques. 3	Psychologie générale.............. 10
Logique.......................... 5	Psychologie infantile. — Éducation. 12
Métaphysique..................... 5	Psychologie pathologique.......... 13
Morale........................... 6	Science sociale................... 13
Philosophie religieuse............. 7	Varia............................ 15
Revue philosophique............... 16	

ANTHROPOLOGIE CRIMINELLE

AUBRY (le Dr Paul). — La contagion du meurtre. 1896, 3ᵉ édit. 1 vol. in-8, préface de M. le docteur CORRE... 5 fr.

FÉRÉ (Ch.), médecin de Bicêtre. — Dégénérescence et criminalité. 2ᵉ éd., 1895. 1 vol. in-18 avec 21 graphiques................................... 2 fr. 50

FERRI (E.), professeur à l'Université de Rome. — Les Criminels dans l'art et la littérature. 1897. 1 vol. in-18................................... 2 fr. 50

FLEURY (Dr M. de). — L'Ame du Criminel. 1899. 1 vol in-18....... 2 fr. 50

GAROFALO, conseiller à la cour d'appel et professeur agrégé à l'Université de Naples. — La criminologie. 1 vol. in-8, 4ᵉ édit., 1895......... 7 fr. 50

LOMBROSO (Cesare), professeur à l'Université de Turin. — Nouvelles recherches de psychiatrie et d'anthropologie criminelle. 1892. 1 vol. in-18... 2 fr. 50

— Les applications de l'anthropologie criminelle. 1892. 1 vol. in-18. 2 fr. 50

— L'anthropologie criminelle et ses récents progrès. 1 vol. in-18, 3ᵉ édit., 1896... 2 fr. 50

— L'homme criminel (criminel-né fou-moral, épileptique). 2ᵉ édit., 1895. 2 vol. in-8 avec atlas... 36 fr.

LOMBROSO et FERRERO. — La Femme criminelle et la Prostituée. 1 vol. in-8, avec 13 planches hors texte, 1896............................. 15 fr.

LOMBROSO et LASCHI. — Le Crime politique et les Révolutions. 2 vol. in-8 avec planches hors texte, 1892............................. 15 fr.

PROAL (Louis), président à la cour d'appel de Riom, lauréat de l'Institut. —
La criminalité politique. 1895. 1 vol. in-8...................... 5 fr.
— Le crime et la peine. 3ᵉ édit., 1899. 1 vol. in-8.............. 10 fr.
SIGHELE. — La foule criminelle. 1892. 1 vol. in-18............. 2 fr. 50
TARDE (G.). — La criminalité comparée. 4ᵉ édit., 1898. 1 vol. in-18. 2 fr. 50

ESTHÉTIQUE

ARRÉAT (Lucien). — La morale dans le drame. 2ᵉ éd., 1889. 1 vol. in-18. 2 fr. 50
— La psychologie du peintre. 1892. 1 vol. in-8...................... 5 fr.
— Mémoire et imagination (*Peintres, Musiciens, Poètes, Orateurs*). 1895.
1 vol. in-18... 2 fr. 50
BOUTMY (E.), de l'Institut. — Philosophie de l'architecture en Grèce.
1870. 1 vol. in-18, papier vélin...................................... 5 fr.
DAURIAC (L.), professeur à l'Université de Montpellier. — La psychologie
dans l'opéra français (Auber, Rossini, Meyerber). 1897. 1 vol. in-18. 2 fr. 50
FIERENS-GEVAERT. — Essais sur l'art contemporain. 1 v. in-18. 1897. 2 fr. 50
GAUCKLER (Ph.). — Le beau et son histoire. 1873. 1 vol. in-18... 2 fr. 50
GUYAU. — Les problèmes de l'esthétique contemporaine. 1884. 1 v. in-8. 5 fr.
— L'art au point de vue sociologique. 2ᵉ éd., 1895. 1 vol. in-8 7 fr. 50
HIRTH. — Physiologie de l'art. 1892. 1 vol in-8, traduit de l'allemand par
L. ARRÉAT... 5 fr.
JAELL (Mme Marie). — La musique et la psycho-physiologie. 1896. 1 vol.
in-18... 2 fr. 50
LAUGEL (Aug.). — L'optique et les arts. 1869. 1 vol. in-18......... 2 fr. 50
LÉVÈQUE (Ch.), de l'Institut. — Le spiritualisme dans l'art. 1864. 1 vol.
in-18... 2 fr. 50
LICHTENBERGER (H.), professeur à la Faculté des lettres de Nancy. — Richard
Wagner, poète et penseur. 2ᵉ éd., 1899. 1 vol. in-8............... 10 fr.
MARGUERY (E.). — L'œuvre d'art et l'évolution. 1899. 1 vol. in-18. 2 fr. 50
PÉRÈS (Jean), agrégé de philosophie, docteur ès lettres. — L'Art et le Réel.
Essai de métaphysique fondée sur l'esthétique. 1898. 1 vol. in-8. 3 fr. 75
PILO (Mario), professeur au lycée Tiziano de Bellune. — La psychologie du
beau et de l'art, traduit de l'italien par Auguste DIETRICH. 1895. 1 vol.
in-18... 2 fr. 50
RICARDOU, docteur ès lettres, professeur au lycée Charlemagne. — De
l'idéal, *étude philosophique*. 1891. 1 vol. in-8.................... 5 fr.
SÉAILLES (G.), professeur à la Faculté des lettres de Paris. — Essai sur le
génie dans l'art. 2ᵉ édit., 1897. 1 vol. in-8......................... 5 fr.
SELDEN (Camille). — La musique en Allemagne, *étude sur Mendelssohn*
1867. 1 vol. in-18... 2 fr. 50
SOURIAU, professeur à la Faculté des lettres de Nancy. — L'esthétique du
mouvement. 1889. 1 vol. in-8... 5 fr.
— La suggestion dans l'art. 1892. 1 vol. in-8........................ 5 fr.
STRICKER (S.). — Du langage et de la musique, *études psychologiques*,
trad. de l'allem. par SCHWIEDLAND. 1885. 1 vol. in-18............. 2 fr. 50
TAINE, de l'Académie française. — Philosophie de l'art dans les Pays-Bas.
2ᵉ édit., 1883. 1 vol. in-18.. 2 fr. 50

HISTOIRE ET SYSTÈMES PHILOSOPHIQUES

ADAM (Ch.), recteur de l'Académie de Dijon. — **La philosophie en France** (*première moitié du XIX*ᵉ *siècle*). 1894. 1 vol. in-8................ 7 fr. 50
ALAUX, professeur à la Faculté des lettres d'Alger. — **Philosophie de M. Cousin.** 1864. 1 vol. in-18.................... 2 fr. 50
ALLIER (Raoul), agrégé de philosophie. — **La philosophie d'Ernest Renan.** 1895. 1 vol. in-18.................... 2 fr. 50
BEAUSSIRE (Emile), de l'Institut. — **Antécédents de l'hégélianisme dans la philosophie française.** 1865. 1 vol. in-18.................... 2 fr. 50
BOUTROUX (G.), de l'Institut, professeur à la Faculté des lettres de Paris. — **Études d'histoire de la philosophie.** 1897. 1 vol. in-8......... 7 fr. 50
BRUNSCHWICG (E.), professeur au lycée de Rouen. — **Spinoza.** 1894. 1 vol. in-8.................... 3 fr. 75
CHALLEMEL-LACOUR, de l'Académie française. — **La philosophie individualiste**, étude sur Guillaume de Humboldt. 1864. 1 vol. in-18.... 2 fr. 50
COLLINS (H.). — **Résumé de la philosophie de Herbert Spencer**, avec préface de Herbert Spencer, traduit de l'anglais par H. de Varigny. 1 vol in-8, 2ᵉ éd., 1895.................... 10 fr.
DEWAULE, docteur ès lettres. — **Condillac et la psychologie anglaise.** 1892. 1 vol. in-8.................... 5 fr.
FERRI, professeur à l'université de Rome. — **Histoire critique de la psychologie de l'association, depuis Hobbes jusqu'à nos jours**, 1883. 1 v. in-8. 7 fr. 50
FLINT, professeur à l'université d'Edimbourg. — **La philosophie de l'histoire en Allemagne**, trad. de l'anglais par Ludovic Carrau. 1878. 1 vol. in-8 7 fr. 50
FOUILLÉE (Alf.), de l'Institut. — **La morale, l'art et la religion d'après M. Guyau.** 2ᵉ éd., 1893. 1 vol. in-8.................... 3 fr. 75
— **Le mouvement idéaliste et la réaction contre la science positive.** 1896. 1 vol. in-8.................... 7 fr. 50
— **Le mouvement positiviste et la conception sociologique du monde.** 1896. 1 vol. in-8.................... 7 fr. 50
FRANCK (Ad.), de l'Institut. — **La philosophie mystique en France au XVIIIᵉ siècle.** 1866. 1 vol. in-18.................... 2 fr. 50
HUXLEY, de la Société royale de Londres. — **Hume, sa vie, sa philosophie**, trad. de l'anglais et précédé d'une introduction par G. Compayré, recteur de l'Académie de Lyon. 1880. 1 vol. in-8.................... 5 fr.
JANET (P.), de l'Institut. — **Saint-Simon et le saint-simonisme**, 1878. 1 vol. in-18.................... 2 fr. 50
— **La philosophie de Lamennais.** 1890. 1 vol. in-18.................... 2 fr. 50
— **Victor Cousin et son œuvre**, 1 vol. in-8, 2ᵉ éd., 1893.......... 7 fr. 50
LEMOINE (Albert), maître de conférences à l'École normale supérieure. — **Le vitalisme et l'animisme.** 1864. 1 vol. in-18.................... 2 fr. 50
LÉVY-BRUHL (L.), maître de conférences à la Faculté des lettres de Paris. — **La philosophie de Jacobi.** 1894. 1 vol. in-8.................... 5 fr.
LIARD, de l'Institut, directeur de l'enseignement supérieur au Ministère de l'Instruction publique. — **Descartes.** 1882. 1 vol. in-8.................... 5 fr.
LICHTENBERGER (H.), professeur à la Faculté des lettres de Nancy. — **La philosophie de Nietzsche.** 4ᵉ éd., 1899. 1 vol. in-18.................... 2 fr. 50

LICHTENBERGER (H.) (suite). — **Aphorismes et fragments choisis de Nietzsche.** 1899. 1 vol. in-18.................................. 2 fr. 50

LYON (Georges), maître de conférences à l'École normale supérieure. — **L'idéalisme en Angleterre au XVIIIe siècle.** 1888. 1 fort vol. in-8. 7 fr. 50

— **La philosophie de Hobbes.** 1893. 1 vol. in-18.................. 2 fr. 50

MARIANO. — **La philosophie contemporaine en Italie,** essais de philosophie hégélienne. 1868. 1 vol. in-18.................................. 2 fr. 50

MARION (H.), professeur à la Faculté des lettres de Paris. — **Locke, sa vie et ses œuvres.,** 2e édit., 1893. 1 vol. in-18 .... 2 fr. 50

OLDENBERG (H.), professeur à l'Université de Kiel. — **Le Bouddha,** *sa vie, sa doctrine, sa communauté.* Trad. de l'allemand par P. FOUCHER, avec préface de SYLVAIN LÉVI, professeur au Collège de France. 1894. 1 vol. in-8. 7 fr. 50

OSSIP-LOURIÉ. — **La philosophie de Tolstoï.** 1899. 1 vol. in-18.... 2 fr. 50

— **Pensées de Tolstoï.** 1899. 1 vol. in-18........................ 2 fr. 50

PAULHAN (F.). — **Joseph de Maistre et sa philosophie.** 1893. 1 vol. in-18.. 2 fr. 50

PICAVET, docteur ès lettres, professeur au collège Rollin. — **Les idéologues.** 1891. 1 vol. in-8.. 10 fr.

PILLON (F.). — **L'année philosophique.** 9 années parues (1890, 1891, 1892, 1893 (*épuisée*), 1894, 1895, 1896, 1897, 1898). Vol. in-8, chaque année. 5 fr.

   1re ANNÉE (1890). — **Renouvier :** De l'accord de la méthode phénoméniste avec les doctrines de la création et de la réalité de la nature. — **F. Pillon :** La première preuve cartésienne de l'existence de Dieu et la critique de l'infini. — **L. Dauriac :** Philosophes contemporains : M. Guyau. — **F. Pillon :** Bibliographie philosophique française de l'année 1890.

   2e ANNÉE (1891). — **Renouvier :** La philosophie de la règle et du compas. Théorie logique du jugement dans ses applications aux idées géométriques et à la méthode des géomètres. — **F. Pillon :** L'évolution historique de l'atomisme. — **L. Dauriac :** Du positivisme en psychologie à propos des « Principes de psychologie » de W. James. — **F. Pillon :** Bibliographie philosophique française de l'année 1891.

   3e ANNÉE (1892). — **Renouvier :** Schopenhauer et la métaphysique du pessimisme. — **L. Dauriac :** Nature de l'émotion. — **F. Pillon :** L'évolution historique de l'idéalisme, de Démocrite à Locke. — Bibliographie philosophique française de l'année 1892.

   4e ANNÉE (1893). — (*Épuisée*).

   5e ANNÉE (1894). — **Renouvier :** Étude philosophique sur la doctrine de saint Paul. — **L. Dauriac :** Le phénomène neutre. — **F. Pillon :** L'évolution de l'idéalisme au XVIIIe siècle. Spinozisme et Malebranchisme. — Bibliographie philosophique française de l'année 1894.

   6e ANNÉE (1895). — **Renouvier :** Doute ou croyance. — **L. Dauriac :** Pour la philosophie de la contingence. Réponse à M. Fouillée. — **F. Pillon :** L'évolution de l'idéalisme au XVIIIe siècle. L'idéalisme de Lanion et le scepticisme de Bayle. — Bibliographie philosophique française de l'année 1895.

   7e ANNÉE (1896). — **Renouvier :** Les catégories de la Raison et la métaphysique de l'Absolu. — **L. Dauriac :** La doctrine et la méthode de J. Lachelier. — **F. Pillon :** L'évolution de l'idéalisme au XVIIIe siècle : La critique de Bayle. — Bibliographie philosophique française de l'année 1896.

   8e ANNÉE (1897). — **Renouvier :** De l'idée de Dieu. — **L. Dauriac :** La philosophie de M. Paul Janet. — **F. Pillon :** La critique de Bayle : critique de l'atomisme épicurien. — Bibliographie philosophique française de l'année 1897.

   9e ANNÉE (1898). — **Renouvier :** Du principe de la relativité. — **O. Hamelin :** La philosophie analytique de l'histoire de M. Renouvier. — **L. Dauriac :** L'esthétique criticiste. — **F. Pillon :** La critique de Bayle : critique du panthéisme spinoziste. — Bibliographie philosophique française de l'année 1898.

PILLON (F.), directeur de l'*Année philosophique*. — **La philosophie de Charles Secrétan.** 1898. 1 vol. in-12.................................. 2 fr. 50

RIBOT (Th.), professeur au Collège de France. — **La philosophie de Schopenhauer.** 6ᵉ édit., 1897. 1 vol. in-18........................ 2 fr. 50
— **La psychologie anglaise contemporaine.** 5ᵉ édit. 1895. 1 vol. in-8. 7 fr. 50
— **La psychologie allemande contemporaine** (école expérimentale). 4ᵉ édit., 1892. 1 vol. in-8.. 7 fr. 50
ROBERTY (E. de). — **L'ancienne et la nouvelle philosophie.** 1887. 1 vol. in-8... 7 fr. 50
— **Auguste Comte et Herbert Spencer,** *contribution à l'histoire des idées philosophiques au XIXᵉ siècle.* 1894, 1 vol. in-18.................. 2 fr. 50
STUART MILL. — **Mes mémoires,** *histoire de ma vie et de mes idées,* traduit de l'anglais par M. Cazelles. 2ᵉ édit., 1885. 1 vol. in-8............. 5 fr.
— **Auguste Comte et la philosophie positive.** 6ᵉ édit., 1898. 1 vol. in-18. 2 fr. 50
ZELLER. — **Christian Baur et l'École de Tubingue,** trad. de l'allemand par M. Ch. Ritter. 1883. 1 vol. in-18.............................. 2 fr. 50

LOGIQUE

BAIN (Alex.), professeur à l'Université d'Aberdeen (Écosse). — **La logique inductive et déductive,** traduit de l'anglais par G. Compayré. 2ᵉ édit., 1881. 2 vol. in-8.. 20 fr.
BROCHARD (V.), professeur à la Faculté des lettres de Paris. — **De l'erreur.** 1 vol. in-8, 2ᵉ édit., 1897... 5 fr.
BRUNSCHVICG (L.), docteur ès lettres. — **La Modalité du jugement.** 1897. 1 vol. in-8... 5 fr.
LACHELIER, de l'Institut, inspecteur général de l'Instruction publique. — **Du fondement de l'induction,** suivi de *Psychologie et Métaphysique,* 3ᵉ éd., 1898. 1 vol. in-18... 2 fr. 50
LIARD, de l'Institut, directeur de l'enseignement supérieur au ministère de l'Instruction publique. — **Les logiciens anglais contemporains.** 3ᵉ édit., 1890, 1 vol. in-18... 2 fr. 50
MILHAUD (G.), professeur à la Faculté des lettres de Montpellier. — **Essai sur les conditions et les limites de la certitude logique.** 1898. 2ᵉ éd. 1 vol. in-18.. 2 fr. 50.
— **Le Rationel.** 1898. 1 vol. in-18.................................. 2 fr. 50
REGNAUD (P.), professeur à la Faculté des lettres de Lyon. — **Précis de logique évolutionniste.** — *L'entendement dans ses rapports avec le langage.* 1897. 1 vol. in-18.. 2 fr. 50
STUART MILL. — **Système de logique déductive et inductive,** traduit de l'anglais par M. Louis Peisse. 4ᵉ édit., 1896. 2 vol. in-8............ 20 fr.

MÉTAPHYSIQUE

BARTHÉLEMY-SAINT-HILAIRE, de l'Institut. — **De la métaphysique.** 1879. 1 vol. in-18... 2 fr. 50
BERGSON, maître de conférences à l'École normale supérieure. — **Sur les données immédiates de la conscience.** 1898, 2ᵉ éd. 1 vol. in-8.... 3 fr. 75
— **Matière et mémoire,** *essai sur le rapport du corps à l'esprit.* 1897. 1 vol. in-8... 5 fr.

CARUS (P.). — **Le problème de la conscience du moi.** 1893. 1 vol. in-18, traduit de l'anglais par A. Monod.................................... 2 fr. 50

CONTA (Basile). — **Le fondement de la métaphysique**, traduit du roumain par M. Tescanu. 1890. 1 vol. in-18............................. 2 fr. 50

FONSEGRIVE, professeur au lycée Buffon. — **La causalité efficiente.** 1893. 1 vol. in-12.. 2 fr. 50

— **Essai sur le libre arbitre.** *Théorie, histoire.* 2ᵉ éd., 1896. 1 vol. in-8. 10 fr.

FOUILLÉE (Alf.), de l'Institut. — **L'avenir de la métaphysique fondée sur l'expérience.** 1889. 1 vol. in-8.. 5 fr.

— **La liberté et le déterminisme.** 9ᵉ édit., 1895. 1 vol. in-8....... 7 fr. 50

JAURÈS, ancien professeur à la Faculté des lettres de Toulouse. — **De la réalité du monde sensible.** 1892. 1 vol. in-8......................... 7 fr. 50

LAUGEL (Aug.). — **Les problèmes de la vie.** 1867. 1 vol. in-18.... 2 fr. 50

— **Les problèmes de l'âme.** 1868. 1 vol. in-18................... 2 fr. 50

LIARD (L.), de l'Institut, directeur de l'enseignement supérieur au Ministère de l'Instruction publique. — **La Science positive et la Métaphysique.** 4ᵉ édit., 1898. 1 vol. in-8.. 7 fr. 50

PIAT (Abbé C.), professeur à l'école des Carmes. — **Destinée de l'homme.** 1898. 1 vol. in-8... 5 fr.

SCHOPENHAUER. — **Le libre arbitre**, traduit par M. S. Reinach. 7ᵉ édit., 1896. 1 vol. in-18.. 2 fr. 50

SPENCER (Herbert). — **Premiers principes**, trad. par M. Cazelles. 8ᵉ édit., 1897. 1 vol. in-8... 10 fr.

THOUVEREZ (Émile), chargé d'un cours à la Faculté des lettres de Toulouse. — **Le réalisme métaphysique.** 1896. 1 vol. in-8.................... 5 fr.

MORALE

ARRÉAT (Lucien). — **La morale dans le drame.** 2ᵉ éd., 1889. 1 vol. in-18. 2 fr. 50

BERSOT (Ernest), de l'Institut. — **Libre philosophie.** 1868. 1 vol. in-18.. 2 fr. 50

CHABOT (Ch.), professeur adjoint à la Faculté des lettres de Lyon. — **Nature et Moralité.** 1896. 1 vol. in-8... 5 fr.

CRESSON (A.), professeur agrégé de l'Université. — **La Morale de Kant.** — Étude critique. 1897. 1 vol. in-18................................... 2 fr. 50

DELBOS (Victor), professeur de philosophie au lycée Henri IV. — **Le problème moral dans la philosophie de Spinoza et dans l'histoire du spinozisme.** 1893. 1 vol. in-8.. 10 fr.

FOUILLÉE (Alf.), de l'Institut. — **Critique des systèmes de morale contemporains.** 1899. 1 vol. in-8, 4ᵉ édit.. 7 fr. 50

FULLIQUET (G.), docteur ès sciences, licencié en théologie. — **Essai sur l'obligation morale.** 1898. 1 vol. in-8................................. 7 fr. 50

GUYAU. — **La morale anglaise contemporaine.** 3ᵉ édit., augmentée. 1895. 1 fort vol. in-8... 7 fr. 50

— **Esquisse d'une morale sans obligation ni sanction.** 1896, 4ᵉ édit. 1 vol. in-8.. 5 fr.

HERCKENRATH (C.-K.), professeur au lycée de Groningue (Hollande). — **Problèmes d'esthétique et de morale.** 1897. 1 vol in-18............ 2 fr. 50

LANESSAN (J.-L. de), ancien gouverneur général de l'Indo-Chine. — **La morale des philosophes chinois.** 1896. 1 vol. in-18...................... 2 fr. 50
LEFÈVRE (G.), maître de conférences à la Faculté des lettres de Lille. — **Obligation morale et Idéalisme.** 1895. 1 vol. in-18............... 2 fr. 50
LUBBOCK (John), de la Société royale de Londres. — **Le bonheur de vivre.** 5ᵉ édit., 1898. 2 vol. in-18. Chaque volume...................... 2 fr. 50
— **L'emploi de la vie,** traduit de l'anglais par M. Hovelaque, agrégé de l'Université. 2ᵉ édit., 1897. 1 vol. in-18...................... 2 fr. 50
MARION (H.), professeur à la Sorbonne. — **De la solidarité morale.** 5ᵉ édit., 1899. 1 vol. in-8.. 5 fr.
PAYOT (Jules), inspecteur d'Académie. — **L'éducation de la volonté.** 10ᵉ édit., 1900. 1 vol. in-8.. 5 fr.
ROBERTY (E. de). — **Le bien et le mal.** 1896. 1 vol. in-18.......... 2 fr. 50
— **Les fondements de l'éthique.** 1898. 1 vol in-12.................... 2 fr. 50
SCHOPENHAUER. — **Le fondement de la morale,** trad. A. Burdeau. 4ᵉ édit., 1891. 1 vol. in-18.. 2 fr. 50
— **Aphorismes sur la sagesse dans la vie,** traduit par M. J.-A. Cantacuzène. 6ᵉ édit., 1897. 1 vol. in-8.. 5 fr.
SULLY (James). — **Le pessimisme,** traduit de l'anglais, par MM. Bertrand et Gérard. 2ᵉ édit., 1893. 1 vol. in-8.. 7 fr. 50

PHILOSOPHIE RELIGIEUSE

ARNOLD (Matthew). — **La crise religieuse.** 1876. 1 vol. in-8....... 7 fr. 50
ARRÉAT (L.). — **Les croyances de demain.** 1898. 1 vol. in-18...... 2 fr. 50
BOST. — **Le protestantisme libéral.** 1865. 1 vol. in-18............. 2 fr. 50
CARRAU (L.), professeur adjoint à la Faculté des lettres de Paris. — **La philosophie religieuse en Angleterre.** 1888. 1 vol. in-8............ 5 fr.
COQUEREL fils (Athanase). — **Premières transformations historiques du christianisme.** 2ᵉ édit., 1881. 1 vol. in-18...................... 2 fr. 50
FONTANÈS. — **Le christianisme moderne.** 1867. 1 vol. in-18...... 2 fr. 50
GRASSERIE (Raoul de la), lauréat de l'Institut. — **De la psychologie des religions.** 1899. 1 vol. in-8.. 5 fr.
GUYAU. — **L'irréligion de l'avenir.** 6ᵉ édit., 1895. 1 vol. in-8...... 7 fr. 50
HARTMANN (E. de). — **La religion de l'avenir,** trad. de l'allemand. 3ᵉ édit., 1881, 1 vol. in-18.. 2 fr. 50.
JANET (P.), de l'Institut. — **Le matérialisme contemporain.** 5ᵉ édit., 1888. 1 vol. in-18.. 2 fr. 50
LANG (A.). — **Mythes, cultes et Religion,** traduit de l'anglais et précédé d'une introduction par Léon Marillier, maître de conférences à l'École des hautes études, agrégé de philosophie, 1896. 1 vol. in-8............ 10 fr.
LEVALLOIS (Jules). — **Déisme et christianisme.** 1866. 1 vol. in-18. 2 fr. 50
MULLER (Max), prof. à l'Université d'Oxford. — **Nouvelles études de mythologie,** trad. de l'anglais par L. Job, agrégé de l'Université. 1898. 1 vol. in-8. 10 fr.
RÉCÉJAC (E.), docteur ès lettres. — **Essai sur les fondements de la connaissance mystique.** 1897. 1 vol in-8.. 5 fr.
REGNAUD (P.), professeur à la Faculté des lettres de Lyon. — **Comment naissent les mythes.** 1897. 1 vol. in-18.. 2 fr. 50

RÉMUSAT (Charles de), de l'Académie française. — **Philosophie religieuse.** 1864. 1 vol. in-18.. 2 fr. 50
STUART MILL. — **Essais sur la religion,** traduit par M. Cazelles. 2° édit., 1884. 1 vol. in-8... 5 fr.
VACHEROT (Ét.), de l'Institut. — **La religion.** 1869. 1 vol. in-8..... 7 fr. 50

PHILOSOPHIE SCIENTIFIQUE

AGASSIZ. — **De l'espèce et des classifications en zoologie,** traduit de l'anglais par Vogeli. 1869. 1 vol. in-8.................................... 5 fr.
BARTHÉLEMY SAINT-HILAIRE, de l'Institut. — **La philosophie dans ses rapports avec les sciences et la religion.** 1889. 1 vol. in-8........ 5 fr.
BOIRAC (Émile), recteur de l'Académie de Grenoble. — **L'idée de phénomène.** 1894. 1 vol. in-8.. 5 fr.
BOURDEAU (Louis). — **Le problème de la mort et ses solutions imaginaires.** 2° édit., 1896. 1 vol. in-8.. 5 fr.
BOUTROUX (Ém.), de l'Institut, professeur à la Faculté des lettres de Paris. — **De la Contingence des lois de la nature,** 3° édition, 1898. 1 vol. in-18.. 2 fr. 50
CONTA (Basile). — **Théorie de l'ondulation universelle.** — *Essai sur l'évolution.* Traduction du roumain et notice biographique par D. Rosetti Tescanu, préface du professeur Louis Buchner. 1894. 1 vol. in-8... 3 fr. 75
DELBOEUF, professeur à l'Université de Liège. — **La matière brute et la matière vivante.** 1887. 1 vol. in-18.. 2 fr. 50
DUNAN, professeur au collège Stanislas. — **La théorie psychologique de l'espace.** 1895. 1 vol. in-18.. 2 fr. 50
DURAND DE GROS. — **Aperçus de Taxinomie générale.** 1899. 1 vol. in-8. 5 fr.
ESPINAS (A.), professeur à la Sorbonne. — **La philosophie expérimentale en Italie.** 1880. 1 vol. in-18... 2 fr. 50
FAIVRE (E.), professeur à la Faculté des sciences de Lyon. — **De la variabilité des espèces.** 1868. 1 vol. in-18.................................... 2 fr. 50
FÉRÉ (Ch.), médecin de Bicêtre. — **Sensation et mouvement.** 1887. 1 vol. in-18 avec gravures... 2 fr. 50
FONVIELLE (W. de). — **L'astronomie moderne.** 1869. 1 vol. in-18. 2 fr. 50
GOBLOT (E.), professeur à la Faculté des lettres de Caen. — **Essai de classification des sciences.** 1898. 1 vol. in-8.................................. 5 fr.
GUYAU. — **La genèse de l'idée de temps.** 1890. 1 vol. in-18........ 2 fr. 50
HANNEQUIN (H.), professeur à la Faculté des lettres de l'Université de Lyon. — **Essai critique sur l'hypothèse des atomes dans la science contemporaine.** 2° édition, 1899. 1 vol. in-8..................................... 7 fr. 50
HARTMANN (E. de). — **Le darwinisme.** *Ce qu'il y a de vrai, ce qu'il y a de faux dans cette doctrine.* Traduit de l'allemand, par M. G. Guéroult. 6° édit., 1898. 1 vol. in-18.. 2 fr. 50
LECHALAS, ingénieur en chef des Ponts et Chaussées. — **Etude sur l'espace et le temps.** 1896. 1 vol. in-18.. 2 fr. 50
LE DANTEC, chargé du cours d'embryogénie à la Faculté des sciences de Paris. — **Le déterminisme biologique, et la personnalité consciente.** 1896. 1 vol. in-18.. 2 fr. 50

LE DANTEC. — L'individualité et l'erreur individualiste. Préface de A. GIARD, professeur à la Sorbonne. 1898. 1 vol. in-18 .... 2 fr. 50
— Lamarckiens et Darwiniens. 1900. 1 vol in-18.................. 2 fr. 50
LIARD, de l'Institut, directeur de l'enseignement supérieur au Ministère de l'Instruction publique. — Des définitions géométriques et des définitions empiriques. 2ᵉ édit., 1888. 1 vol. in-18...................... 2 fr. 50
— La science positive et la métaphysique. 3ᵉ édit., 1893. 1 vol. in-8. 7 fr. 50
MARTIN (F.), professeur au lycée de Douai. — La perception extérieure et la science positive, *essai de philosophie des sciences*. 1894. 1 vol. in-8. 5 fr.
NAVILLE (E.), correspondant de l'Institut. — La logique de l'hypothèse. 2ᵉ édit., 1894. 1 vol. in-8.................................... 5 fr.
— La physique moderne. 2ᵉ édit., 1890. 1 vol. in-8................ 5 fr.
PIOGER (Dʳ Julien). — Le monde physique, *essai de conception expérimentale*. 1892. 1 vol. in-18................................ 2 fr. 50
PREYER, professeur à l'Université de Berlin. — Éléments de physiologie générale, traduits de l'allemand par M. Jules SOURY. 1884. 1 vol. in-8...... 5 fr.
ROISEL. — De la substance. 1881. 1 vol. in-18.................... 2 fr. 50
SAIGEY (Émile). — Les sciences au dix-huitième siècle. *La physique de Voltaire*. 1873. 1 vol. in-8.................................... 5 fr.
— La physique moderne. 2ᵉ tirage, 1879. 1 vol. in-18............. 2 fr. 50
SCHMIDT, professeur à l'Université de Strasbourg. — Les sciences naturelles et la théorie de l'inconscient, traduit de l'allemand, par MM. J. SOURY et S. MAYER. 1879. 1 vol. in-18....................... 2 fr. 50
SPENCER (Herbert). — Classification des sciences, traduct. RÉTHORÉ. 6ᵉ édit., 1897. 1 vol. in-18.................................. 2 fr. 50
— Principes de biologie, traduit par M. CAZELLES. 2ᵉ édit., 1889. 2 forts vol. in-8... 20 fr.
— Essais scientifiques, traduit par M. A. BURDEAU. 3ᵉ édit., 1898. 1 vol. in-8... 7 fr. 50
VIANNA DE LIMA. — L'homme selon le transformisme. 1888. 1 volume in-18.. 2 fr. 50

PSYCHOLOGIE EXPÉRIMENTALE

ARRÉAT (Lucien). — La psychologie du peintre. 1892. 1 vol. in-18. 2 fr. 50
BINET (Alfred), directeur du laboratoire de psychologie physiologique à la Sorbonne. — La psychologie du raisonnement, *recherches expérimentales par l'hypnotisme*. 2ᵉ édit., 1896. 1 vol. in-18.................... 2 fr. 50
CRÉPIEUX-JAMIN (J.). — L'Écriture et le caractère. 4ᵉ édit., 1896. 1 vol. in-8... 7 fr. 50
DANVILLE (Gaston). — Psychologie de l'amour. 1894. 1 vol. in-18. 2 fr. 50
DUMAS (Georges), agrégé de philosophie, docteur en médecine. — Les états intellectuels dans la mélancolie. 1895. 1 vol. in-18........ 2 fr. 50
FERRERO (Guillaume). — Les lois psychologiques du symbolisme. 1895. 1 vol. in-8.. 5 fr.
GÉRARD-VARET (L.), chargé de cours à la Faculté des lettres de l'Université de Dijon. — L'ignorance et l'irréflexion, *essai de psychologie objective*. 1899. 1 vol. in-8.. 5 fr.

GODFERNAUX (A.), docteur ès lettres. — **Le sentiment et la pensée** *et leurs principaux aspects physiologiques*. 1894. 1 vol. in-8............ 5 fr.

JAELL (Mme Marie). — **La musique et la psycho-physiologie.** 1896. 1 vol. in-18... 2 fr. 50

JANET (Pierre), chargé d'un cours à la Faculté des lettres de Paris. — **L'automatisme psychologique.** 3ᵉ édit., 1899. 1 vol. in-8............... 7 fr. 50

LANGE (Dʳ), professeur à l'Université de Copenhague. — **Les émotions**, *Étude psycho-physiologique*, traduite par le Dʳ Georges Dumas, agrégé de philosophie, 1895. 1 vol. in-18............................ 2 fr. 50

MALAPERT (P.), docteur ès lettres, professeur au lycée Louis-le-Grand. — **Les éléments du caractère** *et leurs lois de combinaison*. 1897. 1 vol. in-8... 5 fr.

MOSSO, professeur à l'Université de Turin. — **La peur**, *étude psycho-physiologique*, traduite de l'italien par M. F. Hément. 2ᵉ édit., 1892. 1 vol. in-18 avec figures dans le texte... 2 fr. 50

— **La fatigue intellectuelle et physique.** Traduit de l'italien par P. Langlois. 2ᵉ édit., 1896. 1 vol. in-12, avec grav. dans le texte............... 2 fr. 50

PIDERIT. — **La mimique et la physiognomonie**, trad. de l'allemand par M. Girot. 1888. 1 vol in-8, avec 100 grav...................... 5 fr.

RAUH (F.), professeur à la Faculté des lettres de Toulouse. — **De la méthode dans la psychologie des sentiments.** 1899. 1 vol. in-8........... 5 fr.

RIBOT (Th.), professeur au Collège de France. — **La psychologie de l'attention.** 4ᵉ édit., 1898. 1 vol. in-18................................ 2 fr. 50

— **L'hérédité psychologique.** 5ᵉ édit., 1897. 1 vol. in-8............ 7 fr. 50

— **La psychologie des sentiments.** 3ᵉ édit., 1899. 1 vol. in-8...... 7 fr. 50

SERGI, professeur à l'Université de Rome. **Éléments de psychologie.** 1888. 1 vol. in-8, avec grav.. 7 fr. 50

THOMAS (P.-F.), docteur ès lettres, agrégé de philosophie. — **La suggestion**, *son rôle dans l'éducation*. 1895, 1 vol. in-18..................... 2 fr. 50

TISSIÉ. — **Les rêves**, physiologie et pathologie, avec préface de M. le prof. Azam. 2ᵉ édit., 1898. 1 vol. in-8,............................. 2 fr. 50

WUNDT, professeur à l'Université de Leipzig. — **Éléments de psychologie physiologique**, traduits de l'allemand par M. le docteur Elie Rouvier. 1886. 2 vol. in-8, avec 180 figures dans le texte, précédés d'une préface écrite par l'auteur pour l'édition française et d'une introduction par M. D. Nolen... 20 fr.

— **Hypnotisme et suggestion**, traduit de l'allemand par E. Keller. 1893. 1 vol. in-18... 2 fr. 50

PSYCHOLOGIE GÉNÉRALE

BAIN (Alex.), professeur à l'Université d'Aberdeen (Écosse). — **Les émotions et la volonté.** 1884. 1 fort vol. in-8, traduit de l'anglais par P. L. Le Monnier... 10 fr.

— **Les sens et l'intelligence**, traduit par M. Cazelles. 3ᵉ édit., 1893. 1 vol. in-8... 10 fr.

BALLET (Gibert), professeur agrégé à la Faculté de médecine de Paris. — **La parole intérieure et les diverses formes de l'aphasie.** 2ᵉ édit., 1888. 1 vol. in-18... 2 fr. 50

BERTRAND, professeur à la faculté des lettres de Lyon. — **La psychologie de l'effort.** 1889. 1 vol. in-18.................................. 2 fr. 50

BOURDON, professeur à la Faculté des lettres de Rennes. — **De l'expression des émotions et des tendances dans le langage.** 1892. 1 vol. in-8..... 7 fr. 50

BROCHARD (Em.), professeur à la Faculté des lettres de Paris. — **De l'erreur.** 2e édit., 1897. 1 vol. in-8... 5 fr.

CLAY (R.). — **L'alternative**, *contribution à la psychologie*, traduit de l'anglais par M. A. BURDEAU, 2e édit., 1892. 1 vol. in-8................... 10 fr.

DUGAS (L.), docteur ès lettres, agrégé de philosophie. — **Le psittacisme et la pensée symbolique.** 1896. 1 vol. in-18........................... 2 fr. 50

FIERENS-GEVAERT (H.). — **La Tristesse contemporaine,** *essai sur les grands courants moraux et intellectuels du XIXe siècle.* 1899, 2e éd. 1 v. in-16. 2 fr. 50

FOUILLÉE (Alf.), de l'Institut. — **L'évolutionnisme des idées-forces.** 1890. 1 vol. in-8.. 7 fr. 50

— **La psychologie des idées-forces.** 1893. 2 vol. in-8................ 15 fr.

— **Tempérament et caractère, selon les individus, les sexes et les races.** 1895. 1 vol. in-8.. 7 fr. 50

— **Psychologie du peuple français.** 1898. 1 vol. in-8,.............. 7 fr.

JANET (P.), de l'Institut. — **Les causes finales.** 1 vol. in-8, 3e édit., 1894.. 10 fr.

LE BON (Dr Gustave). — **Les lois psychologiques de l'évolution des peuples.** 3e édit., 1898. 1 vol. in-18................................ 2 fr. 50

— **Psychologie des foules.** 4e édit., 1899. 1 vol. in-18............. 2 fr. 50

NAVILLE (E.), Correspondant de l'Institut. — **La définition de la philosophie.** 1894. 1 vol. in-8.. 5 fr.

NORDAU (Max.). — **Paradoxes psychologiques,** traduit de l'allemand par AUG. DIETRICH. 1898. 3e édit. 1 vol. in-18......................... 2 fr. 50

— **Psycho-physiologie du génie et du talent.** 2e édit., 1898. 1 vol. in-18. 2 fr. 50

PAULHAN (F.). — **L'activité mentale et les éléments de l'esprit.** 1889. 1 vol. in-8... 10 fr.

— **Les types intellectuels : esprits logiques et esprits faux.** 1896. 1 vol. in-8... 7 fr. 50

— **Les phénomènes affectifs et les lois de leur apparition.** 1887. 1 vol. in-18.. 2 fr. 50

PAYOT (J.). inspecteur d'Académie. — **De la croyance.** 1896. 1 vol. in-8... 5 fr.

PIAT (Abbé C.), professeur à l'école des Carmes. — **La Personne humaine.** 1897. 1 vol. in-8... 7 fr. 50

PIOGER (Julien), docteur. **La vie et la pensée,** *essai de conception expérimentale.* 1894. 1 vol. in-8.. 5 fr.

RICHET (Ch.), professeur à la faculté de médecine de Paris. — **Essai de psychologie générale.** 3e édit., 1898. 1 vol. in-18................. 2 fr. 50

ROBERTY (E. de). — **L'agnosticisme.** 1892. 1 vol. in-18.............. 2 fr. 50

— **L'inconnaissable,** *sa métaphysique, sa psychologie.* 1889. 1 vol. in-18 2 fr. 50

— **La philosophie du siècle.** 1891. 1 vol. in-8..................... 5 fr.

— **La recherche de l'unité.** 1893. 1 vol. in-18..................... 2 fr. 50

— **Le psychisme social.** 1897. 1 vol. in-12......................... 2 fr. 50

ROMANÈS. — **L'évolution mentale chez l'homme,** *origines des facultés humaines.* 1891. 1 vol. in-8... 7 fr. 50

RIBOT (Th.), professeur au Collège de France. — **L'évolution des idées générales.** 1897. 1 vol. in-8.. 5 fr.
SAISSET (Emile), de l'Institut. — **L'âme et la vie,** *suivi d'une étude sur l'esthétique française.* 1864. 1 vol. in-18................................ 2 fr. 50
SCHOEBEL. — **Philosophie de la raison pure.** 1865. 1 vol. in-18, papier vélin. 5 fr.
SCHOPENHAUER. — **De la quadruple racine du principe de la raison suffisante,** suivi d'une *Histoire de la doctrine de l'idéal et du réel,* traduit par M. J.-A. CANTACUZÈNE. 1882. 1 vol. in-8................................ 5 fr.
— **Le monde comme volonté et comme représentation,** traduit par M. A. BURDEAU. Tome I. 3ᵉ éd., 1898. 1 vol. in-8............... 7 fr. 50
Tome II. 2ᵉ éd., 1889. 1 vol. in-8.................................. 7 fr. 50
Tome III. 2ᵉ éd., 1896. 1 vol. in-8................................ 7 fr. 50
— **Pensées et fragments,** traduits par M. J. BOURDEAU, 13ᵉ édit., 1899. 1 vol. in-18.. 2 fr. 50
SPENCER (Herbert). — **Principes de psychologie,** trad. par MM. RIBOT et ESPINAS, nouv. édit., 1898. 2 vol. in-8............................ 20 fr.

PSYCHOLOGIE INFANTILE. — ÉDUCATION

BALDWIN (J.-M.), professeur à l'Université de Princeton (États-Unis). — **Le développement mental chez l'enfant et dans la race,** traduit de l'anglais par M. NOURRY et précédé d'une préface de M. L. MARILLIER. 1897. 1 vol. in-8.. 7 fr. 50
BERTRAND (A.), correspondant de l'Institut, professeur à l'Université de Lyon. — **L'enseignement intégral.** 1898. 1 vol. in-8.............. 5 fr.
DUPROIX (P.), professeur à l'Université de Genève. — **Kant et Fichte et le problème de l'éducation.** 1897. 1 vol. in-8......................... 5 fr.
GUYAU. — **Éducation et hérédité.** 1898, 5ᵉ édit. 1 vol. in-8............ 5 fr.
PÉREZ (Bernard). — **Les trois premières années de l'enfant,** précédée d'une préface de M. JAMES SULLY. 1892, 5ᵉ édit 1 vol in-8................ 5 fr.
— **L'enfant de trois à sept ans.** 1896, 3ᵉ édit. 1 vol in-8............. 5 fr.
— **L'éducation morale dès le berceau.** 3ᵉ édition. 1896. 1 vol. in-8.... 5 fr.
— **L'éducation intellectuelle dès le berceau.** 1896. 1 vol. in-8......... 5 fr.
PREYER, professeur à l'Université de Berlin. — **L'âme de l'enfant,** *développement psychique des trois premières années,* traduit de l'allemand, par A. DE VARIGNY. 1887. 1 vol. in-8.................................... 10 fr.
QUEYRAT, professeur de l'Université. — **L'Imagination et ses variétés chez l'enfant.** 2ᵉ édit., 1896. 1 vol. in-18.............................. 2 fr. 50
— **L'abstraction,** *son rôle dans l'éducation intellectuelle.* 1894. 1 vol. in-18.. 2 fr. 50
— **Les caractères et l'éducation morale.** 1896. 1 vol. in-18........ 2 fr. 50
SPENCER (Herbert). — **De l'éducation intellectuelle, morale et physique.** 10ᵉ édit., 1897. 1 vol. in-8.. 5 fr.
SULLY (James). — **Études sur l'enfance,** traduit de l'anglais par A. MONOD. Préface de G. Compayré, recteur de l'Académie de Lyon. 1898. 1 vol. in-8.. 10 fr.
THAMIN (R.), professeur au lycée Condorcet. — **Éducation et positivisme.** 2ᵉ édit., 1896. 1 vol. in-18.. 2 fr. 50

THOMAS (P.-F.), docteur ès lettres, agrégé de philosophie. — **La suggestion, son rôle dans l'éducation.** 2° édit., 1898. 1 vol. in-18.............. 2 fr. 50
— **L'éducation des sentiments.** 1899. 1 vol. in-8...................... 5 fr.
— **Morale et éducation.** 1899. 1 vol. in-18........................ 2 fr. 50

PSYCHOLOGIE PATHOLOGIQUE

DUPRAT (G.-L.), docteur ès lettres. — **L'Instabilité mentale.** — *Essai sur les données de la psycho-pathologie.* 1899. 1 vol. in-8................... 5 fr.
FLEURY (Dr M. de). — **Introduction à la médecine de l'esprit.** 1898. 5° édit. 1 fort vol. in-8... 7 fr. 50
GURNEY, MYERS et PODMORE. — **Les hallucinations télépathiques**, adaptation de l'anglais par L. Marillier, avec préface de M. Ch. Richet. 3° édit., 1899. 1 vol. in-8....................................... 7 fr. 50
NORDAU (Max). — **Dégénérescence.** 1898. 2 vol. in-8, 5° édit..... 17 fr. 50
— **Psycho-physiologie du génie et du talent**, traduit de l'allemand par A. Dietrich. 2° édit., 1898. 1 vol. in-12.................... 2 fr. 50
RIBOT (Th.), professeur au Collège de France. — **Les maladies de la mémoire.** 12° édit., 1898. 1 vol. in-18............................. 2 fr. 50
— **Les maladies de la volonté** 13° édit., 1899. 1 vol. in-18........ 2 fr. 50
— **Les maladies de la personnalité.** 8° édit., 1899. 1 vol. in-18.... 2 fr. 50

SCIENCE SOCIALE

BERTAULD, sénateur, professeur à la Faculté de droit de Caen. — **L'ordre social et l'ordre moral.** 1874. 1 vol. in-18.................... 2 fr. 50
— **De la philosophie sociale.** 1877. 1 vol. in-18..................... 2 fr. 50
BOUGLÉ, maître de conférences à l'université de Montpellier. — **Les sciences sociales en Allemagne**, *Les Méthodes actuelles.* 1896. 1 vol. in-18. 2 fr. 50
COMTE (Auguste). — **La sociologie**, résumée par E. Rigolage. 1897. 1 vol. in-8... 7 fr. 50
COSTE (Adolphe). — **Les conditions sociales du bonheur et de la force.** 3° édit., augmentée d'une préface nouvelle. 1885. 1 vol. in-12 .... 2 fr. 50
— **Les Principes d'une sociologie objective.** 1899. 1 vol. in-8....... 3 fr. 75
DURKHEIM, professeur à la Faculté des lettres de Bordeaux. — **De la division du travail social.** 1893. 1 vol. in-8........................ 7 fr. 50
— **Les règles de la méthode sociologique.** 1895. 1 vol. in-18........ 2 fr. 50
— **Le suicide.** — *Étude sociologique.* 1897. 1 vol. in-8............. 7 fr. 50
— **L'Année sociologique** : 2 années parues, chaque vol. in-8......... 10 fr.
   1re Année (1896-1897). — **Durkheim** : La prohibition de l'inceste et ses origines. — **G. Simmel** : Comment les formes sociales se maintiennent. — *Analyses* des travaux de sociologie générale, etc.
   2° Année (1897-1898). — **Durkheim** : De la définition des phénomènes religieux. — **Hubert et Mauss** : Essai sur la nature et la fonction du sacrifice. — *Analyses* de travaux de sociologie générale, etc.
EICHTHAL (E. d'). — **Les problèmes sociaux et le socialisme.** 1899. 1 vol. in-18... 2 fr. 50
ESPINAS (A.), professeur à la Sorbonne. — **La philosophie sociale au XVIII° siècle et la Révolution.** 1898. 1 vol. in-8.................. 7 fr. 50

FRANCK (Ad.), de l'Institut. — **Des rapports de la religion et de l'État.** 2ᵉ édit., augmentée d'une préface nouvelle. 1885. 1 vol. in-18.. 2 fr. 50
— Philosophie du droit civil. 1886. 1 vol. in-8...................... 5 fr.
— Philosophie du droit pénal. 5ᵉ édit., 1899. 1 vol. in-18......... 2 fr. 50
GAROFALO, conseiller à la cour d'appel et professeur agrégé à l'université de Naples. — **La superstition socialiste**, traduit de l'italien par A. Dietrich. 1895. 1 vol. in-8................................ 5 fr.
GREEF (de), professeur à la Nouvelle Université libre de Bruxelles. — **Les lois sociologiques.** 2ᵉ édit., 1896. 1 vol. in-18.............. 2 fr. 50
— Le Transformisme social, *Essai sur le progrès et le regrès des sociétés.* 1895. 1 vol. in-8.. 7 fr. 50
GUYAU (M.). — **L'art au point de vue sociologique.** 2ᵉ édit., 1895. 1 vol. in-8.. 7 fr. 50
IZOULET (Jean), professeur au Collège de France. — **La cité moderne,** *Métaphysique de la sociologie.* 4ᵉ édit., 1897. 1 vol. in-8........ 10 fr.
JANET (P.), de l'Institut. — **Histoire de la science politique dans ses rapports avec la morale.** 3ᵉ édit., 1887. 2 vol. in-8................. 20 fr.
— Les origines du socialisme contemporain. 3ᵉ éd., 1896. 1 vol. in-18. 2 fr. 50
— Philosophie de la Révolution française. 4ᵉ édit.,1892. 1 vol. in-18. 2 fr. 50
LAMPÉRIÈRE (Mᵐᵉ A.). — **Le rôle social de la femme.** 1898. 1 vol. in-12. 2 fr. 50
LAPIE (P.), maître de conférences à la Faculté des lettres de Rennes. — **La justice par l'État.** *Étude de morale sociale.* 1899. 1 vol. in-12.... 2 fr. 50
LAVELEYE (E. de), correspondant de l'Institut. — **La propriété et ses formes primitives.** 4ᵉ édit. refondue. 1891. 1 vol. in-8............. 10 fr.
— Le gouvernement dans la démocratie. 3ᵉ éd., 1896. 2 vol. in-8.. 15 fr.
LE BON (Dʳ Gustave). — **Psychologie du socialisme.** 1899, 2ᵉ édit. 1 vol. in-8.. 7 fr. 50
LOMBROSO (Cesare). — **L'homme criminel.** *Criminel-né. Fou moral. Épileptique. Criminel fou. Criminel d'occasion. Criminel par passion.* 2ᵉ édition française traduite sur la 5ᵉ édition italienne, refondue. 1895. 2 vol. in-8 accompagnés d'un atlas de 64 planches........................ 36 fr.
LOMBROSO et FERRERO. — **La femme criminelle et la prostituée.** 1896. 1 vol. in-8 avec planches hors texte........................... 15 fr.
LOMBROSO et LASCHI. — **Le crime politique et les révolutions.** 1892. 2 vol. in-8.. 15 fr.
MARION, professeur à la Faculté des lettres de Paris. — **De la solidarité morale.** 5ᵉ édit., 1899. 1 vol. in-8............................. 5 fr.
MAUS. — **De la justice pénale.** *Étude philosophique sur le droit de punir.* 1891. 1 vol. in-18... 2 fr. 50
NORDAU (Max). — **Paradoxes sociologiques,** traduit de l'allemand par Aug. Dietrich. 2ᵉ édit., 1898. 1 vol. in-18..................... 2 fr. 50
— Les mensonges conventionnels de notre civilisation, traduit de l'allemand par Aug. Dietrich. 1897. 1 vol. in-8......................... 5 fr.
NOVICOW (J.). — **Les luttes entre sociétés humaines et leurs phases successives.** 1893. 1 vol. in-8.. 10 fr.
— Les gaspillages des sociétés modernes, contribution à l'étude de la question sociale. 1894. 1 vol. in-8.............................. 5 fr.
PIOGER (Julien), docteur. — **La vie sociale, la morale et le progrès,** essai de conception expérimentale. 1894. 1 vol. in-8.................... 5 fr.

RENARD (G.), professeur à l'Université de Lausanne. — **Le régime socialiste.** — *Principes de son organisation politique et économique.* 1898, 2° édit. 1 vol. in-12.. 2 fr. 50
RICHARD, docteur ès lettres. — **Le socialisme et la science sociale.** 2° édit., 1899. 1 vol. in-18.. 2 fr. 50
SANZ Y ESCARTIN (E.), membre de l'Académie royale des sciences morales et politiques de Madrid. — **L'individu et la réforme sociale**, traduit de l'espagnol par A. Diétrich. 1898. 1 vol. in-8.................... 7 fr. 50
SPENCER (Herbert). — **Principes de sociologie**, traduits par MM. Cazelles et Gerschell. 4 vol. in-8.................................... 36 fr. 25

On vend séparément :

Tome I, traduit par M. Cazelles. 6° édit., 1896. 1 vol. in-8....... 10 fr.
Tome II, traduit par MM. Cazelles et Gerschell. 4° édit., 1894. 1 vol. in-8.. 7 fr. 50
Tome III, traduit par M. Cazelles. 3° édit., 1897. 1 vol. in-8........ 15 fr.
Tome IV, traduit par M. Cazelles. 1887. 1 vol. in-8............. 3 fr. 75
— **Essais politiques**, trad. par M. A. Burdeau. 4° éd., 1898. 1 vol. in-8. 7 fr. 50
— **Essais sur le progrès**, traduit par M. A. Burdeau. 4° édit., 1898. 1 vol. in-8.. 7 fr. 50
— **L'individu contre l'État**, traduit par M. J. Gerschell. 4° édit., 1894. 1 vol. in-18... 2 fr. 50
STUART MILL (J.). — **L'utilitarisme**, traduit par M. P.-L. Le Monnier. 2° édit., 1890. 1 vol. in-18.. 2 fr. 50
TARDE (G.). — **Les transformations du droit.** 2° édition, 1893. 1 volume in-18.. 2 fr. 50
— Les lois de l'imitation, *étude sociologique.* 2° édit., 1895. 1 vol. in-8. 7 fr. 50
— La logique sociale. 2° édit., 1898. 1 vol. in-8................... 7 fr. 50
— Les lois sociales. — *Esquisse d'une sociologie.* 2° édit., 1898. 1 vol. in-18.. 2 fr. 50
— L'opposition universelle. — *Essai d'une théorie des contraires.* 1897. 1 vol. in-8.. 7 fr. 50
— La criminalité comparée. 4° édit., 1898. 1 vol. in-18........... 2 fr. 50
ZIEGLER, professeur à l'Université de Strasbourg. — **La question sociale est une question morale**, traduit de l'allemand par M. Palante. 2° édit., 1895. 1 vol. in-18.. 2 fr. 50

VARIA

LÉVY-BRUHL, maître de conférences à la Sorbonne. — **Lettres inédites de J. Stuart Mill à Auguste Comte**, publiées *avec les réponses de Comte* et une introduction. 1899. 1 vol. in-8.............................. 10 fr.
NOVICOW (J.). — **L'avenir de la race blanche.** — *Critique du pessimisme contemporain.* 1897. 1 vol in-12.............................. 2 fr. 50
STUART MILL (J.). — **Correspondance inédite avec Gustave d'Eichthal (1828-1842 — 1864-1871).** — Avant-propos et traduction par Eugène d'Eichthal. 1898. 1 vol. in-12.. 2 fr. 50
VACHEROT (Ét.), de l'Institut. — **Essais de philosophie critique.** 1864. 1 vol. in-8.. 7 fr. 50

Félix Alcan, éditeur, 108, boulevard Saint-Germain, Paris.

REVUE PHILOSOPHIQUE
DE LA FRANCE ET DE L'ÉTRANGER
Dirigée par Th. Ribot, Professeur au Collège de France

VINGT-QUATRIÈME ANNÉE, 1899

La REVUE PHILOSOPHIQUE paraît tous les mois, par livraisons de 7 à 8 feuilles grand in-8, et forme ainsi à la fin de chaque année deux forts volumes d'environ 680 pages chacun.

CHAQUE NUMÉRO DE LA *REVUE PHILOSOPHIQUE* CONTIENT :

1° Plusieurs articles de fond; 2° des analyses et comptes rendus des nouveaux ouvrages philosophiques français et étrangers; 3° un compte rendu, aussi complet que possible, des *publications périodiques* de l'étranger, allemandes, anglaises, américaines, italiennes, russes, pour tout ce qui concerne la philosophie; 4° des notes, des documents, des observations pouvant servir de matériaux ou donner lieu à des vues nouvelles.

PRIX D'ABONNEMENT :

Un an, pour Paris, **30** francs. — Pour les départements et l'étranger, **33** francs.
La livraison............ **3** francs.
Les années écoulées se vendent séparément 30 francs et par livraisons de 3 francs.

TABLE GÉNÉRALE DES MATIÈRES

Table des matières contenues dans les douze premières années (1876-1887), 3 fr.
— — les huit années suivantes (1888-1895), 3 fr.

La REVUE PHILOSOPHIQUE n'est l'organe d'aucune secte, d'aucune école en particulier. Tous les articles de fond sont signés et chaque auteur est responsable de son opinion. Sans professer un culte exclusif pour l'expérience, la direction, bien persuadée que rien de solide ne s'est fondé sans cet appui, lui fait la plus large part et n'accepte aucun travail qui la dédaigne.
Elle ne néglige aucune partie de la philosophie, tout en s'attachant cependant à celles qui, par leur caractère de précision relative, offrent moins de prise aux désaccords et sont plus propres à rallier toutes les écoles. La *psychologie,* avec ses auxiliaires indispensables, l'*anatomie* et la *physiologie du système nerveux,* la *pathologie mentale,* la *psychologie des races inférieures et des animaux,* les recherches expérimentales des laboratoires; — la *logique;* — les *théories générales fondées sur les découvertes scientifiques*; — l'*esthétique;* — les *hypothèses métaphysiques,* tels sont les principaux sujets dont elle entretient le public.
Plusieurs fois par an paraissent des *Revues générales* qui embrassent dans un travail d'ensemble les travaux récents sur une question déterminée : sociologie, morale, psychologie, linguistique, philosophie religieuse, philosophie mathématique, psychophysique, etc.
La REVUE désirant être, avant tout, un organe d'information, a publié depuis sa fondation le compte rendu de plus de quinze cents ouvrages. Pour faciliter l'étude et les recherches, ces comptes rendus sont groupés sous des rubriques spéciales : anthropologie criminelle, esthétique, métaphysique, théorie de la connaissance, histoire de la philosophie, etc., etc. Ces comptes rendus sont, autant que possible, impersonnels, notre but étant de faire connaître le mouvement philosophique contemporain dans toutes ses directions, non de lui imposer une doctrine.
En un mot, par la variété de ses articles et par l'abondance de ses renseignements, elle donne un tableau complet du mouvement philosophique et scientifique en Europe.
Aussi a-t-elle sa place marquée dans les bibliothèques des professeurs et de ceux qui se destinent à l'enseignement de la philosophie et des sciences ou qui s'intéressent au développement du mouvement scientifique.

On s'abonne sans frais dans tous les bureaux de poste de la France et de l'Union postale et chez tous les libraires.

Coulommiers. — Imp. PAUL BRODARD.

www.ingramcontent.com/pod-product-compliance
Lightning Source LLC
Chambersburg PA
CBHW060359230426
43663CB00008B/1328